本书编委会

主　　编　何立峰

副主编　胡祖才

编　　委　陈亚军　吴越涛　周　南　张建民　陈　雷　胡玉清

编审人员　（按姓氏笔画排序）

王　政　王　莉　王宝成　王海飞　方　正　石　浩
叶　欠　向　佳　刘　炀　刘学源　刘春雨　孙　强
李晓华　肖前志　吴　萨　余　航　谷宇辰　闫浩楠
沈继楼　张　俏　张冬宁　张红琪　张劲文　张昌裕
张金萍　陆江源　陈迪宇　罗　恒　罗成书　周宏露
孟雷军　赵治文　赵睿翔　胡亚昆　胡智超　相　伟
俞晓波　姜逍辉　秦佩恒　徐　策　黄进辉　黄绳雄
曹　亮　龚　琦　常　伟　梁洪力　蒋苇杭　蒋昭虎
赫胜彬　薛　元　冀东星　魏　倩

编辑工作人员

吴　萨　沈继楼　龚　琦　张红琪　李晓华

"十四五"规划
战略研究
（下）

国家发展和改革委员会◎组织编写

何立峰◎主编 胡祖才◎副主编

人民出版社

目录 | Contents

下　册

>>> **国民素质** >>>

目

录

"十四五"时期我国重大生产力布局研究

国务院发展研究中心

一、发展新目标和发展环境变化对我国生产力布局提出新要求

（一）建成社会主义现代化强国对我国生产力布局提出新要求

党的十九大提出了到 2035 年基本实现社会主义现代化，到本世纪中叶建成社会主义现代化强国的战略目标，并从经济、社会、科技、文化、人民生活、生态文明、国家治理等方面提出了具体要求。新时期优化我国生产力布局，要紧紧围绕服务于现代化目标的实现。

新时期的生产力布局要能够有力支撑我国和各地区实现更高水平的发展。经济发展是现代化的基本支撑。按照基本实现社会主义现代化的要求，我们估算，到 2035 年我国人均国内生产总值应达到 2 万美元左右（按现价计算）。按照这一目标要求，各地经济规模都需要进一步扩大。要通过优化生产力布局，使东部地区的创新能力和产业体系现代化水平进一步提升，使中西部地区从根本上摆脱对于传统产业的依赖，形成新的、更可持续的经济增长

动能,使东北老工业基地成功转型、实现全面振兴。

新时期的生产力布局要能够有力支撑我国实现更加全面的发展。建成社会主义现代化强国不仅对经济发展提出了要求,还对社会、文化、民生事业、生态文明等提出了目标要求。中西部欠发达地区在社会民生、文化、生态文明等方面还存在不少短板:在全面建成小康社会之后,低收入群体较为集中的欠发达地区仍将面临繁重的提高居民收入、改善民生的任务;即使在发达地区,教育、医疗、养老等的供给与人们的需求相比还有不小差距;经济发达地区生态环境的严峻形势仍未根本扭转,生态脆弱地区的修复保护任务仍然艰巨。新时期的生产力布局,不仅要重视在科技创新和产业发展方面形成新的“生产力”,也要重视在社会民生、公共服务、生态文明等方面形成新的甚至是更加强大的“生产力”。

新时期的生产力布局要能够有力支撑我国和各地区实现更加平衡的发展。现代化对增强发展的平衡性提出了明确目标:“城乡区域发展差距和居民生活水平差距显著缩小,基本公共服务均等化基本实现,全体人民共同富裕迈出坚实步伐”。党的十八大以来,在继续着力发展生产力的同时,中央更加重视城乡、区域的平衡发展。近年来,我国区域人均收入差距、人均消费差距有不同程度的缩小,但与现代化目标要求相比仍有距离。2019 年,我国区域人均 GDP 的最高与最低水平仍有接近 5 倍的差距,东部地区城镇化率已经接近 70%,而中部地区、西部地区城镇化率分别仅为 56.8% 和 54.1%,一些西部省份的城镇化率甚至还未达到50%。新时期的生产力布局,要有利于改善我国城乡区域发展差距,增强我国发展的平衡性。

(二)高质量发展对我国生产力布局提出新要求

推动高质量发展是全面建设社会主义现代化国家的必由之路,高质量发展的核心是要使经济发展具有更高的质量效益,形成新的、可持续的增长动力。

新时期的生产力布局要有利于支撑各地区的产业结构调整,实现更高的经济效益。2008 年国际金融危机以来,我国的内外需结构以及国内需求的内部结构,都发生了持续、巨大的变化,不少地方产业结构调整相对滞后,发展效益趋于下降。2019 年末,我国中部地区规模以上工业企业亏损面为 10.9%,而西部地区则达到20%,东北地区更是高达 26.2%,南北地区相比也存在十分明显的效益差距。新时期的生产力布局调整,要通过在后发地区进行新的生产力布局来带动其产业结构调整,使其经济效益达到能够保障区域持续发展的合理水平。

新时期的生产力布局要有利于支撑各地区形成更强的创新增长动力。提高经济效益从根本上要依靠创新。党的十八大以来,我国研发经费总投入和研发强度不断提升,但创新发展的地区差距比经济发展水平的地区差距更大。目前,东部地区占我国经济总量的52%,但研发经费投入占全国的67%。中西部地区的创新发展近年来取得积极进展,但与东部地区相比,在创新体系、创新能力特别是市场主体的创新能力方面还有明显差距。新时期优化生产力布局,应当把后发地区的创新能力建设作为重要内容,使后发地区真正形成能够支撑区域内生增长的动力结构。

新时期的生产力布局要有利于支撑各地区形成合理分工、优势互补的发展格局。习近平总书记在中财委第五次会议上提出了新形势下促进区域协调发展的总思路,要求各地区发挥比较优势,形成优势互补、高质量发展的区域经济布局。近年来,我国区域经济发展分化态势明显,一些地区发展面临困难,很大程度上与产业同构造成的低效竞争有关。根据我们的测算,黄河流域主要省份之间的产业同构系数明显高于长三角、粤港澳等地区。未来要构建高质量发展的动力系统,必须依据各地的资源要素禀赋,形成各具特色、各扬所长的生产力布局。在不同地区之间要形成合理的分工协调关系,在区域内部的中心城市与其他城市之间也要建立起合理的分工协调格局。

(三) 应对百年未有之大变局对我国生产力布局提出新要求

当今世界正经历新一轮大发展大变革大调整,我国发展面临的不确定因素明显增多。2020年新冠肺炎疫情全球大流行加快了变局进程,同时也使变局更加复杂。有效应对这一变局,我们要立足自身,增强韧性,确保安全,以保持战略定力应对千变万化的局势。

新时期的生产力布局要有利于强化国家安全。在当前外部不确定性显著上升的情况下,我们既面临许多新的外部挑战,一些传统的发展问题也有可能转化为新的风险。新冠肺炎疫情冲击发生后,中央提出了"六保"的任务,突出强调要确保粮食安全、能源安全。同时,要确保产业链供应链稳定,还要着力增强科技安全、金融安全等。新时期的生产力布局,要高度重视并着力增强我国在粮食供给、能源供给、科技发展等领域的自立能力,持续巩固国家安全稳定发展的基础。

新时期的生产力布局要有利于构建更加稳定、更具韧性的国内经济循环。近年来,美国对我国持续推出遏制措施,不仅在需求侧通过加征关税等方式对我国发展进行遏制,还在科技、产业、人才等供给侧对我国进行断供、脱钩性的打压,我国过去深度依赖国外资源、国际市场的发展路径需要作出调整。新冠肺炎疫情全球大流行进一步扰动了全球产业链、供应链。面对这种形势,我们既要坚定维护全球化,努力扩大对外合作,也要进行适应性调整,通过强化国内经济循环,来对冲外部经济循环弱化的风险。这需要结合各地区的基础和条件,按照国民经济稳健运行、顺畅循环的要求,重组区域产业布局,优化区域产业分工,增强各区域产业链的相河南、山西、内蒙古等周边区域落地。粤港澳对广东省内欠发达地区,对毗邻的广西、江西以及泛珠江流域的其他后发区域,也有进一步强化辐射带动特别是创新带动的空间。

中西部地区的产业结构整体水平仍然偏低,产业布局还不足以支撑人口重心、经济重心的内移。中西部地区在先进制造业、医疗健康产业、信息技术产业、科技服务、教育文化等方面与东部地区还有明显差距。仅依靠传统产业发展,中西部地区难以顺利跨过高收入门槛线。

转型发展困难地区的自我发展能力还未形成。"十三五"时期,东北老工业基地等区域工业负增长出现的频次显著增加。这些地区的转型发展困难不仅在于产值增长放缓,还突出体现在企业效益较差、亏损面较大。要真正扭转这一局面,不仅需要外部"输血"支援,还要着力帮助其打造内生增长动力。

城市群和中心城市的发展尚不平衡。我国"19+2"的城市群格局已初步形成,但从发展水平和发展态势来看,真正形成较强有机联系和聚合能力的仅是少数几个发达地区的城市群,其他城市群在产业分工、协同治理、要素便利流动、共同市场建设等方面都比较滞后。从区域内城镇格局来看,一些地区特别是北方省份的区域中心城市首位度不高、空间碎片化的问题突出,生产力集聚不足对区域发展形成持续制约。

特定功能区域的包容性发展模式还未有效建立。生态上游地区的转移补偿机制不完善,绿色发展产业体系未有效建立,近年来在严格管控下生态破坏恶性事件仍时有发生。粮食、资源、能源重点产区的关联性产业规模、产业增值能力、加工深度不够,限制了其保障能力,区域其他产业的发展和居民就业、收入增长也受到影响。

基础设施建设运营协同性不强,网络效应未能充分发挥。"十三五"时期我国交通、通信等基础设施网络进一步完善,未来要按照建设规划将更多内陆地区、薄弱地区、边缘地区纳入全国网络。目前,更为突出的问题是一些地区在基础设施利用上存在低效竞争、协同不足的问题。如一些沿海、沿江港口群功能重合、缺乏统筹,不同城市中欧班列进行恶性竞价。

基础设施智能化水平、综合服务能力还需提高。数字技术、物联网、人工智能、超级计算等新技术在基础设施的建设、运行、服务、管理等各个环节的结合应用程度还不够高,部分基础设施还未有效利用。一些中心城市、重点节点城市等的综合交通枢纽功能还不够强,对经济腹地的服务作用还未充分发挥。

资源要素的结构性过剩与结构性不足并存。当前,在利率走低、资本相对过剩的宏观经济形势下,高学历、高技能人才成为最重要的生产要素。我国人力资本水平持续增强,但区域分布极不平衡。北上广深等东部发达地区大学生就业难与中西部地区人才缺乏的现象并存,生产要素特别是创新要素的区域配置效率还需要提升。

公共服务的区域供给还很不平衡。教育、医疗、养老、文体等领域的公共服务特别是优质公共服务供给还存在很大的区域差距,即使是在发达地区,区域内部的公共服务差距也很大。这对区域间产业转移、劳动力流动等形成制约,使生产力布局调整受到影响。

三、新时期我国重大生产力布局调整的基本原则和主要思路

(一) 新时期生产力布局调整的基本原则

立足优势,顺应形势。在科技创新、对外开放等方面要进一步强化东部地区的发展优势和引领探索作用,同时,要顺应我国内外需结构变化、人口和经济中心内移、中西部后发地区快速发展的趋势,对中西部地区产业升级给予更大力度的直接支持,使后发地区的发展潜力加快释放。

聚焦短板,提升质量。新布局生产力要更加聚焦我国的科技短板、产业短板、安全短板、民生短板,做好资源统筹,坚持把质量优先、效益改善作为新生产力发展的要求,避免重复建设。在着力发展先进生产力的同时,积极盘活有效"存量",出清低效"存量"。

强化中心,密切网络。支持北上广深等进一步提升全球城市位势和跨境资源配置能力,支持成都、武汉、郑州、西安等国家中心城市提升综合服务能级,支持其他区域中心城市做大做强,以中心城市为枢纽节点推动全国城镇体系成网发展,顺畅中心城市之间、中心城市与非中心城市之间的信息、人员、要素流动。

优势互补,集约发展。按照新时期发展要求和区域禀赋条件,对各地区的主体功能、产业发展导向作进一步细化、优化,针对不同功能区域制定差异化政策体系,分类精准施策。在区域分工调整过程中要坚持主体功能约束有效,国土集约有序开发。

安全自主,稳定循环。在生产力布局优化过程中,对粮食安全、能源安全、生态安全、产业安全等赋予更大发展权重,对承担相应功能的主体地区给予更加有力的政策支持。对区域间的物资流转、能源输送、利益补偿、产业链供应链衔接等提供更加稳定可靠的保障。生产力布局应更加注重应对自然灾害、气候变化等挑战。

撬动社会,综合带动。在财政压力日趋加大的形势下,要不断优化政府投资范

围,更多投向市场不能有效投入的社会服务、公共基础设施、基础科研、国家安全等公共领域项目,营利性项目更多留给社会资金,要更加重视实施能够带动就业、具有较高社会效益的项目。

(二)"十四五"时期产业布局的主要思路

1. 农业布局思路

推进农业生产加快向优势地区集中。按目前农业生产集聚态势,推动粮食生产向东北三省、河南、山东、河北、安徽、江苏等地优势集聚;油料作物生产向东北、山东、河南、内蒙古等地优势集聚;棉花生产向新疆、河北、山东等地优势集聚;糖料生产向广西、云南、黑龙江、新疆等地优势集聚。

提高农业可持续生产能力。以农业主产区为重点加强农业资源保护利用,提高对农业资源持续高强度开发和气候变化风险加剧的系统适应能力。持续推进高标准农田建设和中低产田改造。持续推进大中型灌区续建配套和节水改造,创新农田水利设施建设运营模式,提高全国农田有效灌溉面积。提高粮食加工行业环保、能耗、亩均效益门槛,建立农产品加工落后产能退出机制。

打造现代粮食流通能力。构建适应跨区域大流动的粮食物流体系,提高东北、黄淮海等粮食主产区公铁散粮外运能力、西北西南公铁通道粮食接卸及分拨能力、华东华南沿海通道粮食海运接卸效率及对接能力,强化沿江沿河物流节点粮食集并、江海联运发运、海运来粮中转分拨能力,提升大中城市及重点地区粮食供应保障能力。

2. 原材料工业布局思路

推动东部地区一般性原材料工业减量化兼并重组。提高精品钢材产品比重,全面提升环保和产品质量水平。做优做强有色金属精深加工产业,在珠三角、长三角、环渤海等区域建设绿色化、规模化、高值化再生金属利用示范基地。有序推进石化产业基地及重大项目建设,加快发展先进无机非金属材料、高性能复合材料、战略前沿材料等产业。推动绿色建材发展,适度发展林产化工产业。

中部地区以区域市场容量和资源能源支撑为条件,引导钢铁等产业向市场和资源地集中布局。依托资源优势打造有色金属精深加工产业集聚区,推动发挥山西、河南现代煤化工产业转型升级。依托湖北、湖南、安徽等地产业基础发展精深加工石化产品,建设绿色石化产业集群。

西部地区统筹考虑市场需求、交通运输、环境容量和资源能源支撑条件,有序推动钢铁产能置换,发挥有色金属资源富集优势建设西安、昆明稀有金属精深加工产业集聚区,打造攀西钒钛材料产业集群和稀土研发制造基地。推进蒙、新、宁、陕现代煤化工产业示范区建设。推动内蒙古稀土功能材料、石墨新材料产业发展,依托非矿资源发展无机非金属新材料,推动非木质新材料和传统建材产业绿色发展。

东北地区应严控钢铁行业新增产能,加大高端装备制造业所需钢铁新材料研发生产,积极发展有色金属深加工产品,延伸大连、吉林等石油化工产业链,大力发展精细化工和化工新材料产业,依托生物质资源发展生物质化工产业,依托吉林硅藻土、黑龙江石墨和高岭土等资源优势发展非金属矿及深加工产业。

3. 消费品工业布局思路

东部地区重点发展智能节能家电、环保多功能家具、绿色食品等,以提升科技含量和打造品牌为重点,建设具备国际先进水平的纺织服装技术研发中心和高端制造中心,建设食品智能制造示范基地。大力发展生物药、化学药新品种、优质中药和高性能医疗器械,壮大北京、天津、石家庄、上海、连云港、杭州、济南、广州、深圳、珠海、厦门、海口等一批医药产业集群。

中部地区重点建设郑州、襄阳、荆州、株洲、安庆、赣州、九江、南昌等现代纺织产业基地,以武汉、长沙、合肥、滁州、九江为重点打造现代家电产业基地,依托武汉、宜昌、荆州、合肥、郑州、漯河、南昌、宜春、长沙、赣州等建设优质食品加工产业基地,依托赣州、黄冈、开封等地打造木材加工及木制家具产业基地,建设武汉、郑州、南昌、长沙、宜昌、合肥等生物医药产业基地。

西部地区依托杂粮、果蔬、茶叶、油料、畜牧业等产业产区发展有机产品生产加工基地,依托特色资源优势和边境区位优势提升毛纺产业链水平,建设国家重要棉纺产业基地、丝绸之路经济带核心区服装服饰生产基地与向西出口集散中心,大力发展少数民族纺织传统工艺和旅游纺织品,积极发展现代中药、中药饮片、民族药、生物药和医疗器械,建设重庆、成都、兰州、西安、贵阳、昆明、南宁等生物医药产业基地。

东北地区依托松嫩平原、两江平原、大小兴安岭及长白山地区等种植养殖资源发展特色食品、林下产品精深加工、木材储运和加工基地,依托亚麻纤维、化纤等原料资源开发纺织服装精深加工产品,依托大连、绥芬河口岸和沈阳、哈尔滨等区域消费中心适度发展家具产业,充分利用哈尔滨、沈阳、长春、通化等地医药产业基础提升医药产业质量和水平。

4. 电子信息产业布局思路

东部地区依托京津冀、长三角和珠三角等优势地区,重点发展集成电路、基础软件、新型显示、微电子、光电子、新型电子元器件、下一代互联网及高端通信设备、人工智能、物联网、工业互联网、大数据、云计算、信息安全等产业。

中部地区依托武汉、合肥、郑州、长株潭、南昌等打造电子信息产业发展新高地,加强与东部地区的产业融合、资源统筹,扩大加工制造规模,提高设计研发能力,重点发展新型显示、集成电路、应用电子、新型电子元器件、智能硬件、软件及信息技术服务、光通信、遥感、卫星导航应用、信息安全等产业。

西部地区依托现有基础重点建设成都、绵阳、重庆、西安等电子信息产业基地，重点发展计算机、新型电子元器件、新一代移动通信、新型显示、智能家居、下一代互联网核心设备和智能终端、遥感、卫星通信、光电材料、半导体材料、信息安全、地理信息及多语种软件产业。

东北地区依托大连、沈阳、长春、哈尔滨等区域中心城市，发展新型显示、信息通信技术、人工智能、集成电路、新型电子元器件、云计算和大数据、下一代互联网核心设备和智能终端、高性能计算、工业互联网、光电子等产业，加快发展装备制造、冶金、石化等领域应用电子和应用软件产品产业。

5. 装备制造业布局思路

东部地区以环渤海、长三角、珠三角为重点建设一批具有强大国际竞争力的重大成套和技术装备制造业基地。依托济南、青岛、南京、唐山、江门等打造高速列车科技创新中心和产业集群，发挥北京、上海、广州等地汽车产品技术创新能力和产业综合优势，加快智能网联汽车、新能源汽车产业升级。以上海、天津、广州、厦门、南通、舟山、青岛等为重点打造高技术船舶、海洋工程装备及配套产业集群，建设集研发设计、总装建造、关键设备和技术服务于一体的海洋工程产业体系。做优做强北京、上海、珠三角航空航天产业，加快发展卫星导航系统、飞机总装及零部件制造等产业。以北京、上海、天津、深圳、广州、南京、济南等为重点打造智能制造装备产业基地。

中部地区以太原、洛阳、新乡为重点发展矿山、起重成套装备产业集群，以洛阳、开封、芜湖、襄阳等为重点发展现代农机装备产业集群，以武汉、郑州、洛阳、合肥、芜湖、马鞍山等为重点发展数控机床、机器人智能制造产业集群，以株洲、太原、郑州、洛阳、合肥、马鞍山等为重点发展大功率电力机车、重载快捷铁路货车、城市轨道车辆及控制系统等轨道交通设备产品，以武汉、十堰、郑州、合肥、芜湖、长沙、南昌等为重点发展汽车研发和生产基地、汽车零部件产业集群，支持南昌建设国家航空产业基地、武汉建设国家航天产业基地。

西部地区以乌鲁木齐、哈密、重庆、德阳、银川等地为重点发展风电装备，依托成都、重庆、西安、南充、柳州等发展新能源汽车产业基地，建设成都、自贡、鄂尔多斯、包头等环保安全成套装备生产基地，发展重庆、成都、德阳等轨道交通产业基地，依托重庆、成都、德阳、渭南等发展航空高技术产业基地，以重庆、成都、西安、渭南为重点发展机器人、数控机床、增材制造产业基地。

东北地区以沈阳、大连、长春、哈尔滨、齐齐哈尔等为重点发展大型成套装备、智能制造装备、轨道交通装备及关键零部件等制造基地，以沈阳、长春、哈尔滨、大庆为重点做优汽车产业链，以哈尔滨、大连为重点做优做强船舶与海洋工程装备，以沈阳、哈尔滨为依托建设航空制造业基地。

（三）"十四五"时期基础设施建设布局的主要思路

1. 交通基础设施建设

围绕重要区域增长极和发展主轴,构建便捷顺畅的城市群交通网。以京津冀、长三角、粤港澳、成渝双城经济圈、长江中游城市群、中原城市群、关中城市群等为中心,以京沪、京广、京沈哈、京包昆、东南沿海、陇海—兰新、长江沿线、沪昆为主轴,建设由高速铁路、航空线路和高速公路组成的快速交通网络,推动中心城市群之间干线提速,中心城市群与非中心城市群之间强化联系。

加快建设国际性综合交通枢纽和全国性交通枢纽。依托京津冀、长三角、粤港澳等世界级城市群,打造具有全球竞争力的国际交通枢纽、物流核心枢纽,建设北京、天津、上海、广州、深圳、成都、重庆、西安、郑州、武汉、沈阳等一批国际综合交通枢纽,打造一体化、高水平的交通服务平台,提高换乘换装水平,完善集疏运体系,发展枢纽经济。

强化扶贫开发、安全保障导向的交通基础设施建设。聚焦乡村振兴战略加强特色农产品优势区与旅游资源富集区交通建设,推进革命老区、民族地区、边疆地区、贫困地区、垦区林区交通发展,促进交通建设与农村地区资源开发、产业发展有机融合。加快建设铁路、公路、水路和民航应急救援体系,完善应急救援基地建设和布局。按照军民融合要求,统筹推进沿边、沿海铁路和公路、军民合用机场等基础设施建设,提升交通基础设施战备能力。

提升"一带一路"互联互通的交通网络。以加快向西开放和建设海洋强国为目标,以"一带一路"六大对外合作走廊为重点方向,推进与周边国家铁路、公路、航道等基础设施互联互通,加快构建联通内外、安全通畅的陆海空国际战略通道网络。

2. 信息基础设施建设

着力缩小城乡区域"数字鸿沟",以信息化促进城乡区域协调发展。加快提升中西部地区、农村地区、偏远地区、贫困地区、边疆地区的信息基础设施发展水平,实现对全国中小学、乡镇以上医疗机构网络全覆盖。

夯实发展新基础。加大基础电信投资,稳步推进5G网络建设,实现全国所有地级市5G网络覆盖。推进物联网设施建设,优化数据中心布局,加快电力、民航、铁路、公路、水路、水利等公共基础设施的网络化和智能化改造。

打造国际领先、国内一流的工业互联网平台。建设以跨行业跨领域跨区域平台为主体、企业级平台为支撑的工业互联网平台体系,构建国家标识解析与标准体系,统筹推进省际之间工业互联网建设。推动企业上云和工业软件应用,建立工业互联网安全保障体系,遴选推广一批创新实用的网络安全试点示范项目。

拓展信息化国际发展空间。推动与周边国家信息基础设施互联互通,推进美洲、欧洲、非洲等方向海底光缆建设,合作建设中国—中亚信息平台、中国—东盟信息港、中阿网上丝绸之路,推进"一带一路"建设信息化发展,统筹规划海底光缆和跨境陆地光缆建设。

3. 能源基础设施建设

提高东部、中部地区能源需求自给比例。因地制宜开展中东部地区分散式、低风速风电建设,鼓励东部、中部地区分布式光伏发电建设,大力开发东部沿海地区海上风电资源,规划建设配套储能设施建设。实施智慧能源管理,建设一批新能源微电网、能源物联网、"互联网+智慧"能源等综合能源示范项目。

推进西部地区等能源改革。统筹推进煤电机组超低排放和节能改造,增加不依赖调峰调频调压等配套调节措施的优质可再生能源供应。加快淘汰退出煤炭落后产能,基本完成煤矿智能化机械化改造。加快天然气产供销储体系建设,研究规划氢能核能利用项目,科学有序开发干热岩资源,建设全国新型能源产业基地。

加强能源网络建设。以智能电网为基础,推进特高压建设。完善电网主干网架结构,提升互联互通水平,提高区域电力交换和供应保障能力,推进电网建设改造与智能化应用,在重点城市群打造区域特高压电力枢纽。

大力推进能源扶贫。积极支持贫困地区重大能源项目建设,提高贫困地区农村可再生能源开发利用水平。以深度贫困地区为重点,实施贫困地区农网改造升级,解决网架结构薄弱、供电质量偏低、动力电空白点等问题。优化贫困地区电网主网架结构,提高安全水平。

4. 生态、水利基础设施建设

搭建国土空间基础信息平台。整合已有空间信息资源,搭建覆盖全国范围、能够及时更新的涵盖基础地理、土地资源、矿产资源、地质环境、自然资源产权等方面数据的国土空间基础信息平台,为各级相关部门编制规划、实施项目、日常监管等统一提供服务。

强化国家生态安全屏障建设。实施黄河、长江以及其他重要河湖、自然保护区、湿地、林地等的系统性生态修复治理工程,持续扩大生态空间和生态容量。划定饮用水水源保护区,全面实施饮用水水源地环境保护专项工程,加强饮用水水源保护。

加快水利基础设施网络建设,提升水利信息化水平。实施防汛抗旱水利专项提升工程,对病险水库、堤防险工险段等水利病险工程及时消险,加强堤防达标建设、蓄滞洪区建设。

（四）"十四五"时期公共服务资源布局的主要思路

发展更加均衡优质的公共服务供给。建立健全国家人均公共服务供给标准、公共服务经费保障标准，以标准化促进区域基本公共服务均等化。着力扩大学前教育供给，增加各级学校教师编制，解决各级学校生师比区域失衡问题。建成覆盖全国城乡的基本医疗卫生制度，实现基本养老金全国统筹。

加大力度支持中西部地区培育创新资源。对合肥、武汉、郑州、成都、西安、沈阳等中西部地区、东北地区的主要中心城市的创新发展给予更大力度支持，支持中西部省区建设国内一流的高水平大学和研究机构。结合产业布局导向，在中西部地区部署更多科研平台型装置、专用研究装置、新兴应用领域重大科技基础设施。

探索重点城市群公共服务一体化发展机制。鼓励长三角、粤港澳、京津冀等城市群构建教育、医疗发展共同体，推动区域性公共服务标准体系联动，促进区域内基本公共服务设施配置、人员素质和服务水平的统一，支持重点城市群率先探索基本公共服务常住人口全覆盖。

创新对欠发达地区的公共服务供给模式。运用"互联网+"、大数据、云平台等技术大力发展"互联网+远程门诊""互联网+在线教育"等线上服务模式，推动优质公共服务资源向贫困落后地区辐射下沉。建立更加稳定、更大规模的教师、医生跨区域互派机制，选派中西部教师、医生到东部学习，推动东部优质学校、医院的管理和服务团队到中西部援建。

建设促进社会融合的住房养老保障体系。将社会融合确立为城市规划和社区布局的基本原则，以保障性住房、公立养老机构的建设作为引导空间配置的抓手，扭转低收入群体聚居区、养老社区等与其他一般社区的居住隔离现象，推动不同收入社会群体社区混居，推动养老性社区与一般性社区空间融合。

（课题组成员：侯永志　贾珅）

"十四五"时期促进区域间
产业梯度转移政策研究

国务院发展研究中心

产业转移是优化生产力空间布局、形成合理产业分工体系的有效途径,是推进产业结构调整、加快经济发展方式转变的必然要求。党中央、国务院高度重视区域产业转移工作,李克强总理在国务院常务会议部署相关工作时指出,"顺应经济发展规律,引导东部部分产业向中西部有序转移,对于促进区域梯度、联动、协调发展,带动中西部新型城镇化和贫困地区致富,拓展就业和发展新空间,推动经济向中高端水平跃升,具有重大意义"。当前,国际经济环境经历复杂深刻变革,新一轮科技革命和产业变革进程加快,国民经济转向高质量发展阶段,各地区发展内生动力有待进一步激活。"十四五"时期,通过政策引导,促进产业在区域间合理有序转移,是贯彻落实党中央、国务院决策部署,促进区域协调发展的重要举措,也是推动产业转型升级,实现高质量发展的内在要求。本报告通过借鉴主要国家区域产业梯度转移的相关经验,研判未来一段时期影响我国区域产业转移的供给侧、需求侧因素变化趋势,在综合分析我国制造业竞争优势和区域要素禀赋的基础上,提出我国"十四五"时期促进区域间产业梯度转移的思路和对策。

一、主要经济体推动区域产业转移的典型经验

（一）产业梯度转移是促进区域协调发展的重要途径,是大国优势的重要体现

区域发展不平衡是大国在现代化过程中,特别是在高速发展阶段,难以避免的问题。区域发展不平衡的问题如果不能很好地加以应对,会对国家的稳定和发展形成不利影响甚至是严重威胁。解决区域发展不平衡难以仅靠财政转移支付,而要依靠推动欠发达地区产业发展、形成增长内生动力。

美国在现代化过程中长期受到区域发展不平衡的困扰,具体体现为工业化起步较早的东北部沿海地带、五大湖地区与后发的南部地区、西部地区(常称为"阳光地带")之间长期存在着较大的发展差距。美国的内战一定程度上就是南北区域发展不平衡的结果。内战后,美国南方和西部结成同盟,在关税、货币等政策上与北方针锋相对,甚至发展为声势浩大的反工业化运动,区域冲突引起了社会动荡。19世纪后半叶,美国经济快速增长并成为世界第一大工业国,这一过程中区域不平衡没有明显改观。1900年美国东北部人口占全国总人口的60%,中西部占30%,南方仅占10%,东部地区具有密集的城市网络以及纽约等国际大都市,而南部、西部地区仅有一些小城市,经济十分落后。第二次世界大战后,在联邦政府积极干预下,美国产业特别是制造业向南部、西部加快转移,"阳光地带"成为美国经济最活跃的新兴工业化地区。西部的加州在20世纪70年代取代纽约州成为美国经济第一大州,南部的得克萨斯、佛罗里达等州也实现了快速发展。到20世纪80年代末,美国区域发展的平衡性显著增强。

日本在第二次世界大战后的发展中也长期存在着区域发展不平衡的问题,突出表现为以东京、大阪、名古屋为中心的三大都市圈与距离都市圈较远的"过疏地区"之间的较大差距。与三大都市圈相比,"过疏地区"产业规模小、人均收入低。20世纪60年代后,日本加快了对经济落后地区的建设。经过几十年的开发,后发地区的工业迅速发展,工业集聚度和人均收入接近全国平均水平。例如,日本的北海道地广人稀,经济曾长期落后,但到20世纪90年代,北海道的产业结构基本达到发达地区水平,粮食、渔业和牛奶产量占全国的20%、29%、43%,人均收入达到东京的90%以上,医院、图书馆、公共体育设施等密度都超过全国平均水平。

（二）不同类型产业的区域转移影响因素有所区别，劳动密集型产业的转移看重转入区域的劳动力供给和成本优势，资源能源型行业倾向于靠近资源出产地，技术密集型产业偏好高技能高学历人才的聚集地，区域市场规模、市场接入便利性则是各类产业共同看重的区域优势

企业是区域产业转移的基本主体，从主要国家的经验来看，企业布局选址会从劳动力供给、土地价格、是否靠近资源产出地、创新人才基础、市场规模等因素综合考虑，不同行业的企业关注因素有所区别。比如，相关研究发现，美国新英格兰和大西洋沿岸中部地区的棉纺织业、合成纤维纺织业、制袜业之所以转移到大西洋沿岸南部区是因为美国人口南迁西移、大批外国移民涌入导致当地有充足的劳动力供给，同时工会化程度低也是重要原因；土地廉价、丰富是资本密集型产业转移到西部和南部的重要决定因素，能源的成本及可得性导致了西南部地区石油精炼和石油化工等产业的大幅增长；20 世纪 60 年代进入美国的外国移民具有较高的文化教育水平和熟练的劳动技能，西部和南部地区还接纳了大量来自东部的大学生、企业家和技术人才，在这些人才的支撑下，西部、南部发展起了高技术制造业，逐步成为电子、航天、原子能等新兴工业的基地；主要运输工具由火车向货运汽车、航空的转变以及长距离电话服务普及，增强了市场对产业区位的吸引力，促使产业向南部和西部的转移。

（三）成功的区域产业转移需要政府的积极引导和政策支持

政府在推进区域产业转移过程中也发挥着必不可少的作用。美国在建设西部、南部地区的过程中，就从不同领域、以不同方式采取了力度较大的政策支持，主要包括以下几个方面。

明确的规划和立法支持，美国在建设"阳光地带"过程中，制定了《地区再开发法案》等相关政策规划，确定援助重点、实施步骤以及目标。

财政支持，从 20 世纪 30 年代起美国联邦政府就开始对"阳光地带"实行广泛的税收优惠和大规模的财政补贴，州政府以及县、市政府也都制定了相关的税收减免政策。

资金支持，美国联邦政府通过经济开发署对在后发地区投资的私人企业提供长期的低息无息贷款、贷款担保，对向相关投资提供贷款的金融机构予以信贷保险和技术援助。

基础设施支持，美国联邦财政特设专款用于后发地区的基础设施建设，战后联邦政府承担了公路建设费用的 90%，而全国新建的公路大多位于"阳光地带"。对于田纳西河流域工程、阿巴拉契亚区域开发工程等耗资大、工期长、收益不稳定的

大型工程,联邦直接投资建设。

在吸引人才和发展教育方面进行支持,美国政府制定了不少吸引技术人才到后发地区工作的优惠政策,如发放迁移补贴、住房补贴、提供就业培训、所得税优惠等。同时,不断加强对"阳光地带"的教育投资,如 20 世纪 60 年代联邦政府全国教育经费的 45% 左右分配给了人口不到全国 1/3 的南部和西南部地区。

政府采购支持,从 20 世纪 40 年代始,联邦军事拨款一直向南部倾斜,在南部地区建立起一系列拥有高端技术的国防工业基地,巨额拨款既促进了南部的工业发展,又带动了消费。

(四) 产业转移过程中后发地区不是单纯承接低端产业、低端环节,而是结合要素条件、政策条件的变化同时承接和发展新兴产业,新兴产业转移的实际效果往往也要好于传统产业

通常认为后发地区的工业化要从承接和发展劳动密集型轻工业起步,逐步过渡到资本和技术密集型产业。但从实际情况看,后发地区仅靠"按部就班"式的追随式发展难以实现有效追赶,更重要的是后发地区要充分把握新的技术条件、政策条件下区域具有的新优势,传统产业和新兴产业并举发展。

美国南部和西部地区在很长时间内工业基础薄弱,但是其低廉的土地价格、丰富的资源使得其具有一定的产业发展基础。战后空调的普及使得"阳光地带"的气候变得更加宜人,大量的东北部人口和外国移民向美国南部和西部迁移,这其中有不少是高素质、高技能人才。第二次世界大战后,为适应冷战的需要,联邦政府向南部、西部地区投放了巨额国防开支。国防工业的发展,吸引了大批相关工业部门和企业迁入。20 世纪 60 年代蓬勃兴起的科技革命,也是"阳光地带"发展的催化剂。在这些条件下,西部、南部地区的纺织、木材、服装、食品加工、金属加工等劳动密集型传统制造业实现了快速发展,如佐治亚、北卡罗来纳和南卡罗来纳 3 个州的纺织和服装就业人数占到全国的 30%。同时,"阳光地带"在半导体、计算机、生物技术、制药、航空航天等新兴产业也实现了突破式发展。如今,美国最著名的高科技工业和科研基地,如加州的"硅谷"、得克萨斯的休斯敦—圣安东尼奥—达拉斯三角区、北卡罗来纳的"三角研究区"、佛罗里达的"硅滩"等都位于西部和南部地区。

日本在 20 世纪 70 年代后期提出"技术立国"目标,积极开拓新能源技术、工业机器人、生物工程等新产业领域,这类产业的特点是产品体积小型化、工艺水平高、消耗原材料少、省劳力、净产值高,不再像钢铁等传统产业需要靠近沿海港口。1983 年,日本政府颁布《技术聚集城市法》,规定"技术聚集城市"的建设必须在三大都市圈以外。经过数十年的开发,日本在"过疏地区"发展的技术聚集城市取得了很大成功。20世纪80年代以来,日本九州南部的熊本、鹿儿岛、宫崎三县境内相继建立了以生产集成电路为中心的工业地区,九州成为日本的"硅岛",三大都市圈外围地区建成了20多个以尖端技术为中心的科学技术新城。1980—1990年,日本工业产值年均增长0.95个百分点,而"技术聚集城市"的平均工业增速则达到6.7%。

二、未来一段时期影响区域产业转移的供给需求新变化与国际政策新动向

(一)新技术革命正在重塑全球和区域产业分工格局

对大国而言,国内区域间产业转移是全球产业分工格局变化的反映和重要组成部分。过去数十年,全球产业分工格局的调整重塑,是政治、经济、社会、技术、文化等一系列因素综合作用的结果,技术革命无疑是其中一个关键性因素。当前,以数字化、网络化、智能化技术为代表的新一轮技术革命成果快速发展和扩散应用,极大提升了人类采集、分析、应用数据信息的能力,拓展了人与人、人与物之间的连接范围和深度,导致不同国家间的资源禀赋优势发生变化,最终影响着新的产业分工格局。

从当前的发展趋势看,新技术革命对于产业发展和分工格局的影响主要有以下三个方面:

一是生产要素的相对重要性发生变化。相比土地、资本、劳动等传统生产要素,知识、数据、人才数据等生产要素的相对重要性快速提升。基于劳动力成本套利的商品贸易在全球贸易中所占比例正在持续下降,据估计,目前全球商品贸易中只有18%左右是由劳动力成本套利推动的。这种情况下,单纯依靠劳动力低成本的地区竞争力将有所下降,拥有高技能劳动力、强大创新和研发能力以及强有力的知识产权保护的区域竞争力将进一步增强。

二是全球价值链中价值创造进一步向研发、设计等上游环节和分销、营销、售后服务等下游环节转移。目前,IT服务、电信、商业服务和知识产权授权等服务贸易的增长速度是商品贸易的2—3倍。此外,30%的贸易商品价值来自于其生产过程中嵌入的服务。5G无线网络、虚拟现实、增强现实技术等都将进一步推动制造业服务化发展。制造环节的增加值率下降,将使得劳动密集型产业和生产环节的区域经济贡献率下降,后发地区需要据此加快调整产业结构和引资目标。

三是接近消费市场在产业布局中的重要性进一步上升。新技术条件下,市场

竞争的关键不再是提供成熟的同质化产品,而是更具本地特色的产品。这就要求企业不断强化与这些消费者的互动,而将研发、设计、生产等布局到与终端消费更接近的地方是必然选择。由于本地化知识、"暗默"知识的可移动性很差,接近消费市场在企业布局中变得更为重要。后发地区在招商引资和产业发展过程中,需要更加注重培育本地市场,更好地发挥区域市场潜力。

(二) 全球消费结构变化决定区域产业转型升级新方向

在需求侧,全球范围内也呈现出不少对于区域产业发展具有重要影响的结构性变化趋势:

一是新兴经济体在全球最终消费中的比重持续上升,成为全球消费需求增长的重要贡献地。2008 年国际金融危机前,高收入经济体在全球最终消费中所占的比重长期保持在 80% 以上,2008 年后这一比重开始持续下降。2017 年,高收入经济体在全球最终消费中所占比重下降至 66.1%,其中,美国、欧盟、日本分别为27.1%、22.1%、6.2%。与此相反的是,发展中国家成为全球消费增长新的动力源。2017 年,中国占全球最终消费比重达到 10.9%,相比于 2008 年的 4.8%,在不到 10 年的时间里增长超过 1 倍。而除中国以外的中等收入经济体的最终消费占全球比重在过去十年中也从 18.1% 增长到 22.3%。消费结构的变化与发展中国家的人口和居民收入相对快速增长密切相关。据估计,到 2030 年全球中产阶级的数量将达到 49 亿人,其中亚洲国家和地区对增量的贡献率将达到 85% 以上。消费能力的增长使新兴经济体继续成为未来全球投资和产业转移的热点地区。

二是主要经济体的消费结构呈现出一致的趋势变化,传统消费比重下降,健康、教育、文化等与人的发展、社交相关的消费比重上升。根据经合组织提供的数据,20 世纪 90 年代以来,美国国内最终消费中比重上升最大的三项分别是健康支出、娱乐文化、教育,目前三者占消费比重合计达到 33%,而消费比重下降大的三项分别是食品、服装和交通(包括汽车在内),三者占消费比重合计仅为 18.9%。欧盟国家也出现了类似的变化,食品、服装等传统消费比重明显下降,健康、通信、教育等的支出比重上升。从我国看,根据国家统计局公布的数据,最近 5 年居民人均消费支出中,医疗保健、教育、文化、娱乐等消费支出比重总计上升了 1.9 个百分点,而食品烟酒消费支出、衣着消费支出比重合计下降了 3.7 个百分点。消费结构的变化与居民收入水平变化、社会组织方式变化、新技术革命等因素有密切关系,在未来较长一段时期内可能仍将持续。

(三) 主要国家区域发展战略体现新取向

近年来,为应对新技术革命、全球经贸格局变化、国内人口结构变化、经济增长动力不足等挑战,主要国家出台了一系列政策,新的区域战略和相关政策是其中一项重要内容。如美国近年启动的"美国2050"区域战略规划,是由美国联邦政府提议、多个部门和研究机构参与的一项大型研究规划项目,对国家区域发展的战略目标、基本原则、发展路径等进行了全面规划,旨在构建美国未来30—40年区域经济发展的顶层设计。

从其内容看,美国区域发展新战略主要体现出以下政策思路和取向:

一是相比以往更加注重区域发展的总体规划和顶层设计。新规划改变了传统以单个区域为目标的区域规划模式,更强调国家层面的总体战略布局和综合性的战略规划。

二是注重对发展困难区域的识别和针对性的政策支持。规划建立了对经济发展困难地区的详细识别标准,包括人口变化、就业变化、工资变化、工资平均水平等。按照这一标准共有640个县、126个市被划分为"经济发展滞后区"。在此基础上,规划将经济发展滞后区进一步划分为偏远农村落后地区、工业萧条区、衰退的中心城市、自然景观保护区等,结合每一类区域的特点制定了有针对性的支持政策。

三是针对发展困难区域的支持性政策由传统的重视物质资本投入,转向以人为中心的发展型支持政策。战略提出区域政策应以人为中心,而不是以地理区位为中心。针对发展困难区域,除了提出实施农业补贴、支持农场和高附加值农产品、发展农村生物燃料等,还提出了实施宽带战略、促进高等教育体系分散化、为小企业和创业者提供补贴贷款。针对工业萧条区,规划提出了实施引智项目、改善教育和医疗机构水平、建设创新人才平台等政策。

四是更加注重发挥都市区的带动作用。美国新区域战略明确提出了发展若干"具有全球竞争力的大都市区"这一目标,并将其定位为引领美国未来经济增长和提升国家竞争力的重要支撑。规划还明确要推进大都市区治理创新,改进其与经济发展困难地区的基础设施连接,增强其对落后地区的辐射带动。这一思路改变了简单追求平衡发展的传统范式,更好地体现了区域经济发展的规律和效率原则。

三、我国区域格局变化的趋势与"十四五"时期我国区域产业转移的机遇和挑战

(一) 我国区域产业格局变化的近期趋势

2013年以来,随着我国发展进入增速换挡、结构优化、动力转换的经济新常

态,区域发展格局和产业分工格局也出现了一些新变化:

一是区域经济增长格局出现新变化,西部地区追赶势头减弱,东北地区相对地位下滑明显。2018 年,东部、中部、西部、东北地区占全国 GDP 比重分别为52.6%、21.1%、20.1%、6.2%,相比 2013 年分别变化了 1.4 个、0.9 个、0.1 个、−2.4 个百分点,整体来看,东部沿海先发地区在近年的经济下行中保持了较强的韧性,与内陆地区的发展差距有所拉大;中部地区在内陆地区中上升势头最为明显,是除东部地区以外对全国经济增长最大的贡献地;西部地区追赶势头相比2012 年之前明显减弱,而东北地区相对衰退较为明显。

二是区域内部的发展分化也在加剧。如在东部地区内部,京津冀地区 2018 年所占的 GDP 比重为 17.7%,相比 2013 年下降 1.6 个百分点。在后发地区和转型困难地区,区域内部分化更加明显。2018 年,四川、重庆两省份占西部地区 GDP比重达到 33.1%,比 2013 年上升 2.3 个百分点,内蒙古、甘肃、青海三省份占西部地区 GDP 比重则在 2013—2018 年下降了 4.5 个百分点。在东北地区,2017 年四大区域中心城市占东北地区 GDP 比重达到 48.1%,比 2013 年上升了 2.8 个百分点。

三是从区域产业分工格局来看,工业经济的区域分化超过服务业。2017 年,东部、中部、西部、东北地区工业增加值占全国比重分别为 54.4%、22.5%、17.6%、5.5%,相比 2013 年分别变化了 3.9 个、1.1 个、−1.6 个、−3.4 个百分点;四大区域服务业增加值占全国比重分别为 56.0%、18.8%、18.6%、6.5%,相比 2013 年分别变化了 −0.5 个、1.5 个、0.4 个、−1.4 个百分点。如果进一步从不同区域的制造业内部结构看,西部、东北地区与东部沿海地区的工业发展差距更加明显。

四是区域产业转移总体呈现梯度转移态势,西部地区在新兴制造业方面有跨越发展亮点。从代表性工业品产量的比重构成变化来看,近年来东部地区在纺织、化工、家电等制造业领域继续保持份额较大领先,产业转移趋势不明显;中部、西部地区工业的承接和发展既有共性,也各有特色。其中,中部、西部地区在食品饮料加工制造业、汽车、电子设备制造业都实现了较为明显的发展。中部地区在机械制造业,西部地区在资源能源型工业、高新技术产业各自实现了较大发展;整体上中部地区承接产业转移最为成功;东北地区则出现了范围和幅度较大的产业迁出。

(二)"十四五"时期我国区域产业转移面临的机遇和条件

一是较大的区域差异和产业互补性为区域间产业转移提供了空间。2018 年,全国人均 GDP 达到 64643.5 元,但全国有 13 个省份人均 GDP 低于 5 万元,贵州、云南、甘肃等省份人均 GDP 仅为 4 万元左右,不到北京、上海的 1/3。从城镇化水平来看,2018 年全国城镇化率已接近 60%,而西部部分省份城镇化率还未过 50%。从产业结构来看,2017 年,东部地区采矿业、制造业、信息传输计算机服务和软件业分别占全国行业增加值的 17.9%、47.0%、46.1%,而西部地区三个行业分别占全国行业增加值的比重为 47.4%、16.6%、24.4%。

二是新技术革命和产业变革深入推进,为后发地区借助承接新兴产业实现弯道超车的有利机遇。新技术革命条件下,基于传统生产要素的区域比较优势出现明显变化,内陆地区的区位劣势缩小。近年来,中西部地区在电子通信设备制造、互联网、大数据等产业发展迅速。2017 年,西部地区手机产量、集成电路产量分别占全国的 17.7%、22.2%,比 2013 年提高 14.7 个、6.9 个百分点。未来,我国在数字经济等新兴产业方面的国际竞争力有望进一步增强,新技术、新产业在内陆地区转化落地,将为内陆地区产业发展提供新的增长动能。

三是人口从东部地区开始回流,为中西部地区承接产业发展增强了要素支撑。近年来,受东部地区产业结构调整等因素的影响,中西部转移人口逐步回流。2018年,在东部地区就业的农民工 1.58 亿人,比 2017 年下降 1.2%,在中部、西部地区就业的农民工分别比上年增长 2.4%、4.2%。2017 年,中部、西部地区常住人口增量分别占全国人口增量的 22.5%、33.1%,相比 2013 年分别提高了 0.8 个和 4.3个百分点。

四是内陆地区基础设施条件全面改善,降低了产业发展成本。近年来,中西部地区基础设施建设持续发力,2013—2017 年西部地区交通运输、仓储和邮政业全社会固定资产投资累计投入 7.8 万亿元,占全国交运仓储总投资的 35.2%。2018年,西部地区铁路运营里程达 5.4 万公里,其中高速铁路 7618 公里,兰新铁路第二双线、兰渝铁路、西成高铁等一批重要交通干线相继投入运营,高速公路通车里程突破 5 万公里;民用运输机场数量 114 个,占全国比重近 50%。

五是中西部地区对外开放通道和平台建设加快,对产业和投资的吸引力显著增强。过去,我国的开放格局是东部领先、中西部落后。近年来随着自贸试验区、共建"一带一路"、中欧班列和其他对外开放政策的落地,中西部加入了我国对外开放的前沿。2018 年,东部、中部、西部、东北地区货物出口分别增长 8.3%、15.2%、21.7%、14.0%,中西部地区贸易增速大幅领先全国和东部地区。区域贸易条件的改善也将有助于相关产业向中西部地区加快转移。

(三)"十四五"时期我国区域产业转移面临的挑战

一是中西部地区劳动力充裕、工资相对较低的传统优势已明显减弱,劳动力密集型产业转入的动力降低。从人口结构来看,欠发达地区"未富先老"的问题十分突出。2017 年,全国人口老龄化程度最高的是重庆、四川,老年人口抚养比分别达到20.6%、19.83%;西部地区的陕西、贵州、内蒙古、广西、甘肃老年人口抚养比处于14.3%—15.2%之间,接近全国平均水平;西部地区仅有云南、宁夏、青海、新疆、西藏等区域老年人口抚养比在12%以下。从劳动力成本来看,制造业平均工资区域差异在过去十年明显收敛。2018年,西部地区的西藏、新疆、重庆三地制造业城镇就业人员平均工资均超过全国制造业工资平均水平;贵州、内蒙古、四川、陕西四地的制造业平均工资也在内地31个区域中的前15位。

二是欠发达地区支持创新发展的资源和人才不足,影响其进一步吸引技术和人才密集型产业。2018年全国科技经费投入统计公报显示,从科技研发经费投入强度来看,区域创新第一梯队继续由北京、上海、江苏、广东、天津、浙江等东部省份构成,排名靠后的则主要是中西部省份。其中,研发经费投入强度最高的北京达到5.64%,最低的西藏仅有0.22%,两者相差25.6倍。从研发经费投入总额来看,公报显示,2017年西部10省份合计投入2064.3亿元,而同年广东一个省研发经费投入就达到2343.6亿元。

三是西部地区在结构调整和经济周期下行的叠加影响下区域需求增长动力不足,对产业发展形成限制。从投资来看,2018年东部、中部、西部、东北地区固定资产投资增速分别达到5.7%、10%、4.7%、1%,相比上年分别变化了-2.6个、3.1个、-3.8个、-1.8个百分点,西部地区投资增速下滑幅度最大。从消费来看,2018年东部、中部、西部、东北地区社会消费品零售总额平均增速分别为7.3%、10.8%、8.8%、5.9%,相比上年分别下降了1.6个、0.7个、1.9个、0.3个百分点,消费增速下滑幅度最大的仍是西部地区。

四是欠发达地区地方财政压力较大,可用于招商引资和支撑产业发展的财力不足。西部地区长期处于财政收支不平衡状态,近年来,随着区域经济增速下行,财政减收压力进一步加大。2019年上半年,东部地区财政一般预算收入增长4.1%,西部地区地方财政收入仅增长0.5%。即便中央财政给予中西部地区较大力度的倾斜,但由于地方财政支出刚性增长、历史包袱较重,未来一段时期欠发达地区的地方财政压力难以明显改观。

五是中西部地区发展的生态约束持续强化,承接产业转移的环境门槛更高。党的十八大以来,中央对于生态文明建设的要求进一步提高。在绿色发展理念和高质量发展要求下,中西部地区难以走"先污染、后治理"的传统产业发展路径,而要在保护好生态环境的前提下进行产业发展,避免产业转移的过程中出现污染转移。未来,作为我国的生态上游和生态屏障,中西部地区产业发展将面临比东部地区更加严格的生态环境要求,这对于其承接产业和企业的选择也提出了更高条件。

四、"十四五"时期促进我国区域间产业梯度转移的思路举措

（一）基本思路

牢牢把握新技术革命和产业变革下全球产业分工格局重塑的重大机遇，充分发挥我国超大规模、多层次国内市场的独特优势，以区域协调发展为目标，以改革创新和改善环境为动力，以提升区域发展能力为根本途径，加快产业和要素重组配置，深化区域产业合作，推动产业按照各地条件和优势有序转移，加快形成分工合理、特色鲜明、优势互补的区域生产力新格局。

（二）重点举措

有效发挥政府在区域产业转移中的规划引导和项目引领作用。制定指导区域产业转移的专项规划，结合区域协调发展战略的要求，进一步明确各地在新时期的产业发展定位。要适度提高后发地区的产业发展定位，给予后发地区更大空间以发展先进制造业、信息产业和现代服务业。完善国家重大科研基础设施布局，支持中西部地区在特色优势领域优先布局建设一批国家级创新平台和大科学装置，在中西部地区实施一批示范性的军民两用技术转移重大项目。

完善交通和通信基础设施，进一步增强内陆地区对内对外联通性。加快川藏铁路、沿江高铁、渝昆铁路、高成铁路等贯通性骨干运输通道建设，加强内陆地区航空口岸和枢纽建设，支持内陆地区发展更多无水港。加强不同交通方式的衔接，构建陆海联运、空铁联运、中欧班列等有机结合的联运服务模式和物流大通道。大力推进西部陆海新通道建设，积极实施中新战略性互联互通示范项目。加快内陆地区信息基础设施升级改造，加快推进5G网络落地建设。

支持内陆地区社会建设，通过人的更好发展、全面发展，培育能够支撑区域产业高质量发展的人力资源红利。加快改善内陆地区特别是贫困地区的普惠型幼儿园、义务教育薄弱学校办学条件，通过政策鼓励支持幼儿园教师和中小学教师到中西部地区任教。支持中西部地区特别是高等教育发展相对落后的省份建设高水平一流大学，进一步提高重点高校在内陆地区招生比例，支持内陆高校教师学生进行国际交流。支持内陆地区建设一批区域医疗中心，鼓励东部地区医疗机构与中西部地区医疗机构开展定期、深入的双向交流。加快推进养老保险全国统筹，完善医疗保险关系转移接续措施，全面实现异地就医住院费用直接结算。完善内陆地区

公共文化、体育运动场馆设施,推进公共文体场馆免费或低收费开放。

构建东部地区与内陆地区协同合作发展新机制,推动区域间深化务实产业合作。借鉴推广京津冀、长三角、粤港澳等地开展跨区域合作的相关经验,在更大范围内建立省际产业转移统筹协调机制。支持龙头企业、行业协会搭建产业转移促进平台,整合提升各类投资贸易会展活动的质量和效果。鼓励中西部地区通过委托管理、投资合作、"飞地经济"等多种形式与东部沿海地区合作共建产业园区,更好发挥产业转移示范区的示范和辐射带动作用。进一步减少区域产业转移相关的行政审批事项,简化办事程序,推动相关行政许可跨区域衔接互认。

以更大力度推动内陆地区实现高水平开放,更深融入全球产业链和价值链。支持中西部区域中心城市进一步提升国际服务能级,在内陆地区增加设立自由贸易试验区,支持内陆地区自贸试验区在贸易投资领域开展先行先试。在内陆地区增设国家一类口岸,在沿边重点开发开放试验区实施更有竞争力的贸易和投资便利化政策。在内陆地区探索国际移民管理制度改革,支持内陆地区在外籍大学毕业生、高层次人才的签证办理、工作许可、停留居留、永久居留等方面提供更加便利的政策。支持内陆地区的企业更多参与国家对外经贸合作项目,在中西部地区举办更多国家级国际博览会,进一步提升内陆地区的国际知名度和影响力。

以严格制度坚守内陆地区产业发展的生态红线,增强内陆地区走绿色产业发展道路的制度激励。防止对生态屏障地区、生态敏感脆弱地区过度开发,严禁国家明令淘汰的落后生产能力和高耗能、高排放项目转入内陆地区。全面落实环境影响评价制度,对承接项目的备案核准严格执行相关要求,加强对内陆地区承接产业的全程环境跟踪监测。鼓励内陆地区建设市场导向的绿色技术创新体系,支持资源循环利用基地建设和园区循环化改造。加快建立健全市场化、多元化生态保护补偿机制。加强清洁能源开发利用,提升清洁电力本地消纳和对外输送能力。

(课题组成员:侯永志　贾珅)

"十四五"时期促进区域间产业梯度转移政策研究

中国人民大学应用经济学院

迄今为止,国际产业一共经历了四次大的转移,每一次产业转移都引起了产业分工在全球的重新配置,并催生了新的产业强国。第四次产业转移是我国产业发展的重要历史背景,也是我国经济发展的重要机遇。中国的改革开放,使我们能够抓住这次机遇,并奠定了我国"世界工厂"的地位。我国承接产业转移是从东部沿海地区开始的,进入 21 世纪之后,从沿海向内地的产业转移,成为我国产业空间配置的巨大动力。随着我国市场的逐步开放、市场空间的不断拓展,国际产业转移的速度、规模和范围不断延伸,承接国际产业转移的区域以东部为主,中西部地区的吸引力有待加强。本报告依据份额变动衡量产业转移,通过实证分析,阐述不同行业的产业转移特点和方向,分析影响产业转移的各类因素,研究我国产业转移的动力机制,提出"十四五"时期我国产业转移的新特点和新方向,并提出相应的政策建议。

一、国内外产业梯度转移的历史背景

国际产业转移首先从发达国家开始,按梯度依次转移到次发达国家、发展中国家。回顾历次产业转移浪潮:第一次国际产业转

移中,英国是当时工业化水平最高的国家,将产业转移到具有自然、资源优势的美国。这次产业转移奠定了美国后来领跑第二次科技革命的物质和技术基础,并在19世纪末崛起成为世界第一工业强国。第二次产业转移中,美国向西欧和日本转移传产业,德国、日本通过承接转移产业,工业竞争力迅速提高,成长为发达国家。第三次国际产业转移中,美国和日本向亚洲"四小龙"国家(地区)和部分拉美国家转移劳动密集型产业和重化工业,催生了亚洲"四小龙"成为新兴的工业化国家或地区。第四次国际产业转移中,日本、亚洲"四小龙"、美国向东盟四国和中国内地转移劳动密集型、一部分资本密集型和低附加值的技术密集型产业。中国在此次产业转移中制造业得以迅速发展,奠定了"世界工厂"的地位。当前,国内外产业转移态势发生了新的变化,梳理国际、国内产业转移的历史背景对于理解当前产业转移的新趋势具有重要参考价值。

(一) 国际产业转移的典型特征

回顾二战后国际产业转移的历程,笔者将历次国际产业转移的空间趋势与产业特征总结归纳如表 1 所示。

表 1 国际产业转移的空间趋势与产业类型

年代	产业转出国	产业承接地区	产业类型
20 世纪 50—60 年代	美国	日本	资本密集型产业
	美国、日本	亚洲"四小龙"	劳动密集型、部分资本密集型产业
20 世纪 70—80 年代	美国	日本	技术密集型产业
	美国、日本	亚洲"四小龙"	资本密集型产业
	美国、日本、亚洲"四小龙"	东盟国家	劳动密集型产业
20 世纪 90 年代—2008 年国际金融危机	美国	日本	创造性、知识技术密集型产业
	美国、日本	亚洲"四小龙"	标准化资本、技术密集型产业
	美国、日本、亚洲"四小龙"等	中国和东盟国家	劳动密集型产业、部分资本和技术密集型产业
2008 年国际金融危机以来	部分发达国家	中国沿海	部分资本密集型、技术密集型产业和服务产业
	部分发达国家、中国沿海地区	中国中西部地区、东盟国家	劳动密集型产业、部分资本密集型、技术密集型产业

资料来源:吕政主编:《国际产业转移与中国制造业发展》,经济管理出版社 2006 年版。

(二) 我国承接国际产业转移的历程

20 世纪 80 年代以来,在国际产业转移的浪潮下,我国抓住机遇,逐渐成为国际产业转移的主要承接国。我国承接国际产业转移的历程经历了三个阶段：

1979—1991 年起步阶段：这一阶段亚洲“四小龙”向外转移其轻纺产品为代表的劳动密集型产业，我国抓住这一历史机遇，承接以轻纺工业为代表的轻工业，主要是玩具、服装、鞋帽和家用电器等。这一时期外商在华投资还处于试验性阶段，投资规模小，我国引进的外资较少，主要是对外借款，主要承接方式是加工贸易。

1992—2001 年加速阶段：1992 年中国社会主义市场经济体制得以确立，承接国际产业转移的制度基础得以完善。我国抓住良好机遇，承接劳动和资本密集型相结合的产业，机电产业得以发展，出口增加，产业转移进入加速阶段。这一阶段承接产业转移的方式多样化，外商投资特别是跨国公司开始在中国进行系统化、大规模的投资。

2002 年之后发展阶段：我国在 2001 年底加入 WTO，经济的持续高速增长带来了巨大的市场空间，我国对国际产业的吸引力进一步增强，中国成为 FDI 的首选地之一。外商投资的方式之一是现有企业从单环节、单产品的加工生产延伸到下游产品和相关产业。发达国家将成熟的资本密集型、技术密集型产业大规模地向中国东南沿海转移。

（三）我国承接国际产业转移的典型特征与趋势

随着我国市场的逐步开放，市场空间的不断拓展，国际产业转移的速度、规模和范围不断延伸，承接国际产业转移的区域以东部为主，中西部地区的吸引力有待加强。从历年各省份外商投资企业年末投资额的变动情况可以看出，东部地区的比重一直稳定保持在 75% 以上，中部、西部地区的比重基本在 7% 左右徘徊，而东北地区从 2013 年开始呈现出不断下降的趋势。[①] 我国承接国际产业转移的产业表现出“由低技术梯度到高技术梯度”的特点。承接的产业逐渐由资源密集型、劳动密集型转向资本密集型、技术密集型。

2008 年国际金融危机之后，原有的国际产业分工格局出现重大转变，我国承接国际产业转移呈现出新的发展趋势：一是国际产业向我国转移的规模继续扩大，跨国公司在产业转移中发挥主导作用。2000—2017 年，我国实际利用外商直接投资规模年均达到 882.7 亿美元，2017 年实际使用外商投资金额达到 1310.4 亿美元，成为世界上吸引外商直接投资最多的国家之一，成为国际产业转移的主要承接地，我国承接国际产业转移的规模继续扩大。随着国内竞争环境的变化，跨国公司也逐渐改变投资方式，大规模、全方位、全系列、系统化的投资成为主流，跨国公司在产业转移中的作用日益突出。二是转移产业由制造业向服务业延伸，产业链日

---

① 数据来源：国家统计局、中国商务部。

益完善,向高端延伸。2011 年,服务业实际使用外商直接投资金额超过制造业,占我国实际使用外商直接投资额的 48.6%,2017 年服务业实际使用外商直接投资金额达到 884.4 亿美元,占实际使用外商直接投资额的比重接近 70%。跨国公司也逐渐将研发中心、地区总部等产业链的高端部分向我国转移。这使得我国的产业链日益完善,向高端延伸。三是国际产业转移的方式日趋多样,证券投资、跨国并购方式占比逐渐提升。随着股权限制的不断放开,我国承接国际产业转移的方式逐渐由单一的直接投资和单一的股权安排向独资、合资、收购、兼并、非股权安排并重的方向发展。

(四) 我国产业转移的新变化——"制造业外流"现象

近期我国部分制造企业在美国投资建厂引发各界的广泛关注,如何看待所谓"制造业外流"现象?这种现象的背后反映出哪些深层次的问题?这些问题值得高度关注。

"制造业外流"现象符合我国开放经济发展和产业升级的一般规律。近年来,我国对外投资和利用外资呈现历史性变化,2014 年我国对外投资规模超过利用外资规模,首次成为资本净输出国[①];2015 年中国超越日本,成为全球第二大直接投资来源国;2015 年我国对美直接投资首次超过美国对华投资。

"制造业外流"现象也反映出我国制造业比较优势变化与综合成本上升的现实问题,也与制造业综合成本持续上升有直接关系。中国作为制造业大国的竞争优势在 2004—2014 年发生大幅下降。其中,尤其值得注意的是,2004—2014 年中国制造业劳动生产率提高 100%以上,低于制造业工资成本增幅。

二、我国当前产业转移态势分析

产业转移是同时具有空间和时间维度的动态过程。分析当前我国产业转移趋势,对于展望"十四五"时期的产业转移情况有重要意义。

(一) 产业转移的测度方法

国内一般采用间接指标测度转移程度,如以产业份额为基础的区位熵、绝对份额指标、赫芬达尔指数、外商直接投资及省外投资额、产业梯度系数和基于区域间投入产出的转移指标。为了精确反映转移前后的差异,我们依据份额变动衡量产

---

① 2014 年我国对外投资规模达到 1231.2 亿美元,超过实际利用外资金额 1197.05 亿美元。

（亿美元）

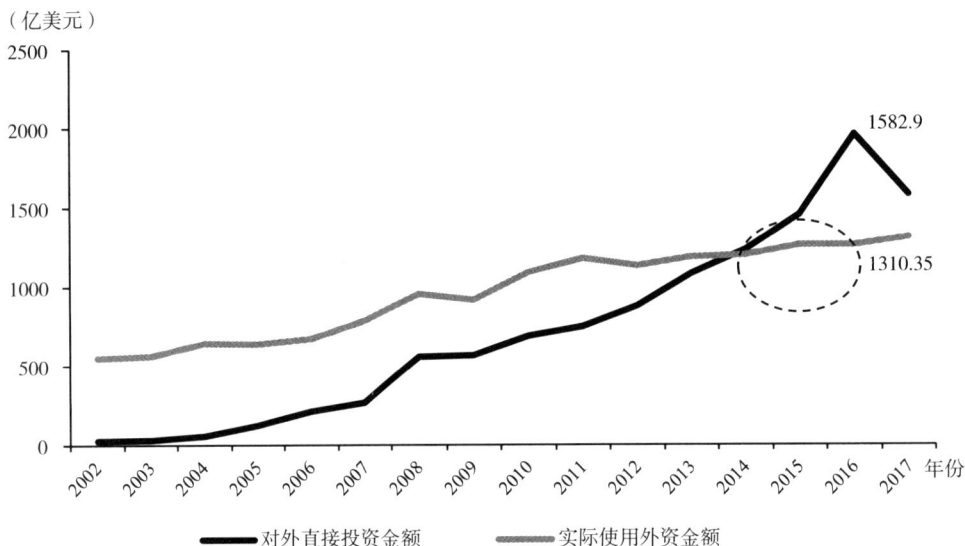

图1 中国利用外资和对外投资情况

数据来源：实际使用外资金额数据来自历年中国统计年鉴；对外直接投资金额数据来自历年《中国对外直接投资统计公报》，其中2002—2005年数据为中国对外非金融类直接投资数据，2006—2017年为全行业对外直接投资数据。

业转移。该方法将产业转移看作一个事件，转移发生前产业的发展比较平缓，转移的发生会导致较大变动，转移发生前后产业经济指标的相对变化量即为转移的大小。因此，如果将转移发生前的年份定义为基期，则地区产业转移的程度可以定义为：

$$IR_{ci,t} = P_{ci,t} - P_{ci,t_0} = \frac{q_{ci,t}}{\sum_{c=1}^{n} q_{ci,t}} - \frac{q_{ci,t_0}}{\sum_{c=1}^{n} q_{ci,t_0}} \tag{1}$$

其中，$IR_{ci,t}$ 为 c 地区 t 年份 i 行业的转移程度，$q_{ci,t}$ 代表 c 地区 t 年份 i 行业的产值，n 为全国地区总数，$\sum_{c=1}^{n} q_{ci,t}$ 表示该行业的全国总产值。

改进后的产业转移程度可以表示为：

$$IR'_{ci,t} = P'_{ci,t} - P'_{ci,t_0} = \frac{\dfrac{q_{ci,t}}{\sum_{c=1}^{n} q_{ci,t}}}{\dfrac{\sum_{i=1}^{m} q_{ci,t}}{\sum_{i=1}^{m}\sum_{c=1}^{n} q_{ci,t}}} - \frac{\dfrac{q_{ci,t_0}}{\sum_{c=1}^{n} q_{ci,t_0}}}{\dfrac{\sum_{i=1}^{m} q_{ci,t_0}}{\sum_{i=1}^{m}\sum_{c=1}^{n} q_{ci,t_0}}} \tag{2}$$

将改进后的 $IR'_{ci,t}$ 界定为产业转移指数，m 为所考察的行业数量，$q_{ci,t}$ 代表 c

地区 t 年 i 行业的生产规模，$\sum_{i=1}^{m} q_{ci,t}$ 表示地区全部行业的总体规模。为了更加全面地刻画地区间产业转移的现实情况，同时采用产值和企业数量代表行业生产规模进行测算，既体现某地区行业生产要素的收缩与扩张，又反映了企业数量的空间流动。如果 $IR'_{ci,t} > 0$，表明所考察年份 c 地区 i 行业规模相对于初期发生了转入；若 $IR'_{ci,t} < 0$，则意味着 c 地区该产业相对于初期发生了转出。这样，改进后的产业转移指数既体现了产业转移的方向性，又可以反映地区间产业转移量的大小。

（二）实证分析

我们分别测算劳动、资本和技术密集型行业的转移指数，将 2006 年作为基期。劳动密集、资本密集和技术密集三大行业类型如表 2 所示。

表 2　要素密集型行业分类标准

行业分类	制造业行业
劳动密集型	纺织业，纺织服装、服饰业，皮革、毛皮、羽毛及其制品和制鞋业，木材加工和木、竹、藤、棕、草制品业，家具制造业，其他制造业，废弃资源综合利用业
资本密集型	农副食品加工业，食品制造业，酒、饮料和精制茶制造业，烟草制品业，造纸和纸制品业，印刷和记录媒介复制业，文教、工美、体育和娱乐用品制造业，石油加工、炼焦和核燃料加工业，非金属矿物制品业，黑色金属冶炼和压延工业，有色金属冶炼和压延加工业，金属制品业，金属制品、机械和设备修理业
技术密集型	化学原料和化学制品制造业，化学纤维制造业，医药制造业，橡胶和塑料制品业，通用设备制造业，专用设备制造业，汽车制造业，铁路、船舶、航空航天和其他运输设备制造业，电气机械和器材制造业，计算机、通信和其他电子设备制造业，仪器仪表制造业

按照改进后的产业转移衡量方法[见公式（2）]，对中国 31 个省份 2006—2016 年制造业产业转移指数进行了测算。将 2006—2016 年划分为三阶段，阶段 I 为2006—2009 年，阶段 II 为 2009—2013 年，阶段 III 为 2013—2016 年。其间各省产业转移情况如下。

表 3　各省劳动密集型产业转移情况（2006—2016 年）

劳动密集型产业	阶段 I	阶段 II	阶段 III
北京	−0.00091	0.014447	−0.00856
天津	−0.00694	0.071479	0.164877
河北	−0.06365	0.062022	0.265685
山西	−0.04519	−0.02722	0.000407
内蒙古	−0.09464	−0.13313	−0.20198

续表

劳动密集型产业	阶段 I	阶段 II	阶段 III
辽宁	0.069826	0.125428	0.129352
吉林	−0.00259	0.154629	0.491203
黑龙江	−0.03075	0.129451	0.659219
上海	−0.0501	−0.09691	−0.15244
江苏	−0.1161	−0.35618	−0.58454
浙江	0.063749	−0.12465	−0.46558
安徽	0.042535	0.275029	0.483168
福建	0.154175	0.318296	0.48007
江西	0.071392	0.217956	0.428653
山东	0.046588	0.026937	−0.19003
河南	0.067746	0.232951	0.31359
湖北	0.008723	0.101274	0.064052
湖南	0.005642	0.105202	0.268613
广东	0.077028	0.233809	0.292765
广西	−0.01731	0.221494	0.647807
海南	−0.09492	−0.13479	−0.14602
重庆	0.04143	0.109583	0.104252
四川	0.055419	0.172145	0.248967
贵州	−0.00811	0.079111	0.417858
云南	−0.00543	0.021412	0.134716
西藏	0.20532	0.353309	0.17861
陕西	−0.06952	−0.06646	−0.04944
甘肃	−0.01467	0.037455	0.1481
青海	0.046389	0.035464	0.072981
宁夏	−0.02913	−0.06291	0.02089
新疆	−0.02636	−0.23299	−0.30955

表 4　各省资本密集型产业转移情况（2006—2016 年）

资本密集型产业	阶段 I	阶段 II	阶段 III
北京	−0.01309	−0.06775	−0.15136
天津	0.138917	0.251482	0.297199
河北	−0.02708	−0.12031	−0.23214
山西	−0.03209	−0.11189	−0.15859
内蒙古	−0.04731	−0.09034	−0.06802

续表

资本密集型产业	阶段 I	阶段 II	阶段 III
辽宁	-0.11621	-0.14989	-0.14582
吉林	0.08708	0.126156	0.159007
黑龙江	0.005637	0.144005	0.184831
上海	-0.07353	-0.08941	-0.08298
江苏	-0.02406	-0.07019	-0.03969
浙江	-0.00908	-0.00599	0.002106
安徽	-0.0519	-0.1668	-0.22266
福建	0.057218	0.092769	0.133222
江西	-0.07404	-0.19267	-0.25886
山东	-0.05373	-0.08707	-0.08487
河南	-0.05527	-0.16261	-0.24997
湖北	0.009445	0.0463	0.027225
湖南	-0.11388	-0.25882	-0.29907
广东	0.029102	0.061449	0.084457
广西	-0.0248	-0.05972	-0.10927
海南	0.356247	0.326565	0.335618
重庆	-0.02449	-0.03529	-0.06924
四川	-0.03214	-0.06589	-0.12537
贵州	-0.05428	-0.0247	-0.0184
云南	-0.07562	-0.08697	-0.04862
西藏	0.005665	0.074754	0.276435
陕西	-0.01602	0.080088	0.103736
甘肃	-0.05407	-0.10953	-0.05766
青海	-0.06302	0.004716	0.046482
宁夏	-0.0724	-0.00192	0.031642
新疆	-0.16372	-0.1893	-0.21499

表5 各省技术密集型产业转移情况（2006—2016年）

技术密集型产业	阶段 I	阶段 II	阶段 III
北京	0.008462	0.06048	0.154484
天津	-0.12481	-0.23046	-0.24801
河北	0.01138	0.069191	0.151406

技术密集型产业	阶段 I	阶段 II	阶段 III
山西	0.000844	0.072058	0.172662
内蒙古	0.034354	0.078421	0.110272
辽宁	0.069501	0.08971	0.122878
吉林	−0.07992	−0.13922	−0.20167
黑龙江	−0.02303	−0.17168	−0.25296
上海	0.072325	0.099402	0.117179
江苏	0.055083	0.136705	0.129187
浙江	0.024905	0.049593	0.039329
安徽	0.02617	0.086314	0.099294
福建	−0.05904	−0.12989	−0.24425
江西	0.037358	0.113574	0.132164
山东	0.040042	0.072351	0.098254
河南	0.019332	0.083274	0.155146
湖北	−0.01165	−0.05746	−0.03273
湖南	0.077482	0.185543	0.213765
广东	−0.02996	−0.08311	−0.12604
广西	0.002186	−0.01047	−0.01421
海南	−0.30954	−0.27226	−0.20984
重庆	0.011553	0.014737	0.062255
四川	0.005922	0.017111	0.074427
贵州	0.020957	−0.01689	−0.03097
云南	0.029645	0.038183	0.05786
西藏	−0.0687	−0.14942	−0.21495
陕西	0.009414	−0.06929	−0.0465
甘肃	0.009016	0.049401	0.063247
青海	0.019185	−0.03285	−0.01775
宁夏	0.050369	−0.00156	−0.02454
新疆	0.165036	0.251009	0.285393

在时间维度上：2006—2009年，资本密集型制造业转移幅度最大，随后是劳动密集型制造业，最后是技术密集型制造业，尽管三者存在转移幅度的差异，但基本上持平；2009—2013年，三类制造业转移速度都增幅明显，增幅最大的是劳动密集型制造业，资本密集型制造业和技术密集型制造业的地区间转移也毫不逊色；到了2013年，劳动密集型制造业转移速度急剧增加，明显超越了资本密集型制造业和技术密集型制造业，部分省份转移速率开始放缓，虽然资本密集型行业和技术密集型行业转移也快速增长，可增幅相比上一阶段略有下滑。

在空间维度上：三类要素密集型制造业均在省际出现大规模转移。劳动密集型制造业呈现"以东南沿海和西北地区为核心，向东北、中部和西南地区转移"的特征；资本密集型产业则表现为"以河南、安徽、江西和湖南的中部地区为主转出区，伴以大部分西部地区为次转出区，转入广东、福建与江苏，以及西藏和部分东北地区"；技术密集型产业持续转入新疆地区，除此之外，呈现"由相对南部的地区向相对北部的地区转移"的趋势。

从行业角度看：不同类型的制造业具有不同的转移特征。可以发现，劳动、资本和技术密集型行业的空间转移呈现出一定的规律：从全国范围来看，三类密集型行业均出现了空间上的大范围迁移，随着要素成本差异的不断扩大，沿海发达地区的产业倾向于向周边次发达地区转移，形成典型的"洼地效应"，而中西部落后地区的要素则向区域内经济社会环境更优的地区汇聚，形成新的比较优势；其中，劳动密集型制造业总体向中部集聚，资本密集型制造业总体向东南和东北地区扩散，技术密集型则主要表现为转入除广东外的经济发达省份。

（三）制造业产业转移态势

劳动密集型行业转移趋势分析：2006—2009年，劳动密集型制造业主要表现为从华北、东北和西北部地区转入中部和广东、福建、浙江、山东和辽宁等沿海地区的特征，其中福建吸纳了最多的劳动密集型制造业转入，中部的河南、江西和东部的浙江次之。河北、内蒙古和山西则是劳动密集型制造业转出最多的地区。劳动密集型制造业作为对于劳动力数量质量有一定要求的行业，不难理解其整体上由劳动力数量相对较少、质量相对较低的区域转入劳动力数量相对较多、质量相对较高的区域的趋势。2009—2013年，劳动密集型制造业转移情况与上一阶段略有不同，西南部的云南、贵州和广西，西北的甘肃，京津冀和东北地区均由上一阶段的劳动密集型制造业转出地变为转入地，而与之相对应的仅有浙江由转入地变为转出地。这大致反映出劳动力大省的劳动密集型制造业承载力逐渐饱和，因而劳动密集型产业开始向一些其他区域转移。2013—2016年，北京不断将劳动密集型制造业转出，以疏解非首都核心功能。整体上来看，转出后的劳动密集型制造业主要向中部和西南部集聚,十分契合当前产业转移的战略思路。

资本密集型行业转移趋势分析:2006—2009 年,资本密集型制造业转入地分布呈现"中间两点,南北两块"的态势,这两个点状转入区域分别是湖北省和天津市,两个块状转入区域分别是北方的黑龙江和吉林以及南方的广东、福建和海南。东北地区在此时仍然具有工业基础雄厚的优势,而广东和福建是沿海开放的省份,所以在这一阶段资本密集型制造业不断涌入这两块区域。2009—2013 年,资本密集型制造业转移空间分布没有太大变化,值得一提的是中部的湖南、江西、安徽和河南四省资本密集型制造业转出大大加速,超越了以往水平,而与湖北相邻的甘肃也由上一阶段的转出地变为转入地。这是缘于劳动密集型制造业的涌入导致中部省份的产业结构战略发生变化,于是资本密集型制造业开始另觅发展之地。2013—2016 年,资本密集型制造业转出速率加速的态势向北蔓延,覆盖了山西和京冀地区,浙江和宁夏与上一阶段的甘肃一样,由转出地变为转入地。山西过去长期依赖于资源开发型产业以发展经济,但随着产业结构单一的弊端凸显和环境污染的日益加深,山西不断将属于资本密集型制造业的资源开发型产业转移出去,河北和山西情况类似,高污染的钢铁厂也在转移以适应新时代要求。整体上来看,相对于劳动密集型制造业,资本密集型制造业整体上扩散幅度稍大,与阶段 I 呈现的"中间两点,南北两块"的转入地空间分布基本无差别,这几个区域的资本密集型制造业转入的背后不难看到东北振兴、中部崛起和沿海地区产业转型等国家战略的身影。

技术密集型行业转移趋势分析:2006—2009 年,技术密集型制造业转移速率相对偏慢,其转移趋势与资本密集型制造业恰恰相反,呈现"点上转出,多地开花"的局面,主要转出地是中部的湖北、北部的天津和东北地区以及东南沿海的广东、福建和海南。技术密集型制造业的普遍转入说明了此时互联网和计算机行业的不断壮大,各地均开始出台政策吸引和吸收相关精尖企业。2009—2013 年,技术密集型制造业主要转入西南和北部地区的特征。其中,东部地区主要转入京津冀和长三角覆盖区域,东北地区主要转入辽宁,中部则由湖北转出到其他中部地区,西部的四川和重庆是转入的主要地区,绝大多数省份产业转移绝对值份额增加了。北京和上海作为主要的人才集中地,自然吸引了技术密集型制造业在两地的孵化,并且不断辐射周边所覆盖的区域,而西部的四川和重庆作为区域经济发展的领头羊,也使得技术密集型制造业在这里落地生根。2013—2016 年,与上一阶段相比,技术密集型制造业转移的空间分布变化不大,但转入速率却大幅提高,主要体现在京冀、山西和河南三个地区,而转出速率大幅提高的仅有福建一省。可见京冀、山西和河南均以实际行动通过调整产业结构以实现创新驱动发展。整体上来看,技术密集型制造业除了向京冀和长三角地区转移外,非但没有转入珠三角地区,反而是从那里转出了不少技术密集型制造业,这某种程度上表明,珠三角地区的技术密集型产业主要是第三产业而非制造业。

三、区域间产业转移的动力机制

(一) 产业转出的动力机制

产业转出的市场机制可以分为三类:首先,一般而言,东部地区产业发展环境优于中西部地区,各个产业之间对东部优势地理环境的竞争,使得具有较高生产率的企业才能留在东部地区,生产率较低的产业在优势地理环境的竞争中处于劣势,竞争的结果是生产率较低的产业退出原址,去寻找其他竞争较小的地理发展环境,从而这些产业出现转出的动力。其次,即使在优势地理环境的竞争中,生产率较高的企业也会发生产业转移,在优势地理环境要付出高昂的生产要素成本,比如较高的土地租金和劳动力成本,当在优势地理环境获得的产业正外部性大于为获得优势地理环境所付出的成本时,则生产率较高的产业也有可能去寻找土地租金较少或者劳动力成本较低的区域。最后,在市场经济下,优势地理环境之间也会存在竞争,随着中西部地区工业化和城市化的进一步加深,国家交通基础设施投入不断,运输成本下降,区域一体化的趋势明显,中西部地区的产业发展环境不断改善,在具有相同地理环境优势的情况下,产业趋向于生产成本较少的地方,其他优势地理环境的相对成本下降也是产业转移的动力。

政府的政策也是产业转出的重要动力之一,政府可以改变产业的发展环境,影响企业的生产成本和营业利润,就产业转出而言,不符合政府发展规划的产业,政府主要通过产业疏解政府和产业规制政策,促使不符合政府发展规划的产业转出。

(二) 产业转入的动力机制

产业的转入,是企业行进区位选择的结果,企业在经济生产区位的选择时,由产业在生产地的边际成本和获得正外部性的权衡取舍决定企业是否转入某地,因此,当地的资源禀赋、市场规模和政府政策都能够影响企业的生产成本和所获得的外部性,由此导致产业的转入。

市场机制是产业转移的起决定性作用的机制,在市场经济机制下,产业转移的动力是为了获得更大的竞争优势。为了平衡发展地方经济,政府通常会出台区域性的产业发展政策,这些政策的目的是集中发展当地产业,促进地方经济发展。具体到产业转入地的产业发展政策而言,可以分为两类:一类是上级政府的区域经济政策,目的是协调区域发展,减少产业结构与空间结构的失衡性;另一类则是地方政府的产业发展政策,目的是促进地方经济发展。

除了地方政府在经济生活的各个方面改善地区营商环境作为产业发展政策的重要内容以外,地方政府产业招商政策也是产业转入的主要动力之一,地方政府为了吸引产业入驻,通过补贴产业搬迁成本,降低产业转入的成本,给予新入驻的产业土地和税收优惠,甚至是在尚未形成产业集聚经济以前,对优先转入的产业给予生产补贴。因此,地方政府的招商引资政策促进了产业的加快转入,减少了产业转移的成本,为新转入的产业给予发展的过渡期以适应新的生产环境。

(三)"十四五"时期我国产业转移新趋势预判

"十四五"时期的产业转移伴随着更加复杂的国内和国外形势,国内产业梯度转移总体趋势仍然会是较为低端的产业由东部地区向中西部地区转移,这是由土地、劳动力、技术等要素决定的,但是也可能出现一些新特点。

第一,产业转移更趋于区域集中。包括化纤、纺织、钢铁、多元化工等在内的传统制造业逐渐向更有效率和成本优势的地区集聚,马太效应将发挥个体筛选作用,这一过程并不必然是"低端制造业从东部沿海地区向中西部地区转移",首先,劳动力和土地成本不是产业发生转移的充分条件,是众多因素综合作用的结果。其次,东部地区仍然存在很多劳动力和土地成本不高的区域。因此,东部地区仍然会存在不同层级产业长期共同发展的情况,只是产业集中度会逐渐增强,这是未来产业转移的趋势。

第二,产业转出将促进东部地区产业升级。东部地区是我国目前经济最发达的地区,也是产业转移的主要输出地。产业的转出,对当地而言是"腾笼换鸟"的机遇。东部一线城市有资金优势、人才优势,是我国产业创新的高地,要有选择地引入相关产业,在产业布局上支持上述前沿科技的发展。

第三,中西部核心城市成为产业转移的集中承接地。在"十三五"时期,中国的新兴制造业,如半导体、通信设备、电子元件等,都不同程度地从北京、上海、广东等一线城市向中西部地区的核心城市转移。在国家高铁网络逐渐完善的"十四五"时期,空铁联运等运输方式将大大降低中西部地区的空间劣势,中高端制造业将在中国中西部区域的核心城市崛起。

第四,产业转移难度加大,集群招商成为重要模式。产业梯度转移理论认为发达地区应首先加快发展,然后通过产业和要素向较发达地区和欠发达地区转移,以带动整个经济的发展。因此,随着产业转移的进行,"十四五"时期,产业转移的难度将会加大。

四、"十四五"时期加快推进产业转移政策建议

"十四五"时期是我国经济向现代化迈进的起步时期,产业在各区域的发展对实现现代化十分重要。加快产业在区域间的转移,对区域协调发展有重要的意义。

(一) 依托区域间产业转移,优化国内产业体系

第一,依托产业转移,促进产业升级。产业转移对产业转出地和转入地的产业转型升级都具有重大的意义,是实现产业转型的首要途径。产业转移使得较发达的产业转出地也即东部沿海地区能够转移出那些处在产业发展和产品生命周期后期的成熟和衰退产业,能够转移那些在资源约束、环境约束下不再具有比较优势的产业,能够转移出那些已经不符合本地未来高质量发展需要的落后产业。

第二,依托产业转移,保障国内完整的制造业产业链。推动区域间的产业转移既能够有效地保留巩固制造业产业链条中的低端部分,也能够有效地提升加强制造业产业链条中的高端部分。决策层应该对此问题高度重视,从保证制造业产业链的完整性的角度来统筹推进,有序引导产业转移。

第三,依托产业转移,促进区域协调发展。我国中西部地区的经济发展仍然面临不少问题,经济增长亟待由"粗放速度型"向"质量效率型"转变。此外,我国的南北差距也呈现出扩大的趋势。在此背景下,促进区域间的产业转移是实现区域协调发展的重要抓手。

第四,依托产业转移,防止出现产业空心化的问题。通过改革创新为制造业营造一个低成本、便利投资和公平竞争的环境对保持本土制造业可持续健康发展能力,对防止出现产业空心化问题来说至关重要。我国中西部地区在承接产业转移上具有较大的空间,应该充分发挥我国中西部地区腹地纵深及成本优势,加快改善各种软硬条件,积极承接东部产业转移,建设符合当地特色的主导产业集群。

(二) 实现产业承接从分散式向集中式转变

第一,发挥中心城市作用,给予转移产业顺利的落地条件。各市应把产业园区作为承接产业转移的重要载体和平台,要加强对现有产业园区的整合,引导转移产业和项目向大的产业园区集聚,形成各具特色的产业集群。

第二,注重降低要素成本,提升产业配套能力。推进产业结构优化升级,进一步提升产业集聚度;加大信息基础设施投入力度,实现信息共建共享,通过产业创新联盟和一体化科技创新平台建设,强化科技成果转化能力,从而有效发挥其对非

中心城市的辐射带动作用。

第三,积极支持承接企业提高创新能力。要将创新资源陆续投向企业,逐步增加对企业创新基础能力建设的投入力度,并在此基础上积极支持产业技术创新战略联盟根据产业发展需求培育与发展创新链。积极发展职业教育,快速补齐人才短板。中西部地区包括中心城市在内的大中城市都存在人才缺乏的问题,职业教育的最主要的贡献之一就是满足劳动力市场的技能需求,缓解一些行业的技能短缺的状况,并且有培养周期短、与实际应用结合紧密等优点。

(三) 依托产业园区,构建完整的政策体系

第一,依托园区加强集群招商。中西部地区产业园区应加强集群招商,依托产业园区的政策优势,可以加速各类生产要素的集聚,通过产业园区建设推进产业转移。园区可以与上市公司等行业龙头企业合作或引入国内外知名投资机构,共同设立产业发展基金,为上市公司的科技创新和产业转型升级服务。

第二,充分发挥产业转移示范区作用。由产业转出地和产业转入地共同建设"飞地经济"的产业园区。充分发挥产业转入地的市场规模以吸引企业入驻,通过产业转入地的市场规模优势促进转入形成持续的竞争优势。

第三,注重科创平台建设和发展服务经济。为了有效承接东部地区优质产业转移,产业园区建设要努力打造科创经济载体和环境:一是建设孵化器、众创空间和科技加速器;二是吸引科研院所分支机构、公共实验室和企业研发中心,建立公共技术交流平台等;三是引进多元化的创新人才,打造互动交流平台,促进跨界创新。

(四) 实施区域差异化的产业转移政策

第一,东部地区。东部地区在改革开放后承接了大量的国际产业转移,随着经济发展水平不断提升,东部地区自然资源日渐匮乏,劳动力价格日益抬升,传统产业已不具备生产优势,且无法带动地区经济持续增长。重点是转出不适合在此区域发展的产业。

第二,东北地区。东北地区作为老工业基地,市场化改革缓慢、对外开放滞后是东北地区的突出短板。但东北地区的相对优势也十分明显:自然资源丰富,劳动力数量充足,成本较低且素质较好,工业基础良好。东北地区的产业转移要随市场化的推进而推进。

第三,中部地区。中部地区经济基础相对薄弱。但是其优势十分明显:自然资源丰富,劳动力数量巨大,人力资源储备丰富。农业比重大,工业体系门类齐全。较高的经济密度和人口密度能够形成更强大的生产力和更广阔的市场需求。中部

地区在地理位置上具有承东启西的作用,其在承接东部沿海的产业转移的同时,还要做向西部进行产业转移的中转站。

第四,西部地区。西部地区经济发展在全国范围内处于落后水平,并且地处内陆,交通不便,运输成本高昂。但是,西部地区在以下多个方面具有明显优势:地域辽阔,多种自然资源有着绝对的优势,劳动力数量多且成本低。西部地区是我国向西开放的桥头堡,要发挥政策优势,从沿海地区和国外转入先进制造业,同时瞄准中亚和西亚地区,精准选择转入企业。

(课题组成员:孙久文　闫昊生　易淑昶　张翱　张倩　宋准)

"十四五"时期促进区域间产业转移政策研究

浙江大学区域协调发展研究中心

近年来,随着我国经济的发展,东部地区的劳动力、土地、能源等要素成本快速上升,劳动密集型产业丧失比较优势,正快速向东南亚及南亚国家转移。同时,高端制造业则向发达国家回流,我国产业面临双重竞争的挤压,产业空心化与转型升级困难并存。在此背景下,如何防止我国产业空心化、加快产业转型升级、促进区域协调发展,是"十四五"时期我国必须面对的重大问题。

一、产业转移一般规律、动力机制及影响因素

(一) 产业转移内涵

学界对产业转移现象的关注由来已久,但是迄今为止对产业转移仍然没有一个统一的定义。一般认为,产业转移是指一个国家或地区的某些产业向其他国家或地区转移的现象或过程。

产业转移的基础是不同国家或地区之间存在产业梯度差。由于经济发展水平、技术水平和生产要素禀赋等因素的不同,不同国家或地区间会形成产业结构发展阶段上的相对差异,即所谓的产业梯度。由于这种产业梯度的存在,以及各国家或地区产业结构

不断升级的需要,国家或地区相对落后或不再具有比较优势的产业就可能转移到其他与该国或地区存在产业梯度的国家或地区,成为其他国家或地区相对先进、具有相对比较优势的产业,从而提高产业承接方的产业结构层次与水平。一般来说,产业转移对于产业转出方和承接方都是有利的,是一种"双赢"的过程。

在实践当中,产业转移的类型多样,从不同角度可以分为以下几类:(1)按照转移所跨越的地理空间范围来划分,可以分为国际产业转移和国内产业转移。(2)按照转移过程中产业主导要素特征的不同,可以将产业转移分为资源密集型产业转移、劳动密集型产业转移、资本密集型产业转移和技术密集型产业转移。(3)按照产业转移目标的不同,可将产业转移分为市场扩张型产业转移、成本节约型产业转移、资源利用型产业转移和技术跟踪型产业转移。

(二) 国际产业转移历程

自工业革命以来,全球大致经历了四次较大规模的国际产业转移,每一次产业转移的转出国、承接国、转移产业类型各有不同,但都对全球经济格局产生了重要影响。

第一次国际产业转移发生在 18 世纪末 19 世纪上半叶,转移路径是从英国向德、法等欧洲大陆国家及美国转移。18 世纪中叶开始,第一次工业革命在英国发生,使英国成为当时的"世界工厂"及经济霸主,随着英国经济的发展,国内生产成本逐渐提高,市场容量与产能的矛盾日益突出,于是英国逐渐对外进行产业转移,开启了第一次国际性的科技与产业转移浪潮。美国凭借其良好的自然资源和众多的劳动人口,吸引了大量英国工业企业到美国投资,成为此次产业转移的主要承接国及最大受益者。美国借助第一次国际产业转移的产业及技术基础,主导了第二次产业革命,实现了经济的进一步崛起,不仅成为世界工业发展史上的第二个"世界工厂",更是超越了英国,成为世界经济霸主。

第二次国际产业转移发生在 20 世纪 50—60 年代,转移的路径是从美国向日本转移,转移的主要产业是钢铁、纺织等产业。20 世纪 50 年代爆发了第三次科技革命,美国率先对其国内的产业结构进行了重大调整和优化升级,集中力量发展集成电路、精密机械、精细化工、家用电器和汽车等资本和技术密集型产业,而将钢铁、纺织等传统产业转移到日本等国家。战后日本正处于经济恢复期,劳动力成本也相对较低,日本通过承接转移产业,大大加快了工业化进程,成为全球劳动密集型产品的主要生产者,"日本制造"开始畅销全球,成为世界工业发展史上的第三个"世界工厂"。

第三次国际产业转移始于 20 世纪 70—80 年代,主要发生在东亚地区,日本是主要的产业输出国,而亚洲"四小龙"(即中国香港、中国台湾、新加坡和韩国)是这次产业转移的主要承接地。20世纪70年代,由于两次石油危机及广场协议的影响,作为世界制造业大国的日本,开始重构国内产业结构,分阶段逐步将纺织业等劳动密集型产业、钢铁化工造船等资本密集型产业以及电子、汽车等技术密集型产业向亚洲"四小龙"国家转移,极大地促进了"四小龙"国家和地区的经济发展水平。

第四次国际产业转移始于20世纪90年代,主要的产业输出国是美、日、欧及亚洲"四小龙"国家和地区,中国和印度则是主要的产业承接地。在这一阶段,美、日、欧等国大力发展生物工程、新材料、新能源等高新技术产业,将产业结构重心向高技术化、信息化和服务化方向发展,进一步把劳动、资本密集型产业和部分低附加值的技术密集型产业转移到中国、印度等新兴经济体,带动了这些国家经济发展和产业结构的升级,促进了其工业化进程。中国内地是此次产业转移的最大受益者,通过承接国际产业转移,中国一跃成为全球制造业的基地。

(三)产业转移一般规律

结合历史上发生的四次国际产业转移历程及近年来国际产业转移的新特征,可以发现,产业转移有其自身的规律性。从产业类型来看,产业转移一般从劳动密集型产业开始,然后逐步过渡到资本密集型产业,再到技术密集型产业;从转移路径来看,一般是从相对发达的国家和地区转移到次发达国家和地区,再由次发达国家和地区转移到欠发达国家和地区;从转移过程上来看,一般是从加工装配开始,经过资本、技术、管理经验的积累,最终过渡到零部件和原材料的本地化生产。

1. 转移产业的层次一般呈现单向逐渐递升特征

产业转移一般由劳动密集型产业开始,然后到资本密集型产业,再到技术密集型产业。首先,由发达国家和地区向欠发达国家和地区转移劳动密集型产业,如轻纺、食品加工等,其表现是欠发达国家和地区出口加工区的普遍建立及"三来一补"贸易的发展,欠发达国家出口商品结构也由以初级产品为主转为以劳动密集型产品为主。其次,发达国家和地区向外转移资本密集型的重化工业,如钢铁、化工、造船等,其自身则转而发展技术密集型产业。最后,随着技术水平的进一步提高和产业结构的进一步高度化,发达国家和地区在继续向外转移劳动密集型产业和资本密集型产业的同时,也开始向欠发达国家和地区转移一些即将趋于成熟或标准化阶段的非核心技术的技术密集型产业。

2. 以梯度转移为主多种转移模式并存

从几次国际产业转移历程来看,产业转移一般从经济梯度较高的国家和地区向经济梯度相对较低的国家和地区转移,基本上是沿着发达国家和地区—次发达国家和地区—欠发达国家和地区的路径进行,总体上呈现梯度转移的特征。但是这一规律并非绝对,特别是近年来,出现了一些新的特点:第一,原有逐级梯度转移的模式被打破,发达国家在向次发达国家转移相关产业的同时,部分产业绕过次发达国家,直接向发展中国家转移,形成了跳跃式转移模式,例如美、日、欧发达国家绕开中国直接向东南亚国家进行产业转移。第二,出现逆梯度转移的现象,即发展中国家向发达国家进行产业转移。2008 年国际金融危机以后,欧美发达国家为了防止产业"空心化",实行"再工业化"战略,吸引了大量高端产业或产业高端环节回流本国,其中不乏通用电气、福特汽车、苹果、IBM 等国际知名企业。

3. 产业转移一般要经历从加工装配到本地化生产的渐进过程

发达国家向发展中国家的产业转移,一般从加工装配开始,即在发展中国家设立加工基地,输出装配技术和中间产品,再把最终产品销往世界各地。随着发达国家资本、技术、管理经验等生产要素不断向发展中国家的转移,发展中国家在干中学的过程中技术水平不断提高,此时发达国家会增加零部件和原材料等中间产品在本地的采购,逐步实现零部件和原材料等中间产品在发展中国家的本地化生产。最后中间产品和最终产品的生产都落户发展中国家,并且相关技术、管理经验、市场渠道都实现了转移和接替,产业转移才正式完成。但是,近年来,以龙头企业和大企业为核心,带动上下游配套产业组团式转移模式大大加快了产业转移的进程。

(四) 动力机制及影响因素

从国家层面来看,比较优势变化及产业结构升级是产业转移的直接推动力。大卫·李嘉图的比较优势理论认为,即使一国在两种商品的生产上都具有优势,也应选择优势较大的商品进行生产和出口,放弃优势较小的商品的生产,而另一国虽然在两种商品的生产上都处于劣势,但也可以选择两种商品中优势相对较大的商品进行生产和出口,即两国均可通过国家间的生产专业化以及商品交换而获取比较利益。这一逻辑同样适用于同一国家内的不同区域。

美国经济学家雷蒙德·弗农的产品生命周期理论揭示了产业结构升级的内在机理及由此导致的比较优势变化。该理论认为,任何一种产品的生命周期可以划分为新产品、成熟产品和标准化产品三个阶段。新产品阶段主要是产品的研发、设计和投产,技术密集度较高,产品生产的附加值也较高,发达国家在人才、资金、技术方面具有比较优势,因此一般从事新产品的研发。成熟产品阶段伴随新产品生产技术的不断普及,后进国家厂商开始引进技术或模仿生产,产品市场迅速扩大,产品开始由技术密集型向资本密集型转变。标准化产品阶段,生产的各个环节被标准化,开始大规模生产,发达国家生产该产品不再具有比较优势,生产地将逐步向低成本的欠发达国家和地区转移,当产品生产的利润降低到一定程度时,发达国家将从这一领域退出,并再次推出新产品,开始新一轮的产品生命周期。产品生命周期及比较优势的变动共同推动了国际及地区产业转移。

从企业层面来看,企业追求利润最大化是产业转移的根本动力。企业是市场主体,以追求利润最大化为目标,而产业则是企业的集合,因此产业转移本质上体现为市场条件下的企业行为。企业在生产过程中会综合考虑资源状况、生产条件、市场情况、营商环境等多种因素,根据比较优势原则,在不同地区进行布局。当企业发现在本国的生产在综合成本上不再具有比较优势时就会有动力将产业转移到其他综合成本更低的国家和地区,以谋求企业利润最大化。

影响产业转移的因素众多,既包含企业生产成本因素,也包含生态环境、资源禀赋、营商环境、基础设施与配套、政府与市场等相关因素,这些因素共同构成一个国家或地区的综合比较优势。综合来看,一个国家或地区承接产业转移的潜力取决于各种因素的综合效应,但是不同类型的产业,对不同的影响因素的关注程度各有侧重。例如,劳动密集型产业会更注重劳动力成本因素,资源型企业则更注重资源禀赋因素,高科技企业则更注重营商环境等因素。

(五) 国内产业转移特征

改革开放以来,我国凭借丰富的劳动力资源优势,承接了大量国际产业转移,有效地融入了全球国际分工体系,使我国一跃成为"世界工厂"。近年来,随着我国经济结构调整和产业转型升级步伐的加快,新一轮产业转移趋势正在形成,被称为第五次国际产业转移。

1. 外资加速向中西部地区布局

改革开放以来,东部地区由于其有利的区位条件,一直是我国承接国际产业转移的重心,外商在中国的投资主要集中在长三角、珠三角和环渤海地区。但是,随着经济的发展,东部地区的土地、劳动等成本快速攀升,而中西部地区则不断提升对外开放水平,完善投资环境,近年来,外商投资在继续向东部地区转移的同时,开始加速向中西部地区转移,有力地推动了中西部地区的经济发展。

2. 西部地区加快承接东部地区产业转移

近年来,我国区域间的产业合作与产业转移持续推进,中西部地区有一定产业基础、土地资源丰富、劳动力密集的地区,承接东部沿海地区的产业转移不断加快,呈现出规模不断扩大、层次显著提升、方式不断创新的良好态势。以汽车产业为例,上汽、北京现代、华晨、一汽-大众等知名车企相继进入中西部,在重庆、成都、武汉、长沙、郑州等地建成了相当规模的整车和零部件生产基地。电子信息产业劳动密集型环节也大规模向中西部地区转移,惠普、宏碁、富士康等一批外资企业落户中西部地区,并带动上下游企业纷纷跟进,具有国际影响力的电子信息产业生产基地正在中西部地区形成。

3. 国内企业"走出去"步伐加快

随着我国经济的发展,劳动力和土地成本上升,企业"走出去"步伐明显加快,特别是"一带一路"倡议提出以来,我国海外投资的力度明显加强。2014年,我国实际利用外资1197亿美元,对外直接投资1231亿美元,对外直接投资额首次超过外资实际利用规模,成为资本净输出国。从对外投资的行业分布来看,主要集中在能源矿产业、批发零售及纺织、服装、机械等劳动密集型制造业。从对外投资的国家来看,主要集中在越南、泰国、孟加拉国、印度尼西亚等"一带一路"沿线国家,我国正在成为国际产业转移的输出国。

4. 出现产业链整体转移和集群转移趋势

不同于以往单一项目、单一环节、单一企业转移,近年来,我国产业转移过程中,出现了产业链整体转移和集群转移的特点。其基本特征是龙头企业和大企业基于降低成本、贴近市场等方面考虑,在战略性布局调整过程中,主动引导和带动相关行业的投资,鼓励为其配套的生产服务企业和供应商一起到承接地投资,带动研发、采购、销售、物流、售后服务等上下游各个环节实行组团式转移,形成产业集群发展,从而提高企业的资源配置效率,提升企业的竞争力。产业链整体转移和集群转移对产业承接地经济发展有深远影响,不仅可以获得规模化生产效应,而且集群的特色优势又更容易吸引新企业转移落户,从而进一步加速产业转移进程。

5. 产业转移从制造业向现代服务业延伸

随着我国基础设施的改善和劳动力素质的提高,服务业逐渐成为产业转移的热点,特别是生产性服务业成为服务业转移外包的新亮点。这一趋势主要体现在以下三个方面:第一,国际服务业转移规模不断扩大,据《中国外包品牌发展报告2019》统计,2018年我国企业承接服务外包合同额达到13233亿元人民币,同比增长8.6%,再创历史新高,其中离岸服务外包合同额7966亿元人民币,同比增长6.3%。第二,服务业转移涉及的领域不断增多,并日益深入到企业内部核心环节和过程,相关业务从信息技术外包扩展到业务流程外包,再到知识流程外包,涉及软件、通信、金融、管理咨询、电子芯片设计、生物信息、法律服务等多个行业,涵盖产品设计、财务会计、企业采购、交易处理、人力资源管理、网页维护、办公后台支持等多个服务环节。第三,服务业国际转移形式日趋多样化,从境内服务外包发展到近岸服务外包,再到离岸服务外包等多种形式。

二、"十四五"时期产业转移新趋势、机遇与挑战

当前世界正处于百年未有之大变局,世界经济重心开始由西向东、由北向南转

移,从北大西洋转向太平洋,全球经济增长中心将开始逐渐从欧美转移到亚洲,并外溢到其他发展中国家和地区。全球经济格局变动和新一代信息技术革命日益成为影响国际国内产业分工与转移趋势变化的主导因素。认清形势、把握方向,做好对未来产业转移格局变化趋势及其影响的研判,具有至关重要的意义。

(一) 新变局新趋势

"十四五"时期,是我国产业发展比较优势转换期,也是国际产业格局大调整期。以信息技术为代表的新技术革命加快发展、大国竞争与博弈加剧、全球经济治理体系快速变革等,将深刻改变全球经济和国际产业分工格局。

1. 新技术革命将深度影响全球产业分工和国际产业转移格局的变动

一是全球新一轮科技革命和产业变革呈加速趋势,以信息技术深度和全面应用为特征的技术革命迅猛发展,源于数字技术的颠覆性新兴技术将不断涌现,以交叉融合带动各领域技术突破。数字技术革命将引发"关键生产要素"的变迁,新的生产要素及其新的组合应用将引发生产方式和产业组织的重大变革,并直接深度推动国际产业分工与转移格局的变动。二是新一轮科技革命与产业变革将主导全球价值链和国际产业链分工转移格局重塑进程。谁能抢占科技高地,谁就有可能站在产业变革的前沿、占领全球价值链的高地,从而主导未来国际产业分工方式和产业转移路径,并在未来全球性产业竞争中赢得先机。中美之间科技实力与创新能力的力量对比,将对未来5—15年的全球价值链和国际产业链分工方式与转移路径产生重大影响。三是新技术革命将深刻改变国家之间的比较优势与竞争优势,劳动力成本比较优势对国际产业转移的影响会有所弱化,制造业整体将加速向数字化、智能化、个性化发展,数字技术的"链接""融合"功能将使全球产业分工形态更趋平台化、网络化和深度服务化,国际产业分工与价值链的区域化趋势将进一步增强。

2. 大国博弈加剧将深刻影响经济全球化和国际产业转移格局的深化

全球经济增长在未来5—10年总体趋缓,全球经济治理变革将进入加速期,以中美为代表的大国博弈将进一步加剧。一是中国将成为第一经济大国,美国仍将会保持全球超级大国地位,中美经济实力与综合实力对比格局变化将主导新一轮经济全球化和国际产业转移进程深化的路径、方式与规模,将直接决定全球价值链和国际产业链分工路径是主要在发达国家之间展开,还是转向在新兴国家及广大发展中国家之间展开。二是全球经济格局多极化将更明显,经济全球化深入发展的趋势未发生根本性改变,跨国公司将继续是国际产业分工和价值链布局的主要力量。逆全球化思潮和贸易投资保护主义抬头,以美国为代表的西方国家制造业回流会有所加速,全球产业竞争将进一步加剧,各种利益诉求相互交织、博弈,导致国际环境中不确定因素显著提升,国际产业分工与转移面临新形势。三是"一带一路"建设是新一轮经济全球化和国际产业转移的推动力量,为后发经济体赶超提供机遇,推动了后发经济体转型发展,新兴经济体将持续崛起,发展中国家在全球经济中地位更加重要,将对新一轮国际产业转移的方式与规模产生重大影响。

3. 营商环境和区域一体化将日益主导国内产业转移格局的优化

随着国内制造业劳动工资水平的提高,我国劳动力比较优势弱化,东中西区域间劳动比较优势的梯度也已不明显,东中西区域与城市群间产业转移呈现新的趋势。一是由于劳动力成本比较优势的作用,中国纺织服装、鞋帽、皮革加工等传统劳动密集型产业往东南亚产业转移的力度大于国内区域间产业转移的力度,特别是大于往西部地区转移的力度。二是国内区域间生产要素流动和产业转移明显加速,但区域内发达地区与欠发达地区间产业转移的力度,总体上要大于东中西区域间产业转移的力度。三是区域性经济体制改革与制度性开放进程日益成为国内产业转移的重要影响因素,国内东中西以省会城市为主体的城市群和区域经济一体化进程,对区域间产业转移与升级的影响进一步加大,民营经济对区域协调发展的支撑作用将继续加大,区域营商环境的优化成为我国现代化新征程上区域间产业分工与转移的关键。

(二) 新时代新机遇

中国产业发展的战略机遇期仍将延续,但内涵与条件发生变化。需顺应自身比较优势变化,抓住国际产业格局调整带来的机遇。

1. 有利于拓展产业发展空间,提升我国产业全球配置能力

尽管逆全球化思潮抬头,以美国为首的发达经济体对中国的技术防范力度增大,但经济全球化方向不会逆转,区域经济合作还会不断推进,技术、要素和产业的跨国流动仍将加速。同时,新兴经济体实力将持续崛起,全球经济格局多极化将更加明显,部分亚洲和非洲国家有可能成为全球经济增长的领跑者,其中,印度、尼日利亚、埃及和菲律宾有望保持5%以上的经济增速。中国与发展中国家将充分发挥双方互补的优势,继续深入开展经贸合作,有助于拓展中国产业发展空间。新一轮经济全球化深入发展,全球经济治理加速变革,为我国深度参与全球经济治理提供机遇,将有效提升我国产业对全球资源的配置能力。

2. 有利于加快产业转型升级,提升我国产业国际分工地位

新一轮技术革命引发的产业革命,生产方式和产业组织将呈现生产方式智能化、产业组织平台化、技术创新开放化的特征,对全球分工将带来全面而深刻的影响,生产分工进一步深化,数字附加值在产业价值链中所占比重日益提升,中美数字经济发展有望领先,将给中国带来利用新技术"变轨"实现跨越,为重塑全球价

值链提供战略机遇。同时,信息技术与数字经济发展将为后发经济体赶超提供机遇,加快知识向发展中国家扩散,有助于本地化生产,助推发展中国家的工业化进程,新兴经济体创新实力快速上升,跨境投资规则制定出现新趋势,全球跨境投资将在波动中上升,将为我国提升制度性话语权和国际分工地位提供机遇。

3. 有利于促进区域协调共进,推动我国产业高质量发展

随着国际经济、技术、产业环境和形势的新变化,我国经济社会发展进入新时期。新时代我国将加快深化结构性改革和扩大制度性开放,建立更加有效的区域协调发展新机制,将为我国有序推进区域产业转移,优化区域生产力布局提供机遇。我国在新技术领域具备良好的创新发展基础,加上政府重视和社会投入,将发挥我国市场巨大的优势,推进供给侧结构性改革,为我国产业高质量发展提供机遇。

(三) 新形势新挑战

"十四五"时期应积极应对国际产业竞争加剧、针对传统强国的疑虑与打压等诸多外部严峻挑战,不断提升我国产业国际竞争力和全球分工地位。

1. 全球经济环境异常复杂多变,我国产业面临双重竞争的挤压

全球经济增长面临人口增速放缓、老龄化加速和环境保护日益严格等诸多约束,世界经济发展仍将处于动能转换期,全球局势不确定因素增多、复杂性增加。中国将面临双重竞争的挤压:一方面,越来越多的发展中国家开始实施开放发展战略,随着比较优势转换,需要警惕国内产业过快对外转移产生的负面影响,中国将面临来自发展中国家日益增强的竞争与挑战;另一方面,随着中国不断提升在全球生产价值链中的地位,中国与发达国家的竞合关系发生变化,发达国家为防范中国快速的技术追赶将出台更多产业投资领域的针对性限制措施。

2. 全方位国际竞争显著增强,我国产业面临国际竞争力减弱的挑战

经济全球化深入发展进程仍将继续,商品、资金、人才、技术流动将更加自由,全球对资源、资金、人才等生产要素的竞争将更加激烈。随着信息技术与数字经济快速发展带来产业革命,中国面临各国对前沿科技,特别是在数字化、网络化、智能化技术发展和高新技术领域的激烈竞争。随着全球分工日益深化、细化,各国对利益分配更加关注,未来围绕全球经贸规则制定权的竞争必将更加激烈。

因此,面对国际产业分工与转移格局的深刻变化,必须准确判断形势,主动适应中国比较优势转换,充分发挥本土市场、人力资本、基础设施和产业配套优势,加快体制机制的改革创新,积极培育国际产业竞争的新优势,持续提升中国制造业在全球价值链中的地位和国际影响力。

三、促进我国产业转移的总体思路与战略重点

（一）总体思路

在新技术革命背景下，一是要坚持创新引领产业转移的原则，产业转移承接的实现方式，要从迁入企业、引入投资为主，向引入智力孵化产业、通过创新开发产业和经过竞争做大做强产业为主转变；二是要坚持产业安全的原则，研判全球产业链演化的新趋势和新特征，明确我国产业链的竞争能力，承接产业要提升我国的产业链，转移产业要守住我国产业链安全的底线，通过产业转移要在更深的层次上融入全球产业链；三是要坚持绿色生态的原则，产业转移要实现节能环保标准的提升，要与发展清洁生产和循环经济密切结合起来；四是要坚持产业转移与产业转型相结合，转移地和承接地，都要以产业转型升级带动产业转移，以产业转移促进产业转型升级；五是要坚持优化产业布局的原则，通过产业转移，打造产业集聚区和产业集群，实现我国产业链的协同布局和企业的专业化，实现企业之间更密切的合作，提升企业经营能力，提高全社会的资源配置效率；六是要坚持区域协调发展的原则，产业转移要服务于国家"西部大开发"、中部崛起和东北振兴的战略布局，要服务国家集中连片贫困地区的脱贫攻坚；七是要坚持产业的根植性原则，产业转移要与承接地的经济优势相结合，使转移企业提升竞争力，产业承接地政府要通过营造良好的营商环境，吸引转移企业扎根于当地；八是要坚持防止浪费的原则，产业承接地要做好规划和预测，杜绝为承接产业转移盲目造新城，在基础设施建设和产业园区建设上好大喜功，盲目铺摊子。

（二）通过产业转移防范产业空心化风险的战略重点

1. 通过产业转移打造产业集群，实现支柱产业多元化

通过产业转移，"嵌入"一个产业集群后，就有可能孕育出其他多个产业集群，从而实现一个区域支柱产业的多元化，这样可有效防止某一产业转移导致当地产业的空心化。例如浙江台州市，改革开放之初发展模具产业集群，后利用模具产业发展塑料产业集群、汽车和摩托车零部件产业集群、机械产业集群、汽车和摩托车产业。因此，尽管有许多中小汽车和摩托车零部件企业向中西部转移，但是，对当地经济的影响非常小。

2. 产业转移与产业转型相结合，实现价值链分布的优化

在转移地要实现产业转型升级带动产业转移，转移地的优势企业利用"腾

龙换鸟"获得的资源,用于发展更高端的产业或者发展转移产业价值链高端环节的产品。例如,浙江海宁市的部分经编产业转移安徽后,当地优势企业将空置土地用于发展高档经编服装、经编业设计、销售、展示等。产业迁入地则要通过产业转移促进产业转型升级。例如西部地区的榆林,利用煤焦化产业中的焦炉煤气作为引进的金属镁冶炼企业的燃料,内蒙古蒙西地区,则将煤焦化产业中的焦炉煤气用于制甲醇,既大大降低了金属镁和甲醇的生产成本,又实现了循环经济。

3. 培育承接地转移企业根植性

迁入企业如果能够深度融入当地产业链且能够实现价值链的提升,则企业容易根植于当地。家乡人情结使当地在外地创业者更容易将转移企业迁入家乡,并使迁入企业从文化上更好地融入当地社会。承接地政策要做好产业工人的回归工作,使企业可以在当地招聘到熟练的劳动力,而且企业使用当地劳动力,能够使员工更好地安居乐业,从而实现企业的根植性。承接地政府还要搞好基础设施配套,优化企业营商环境,使迁入企业愿意根植于当地。例如,家乡人情结使张汝京从美国回到台湾地区发展芯片产业,寻根情结又使张汝京从台湾地区来到大陆发展芯片产业。

4. 研究产业供应链安全边界,构建产业链安全的长效机制

研究产业供应链的安全边界,是要在产业转移中通过产业集聚形成完整产业链条、通过技术创新突破关键核心技术以获得产业控制力,通过品牌培育形成市场控制权。在第四次工业革命时代,产品高度模块化,只有创新节奏最快的企业才能拥有对整个产业链的话语权。例如三星公司,成功打通了消费电子全产业链,将屏幕、芯片、内存、闪存、面板等电子产品基础核心环节攥在手上。要加强研究产业链安全底线,在产业链有风险的关键核心环节建立备胎制度,推出政策措施鼓励投资能够为我国重要产业关键领域可做备胎的国内外项目。

5. 产业转移要与当地优势相结合,发展优势特色产业

承接地要做好当地经济优势和承接产业适宜性的研究,使承接产业和企业与当地的经济优势紧密结合,更好地做大做强当地优势特色产业。

6. 改革理顺国有企业体制机制

要改变国有企业"大而全"和"小而全"的状况,对国有企业产业链进行重新设计,退出各类配套,实施主营领域专业化,从而使国有大企业布局地区可以吸引配套企业集聚,以这些配套企业的集聚孵化相关的其他产业,实现地区产业多元化。要提升国有企业的创新和竞争力,当国有资源型企业在一个地区面临资源枯竭时,有动力、能力和实力实施产业转型升级,向产业的高端领域延伸。

（三）通过产业转移推动产业转型升级的战略重点

1. 转移地要以创新引领产业转型升级，以产业转型升级带动产业转移

在第四次工业革命使得创新加快的情况下，创新将越来越成为产业转移的源头。东部地区要在转移企业的同时，要以聚集的产业基础、技术基础和人才基础为依托，利用腾出的空间重点发展战略性新兴产业和高端服务业，推动产业由低附加值向高附加值转化，培育经济增长新动能，实现以创新引领产业转型升级，以产业转型升级造成对一般的传统产业和没有比较优势的产业的"挤出"压力，促使其转移到中西部地区和"一带一路"沿线国家。例如，富士康在将劳动密集型工厂搬迁后，在原有的深圳、中山、东莞等科技园区，逐步转型为销售展示及人员培训、模具、新材料、新能源、新设备及自动化研发中心。

2. 承接地要以产业转移为契机促进产业转型升级

资源型地区，要重点引进下游深加工产业。劳动密集型产业地区，要重点引进产业链高端的设计、销售企业，培育和引进生产性服务业。优势特色产业地区，要引进龙头加工企业，实现规模化生产和高质量生产。拥有大型企业的地区，要引进产业配套企业，打造产业集聚，提升产业竞争力。污染较大的产业地区，要引进配套的循环经济企业。

3. 要将引资与引智相结合，迁入产业与孵化产业相结合

随着我国经济的壮大和劳动力成本的上升，国际产业不可能再次大规模转移到中国，第四次国际大规模产业转移亦已接近尾声，产业转移在未来的很多年将成为常态化。同时，在新技术革命背景下，中国亦将在越来越多的产业领域引领世界，新兴产业不断涌现壮大并替代传统产业，成为经济增长的主要动力源。因此，产业承接的实现方式，要从迁入企业、引入投资为主，向引入智力孵化产业、通过创新开发产业和经过竞争做大做强产业为主转变。

4. 提升迁入企业的节能环保标准，优先引进循环经济项目

要鼓励东北和中西部地区产业转移项目进行技术改造和产品质量升级，要提升产业转移的节能环保标准和装备技术标准，严禁承接淘汰的产业和装备，采用自动化、智能化、网络化、数据化、模块化、清洁化等现代科技提升企业，实现转移企业的转型升级。

5. 加快发展我国西部地区旅游业要作为产业转移的重点领域

我国是旅游资源最富集的国家，而我国西部地区旅游资源约占全国旅游资源总量的40%。近十年来，旅游业是世界增长最快的产业，旅游业的平均增长率是整个世界经济增长率的 2 倍。我国旅游业也是快速增长，其中，西部地区增长最快，旅游业已成为我国西部地区最有潜力的经济增长点。

6. 产业承接地要杜绝盲目投资、盲目铺摊子

中西部地区和东北地区政府财力比较弱,因此,承接产业时要根据当地迁入企业的情况,首先要更多地利用好现有的城市基础设施和产业园区,在现有城区和产业园区仍有发展空间的情况下,优先做好现有城区和产业园区的配套设施,以节省财力。切忌盲目建设新城和产业园区,以造成巨大浪费,不利于利用好财力为承接产业做好服务。

(四) 通过产业转移促进区域协调发展的战略重点

1. 产业转移要服务国家区域协调发展战略

产业转移要为推动我国新一轮的西部大开发,全面振兴东北地区老工业基地、大力促进中部地区崛起,积极支持东部地区率先发展的国家区域协调发展战略服务。要将长三角地区的上海、江苏和浙江的金融、科技、市场和国际贸易的优势,与中部地区安徽、湖北、湖南、江西的人口和交通优势,与西部地区四川、重庆、云南和贵州的能源资源优势、军工科技优势结合起来,加强协同创新和产业链优化布局。自2008年国际金融危机以来的本次大规模产业转移已接近尾声,广西、云南、东北地区迁入企业较少,这些地区创新能力又比较弱,广西和云南的经济发展水平有可能被越南等国家超越。要加强调查研究,找出问题症结,采取切实有效的措施加强东北地区和广西、云南地区的产业转移推进工作。

2. 产业转移要服务国家脱贫攻坚战略的实施

产业转移特别是劳动密集型产业的转移,要向我国集中连片特困地区倾斜,要与国家脱贫攻坚战略相结合。

3. 产业转移要服务国家城乡融合发展战略的实施

城乡之间的产业转移是产业转移的重要形式,城乡产业转移有利于城市拓展发展空间,有利于国家乡村振兴战略的实施。

4. 产业转移要发挥好国家承接产业转移示范区的作用

要通过总结皖江城市带、湖南湘南、湖北荆州等十个承接产业示范区的经验和教训,加以认真推广。

四、促进我国产业转移的对策建议

(一) 健全我国多层次产业转移促进体系

发挥国家、区域、省、市等多方面的积极性,形成国家规划重点区、大区域协调、

小区域协同、省与省对接、省内支援、市与市合作、城乡互动的多层次产业转移促进体系。(1)国家重点推进中西部地区城市群、东北地区城市群、比较优势显著的经济区和特色产业区首先承接产业转移,形成具有带动和辐射能力的先行区。(2)大区域合作。深化长江经济带各地区之间在产业转移上的合作,积极探索黄河经济带、泛珠三角经济带的区域合作战略。(3)小区域协同。深化京津冀一体化协同,实现三地产业协同发展。深化粤港澳大湾区的一体化协同,建设世界级城市群。(4)省与省对接。继续强化东部省份对口支援西部落后省份,双方要精准对接转移的产业和项目。(5)省内支援。东部各省的省内发达区域要继续支援不发达的区域,并适时启动中西部经济较发达城市对所在省内不发达区域的支援。(6)市与市援助。继续强化东部城市对中西部城市的援助与合作,重点应转移到提升西部城市发展产业的能力上来。(7)城乡对接。通过城乡之间空间的优化、产业的合理布局和转移,达到城乡融合、乡村振兴。

(二)建立创新引领产业转移的推进机制

面对第四次工业革命浪潮的兴起,新一代信息技术正在加快推进和转换、新兴的清洁能源正在加快替代传统的化石能源、新材料层出不穷并带动和推进装备制造越来越向高端迈进,人工智能正在颠覆原来的生产、经营模式和消费模式,生物技术将使许多产业的技术路线和工艺发生巨变,新产业、新技术、新制造、新产品、新金融、新业态、新消费发生日新月异的变化,使得产业转移不可能只是固守原来的产品、技术形态进行空间转移。第四次大规模的产业转移已经进入尾声,新的大规模产业转移的时机和方式充满不确定性。"十四五"时期的产业转移需要由创新来引领。(1)产业转移的实现方式要由以企业搬迁、代工和直接投资方式为主,向以人才、技术引进、创新方式和竞争消长方式为主方向转化。这就要求,我国多层次的产业转移体系需要内生更多技术进步和市场竞争的因子,形成创新推进产业转移新机制。(2)"十四五"时期,西安、成都、武汉、长沙、兰州、郑州、合肥、沈阳、吉林、哈尔滨等科技教育资源丰富的大城市,要做好创新引领产业转移的规划并切实加以推进。(3)积极探索西部地区经济较发达、产业基础较好、科学教育资源或者自然资源富集、财政力量较强的西安、榆林、成都、绵阳、重庆、包头、鄂尔多斯等城市,对这些地区的国家财政转移支付方式进行改革,要逐步减少这些地区的转移支付,并重点要转向对这些地区大学和职业学校的资助、产学研用基地的建立、科研基金的增加、政府创新创业引导基金的建立、对引进的科研和技术人员的资助和补贴,技术工人的培训、企业技术改造的资助等方面。(4)国家组织的产业转移平台要加强科学、新技术、新工艺、新产业信息的内容宣传,加强平台的技术市场、人才市场的交流和交易功能。鼓励各区域和地区产业转移平台强化创新引领。

(5)对中西部地区和东北地区,在户籍制度、福利制度、子女教育、留职创业、科技成果转化等方面制定更有激励的人才和科技引进政策。

(三) 改革和完善我国产业转移的体制

东部地区的先发优势是我国四十多年改革开放的结果,东部地区支援中西部地区和东北地区进行的产业转移,同样需要依靠改革开放来释放体制和机制的活力。

1. 加快东北地区国有企业体制机制改革

深入调查研究,摸清东北地区国有企业体制机制障碍,破解东北地区产业空心化的原因。改革国有企业"大而全""小而全"的经营模式,强化国有企业的生产经营主业,剥离国有企业自有配套的企业,在东北地区国有经济成分较大地区进行承接产业以及支柱产业多元化、建立产业集聚区、打造产业集群方面的试点。

2. 对产业转移成效显著地区的体制机制改革经验进行总结

对在产业转移中,通过财政支持加快了产业承接并在承接产业后财政收入显著增加;通过金融支持迁入企业和项目,又不增加金融风险;产业政策和贸易政策精准实施使承接产业成效显著,产业大规模转移后,转移地接续产业持续增加,产业转型升级成效显著的地区进行经验总结、表彰和推广。

3. 对国家产业承接示范区加强考核

国家相关部门建立对国家级产业承接示范区的考核制度、奖励制度和退出机制,有关省(区、市)要建立对省级产业转移示范区的考核制度、奖励制度和退出机制。对那些创新意识淡薄、规划和招商措施粗放、滥用财政资金热衷于大搞新城和新的产业园区,承接产业转移并无实绩,国家资源大量浪费的产业转移示范区要予以退出。

4. 调整影响产业合理转移的政策和法规

节能减排指标考核对中西部地区的产业转移和企业引进影响较大,这是国家加强生态文明建设的正确措施。但是,国家要对各个地区设立清洁能源占比提升指标,在清洁能源占比提升,国家清洁能源占比指标超额完成的情况下,允许这些地方突破能源使用指标,允许这些地区用超额完成的清洁能源来引进产业和项目。我国草原和沙漠地区是我国清洁能源光伏和风电大规模分布的地区,生态功能区规划限制了光伏和风电站的建设。但是,实际光伏电站和风电场的建设,产生了对草原和沙漠的保护或者生态的修复。因此,建议对生态功能区规划要进行调整。

(四) 完善产业转移的区域协作机制

加强中央政府的宏观调控,充分考虑产业规划的全局性、专业性和超前性等特点,对地方产业空间布局进行统筹与引导,克服无序承接、低水平重复承接等问题。发挥市场在区域协调过程中的主导作用,突出市场在资源配置中的决定性地位,注重政府引导,让调结构和稳增长、惠民生互为助力,提升反不正当竞争法的法律执行力,确保生产过程的各类要素能够在区域间自由的流动,推动不同地区之间的产业转移和集聚。健全区域合作机制,通过多个层面的努力共同推动地区之间开展一系列有益的合作,中西部地区可以选择若干园区,利用自身劳动力优势、土地优势及政策优惠吸引沿海地区合作兴办产业转移园区,建立"飞地经济"合作建设和管理,并按商定比例在一定时期进行利益分成,实现产业转移的互利共赢。

（五）构建良好的营商环境

中西部承接产业转移的一大诟病,是在招商引资时,各地政府竞相出台各种优惠政策吸引产业转移,因而导致恶性竞争。然而,企业落户后政府服务却跟不上,相关政策承诺不兑现,甚至把转移企业作为政府财源之一,对其乱收费、乱摊派,增加了企业的隐性商务成本。为了彻底改变这种状况,必须构建良好的营商环境,具体可从以下三个方面着手:第一,要建设服务型政府,增强政府服务意识,创新服务模式,提高政府服务效率和服务质量,为外来投资者提供最优的营商环境。第二,要增强政府工作的规范性和透明度,树立诚信形象,提高政府公信力,通过构建优化企业经营环境的长效机制,减少政府部门对企业微观事务的干预,确保投资企业利益。第三,应强化法律法规建设,营造良好的法制环境,通过建立品牌商标、知识产权等的保护措施,营造公平、公正的商业竞争环境。

（课题组成员：汪建坤　钱滔　杜立民　陈志新　杨高举　董雪兵）

新型城镇化与产业结构升级耦合、协调与优化研究

中国宏观经济研究院国土开发与地区经济研究所

"十四五"时期,我国进入工业化城镇化后半程,经济发展形态和质态、经济结构等均发生系统性变化。积极引导人口、经济等要素有序高效集聚流动,夯实城镇化工业化新载体建设,推动新型城镇化与产业结构升级耦合、协调与优化,有利于持续扩大内需、有利于支撑高质量发展、有利于城乡居民更好安居乐业。

一、新型城镇化与产业结构升级联动的时代背景

(一) 应对国际形势变化积极扩大提升国内消费投资

长期看全球化趋势势不可挡,仍然是发展大势。但短期内,应更积极应对逆全球化的一些不利因素,如国际金融危机、国际贸易壁垒、新冠病毒传播等会阶段性阻碍全球化进程。为应对外部环境变化,持续扩大内需是"十四五"时期的战略选择。

从消费看,我国是世界人口第一大国,拥有世界上最大规模的中等收入群体且将不断扩大,消费升级必定带动消费经济大发展。从投资看,聚焦城市功能升级、科技创新能力提升、欠发达地区公共服务供给和生态环境保护等方面,未来国内投资空间依然较大。

（二）以信息技术为代表的新一轮科技创新和新一代基础设施建设势头强劲

改革开放以来,我国持续加大对创新的投入力度,创新成效日益显著。R&D经费总量从1996年的404.48亿元增加到2018年的19677.93亿元,自2013年开始我国R&D经费总量超过日本,稳居世界第二位。创新对经济增长的贡献越来越大,2007—2016年我国创新经济占GDP的比重从13.8%提高到22.7%。为了应对危机、战胜疫情和打造新的经济增长点,当前世界各国都在围绕以信息技术为代表的新一轮科技革命和产业革命展开赛跑。

全球正在加速推动新型基础设施建设。在5G网络方面,中国、韩国、美国、日本等位于第一梯队。在人工智能技术领域,目前美国仍位居世界前沿。在数据中心方面,2018年美国超大规模数据中心总量占全球的40%。2020年以来,我国新型基础设施建设提速,将为新型城镇化与产业结构升级联动发展提供智慧大脑。

（三）提升城乡治理能力迫在眉睫

我国各类城市普遍不同程度存在交通拥堵、环境恶化、住房紧张等"城市病"现象。不少中西部地区和中小城市由于新旧动能转换滞缓,还存在"产业空心化"问题。受2020年新冠肺炎疫情影响,物产空置进一步加剧,北京、上海、广州和深圳的平均甲级写字楼空置率于2020年第一季度达到15%,创下历史最高水平。

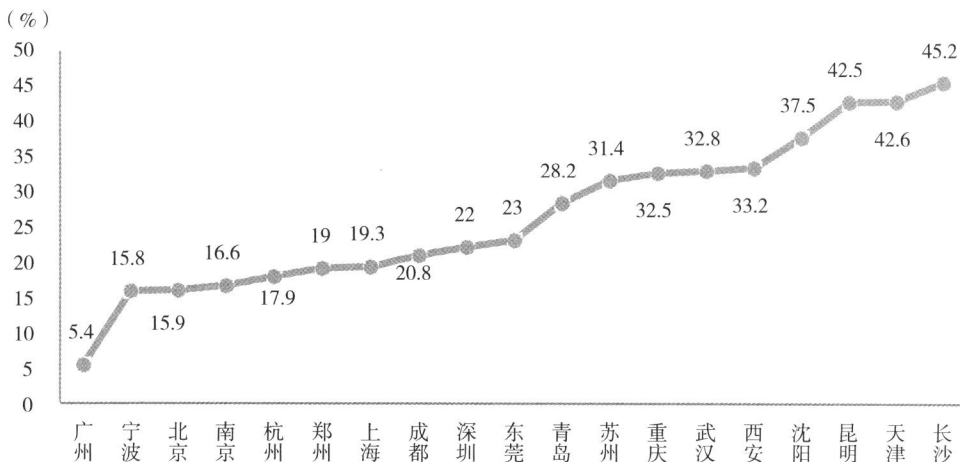

图1　2020年第一季度主要城市甲级写字楼空置率排名

数据来源:"时代数据"网站。

从城市治理方面看,我国城市发展过程一直存在"重城市建设、轻治理服务"的问题。此次应对新冠肺炎疫情过程中,暴露出我国城市治理中还存在不少短板,存在城市治理现代技术应用和普及不够、城市基层社区治理能力不强、基层治理人员缺乏等问题,需要将新的城市治理理念和治理模式实化细化。

(四) 坚守绿色、健康、安全发展的底线

绿色发展日益成为各行各业发展和新生活风尚的前置条件。加强绿色技术研发、构建绿色产业体系、积极推进绿色消费、促进绿色城镇化、完善绿色制度与政策体系等依然是"十四五"时期发展的重要任务。显然,绿色是高质量发展的底色和普遍形态,发展的生态环境约束日趋增强。

2020年新冠肺炎疫情暴发以来,公共卫生安全和健康生活再次成为全球性议题。公共安全关系到每个人的切身利益,加强各类安全风险防范、筑牢安全保障网成为谋求发展的必要前提。人们更加关注维护生命健康,保护我们所在的地球家园等。

二、城镇化与产业结构升级联动的重要影响因素

(一) 生产力布局与人口流动变化趋势及其作用影响

交通设施方面,改革开放以来从东部率先发展的区域差距持续拉大到近年来差距逐步缩小,中西部地区交通设施网络正日益得到改善,交通末梢状况正在改变,综合交通运输体系不断完善,为人口和经济要素交流提供了更加便利的条件。

从人口流动趋势看,人口向城市群等生产力布局的重点区域集聚和回流趋势并存。2010—2018年,19个城市群地区人口占全国的比重从79.25%上升到80.11%。东部沿海"机器人换人"背景下更多中低端就业人口返乡回流、"大城市病"问题倒逼人口向中小城市转移、东北等老工业基地及资源型城市劳动力正阶段性外流,一些先进城市密集出台人才政策吸引更多高素质人才流入等。

从产业发展格局看,"东强西弱"的发展态势。2018年,东部地区规模以上工业企业营业收入和利润总额,是中部地区的1.68倍和1.69倍,是西部地区的4.37倍和3.81倍,是东北地区的3.57倍和4.13倍。服务业东高西低且点上集聚显著,东部沿海地区、一线城市的服务业发展领先优势明显;从城市尺度来看,一半以上的服务业增加值集中在服务业发达的30个城市中。

从影响作用看,交通基础设施有利于引导吸引人口、经济要素流动,并在枢纽性城市和区域集聚,形成经济轴带和枢纽经济,人口流动的规模和方向直接关系城镇化的速度和格局,工业、服务业的集聚发展和转移扩散一定程度上决定着一个地

区城镇化与产业结构转型升级实现联动的效率和质量。

（二）劳动力生产率与人力资本提升趋势及影响

从劳动生产率提升趋势看,近年来我国劳动生产率在迅速提高,但区域差异大。东部依靠扩大劳动力数量和资本投入带动生产率提升的传统工业化阶段基本结束。中西部引导农业转移人口就地就近市民化,积极承接传统和新兴产业转移和布局,在弯道超车中提升劳动生产率。东北老工业基地和资源型地区大规模调整人口经济布局,引导城镇紧凑发展,正积极遏制劳动生产率下滑。

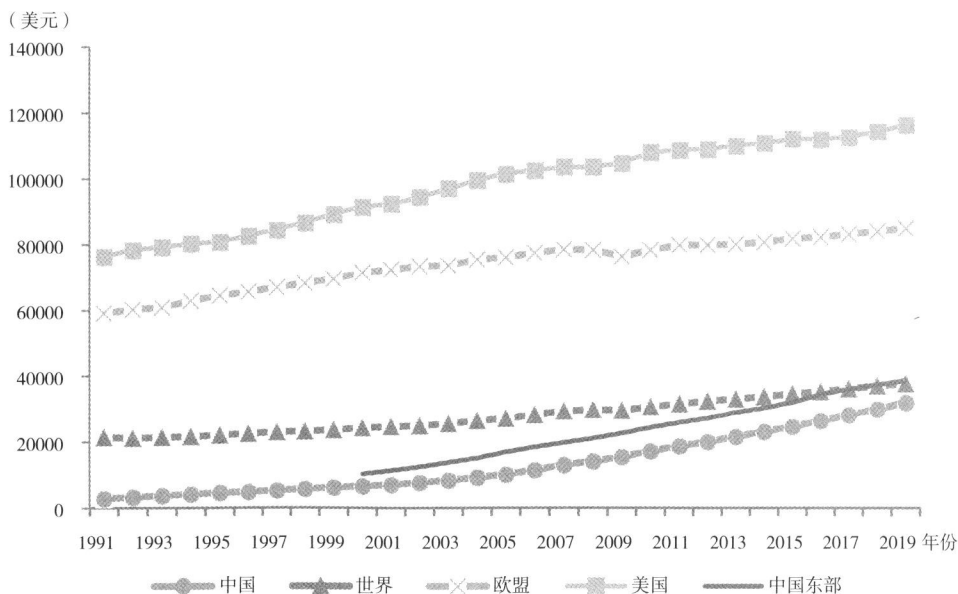

图2 劳动生产率的国际比较

注:2011 年不变价购买力平价美元。

数据来源:Wind 数据库。

从人力资本提升趋势看,高校调整学科布局和专业结构,教育培训对提升人力资本作用日益增强。数字技术有望重塑人力资源市场,就业弹性大幅增强,用工方式和雇佣关系呈多样化。此外,围绕人力资本的城市争夺更加激烈,高端人才向沿海发达地区集聚、向东部制造业大省集聚、向中心城市集聚的趋势不断强化。

从影响作用看,人才向中心城市和发达地区集中的趋势强化,产业因人布局,人力资本将决定产业结构升级方向。人力资本积累的程度直接影响东部沿海等发达地区产业结构的演进方向、速度和高级化的程度。中西部地区劳动力数量和质量将直接决定承接沿海产业转移的规模。

（三）以新技术新产业新业态新模式为代表的新经济发展趋势特点及其影响

从新技术看,具有创新指向特征。新技术往往更容易在创新基础较好、市场经济活跃的发达地区、中心城市或大城市首先取得突破和实现产业化应用,然后逐步向中等发达地区和欠发达地区或中小城市扩散发展。

从新产业看,新经济具有轻资产特征。智能机器人、智能网联无人机等新产业对固定资产、劳动力、土地等传统要素依赖度低,对人力资本、数据信息等新要素依赖度高。此外,产业生产组织变得更加灵活,呈现出"小型化、专业化、扁平化"等趋势。

从新业态新模式看,新经济更趋于多元化。新经济通过一些共享平台可将全球各地生产者、消费者紧密联系在一起,各取所需、各有所得。新经济营利环节不再局限于直接的生产、交换、分配、消费等环节,传统"一手交钱一手交货"的商业模式将逐渐被"免费服务赚客户+增值服务赚利润"等新营利模式取代。

从影响作用看,新经济加速产业结构升级,不断催生新的行业部门和服务模式。新经济孕育的集中化特征加速农业人口进城,发展的分散化特征则可使部分乡村人口不需要进城即可找到合适的工作,使大城市的综合化功能和中小城市的专业化功能得到强化,并且有利于提升城市基础设施共享程度、提升城市劳动力市场的匹配度和加快产能置换。

（四）城乡规划建设与融合发展的影响

从城乡规划看,国土空间规划体系逐步形成,生态优先成为城乡规划建设的前提,红线约束强化。宜居城市、智能城市、韧性城市等规划理念逐步付诸实践,规划建设高质量的城市安全系统已经成为城乡规划的重点。

从城乡建设看,将更加突出对城镇化和工业化的空间刚性管控约束;更加突出优化城市功能空间布局,推动人—产—城融合发展;更加突出存量管理,城镇化建设进入由粗放增长向以存量挖潜为主、促进土地集约节约利用的新阶段。依托数字技术提升城市治理化水平,已成为新型智慧城市建设的重要战略发展方向,越来越多的新技术应用到城市建设管理中。

从城乡融合看,城市居民对优质农产品、乡村生态和文化产品的需求快速增长,城市对乡村的带动作用越来越强。加快公共资源向乡村配置,城乡基本公共服务绝对差距逐年缩小,乡村生产生活条件加快改善,乡村的生态价值、文化价值等凸显。乡—城人口转移增长放缓,城乡人口互动在加速,城乡之间进入要素双向流动、良性互动、加速融合的新阶段。

从影响作用看,加大生态空间供给将有效提升城市对人才和企业的吸引力,进而提升城市竞争力。职住匹配的高品质生产生活空间将成为城市功能提升和产业结构升级联动的重要牵引力。城市更新为旧动能转换和产业空间升级改造注入生机。以智慧城市建设为代表的新技术应用将对城市治理和产业进行重塑再造。安全韧性成为新型城镇化和产业发展的基本要求。加快促进城乡融合发展的载体建设将成为新型城镇化和产业结构升级的新增长点。

(五)人口老龄化和结构性失业同为趋势

我国老年抚养比从1982年的8.0%增加到2000年的9.9%,随后一直增长到2019年的17.8%。2012—2019年,我国累计新增劳动力457万人,远低于印度、印度尼西亚、墨西哥等。新增劳动力数量的减少造成外延扩张型城镇化动力衰减,对城市规模、城市活力形成抑制效应,同时带来用工成本快速上涨,低端制造逐渐失去竞争优势,东部沿海部分劳动密集型产业加速外迁。

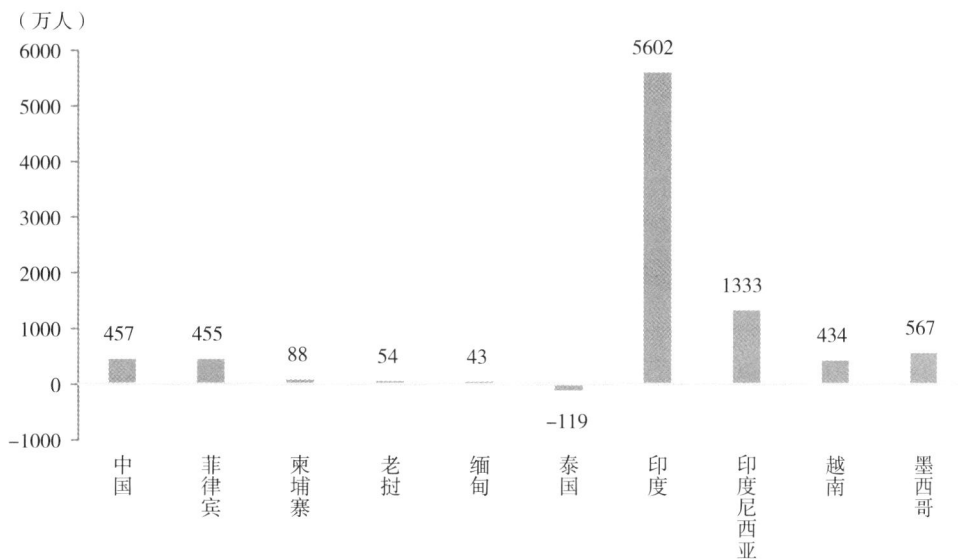

图3 部分国家新增劳动力数量(2012—2019年)

数据来源:世界银行。

据中国社会科学院测算,"十三五"期间"机器换人"大约替代了800万—1000万农民工岗位。作为制造业大国,在当前和今后很长一段时期我国仍然需要大量的技工、熟练工人和工程师,但国内技术工人短缺,高端技工需求缺口更是居高不下。在全国7.7亿就业人员中,技术工人占比约为20%,远低于德国等发达国家技术工人占比超过80%的水平;高技能人才只占就业人员约6%,远低于日本高级技工占比40%、德国高级技工占比50%的水平。

三、新型城镇化与产业结构升级耦合、协调与优化的思路

（一）新型城镇化与产业结构升级相互作用机理

相互作用影响因素：重大生产力布局与人口流动通过交通网络布局、产业区域差异化发展、人口和经济要素流动等方面驱动全国层面的城镇化与产业发展格局的变化。劳动生产率提高与人力资本提升是人类社会发展的必然趋势，是推动城镇化工业化同步转型升级的重要动力。产业变革将催生形成更多新的城镇化与产业发展形态，为人口和经济要素集聚提供更多新的载体空间。城乡规划建设新理念新模式将促进重新审视塑造以人为本的发展空间。

相互作用三大效应：在供需关系上，城镇化创造和引领需求，产业转型升级满足人口需求不断增长的各种供给，新型城镇化和产业升级之间存在供需平衡效应。从投资角度看，为提升城市承载力，需不断增加对城市基础设施、公共服务和产业发展等领域的投资，新型城市规划建设理念和模式催生更多新的投资增长点，相应地，产业转型升级有利于为城镇规划建设提供支撑保障，新型城镇化和产业结构升级之间存在投资联动效应。从要素流动看，城镇化为人口和产业发展提供载体，产业结构升级有利于促进产能置换，这个过程中会促进人口和经济要素流动，从而不断提高城镇化的空间效率和品质，因此新型城镇化与产业结构升级之间存在要素集散效应。

相互作用尺度：新型城镇化与产业结构转型通过供需平衡效应、投资联动效益、要素集散效应等方面的相互作用影响，最终将在全国、区域和城市等不同尺度上进一步优化城镇体系结构和促进产业动能加速转换升级，从而更好满足人的发展需求、引导人口和经济要素有序流动和高效配置、培育形成更多新的增长点，有力支撑现代经济体系建设，促进实现高质量发展。

（二）联动目标

一是结果导向：就业优先，引导人口和经济要素有序高效流动。充分的就业供给是保障人的发展需求，这是坚持结果导向。从全国层面看，要顺应人口回流和产业梯度转移趋势，有序引导部分人口和产业向中西部地区集聚，让中西部地区大多数人就地就近实现安居乐业。从城市层面看，有序控制大城市人口规模，积极引导大城市部分功能向中小城市疏解，保障市民就业机会。从城乡融合看，既要提供更多城镇就业岗位吸引人口向城镇转移落户，也要通过城市人才、技术和资本下乡，

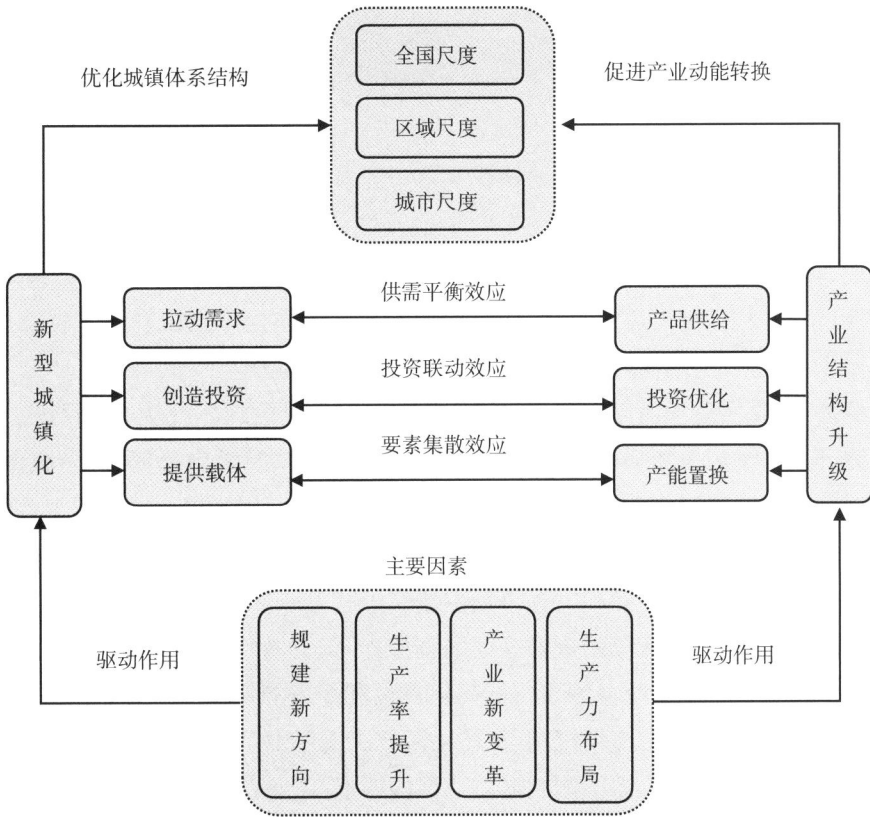

图4　新型城镇化与产业结构升级耦合、协调与优化机理

带动农村特色产业发展,为守在农村的农民提供更多可选择的就业机会。

二是目标导向:释放内需,协同拉动国内巨大的消费投资需求。扩大内需是今后一个时期我国战略选择,这是坚持目标导向。随着中心城市、都市圈和城市群的集聚效应不断释放,有利于推动更高水平的城市规划建设,从需求侧拉动产业转型升级。从产业转型升级看,以京津冀、长三角和粤港澳大湾区为动力源,东部地区产业加速提挡升级,新兴产业加快发展,产业投资潜能进一步释放;中西部和东北地区随着人力资本的提升和承接东部沿海产业转移,产业投资潜力有待进一步挖掘。在新型城镇化与产业转型升级中,要挖掘释放我国内需市场,为形成以国内大循环为主体、国内国际双循环相互促进的新发展格局作出积极贡献。

三是问题导向:保障安全,增进城市安全与产业安全的联动性。各类安全风险日益暴露,保障安全就是坚持问题导向。一方面,依靠新型城镇化引致人力资本提升、知识积累和消费升级等,通过补齐产业链短板,将过度依赖国际市场的创新链产业链环节尽可能实现国产化,提高我国产业链的稳定性;另一方面,充分运用新理念新技术手段推动城市规划建设,倒逼有关业态和产业转型升级,积极用产业化手段推动智慧城市、精明城市、柔性城市和绿色城市建设,完善城市安全系统建设,增强城市的安全性。

（三）实现路径

布局上,因势利导促进新型城镇化与产业结构升级联动。增强中心城市和城市群承载能力,提高人口和经济要素的集聚效应。农产品主产区以保障粮食生产为首要,提升农业现代化水平,引导产业和人口合理聚集。生态功能区重在巩固生态功能,坚持面上保护、适度点状开发,促进绿水青山向金山银山转化。特殊类型地区要发挥地区比较优势和潜力,培育增强内生发展动力。

载体上,扎实建设新型城镇化与产业结构升级联动的载体。从全国尺度上,合理控制开发建设规模和强度,避免"过疏""过密"问题。从城市尺度看,老城、新城新区、特色小镇、楼宇经济、城市综合体、产业园区和新应用场景是城镇化工业化的重要载体,要促进存量空间优化与提挡升级,推动增强空间高质量发展。

主体上,政府规划引导和发挥市场主体作用有力结合。发挥政府在战略规划、政策引导、举措实施和环境创造等方面的调控作用,弥补市场机制的失灵和不足。着力吸引和培育更多企业主体参与城镇化建设和促进产业转型升级,激发市场经济活力和潜能,更多利用市场机制、市场手段解决发展中存在的问题。

机制上,实现城镇化需求侧倒逼产业结构调整、产业新供给引导需求升级的良性互动循环。同步畅通"需求创造供给、供给保障需求"的循环作用机制和"供给创造需求、需求消纳供给"的循环作用机制,确保城镇化进程中的需求升级得到满足,同时产品供给不断得到市场的消化吸收,更好统筹需求侧和供给侧管理。

四、促进新型城镇化与产业结构升级联动的主要任务

（一）优化新型城镇化与产业发展布局

一是以全国干线交通骨架为牵引增强"新两横三纵"城镇化格局的支撑力。在原有城镇化"两横三纵"城镇化格局基础上,结合当前重大区域战略实施,优化调整城镇化和区域经济布局,将西部陆海新通道替代包昆通道,形成"新两横三纵"城镇化格局,打造成为"十四五"时期集聚人口、经济要素的重要战略格局。

二是提升中心城市、都市圈和城市群的综合承载力。加快完善世界城市、国家中心城市和区域性中心城市功能,增强高端生产要素和创新要素的集聚能力。着力培育发展一批经济联系紧密、空间组织紧凑、一体化程度高的现代化都市圈。加

快长江三角洲、粤港澳大湾区和京津冀世界级城市群建设,建设成为高质量发展的动力源。支持成渝城市群上升为国家战略,形成支撑"西部大开发"新格局的重要引擎和中国经济第四极。加快长江中游城市群高质量跨越发展,建设带动我国西部和中部地区重要增长极。加快培育建设其余城市群,打造一批新的高质量发展动力源。

三是顺应产业梯度转移演进趋势促进城镇化工业化提挡升级。东部地区率先实现在更高技术条件下的工业化升级;中西部地区依托资源能源优势条件促进实现就地产业化,逐渐改变过去长距离劳动力转移、能源资源运输配置格局。发挥经济支撑带和交通通道的纽带作用,推进东部沿海一些依托原材料、劳动力和能源投入为主的基础性、传统性的产业向中西部转移,加强南北经济协调联动。

(二) 系统性提高城市的宜居宜业程度

一是促进产城融合发展。对有条件的功能区、园区等,通过完善城市服务经济和功能配套、优化空间布局等路径,推动实现产城融合发展。推动 19 个国家级新区率先实现产城融合发展。积极推动老城与新城新区联动发展,推动老城区优质的公共服务资源和城市服务经济业态向新城新区外溢辐射。

二是加快实施城市更新。推动位于中心城区的老城区业态转型升级。适度引导老工业区、老城区用地改造为商业办公或居住功能,嵌入创新空间,促进研发生产、商务服务、生活休闲等多功能高度融合。加快老旧楼宇、工业遗存更新改造,加强历史文脉保护和风貌管理,有序发展文化创意产业。

三是建立高品质的城市生态系统。优化布局城市绿心、绿肺、绿环、绿廊,增强城市生态系统的整体性、连通性和综合效益,提升城市生态产品供给能力。在雄安新区等有条件地区率先探索零碳社区、无废城市,形成示范带动效应。积极打造城市中心区、近郊、远郊、乡村具备连续性的生态系统,增强城乡生态联系度。

四是建立健全城市安全系统。加强城市全周期管理,补齐城市治理薄弱环节、缺陷环节和断裂环节,把城市治理各环节铸造形成有机高效运行的完整链条,提高治理的系统性和可控性。将韧性城市理念通过城市规划落实到城市用地、基础设施建设、防灾设施建设、实施策略等方面,提升城市减灾防灾能力。

(三) 以地市中心城区和县城为主要载体带动城乡融合发展

一是发挥中心城区以城带乡的重要作用。提升地级市中心城区的公共服务能力,为本地市民提供教育、医疗卫生、文化体育、生活消费、行政服务等服务需求。推动中心城区优质公共服务资源向全市域和乡村延伸覆盖。培育壮大企业市场主体,做大做强园区企业,增强经济发展支撑带动作用,积极吸纳就近从业人员。

二是将县城打造成为城乡融合的战略支点。以县城道路、供水、供电、通信等基础设施及教育、文化、卫生、社会保障等公共服务体系建设为重点，提高县城的综合承载能力。完善县城的对外交通、商贸流通等功能，推动城乡要素在县城充分对接、优化配置。有序承接大城市产业转移，发展劳动密集型产业、特色优势产业和生活服务业，提高县城对农村转移人口的就业吸纳能力。

三是在城乡互动中拓展乡村发展空间。加强改革探索力度，推动乡村产业、人才、文化和生态全面振兴。建立产加销一体化服务体系，推进农村一二三产业融合发展。在江南水乡、华北平原、东南沿海等地划定一批永久农村地区，挖掘乡村功能和价值，保护好富有地域特色的"农村生命体"。建设一批农村产业融合园、田园综合体、种植养殖基地和特色小(城)镇等功能平台。

（四）促进智能城市与数字经济协同升级发展

一是积极构建城市数字产业体系。培育壮大大数据和物联网产业，超前布局新一代人工智能产业，加快发展新一代信息技术制造业，积极培育高端软件与信息技术服务业，完善数字产业体系，积极推进城市数字产业化。

二是提升城镇数字化水平。大力发展智能交通、智慧管网、智慧水务等应用，促进市政设施智慧化。推动现代信息技术与医疗、教育、养老等民生领域深度融合。加快促进部门之间、行业之间实现城市各类数据共享，建立健全数据辅助决策的机制。率先推动在京津冀、长三角、粤港澳大湾区等区域建设特色鲜明的智慧城市群。

三是促进智慧城市与数字经济联动发展。基于智慧城市建设体系尽快建设物联中国、数字中国、信息中国和智慧中国，加快构建完善5G等数字核心技术、新型基础设施、新应用生态完善的产业链，在全国范围内催生形成现代化数字产业体系，不仅促进实体经济升级，同时带动智慧城市提质。

（五）因地制宜研究推动规划建设科学城、新应用场景等人口和经济集聚新载体

一是合理布局一批创新引领、产教融合的科学城。在北京、上海、广州、南京、成都、重庆、武汉等科学教育资源丰富、创新创业活跃的大城市郊区，有序建设一批科学城，打造组群布局、生态宜居的创新策源地，有效疏解主城区人口、交通和产业等功能，积极推动产教融合，强化自主创新能力和就业岗位创造能力。

二是推动新型基础设施建设与应用场景深度融合。结合场景创新、模式创新，统筹推进新型基础设施建设和新经济互动发展，支持北京、上海、深圳、广州等发达

城市率先围绕新技术应用推动规划建设一批应用场景,支持欠发达地区和城市,有序推动规划建设一批应用场景,积极推广应用新技术新业态新模式。

三是培育建设一批引领时尚的消费中心城市。支持引导基础条件好、消费潜力大、国际化水平较高、地方意愿强的城市,建设综合性国际消费中心城市。鼓励各地发挥特色资源优势形成一批专业化、特色化、区域性消费中心城市,使其成为扩大引领消费、促进产业结构升级、拉动经济增长的新载体和引擎。

四是加快建设一批健康养老综合体。针对人口老龄化严重的城市和地区,在气候环境适宜、交通相对便捷的城市郊区、中心村等,加快布局一批集文化、娱乐、锻炼、疗养、照顾、陪伴等功能为一体的健康养老综合体,积极发展银发经济,引导部分人口和产业向城市郊区、县城、重点集镇适度集中。

(六) 加强新型城镇化和产业结构升级联动的人力资本供给

一是促进全国城乡区域间人力资本自由流动和优势互补。打破行政垄断,消除区域壁垒,完善基本公共服务,促进人力资本在城乡、区域间流动。东部地区大力培育和引进数字经济、人工智能等前沿技术和先进制造业领域"高精尖"人才。中西部地区加快补齐教育短板,通过产业引人、留人和育人。东北地区围绕现代农业、装备制造等优势产业靶向培养和引进全国人才。

二是加强城市群范围内人才链与产业链、创新链有机衔接。中心城市大力引进和培育领军型创新创业团队,把人才的创造性劳动转化为现实生产力。城市群内的中小城市要发挥劳动力成本相对较低、土地资源相对丰富的优势,积极承接中心城市产业转移,引进和培养一批高技能人才。支持小城市和小城镇通过"星期日工程师""常驻工程师"等实现对大城市人才的灵活引智。

三是推动有条件区域人力资本和公共服务一体化发展。在长三角、粤港澳大湾区、京津冀等区域推进区域公共服务体系共建共享,加强人力资源区域合作,畅通内部人才流动渠道,推动人才资源互认共享,探索建立户口不迁、关系不转、身份不变、双向选择、能进能出的人才柔性流动机制,降低人才流动的经济成本。

五、对策建议

(一) 积极引导人口、产业有序集聚发展

一是推动重大项目优先向战略区域和经济轴带布局。科技创新、重大产业项目、新型基础设施等优先向京津冀、长三角、粤港澳大湾区等重大战略区域布局。

一些跨区域重大交通、水利、能源和生态环保项目,优先推进向西部陆海新通道、沿海发展轴、陇海兰新发展轴、沿江发展轴和京哈京广轴带布局陆地。

二是提高中心城市和城市群的人口和产业集聚力。以中心城市和城市群为重点,加强政策支持力度,利用好公共服务平台和技术学校加强农民工进行职业技能培训,鼓励企业加大技术培训力度。做大做强园区经济、积极发展服务经济,提供更多新增就业岗位,为新增农业转移人口提供充分的就业保障。

三是推动建设一批战略性腹地城市。研究推动建设一批产业配套能力好、承载空间大的城市成为战略性接续成长城市,国家在财税、土地、投融资上给予政策支持,助力这些城市建设成为新型城镇化和工业化发展的重要支撑,打造成为除东部沿海发达城市和省会等核心城市以外的第二梯队城市。

(二)加快完善基础设施网络体系建设

一是优先推进跨区域重大交通项目建设。加密京津冀、珠三角、长三角、成渝、长江和黄河流域等国家战略区域的骨干通道。打通跨区域瓶颈路断头路,促进重大战略区域之间、城市群之间互联互通,加快推进沿海高铁北段、津沈高铁、沿江高铁建设。增强产业转出地和承接地之间的交通运力衔接力度。

二是加快城市群、都市圈交通网络建设。加强干线高速铁路、干线普通铁路、城际铁路、市域(郊)铁路、城市轨道交通在城市群内部的融合发展,打造轨道上的都市圈和城市群。重视大数据、"互联网+"、无人驾驶等新技术在交通领域的应用,提升城市交通运行效率,更好满足现代城市群同城化、都市圈通勤化需要。

三是加快完善新型基础设施建设。加快光纤网络、5G、工业互联网等与云计算、人工智能技术紧密结合的专用数字化基础设施建设。推动混合型和专用型基础设施互联互通,实现城市大数据与互联网、人工智能、移动支付、区块链以及云服务技术的融合。

(三)推进中心城市及都市圈、县城与重点镇"两头"更好承载安居乐业

一是加快构建支持中心城市和都市圈发展的政策体系。做好促进中心城市发展的顶层设计,架构由国际中心城市、国家中心城市和区域中心城市构成的中心城市体系。适当增加中心城市和都市圈土地供应。因地制宜加大财政资金投入,建立都市圈基础设施发展的成本分担机制和利益共享机制。

二是提升县城和小城镇发展水平满足就近就业安家需求。高标准建设一批产业集聚区,吸纳县域范围内人口就地就近就业。加强幼儿园、义务教育校舍建设,着力补齐学前和义务教育短板。完善县—乡—村三级公共卫生医疗体系建设,提升县城和重点镇的医疗卫生服务能力。支持具备条件的县有序撤县设市。有序推

进全国镇区人口 10 万以上的非县级驻地特大镇设市。

三是以县城和重点镇为重点持续支持易地扶贫搬迁人口安居和配套产业园区建设。加大对易地扶贫搬迁人口的后续扶持力度,妥善解决搬迁群众的居住、就业、看病、上学等问题,推进搬迁贫困人口在城镇安居。配套建设一批产业园,采取优惠政策,大力引进农产品初加工和精深加工、劳动密集型制造业等产业,支持搬迁群众就业创业,确保搬迁群众生活有改善、发展有前景。

(四) 实施劳动技能培训提升行动

一是针对不同群体实施差异化技能培训。对农业转移人口加强适应性职业技能培训,有针对性地提升农民工的就业能力。实施大学毕业生成长计划,鼓励大学生到基层、农村就业创业。实施工科人才扩大计划,大力培养工程科技创新和产业创新人才。实施技术工人技能提升工程,统筹发展好职业院校教育和职业培训,构建技术工人技能形成体系,落实终身职业技能培训制度。

二是人才创新创业基地建设。打造专业化的创新创业孵化载体,积极搭建人才成长和事业发展平台。鼓励大型企业参与建设众创空间,培育以创客空间、创业咖啡、网上创新工厂等为代表的创业孵化新业态。加强产学研、创业园区、科技团队等人才平台建设,为创新创业人才等提供配套服务。

三是中小城市和县城人才吸引工程。补齐城市设施、公共服务短板,缩短同大城市差距,让青年人能在小城市喝得到咖啡、看得了话剧。努力将“流动人口”转化为“流动消费人口”,吸引大中城市人口到小城市进行消费。鼓励大城市落户高端人才,周一到周五在小城市、乡村从业工作。

(五) 鼓励支持民间资本参与新型城镇化和产业结构升级主战场

一是进一步完善民间资本准入退出制度。落实市场准入负面清单制度,全面排查、清理各类隐性壁垒,鼓励民营企业进军战略新兴产业,引导优势民营企业和社会资本参与新型基础设施建设、新型城镇化建设和交通、水利等重大工程建设。加强企业信用体系建设,完善民间资本参与新型城镇化与产业升级项目的退出机制。

二是支持民营企业参与关键核心技术协同创新。鼓励民营企业参与国家重大科学技术项目攻关。支持各类创新主体聚焦工业母机、基础材料、高端芯片、基本算法等关键核心技术,深入开展协同自主创新。以北京、上海、广州、武汉、南京、西安、成都等城市为重点,加大国家重大科研基础设施和大型科研仪器设备面向社会开放力度,为民营企业提供更优质的科研、检测等服务。

三是创造民间资本参与建设的优良环境。加强中小企业公共服务平台建设,为市场主体提供综合服务。研究设立民营企业纾困发展基金,及时调整税费,支持优质民营企业脱困和提质增效。

（六）强化制度建设保障

一是强化空间上的红线刚性约束。强化城市开发边界、永久基本农田红线和生态保护红线的刚性约束作用。将生态安全、公共卫生安全、防灾减灾体系纳入到"五级三类"的国土空间规划体系中。控制人口和建筑密度,建立规划"留白"机制,为应对城市未来发展的不确定性划定战略留白用地。

二是加强城镇化和产业用地分类管理管控。出台实施严格的落后产能淘汰及产业用地退出政策。对有重大科技创新项目、新兴产业项目和民生项目,优先给予用地指标。支持中心城区土地混合使用,探索各种土地混合利用类型。支持工业用地配套生产服务、行政办公、生活服务设施用地。

三是建立健全各类风险防范和预警机制。打通各部门、各地区、各行业的数据共享壁垒,整合公共安全要素实时空间信息、应急物流管理信息、城市健康等数据,建立地区和部门间数据互联互通、共享共用的公共安全数据库。在社会治理神经末梢加强风险快速识别、异常信息预警、体系快速响应能力建设。

（课题组成员：高国力　张燕　王丽　郭叶波　王继源　郑国楠）

新型城镇化与产业结构升级耦合、协调与优化研究

中国社会科学院生态文明研究所

我国是发展中国家,具有极不平衡的国内经济地理差异,当前正面临重大的发展阶段转型,更深受技术快速变革和外部环境变化的重大冲击,城镇化与产业结构升级的耦合、协调关系特别复杂,既面临宏观层面沿海内陆等大经济区域间的城镇化与产业集聚绩效差异,也面临中、微观层面区域城市群内部多层次发展低效率。

本报告从多个视角研究了我国新型城镇化与产业结构升级耦合、协调关系,分析了我国城镇化与产业集聚关系的特色特点,考察了发展阶段转型、技术革新和外部环境冲击对城镇化与产业结构升级耦合、协调的影响,从沿海内陆等大经济区域间和区域城市群内两个层面深入剖析了当前城镇化与产业结构升级耦合、协调存在的突出问题,归纳了主要的制约因素和短板瓶颈。提出了重新审视沿海内陆区域发展关系、重构面向国际市场的沿海城市群和沿海发展地带、建设具有高度特色主要面向本地市场的内陆城市群、发展倾斜政策重点应在迁入地移民的安置支持与迁出地非劳动人口生活保障支持等若干政策对策。

城乡区域

一、我国城镇化与产业集聚关系特点

城镇化与产业结构升级耦合、协调与优化研究必须把握城镇化与产业集聚关系的基本内涵和本质特征。我国是一个海陆兼具的大国,有着数千年悠久的农耕文明历史,也经历了改革开放以来的前所未有的高速经济增长和快速城镇化,城镇化与产业集聚关系特别复杂,具有诸多明显的不同于一般经济关系的特色特点。

(一) 城镇化与产业集聚存在沿海内陆、中东西、南北等发展条件差异明显的大区域发展差异

我国是一个海陆兼具、人口众多、疆域辽阔的大国,存在明显的沿海内陆、东中西、南北等自然地理大区域差异。东部沿海具有大吨位廉价海运条件,有利于国内国际贸易和现代工商产业集聚;气候适宜多样化农产品丰富、国内外进出口便利,港口水运对物流运输的分担也有利于减轻城市陆上交通体系的拥堵压力,有利于大都市、大型城市群集聚;"春风吹又生"的生态条件也有利于生态净化和生态修复,下风下水地理区位,也使得其生态环境污染对区域外外部性影响小。而中西内陆地区恰好相反,相对不利于城镇化和现代工商业经济集聚。由于地理气候差异和改革开放进程差异,我国也存在较为明显的南北区域发展差异,国家统计局按照发展条件差异曾把全国区分为八大经济区。同属沿海地区,北部沿海城镇化和产业集聚水平大大落后于东南沿海;同属内陆地区的大西北发展条件和发展速度大大落后于西南地区,东北地区和黄河中游经济活力也低于长江中游。

(二) 中西部内陆地区历史上形成密集的人口集聚,沿海内陆区域间可开发土地上的人口承载差异小

由于数千年农业文明的不断开发,我国中西部内陆地区在一系列水利设施支撑下与东部沿海地区一样形成了非常发达的农业经济和高密度的人口承载。按照沿海内陆可开发用地(农用土地与建设用地)的人口密度计算,改革开放以来不包括大片荒漠化的新疆、内蒙古、西藏、青海在内的沿海内陆可开发用地人口密度比基本维持在 2.9 倍左右[①],在类似四川盆地、江汉平原等高度发达的内陆传统农业区,其人口密度达到了全球内陆地区的最高水平,甚至不低于东部沿海地区。同样沿海内陆兼具的美国、巴西等国家沿海内陆人口密度比均在 5 倍以上,可以说我国

---

① 除特别说明外,本报告所用数据来源均为国家统计局国家数据网:data.stats.gov.cn。

沿海内陆人口承载差异非常小,或者说我国内陆地区承载人口密度过高。

(三) 梯度推进的改革开放,使得沿海内陆间形成明显由发达—欠发达的梯度推进发展程度差异

我国真正意义上的现代工商业经济发展腾飞是从 1978 年改革开放开始的,不过我国改革开放前期,开放开发政策重点基本上放在了更具开放开发条件的东部沿海地区,这使得改革开放前期沿海内陆发展差距呈现不断拉大趋势,东部沿海(11 个省份)与中西部内陆(20 个省份)总量 GDP 比率和人均 GDP 比率在 2003 年达到最高值 1.466 倍、2.299 倍,至 2019 年仍然保持 1.193 倍和 1.669 倍。显然至 21 世纪初期,沿海内陆间形成由发达—欠发达的非常明显梯度发展进程差异。

(四) 中西部内陆区域存在沿海导向人口输出与本地城镇人口集聚、沿海产业转移承接与本地自发产业集聚的双轮驱动力

由于梯度推进的沿海内陆发展程度差异,使得内陆地区城镇化与产业集聚面临本地自发和沿海拉动的双轮驱动。改革开放前期,沿海导向的劳动力输出驱动力较大,21 世纪以来沿海产业转移承接驱动力较大。

(五) 东部沿海地区发达城市腾笼换鸟产业升级存在对沿海区域内次级城市近距离产业链分工承接与对内陆城市远距离产业链转移的两难选择

经历数十年高速经济增长,东部沿海发达城市存在强烈的产业升级需求,前期集聚的传统工业产业需要及时转移出去以实现腾笼换鸟。但沿海发达城市产业转移,可以跨区转移内陆省份,也可以转移沿海地区内的相对欠发达沿海城市,后者能在产业转移承接母子城之间,较容易实现高中低端产业在沿海地区内短距离的产业链分工、延伸拓宽专业化服务;前者则可能因为跨区长距离的通勤运输成本,产业转移承接母子城之间的产业分工合作联系弱化。

二、发展转型、技术革新、外部环境变化对城镇化与产业结构升级耦合、协调的影响

我国当前正面临前所未有的发展大变局,国民经济社会发展面临重大转型,中美对抗外部国际经济环境面临严峻挑战,以移动互联网为代表的新一轮技术革命也严重冲击微观经济行为,这些发展变局正在并将继续影响城镇化与产业结构升级耦合、协调。

（一）国家正处于从中等发展到中等发达的转型跨越期，城镇化与产业集聚的驱动力发生重大转型

（1）我国迈入由中等发展向中等发达的转型跨越期，城镇化迈入快速增长2.0阶段，城镇化与经济增长关系进入新阶段。2010年，我国人均GDP首次突破4000美元，按照世界银行的标准（Gill等，2006），已经迈入中等收入或中等发展阶段，进入中等发展到中等发达的转型跨越期或"中等收入陷阱"风险期。2011年我国城镇化水平首次突破50%，按照S型城镇化水平的阶段划分（UN，1974；李恩平，2014），进入了快速城镇化的中后期即2.0阶段。

在经济发展的转型跨越期和快速城镇化2.0阶段，城镇化、产业集聚与经济增长关系发生了重大变化。早期的经济发展更多由工业化所推动，城镇化仅仅是对工业化的被动适应，但进入中等发展跨越期，城镇化对经济增长的贡献增强，成为经济增长和产业集聚的主要驱动力。如图1所示，2011年以后，城镇化率与人均GDP散点图基本上位于对数线性趋势线上方且呈偏离拉大趋势，意味着人均GDP增长主要由城镇化所拉动，也意味着城镇化对人均GDP的拉动效应低于合意水平，城镇化集聚效应并没有被释放出来。

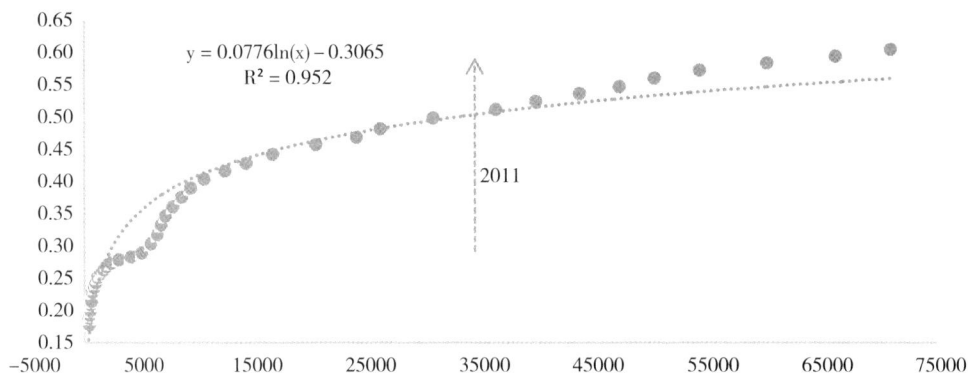

图1　1978—2019年人均GDP与城镇化率的散点图

（2）城乡经济关系发生重大变化并推动城镇化动力和人口迁移模式的快速转型，乡城举家随迁、城城多样化消费移民加速，南北气候移民增长，面临"从冷冻地带到阳光地带"的人口大迁徙。经济发展早期，由于农村自足经济、商品货币经济不发达、农产消费品占比高，存在有利于农村的消费利益，城镇化以劳动人口就业——农民工为主导，非劳动人口和家庭主要消费滞留农村。随着商品市场化，农村自给自足市场利益消失，农村本地市场狭小，一系列对本地市场规模要求较高的服务消费和大宗消费品（售前售后服务）无法有效提供或成本价格更高，随着收入

消费水平提升、消费结构升级,城市更大规模市场多样化消费服务供给优势愈益突出,出现越来越有利于城市的城乡生活消费利益差距,家庭合居消费利益增长,包括非劳动人口在内举家迁移居住生活城镇化加速,同时城城消费利益差距拉大,城城迁移加速(李恩平,2019)。随着收入增长,由气候差异引发的居住地在选择迁移,特别是北南迁移显著增长,正发生类似美国20世纪60年代以来的"从冷冻地带到阳光地带"的人口大迁徙。

(3)产城关系发生重大转型,就业移民人口及家庭的居住空间选择可能导致城市内日常通勤距离、时间、成本急剧增长。早期以开发区、产业园为主导的城市空间扩展模式,因为农民工简单的居住消费模式,摆脱职工社会生活负担,轻装上阵,表现出强劲的国际竞争力。但随着就业人口及其随迁家庭多样化消费需求增长,面临居住空间再选择,单纯开发区产业园意味着长距离的职住分离,大幅增加了通勤距离、时间和成本,导致城市拥挤加剧。

(二) 技术进步和外部环境变化对经济发展产生前所未有的影响,导致经济行为方式和经济空间优劣势关系剧烈变化

(1)以移动互联网为代表的技术进步使线上交易、上门服务爆发性增长。移动互联网为代表的新一轮技术变革,从三方面深刻改变人类生活:其一,移动互联网使得微信、支付宝等便捷支付方式得到普及,这导致商品服务线上交易成为可能并迅速推广普及;其二,因为线上交易使得供需双方交易的空间关系发生了颠覆性转变,供方位移逐渐取代需方位移,上门服务成为商品和服务消费新趋势,餐饮业是最典型的转变,在新冠肺炎疫情期间外卖餐饮业得到了最充分发展;其三,线上交易普及也使得全球资源开发和经济动员的优化配置达到前所未有的程度,一切真正具有使用价值的资源和物品,均能在全球范围内迅速实现其最大化的交易价值,全国、全球物质资源和人力资源将实现最大化的动员利用和开发。

(2)技术进步强化了消费市场和产业集聚对物流运输成本的敏感性,更加凸显了沿海区位优势的重要性和人口与产业大都市集聚的规模效应。线上交易降低了交易成本,使得物流运输成本占贸易成本的相对比重大幅提升;线上交易也使得商品服务的物流通勤信息更加透明,使得物流和通勤的规模化配置成为可能。物流通勤总规模越大的本地市场,越有利于物流通勤成本的节约,商品和服务价格也因为物流通勤成本下降而下降;而狭小的本地市场,则因为无法实现物流通勤成本节约,不但面临更高的商品服务价格而且因为相对成本上升,使得商品服务彻底退出市场而无法有效提供。

因此,表面上看,技术进步让人类的生产生活空间选择更加自由,但由于物流通勤成本的规模经济效应,人类实际的生产生活空间选择将更加集中到大规模物

流通勤集聚的市场。沿海地区大规模廉价水运条件,可以实现全球多样化商品服务的大规模本地市场聚散,更有利于物流通勤成本的节约,城镇化和产业集聚的区位优势更加突出。

（3）国际经济环境愈益严峻,外贸对成本效率的敏感性增大,国民经济对内需依赖增大。美欧等发达国家对我国经济增长的担忧也愈益增加,对华贸易保护主义抬头;东南亚、南亚、非洲等发展中国家对产业转移的替代竞争也不断增强。2020 年初暴发的新冠肺炎疫情更加剧了我国国际政治经济环境的恶化,美欧等国家由于自身防疫失误,导致疫情泛滥、经济衰退,出现前所未有的疫情危机叠加经济危机,引爆美元本身就摇摇欲坠的国际支付货币地位,中美、中欧贸易从而带动全球贸易都将受到严重冲击。

国际经济环境的恶化,从两方面对国民经济产生严重冲击:一是外贸对成本效率敏感性增大,低效率高成本的企业、产业和产业集聚地,在日益严峻的国际经济环境下,将面临迅速被淘汰风险。相对于内陆地区,沿海地区具有明显的外贸运输成本优势,沿海内陆间的发展条件差异进一步突出。二是国民经济对内陆依赖性增大,国民经济绩效提升可能更多依赖国内产业分工、专业化、集群集聚效益,国民经济的内循环的重要性更加突出。

三、我国城镇化与产业结构升级耦合、协调存在的突出问题

21 世纪以来,我国城镇化与产业结构升级均出现了加快发展趋势,但城镇化与产业结构升级耦合、协调程度并不高,未能实现城镇化与产业结构升级的良性联动,在大经济区域间和区域内部均存在不少突出问题,亟待改进优化。

（一）大经济区域间城镇化与产业结构升级耦合、协调存在的突出问题

如上所述,我国大经济区域间特别是沿海内陆间存在明显的梯度发展条件差异和梯度发展程度差异,这导致大经济区域特别是沿海内陆间城镇化与产业结构升级耦合、协调的矛盾问题非常突出。

1. 沿海内陆区域间轻重工业化结构倒置现象严重,不利于我国工业制造业效率提升和结构升级

从区位条件看,东部沿海地区具有大吨位廉价水运条件,更有利于货运成本占比高、大进大出的重工业集聚,而内陆省区发展以农产品为原料的轻工业更加合理。但我国沿海内陆轻重工业产业结构出现较为严重的倒置现象,如图 2 所示,我国内陆份区重工业比重普遍高于沿海省份,不考虑山西、内蒙古等资源大省,中南、

西南诸省重工业比重也普遍非常高,全部在 0.65 以上,普遍高于东部沿海的福建、浙江、山东、广东,而且西南、中南诸省重工业比重近年来一直呈现快速增长态势,随着内陆省份重工业化加速,其对重型矿产资源进口快速增长,澳洲和巴西的铁矿石、中东的石油,通过上海、广东港口经历多次由河运—铁路—公路的聚散、长途跋涉转运至重庆、武汉等内陆城市。

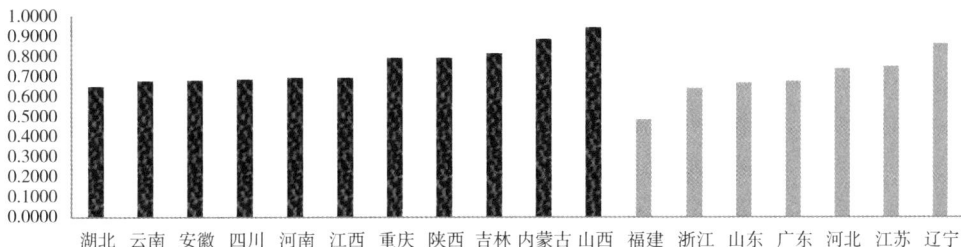

图 2 2018 年典型省区重工业比重

数据来源:各省区 2019 年统计年鉴,部分省市区没有提供轻重工业数据。

显然这种与区位条件差异相背离的沿海内陆工业化梯度推进,加大了我国工业产业的运输成本,不利于我国工业产业国际市场分工竞争。

2. 沿海内陆区域间过度的产业转移承接可能导致长距离产业链分工和高物流运输成本,不利于我国大型产业集群集聚和产业链延伸

沿海内陆间适度梯度产业转移有利于区域均衡发展和区域产业分工,但显著的区位、生态等梯度发展条件差异也决定了沿海内陆产业转移的规模和层级均不能过大,所需转移的产业应主要集中在农产品加工和基本满足本地市场的产业,出口贸易和运输成本占比高的产业则不宜转移。

但我国沿海内陆产业转移并没有遵循这一规律,如图 3 所示。以"货运量/一二产业增加值"计算的沿海内陆单位产出相对货运成本一直呈下降趋势,说明内陆地区单位产出的相对货运成本一直在上升,这意味着沿海内陆产业转移必然导致货运成本持续上升。自 2005 年开始,进出口额的沿海内陆比率和外贸依存度的沿海内陆比率均呈现明显下降趋势,说明我国外贸格局中,运输成本更高内陆地区正在逐渐取代运输成本更低沿海地区的外贸份额,意味着我国沿海内陆产业转移过度了。

显然,这种与区位条件相背离的沿海内陆产业分工和沿海内陆产业转移,不利于国家整体的产业竞争力提升,不利于大型产业集群集聚和产业链延伸升级。

3. 沿海内陆人口、劳动力承载变化和城镇化呈现内陆化的趋势,沿海内陆区域间发展条件差异导致的绩效差异呈拉大趋势

对沿海内陆兼具国家,以发展水平来衡量的区域均衡发展,可以是沿海内陆产

图3 沿海内陆间外贸与货运量对比变化

业转移,也可以是内陆沿海人口迁移。根据联合国(1992,2016)等文献,全球人口和经济活动存在明显的沿海化趋势,对类似我国内陆人口密度高和沿海内陆发展程度差异大的国家,一般应出现显著性的内陆沿海人口迁移和内陆人口密度快速下降趋势。

但我国实际的人口分布格局变化却表现出明显的不同特征。如图4所示,以农用地与建设用地之和计算的沿海内陆可开发用地人口密度比率(不含西藏、内蒙古、新疆、青海)、沿海内陆劳动年龄人口比率均呈现显著下降趋势,2010年以后沿海内陆总人口比率也基本上没有变化。这表明相对于沿海地区,我国内陆地区相对人口承载呈现不断加大趋势,沿海内陆间出现了劳动力逆向迁移,即所谓农民工回流。

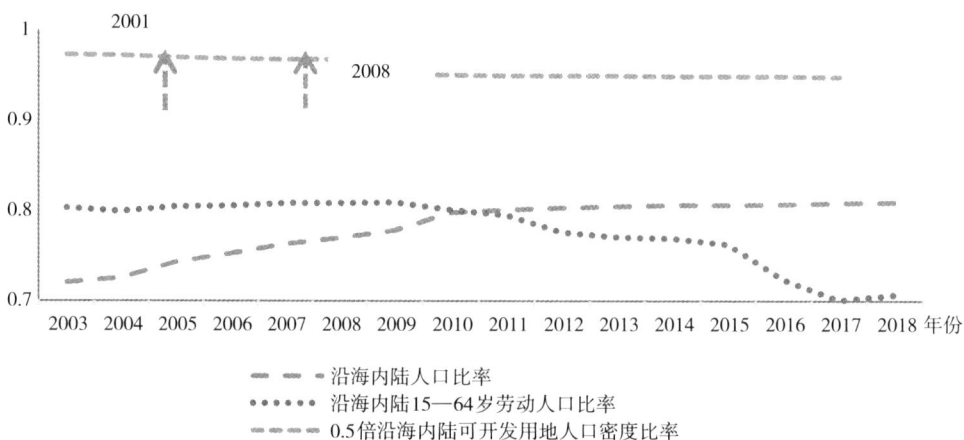

图4 沿海内陆人口承载变化

沿海内陆的人口承载变化和劳动力迁移方向变化,伴随的是沿海内陆投资产出相对效率的逆转,国家宏观经济效率的持续下滑。如图5所示,以GDP/固定资产投资计算的沿海内陆投资效率比自 2001 年开始高于 1,即沿海地区投资效率高于内陆地区。

考虑总量固定资产投资中包含了诸多基本公共服务均等化的基础设施投资。我们也计算了以工业增加值/制造业固定资产投资计算的沿海内陆工业投资效率比,可以看到自 2008 年开始该比率高于 1 且呈现不断拉大趋势,即 2008 年开始沿海地区工业制造业投资效率高于内陆地区。这意味着考虑区域间基础设施投资均等化后,内陆地区的相对投资效率也是持续下降的。

人口和经济活动持续向投资效率更低的内陆地区转移,实际也伴随了自 2010 年以来我国 GDP 增速的持续下滑,必然不利于产业结构升级。

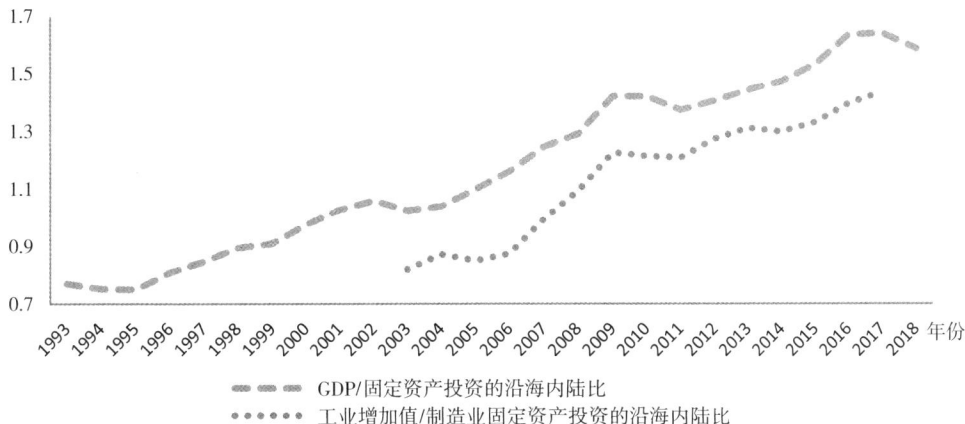

图 5　沿海内陆投资产出效率对比

(二) 大经济区、城市群内城镇化与产业结构升级耦合、协调存在的突出问题

大经济区域发展关系的失调也导致区域和城市群内部发展的低效率,无论沿海还是内陆省份或城市群内也均存在诸多不利于城镇化与产业结构升级耦合、协调的突出问题。

1. 沿海次级城市面临沿海中心城市虹吸和内陆城市竞争的双重不利,产业发展和人口集聚很不充分,不利于沿海地区产业链的短距离分工、延伸和结构升级

不包括港澳台和三沙市,我国有 54 个地级及以上沿海城市,真正发展起来的也只有上海、深圳、广州、杭州等少数沿海中心城市,大多数的沿海次级城市由于受到中心城市虹吸和内陆城市竞争的双重不利影响,还发展很不充分。如图 6 所示,2018 年 19 个沿海城市人均 GDP 低于(全国人均)6.6 万元,33 个沿海城市人均 GDP 低于(东部 11 个省份人均)8.7 万元,被沦为全国或东部地区的欠发达地区,

可以称之为欠发达沿海城市。人均 GDP 低于 5 万元的最不发达沿海城市有 12 个,其中广东省占了 6 个,汕尾市以人均 GDP 3.08 万元居于最不发达沿海城市之末,比全国人均 GDP 最低的省份甘肃还低 0.05 万元。

多数欠发达沿海城市均具有良好的海港运输条件,也是我国降水量从而多样化果蔬农产供给最丰富的地区,不少城市同时还是可通航内陆河流入海口,可以说资源和区位条件均非常优越,是我国发展条件最好的地区之一。不少欠发达沿海城市,在改革开放早期还一度成为明星城市,如汕头市(人均 GDP 4.46 万元)是四大经济特区之一,温州市(人均 GDP 6.5 万元)一度以民营经济温州模式而著称。但在过度强调的沿海内陆产业转移和过多限制的内陆沿海人口迁移背景下,这些城市衰落了。

沿海地区次级城市发展不充分与沿海内陆产业转移并存,说明我国国民经济正在以沿海内陆间跨区长距离的产业分散分布取代沿海地区内短距离的产业集群集聚,这既不利于沿海中心城市高端服务产业服务市场效率的提升(数倍放大了商务服务通勤成本),也不利于产业链的分工、延伸和结构升级。

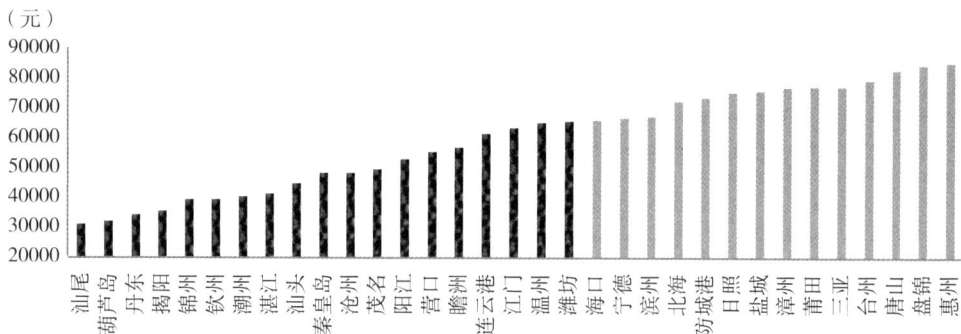

图 6　2018 年 33 个欠发达沿海城市人均 GDP

注:人均 GDP 低于全国平均为紫色,低于东部平均为蓝色。
数据来源:各省市区 2019 年统计年鉴。

2. 内陆省会大都市人口集聚和产业发展面临内陆欠发达条件的规模绩效约束,不利于高端人口和高端产业的集聚和产业绩效的提升

近年来,内陆省份省会城市的首位效应持续放大,出现了一轮"强省会"趋势,几乎所有内陆省份省会城市均出现了快速的人口增长和经济集聚,涌现出成都、武汉、西安、郑州、哈尔滨、长春、合肥、长沙、昆明、南昌等一批内陆型大都市。

但内陆型大都市集聚的绩效提升也受到内陆区位和省份相对欠发达条件约束。由于地处内陆,内陆型大都市,无法像沿海城市一样分享大吨位水运的低成本利益,这使得城市对内对外运输通勤严重依赖陆上交通体系,随着城市规模增长,单位道路运输通勤承载呈现几何级数增加,使得城市拥堵效应快速提升。

内陆型大都市集聚也受内陆省份相对欠发达的人口层级结构、消费结构和产

业结构影响,人口和经济集聚带来的规模报酬递增效应难以抵消拥堵效应的上升。如图 7 所示,除了经历严重经济失速的哈尔滨、长春和太原外,几乎所有内陆省份省会城市 GDP 份额增长均低于人口份额的增长,意味着这些内陆省份省会大都市人口集聚并没有伴随相应的经济集聚,省会大都市人口集聚可能导致省域经济低效率。

因此,这些内陆省份省会大都市人口和产业集聚还需要处理好人口结构和产业结构所要求的最佳市场规模与城市总人口规模和总市场规模之间的分流分理问题。

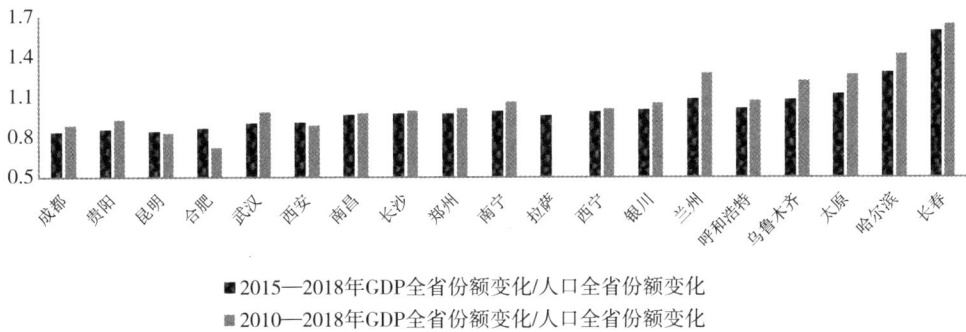

图 7　内陆省份省会城市人口与 GDP 占全省份额的相对变化(不包括拉萨)

3. 内陆传统次级城市和县域经济、小城镇缺乏产业支撑面临发展动能转型

由于深受省份内省会首位城市和沿海发达城市双重虹吸,内陆省份传统次级城市发展动能严重不足。在内陆省份的地级城市中,除了一些近距离承接沿海产业转移的近海内陆城市,如芜湖、赣州、郴州、衡阳、上饶,以及由于三峡水运运输条件改善的宜宾、宜昌等城市外,不少传统次级工业城市特别是一些资源枯竭型城市,如白银、石嘴山、景德镇、萍乡、株洲、大同、乌海等城市出现了较为严重的经济停滞衰退。

农村腹地的县域经济和小城镇传统工业化发展动能快速耗竭。在早期发展过程中,一些农村腹地县乡小城镇依赖劳动力丰富和农产资源临近,建设发展了一批"小而全"的小型工业园区,壮大了所在县域经济,随着经济发展水平的快速提升,内陆省份也出现了快速的产业升级要求。农村腹地的小城镇无论生产集聚还是消费集聚,都因为市场规模狭小导致共享、匹配和扩散创新严重不足,"小而全"的传统工业化发展动能耗尽。如表 1 所示,我国中西部内陆省份大多数县市经济增速落后于全省平均水平。

现代农业和生态文明新经济又为县域经济和小城镇转型发展提供了机遇。随着收入水平提升和消费结构升级,居民家庭对健康服务需求提升,不断强化消费服务的绿色生态品质追求,一些山清水秀乡村可能迎来生态养生服务产业发展机遇,绿色有机农产品需求也必将快速增长。随着快速城镇化,农村人口减少,人均土地资源增长,也促进农村经营方式转变,规模化、专业化的现代农业和绿色农业也必将为县域经济发展注入新动力。

表 1　部分内陆省份县市经济增长情况

省份	县市总数	2015—2018 年 GDP 增长率低于全省的县市数	2015—2018 年 GDP 增长率不及全省增长率 80% 的县市数
安徽	61	43	22
湖南	88	52	28
湖北	63	46	29
河南	105	62	31

注:内陆省份中只有部分省份提供了县市经济增长数据。

数据来源:2016 年、2019 年相关省份统计年鉴。

4. 大都市存在较为普遍的组团功能区内就业—居住服务发展不平衡,存在广泛的无效、低效通勤,不利于城市运行和高端人才、高端产业集聚

大规模产业园经济功能区建设,是我国改革开放中前期经济成功的重要经验,但也成为我国经济进一步提升的重要障碍。改革开放前期,以就业收入利益为主导的农民工在其就业所在地维持最简单的生活消费,可以维持与迁出地家庭之间的两地分居生活模式,使得企业和园区能够摆脱职工家庭住房、生活服务等社会功能,轻装上阵,形成最强的产业竞争力。而随着收入消费水平提升,包括农民工在内的就业移民家庭存在消费结构升级需求,合居消费利益大大增强,意味着就业移民需要在就业城市选择居住生活空间,需要产生居住地与就业地之间的日常上下班通勤。而大规模产业园经济功能区内,因为缺乏居住服务功能,就业移民被迫选择更远距离的居住生活空间,形成远距离的低效日常通勤模式。

无效、低效通勤的重要表现就是城市各组团、各区县间就业—居住—服务发展不平衡。这种由大规模产业园经济功能区导致的通勤低效率从而就业—居住—服务发展不平衡几乎在所有城市都存在,但大都市更甚。我们以社会消费品零售表示服务、人口表示居住、GDP 表示就业生产,以大都市区县间社会消费品零售额/GDP、人均社会消费品零售额、人均 GDP 三指标的变异系数(标准差/均值)城市就业—居住—服务平衡程度,变异系数越大,表示城市区县间就业—居住—服务不平衡程度越大。

表 2 给出了能找到数据的 7 个主要大都市区县间三大指标变异系数,除了南京市变异系数相对较小外,其他大都市三指标变异系数基本都在 0.5 以上,成都市人均社会消费品零售额的变异系数甚至达 1.1434。这表明我国主要大都市内均存在较为严重的就业—居住—服务不平衡发展。

大都市内部各区县、各组团功能区间就业—居住—服务不均衡,必然导致大都

市内部就业人口居住地到就业地之间的长距离跨区上下班通勤,居住与产业、服务不均衡,也必然导致生活和商务服务的长距离跨区通勤。长距离跨区县、跨组团通勤既增加了单次上下班和单次服务的通勤时间和通勤距离,大大降低了生产生活效率,更增加了城市公共交通载体和道路的人流承载,导致城市拥堵加剧、降低了产业集聚效率,特别不利于高端产业和高端人才集聚。

表 2　部分大都市内区县间就业—居住—服务平衡发展程度

省份	区县社会消费品零售/GDP 的变异系数	区县人均社会消费品零售的变异系数	区县人均 GDP 的变异系数
重庆	0.3203	0.8198	0.4797
北京	0.7699	0.7885	0.7802
成都	0.6560	1.1434	0.5591
天津	0.7658	0.5960	0.6374
广州	0.7737	0.7598	0.7486
西安	0.4750	0.8141	0.5129
南京	0.5557	0.4652	0.1669

注:其他城市统计年鉴未能同时给出分区县 GDP、社会消费品零售额、人口三指标,本表仅罗列了 7 座大都市。

数据来源:2019 年各市统计年鉴。

四、我国新型城镇化与产业结构升级耦合、协调的主要制约因素与短板瓶颈

经历 40 多年的改革开放,我国社会主义市场经济制度基本完善,市场自发的经济因素不会对城镇化与产业结构升级耦合、协调产生重大干扰,深刻影响城镇化与产业结构升级耦合、协调的主要因素在于政府部门对公共、准公共资源和服务的供应和配置,公共、准公共资源和服务配供缺位或调控失误成为城镇化与产业结构升级耦合、协调的短板。核心的影响因素和短板包括居住用地和住房的供给和配置、交通等基础设施建设、政府直接的倾斜性投资引导、税收倾斜和国有金融支持、教育医疗等准公共服务配供等。

(一) 城镇居住用地和住房供给成为城镇化与产业结构升级耦合、协调的主要制约因素

我国是人多地少的国家,政府通过一级市场农地转非征用过程对建设用地供给实施了最严格的控制。城镇建设用地控制越紧,企业用地和住房用地供给越紧

张,直接增加了企业用低成本,不利于产业集聚;也推升了快速的房价增长,抑制了居住生活城镇化进程,导致高端人才和劳动力流失,增加用人成本,与企业用地成本上升一起联动降低产业集聚效率、抑制产业结构升级。

当区域间城镇建设用地控制程度出现差异,这种由用地成本上升导致的产业集聚和城镇化不利就表现为区域发展的政策条件差异,城镇建设用地供给控制越紧的区域,城镇化和产业集聚从而经济发展也就越迟滞,反之亦然。

沿海地区过度控制的用地供给和投机性住房需求遏制不及时,造成沿海次级城市用地成本和住房价格急剧上升,抑制就业移民家庭居住城镇化进程,倒逼用工成本上升、招工不足和产业外迁。

(二) 交通、能源、通信等基础设施建设短板是城镇化与产业结构升级耦合协调的又一重要制约因素

对经济发展,存在两种意义的基础设施建设,一是基本基础设施建设,如基本低等级公路、水电供给、基本环卫等,对人类生存的基本保障并且对经济资源的动员和再分配具有重要意义,该类基础设施建设,无论从社会公平还是经济动员分配效率看,均应均等化配供。二是改善型基础设施,以追求安全、快捷、舒适、美观为特征,如高效供排水、环卫设施,高等级通信和快捷公共交通设施,体育、文化设施,该类基础设施主要面向较高密度人口集聚区,改善型基础设施配供对城镇化和产业集聚的空间选择具有重要意义。

21世纪以来,沿海次级城市发展迟滞的重要原因即在于这些城市改善型基础设施建设严重落后。同样,内陆省份大都市出现快速人口集聚的根本原因也在于省会行政资源优势带来的改善型基础设施建设快速增长。

(三) 国家公共投资和金融税收等支持是城镇化与产业结构升级耦合、协调的关键制约因素

如上所述,国家区域倾斜战略政策严重影响区域间的城镇化与产业结构升级耦合、协调,而国家区域倾斜战略政策除了土地、基础设施建设等手段外,更包括税收、金融、直接的国家预算内投资等。

我国近年来的国家区域倾斜战略政策带来了明显的区域发展速度差异。国家先后实施的"西部大开发"、中部崛起、东北振兴等发展战略,对中西部内陆地区实施了多层次的税收优惠、金融支持,国家预算内投资和中央项目投资也严重向内陆省份倾斜。国家区域倾斜政策也带动了中西部内陆地区的多轮民间投资高潮,促进了内陆地区相对较快的增长速度。

由于资源总是有限的,国家扶持性内陆倾斜战略,必然意味着沿海地区被相对

劫持,出现了相对更高的税率、更高的资金成本和用低成本,从而也使得 20 世纪 10 年代以来沿海地区发展速度持续下滑,特别是沿海次级城市出现增长停滞。

（四）此外,与户籍相关的教育医疗等准公共服务配供、保障性住房配供均对移民人口和人才迁移及其就业居住地选择产生重要影响

歧视移民人口的公共、准公共服务和保障性住房配供,均将从劳动市场、人才市场和消费服务市场多方面对城镇化和产业结构升级耦合、协调产生不利影响。

五、结论与优化对策

（一）基本结论

本报告研究了我国城镇化与产业结构转型升级耦合、协调的经济关系,通过对我国城镇化与产业集聚的关系特点、面临的转型变化、存在的突出问题和制约因素及短板瓶颈的深入分析,可以归纳为以下重要结论。

（1）我国城镇化与产业结构升级耦合、协调关系特别复杂,既存在海陆兼具大国梯度推进的大经济区域间发展绩效差异,也面临发展转型、技术变革和外部环境变化的严重冲击,城镇化与产业集聚的绩效逻辑很容易被一些似是而非的发展理念所掩饰,国家城镇化和产业集聚战略政策很容易被一些局部利益的声音所误导。

（2）沿海内陆大经济区域间城镇化和产业集聚格局的低效率是我国城镇化与产业结构升级耦合、协调存在的最突出问题。21 世纪 10 年代以来,我国部分产业集聚逐渐呈现出过度的沿海内陆产业转移,出现沿海内陆轻重工业格局和沿海内陆内外贸分工格局倒置,使得沿海内陆物流运输成本关系倒置和沿海内陆宏观投资产出效率逆转。这也导致了人口和劳动力出现从沿海向内陆转移迹象。

（3）大经济区、城市群内部同样存在不利于城镇化与产业结构升级耦合、协调的诸多问题。其一,沿海次级城市面临沿海中心城市虹吸和内陆城市竞争的双重不利,产业发展和人口集聚很不充分,不利于沿海地区产业链的短距离分工、延伸和结构升级。其二,内陆省份大都市人口集聚和产业发展面临内陆区位且欠发达的规模绩效约束,不利于高端人口和高端产业的集聚和产业绩效的提升。其三,农村腹地内陆传统次级城市和县域经济、小城镇缺乏产业支撑面临发展动能转型。其四,大都市存在较为普遍的组团功能区内就业—居住服务发展不平衡,存在广泛的无效、低效通勤,不利于城市运行和高端人才、高端产业集聚。

（4）城镇化与产业结构升级耦合、协调的主要制约因素和短板瓶颈,在于政府部门对公共、准公共资源和服务供配的缺位或不当调控。核心的影响因素和短板包括居住用地和住房的供配、交通等基础设施建设、政府直接的倾斜性投资引导、税收倾斜和国有金融支持、教育医疗等准公共服务配供等。

（二）优化对策

如上所述，我国传统模式的城镇化与产业集聚效率低，不利于城镇化与产业结构升级耦合、协调，必须走新型城镇化和高质量发展道路，人口城镇化与产业集聚空间需要在区域间和区域内、城市群内进一步优化。新型城镇化与高质量发展，既要考虑转型期的公平均衡，也要考虑生态承载变化和生态风险防范，更需要尊重基本的经济规律，顺应国内人口迁徙、资源流动、生态功能分工的市场取向，实现国内人财物流的高效循环和国际贸易、产业、人才的高效竞争，实现城镇化与产业结构升级耦合、协调。为此，本报告提出以下优化对策建议。

1. 重新审视沿海内陆区域发展关系，以发展水平而不是经济总量作为区域均衡发展衡量标准，促进城镇化、产业集聚与生态、区位条件相适应，实现国内人口迁徙、资源流动与生态影响的高效分工和产业结构的升级

一是沿海内陆产业集聚应体现其区位条件和生态风险及外部性影响的差异化。内陆地区产业集聚应以满足本地市场为主，大进大出的国际贸易产业和高度依赖进口矿产、高运输成本的重工业应主要布局于沿海地区。

二是国家城镇化的主战场，应该放在生态承载修复能力强、生态影响外部性小、区位条件优越且发展还很不充分的沿海地区。沿海内陆间的均衡发展应更多体现为内陆沿海人口迁移而不是沿海内陆产业转移，特别应顺应北部地区"从冷冻地带到阳光地带"的宜居性气候迁徙。

2. 重构面向国际市场的沿海城市群，打造低成本、高效率、产业链短距离充分延伸、高度分工专业化的国家沿海发展地带，促进沿海地区城镇化与产业结构升级耦合、协调

一是高度重视次级欠发达沿海城市发展，促进沿海地区内的产业、服务、人流高效循环。大力支持欠发达沿海城市对沿海中心城市产业转移的承接，促进沿海地区内短距离的产业分工和产业链延伸，在沿海地区形成全球最大的多层级一体化产业集群；大力支持内陆跨区就业移民家庭举家迁移城镇化，使之成为内陆农村人口城镇化迁移的主要集聚地。广东等东南沿海城市也应做好北方宜居性气候移民的就业生活引导，及时化解移民人口与原住人口的矛盾冲突。

二是大力推进沿海城市间的一体化进程，促进沿海城市群的连绵扩展。沿海地区，淡化沿海中心城市与欠发达沿海城市间的行政边界和市民福利差异，一些主要服务于本地市民的非经常性高端服务机构，逐渐向用地成本较低的欠发达沿海

城市转移,改变高端人口和产业的单向虹吸格局。

3. 建设主要面向本地市场的内陆城市群,高度重视内陆地区以省会为中心的都市圈和城市群发展,大力推进有发展条件次级城市和县域经济发展转型

一是重构内陆地区以省会为中心的都市圈、城市群的经济结构和空间格局,大力发展就业—居住—服务一体的组团城市群和小城镇,防止片面的超级中心城区建设。强化分产业类型的组团功能区分工,大力发展就业—居住—服务一体的次级综合型新城和小城镇,组团内部大力推进产城融合发展,居民区与产业区临近布局,最大化地减少日常生产生活通勤,联动优化都市圈、城市群经济结构与空间格局破解内陆大都市规模绩效约束。

二是促进有发展条件的内陆次级城市和县域经济转型发展。对一些因为交通改善、临近沿海省份或者具有良好生态条件的次级城市和县域经济,应紧抓新一轮沿海产业转移和消费结构升级机遇,加快转型发展。一些具有优越生态条件的县域小城镇,积极发展养生、养老经济,发展生态休闲旅游产业,大力发展现代农业、绿色生态农业。

三是一些发展条件不充分的内陆农村腹地和西北荒漠化地区适度收缩发展,加快人口输出,促进生态恢复和发展现代农业、生态农业,促进农业产业结构升级。

4. 改革发展支持机制,优化公共、准公共资源和服务供配,发展支持政策重点放在跨区移民人口承接区的安置支持和人口迁出地非劳动人口的基本生活保障

一是实施与人口集聚相适应的灵活动态建设用地调控管理。家总建设用地可以实施多年度的总量目标平衡的动态化调控;区域间建设用地供应调控不应以发展水平而以承接跨区移民人口作为差异化调控标准,适度向跨区移民集聚较多的沿海次级工业城市倾斜。

二是加快基础设施建设,努力提高基础设施建设质量并优化区域供配格局。加快交通、通信、能源供排水、环卫等基础设施建设;重点关注跨区移民集聚的沿海次级城市基础设施更新改造。

三是财政、金融和国家投资倾斜的城乡区域发展支持重点,应放在跨区移民人口承接区的安置支持和人口迁出地非劳动人口的基本生活保障。

四是积极推进移民人口家庭迁出地的宅基地及住房退出与迁入地城镇产权性保障房配供挂钩机制。迁出地乡城,移民家庭退出宅基地和住房成为迁出地保障性住房和宅基地来源,严格控制迁出地乡城新占宅基地和新建住房。

(课题组成员:李恩平　潘家华　陈洪波　杨心然)

>>> 生态环境

"十四五"时期生态环境保护思路研究

生态环境部环境规划院

"十四五"时期是实现第一个百年奋斗目标,进入第二个百年奋斗目标的第一个五年,是我国补齐环境质量短板后生态环境保护工作面临的第一个五年,也是我国经济发展转向高质量发展阶段的关键推进阶段,需要系统谋划"十四五"时期生态环境保护工作,着力解决实现污染防治攻坚战目标之后的战略、布局和打法问题。本报告通过总结"十三五"时期大气、水、土壤等环境污染防治的成效和问题,分析"十四五"时期经济社会环境形势,研究到2035年环境质量根本好转的远景目标和"十四五"时期的阶段性目标,特别是重点领域环境质量改善的目标要求和任务举措,为"十四五"时期生态环境保护工作提供思路。

一、"十三五"以来,环境保护工作取得积极进展,污染防治攻坚战将为"十四五"生态环境保护奠定良好基础

"十三五"以来我国生态环境质量继续改善,主要污染物有所下降。2020年全国337个地级及以上城市优良天数比例为87.0%,比2015年提高5.8个百分点;202个城市环境空气质量达

生
态
环
境

标,占全部地级及以上城市数的 59.9%,与 2015 年相比增加 38.3%。达到或好于Ⅲ类水体比例达到 83.4%,比 2015 年提高 18.9 个百分点;劣Ⅴ类水体比例为 0.6%,比 2015 年改善了 8.2 个百分点。长江、黄河、珠江、松花江、淮河等十大流域水质优良断面比例为 87.4%,劣Ⅴ类断面比例为 0.2%,保持稳定改善。主要污染物排放总量减少目标超额完成,二氧化硫、氮氧化物、化学需氧量、氨氮排放总量分别下降 25.5%、19.3%、13.8%、15.0%。全国生态系统状况总体稳定,核与辐射安全可控。

二、当前环境保护领域存在的主要问题

（一）生态环境质量总体仍不乐观

我国大气结构性污染突出,产业结构偏重、产业布局偏乱、能源结构偏煤、交通运输以公路为主,污染物新增量仍将处于高位。城市环境空气质量达标率较低,2020 年,全国 337 个地级及以上城市中仍有 40.1%的城市空气质量未达标。部分区域污染严重,京津冀及周边地区"2+26"城市、汾渭平原等地区城市平均优良天数比例仅为 63.5%、70.6%。

我国常规水污染物大幅削减,但存量污染物数量大、分布广的形势仍未根本改变。2020 年,全国地表水主要污染指标为化学需氧量、总磷和高锰酸盐指数,水环境质量分布不平衡,部分区域流域污染仍然较重,2020 年劣Ⅴ类国控断面主要分布在海河流域和西南诸河。

根据全国土壤污染状况调查,我国土壤点位超标率为 19.4%,其中轻微、轻度、中度和重度污染点位比例分别为 13.7%、2.8%、1.8%和 1.1%。长三角、珠三角、东北老工业基地等区域性土壤污染问题较为突出,西南、中南地区土壤重金属超标范围较大。

（二）部分领域环境治理基础薄弱,治污保障能力明显不足

城市黑臭水体攻坚战的配套污水管网建设不足。水源地保护中央财政支持较少,地方和社会资金投入水源保护的积极性不高。大气污染防治重点区域以外的资金投入力度不足。农业农村环境综合整治投融资渠道不畅,引导带动作用不够。部分地方对土壤污染防治的严峻形势认识不到位,对土壤污染防治工作重视不够。

（三）社会公众的环境意识诉求难短期全部满足

社会公众对环境风险的认知和防范意识越来越强,对环境风险容忍度越来

低,社会公众的"可接受环境风险水平"处于转变期,对环境保护、风险防控的要求越来越高。环境保护的战略相持期与老百姓速战速决的心态之间存在矛盾凸显。

(四) 国际环境压力与履约责任越来越高

我国二氧化碳、二氧化硫、臭氧(O_3)排放量居世界第一;与周边国家在污染越境转移、跨界河流污染、野生动物越境保护等方面,都可能成为外交摩擦的隐患。一些国家以保护全球环境为由,强压发展中国家承诺其难以做到的环境条约。目前,我国已签署和批准了 30 多项国际环境公约,履约任务十分繁重。

三、"十四五"时期生态环境形势更趋复杂

综合经济社会发展态势分析,"十四五"时期,经济发展环境正在发生深刻变化,不稳定不确定因素进一步增多,我国一些结构性、瓶颈性、体制性等深层次问题尚未得到根本解决,支撑生态环境质量持续改善的基础还不稳固,生态环境面临的压力仍在增加,生态环境形势仍然复杂多变。

一是城镇化造成压力不会减缓。经验表明,城镇化率每提高 1 个百分点,将增加城镇人口 1300 万人左右、生活垃圾 1200 万吨、生活污水 11.5 亿吨,消耗 8000 万吨标煤。伴随城镇化进程,尽管未来质量有所提升,但也是城镇人口增长、资源能源消耗的过程,对城市环境容量负荷、空间布局、环境基础设施建设等都带来较大压力。

二是能源结构调整到位仍需长期过程。"十三五"时期的能源结构调整目标仍未完全到位,天然气供需矛盾凸显,预计短中期内我国能源消费结构仍将以燃煤为主。2030 年以前中国能源消费总量都将保持增长态势,2025 年煤炭占总能源消费的比重仍在 50%以上的水平。

三是区域发展不平衡造成的污染空间转移仍突出。东部沿海地区在高质量发展中抢得先机,生态环境压力持续缓解,生态环境质量相对领先。部分中西部和北方地区结构调整缓慢,对传统产业存在路径依赖,承接了不少落后产能,发展速度持续超过东部地区,经济发展的环境压力更加凸显。西部地区的生态环境脆弱、生态系统退化形势严峻。

四、2035 年中国环境保护战略

党的十九大在 2035 年阶段目标中明确提出了"生态环境根本好转,美丽中国目

标基本实现"的目标,党的十九届五中全会进一步提出到 2035 年"广泛形成绿色生产生活方式,碳排放达峰后稳中有降,生态环境根本好转,基本实现美丽中国"的建设目标。这是反映了发展需求、响应了社会期待的重要内容,是新时代生态文明建设的总体目标,也是指导"十四五"及更长时期的生态环境保护工作的新的"历史坐标"。应以 2035 年实现"生态环境根本好转"为总要求,倒排工作,制定生态文明建设和美丽中国的"施工图"和"验收表",系统有序推进生态环境保护各项工作。

关于"生态环境根本好转"的基本要求,体现在覆盖面广、好转程度大、协调性强、认可度高等四个方面,即到 2035 年,一是生态环境质量改善是全国所有地区、所有要素、整体性的改善,而不是部分区域或者领域。二是改善程度大,生态环境稳定越过拐点,出现了根本性、转折性的改善,开始步入良性循环。三是改变了以往社会经济发展与环境不协调的局面,生态环境保护赶上了社会经济发展步伐,还清了历史旧账,补齐了环境短板,进入社会经济与环境保护相协调的局面。四是生态环境保护得到全社会的广泛认可,基本满足人民群众对美好生活的需要,对发展中国家具有借鉴意义。

从环境保护与社会经济发展的中长期战略层面出发,着眼于美丽中国建设,其中"十四五"时期的生态环境保护工作,是巩固污染治理成果、全面改善环境质量的关键期,发展与保护矛盾仍处在胶着期,百姓身边焦点问题、健康影响、治理体系等处在污染防治攻坚战成果保持与持续提升的关键期。

五、我国环境保护重点领域进程研判

(一) 大气污染防治形势分析

当前大气环境形势依然非常严峻,复合型、压缩型、多阶段多领域多类型问题累积叠加的问题仍然非常突出。

1. 存在主要问题

一是污染物排放量大,结构性污染突出。要实现环境质量根本好转,氮氧化物、挥发性有机物等总量至少要下降到百万吨级水平。参照目前每个 5 年规划期削减 10% 的减排速度,实现氮氧化物、挥发性有机物削减 50% 大致还需要 20 年左右的时间。因此,持续减少大气污染物排放量,是攻坚战要解决的首要问题,也是我们将长期持续坚持的治理路线。

二是能源清洁化利用水平偏低。目前我国煤炭消费量仍占一次能源消费总量的比重达到 57% 左右,煤炭占终端能源消费比重高出世界平均水平 10 个百分点。

北方地区达到超低排放的燃煤热电联产集中供暖面积仅占总采暖面积的17%,天然气、电采暖成本普遍高于燃煤,亟待理顺清洁能源供暖价格形成机制。

三是城市环境空气质量达标率较低,部分区域污染严重。2020年,全国PM2.5平均浓度刚刚达到世界卫生组织空气质量第一阶段目标值,距离指导值仍有较大差距。部分区域污染仍十分严重,京津冀及周边地区6个省份国土面积仅占全国7.2%,但消耗了全国33%的煤炭,生产了全国43%的钢铁、47%的焦炭、31%的平板玻璃、35%的电解铝,原油加工量占全国的28%,区域内84.4%的货物依靠公路运输,重型柴油车超标情况严重,优良天数比例仅为63.5%。

四是季节性大气污染问题仍突出。长三角、成渝、长江中游等地区季节性大气污染问题突出,特别是秋冬季时节,北方地区重污染天气仍然多发频发。以重点区域为例,秋冬季PM2.5浓度是春夏季的1.6—2.1倍,全年约80%的重污染天集中在秋冬季。

2. 大气环境治理改善进程研判

发达国家的空气质量从大规模治理到环境质量根本改善经历了至少30年以上的长期过程。美国、日本、欧洲的环境问题解决基本经历两个阶段,第一个阶段人均GDP增长较快的情况下,发达国家基本用20—25年的时间将污染物排放量从峰值削减了一半。第二个阶段,随着污染物排放总量的削减,污染物浓度进入下降通道,达到环境质量全面改善需要20—30年时间。

表1　主要发达国家大气污染物排放峰值时点比较

污染物	国别	峰值				
		时间	人均GDP（美元）	排放量（万吨）	2015年排放量（万吨）	降幅（%）
SO₂	美国	1974	7242	2714	338.44	87.53
	英国	1968	1896	637	23.55	96.30
	欧洲	20世纪70年代	1914—7240	—	445.2	—
	日本	1965—1974	1220		67.84	—
	中国	2006	1995	2588.8	1859.12	28.19
NOₓ	美国	1994	27777	2301.2	1043.26	54.66
	英国	1989	15757	287	91.39	68.16
	欧洲	20世纪90年代	15348	—	835.4	—
	日本	2002	31236	—	135.32	—
	中国	2011	5429	2404.3	1851.02	23.01

污染物	国别	峰值				
		时间	人均GDP（美元）	排放量（万吨）	2015年排放量（万吨）	降幅（%）
VOCs	美国	1970	5247	2747.9	1246.84	54.63
	英国	1990	18633	270	83.47	69.09
	欧洲	1990左右	15348	—	739.12	—
	日本	—	25124	—	88.88	—

我国生态环境治理难度更大、阻力更多，但发挥好体制优势、技术优势、后发优势，治理进程将明显压缩。我国自2006年起实施严格考核的全国主要污染物排放总量控制制度，至今已有十年之久，取得了重要的阶段性成果，但主要污染物排放量仍处于将近2000万吨左右的高位。发达国家人均GDP约2.4万—2.7万美元时（即基本实现现代化阶段），PM2.5浓度多数处在15—25μg/m³区间，我国PM2.5浓度如果从2016年的47μg/m³达到发达国家同等经济水平的空气质量平均水平，需削减一半以上。

大气环境质量将分区域、分阶段实现达标，预计到2035年美丽中国基本实现时，预计全国实现与发达国家同等发展水平相接近的空气质量水平。珠三角的环境质量、经济社会发展指标等均与欧美国家差距最小，煤炭消费强度相当于欧洲国家的2倍，2016年已达到空气质量标准的浓度限值，经过15—20年持续削减，基本能够实现浓度减少一半。以京津冀为代表的高煤、倚重、质量差地区，由于能源消费中煤炭占比约69%，颗粒物排放强度是美国的6.7倍、欧盟的3.7倍，空气质量达标进程预计延长至15年以上。即使治理力度大于"大气十条"，达到每5年浓度下降比例至少保持在30%以上，预计2035年才能实现全国所有地区达到全国空气质量二级标准。

应特别注意解决发达国家面临的臭氧（O_3）问题，相对于其他5项主要大气污染物浓度下降的趋势，受机动车快速增加和VOCs治理相对滞后等影响，O_3浓度处于快速上升的通道，O_3污染已成为夏季影响空气质量的首要污染物。我国O_3污染严重地区的O_3浓度与美国南海岸等同类地区现阶段的水平基本持平，并远低于其历史上O_3污染高峰期的水平，这表明现阶段我国O_3污染问题开始显现。同时，O_3污染发生与气象条件密切相关，强辐射、高温、低湿、静稳是O_3污染形成的重要诱因，不确定性较高，需要采取积极有力举措，控制O_3污染态势进一步发展。

（二）水污染防治形势分析

1. 存在主要问题

一是总体改善的同时部分水体恶化。各流域Ⅰ—Ⅲ类水质断面比例虽然有所上升，浙闽片河流和西南诸河水质总体由良好改善为优，淮河流域劣Ⅴ类水质断面比例改善幅度较大。但全国一些地区特别好的Ⅰ类水质断面比例在减少，辽河、松花江等流域劣Ⅴ类水质断面比例同比有所上升。

二是黑臭水体污染严重，是水环境质量改善的重中之重。虽然大江大河干流明显改善，但支流污染相对较重，特别是城市黑臭水体大量存在。据估算，全国建成区内黑臭水体2100条，占建成区河流总数的16%。我国与发达国家对比呈现"两头高"特征，即好Ⅲ类比例高于发达国家当年水平，但同时劣Ⅴ类河流比例也高于发达国家当年7个百分点。我国城市内河黑臭现象普遍，这是水环境治理的重点和难点。

三是部分流域污染仍然较重，长江流域风险高。长江流域水生态受损严重，长江生物完整性指数到了最差的"无鱼"等级，"化工围江"问题突出，长江经济带废水、化学需氧量、氨氮排放总量，分别占全国43%、37%、43%，是淮河、黄河流域的4倍、5倍。长江经济带30%的环境风险企业，位于饮用水水源地5公里范围内，环境风险高。海河流域污染严重水体大量存在，劣Ⅴ类水质断面比例高。

四是饮用水源地水质不容乐观，安全风险较高。截至2017年，全国18%的城市未完成地表水全指标监测，66.7%的城市未完成地下水全指标监测；40个城市无应急水源。部分农村水源存在天然背景和人为污染的双重影响，农村饮用水水源总体达标比例低于城市10个百分点。

五是在化学需氧量污染得到控制的同时，总磷问题日益凸显。总磷导致的地表水断面超标率已经与化学需氧量持平，在长江、珠江等一些流域上升为主要矛盾，成为影响水环境质量改善的首要污染物，也是全国一些湖库水质改善的瓶颈。

2. 我国水环境治理改善进程研判

参照发达国家治理进程，发达国家用了20余年时间水质状况才有较大幅度改善，其中部分污染严重水体，治理时间可能需要30—35年。莱茵河从1970年左右开始持续治理30年，日本霞浦湖历经30多年治理，琵琶湖用35年将Ⅲ—Ⅳ类提升至Ⅱ类水质。预计我国实行"水十条"后，经过大规模治理、多措并举，在"差"水方面，用5年时间将全国地级以上城市建成区黑臭水体控制在10%，再用十年时间总体消除。我国重点流域的治理也是如此，滇池自"九五"开始大规模治理，到2016年，滇池全湖由重度富营养转为轻度富营养，草海个别月份达到Ⅳ类水质。

城市水环境质量改善的瓶颈在于地下工程的差距，存在污水管网建设覆盖不够、滞后于城镇化建设速度、与污水处理厂建设不配套等突出问题。2015 年,我国城市排水管网长度共计 54 万公里,城市排水管道密度为 10.36 公里/平方公里,污水管网长度约相当于美国 2002 年的五分之一,日本和德国 2004 年的 70%,管网密度约为日本的一半。全国污水平均处理率为 60%—70%。

京津冀地区(海河流域)水环境质量根本好转难度甚至超过大气环境质量改善。2019 年,海河流域劣 V 类水体比例占 7.5%,水资源开发利用强度较高,部分河道生态流量严重不足,华北平原是我国最大的地下水漏斗区。实现海河流域水资源可持续利用、水环境质量改善和水生态恢复,预计至少需要 20 年乃至更长时期。

(三) 土壤污染防治形势分析

1. 存在主要问题

一是部分地区土壤污染较重。南方土壤污染重于北方;人口稠密、产业布局集中的长三角、珠三角、东北老工业基地等部分区域土壤污染问题较为突出;西南、中南地区土壤重金属超标范围较大,镉、汞、砷、铅 4 种无机污染物含量分布呈现从西北到东南、从东北到西南方向逐渐升高的态势。

二是耕地土壤环境质量堪忧。根据首次全国土壤污染状况调查,我国耕地土壤总的点位超标率为 19.4%,其中轻微、轻度、中度和重度污染点位比例分别为 13.7%、2.8%、1.8% 和 1.1%,主要污染物为镉、镍、铜、砷、汞、铅、滴滴涕和多环芳烃。

三是工矿业企业及其周边土壤环境问题突出。抽样调查 690 家重污染企业用地及周边的 5846 个土壤点位中,重污染企业用地及周边土壤点位超标率为 36.3%;工业园区及其周边土壤点位超标率为 29.4%;矿区及其周边土壤点位超标率为 33.4%。

四是土壤污染风险持续增加。由于工艺技术落后、环保设施基础差,有色金属矿采选、有色金属冶炼、化工、制革等行业企业产生的污染物直接排放至周边土壤,化肥、农药、农膜等投入品仍在增加,造成土壤重金属污染严重,土壤环境风险持续增大。

2. 土壤环境治理改善进程研判

国际经验表明,土壤污染防治在坚持预防优先的基础上,要更加注重风险管控。污染预防、风险管控、治理修复的投入比例大致为 1:10:100。对污染土壤彻底治理修复,既不经济,技术上也不可行,更无必要。美国、德国、英国、韩国等国家都针对土壤污染防治制定了专门的法律。明确了污染者的责任与负担,开展了风险管控,建立土壤污染调查和评估的风险管制标准体系和资金机制。

我国土壤污染防治的难度在于用几年时间建立起发达国家摸索了几十年的管理制度,将风险控制在可接受水平。主要采取污染源整治、污染途径阻断、污染土壤修复的系统性管理思路,坚持预防为主,保护优先,风险管控的原则,即首先是预防和保护,确保不污染;其次,是风险管理,对已污染的,要以管控风险为核心,实现安全利用。

(四)美丽乡村建设中环境保护问题分析

1. 存在问题

一是农村生活污水和垃圾问题突出,环保基础设施建设总体滞后。农村环境基础设施不健全,有些还简单照搬城市污染治理模式,长效管护机制不健全,生活污水和垃圾处理率偏低,是导致村镇环境"脏、乱、差"现象的主要原因,2020年全国农村污水治理率仅为25.5%。

二是部分地区农村水源地存在环境安全隐患。19.5%水源水质不达标(劣于Ⅲ类),38%农村饮用水水源地未划定保护区(或保护范围),49%未规范设置警示标志。农村饮用水水源总体达标比例低于城市10个百分点。

三是农业面源污染形势严峻。我国化肥、农药施用量不断增加,而利用率不足三分之一,比欧美发达国家低15个到20个百分点,一些水体水质超标主要是由农业面源带来的氮磷污染造成。农膜回收率不足三分之二,在西北等地区农膜"白色"污染凸显;秸秆综合利用率底,焚烧现象严重。畜禽养殖业发展迅速,已成为部分流域水环境的主要污染源。大量的农业用水也在挤占生态用水,农田退水对水体造成污染,有必要减少农业用水总量。

2. 农村环境治理进程研判

对标浙江等地区,全面推进美丽乡村建设,努力实现乡村产业兴旺、生态宜居、乡风文明、治理有效、生活富裕的总要求。预期2035年全国农村聚集区的生活污水实现截污纳管,分散与集中相结合的全处理,生产生活垃圾实现就地分类,全收集全处理,生态环境保护机构和能力覆盖到所有乡村,保护生态环境成为乡规民约的主要内容之一,乡村风貌干净整洁,形成看得见山、望得见水,记得住乡愁的美丽乡村。

六、"十四五"时期生态环境保护总体框架

(一)"十四五"时期生态环境保护总体考虑

一是坚持力度不减、措施不减的主基调。当前,我国生态环境质量有所改善,

但是环境问题的复杂性、紧迫性和长期性没有改变,仍存在由于长期快速发展积累的历史遗留环境问题以及其他新的环境问题。我国城镇化、工业化、农业现代化进程中,资源能源消费给生态环境带来的压力持续增长,而我国绿色发展与绿色生活方式也仍需一段时间才能完全形成。"十四五"时期,需要也必须保持当前的生态环境治理力度,强化各项环境保护任务措施,确保生态环境质量进一步改善。

二是坚持质量为本、系统治理的基本路径。要仍然坚持以生态环境质量为核心不动摇,这是基本点、出发点、落脚点。坚持以改善环境质量为核心的主线,从绿色发展、环境治理、治理能力三个维度进行总体部署。"十四五"时期,继续以提高环境质量为核心倒逼污染物减排,推动环境质量改善;实施生态环境系统治理和精准治理,提高治理实效;统筹经济社会发展同生态文明建设,大力推进绿色发展,形成节约资源和保护环境的空间格局、产业结构、生产方式、生活方式,实现人与自然和谐共生。

三是坚持改革创新、制度保障的工作重点。目前,我国生态环境管理体制改革仍面临一些挑战,需要在执行中深化和探索。"十四五"时期,开展"全方位、全地域、全过程"生态环境保护体制机制研究,建立健全生态环境保护的领导体制和管理体制以及约束激励并举的制度体系,大幅提升制度保障支撑水平。

四是坚持社会治理、市场机制的驱动方式。依法实施生态环境统一监管,强化生态环境保护的独立性、权威性。改变过去粗放式管理模式,实施精细化管理。实施环境科技创新与产业化发展战略,强化绿色金融等市场激励机制。完善政府、企业、公众共治的治理体系,激发全社会参与环境保护工作。

(二)"十四五"时期环境目标指标体系

1. 主要目标

综合考虑,"十四五"时期我国环境总体目标为:在全面建成小康社会基础上,巩固污染防治攻坚战治理成果,环境质量持续改善,环境治理能力稳步提升。围绕这一目标,包括三个方面的目标预期。

一是提升绿色发展与绿色生活水平。建立绿色生产和绿色消费的法律制度和政策导向,强化生态环境空间管控,从源头上推动经济实现绿色转型,减少资源消耗,减少生态破坏,协同推动经济高质量发展和生态环境高水平保护。建立健全低碳循环发展的经济体系,培育壮大新兴产业,推动传统产业智能化、清洁化改造。通过发展可再生能源,大力推广绿色交通、绿色建筑、分布式能源,发挥能源技术革命创新行动作用等,实现煤炭消耗达峰。推动绿色消费革命,形成全社会共同参与的绿色行动体系。

二是持续改善环境质量。打好生态环境治理持久战。全国空气质量持续改善,部分地区蓝天白云成为常态。全国水环境质量持续改善,水生态系统功能初步恢复,饮用水安全得到有效保障。全国土壤环境质量稳中向好,土壤环境风险得到有效管控。城乡环境优美和谐宜居,满足人民对优美环境和生态产品的需要。

三是提升环境治理能力与治理体系现代化水平。构建生态文明体系,建立健全生态文化体系、生态经济体系、目标责任体系、生态文明制度体系、生态安全体系。完善生态环境管理制度,构建环境治理体系,改变以往主要依靠行政手段的做法,综合运用行政、法律、经济手段,健全生态文明体制、机制和制度体系。

2. 大气环境主要目标

以降低 PM2.5 污染为空气质量改善的核心目标,推动 O_3 污染的协同控制。以质量改善目标引领大气污染防治布局,以京津冀及周边地区、长三角、汾渭平原为重点区域强化投入,带动全国空气质量总体改善。预计"十四五"时期,PM2.5浓度持续下降,O_3 浓度上升趋势得到控制,扣除疫情影响,到 2025 年全国 337 个地级及以上城市 PM2.5 平均浓度下降10%,地级及以上城市空气质量优良天数比率达到 87.5%。

3. 水环境主要目标

以水生态为核心,统筹水资源、水生态和水环境流域要素,污染减排与生态扩容两手发力,保好水、治差水,持续推进水污染防治攻坚行动,大力推进美丽河湖保护与建设,努力实现"清水绿岸、鱼翔浅底"。预计"十四五"时期地表水劣 V 类水体比例目标为基本消除。

4. 土壤环境主要目标

考虑与"土十条"衔接,建议继续延续受污染耕地安全利用率、再开发利用污染地块安全利用率等指标,并适当增加暂不开发利用污染地块风险管控率、重点重金属排放量下降比例、受污染耕地修复面积、优先保护类耕地面积指标。

七、科学谋划"十四五"时期我国生态环境保护重大战略任务

一是着力推动提高绿色发展和绿色生活水平。促进绿色低碳循环发展强化监管与制度供给,倒逼市场发展;推动供给侧结构性改革满足绿色消费与服务需求,加大绿色产品和绿色服务的供给,满足绿色消费的结构性需求。

二是分区分类统筹施策改善环境质量。持续完善以质量改善为核心的大气环境管理体系,精准施策,推进大气环境定量化管理;实施流域环境和近岸海域综合治理,持续提升饮用水安全保障水平;实施分类管理,防控土壤污染风险。

　　三是实施生态环境风险防控与健康战略。风险源纳入常态化管理,系统构建全过程、多层级生态环境风险防范体系;加强生态损害赔偿制度建设,健全生态环境损害评估制度。

　　四是实施山水林田湖草系统保护,维护生态安全。规范国土空间开发秩序,建立和完善生态保护红线管控措施。

　　五是深化生态文明制度改革。提高生态环境治理体系与治理能力现代化水平,推动建立跨区域(省、区、市)共建联动机制。

　　六是完善生态环境保护市场机制建设。为最终实现以市场为主、行政为辅管理模式奠定基础。

　　　　　　　　　　　　　　　　　(课题组成员: 王金南　万军　王倩　秦昌波

　　　　　　　　　　苏洁琼　马乐宽　孙亚梅　肖旸)

生态系统保护的目标和重大任务研究

中国科学院生态环境研究中心

　　党中央、国务院高度重视生态文明建设,习近平总书记多次强调,"绿水青山就是金山银山","要坚持节约资源和保护环境的基本国策","像保护眼睛一样保护生态环境,像对待生命一样对待生态环境","生态文明建设是关系中华民族永续发展的根本大计。生态兴则文明兴,生态衰则文明衰"。李克强总理多次指出,要加大环境综合治理力度,提高生态文明水平,促进绿色发展,下决心走出一条经济发展与环境改善双赢之路。党的十八大以来,党中央、国务院把生态文明建设摆在更加重要的战略位置,纳入"五位一体"总体布局,作出一系列重大决策部署,把发展观、执政观、自然观内在统一起来,融入执政理念、发展理念中,生态文明建设的认识高度、实践深度、推进力度前所未有。

　　值此"十四五"规划编制前期研究阶段,我们组织专业力量,在总结近年来我国生态系统保护与修复的成效的同时,梳理了仍旧存在的生态修复"重量轻质"、城市生态系统服务的"赤字"扩大、关键流域生态系统的"量、质同减"、中长期发展的水安全风险以及粮食安全、水安全与生态安全的矛盾等问题,并给出政策建议。

生态环境

一、"十三五"时期的生态系统保护目标与成效

"十三五"生态系统保护与修复目标制定全面、任务安排系统,实施了一系列生态保护政策与措施,生态保护取得了明显的成效。

(一)"十三五"时期实施了一系列生态保护政策措施

"十三五"时期,以保障生态安全、增加生态资产、增强生态系统功能为主线,实施了一系列生态保护政策措施,还启动了国家公园建设试点,初步完成生态保护红线规划。"十三五"时期,生态保护、生态恢复与生态建设力度前所未有,进展顺利。

1. 扩大重点生态功能区补偿规模和范围

从 2008 年起,建立重点生态功能区转移支付制度,到 2017 年中央财政安排资金 3699 亿元,其中 2017 年安排了 627 亿元,受益县有 819 个。全面推进森林保护补偿,提高森林生态效益补偿规模和标准,从 2001 年开始开展森林生态效益补偿试点到 2017 年中央安排资金 1326.8 亿元,其中 2017 年安排 175.8 亿元。国家级公益林补偿标准从 8 元/亩提高到了 10 元/亩。

2. 全面实施天然林保护

从 2014 年起,停止全国天然林商业性采伐,将天然工程区外围国有天然林全部纳入,集体和个人所有天然林停伐补助范围由 7 个省扩大至 16 个省,补助标准从 2014 年的 5 元/亩逐年提高,2017 年达到了 10 元/亩。到 2017 年累计安排资金 316.7 亿元,其中 2017 年安排了 130.4 亿元。

全方位推进森林保护,已有 21.6 亿亩森林(其中集体和个人所有森林 7.95 亿亩)纳入中央补助范围,占我国森林总面积的 61.5%。

3. 加大草地、湿地等生态系统的保护力度

自 2010 年起实施草原奖补政策,2016 年实施新一轮草原奖补政策,2017 年安排资金 1148.7 亿元。优化扩大湿地保护政策,到 2017 年安排资金 55.6 亿元。2017 年退耕还湿 30 万亩,同比增加 10 万亩,湿地从 18 个省增加到 23 个省,调整优化补偿结构。有序开展荒漠、海洋等补偿建设,安排内河渔业保护资金 4 亿元,海洋渔业保护资金 5 亿元,水土保持重点建设资金 33 亿元。

4. 启动山水林田湖治理工程

以"山水林田湖是一个生命共同体"的理念为指导,集成整合资金政策,对山上山下、地上地下、陆地海洋以及流域上下游进行整体保护、系统修复、综合治理。2016 年正式启动,重点开展了交通沿线敏感矿山山体植被恢复,土地整治与污染

修复,生物多样性保护、流域水环境保护治理等。

5. 积极区域重大生态恢复工程

推进三江源、喀斯特地区、川西北、黑河流域等区域重大生态恢复工程建设。

6. 健全生态补偿机制

在中央的统一部署下,北京、天津、河北、安徽、河南、海南、四川、云南、内蒙古、广西、甘肃、新疆等省份,制定了健全生态补偿机制的实施意见。

(二)"十三五"时期生态保护成效显著

"十三五"时期,全国生态系统格局得到改善、生态系统质量持续提高、生态系统服务功能得到提升。

1. 自然生态系统质量持续提高

自 2000 年以来,全国森林、灌丛和草地生态系统质量总体改善,优、良等级的生态系统面积占比由 16.1%增加至 25.3%。与 2000—2010 年的十年间相比,近五年优、良等级生态系统面积占比的年均增幅为 1.28 个百分点,比前十年间的年均增幅高出 1.0 个百分点。其中,优、良等级草地生态系统面积占比的年均增幅高出 1.1 个百分点,优、良等级森林生态系统面积占比的年均增幅高出 1.0 个百分点。

2. 生态系统服务功能得到提升

生态系统水源涵养总量为 1.11 万亿立方米,土壤保持总量为 1990.21 亿吨,固沙总量为 299.32 亿吨,草地生态系统防风固沙量占总量的 49.5%,对生物多样性保护具有重要意义的区域生境质量明显恢复。近年来,水源涵养、土壤保持、防风固沙和生物多样性保护功能均有不同程度的提升。

3. 生态保护政策与措施成效明显

国家重点生态功能区:国家重点生态功能区森林、灌丛、草地、湿地和荒漠等自然生态系统面积占比超 90%。2016 年新增国家重点生态功能区后,总数达到 676 个,重点功能区内生态系统质量稳步提高、主导生态服务功能显著增强。

自然保护地:建立了自然保护区、风景名胜区、地质公园、森林公园、湿地公园与水利风景区等不同类型的自然保护地。截至 2016 年,自然保护地数量超过 12000 个,保护面积约占国土面积的 20%。国家级自然保护地共有 4778 个,占全国自然保护地总数的 38%。其中,森林公园 3234 个,占总数的 26%;自然保护区 2740 个,占 22%;水利风景区 2500 个,占 20%;湿地公园 1070 个,占 9%;风景名胜区 999 个,占 8%。另有全国水源地保护区(保护饮用水水源地)618 个,国家水产种质资源保护区 523 个,国家农业野生植物原生境保护区 118 个,此外,还有沙漠公园、城市湿地公园、畜禽遗传资源保护区等自然保护地。

生态保护与生态恢复工程:天然林保护区、退耕还林区、"三北"防护林工程区、京津风沙源治理工程区、三江源生态建设工程区和西南喀斯特地区生态建设工程区森林覆盖率增长显著,质量中等级以上的森林、草地面积增长显著,土壤保持、防风固沙和水源涵养等生态功能提升,中度以上水土流失、土地沙化和石漠化土地面积显著减少(见表1)。

表1　退耕还林、天然林保护等重大生态工程保护成效

生态工程类型	全国平均值	天然林保护区	退耕还林区	"三北"防护林工程区	京津风沙源治理工程区	三江源生态建设工程区	西南喀斯特地区生态建设工程区
森林覆盖率增长率(%)	1.55	1.12	1.44	1.28	2.66	—	2.96
中等级以上森林面积增长率(%)	27.6	31.5	30.3	29.7	72.6	7.3	33
中等级以上草地面积增长率(%)	9.2	11.1	10.3	19.9	14.9	19.2	0.4
土壤保持功能提高率(%)	0.7	1.3	0.8	3.3	0.8	0.5	0.5
防风固沙功能提高率(%)	15.77	32.1	15.97	16.5	9.46	13.48	—
水源涵养功能提高率(%)	0.3	1.3	0.6	0.4	0.1	0.6	1.8
中度以上水土流失面积变化率(%)	-10.2	-12.9	-10.7	-14.8	-16.6	-7.6	-12.6
中度以上沙化土地面积变化率(%)	-7	—	-8.5	-9.1	-8.4	-13.4	—
中度以上石漠化土地面积变化率(%)	-1.4	—	-1	—	—	—	-3.5

二、主要生态问题及变化趋势

当前我国主要生态问题特征表现为生态系统脆弱,自然生态系统质量低,生态问题处于转型期,农业生产导致的水土流失、土地沙化、石漠化仍然严重,面积与程度在降低。城市化、资源开发导致的生态问题呈加剧趋势,城市生态功能退化,人居环境恶化是今后相当一段时期我国面临重要生态问题。

(一)自然生态系统质量低,局部地区仍在退化

2015年,差等级的自然生态系统面积比例为34.2%。五年间自然生态系统变

差的面积比例为 7.8%。其中,差等级的森林面积约 17.31 万平方公里,占森林总面积的 20.6%。差等级的草地面积约 117 万平方公里,占草地总面积的 42.1%,内蒙古中部、青藏高原西南部、天山南部等局部地区草地退化仍然明显。

(二) 土地退化问题依然严重

水土流失面积 154.10 万平方公里,约占国土面积的 16.1%,重度和极重度侵蚀面积比例达到 19.9%。沙化土地面积为 193.4 万平方公里,占国土陆地总面积的 20.2%。贵州、云南、广西、四川、湖南、广东、重庆及湖北等 8 省份石漠化总面积为 9.57 万平方公里,占区域面积的 4.9%,石漠化问题依然严重。

(三) 海岸带自然岸线及滨海湿地减少

海岸线全国总长度为 1.71 万公里,人工岸线、自然岸线和滩涂分别占比为 33.9%、34.9% 和 31.2%。2010—2015 年间,全国自然岸线减少 65.8 公里,降幅为 1.1%;人工岸线增加 501.3 公里,增幅为 9.4%;滩涂增加 183.7 公里,增幅为 3.56%。人工岸线增加主要原因是沿海开发建设活动侵占了自然岸线和滩涂。

(四) 流域生态环境退化,生态风险加大

流域是生态系统的主要组织和管理单元。我国共有一级河流 2037 条,流域生态系统质量低、湿地丧失、水土流失、水环境污染、水资源过度开发、河流断流等问题呈现不断加剧趋势。水资源利用与开发与生态安全的矛盾加剧。

水资源过度开发导致海河、黄河、辽河等流域的河流断流、湿地丧失,水体生态系统及其生态功能基本丧失。长江流域上游水电资源不合理开发导致脱水断流河段数量快速增加,水体生物多样性面临巨大威胁,一些水生生物,如中华鲟等物种,濒临灭绝或已经功能性灭绝。

(五) 重点生态保护区域人类活动干扰问题突出

在国家级自然保护区,均存在不同程度的人类活动,面积 2.85 万平方公里,占国家级自然保护区总面积的 2.9%。人类活动以居民点和农业用地为主,占人类活动总数量的 77.7%。交通设施、采石场、旅游设施、工矿用地和能源设施等开发建设和旅游活动的增幅较大,增幅分别达到 16.1%、11.0%、8.2%、8.1% 和 7.2%。

在重点生态功能区,都存在较强的农业生产和开发建设活动。藏东南高原边缘、若尔盖草原和大别山等区域,开发建设活动较为明显。2000—2015 年间,农田生态系统增加 1123.56 平方公里,增幅为 0.3%;开发建设面积增加 4545.81 平方公里,增幅为 15.9%。

（六） 我国自然保护地体系仍不健全

虽然我国现有自然保护地类型多,保护面积较广,但是仍存在如下 5 个方面的问题:

一是缺乏保护地总体发展战略与规划,各部门根据自身的职能建设了不同类型的保护地,保护地类型多样,但各类保护地的功能定位交叉;

二是单个保护地面积小,保护地破碎化、孤岛化现象严重,未形成合理完整的空间网络;

三是不同类型的保护地空间重叠,包括同一区域保护地完全重叠、同一区域内保护地嵌套包含,"一地多牌"的保护地等现象普遍,导致多头管理、定位矛盾、目标模糊;

四是土地权属法定确权不清晰,土地权属与权益不对等,自然保护地集体土地所属社区居民的权益得不到保障等;

五是保护与开发利用的矛盾突出,保护成效不高。对重点保护植物、兽类、鸟类两栖、爬行类物种的栖息地保护比例均不到 18%,一些重点保护物种仍面临种群下降的威胁。

（七） 我国扩张失序,城市生态空间减少,城市生态服务退化,"城市病"突出

自 2000 年以来,我国城市建设和城镇化水平都进入加速期,土地城镇化速度快于人口城镇化速度,人工构筑、设施建设强度较大,生态基础设施减少。

硬化地表扩张不断挤压城市生态空间,尤其是单中心、"摊大饼"式的城区扩张模式,使生态空间破碎化,城市生态调节功能不断降低,"城市病"高发。如"热岛效应"问题日趋严重,上海主城区内"高温区"所占比例 5 年来增长 3 倍,逼近城区面积的一半,造成人居环境恶化和额外能源消耗损失;此外,由于城市硬化地表径流系数高,生态空间(透水地表)面积不足,暴雨时期极易发生城市内涝,我国有 62% 的城市出现城市内涝问题,每年城市内涝发生 200 余起,造成重大社会经济损失。

（八） 生态安全与粮食安全、水资源安全的矛盾仍然严重

为增强生态安全,我国实施了世界最大规模的退耕还林还草还湿工程,近 1.5 亿亩耕地恢复为森林、草地和湿地。但同时,自 2000 年以来,我国开垦耕地 1.27 亿亩,主要分布在黑龙江、新疆、内蒙古、苏北滨海地区。此外,农业化肥使用量越来越大、化肥利用效率低,农业面源污染已经成为我国水环境污染主要污染源,湖泊富营养化的祸首。

（九）气候变化的生态效应开始显现

青藏高原出现冰山雪线上升、冻土层融化,导致高原湖泊面积扩大、沼泽湿地退化等问题加剧。海平面持续上升,我国东南沿海海平面上升显著,近10年来我国海平面上升明显加速,最高的地区达10毫米/年,未来将对我国水资源与沿海城市安全、生物多样性保护带来巨大影响。

三、我国生态系统保护的重要性格局

在分析评价我国生态系统空间格局、生态敏感性与生态系统服务功能空间特征的基础上,明确生态保护的重要性空间格局,为明确我国重要生态空间与重点保护区域提供科学依据。

（一）我国生态系统空间特征

我国生态系统分为森林、灌丛、草地、湿地、荒漠、农田、城市等,其中我国森林生态系统覆盖率为20.2%;灌丛生态系统占我国国土面积的7.3%;草地生态系统占我国国土面积的30.0%;湿地生态系统面积为35.6万平方公里,居亚洲第一位、世界第四位;荒漠生态系统占我国国土面积的13.5%;农田生态系统面积占国土面积的19.2%;城镇生态系统占国土面积的2.7%(见图1)。

由于数千年的开发历史和巨大的人口压力,我国各类自然生态系统受到不同程度的开发、干扰和破坏。生态系统退化,涵养水源、防风固沙、调蓄洪水、保持土壤、保护生物多样性等生态服务功能明显降低,并由此带来一系列生态问题,对国家生态安全带来严重威胁。

（二）生态敏感性评价

生态敏感性是指一定区域发生生态问题的可能性和程度,用来反映人类活动可能造成的生态后果。按敏感程度划分为极敏感、高度敏感、中度敏感、低敏感等4个等级(见图2)。

水土流失敏感性:我国土壤侵蚀敏感区面积为173.15万平方公里,其中极敏感区域面积12.9万平方公里,占我国国土面积的1.4%,高度敏感区面积23.3万平方公里,占我国国土面积的2.4%(见图3)。

沙漠化敏感性:我国沙漠化敏感性主要受干燥度、大风日数、土壤性质和植被覆盖的影响。我国沙漠化敏感区总面积182.3万平方公里,集中分布在降水量稀

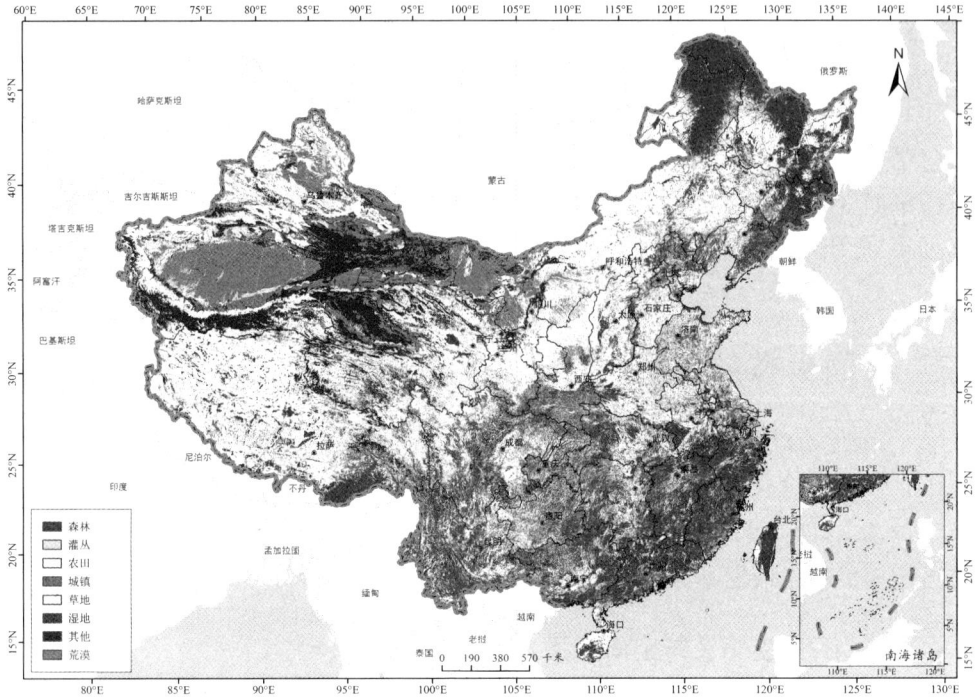

图 1 我国生态系统空间分布格局

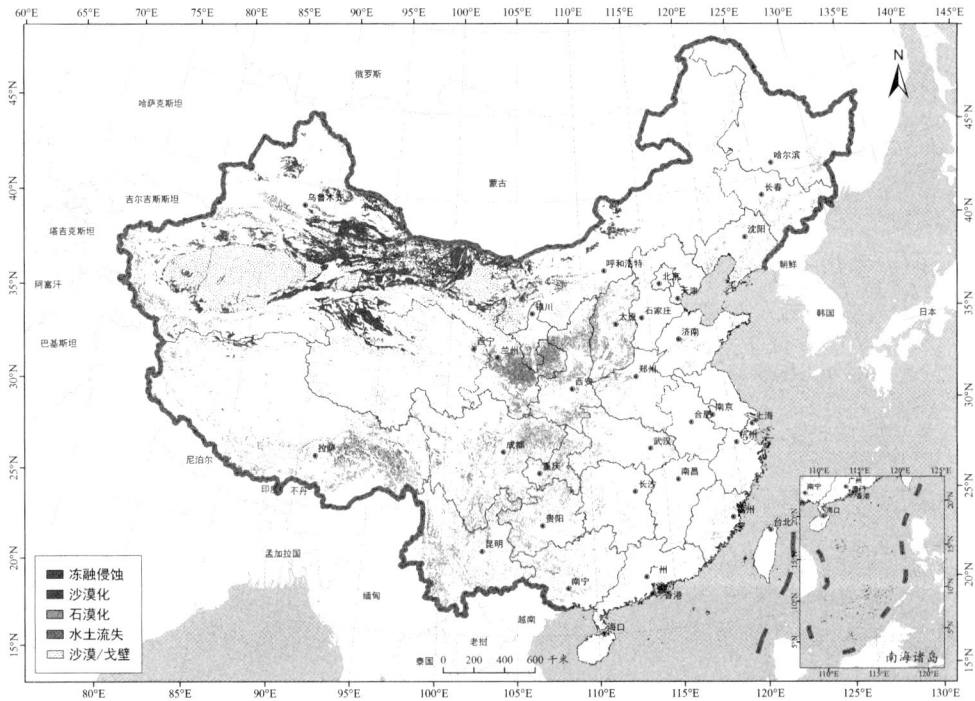

图 2 我国综合生态敏感性特征

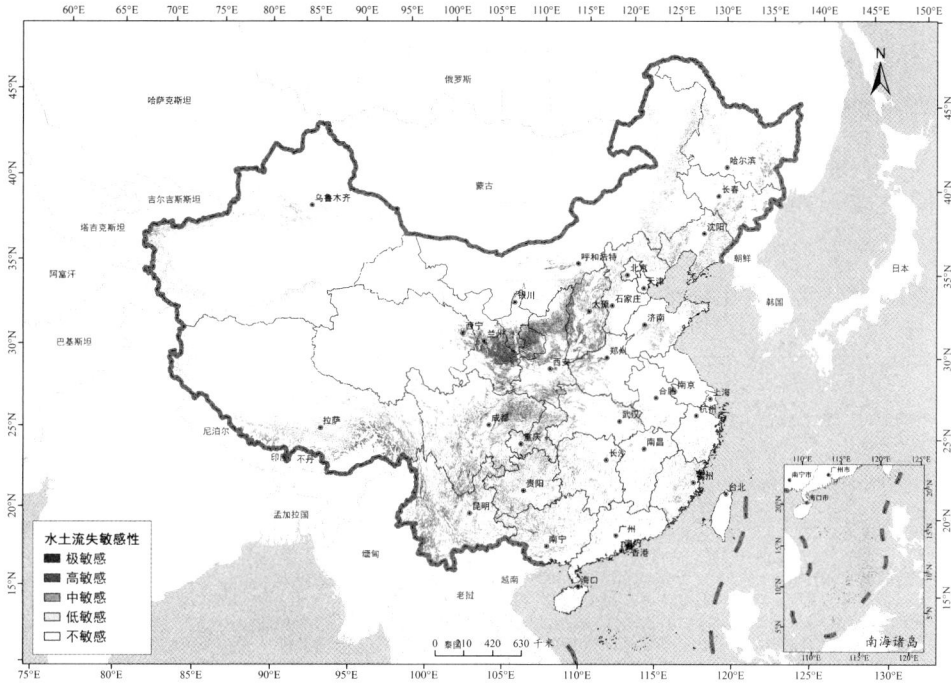

图3　水土流失空间格局

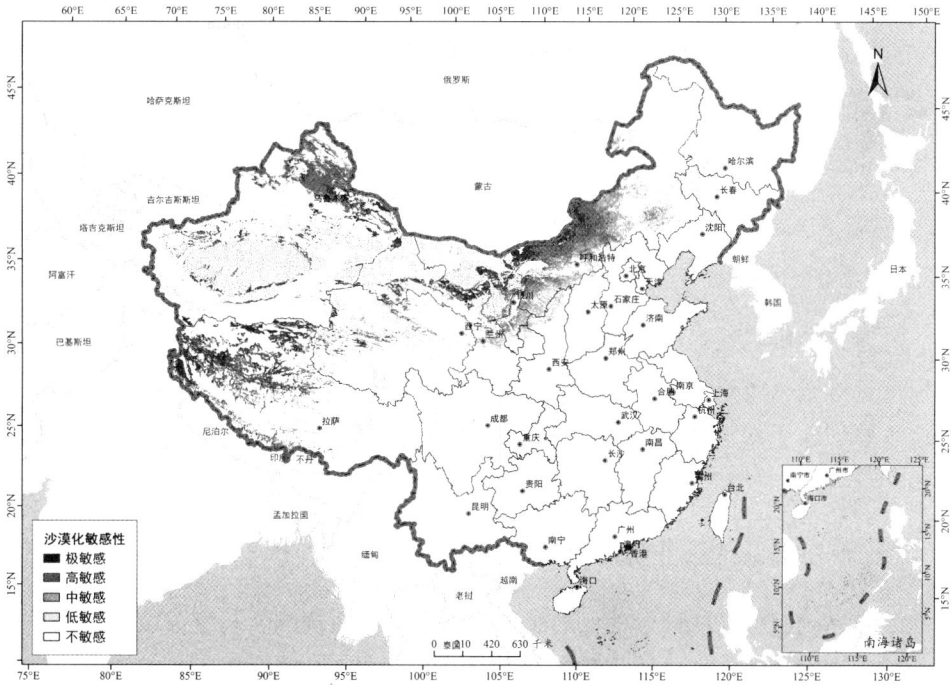

图4　沙化空间格局

少、蒸发量大的干旱、半干旱地区。其中沙漠化极敏感区域面积为 124.6 万平方公里,沙漠化高度敏感区域面积为 41.1 万平方公里(见图 4)。

石漠化敏感性:石漠化敏感性主要受石灰岩分布、岩性与降水的影响。西南地区石漠化敏感区总面积 51.6 万平方公里,主要分布在西南岩溶地区。极敏感区与高度敏感区交织分布,面积为 2.3 万平方公里,集中分布在贵州省西部、南部区域,云南东部文山、红河、曲靖以及昭通等地。川西南峡谷山地、大渡河下游及金沙江下游等地区也有成片分布(见图 5)。

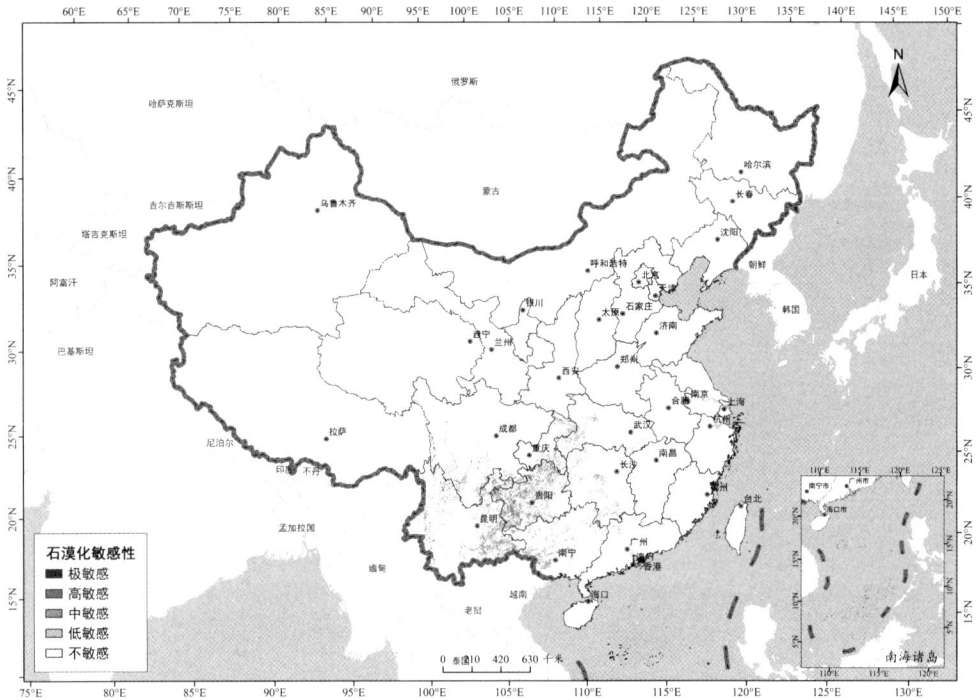

图 5　石漠化空间格局

冻融侵蚀敏感性:我国冻融侵蚀敏感性主要受冻土、冰川分布的影响。我国冻融侵蚀极敏感区面积为 0.6 万平方公里,主要分布在青藏高原东部地区;冻融侵蚀高度敏感区面积为 10.3 万平方公里,集中分布在阿尔泰山、天山、祁连山北部、昆仑山北部等地(见图 6)。

(三) 生态系统服务功能评价

生态系统服务功能评价的目的是明确各类生态系统的生态服务功能类型及其对区域生态安全所起的作用与重要性及其空间分布。我国生态服务功能包括生态调节功能、产品提供功能与人居保障功能。生态调节功能主要是指水源涵养、土壤保持、防风固沙、生物多样性保护、洪水调蓄等维持生态平衡、保障全国或区域生态

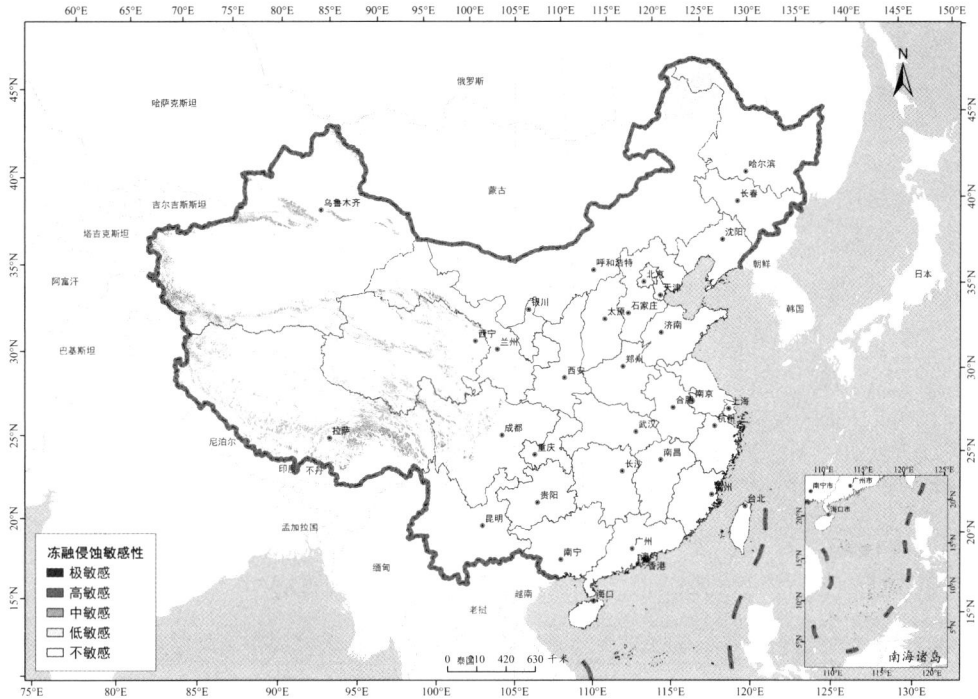

图6 冻融侵蚀空间格局

安全等方面的功能。按其对全国和区域生态安全的重要性程度分为极重要、较重要、中等重要、一般重要4个等级。

水源涵养:重要水源涵养区是指我国重要河流与湖泊的主要水源补给区和源头区。其中,极重要区面积为151.8万平方公里;较重要区面积为101.6万平方公里(见图7)。

生物多样性保护:生物多样性重要区是指国家重要保护动植物的集中分布区,以及典型生态系统分布区。我国生物多样性保护极重要区域面积为200.8万平方公里;生物多样性保护较重要区面积为107.6万平方公里(见图8)。

土壤保持:我国土壤保持的极重要区域面积为63.8万平方公里,主要分布在黄土高原、太行山区、秦巴山地、祁连山、环四川盆地丘陵区,以及西南喀斯特地区等区域;较重要区域面积为76.4万平方公里,主要分布在秦岭、川西高原、藏东南、海南中部山区以及南方红壤丘陵区(见图9)。

防风固沙:防风固沙重要性评价主要考虑生态系统预防土地沙化、降低沙尘暴危害的能力与作用。我国防风固沙极重要区面积为30.6万平方公里。防风固沙较重要区面积为44.1万平方公里(见图10)。

洪水调蓄:洪水调蓄重要性评价主要考虑湖泊、沼泽等生态系统具有滞纳洪水、调节洪峰的能力与作用。我国防洪蓄洪重要区域面积为18.2万平方公里(见图11)。

生 态 环 境

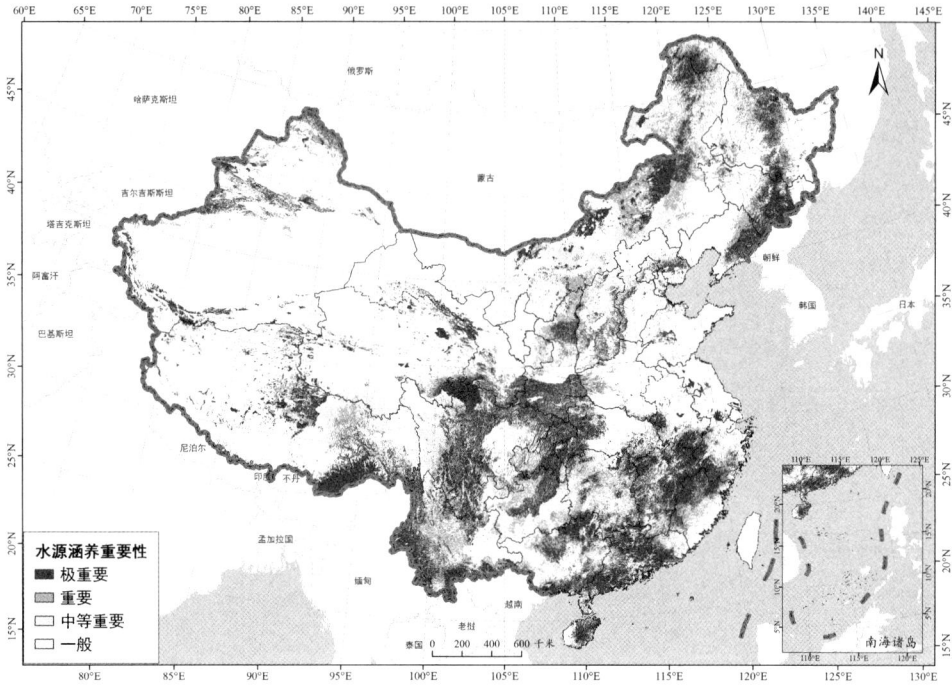

图 7　水源涵养重要性格局

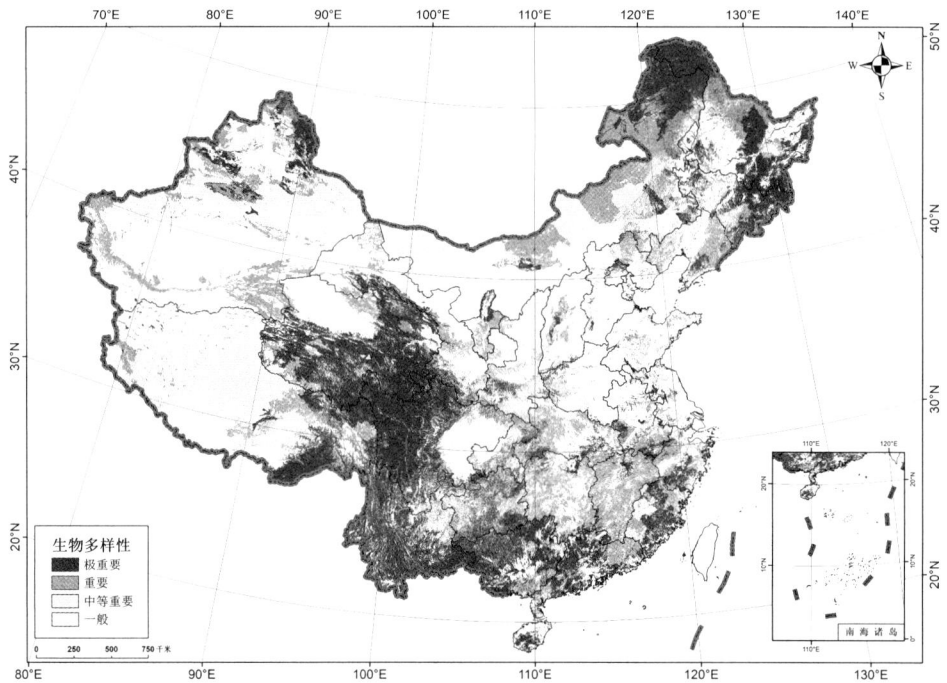

图 8　生物多样性保护重要性格局

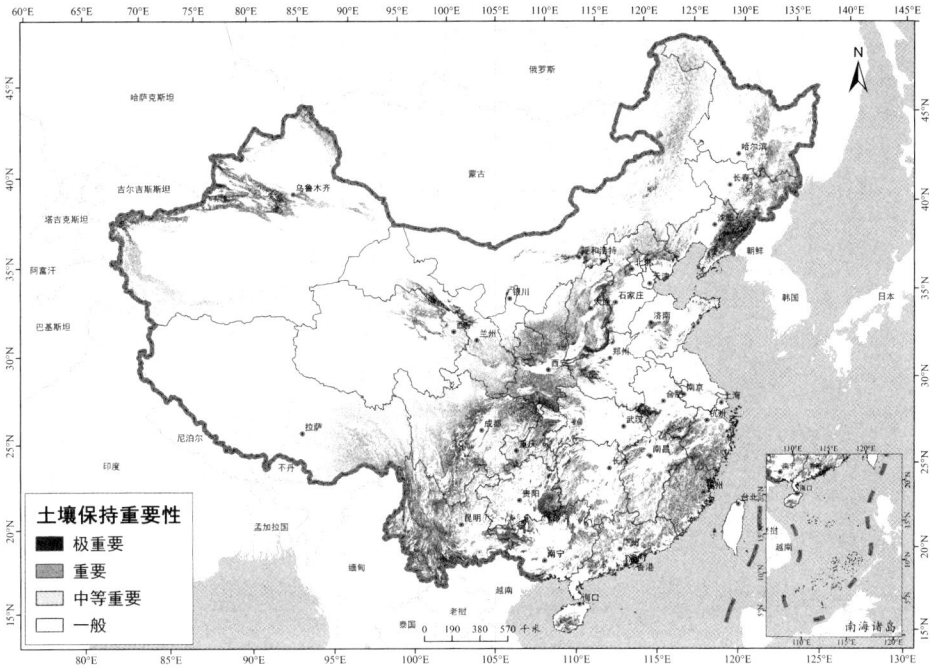

图 9　土壤保持重要性格局

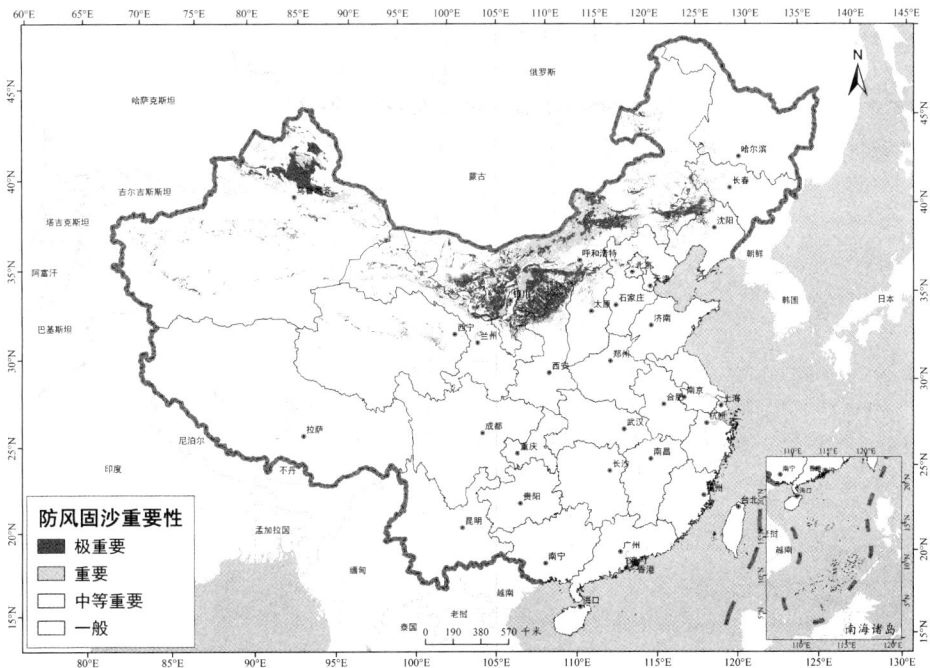

图 10　防风固沙重要性格局

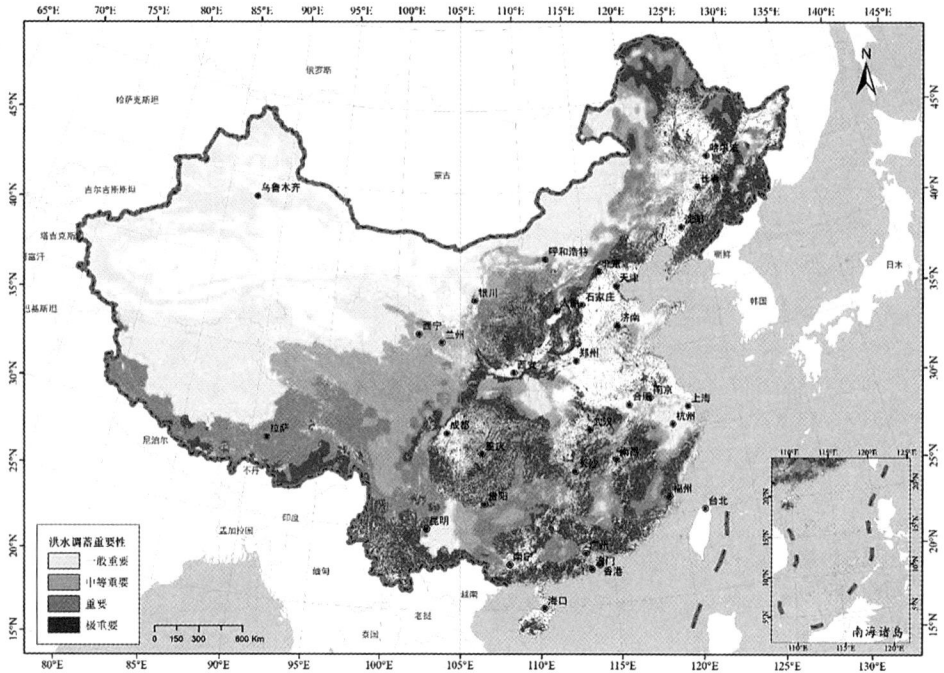

图 11　洪水调蓄重要性格局

综合生态系统服务功能重要性空间特征:通过对生态系统的水源涵养、土壤保持、防风固沙、洪水调蓄、生物多样性保护等生态系统服务功能重要性空间分布的综合评估,得出我国生态系统服务功能重要性综合特征(见图 12)。

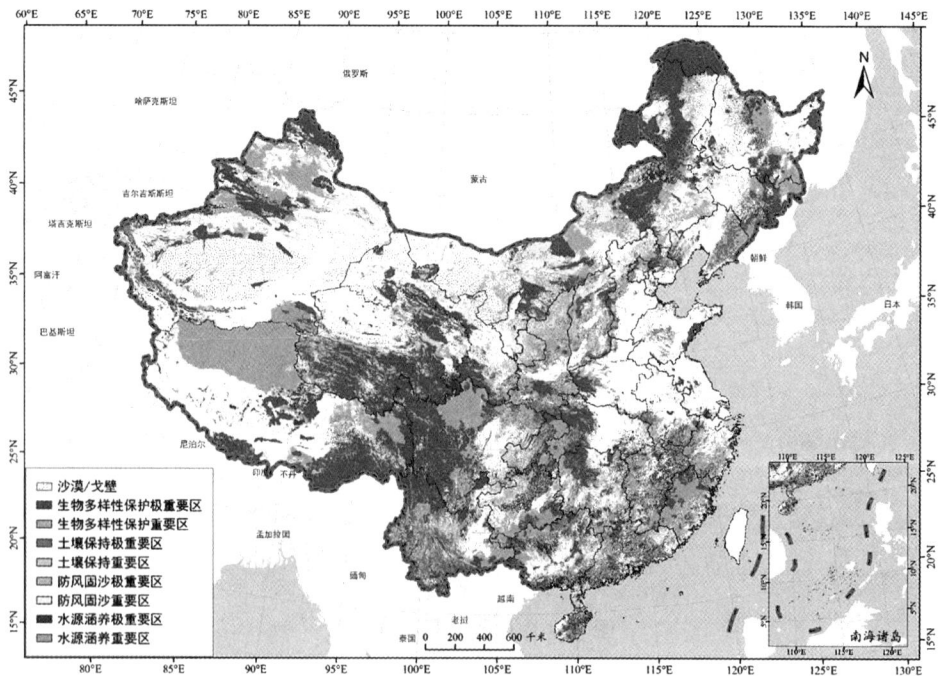

图 12　我国生态系统服务功能重要性综合特征

（四）我国生态保护重要性综合特征

综合我国生态系统服务功能重要性与生态敏感性，将具有极重要、较重要生态服务功能区域与生态极敏感、高敏感区进行综合，形成我国生态保护重要性空间分布格局。我国生态保护极重要区面积为 343.6 万平方公里，较重要区面积为 204.6 万平方公里，分别占我国国土面积的 35.8% 与 21.3%。生态保护极重要区和较重要区总面积为 548.2 万平方公里，占国土面积的 57.1%，提供了我国土壤保持总量的 88.3%，水源涵养总量的 82.6%，固沙总量的 64.3%，维持生物多样性自然栖息地总面积的 75.9%。

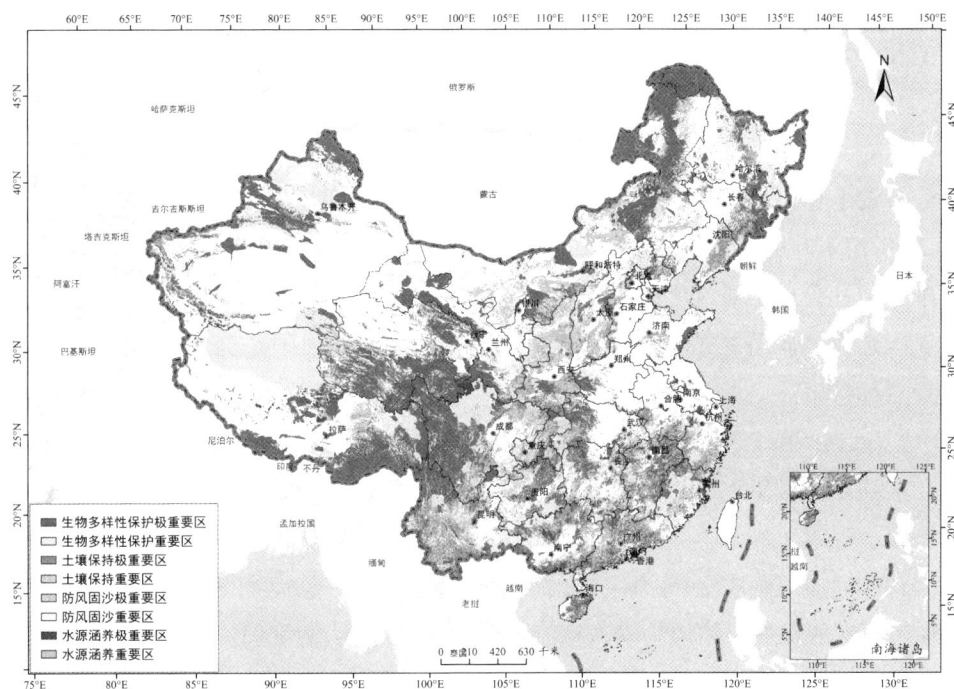

图 13　我国生态保护重要性综合空间特征

四、生态保护基本思路与总体目标

习近平总书记于 2018 年 5 月 18 日在全国生态环境保护大会上指出："生态文明建设正处于压力叠加、负重前行的关键期，已进入提供更多优质生态产品以满足人民日益增长的优美生态环境需要的攻坚期，也到了有条件有能力解决生态环境突出问题的窗口期"。"十四五"及未来 15—20 年是实现我国生态环境全面改善的关键机遇期。

（一）基本思路

深入贯彻党的十九大精神和习近平新时代中国特色社会主义思想,坚持保护生态环境就是发展生产力、绿水青山就是金山银山的理念,按照《中共中央、国务院关于加快推进生态文明建设的意见》等一系列重要部署,落实主体功能区战略和制度,以扩大生态资产、保障生态安全、提供优质生态产品满足广大人民群众对优美生态环境需要为目的,通过构建生态空间和生态保护红线、提升生态系统质量、治理退化土地、修复城市生态功能、整治乡村生态环境,实施山水林田湖草的流域系统治理等措施,实现我国生态环境的根本好转,为建设美丽中国、实现人与自然的和谐发展奠定物质基础。

（二）总体目标

习近平总书记在党的十九大报告中,描绘了我国社会主义现代化建设从现在到 21 世纪中叶的宏伟蓝图:从 2020 年到 2035 年,在全面建成小康社会的基础上,基本实现社会主义现代化;从 2035 年到本世纪中叶,在基本实现现代化的基础上,把我国建成富强民主文明和谐美丽的社会主义现代化强国。据此,提出以下生态保护目标构想。

1. 近期(2025 年)目标

构建以提供生态产品为目标的生态空间,面积比例不低于国土面积的 50%;生态保护红线比例力争达到 30%。

初步建成以国家公园为主体的自然保护地体系,总面积不低于国土面积的 20%。所有的自然保护地均纳入生态保护红线范围,严格管理。

森林、草地、湿地生态系统质量普遍提高,优、良等级生态系统面积在 2015 年基础上提高 10 个百分点,生态资产指数提高 15%。

建立基于生态系统资产与生态产品核算的考核机制。

水源涵养、土壤保持、洪水调蓄、防风固沙、固碳等重要生态系统服务功能较 2020 年提升 10%。沙漠化、石漠化、水土流失等土地退化面积与程度均显著减少,土地退化指数降低 25%。全国重点城市的生态系统服务能力下降问题得到缓解。同时全面建成国家生态环境监测体系。

建立国家生态系统评估体系、生态资产与生态系统生产总值核算体系,以及生态产品价值实现机制,促进优质生态产品持续供给,以及生态保护与经济效益的协调发展。

2. 长期（2035 年）目标

到 2035 年生态环境质量实现根本好转，美丽中国目标基本实现。

到 2035 年，湿地面积达 8.3 亿亩，湿地生态系统质量得到显著提升；天然林面积保有量稳定在 30 亿亩左右，天然林质量要实现根本好转；全国森林覆盖率达到 26%，森林蓄积量达 210 亿立方米，每公顷森林蓄积量达 105 立方米；乡村绿化覆盖率达 38%；75% 以上的可治理沙化土地得到治理。

全国生态系统服务能力稳步提升，主要城市的生态系统服务功能得到提升，人居环境全面改善。城市化不再以侵占生态用地为代价，而是以存量更新、新技术替代等方式实现生态城市化。

3. 远期（2050 年）目标

到 21 世纪中叶，生态文明全面提升，实现生态环境领域国家治理体系和治理能力现代化。

森林蓄积量达 265 亿立方米，每公顷森林蓄积量达 120 立方米，乡村绿化覆盖率达 43%；湿地生态系统质量全面提升；可治理沙化土地得到全部治理；森林覆盖率达到世界平均水平。

全国生态系统状况全面改善，生态系统服务供需基本实现平衡，各城市生态系统服务能力不再降低，重要城市的生态系统服务能力得到修复和提升。社会经济发展与生态环境保护进入协同发展状态。

五、生态保护重点任务

面向"十四五"的生态保护的重点任务包括：进一步落实主体功能区制度、划定与实施生态保护红线、优化生态屏障，建设国家公园为主体自然保护体系，实施区域重大生态建设工程、恢复退化生态系统、提升生态系统质量，加强退化土地治理、预防生态风险，修复城市生态功能、改善人居环境，整治乡村生态环境、建设美丽乡村，实施山水林田湖草的流域系统治理、建立与完善生态监督、监测、评估的政策机制等方面。

（一）构建生态空间、实施生态保护红线制度、优化生态屏障

以增强生态产品提供能力为目标，落实主体功能区制度，坚持生态优先，科学构建生态空间、农业生产空间与城镇发展空间，修订国土综合整治规划纲要。坚持生态保护红线优先地位，将生态保护红线作为空间规划、城乡规划、土地利用规划、资源开发规划的前提和基础，统筹安排生态空间、农业空间和城镇空间。

保护生态安全关键区域,优化国土生态安全格局。保障全国生态安全需要紧盯两类关键生态保护区域。一是生态系统保存较好,结构和功能完整,具有重要生态调节功能的区域,对区域生态平衡和生态安全具有极重要保障作用,如地表水源保护与涵养、地下水补给、土壤保持、生物多样性保护、自然景观。二是具有重要生态防护功能区域,即预防和减缓自然灾害的功能,洪水调蓄、防风固沙、石漠化预防、地质灾害防护、道路和河流防护、海岸带防护。这些区域生态环境十分脆弱,一旦受到破坏难以恢复,容易导致重大生态环境问题或者自然灾害,危及区域乃至国家生态环境质量和生态安全,在这些区域应重点加强生态系统防护功能。

(二) 建设国家公园为主体自然保护地体系

开展国家自然保护地体系规划,全面启动国家公园建设工程,继续加强自然保护区能力建设、优化自然景观保护区、物种与种质资源保护区体系,完善生态功能保护区布局、增强管理能力,初步建成以国家公园为主体自然保护地体系,构建"张弛有序"的管理体系。

建立科学合理的自然保护地分类体系:以建立国家公园体制为契机,梳理现有保护地类型的保护目标与定位,保护地管理的严格程度与资源利用方式,建立我国自然保护地新的分类体系,可以分为五大类,第 I 类为自然保护区,包括目前我国的自然保护区和自然保护小区;第 II 类为国家公园;第 III 类为自然公园,包括地质公园、风景名胜区、森林公园、湿地公园、沙漠公园、海洋公园;第 IV 类为物种与种质资源保护区,包括目前的水产种质资源保护区和农作物野生种质资源原位保护区;第 V 类保护地为生态功能保护区,包括生态保护红线、饮用水源保护区、国家一级公益林等。

开展国家自然保护地体系总体规划:在评估我国生态系统、珍稀濒危动植物物种、自然遗迹、自然景观与生态系统服务功能的空间分布基础上,识别我国自然保护的关键区与空缺区,规划以国家公园为主体,自然保护区、自然公园、种质资源保护区、生态功能保护区等类型构成的国家自然保护地体系及其空间布局方案。

启动国家自然保护地体系建设工程:以建设国家公园为契机,启动全国自然保护地体系工程,通过 15—20 年努力,建立以国家公园、自然保护区、自然公园、种质资源保护区、生态功能保护区等类型构成的、定位明确、布局科学、面积合理、功能完整的国家自然保护地体系,支撑美丽中国建设与全球生物多样性保护目标。

制定自然保护地法体系:启动制定国家自然保护地法,规定国家保护地体系构成,各类自然保护地的功能定位与保护目标。然后根据国家自然保护地法,各类自然保护地制定相应的管理条例与办法,逐步形成我国自然保护地法律体系,让自然保护地的建立与管理有法可依。

（三）实施区域重大生态建设工程、恢复退化生态系统

以提升生态系统质量为目标,按照尊重自然、顺应自然、保护自然、自然恢复为主的原则,以提高生态资产和生态产品与服务能力为目标,以重点生态功能区为重点,实施区域生态建设重大工程,在重点水源涵养区、生物多样性保护区、防风固沙区部署与实施区域重大生态建设工程。针对国家重要战略发展区域,要优化项目区生态系统格局、提升生态系统质量、增强生态产品与服务的供给能力。

（四）加强退化土地治理、预防生态灾害风险

以防范沙尘暴、泥石流、土地荒漠化为目标,以干旱区、水土流失、地质灾害、石漠化高敏感区等生态脆弱区为重点,开展退化土地的综合治理,通过降低人口密度、转变生态方式,坚持自然恢复为主等措施,治理退化土地,降低与预防生态灾害的风险,保障人们生命财产安全。

（五）修复城市生态功能、改善人居环境

针对城市生态功能丧失、热岛效应、城市内涝、水体污染、生物多样性低、人居环境恶化等问题,部署城市生态功能修复工程,提升城市气候调节、水文调节、生物多样性,优化建成区的绿地格局、增强绿地的生态功能、改善人居环境。

在城市及城市群发展规划中,要体现生态优先原则,优先确定生态用地、划定生态保护红线,确定城乡一体化的经济社会发展和生态保护目标。在城市规划、建设和管理多个环节加强城市生态保护与建设,根据生态环境承载力,确定城市发展规模、发展方向和空间结构。在城市总体规划中增加生态环境规划专项,推动生态建筑和生态社区建设,建立节约资源、利用可再生资源和循环利用资源的机制和政策。

（六）整治乡村生态环境、建设美丽乡村

针对农村衰落、生态环境恶化、土壤污染、人居环境质量低、面源污染严重等问题,将乡村经济社会发展、农业基础设施建设、"厕所革命"、水环境净化、生态修复结合起来,并对偏远山区农村分散、收入低、教育落实的居民通过生态移民、扶贫移民、避灾移民统筹考虑,部署乡村生态环境整治工程,推进美丽乡村建设。

（七）实施山水林田湖草的流域系统治理

以"山水林田湖是一个生命共同体"的理念为指导,重点以流域为单元,进行整体保护、系统修复、综合治理,实施流域的生态环境综合整治。重点内容包括流

域水环境保护治理、土地整治与污染修复、生物多样性保护、系统综合治理修复。

在生态系统类型比较丰富的地区,将湿地、草地、林地等统筹纳入治理工程,对集中连片、破碎化严重、功能退化的生态系统进行修复和综合整治,通过土地整治、植被恢复、河湖水系连通、岸线环境整治、野生动物栖息地恢复等手段,提升生态系统质量,恢复生态系统功能。

(八) 加强生态安全与粮食安全、水资源安全的协同策略

保障生态安全的目的是支撑经济发展和社会安定、保障人民生活和健康不受环境污染与生态破坏损害。生态安全战略不能脱离粮食安全、水资源安全等其他国家重大安全目标,因此不可孤立地设计生态安全战略,使生态安全与粮食安全、水资源安全相结合,构建协同发展和管理策略。

(九) 建立与完善生态监督、监测、评估的政策机制

(1)建设生态系统监测体系。结合生态环境监管体制改革,建设覆盖全国的生态系统监测体系,对全国生态系统类型与分布、生态系统质量、生态问题、生态服务功能进行全面统一监测。

(2)建立生态资产与生态产品核算机制,并作为考核生态保护成效与生态文明建设进展的依据。

(3)增强生态监督能力。建立与完善生态保护监督机制,对生态保护红线、国家公园、自然保护区等保护地开展督查,落实对生态空间与自然保护地统一监管。

(4)建立生态产品价值实现机制。落实"绿水青山就是金山银山"理念,综合运用财政、金融等工具,探索创新生态资产使用权有偿使用与转让、抵押贷款、金融衍生产品等新型投融资手段,加快生态资产产权改革。根据生态物质产品、生态调节服务产品和生态文化产品特点,建立不同生态产品的生产、市场化的政策机制,让生态产品提供者受益、生态产品消费者付费,提高优质生态产品供给能力。

(5)降低生态空间的人口压力。顺应我国大规模城市化的潮流,长远规划,积极发展基础教育、加大教育移民的政策力度,推动重点生态功能区与自然保护地范围的人口流动,逐步减少生态空间的人口数量、人口密度,减少依赖直接利用生态资源的人口数量,从根本上解决生态保护与发展的冲突。

(课题组成员:欧阳志云　韩宝龙　徐卫华)

生态系统生产总值（GEP）核算及生态价值转化机制研究

中国科学院生态环境研究中心

习近平总书记提出"绿水青山就是金山银山"的生态发展理念，指出了自然生态系统不仅为人类提供了丰富的生态产品与服务，具有巨大的生态效益，同时其生态价值还可以转化为经济效益，造福人民。这已经成为我国社会进行生态文明建设的重要共识。

2017 年 10 月，中共中央、国务院《关于完善主体功能区战略和制度的若干意见》明确在浙江、江西、贵州、青海 4 省开展生态产品价值实现机制试点。2018 年 4 月 26 日，习近平总书记在深入推动长江经济带发展座谈会上要求，积极探索推广绿水青山转化为金山银山的路径，选择具备条件的地区开展生态产品价值实现机制试点，探索政府主导、企业和社会各界参与、市场化运作、可持续的生态产品价值实现路径。2019 年 4 月，习近平总书记再一次强调："良好生态本身蕴含着无穷的经济价值，能够源源不断创造综合效益，实现经济社会可持续发展。"

推动生态产品的价值核算应用及其价值实现不仅是新时代中国特色社会主义生态文明建设的重要内容，更是中国特色社会主义市场经济改革的重大理论创新和重要实践探索。为此，我们组织力量开展生态产品价值核算研究，总结已有生态产品价值实现经验，探索生态产品价值实现新模式，并为未来我国生态产品价值

生态环境

实现机制提出建议。

一、推动生态产品价值核算与转化，对我国社会经济发展具有重大战略意义

长期以来生态产品作为典型的公共物品难以形成有效的资源配置市场，导致生态产品供需关系、数量、质量、时空错位匹配，造成生态资产流失。以货币计量生态产品价值对形成生态产品市场、提升资源使用效率、促进可持续发展具有深远意义。

（一）有利于完善生态文明考核体系，转变"唯 GDP 论"的政绩观，促进绿色发展长效机制形成

为了破除"以 GDP 论英雄"的粗放发展目标，贯彻落实党的十八大以来关于加快绿色发展，推进生态文明建设，规范生态文明建设目标评价考核工作等多项指示精神，自 2016 年底国家发展改革委会同有关部门印发《绿色发展指标体系》《生态文明建设考核目标体系》，使各地生态文明建设目标明确、生态文明考核有据可依，极大地推动了全国生态文明建设。然而，目前的各类指标体系中，生态环境指标仍以环境类指标（污染物管控）为主；生态类指标偏少，且以数量管控导向为主，轻质量管控，没有反映出生态管控的本质需求，即提升山水林田湖的生态系统服务能力。在相关指标体系中引入生态产品价值指标，既符合"绿水青山就是金山银山"的生态文明发展理念，也突出了进一步提升生态产品供给能力的导向，有利于促进绿色发展的长效机制形成。

（二）有利于提升生态补偿的公平性，改善生态惠民效果，促进区域均衡发展

2010 年以来，我国的主体功能区发展战略得到很好的落实，但这也进一步加大了经济发达地区与欠发达的生态功能区的经济发展水平差距。由于现行的不同类型生态产品间没有可比方法，使生态产品供给能力难以有效参与生态补偿定价和分配，造成在生态补偿政策落地时仍有"平均主义"影子。通过引入生态产品价值理念与价值核算方法，将使生态补偿有据可依，进一步推动建立基于生态产品"谁受益谁付费"的生态补偿机制，使提供生态产品价值高的地区切实享受到生态建设带来的效益，促进区域均衡发展。

（三）有利于完善生态空间管控机制,缓和"人地矛盾",促进高质量城镇化建设

经过 40 年的快速发展,我国不少超大规模城市已经接近资源环境的"天花板"。完善当前的生态空间管理机制,对土地资源进行社会—经济—自然的多维高效利用来缓和"人地矛盾",成为破题的关键。生态空间管控应当由数量控制逐步过渡到数量、质量双控制,并进一步探索实现生态系统服务能力管控,在满足生态系统服务产品供给的前提下,真正让可发展的地方发展,应保护的地方得到保护。

（四）有利于形成技术优势,在未来国际生态环境问题谈判中掌握主动

我国参与国际气候谈判经历留下深刻启示,即由于缺乏技术主导权,使我国的碳排放数据被长期高估,在国际环境问题中承担了不必要的舆论压力。联合国统计署环境经济核算部门已就生态系统服务价值核算事务与中科院科学家进行了多次技术协商,全球生态系统服务价值评估已经呼之欲出。进一步推动我国在生态系统服务价值核算领域的探索,能促进我国参与相关国际技术标准制定,将极大地推动相关学科和技术水平提升,刺激生态环境监测产业发展,形成世界一流的骨干团队和技术方案,掌握未来生态环境问题谈判的话语权。

二、我国生态产品价值核算工作理论扎实、方法先进,引领全球生态治理实践

虽然生态产品价值探索起源于西方国家的自然资本核算思潮,但受西方资本主义的"唯市场论"思维模式和政治制度制约,国外仍多以点状研究及应用为主,缺乏系统性和制度性。我国的生态产品价值方案起步晚,但发展快,目前主要方法已被联合国统计司环境经济核算部门借鉴。

（一）生态产品价值理念已在经济学界和生态学界形成广泛共识

1. 由经济学界兴起,由生态学界夯实科学基础,目前已在学界形成理念共识

生态产品价值核算在学界被归于"自然资本核算"研究领域,以 1992 年《21 世纪议程》明确提出开展自然资本和生态系统的评估研究为分水岭。1992 年以前,自然资本概念主要处于萌芽发展阶段,主要推动者为经济学家,他们普遍将自然资本视为自然资源,新古典经济学家提出自然资本与自然资源区别不大的观点,并强

调在构造经济增长函数时可以使用自然资本的概念。早在 1907 年,Roosevelt 就曾预见性地提出:我们国家的经济和社会想要发展更好,需要民众把自然资源视为资产的一部分。1992 年以后,以 Costanza 和 Daily 为代表,越来越多的生态学家加入研究阵营,使自然资本的生态学内涵更加清晰,也使自然资本超越自然资源的范畴,具有了更多"隐性"价值(生态系统调节服务与文化服务价值)。自此,生态产品的概念就愈发清晰,认为生态产品是生态系统对人类产生的惠宜,包括有形的产品和无形的服务,是自然资本所产生的流量价值,这个内涵在学界获得广泛共识。

2. 全球自然资本核算方兴未艾,科学探索丰富,但实践应用停滞

虽然学界对生态产品的内涵理解较为一致,但核算方法仍有不同,在全球各地的点状研究十分丰富,但缺少区域或者国家尺度的研究,官方成果更是罕见,仅有英国统计局于 2019 年发布了城市生态产品价值核算报告。此外,目前主要成果均为科研成果,由于方法的不统一,导致结果间缺少可比性。在应用生态产品价值核算成果方面,仅有我国政府(含地方政府)明确提出了"生态产品价值实现"和"生态产品价值提升"的管理目标,尚缺少指导规划和工程的应用。

(二) 基于本地生态服务功能的生态产品价值核算体系兼顾科学性和可推广性

1. 国内外生态产品价值核算的主要方法比较

当前国内外学界采用的生态产品价值量核算方法主要包括三类:①生态系统类型系数表法;②本地化生态过程模型法;③能值当量替换方法。三种方法在精度适用性、应用推广性和计算便捷性上各有优劣。

表1 生态产品价值核算方法比较

	I.基于生态系统类型价值系数方法	II.基于本地化参数的生态系统服务过程方法	III.基于非市场化货币的当量替代方法
尺度(精度)	全国(一般)	本地化(高)	全国(一般)
功能量计算	简单(生态系统类型价值系数表)	复杂(各类生态系统服务过程模型)	与 I 型或 II 型方法相同
价值量计算	简单(替代工程成本)	简单(替代工程成本)	简单(当量替代系数表)
使用人群	广泛	生态环境领域	较少
管理实践	抓手少	抓手多	较难理解

2. 基于本地生态服务功能的生态产品价值核算体系兼有科学性和可推广性

虽然"II.基于本地化参数的生态系统服务过程方法"对数据需求较高,无地

理信息数据处理基础和非生态环境相关领域的人员较难分析,但相关的专业且
免费的分析软件已经出现,并在一些地方的生态产品核算中得到了应用和检验。
同时,相较另两种方法,该方法的优点十分明显:一是其评估分析的准确度较高,能
够反映本地生态环境特征;二是丰富的数据需求意味着在进行生态管理时,能够有
更多的抓手用于分析和改进生态系统服务能力;三是该方法体系在生态环境领域
使用和研究较多,保障了方法的科学可靠性,以及新生态系统服务模型更新的及
时性。

(三) 我国生态产品价值核算方法是对联合国《环境经济综合核算体系》(SEEA)的重大改进

1. 联合国 SEEA 生态产品价值核算方法尚不完善

联合国统计署发布的 SEEA 系列文件,不管是中心框架 SEEA-CF 还是实验
性生态系统核算 SEEA-EEA 都属于指导性文件,主要对生态产品价值核算相关
的概念定义、核算思路、规则范围等做了介绍,并对未生态产品价值核算指标体
系和技术方法做统一详细说明,不属于一份详细的技术指南。世界银行等国际
组织和英国、荷兰等国家都是基于该框架开展相关研究的,但是指标、方法不具
有一致性。

2. 我国学者近期向联合国 SEEA 贡献中国智慧

联合国统计署发布的 SEEA 系列文件,尤其是实验性生态系统核算 SEEA-
EEA 一直在修订中。2019 年由联合国统计署和环境署组织、欧盟资助在中国、印
度、墨西哥、巴西和南非 5 个国家选择试点开展"自然资本核算和生态系统服务价
值评估"项目研究。中国科学家提出的核算自然生态系统对人类福祉贡献的指标
生态系统生产总值 GEP 得到国际专家和官员的高度关注和认可,这是因为 GEP
的核算思路、指标体系和技术方法都有非常详细的说明,是具有科学性、系统性和
可操作性的。中国研究团队与联合国统计署专家团队就如何统一 GEP 和 SEEA-
EEA 召开两次专家会,大量中国 GEP 核算指标、方法被吸纳入 SEEA-EEA 文件。

三、全国各地积极开展生态产品价值核算与转化探索,应用成果丰富,部分问题和瓶颈有待突破

党的十九大以来,各地开展生态产品价值核算积极性高涨,浙江、江西、广东等
地更是深入探索生态产品价值转化模式。其中,广东省深圳市在建立生态产品价
值核算机制、开展生态产品价值考核与应用方面探索早、经验多;浙江省丽水市在

推进生态产品价值转化方面勇于探索,取得很多丰富成果。

(一) 典型的生态产品价值核算体系

1. 生态产品价值及其核算

生态产品总值,又称"生态系统生产总值"(Gross Ecosystem Product,GEP)是指一定区域的生态系统为人类提供的最终产品与服务的经济价值总和。核算生态产品总值,就是分析与评价生态系统为人类福祉和经济社会发展提供的最终产品与服务及其经济价值。

2. 一级指标体系

参考联合国 2005 年发布的《千年生态系统评估》报告,以及当前学界的普遍共识,将生态系统服务分为物质供给服务、调节服务、文化服务三类:

①物质供给服务(Provisioning services),指人类从生态系统获取的可在市场交换的各种物质产品,如食物、纤维、燃料、遗传资源、天然药物、装饰材料与其他物质材料。

②调节服务(Regulating services),指生态系统提供改善人类生存与生活环境的惠益,如调节气候、涵养水源、保持土壤、调蓄洪水、降解污染物、固碳、释氧、控制有害生物等。

③文化服务(Cultural services),人类通过精神感受、知识获取、休闲娱乐和美学体验从生态系统获得的非物质惠益。

3. 二级指标体系

根据以下原则在现有学界共识的生态系统服务类型中筛选符合生态产品内涵的指标作为二级指标。

一是来自生态系统与过程。生态系统服务必须由自然生态过程产生,生态资产必须为自然生态要素。不具有自然生态过程的人工生态环境设施不作为生态资产,其产生的生态环境改善服务业不能作为生态系统服务。

二是须对人类有益。由于生态系统对人类也有负面影响,且大多数负面影响多为人为控制的原因导致(或受限于目前的技术),又本报告的生态系统服务价值核算的目的在于增加正面生态系统服务,所以生态系统服务价值核算中仅考虑对人类产生惠宜的生态系统服务。

三是能与国际接轨。生态系统服务评估及其价值化的工作进展近年来在我国蓬勃发展、百花齐放,但为了提高技术方法在国际上的认可度,并与联合国相关工作部署保持一致,本项目方法吸收美国斯坦福大学自然资本项目核算理念与方法的同时,参考了联合国 SEEA 项目和英国的自然资本项目指标与方法,认为当前的基于生态系统过程机理的生态系统服务评估方法与成本替代定价方法具有最高的通用性。

四是数据能够获取。GEP核算中涉及的数据类型多、范围广,为了提高方法的适用性,本方法的数据尽可能来自现有的统计和调查数据,或是其他城市基于自身现有统计调查体系能够得到合理但非精确的数值。同时,在计算参数上采用本地化参数,以便反映出当地实际情况。

以深圳生态系统服务主要核算指标为例。

表2　深圳生态系统服务主要核算指标

一级指标	二级指标	进一步细分	内涵
物质产品	农业产品	谷物及其他作物	物质产品是指人类从生态系统获取的能够在市场交易的产品,满足人类生活、生产与发展的物质需求,包括农业、林业、畜牧业、渔业等产品与生态和水资源。
		蔬菜	
		食用菌	
		花卉	
		盆景园艺盆栽植物	
		盆景园艺观赏苗木	
		其他盆景园艺作物	
		水果	
		茶叶	
		中草药材	
	林业产品	各类用材	
	畜牧业产品	生猪(出栏量)	
		牛奶	
		家禽(出栏量)	
	渔业产品	海水产品	
		淡水产品	
	生态能源	生物质能源	
	水资源	本地供水量	

一级指标	二级指标	进一步细分		内涵
调节服务	洪水调蓄	植被暴雨径流调节		洪水调蓄功能是指自然生态系统所特有的生态结构能够吸纳大量的降水和过境水,蓄积洪峰水量,消减并滞后洪峰,以缓解汛期洪峰造成的威胁和损失的功能。
		湖泊洪水调蓄		
		水库洪水调蓄		
	水源涵养	—		水源涵养服务是生态系统通过拦截滞蓄降水,增强土壤下渗、蓄积,涵养土壤水分和补充地下水,增加可利用水资源的功能。
	交通噪声消减	—		道路两侧绿化带对噪声的消减服务。
	海岸带防护	—		海岸带生态系统对自然岸线起到的保护服务。
	气候调节(温度)	植被蒸腾		气温高于 26 摄氏度时生态系统蒸散作用带来的降温效应。
		水面蒸发		
	固定二氧化碳	—		固碳功能是指自然生态系统吸收大气中的二氧化碳合成有机质,将碳固定在植物或土壤中的功能。该功能有利于降低大气中二氧化碳浓度,减缓温室效应。
	空气净化	降低合规成本	净化二氧化硫	空气净化功能是指生态系统吸收、过滤、阻隔和分解大气污染物,净化空气污染物,改善大气环境的功能。空气净化功能主要体现在净化污染物和阻滞粉尘方面。有利于生产生活环境改善。
			净化氮氧化物	
			净化工业粉尘	
	水质净化	降低合规成本	净化 COD 量	水质净化功能是指湖泊、河流、沼泽等水域湿地生态系统吸附、降解、转化水体污染物,净化水环境的功能。有利于改善生活环境,降低生产成本。
			净化总氮量	
			净化总磷量	
	土壤保持	减少泥沙淤积量		土壤保持功能是生态系统通过林冠层、枯落物、根系等各个层次保护土壤、消减降雨侵蚀力,增加土壤抗蚀性,减少土壤流失,保持土壤的功能。
		面源污染控制	减少面源氮量	
			减少面源磷量	因土壤保持导致土壤中没有被释放到降雨径流中的营养物。
文化服务	休闲旅游服务	风景旅游服务		生态系统提供的文娱休闲服务,有益于丰富知识、提高身心健康。
	房地产景观溢价	房产产权销售		由于生态系统导致的房地产溢价。
		酒店销售溢价		

4. 生态产品价值核算机制

目前,全国各城市开展生态产品价值核算探索百花齐放,各地主管部门也不一致。其中,武汉市以统计部门牵头,昆明市和深圳市以生态环境部门牵头,丽水市、抚州市和贵阳市是发改部门牵头;可以发现,统计部门和生态环境部门牵头的生态产品价值核算以考核为导向,发改部门牵头的生态产品价值核算则以价值转化为导向。

以深圳市的生态产品价值核算机制为例,深圳市生态环境局牵头,会同统计和发改部门,计划制定本地核算标准入手,通过建立统计报表制度确定各部门权责,并计划将该套核算制度电子化,实现在线填报数据和自动计算;同时,希望将生态产品价值纳入《生态文明建设考核目标》加以考核应用。

以丽水市的生态产品价值核算机制为例,丽水市发改委牵头,会同各职能部门开展核算,并提出 GEP 转化率的发展任务,充分调动各部门推动生态产品价值实现。但就核算过程而言,其主要核算工作由技术支撑单位完成,各职能部门以配合数据报送和现场调研为主。

虽然主管部门和侧重点不同,但生态产品价值核算主要流程基本一致:①生态产品指标体系构建;②生态产品实物量核算;③生态产品定价;④生态产品价值量核算。

(二) 深圳市的 GEP 核算与考核应用:"进规划、进项目、进决策、进考核"

1. 经验:快速城镇化背景下,深圳通过 GEP 考核引导城市绿色发展,形成科学政绩观

深圳市是我国城镇化速度最高的地方之一,深圳市盐田区是我国华南地区第一个生态区,深圳 GDP 的快速增长,给城市生态空间管控带来巨大压力。深圳市盐田区积极创新,大胆探索发展成果考核评价体系,纠正单纯以经济增长速度评定政绩的偏向。率先建立城市 GEP(生态产品总值)和 GDP"双核算,双运行,双提升"机制,为 GDP 增长减压,为生态环境保护赋能。一是将城市 GEP 发展目标和提升任务等内容纳入盐田区国民经济和社会发展规划、土地利用规划及生态文明建设规划等区域规划,简称"进规划";二是建立 GDP 与城市 GEP 双提升项目库,在项目立项审批和设计实施过程中引入 GEP 影响评价,简称"进项目";三是每年在政府工作报告和国民经济社会发展公报中公布城市 GEP 核算结果,评价区域经济社会建设与生态环境的可持续发展状况,为经济社会发展综合决策提供依据,简称"进决策";将城市 GEP 目标指标和工作内容纳入盐田区生态文明建设考核和单位绩效考核,简称"进考核"。自盐田区开展城市 GEP 核算以来,在推动该区生态文明建设方面发挥了积极作用,维持了生态产品价值的稳定提升。

2. 问题:提升 GEP 不应着眼"改良"GEP 核算指标

在深圳市盐田区率先开展的 GEP 核算(盐田指标体系)与应用的探索中,GEP

被赋予了过多的管理意义,远超过其科学内涵。例如,为了反映生态环境治理工作投入,将纯人工基础环境基础设施(如污水处理厂或河道整治工程)的建设投入也计入GEP,偏离了生态产品应反映对人类产生惠宜的最终产品,以及应依赖客观自然生态过程产生的原则。这些改动虽然使每年的GEP数值随着治污投入增加而增加,及时地体现了地方的治污努力,却容易陷入"高污染—高治理—高GEP"的错误导向。提升GEP不应在调整GEP核算指标上动脑筋,而是应深入研究这些既定指标的提升路径,这样才能"算真GEP,真提GEP"。目前,技术支撑团队已经对盐田GEP指标体系进行了修订,使其回归GEP本质,并应用于全市GEP核算。

3. 瓶颈:数据获取难,需进一步建立核算制度,完善监测体系,推动形成管理抓手

自2013年,深圳就开展GEP核算探索,但时至今日,仍然面临数据获取难的问题。主要原因:一是GEP核算是新事物,部分数据和参数在原监测和统计体系中不是现成数据;二是由于GEP核算的结果不是监测指标,而是基于监测指标和本地参数计算出的生态产品价值,这就使部分生态产品不能直接与部门工作对应,导致一些部门参与采集新指标和新参数的积极性不高。为此,深圳市生态环境部门、统计部门、发改部门正在探索建立GEP统计报表制度及其自动化计算平台,使GEP核算制度化。同时,深圳市也在组织力量研究解构GEP核算指标,明确GEP在城市管理、发展政绩考核中的应用抓手。

(三) 典型的生态产品价值转化机制

1. 生态物质产品转化机制

生态物质产品转化的典型模式包括两类:

一是生态产品认证模式。它是一种以市场为基础的机制,通过对生态物质产品进行品质认证来提供产品的附加值,从而达到由消费者承担保障或加强生态系统服务的成本,为生态系统服务的保护提供资金。

二是水权制度模式。水权制度就是通过明晰水权,建立对水资源所有、使用、收益和处置的权利,形成一种与市场经济体制相适应的水资源权属管理制度。

2. 生态调节产品转化机制

生态系统调节服务的产品转化模式主要包括:

一是排污权交易模式。政府机构评估出一定区域内满足环境容量的污染物最大排放量,并将最大允许排放量分成若干规定的排放份额,每份排放份额为一份排污权。政府在排污权一级市场上,采取一定方式,如招标、拍卖等,将排污权有偿出让给排污者。排污者购买到排污权后,可根据使用情况,在二级市场上进行排污权

买入或卖出。最终,通过排污权交易,实现污染者付费的同时,降低社会总成本。

二是碳汇交易模式。碳交易和碳汇交易都是基于《联合国气候变化框架公约》及《京都议定书》对各国分配二氧化碳排放指标的规定,创设出来的一种虚拟交易。购买他人、他地、他国的碳排放指标,从而形成二氧化碳排放权的交易,简称"碳交易"。

三是水质交易模式。流域内各污染源控制同种污染物的成本可能存在较大差异,水质交易就是根据这一特点,容许污染控制成本较高的排污单位向污染控制成本较低的污染源购买等量或超量的污染削减份额,以较小的经济代价实现等效的水质改善目标。

四是湿地缓解银行模式。湿地生态系统的退化和丧失意味着与湿地相关的生态功能和生态系统服务(如休闲娱乐、洪水调蓄、水质调节等)的丧失。湿地缓解银行机制是一种政府与市场相结合的生态补偿,它通过与开发湿地生态系统的个人或企业进行湿地缓解信用交易,使其支付相应费用来抵消其活动对湿地的影响,并以此恢复、建立或增强湿地栖息地与湿地功能。

五是生态补偿模式。它生态补偿机制的建立是以内化外部成本为原则,对保护行为的外部经济性的补偿依据是保护者为改善生态服务功能所付出的额外的保护与相关建设成本和为此而牺牲的发展机会成本;对破坏行为的外部不经济性的补偿依据是恢复生态服务功能的成本和因破坏行为造成的被补偿者发展机会成本的损失。根据资金来源,生态补偿又分为纵向生态补偿和横向生态补偿,其中横向生态补偿涉及不同行政地区的利益诉求,国内目前在新安江、密云水库上下游进行试点。

六是公益自然保护地模式。公益组织作为重要的社会力量,充分发挥资源、资金、技术、管理优势,通过协议托管、购买私人土地等形式,在遵守当地法律规章的基础上,引入科学的管理方式,实现对自然保护地的规划、巡护,审慎处理与当地社区居民的发展关系,最终实现人与自然的和谐发展。

七是水基金模式。水基金是流域生态系统服务投资的一种形式,是由城市、发展银行(如美洲开发银行)和环保从业者(如大自然保护协会)开发的可复制的金融模式和治理模式,将下游水资源用户与上游居民联系起来,为他们提供资金,对流域进行可持续管理。水基金制度在设计和平衡好后,可以建立一种良性循环:给上游居民资金支持,让其好好管理自己的土地,改善上游水资源,与此同时下游居民的条件也得到了改善。在下游居民在体会到保护流域的好处后,他们将提供政策支持和资金支持。

3. 生态文化产品转化机制

生态文化产品的价值实现主要有三种模式:

一是景观溢价模式。由于优美自然景观的邻近存在,虽然自然景观没有直接参与到生产活动中,但也使周边的酒店、房产、餐饮及其他产品产生溢价。

二是旅游体验模式。自然景观作为非消耗性生产要素,通过在自然景观中休闲娱乐,从而创造经济价值。

三是衍生艺术品模式。以自然景观为主题,或利用自然资源为主要资料进行艺术品创作,从而获得更高的经济收益。

(四)丽水市的生态产品价值实现机制:"夯实'两山'转化效率"

1. 经验:政府主导有远景,社会参与有前景,市场参与有实景

政府主导,生态产品价值实现有远景。提出了推进高质量绿色发展的"一带三区"是丽水空间和生产力布局的战略部署,在产业发展上提出了构建生态经济体系的宏伟目标,构建生态信用体系。建立企业和自然人的生态信用档案及一系列生态信用评价方法。

企业社会参与,生态产品价值实现有前景。通过山林"四权分离","河权到户"改革把企业社会与生态产品构成利益共同体,实现溢价收益。始终立足生态优势,着力将绿色循环理念植入发展进程,利用清新空气、洁净水源等天然优势,吸引环境适宜性企业落户发展通过"生态旅游+民宿经济",促进生态产品文化增值。

市场化运作,生态产品价值实现有实景。率先开展政府采购生态产品试点,探索建立根据生态产品质量和价值确定财政转移支付额度、横向生态补偿额度的体制机制。探索建设生态产品交易平台,持续探索生态产品和产权交易。

2. 问题:生态产品价值转化仍以涉"农"产业为主,应进一步拓宽渠道

根据丽水市 2019 年 GEP 和 GEP 价值实现率核算情况,物质产品和文化服务产品的实现率最高,均达到 100%;调节服务产品价值实现率不达 5%。调节服务产品价值实现率较低的主要原因有三个。一是部分生态产品尚无价值实现路径,如土壤保持、洪水调蓄、空气净化等调节服务产品因缺乏价值实现路径而无法核算实现价值。二是部分生态产品价值实现路径的转化效率较低。三是生态产品价值实现率的核算方法还不完善,或者关键统计数据缺乏,导致部分生态产品的价值实现量无法核算。

3. 瓶颈:生态补偿机制有待健全,生态产品市场化交易缺乏法律制度保障

生态补偿机制有待健全。我国现有生态补偿主要是以政府为主导的"补贴式"生态补偿,缺乏稳定常态化资金渠道,多由国家各相关部委多头实施和管理,不利于地方政府总体考虑地方生态保护、民生改善、公共服务等需求统筹安排生态补偿经费使用,且容易造成挤占或挪用生态补偿资金的情况,使生态补偿资金不能集中力量办大事,降低了生态补偿的效果。

生态产品市场化交易缺乏法律制度保障。现行立法缺乏综合性生态环境、自然资源保护的法律制度以及可操作性的程序法，特别是生态产品有偿使用制度、自然资源资产产权制度、生态红线管控制度等尚未制定实施，碳排放权、排污权、水权和用能权等生态权属交易在明确权属、摸清底数、查清边界、发放权属证、确定经营管理模式等方面缺乏足够的政策保障。

四、"十四五"时期我国深入推进生态产品价值转化的政策建议

"十四五"时期是巩固全面建成小康社会成果、迈向基本实现社会主义现代化的关键时期。开展生态产品价值核算，推动生态产品价值转化，就是生态文明建设理念和方法现代化的具体体现。为此，我们需要建立一套促进生态产品价值核算与转化的体制机制和政策保障。

（一）进一步完善生态产品价值核算方法

1. 制订全国—省/自治区/直辖市—区/县三级生态产品价值核算衔接方法

生态产品价值核算的基本思路是：首先，筛选出适宜于本地的生态产品价值核算指标体系，即本地的主要生态产品包括哪些种类；其次，利用基于本地化参数数理模型计算出生态产品实物量（也称"功能量"）；进而，通过调研和论证对每个功能量进行定价（即制订单价）；最后，将每种生态产品的功能量乘以单价，获得该种生态产品的价值量，所有生态产品价值量之和即为生态产品总值（Gross Ecological Product, GEP）。

为了兼顾生态产品价值核算的准确性和可比性，我们建议：一是将制订生态产品价值核算的指标体系（即各地主要生态产品）的权力赋予县级人民政府，并由省级审批确定和调整。二是建议由国家统一给出生态产品实物量核算的技术指南，规范数据采集标准；但是根据国家标准开展生态产品实物量核算的权责赋予县级人民政府。三是制订生态产品实物量的定价方案权责交由省级人民政府，由中央部门予以审核确认和修订，以保证在省、市、县尺度的可比性。四是参照国家给出的生态产品实物量核算标准和省级制订的定价方案，由县级人民政府组织本地核算数据和参数的采集，并完成生态产品总值计算。

2. 鼓励地方完善生态环境监测体系，获取本地核算数据和参数

现有的生态环境监测体系以污染监测为主，尚不能满足精细化生态产品价值核算的需要，而且一些重要生态产品评估参数的生态地理区差异显著，为了客观地

反映当地生态产品价值,建议加强本地数据和参数的采集、研究和论证。

3. 积极参与国际规则制定,保障我国获得更多国际话语权

我国的生态产品价值核算工作走在国际前列,应积极参与国际自然资本核算领域的交流和规则制定,通过输出中国技术标准和经验,达到增强我国国际话语权的目的。我们建议:一是加强与联合国统计署环境经济核算部门的联系;二是加强与该领域国际一流研究机构的工作交流;三是依托"一带一路"等国际合作平台,依托亚洲投资开发银行、世界银行等国际机构推动生态产品价值核算的国际应用。

(二) 建立生态产品价值核算及其应用机制

1. 建立以统计部门为主体的常态化统计核算体系

统计部门具有拟定和审定统计标准、组织管理统计调查项目、审批统计调查计划、调查方案的工作职能。建议:一是各地根据本地生态产品指标体系及其核算数据需要制定统计报表制度,经上级统计部门批准后实施;二是围绕数据采集需要和数据保密需要,科学制订数据采集规范,并建立以本地统计部门为主、生态环境部门、自然资源部门等相关部门为辅的数据电子报送平台。

2. 建立以生态环境和自然资源部门为主体的监测体系

生态环境部门具有建立健全生态环境基本制度、重大生态环境问题的统筹协调和监督管理、指导协调和监督生态保护修复工作、开展生态环境监测等职责。自然资源部门具有统一行使全民所有自然资源资产所有者职责,统一行使所有国土空间用途管制和生态保护修复职责。上述两部门是生态环境监测体系的主要管理部门,建议:一是充分整合两个部门的生态环境监测能力,比对生态产品价值核算数据需求,补充相关监测事项;二是制定生态产品价值核算数据采集技术标准,尤其是遥感解译数据产品的技术标准;三是规范调查问卷类数据、抽样调查类数据的调查方案。

3. 建立以发改部门为主体的 GDP-GEP 统筹发展体系

发改部门具有指导推进和综合协调经济体制改革有关工作,提出相关改革建议;负责社会发展与国民经济发展的政策衔接,协调有关重大问题;推进实施可持续发展战略,推动生态文明建设和改革,协调生态环境保护与修复,提出健全生态保护补偿机制的政策措施的职能。建议:一是试点在重大开发建设项目中引入生态产品价值影响评估机制;二是在推动在农业、生态能源、自然景观文旅、绿色金融等领域建立 GDP-GEP 转化机制;三是推动建立和完善基于生态产品价值的生态补偿机制。

4. 将生态产品价值纳入生态文明建设考核体系

自 2016 年底中共中央、国务院印发《生态文明建设目标评价考核办法》以来,

各地均以各种形式成立了生态文明建设考核机构。建议将生态产品价值作为一项综合的生态文明建设考核指标纳入该考核体系;同时,各地应实事求是设置生态产品价值发展目标,避免盲目追求生态产品价值增长、增速,以及生态产品价值与地区生产总值之间的比例;先期可将生态产品价值设定为预期性指标,而非约束性指标。

（三）探索"政府—市场"双侧驱动的生态产品价值转化机制

1. 探索基于生态产品价值的生态补偿机制

通过开展生态产品价值核算及价值流动分析,探索建立以生态产品价值为参考的生态补偿机制,使生态补偿的分配与生态产品价值挂钩。建议率先在国家重点生态功能区内探索建立基于生态产品价值的生态补偿（政府转移支付）常态化、稳定化机制,以在利益相关群众和市场机构中建立信心。但需注意不应将生态产品价值简单等同生态补偿金额,而是应该根据地区间的生态产品价值比例差异,指导有限生态补偿资金的分配。

2. 探索基于生态产品价值的融资机制

在政府建立"生态产品价值—生态补偿挂钩"常态机制后,生态产品价值即拥有稳定的货币转化路径（现金流）。建议支持金融机构和资本市场参照生态产品价值对生态资产开展价值评估,并进行抵押贷款;同时,鼓励将附加生态产品价值的生态资产价值作为生态资产经营中的股权融资的参考。

3. 探索建立区域性生态产品价值交易市场

由于不同主体功能区其发展目标不一致,部分进入快速城镇化的地区,其生态产品价值增长目标较难实现;而部分重点生态功能区生态产品供应丰富,但生态产品价值较难在短期内完全变现。建议在一定区域范围内探索建立生态产品价值交易市场,允许以区/县政府为主体进行地区间的生态产品价值交易。但需要注意的是,由于生态产品及其价值的地理分布依赖特征明显（即同一生态产品在不同地理区的重要性程度不一样）,且生态产品同时具有维护区域生态安全的重要功能,所以,需以生态地理区划定各区域生态产品交易范围,避免跨区交易。

4. 探索基于生态产品价值的"政府—金融机构—个人"信用担保机制

由于农村自然资源的实际使用人多为个人,个人在生态产品生产维护上发挥着重要作用,但护林收入、退耕还林补贴等经济支持力度有限。建议将个人参与生态产品生产和维护,提升生态产品价值的行为纳入个人信用记录,并能够为其金融需求提供信用担保,进一步提升个人参与生态产品生产的获得感和意愿。

5. 探索以政府购买形式鼓励生态产品提供和价值转化

城市中的大面积绿地为附属绿地（如居住区绿地、单位绿地）等,使用权归个人或单位所有,其质量优劣也直接影响生态产品供给能力,影响城市生态品质和生态安全。建议政府为这类大面积附属绿地提供管理引导,一是制定生态产品达标考核标准;二是对超额完成生态产品供给任务的单位和个人提供表彰或物质奖励;三是对供给生态产品数量大、生态产品类型重要的单位和个人可以通过政府采购形式稳定和提升其生态产品供给意愿。

（课题组成员：欧阳志云　韩宝龙　徐卫华　肖燚）

生态系统生产总值（GEP）核算及生态价值转化政策研究

中国宏观经济研究院

生态产品是生态价值的核心载体，实现生态价值转化就是要建立生态产品价值实现机制，打通绿水青山转化为金山银山的关键路径。本报告从生态价值转化的理论基础出发，研究提出生态总值核算（GEP）的核算体系及应用管理思路，紧紧围绕政府购买、市场化交易和向生态产业转化等三条生态价值转化的主要路径，总结实践经验、梳理政策进展、寻找政策堵点，提出建立健全生态价值转化的重大政策体系，并研究提出了推进生态价值转化的推进和实施机制。

一、生态价值转化的理论基础

（一）生态产品

2010 年，《国务院关于印发全国主体功能区规划的通知》（国发〔2010〕46 号文件）首次提出了生态产品的概念，将生态产品定义为"维系生态安全、保障生态调节功能、提供良好的人居环境的自然要素，包括清新的空气、清洁的水源、茂盛的森林、宜人的气候等；生态产品同农产品、工业品和服务产品一样，都是人类生存发

展所必需的"。

生态产品不是生态标识产品、绿色产品。生态产品是和农产品、工业品和服务产品并列的一类产品,属于上位类。而生态标识产品或绿色产品是农产品、工业品和服务产品中的某一类,属于下位类。

绿色产品、生态标识产品是生态产品产业链下游产品。生态产品从生产、流通到开发经营构成产业链,产业链的上游是保护和修复绿水青山,中游是生态产品参与市场交易,下游则是利用生态产品优势生产出绿色产品。因此,可以说生态标识产品和绿色产品是生态产品产业链向下游延伸的产物。

图1　生态产品产业链

资料来源:李忠等:《践行"两山"理论　建设美丽健康中国:生态产品价值实现问题研究》,中国市场出版社2021年。

生态产品具有三个属性和四个特性。三个属性即公共物品属性、商品属性和金融属性。四个特性即正外部性、可生产性、可交易性、可转换性。这些属性和特性决定和影响着生态产品价值实现的路径。

（二）生态产品价值

本报告研究的生态产品价值是经济学意义的市场价值而非生态学、社会学意义的使用价值。生态产品的功能和使用价值体现在维系生态安全和保障生态调节功能上,包括固碳释氧、涵养水源、保持水土、净化水质、防风固沙、调节气候、清洁空气、减少噪音、吸附污染、保护生物多样性、减轻自然灾害等,这些功能和使用价值用货币化的形式体现出来,就是生态产品的市场价值。

当然,生态产品还可以作为生产要素,也可以提供游憩观赏等服务。同时,生态产品还可以通过影响周边土地、房屋等的价值而产生经济价值。这些价值可以看作是对生态产品经营开发后转化为其他商品的价值,但不能算作生态产品本身的价值。

（三）生态价值转化

生态价值转化就是要搭建"绿水青山"与"金山银山"之间的桥梁,既要以货币化的形式体现生态产品的价值,也要努力实现生态产品价值向绿色产品价值的转化。

生态价值转化主要有以下三种路径:一是保护得到补偿,政府直接通过生态补偿的形式购买生态产品实现其价值。二是使用需要付费,资源环境的使用权益可以通过市场交易实现其价值。三是经营获得收益,通过经营开发生态产品发展生态产业实现其转化价值。这三条路径涵盖了生态产品由生产到开发经营的全产业链。

二、建立生态总值(GEP)核算体系

GEP核算包括物质供给、生态调节服务、文化服务三方面,可以将GEP核算中生态调节服务的价值看作是生态产品价值。借助GEP这种较为成熟的核算方法体现生态产品价值,但在政策应用时应将二者加以区分。

(一) GEP核算的内涵

1. GEP核算的基本内涵

GEP可以定义为生态系统为人类提供的最终产品和服务价值的总和。包括物质供给、生态系统调节服务和文化服务。GEP核算的思路源于生态系统服务功能价值评估。具体表现在:支持性服务作为中间性服务处理,不计入GEP;生物多样性作为生态系统资产的特征但不视为生态系统服务,不纳入GEP计算范围;具有"最终产出"性质的生态系统服务包括供给服务、调节服务、文化服务三个类别。

2. GEP与生态产品价值的关系

与GDP核算中划分一二三产业增加值相类似的,GEP核算中供给服务、调节服务、文化服务三个类别可以划分为物质产出、生态产出、文化产出三部分,依据生态产品内涵,生态产出部分的价值可以看作是生态产品价值。因此,生态产品价值是GEP的重要组成部分。随着人们对优美生态环境需求日益增加,提升生态产品价值占GEP的比重应成为政策着力的方向。

3. 生态系统核算体系的发展

在国内外实践中产生了实验性生态系统核算(EEA)、绿色GDP核算、经济—生态生产总值(GEEP)和GEP核算等不同的生态系统核算体系。

联合国EEA手册阐述了生态系统核算的原则、生态系统服务和生态系统资产的实物量核算、生态系统服务和生态系统资产估价方法、生态系统价值量核算等主要内容,初步奠定了生态系统核算的理论基础。

绿色GDP核算主张把资源消耗和环境污染成本纳入GDP的核算体系中。绿色GDP的核算理念是对传统GDP进行调整和修正,从现行GDP中扣除资源消耗、环境污染和生态破坏等损失成本之后的从而得出真实的国民生产总值。

经济—生态生产总值（GEEP）在经济系统生产总值的基础上，考虑人类在经济生产活动中对生态环境的损害和生态系统对经济系统的福祉。GEEP 可表示为绿色 GDP 和生态系统调节服务价值之和。

GEP 是核算生态系统为经济生产和人类其他活动提供的最终产出价值。GEP 的目的在于重新构建一个与 GDP 并行的核算指标，以弥补 GDP 无法体现生态保护建设业绩的不足。

（二）GEP 核算方案

1. GEP 核算框架

GEP 核算的基本框架为：

一是生态系统产品与服务的功能量核算，即明确生态系统在一定时间内提供的各类产品的产量、生态调节功能量和生态文化功能量，如粮食产量、水资源供给量、洪水调蓄量、污染净化量、土壤保持量、固碳量、自然景观吸引的旅游人数等。

二是生态系统产品与服务的价值量核算，采用替代市场法、模拟市场法等方法确定各类生态系统产品与服务功能量的价格，依据价格和功能量计算生态系统产品与服务的价值量。

三是将各产品与服务的价值量加总得到生态系统产品与服务总价值，包括生态系统物质供给价值、调节服务价值和文化服务价值。

2. GEP 核算指标体系

GEP 是生态系统产品价值、调节服务价值和文化服务价值的总和，由产品功能、调节功能和文化功能 3 项功能 17 个指标构成。

表 1　GEP 核算指标体系

	功能类型	核算指标
GEP	产品提供	农业产品、林业产品、畜牧业产品 渔业产品、水资源、生态能源、其他
	调节功能	水源涵养、水土保持、防风固沙、洪水调蓄、固氮释氧、大气净化、水质净化、气候调节、病虫害控制
	文化功能	自然景观游憩

资料来源：生态环境部：《陆地生态系统生产总值（GEP）核算技术指南》。

3. 功能量核算方法

（1）生态系统产品量

生态系统在一定时间内提供的各类产品的产量可以通过现有的经济核算和统

计资料获取。

（2）生态系统调节服务功能量

水源涵养功能通过水量平衡方程,计算一定时空内输入水分和输出水分的差额,即系统内蓄水的变化量。

土壤保持功能选用通过生态系统减少的土壤侵蚀量(潜在土壤侵蚀量与实际土壤侵蚀量的差值)作为评价指标。

防风固沙功能选用通过生态系统减少的风蚀量(潜在风蚀量与实际风蚀量的差值)作为评价指标。

洪水调蓄功能选用可调蓄水量、防洪库容、洪水期滞水量表征生态系统对减轻与预防洪水危害的作用。

固氮释氧功能选用固氮量和释氧量作为评价指标,根据生态系统的固氮速率、生物量评估生态系统的固氮量和释氧量。

大气净化功能选用生态系统吸收 SO_2、氮氧化物和工业粉尘等大气污染物来核算。

水质净化功能根据生态系统中污染物构成和浓度变化,选取适当的指标对其进行定量化评估。

气候调节功能选用生态系统蒸散发过程消耗的能量作为评估指标,利用植被和水面面积根据蒸散发模型来计算。

病虫害控制通过依靠生态系统的病虫害控制而达到自愈的草地和林业区域面积来核算。

（3）生态系统文化服务功能量

采用区域内自然景观的年旅游总人次作为文化服务功能的功能量评估指标。

4. 价值量核算方法

（1）生态系统产品价值

生态系统提供的产品能够在市场上进行交易,可用市场价值法对生态系统产品服务价值进行评估。

（2）生态系统调节服务价值

水源涵养价值可运用市场价值法核算水源涵养的价值;或影子工程法,即模拟建设相当的水利设施的成本核算水源涵养价值。

生态系统土壤保持价值主要包括减少面源污染和减少泥沙淤积。运用污染物处理的成本核算减少面源污染的价值,运用水库清淤工程的费用核算减少泥沙淤积价值。

防风固沙价值根据防风固沙量和土壤沙化盖沙厚度,核算出减少的沙化土地面积,运用恢复成本法核算生态系统防风固沙功能的价值。

洪水调蓄价值可运用水利工程建设成本核算自然生态系统的洪水调蓄价值。

生态系统固碳价值可以采用造林成本法、工业减排成本与碳交易价格评估生态系统固碳的价值。释氧价值采用工业制氧价格或造林成本法核算生态系统提供氧气的价值。

大气净化功能价值主要运用空气污染物治理成本核算生态系统吸收污染物、净化大气环境的价值。

水质净化功能价值主要核算生态系统降解水体污染物、净化水环境的价值,运用水体污染物治理成本来核算。

气候调节功能价值选用人工降温增湿所需的耗电量来核算森林、草地和水面蒸腾降温增湿价值。

林业病虫害控制采用发生病虫害后自愈的面积和人工防治病虫害的成本核算;草地病虫害控制采用综合治成本与非综合核算防治成本之差与草地面积来核算。

(3)生态系统文化服务功能量

采用旅行费用法核算人们通过休闲旅游活动体验生态系统与自然景观美学价值,并获得知识和精神愉悦的非物质价值。

(三) GEP 核算政策应用思路与建议

1. 完善 GEP 基础数据调查监测体系

拓展现有统计数据范围,将 GEP 核算中所需的自然生态、资源环境数量、质量、功能量等基础信息纳入统计体系;加快推进对能源、矿产资源、水、大气、森林、林地、湿地、海洋和水土流失、土壤环境、地质环境、温室气体等的统计监测核算能力建设。

2. 制定 GEP 核算技术规范

GEP 核算涉及多学科和多领域知识,为保证核算的科学性、延续性和可比性,建议相关部门会同专家学者、科研院所等,建立制定 GEP 核算技术规范,明确核算指标和方法,以标准化的核算方法,组织对各区域、各生态系统的 GEP 进行科学评估。

3. 科学应用 GEP 核算结果

由于生态补偿的是针对生态产品的政府购买行为,因此应使用 GEP 中的调节服务的价值即生态产品价值核算结果作为确定生态补偿标准的依据,并将生态产品价值核算与现有生态补偿绩效考核体系进行有机结合。

同时,GEP 核算有助于推动资源环境权益交易市场繁荣发展,其中生态产品价值可以作为资源环境权益初始配额分配和权益初始定价的依据。

4. 分区分类实施 GDP 与 GEP 政府考核改革

在城市化地区纠正单纯以经济增长速度评定政绩的偏向,实行 GDP 与 GEP"双核算,双考核"。GEP 可以作为领导干部绩效考核的指标,也可以作为离任审计的定量指标。

对生态产品主要供给区和生态脆弱的相对贫困地区取消 GDP 考核,实行 GEP 绩效考评,转变生态地区发展方式,实现区域经济发展与生态建设相协调。

三、生态价值转化的实践路径及政策堵点分析

基于价值转化路径分别总结地方有益实践、梳理政策进展、寻找政策堵点,为下一步建立健全生态价值转化政策体系提供支撑。

(一) 政府购买生态产品路径

1. 地方实践

在政府购买生态产品方面主要探索了横向生态补偿、基于生态服务外溢价值的生态补偿、综合性生态补偿、与保护绩效挂钩的资金奖补制度等。

在潮白河流域水源涵养区、赤水河流域上下游、新安江流域、汀江—韩江流域均开展了流域横向生态补偿探索。

湖北鄂州采用"当量因子法"构建生态服务价值计量模型,将不同自然资源对生态的服务贡献换算为无差别、可交换的货币单位,在三个市辖区之间建立生态服务"接受者"向"提供者"补偿的机制。

福建省将省级相关的 20 项专项资金按一定比例统筹整合,并将统筹整合后的资金安排与生态环境质量改善考核结果挂钩。

浙江实行绿色发展财政奖补机制,实施单位生产总值能耗、出境水水质、森林质量财政奖惩制度,实行与"绿色指数"挂钩的生态环保财力转移支付分配制度。

2. 政策堵点

生态补偿标准与生态产品供给能力和价值不匹配。由于对生态产品供给地区用于生态建设和环境保护的额外成本、生态产品供给能力和价值等难以确定,造成补偿标准中与生态产品数量、质量和价值相关的量化标准缺失。

生态补偿方式单一。目前已开展的生态补偿多以纵向转移支付、生态项目资金补偿为主,仅有少量的地区间横向资金补偿,生态补偿资金多被用于开展生态建设,但生态保护区大多处于经济不发达地区,无法从根本上解决当地居民因保护环境而带来的生产生活压力。

资金使用效率低下。政府多个部门掌握着一定额度的补偿资金分配权利,存在资金投向、补贴对象等方面相互重叠的现象,导致有限的资金被分散使用,补偿规模普遍偏低,难以满足地方生态保护事权支出的要求。生态补偿资金投向与地区实际需求脱节,限制了生态补偿资金作用的充分发挥。

生态保护成效与资金分配挂钩的奖惩机制有待完善。在生态补偿机制设计中,缺乏对生态产品供给能力和生态产品价值提升的绩效评估,也未将绩效评估考核与补偿资金的奖惩分配挂钩。

(二) 市场化交易路径

1. 地方实践

资源环境权益交易方面主要探索了相关权益交易试点、"森林生态银行"、森林覆盖率指标交易、地票交易、林权抵押贷款等。

自2000年开始,我国陆续开展资源环境权益交易试点,如2000年以来,浙江、宁夏、内蒙古、福建、甘肃等地开展了水权交易试点;2017年底,以发电行业为突破口在全国启动了碳排放交易体系等。

福建省南平市构建"森林生态银行"这一自然资源管理、开发和运营的平台,对碎片化的森林资源进行集中收储和整合优化,转换成连片优质的"资产包",引入社会资本和专业运营商具体管理。

重庆市通过设置森林覆盖率这一约束性考核指标,形成了森林覆盖率达标地区和不达标地区之间的交易需求,搭建了生态产品直接交易的平台。

重庆市将地票的复垦类型从单一的耕地,拓宽到林地、草地等类型,建立了市场化的"退建还耕还林还草"机制。

丽水在我国率先出台了《林地经营权流转证管理办法》,实现了林地承包权和经营权分离,并赋予流转证林权抵押、林木采伐、享受财政补助等权益证功能,率先试行公益林补偿收益权质押贷款。

2. 政策堵点

自然资源产权制度尚不健全。自然资源存在国家、集体、中央、地方所有等不同权属性质,所有者职责不到位、所有权边界模糊,而使用权、承包权、经营权分离目前仅在耕地、林地等领域试点。

环境产权制度尚未建立。我国环境产权缺失,宪法、环保基本法或物权法等法律法规尚未明确规定环境容量和污染排放的法律权属,导致市场交易难以进行。

市场交易体系建设尚在探索起步阶段。我国资源环境权益交易多处于试点阶段,尚未形成统一的全国市场。同时,这些不同的资源环境权益交易分散在不同部门管理,缺乏统筹协调。

（三）生态产品向生态产业转化路径

1. 地方实践

在生态产品转化为绿色产品方面主要探索了建立绿色产品区域公共品牌、培育生态产业新业态、一二三产业融合发展等。

丽水市以政府名义注册了全国首个地级市农产品公用品牌"丽水山耕"，通过建立统一的认证、追溯系统和标准化程序，使得产品溢价率超过 30%。

遂昌县"赶街"创造性地实践了"一中心、三体系"（县级电商服务中心、公共服务体系、农产品上行体系和消费品下行体系）的县域电子商务发展模式。

湖州市安吉县推动一二三产业融合发展，将竹子变成了能吃（竹笋）、能喝（竹饮料、竹酒）、能居（竹房屋、竹家具）、能穿（竹纤维衣被毛巾袜子）、能玩（竹工艺品）、能游（竹子景区）的系列 5000 多个品种的产品。

2. 政策堵点

缺乏有效的供需对接手段。一是生态产业产生的生态农林产品、生态旅游等产品和服务无法与消费者形成有效对接，好的产品和服务"酒香也怕巷子深"。二是生态产品经营开发资本与生态资源之间没有形成有效对接，优质的生态产品"养在深闺人未知"。

缺乏统一的绿色产品认证体系和质量追溯体系。我国在多种产品领域存在多类型认证体系，在企业层面增加了重复检测、认证的成本，在公众层面导致消费者辨识困难，影响市场认可度和信任度。包含绿色产品供求信息、价格信息、品种和质量信息和与之相关联的产品储运、保险、包装、检疫、检测等完备信息的信息追溯体系尚未建立。

缺乏有力的绿色金融支持。由于申请贴息的手续较为复杂，导致广大中小型企业无法享受绿色金融政策。农村地区普遍存在经营主体分散、经济实力不强、缺乏有效的抵押物等问题。此外，生态产品经营开发主体缺乏有效的信息披露机制，制约了绿色金融支持力度。

四、构建生态价值转化政策体系的总体思路

建立生态有价、保护为先，政府主导、市场运作，路径创新、多元参与，分区施策、试点先行的生态价值转化政策体系。

（一）生态有价、保护为先

推进生态价值转化，首先要在全社会贯彻落实绿水青山就是金山银山的理念，

将生态具有价值的观念融入经济社会发展全过程。绿水青山是实现生态产品价值的前提和基础,生态产品价值实现要坚持保护优先,强化生态环境保护的前提和基础地位,统筹推进山水林田湖草一体化治理,通过保护和修复生态环境不断增加生态产品供给。

(二) 政府主导、市场运作

生态产品的公共物品和准公共物品属性,决定了政府在生态价值转化过程中发挥着主导和引导作用。政府应保障优质生态产品供给能力,引导在全社会形成生态价值观,为生态价值转化提供良好基础。政府在价值转化中主要作用于转移支付和生态补偿,同时还发挥着生态产品交易机制的制定、政策的设计、相关制度安排以及市场监督和服务等作用。市场则是在优化环境资源配置中发挥着决定性作用,解决效率问题,引入市场化运作机制是缓解财政压力、提高供给效率的有效手段,通过产权直接交易和生态资源的产业化经营等方式实现生态产品价值。即便是政府直接增加生态产品供给的领域,也应当积极引入市场化的机制。

(三) 路径创新、多元参与

生态价值转化需要不断深化改革,探索和创新转化路径。要在生态补偿标准、补偿方式、补偿模式等方面加强创新,要进一步开拓生态资源指标及产权交易类别、完善交易机制设计,要不断探索生态产业发展模式、推进绿色金融制度创新。同时,加快形成政府、企业、农民专业合作社、个人、金融资本和社会组织多元主体参与的价值转化体系。

(四) 分区施策、试点先行

生态价值转化的路径模式与各地区经济社会发展水平、主体生态功能、市场环境等密切相关,各地区在推进生态价值转化时应当充分发挥自身优势,聚焦自身主要的生态功能,探索和实践"绿水青山"通往"金山银山"差异化路径。同时,需要选择不同生态要素类型、不同经济社会发展阶段、不同主体功能定位的地区,开展生态产品价值实现机制试点,针对价值转化的重点领域和难点问题,积极开展制度创新和政策创新试验,及时总结试点过程中的经验教训,形成相关制度安排。

五、建立健全生态价值转化的政策体系

畅通生态价值转化的三条基本路径是推动生态价值持续转化的核心和关键,

本报告主要围绕生态价值转化的三条路径,开展体制机制和政策的总体设计和研究,搭建生态价值转化政策的四梁八柱。

(一) 保护绿水青山,健全生态补偿政策

对生态功能区的"生态补偿",实质是政府代表人民购买这类地区提供的生态产品。生态补偿目前存在着补偿手段单一,补偿资金未能体现区域生态产品供给能力和机制差异,资金使用效率不高等问题。

1. 按照生态产品质量水平和生态价值合理确定生态补偿标准

生态补偿标准的完善需要一个长期的过程,可以采取分步走的办法:当前在国家缺乏统一规范的生态产品价值核算规则的情况下,可以建立生态产品质量评估体系,以各地区生态产品质量水平为基础测算补偿标准,依据生态产品数量和质量,并充分考虑其在国家生态安全体系中的重要性和敏感性地位,增加对生态脆弱区和生态功能重要性地区的支持力度。建立生态产品价值核算体系后,可以转向依据生态产品价值制定补偿标准,从而真正建立起反映生态产品价值的生态保护补偿标准体系。应注意的是,生态产品价值核算结果往往较高,可将各地区生态产品价值进行横向比较后作为生态补偿资金分配占比的依据,而非直接针对生态产品价值进行全额补偿。

2. 推进由单项生态补偿向生态综合补偿转变

推动资金的统筹整合。在省级层面整合各部门生态环境保护资金和生态补偿资金,将分散在林业、环保、水利、住建等不同部门的生态保护类专项资金,由各省自行制定统筹办法,按照一定比例或者全部统筹整合起来。

发挥政策合力实现综合治理。按照山水林田湖草生命共同体的理念,统筹后的资金以综合性生态补偿的方式进行分配和下达,在资金使用上赋予地方政府统筹安排项目和资金的自主权。

允许生态地区将统筹整合后的资金用于发展生态产业。鼓励地方将获得的补偿资金与本级资金捆绑使用,集中用于基础设施提升、民生改善和生态产业发展,发挥补偿资金的综合效益,建立生态建设重点地区经济发展、居民生活水平提高的长效投入机制。

3. 建立多元化的横向生态补偿机制

一是在同省不同地市之间、同地市不同区县之间大力推进横向生态补偿,由上级政府出台相应的横向生态补偿政策,出面协调各利益相关方,并给予一定的资金激励。

二是依托流域开展上下游省份的横向生态补偿,中央财政要给予适当奖励引导,将水质、水量等改善情况作为财政支持的基本依据,优先在长江、黄河、南水北

调中线工程水源区、新安江流域、京津冀水源涵养区、广西广东九州江、福建广东汀江—韩江、江西广东东江、云南贵州广西广东西江等地区推动试点。

三是探索多样化补偿方式，采取资金补偿时可以选择专项资金的方式，从财政资金中列出的专门指定用途的资金，并拓展资金来源渠道，比如从生态受益区居民的水费、企业的水费、发电企业的电价等中划出一定的比例资金用于生态补偿。还可通过对口协作、产业转移、人才培训、共建园区等方式进行补偿，尤其是可以在生态受益区的园区内专门划出一定的空间，与生态产品供给区共建异地园区或飞地园区。

4. 建立生态保护补偿绩效评估和资金奖惩机制

要加快建立科学统一的生态保护补偿效益评估方法，重点突出生态补偿的效果评估制度建设，探索形成切实有效的生态补偿绩效评估方法。积极培育生态服务价值评估机构，大力开展生态补偿绩效评估。建立生态保护成效与资金分配挂钩的激励约束机制。一方面，完善以生态环境保护成效和生态产品价值提升为核心的考核机制，加强资金绩效考核；另一方面，将生态补偿资金与考核结果相挂钩。将绩效考核结果与补偿资金紧密联系，并采用先预拨后清算的办法，实现奖优罚劣，体现正向激励。

（二）盘活绿水青山，完善市场化交易政策

产权制度是生态产品价值制度体系的重点内容，是生态产品交易的前置性基础性制度。在明确产权基础上，通过产权的出让、转让、出租、抵押、担保、入股等方式，促进生态产品价值实现及增值。

1. 赋予权能，夯实资源环境权益交易制度基础

一是明晰资源产权。首先，根据林地、草原、水流、湿地等不同种类，逐步划清国家所有和集体所有之间的边界，划清国家所有、不同层级政府行使所有权的边界，划清不同集体所有者的边界。其次，确定权属界线，不仅包括各类自然资源的空间界限和涉及主体范畴，更涵盖各类转让、出租、抵押、继承、入股等权能的统一界定。最后，统一开展登记颁证，在不动产登记平台的基础上构建自然资源登记统一平台，大力推进所有自然资源的登记颁证和公告公示。

二是建立环境使用权。与自然资源产权不同，环境产权的实质是对环境资源的使用权，是由环境资源的产权主体分配给企业的有限制的污染排放权。通过法定或制度安排来建立起环境产权制度，赋予权利人拥有依法收益、处置环境产权的权利。

三是稳妥推进"三权"分置或者"两权"分离。推进土地承包权和经营权分离的模式向林权、水权、草权等领域延伸，以林权为例，将林地承包经营权分为承包权

和经营权，实行所有权、承包权、经营权分置并行，进一步落实国有或者集体所有权，稳定农户承包权，放活林地经营权，赋予经营者同等的抵押、担保、贷款权能。适度扩大使用权（经营权）的出让、转让、出租、抵押、担保、入股等权能，通过使用权（经营权）的出让、转让、出租等获得直接收入，或者通过抵押、担保等获得信用贷款，或者通过入股变成资产。

2. 搭建平台，提升资源环境权益交易市场活跃度

丰富进入市场交易的资源环境权益品种。一是推进资源产权交易，推广各地开展的林权经营权流转、林权抵押贷款、公益林补偿收益权质押贷款、河权承包到户等有益实践经验，先行建立自然资源权益交易试点，推进将森林覆盖率、湿地生态系统保护和修复等自然资源保护类指标纳入资源产权交易；二是丰富环境权益交易品种，推进排污权、碳排放权、用能权等交易试点常规化，加快推进森林草原湿地碳汇交易，在排污权中新增氮、磷等污染物种类；三是纳入金融类产品及服务的交易，有序发展碳金融产品和衍生工具，探索研究碳排放权期货交易。

搭建资源环境权益交易平台。资源环境权益交易平台主要包括资源类权益交易平台和环境类权益交易平台。要吸引社会资本参与，建立线上线下相融合的交易平台，完善交易平台交易职能，鼓励各类金融机构参与资源环境权益交易。同时，充分利用大数据、区块链、物联网等新技术手段，有效降低交易成本。

3. 加强保障，建设交易机制的相关配套体系

合理确定生态产品权益的供应总量和基准价格。完善自然资源及生态产品价格形成机制，将自然资源的数量和生态产品的质量统筹作为交易的依据，加快自然资源及其产品价格改革。建立自然资源开发使用成本评估机制，将资源所有者权益和生态环境损害等纳入自然资源及其产品价格形成机制。加强对自然垄断环节的价格监管，建立定价成本监审制度和价格调整机制，完善价格决策程序和信息公开制度。

培育资源环境权益交易的供给与需求市场。探索将政府间生态资源资产保值增值责任与目标任务纳入生态产品价值实现的交易范畴，鼓励通过政府管控或设定限额等方式，创造对资源环境权益的交易需求。

创新发展"生态银行"等新型服务机构。借鉴南平"生态银行"、美国湿地银行经验，逐步探索建立一批"生态银行"等适应绿色发展要求的新型机构，提供"换"要素的平台和中介，探索由市场主体建设、运营和交易湿地等重要生态系统和生态产品。在国家开发性金融布局里，增加生态金融事业部，或在政策性金融体系里，增设生态金融的专门机构。

4. 创新方式，探索与现代市场体系融合的多元化交易机制

开展竞买与拍卖交易。部分生态产品可以采取竞买与拍卖（或配额交易）的

形式进行交易。如实施取水许可证制度,发展用水配额交易。健全用水总量控制制度,建立取用水总量控制指标,对用水配额进行交易。在全国范围建立统一公平、覆盖所有固定污染源的企业排放许可制。

探索开展生态养殖证拍卖。建立有效管控水域养殖污染的市场机制手段,科学合理调整水产养殖生产力布局,划定可养区,布局限养区,明确禁养区。公开合法持证养殖,依托公共资源交易平台通过市场方式竞争性拍卖取得养殖权证。

探索生态产品供给与建设用地指标增减"挂钩"、生态资产账户异地增减平衡等可行性,开拓"换"要素的新渠道。开展收益权转让及抵押,健全资源权益抵押贷款和流转制度。

(三) 开发绿水青山,建立生态产业扶持政策

习近平总书记指出,如果能够把生态环境优势转化为生态农业、生态工业、生态旅游等生态经济的优势,那么绿水青山也就变成了金山银山。生态产品价值转化的总体思路是生态产业化,推进生态产品产业链不断向下延伸。

1. 建立"负面清单+正面清单"的产业引导体系

建立生态产品经营开发的负面清单,以不破坏生态环境作为生态产品经营开发的基本前提,建立分类别的生态产品经营开发负面清单管理名录。

精心设计正面清单引导生态产业发展,出台具体支持政策,设立生态产业发展基金和绿色发展基金,重点支持正面清单中的行业发展;国家税务部门应研究探索对生态产品供给区的生态产业实施特殊税收政策的可行性,对生态产品供给区生态产业发展用地需求给予适度倾斜。

2. 建立质量保障体系

完善绿色产品标准认证标识体系,要求公布绿色产品来源地的生态产品质量信息,供消费者选择产品时参考。规范现有的环境、生态、绿色等各类产品认证机构,结合原产地认证体系,建立与绿色产品来源地生态产品质量挂钩的绿色产品认证制度,实施统一的绿色产品评价标准清单和认证目录,健全绿色产品认证有效性评估与监督机制,培育生态价值评估、绿色产品认证等服务机构,规范展示绿色产品的"含绿量",提升其"含金量"。

建立全过程产品质量追溯体系,开展产品追溯标准化工作,推进多部门协同,积极推动应用物联网、云计算等现代信息技术建设追溯体系。

3. 建立交易支撑体系

加强区域公共品牌建设。推进生态产品品牌标准化建设,整合形成区域性生态产品大品牌,统一标准、统一要求、统一宣传。通过政府背书方式,有效打通销售渠道,提高产品溢价价值。工商管理部门应支持有条件的地区注册区域性公用品

牌,宣传机构应对生态地区的区域性公共品牌和特色产品进行优惠宣传。

搭建生态产品经营开发供需对接平台。引入社会资本,建立促进供需信息衔接的平台,吸引特色资源向平台聚集,建立生态产品经营开发项目库和企业库,收集生态产品经营开发者意向信息和生态资源信息,促进生态产品经营开发项目落地。

引入电商和直播带货等新型商业模式。提高农村电商平台的质量和规范性,统一建设的城乡配送、区域分拨、全国直达三级物流网络和城乡双向物流模式。与"网红""大V"等开展商务合作,积极利用直播带货等创新销售方式,有效提升生态地区尤其是相对贫困地区特色产品的销量。

六、生态价值转化的推进和实施机制

"十四五"时期是建立生态产品价值实现机制、推进生态价值转化的破题期,应尽快建立系统性的推进和实施机制,夯实生态价值持续转化的基础。

(一) 建立保护绿水青山的利益导向机制

在政府考核方面,探索重点生态功能区逐步由 GDP 考核转向 GEP 和生态价值转化考核。在"十四五"时期推动对这类地区不再考核 GDP,而主要考核生态环境保护成效、生态产品质量、公共服务均等化和民生改善等指标,待 GEP 核算体系成熟后,由 GDP 考核转向 GEP 考核。

在企业规制方面,建立健全生态环境损害赔偿机制。健全生态环境损害赔偿的法律制度、评估方法和实施机制,建立健全生态环境损害评估机制,基于生态产品价值核算结果,开展生态环境损害评估。完善资源环境税费缴纳、资金赔偿、异地生态修复补偿等多元化赔偿方式,鼓励社会资本进入生态修复补偿领域,开展市场化运作。

在个人引导方面,建立生态信用激励机制。在现有征信体系的基础上,拓展个人生态信用单元,建立生态征信评价机制和生态信用激励惩戒机制,建立生态征信的正负面清单及评分细则。建立生态信用的利益兑换和金融服务功能,如为高生态信用的个人提供小额无抵押贷款服务等,引导形成绿色生活新风尚。

(二) 建立社会财富向生态产品产业链和价值链传导机制

生态产品价值转化需要调整农业产品、工业产品、服务产品和生态产品产业链、价值链各环节的利益分配关系,促进资本等要素资源向生态产品流动。通过税收、价格、信贷等经济杠杆的调控,从生产、交换、分配、消费等多方面,促进社会财富由物质产品和服务产品领域向生态产品领域转移。建立税收激励机制,降低生态产品的生产和供给税负;建立信贷激励机制,推进金融资源向生态价值转化领域集中;建立价格调节机制,提升生态产品溢价空间。

(三) 建立空间分区分类实施机制

对于东部经济发达地区的生态产品供给区,可以推进多元化和市场化的价值转化模式,既包括依托周边消费市场发展生态旅游、生态休闲康养、生态农林畜牧产业等生态产业,也包括争取省级政府和生态产品受益区的纵向和横向生态补偿,以及通过与周边地区开展生态产品相关权益交易等方式实现生态价值。

对于中西部地区的生态产品供给区,一方面要积极争取中央政府加大购买力度;另一方面要将价值实现的目标瞄准发达地区,大力发展生态产业,依托电商等新型销售手段,发挥品牌效应,吸引发达地区的消费群体,推进与发达地区之间的生态产品相关权益指标交易。

对于生态功能强、生态敏感性高的重要生态地区,如国家公园、各类保护地、重点生态功能区等禁止和限制开发区,政府应加大对这类地区生态产品的购买力度,即主要依靠中央财政生态补偿和转移支付实现生态产品价值,补齐公共服务等民生短板,保障该类地区与全国其他地区同步实现现代化。

此外,各地区尤其是重点生态功能区应按照水源涵养、水土保持、防风固沙、生物多样性等生态功能定位划分,在补偿、交易、转化中突出主要生态功能的价值转化。

(四) 建立绿色金融服务支持机制

完善绿色信贷支持政策。大力发展绿色信贷,建立财政补助、金融机构融资相互协作担保机制,对于生态产品经营开发项目,按规定给予适当的利率、贴息、贷款周期等金融政策支持。地方政府探索建立运营平台公司,整合各方面绿色发展资金投入生态产品经营开发,为符合条件的生态产品经营主体提供担保服务。

设立绿色发展基金和生态产品价值实现引导基金。统筹相关财政资金,积极吸纳社会资本,设立相关支持和引导基金,重点支持生态产品价值实现类项目。推广政府和社会资本合作模式,大力推动生态环境治理修复与生态产品经营开发相绑定的运营模式,推动社会资本参与生态产品经营开发。

探索生态产品资产化、资本化、证券化。在森林、草原、湿地、水流等不同领域探索和开展资源资产化、证券化、资本化改革,鼓励金融机构探索生态资产抵押模式,开发水权、林权等使用权抵押、公益林补偿收益权质押、信用担保等多种金融产品。以资源未来产生的现金流为支撑发行证券进行资产证券化运作,将资源优势转化为资本优势。

(五) 建立生态价值转化推进保障机制

一是完善顶层设计,尽快在中央层面出台《建立健全生态产品价值实现机制的指导意见》,对推进生态产品价值转化提供上位指导和约束,明确生态产品价值实现的总体要求、重点任务、实现路径,提供政策和资金保障,指导地方开展实践。二是设立推进机构,在国家发展改革委设立生态产品价值实现推进办公室,强化统筹协调、督促落实职能,会同有关部门完善生态产品价值实现的实施机制。三是开展试点示范,选择不同生态产品类型、不同经济社会发展水平、不同主体功能定位的地区,开展生态产品价值实现试点,推进重大改革创新试验;选择生态产品价值实现成效显著的地区,建立一批生态产品价值实现机制示范基地。四是设立重大工程项目,设立生态产品价值实现中央预算内投资专项,加大资金支持力度,鼓励地方在保护和修复生态环境的基础上,推进生态价值转化,实施生态产品价值实现重大工程。五是纳入重点规划,在国家"十四五"经济社会发展规划、长江经济带、黄河生态保护与高质量发展等重大区域发展战略规划中列入推进生态产品价值实现的有关内容,在重点地区加快生态产品价值实现推进力度。

(课题组成员:李忠 刘峥延 夏晶晶 党丽娟 谢海燕)

"十四五"时期生态环境目标指标研究

生态环境部环境规划院

"十四五"时期是全面建成小康社会、实现第一个百年奋斗目标的首个五年,也是面向美丽中国起步开局的第一个五年。因此,对标 2035 年目标,未来三个五年规划的第一个五年干什么、怎么干,直接关系到 2035 年美丽中国建设目标的实现。五年生态环境保护工作中,指标体系是生态环保理念和目标的重要体现。本报告通过评估"十三五"规划《纲要》各项生态环境指标完成情况,分析"十四五"时期我国生态环境质量持续改善面临的压力与挑战,面向 2035 年美丽中国建设目标基本实现,倒排工期,系统研究了"十四五"时期生态环境领域目标指标,为落实新的生态环保理念和实现新时期生态环保目标提供保障。

一、"十三五"生态环境领域主要目标指标进展顺利,生态环境保护取得显著成效

"十三五"时期,我国生态文明建设和生态环境保护从认识到实践发生历史性转折性全局性变化。党和国家推进生态文明建设决心之大、力度之大、成效之大前所未有,污染防治攻坚战阶段性目标任务圆满完成,生态环境质量明显改善,人民群众的生态环境

获得感显著增强,全面建成小康社会绿色底色和成色更加浓厚。"十三五"规划《纲要》确定的生态环境领域9项约束性指标,即细颗粒物(PM2.5)未达标地级及以上城市浓度下降比例、地表水质量达到或好于Ⅲ类水体比例、劣Ⅴ类水体比例、单位GDP二氧化碳排放降低比例和化学需氧量、氨氮、二氧化硫、氮氧化物主要污染物的排放总量减少比例、全国地级及以上城市空气质量优良天数比率,全面完成2020年目标。

与此同时,生态环境保护各项工作取得了积极进展。生态文明建设和生态环境保护谋篇布局更加成熟,生态环境保护引导、优化、倒逼和促进经济高质量发展作用明显增强,蓝天、碧水、净土保卫战和七大标志性战役取得历史性成就,山水林田湖草沙生态保护修复更加扎实,生态文明制度体系更加完善,共同构建人类命运共同体,共建清洁美丽地球,提高国家自主贡献力度,对推进全球环境治理产生深远影响,生态环境治理体系和治理能力现代化加快推进,为全面建成小康社会奠定了坚实基础。

表1 "十三五"规划主要指标完成情况

指标		十三五规划《纲要》要求		2020年现状值	完成情况
		2020年目标	属性(约束性/预期性)		
空气质量	地级及以上城市空气质量优良天数比率(%)	>80	约束性	87	达到要求
	细颗粒物未达标地级及以上城市浓度下降(%)	[18]	约束性	[28.8]	达到要求
地表水质量	达到或好于Ⅲ类水体比例(%)	>70	约束性	83.4	达到要求
	劣Ⅴ类水体比例(%)	<5	约束性	0.6	达到要求
主要污染物排放总量减少(%)	化学需氧量	[10]	约束性	[13.8]	达到要求
	氨氮排放	[10]	约束性	[15.0]	达到要求
	二氧化硫	[15]	约束性	[25.5]	达到要求
	氮氧化物	[15]	约束性	[19.3]	达到要求
单位GDP二氧化碳排放量降低(%)		[18]	约束性	[18.8]	达到要求

二、准确理解和把握生态环境保护面临的复杂形势,生态　　环保任重道远

从国际看,受全球经济放缓和治理体系调整的影响,一些发达国家推动全球环境治理动力显现不足,个别国家在气候变化领域"开倒车""退群"。受疫情影响,重要环境议程集体刹车,生物多样性公约第十五次缔约方大会、气候变化格拉斯哥会议等均被迫延期。国际社会关注经济复苏,环境发展领域南北差距进一步扩大,环境与卫生、安全、能源和贸易等领域问题相互交织。国际社会期待我国在国际环境治理尤其应对全球气候变化中发挥领导者角色,作为温室气体排放大国,在全球气候治理进程中面临与日俱增的减排压力,消耗臭氧层物质、持久性有机污染物、汞排放等环境履约任务繁重。

从国内看,当前我国生态文明建设仍处于压力叠加、负重前行的关键期,保护与发展长期矛盾和短期问题交织,生态环境保护结构性、根源性、趋势性压力总体上尚未根本缓解。尤其是当前受新冠肺炎疫情影响,经济社会发展面临的不确定性因素明显增多,深入打好污染防治攻坚战仍面临一些突出困难和问题。

(一)经济下行压力持续加大,统筹发展和保护的难度在增加

在经济发展面临困难增多的复杂形势下,部分地区对生态环境保护的重视程度减弱、保护意愿下降、行动要求放松、投入力度减小的风险有所增加。部分省份对 2030 年前实现碳排放达峰目标,2060 年前实现碳中和愿景认识存在模糊,"十四五"时期拟上马高耗能项目冲动强烈,如果建成将造成能耗、污染物和二氧化碳排放锁定效应,给全国能耗双控、产业结构和能源结构调整、应对气候变化等工作带来严峻挑战。

(二)对标对表美丽中国建设目标差距较大

生态环境领域仍是短板,与美丽中国目标要求相比还有不小差距。绿色生产生活方式尚未根本形成。我国能耗水平偏高,资源利用效率偏低,碳排放总量大,实现碳达峰、碳中和愿景目标任务异常艰巨。生态环境尚未根本好转,空气质量与发达国家历史同期还有较大差距,水生态建设恢复刚刚起步,历史遗留的土壤污染问题突出,生物多样性保护形势严峻,优质生态产品供给还不能满足人民日益增长的美好生活需要。

(三) 部分地区领域生态环境问题依然严重

当前全国约 40.1% 城市空气质量尚未达标,京津冀及周边地区、汾渭平原 PM2.5 浓度比全国平均水平高 50% 左右,秋冬季重污染天气时有发生,夏季臭氧 (O_3)影响逐步显现,PM2.5 与 O_3 协同控制亟须加强。海河、辽河、淮河等流域生态用水短缺,城市黑臭水体尚未长治久清,仍有 29% 的监测湖库存在富营养化问题。长江口、杭州湾等重要河口海湾污染严重,受损岸线和滨海湿地的恢复修复和保护监管亟待加强。土壤污染风险管控压力大,危险废物非法转移倾倒等问题时有发生,新污染物不容忽视。养殖污染、污水垃圾、噪声扰民等问题仍然突出。城镇生活污水集中收集率较低,农村生活污水治理率 25% 左右,环境基础设施仍是突出短板。

(四) 生态环境结构性矛盾仍然突出

以重化工为主的产业结构、以煤为主的能源结构、以公路货运为主的运输结构没有根本改变,我国粗钢、水泥产量和煤炭消费量分别约占世界总量 53.3%、56.0% 和 51.7%,煤炭消费比重超过世界平均水平 1 倍以上,公路货运比例高达 73%。污染排放和生态破坏的严峻形势没有根本改变。生态环境事件多发频发的高风险态势没有根本改变,大量化工企业近水靠城,涉危(危险化学品、危险废物)、涉重(重金属)风险源的布局性、结构性风险突出。近年来因安全生产、化学品运输等引发的突发环境事件处于高发期。生态破坏现象在一些地区还比较普遍,生物多样性减少等问题依然突出。

(五) 生态环境治理的经济和法治等手段运用不足,治理体系和治理能力现代化亟须加强

生态文明体制改革顶层设计总体完成,但改革措施的系统性整体性协同性尚未充分有效发挥。生态环境治理更多依靠行政手段,相关责任主体内生动力未得到有效激发,市场化机制还需进一步建立和完善。生态环境治理投入不足和渠道单一。一些企业和部门法治意识不够强,依法治理环境污染、依法保护生态环境的自觉性不够。

三、"十四五"时期是美丽中国建设全面起步时期,要充分考虑 2035 年乃至 21 世纪中叶美丽中国的建设目标,设定"十四五"时期生态环境保护目标指标

(一) 对标 2035 年美丽中国建设目标,谋划"十四五"时期目标任务

要以 2035 年实现美丽中国建设目标基本实现,倒排设置生态环境持续改善阶段性要求,在 2020 年实现"生态环境质量总体改善"和 2035 年实现"生态环境根本好转"的总体要求之间,设置两级台阶,强化问题导向、目标导向和结果导向,提出各领域目标指标改善进程总体考虑,按照三阶段改善需求,科学合理设置指标值,既要鼓舞人心、积极有为,又要可行可达,实现 2025 年生态环境持续改善。

如大气方面,到 2035 年,全国环境空气质量根本好转。全国地级及以上城市环境空气质量基本达到现行标准,全国 PM2.5 平均浓度达到世界卫生组织第二阶段标准。未来 15 年 PM2.5 年均浓度需要累计下降 30% 左右,考虑到减排潜力逐渐减少,改善难度加大,"十四五"时期 PM2.5 年均浓度需要下降 10%。

应对气候变化方面,围绕落实力争二氧化碳排放 2030 年前达到峰值、2060 年前实现碳中和的安排,确定"十四五"时期单位 GDP 二氧化碳排放降低、单位国内生产总值能源消耗、非化石能源占一次能源消费比例等要求。"十四五"时期,通过发展可再生能源,大力发展绿色交通、绿色建筑、分布式能源、能源技术革命等,有望可实现煤炭消耗达峰。预计实现 2025 年碳排放相比 2020 年下降 18%,单位 GDP 能源消耗下降 13.5%。

(二) 面向未来生态环境保护"五个转向"设计"十四五"指标体系

生态环境保护要因时因势调整不同发展阶段治理思路和重点。未来 15 年,指标体系的构建原则要面向"五个转向"。即生态环境保护要逐步转向污染防治、生态保护、应对气候变化和环境风险防范并重,转向污染减排、生态扩容、增强适应能力并重,转向源头预防、过程减量、末端治理、生态消纳并重,转向生产领域、生活和消费环节并重,转向法律、经济、技术以及必要的行政手段并重。同时,构建指标体系要覆盖生态环境各个领域各个要素,做到生态保护修复与环境治理相统筹,城市治理与乡村建设相统筹,流域污染防治与海洋环境保护相统筹,环境治理、生态修复、应对气候变化相统筹,贯通污染防治和生态保护,做到预防和治理相结合,减污

和增容并重,进行系统保护、综合施策、分类治理。

四、建议构建环境治理、应对气候变化、环境风险防控、生态保护等领域生态环境目标指标体系

"十四五"时期生态环境领域目标指标建议重点考虑环境治理、应对气候变化、环境风险防控、生态保护等领域指标,统筹推进减污降碳、协同推进减污增容、推进山水林田湖草沙系统治理。

(一) 环境治理方面

建议选取地级及以上城市细颗粒物浓度下降、地级及以上城市空气质量优良天数比率、地表水质量达到或优于Ⅲ类水体比例、地表水质量劣V类水体比例、城市黑臭水体比例、地下水质量V类水比例、近岸海域水质优良(一、二类)比例、农村生活污水治理率、污染物排放总量减少等9项指标。其中,建议细颗粒物浓度下降、优良天数比率、达到或优于Ⅲ类水体比例、劣V类水体比例、污染物排放总量减少等指标纳入约束性指标管理。

1. 地级及以上城市细颗粒物浓度下降(%)

PM2.5仍是对我国环境空气质量影响最大的大气污染物,降低PM2.5浓度仍是大气环境质量改善的核心工作。由于我国空气质量标准仍然较低,已经达标的城市仍然需要进一步改善,未达标城市应努力尽早达标。"十四五"时期,将指标范围由"十三五"的未达标城市扩展到所有地级及以上城市,扣除疫情影响,改善幅度下降10%左右。

2. 地级及以上城市空气质量优良天数比率(%)

城市空气质量优良天数比率指标,是大气环境管理的综合性指标,是统筹推进大气治理的有效抓手,"十四五"时期建议保持延续。优良天数指标受PM2.5和O₃影响最大,O₃受氮氧化物和挥发性有机物等影响,同时受气象条件影响大,成因复杂。"十三五"以来,O₃污染问题开始显现,"十四五"时期,在全国PM2.5浓度下降10%,O₃浓度增长趋势得到遏制的情况下,预计优良天数比率进一步提升,2025年达到87.5%左右。

3. 地表水质量达到或优于Ⅲ类水体比例(%)

该指标是反映水环境质量改善,反映"碧水长流"的重要指标,已列入《中华人民共和国国民经济和社会发展第十三个五年规划纲要》和《水污染防治行动计划》(简称《水十条》)的约束性指标,监测基础好,社会普遍接受,"十四五"时期建议

保持延续。

"十三五"期间,该项指标较大幅度改善,但进一步改善潜力变小,难度变大,同时根据水功能区要求,部分Ⅳ类、Ⅴ类水体即可达标。"十四五"时期,预计 2025 年该指标目标好于 85%。2035 年进一步改善。

4. 地表水质量劣Ⅴ类水体比例(%)

该指标能够客观反映地表水环境质量状况及其变化趋势,"十三五"期间持续开展消劣行动,有力推动了水环境治理,但目前仍有部分因为人类活动造成的劣Ⅴ类断面。"十三五"时期,《水污染防治行动计划》和《水污染防治法》先后实施和修订,围绕水生态环境改善目标,出台配套政策措施,加快推进水污染治理,落实各项目标任务,全国水环境质量持续改善,积累了有效的"治差水"经验,建议"十四五"时期目标为低于 1%,基本消除。

5. 城市黑臭水体比例(%)

城市黑臭水体是老百姓身边的突出生态环境问题,城市黑臭水体治理是七大污染防治攻坚战之一。"十四五"时期,在巩固地级及以上城市的治理成效的基础上扩大范围,推进县级城市建成区的治理工作。建议 2025 年县级及以上城市建成区黑臭水体比例控制在 10% 以内,2035 年消除县级及以上城市黑臭水体。目前,我国共有县级及以上城市 667 个,其中县级城市 363 个,由于县级城市面积较小,经测算,平均每个县级城市黑臭水体数量 3 个左右,预计可以完成治理任务。

6. 地下水质量Ⅴ类水比例(%)

国家地下水监测工程形成了覆盖全国 31 个省(区、市)区域尺度地下水监测体系,为构建地下水型饮用水源和重点污染源环境监测网提供了支撑,具有较好的监测评估基础。目前,全国国家级地下水水质监测点中,Ⅴ类水比例在 25% 左右。综合考虑地下水污染防治工作的复杂性、长期性和滞后性,建议 2025 年地下水质量Ⅴ类水比例目标为 25% 左右。

7. 海洋环境质量指标

近岸海域水环境质量是评价"十四五"时期陆海污染联防联控,持续改善海洋生态环境质量成效的有效指标。"十三五"期间,《水十条》以及渤海综合治理攻坚战的有效实施为海洋生态环境治理积累了经验。《"十四五"国家海洋生态环境监测网络布设方案》保留近岸海域水质考核点位和长时间监测序列的点位,保证监测数据的连续性和可比性。由于海洋生态环境具有复杂性高、改善难度大、时间滞后性长、不可控因素多等特点,因此初步确定 2025 年目标为 79% 左右,努力实现稳中向好。

8. 农村生活污水治理率

农村生活污水是制约农业农村环境质量改善的突出问题,农村生活污水治理是农业农村污染治理攻坚战行动计划的重要内容之一。"十三五"期间,通过制定政策、建立标准、编制规划、推广技术等,农村生活污水治理体系初步建立,但农村污水治理工作在系统谋划、因地制宜治理等方面的能力仍有待提升。初步考虑2025年农村生活污水治理率为40%。党的十九大报告提出"到2035年,城乡区域发展差距和居民生活水平差距显著缩小,基本公共服务均等化基本实现",判断2035年农村生活污水治理率将进一步提升。

9. 主要污染物排放总量减少指标

选取氮氧化物、挥发性有机物、化学需氧量、氨氮等四项主要污染物排放量减少比例指标。

总量控制是我国环境保护的一项重要制度。当前我国主要污染物排放总量仍处于高位,超过环境承载力范围,部分地区超载严重,部分领域污染物排放总量大、强度高,与环境质量改善程度息息相关。"十四五"时期应坚持和完善总量控制制度,继续实施主要污染物排放总量控制。氮氧化物、化学需氧量、氨氮作为我国"十二五"以来实施总量控制的因子,且随着以排污许可制度为核心的固定污染源管理制度的建立,3项主要污染物具有较好的统计、监测和考核等实施总量控制的数据基础和管理条件。随着《大气污染防治行动计划》《打赢蓝天保卫战三年行动计划》的相继实施,重点行业安装挥发性有机物在线监测设施、开展全国污染源普查、实施重点行业和重点领域挥发性有机物治理,使得挥发性有机物在排放量统计、监测、核算、监管等方面具备一定的工作基础,为"十四五"实施挥发性有机物排放总量控制创造了管理条件。

"十四五"时期主要大气污染物减排潜力主要集中在钢铁、水泥等行业超低排放改造,工业炉窑治理,石化、化工清洁生产,工业涂装、包装等行业原料替代和治污设施建设,淘汰国三及以下排放标准营运中型和重型柴油货车,扩大北方地区清洁取暖实施范围等方面。按照"十四五"期间PM2.5平均浓度下降10%左右,氮氧化物、挥发性有机物排放总量下降目标比例应至少与PM2.5浓度下降比例持平,即削减10%及以上。

"十四五"时期主要水污染物减排潜力主要集中在污水处理设施建设、污水收集管网完善、污水处理厂提标改造、畜禽养殖场治污设施建设、印染和农副食品加工等行业废水处理能力提升等方面,建议"十四五"时期化学需氧量和氨氮总量下降目标比例在8%左右。

(二) 应对气候变化方面

选取单位国内生产总值二氧化碳排放降低、单位国内生产总值能耗消费降低、非化石能源占一次能源消费比例3项指标。其中,前2项为约束性指标,后1项为预期性指标。

单位国内生产总值二氧化碳排放降低指标是我国履行国际公约、展示负责任大国形象的重要指标，具有较高的国内国际认可度和较好的工作基础，也是建设全球命运共同体、共建清洁美丽世界的重要指标。自 2017 年起，碳强度降低率已连续三年纳入中华人民共和国国民经济和社会发展统计公报。2020 年 9 月 22 日，国家主席习近平在第七十五届联合国大会一般性辩论重要讲话中宣示：二氧化碳排放力争于 2030 年前达到峰值，努力争取 2060 年前实现碳中和。2020 年 12 月 12 日，习近平总书记在气候雄心峰会上宣布：到 2030 年，中国单位 GDP 二氧化碳排放将比 2005 年下降 65% 以上，非化石能源占一次能源消费比重达到 25% 左右，森林蓄积量比 2005 年增加 60 亿立方米，风电、太阳能发电总装机容量达 12 亿千瓦以上。碳达峰、碳中和已经纳入生态文明建设的总体布局，"十四五"时期，聚焦"减污降碳"总要求，全面促进经济社会发展绿色转型，因此"十四五"时期将碳排放强度和能耗纳入到指标体系中，作为约束性指标一并考虑，展示我国履行国际责任，坚持绿色发展的决心与意志。实现 2030 年碳排放强度较 2005 年下降 65% 的目标，需要"十四五"和"十五五"期间至少平均下降 17.8%。为实现 18% 单位国内生产总值二氧化碳排放下降目标，则需要单位 GDP 能耗下降 13.5%，非化石能源占比达到 20%。

（三）环境风险防控方面

选取受污染耕地安全利用率、污染地块安全利用率 2 项指标，均为预期性指标。

1. 受污染耕地安全利用率(%)

《土壤污染防治法》《土壤污染防治行动计划》（简称《土十条》）均明确要求推进农用地分类管理，确保农产品质量安全。该指标能有效推动属地政府重视农用地分类管理及安全利用工作，守住农产品质量安全这一底线。《土十条》自 2016 年实施以来，国家在农用地安全利用与管控方面建立了系列制度，开展了土壤环境调查，各地区各部门开展了大量农用地安全利用实践工作，为"十四五"时期守住农用地土壤安全利用底线奠定了良好基础。《土十条》提出实施农用地分类管理，保障农业生产环境安全，到 2020 年受污染耕地安全利用率达到 90% 左右。预计 2025 年受污染耕地将基本实现安全利用。

2. 污染地块安全利用率(%)

《土壤污染防治法》《土十条》均对地块的再开发利用提出准入管理要求。该指标能有效地推动各地加强地块再开发利用的准入管理和联动监管，同时也能反映出各地地块再开发利用风险情况。《土十条》《土壤污染防治法》相继实施，土壤污染防治管理体系基本建立,明确污染者担责,污染责任人、土地使用权人的职责愈加明晰,政府监督管理部门职责进一步落实,联动监管力度逐渐加大,可以有力保障污染地块的安全利用,提高人居环境安全保障。《土十条》提出加强污染地块部门联动监管,实施建设用地准入管理,到 2020 年,污染地块安全利用率达到 90%以上。预计 2025 年污染地块将基本实现安全利用。

(四) 生态保护方面

选取生态质量指数(EI)、森林覆盖率、生态保护红线占国土面积比例、自然岸线保有率 4 项指标。其中,建议森林覆盖率为约束性指标,其他 3 项为预期性指标。

1. 生态质量指数(EI)

生态质量指数反映区域生态系统的质量状况。指数整体上侧重于自然生态系统的评价,重点分析地表生态系统的类型、面积及空间分布,目标是引导各地加强自然生态系统保护。当前,我国生态恶化趋势基本得到遏制,自然生态系统总体稳定向好,但生态系统质量功能问题仍然突出。我国生态方面历史欠账多、问题积累多、现实矛盾多,生态保护修复任务艰巨,个别地方还有"重经济发展、轻生态保护"的现象,以牺牲生态环境换取经济增长,不合理的开发利用活动大量挤占和破坏生态空间。因此,有必要建立一套全国生态质量的评价指标体系,用于监督、引领我国生态保护。建议"十四五"时期,预期我国整体生态质量指数保持稳定,重要生态区生态质量指数持续向好。

2. 森林覆盖率(%)

森林覆盖率是反映一个国家或地区森林资源和林地占有实际水平的重要指标,已长期被列入国家发展规划指标体系。国家定期开展全国森林资源清查工作,国家统计局每 4 年根据新一轮全国森林资源清查成果进行指标值的更新。根据林业调查、详查和统计数据,逐年统计森林覆盖率指标。2019 年该指标为 23.2%,建议 2025 年目标值不低于 24.1%。

3. 生态保护红线占国土面积比例(%)

2017 年 1 月,中共中央办公厅、国务院办公厅印发《关于划定并严守生态保护红线的若干意见》,明确提出划定并严守生态保护红线,在 2020 年年底前完成生态保护红线划定工作的基础上实行严格保护,确保生态保护红线生态功能不降低、面积不减少、性质不改变。将指标纳入"十四五"规划,是约束各地区、各部门严守生态保护红线,确保生态保护红线面积不减少的重要举措。

根据全面加强生态环境保护、坚决打好污染防治攻坚战意见要求,全国生态保护红线面积占 25% 左右。"十四五"时期,建议以逐步提高生态系统整体性、连通性为导向,引导各地完善生态保护红线管控制度,加强生态保护红线保护修复,生态保护红线占国土面积比例不低于25%。

4. 自然岸线保有率(%)

海岸线是海洋与陆地分界线,具有重要的生态功能和资源价值,是发展海洋经济和海洋生态环境保护的前沿阵地。大陆自然岸线保有率是促进保护恢复自然生态空间、保护海岸带自然生态系统的重要指标。《"十三五"生态环境保护规划》《国家海洋事业发展"十二五"规划》《海岸线保护与利用管理办法》等都设定了该指标。《水十条》提出,到2020年,全国自然岸线保有率不低于35%。根据全国生态系统保护与修复重大工程规划,到2035年,全国自然岸线保有率不低于35%。建议2025年该指标目标值不低于35%。

（课题组成员：万军　秦昌波　熊善高　苏洁琼

徐敏　孙亚梅　曹丽斌　张箫）

>>> 对 外 开 放

"十四五"时期我国全面深化改革开放的总体思路研究

——以高水平开放为主线形成改革发展新布局

中国(海南)改革发展研究院

一、以高水平开放为主线的"十四五"

当今世界正处于百年未有之大变局。作为新型开放大国,作为经济转型大国,我国既迎来重要的战略机遇,也面临着前所未有的挑战。在这个大背景下,推进高水平开放成为牵动影响"十四五"改革发展的关键因素。课题组建议,把"以高水平开放为主线形成改革发展新布局"作为"十四五"时期我国全面深化改革开放的总体思路。

(一)"十四五"时期全面深化改革开放的特定背景

把握"十四五"时期发展的特定背景,是高起点谋划"十四五"时期全面深化改革开放的关键。总的来看,"十四五"时期我国发展的大背景将呈现鲜明特征:一方面,当今世界正处于百年未有之大变局。经济全球化仍是大势所趋,但单边主义、贸易保护主义的挑战和风险明显加大;未来几年,世界经济政治格局将发生重要变化;新一轮科技革命与产业变革加速兴起,全球产业链、价值链将加速重构。另一方面,"十四五"时期我国经济正处于转型变革的关键时期,经济转型升级仍有较大空间,并蕴藏着巨大的增长潜

力,我国仍处于重要战略机遇期。

在这个特定背景下,要以全球视野、长期视角来谋划"十四五"。对事关全局的重大战略做好部署,在关键领域的改革开放取得重要突破。

(二) 以高水平开放为主线的"十四五"改革发展

1. 以制度型开放形成深化市场化改革的新动力

在内外环境明显变化的背景下,开放成为牵动影响全局的关键因素,开放与改革直接融合、开放倒逼改革、开放是最大改革的时代特征十分突出。"十四五"时期,适应经济全球化大趋势和我国全方位开放新要求,需要把握推进高水平开放的重要机遇期,以制度型开放加快破题市场化改革的"硬骨头",并在国内国际基本经贸规则对接融合中加强制度性、结构性安排。由此释放全面深化改革的新动力,推进深层次的体制机制变革,建立高标准的市场经济体制,进一步提升我国经济国际竞争力。

2. 以高水平开放促进经济转型升级

"过去40年中国经济发展是在开放条件下取得的,未来中国经济实现高质量发展也必须在更加开放条件下进行"。从经济转型升级蕴藏着的内需潜力看,未来5年,我国保持6%左右的经济增长仍有条件、有可能。有效释放巨大的内需潜力,关键是推动扩大开放与经济转型升级直接融合,并且在这个融合中不断释放市场活力和增长潜力。由此,不仅将为我国高质量发展奠定重要基础,而且将对全球经济增长产生重要影响。

3."十四五"时期实现高水平开放的重要突破

无论内外部的发展环境如何变化,"十四五"时期,只要我们把握主动、扩大开放,坚持"开放的大门越开越大",坚持在开放中完善自身体制机制,就能在适应经济全球化新形势中有效应对各类风险挑战,就能化"危"为"机",实现由大国向强国的转变。这就需要适应全球经贸规则由"边境上开放"向"边境后开放"大趋势,加强制度性、结构性安排,促进高水平开放,对标国际规则,建立并完善以公开市场、公平竞争为主要标志的开放型经济体系。由此不仅将推动我国逐步由全球经贸规则制定的参与国向主导国转变;而且将在维护经济全球化大局、反对单边主义与贸易保护主义中赢得更大主动。

二、处于大变局中的"十四五"

基本判断是:"十四五"时期是世界经济格局深度调整的五年,是"两个一百年"奋斗目标的历史交汇期,是实现我国中长期改革发展战略目标的关键五年,更是奠定高质量发展的重要基础、实现由全球化推动者向主导者转变的关键五年。把握"十四五"全面深化改革开放的特定背景至关重要。

(一) 经济全球化正处于发展、调整、变化的关键时期

1. 贸易保护主义、单边主义威胁全球自由贸易进程

2018 年,全球新增不利自由贸易措施 755 项,达到 2008 年国际金融危机以来的最高点,是 2009 年的 3.5 倍;2019 年 1—9 月,新增不利自由贸易措施进一步提升到 765 项,其中我国遭受的数量高居世界第一。受贸易保护主义、单边主义的影响,全球货物贸易增速明显放缓。2018 年全球贸易量同比仅增长 3.0%,增幅较 2017 年回落 1.6 个百分点;预计 2019 年增幅将进一步降至 2.6%。"十四五"时期,全球货物贸易增速低于 GDP 增速的格局仍将大概率持续。谋划"十四五"时期的改革开放,需要考虑到贸易保护主义、单边主义导致全球有效需求不足的实际情况。

2. 投资保护主义、单边主义威胁全球投资增长

《全球投资报告 2019》数据显示,2018 年全球共出台限制外国投资者投资措施 31 项,比上年增长 35%。2018 年,全球外商直接投资下降了 13.3%,达到 2008 年国际金融危机以来的最低点。特别是部分发达国家将政治安全因素作为实施贸易与投资保护政策的借口。2018 年,全球以政治安全理由被政府取消的跨境投资额约为 1530 亿美元。谋划"十四五"时期的改革开放,需要充分估计发达国家滥用所谓的"政治安全因素"对我国开展国际经贸合作、扩大对外直接投资的影响。

3. 全球经贸规则加速重构,参与全球经济治理机遇与挑战并存

例如,美国通过双边谈判的方式,重新签订美韩、美墨加等协定,美日贸易协定初步完成;欧盟同日本、厄瓜多尔签署经济伙伴关系协定,并与新加坡签署了贸易和投资保护协定;日本主导的全面与进步跨太平洋伙伴关系协定(CPTPP)谈判协定结束。这些谈判意在主导全球经贸规则重构,并将许多发展中国家(尤其是我国)排除在外。此外,要高度关注若美国退出 WTO 对经济全球化及我国外部环境的重要影响。谋划"十四五"时期的改革开放,需要把握大变局下经济全球化的新趋势。

(二) 重塑中美大国经贸关系的关键时期

1. 美国挑起的对华经贸摩擦明显加大全球经济的不确定性

初步预判,"十四五"时期中美经贸关系的不确定性有可能进一步加大,这不仅深刻影响中美两国自身经济增长,更将对全球经济政治格局具有重大影响。

2. 客观判断中美经贸摩擦趋势及影响

——中美经贸摩擦长期影响大于短期影响。从中美关系的现实看,短期内双方矛盾问题有不同的表现形式,但大国关系博弈将是影响中美合作竞争的重大问题。短期内中美经贸摩擦可能有所缓和,但是一定要立足长期,才能从根本上解决双方的经贸摩擦,并为重塑合作共赢的中美关系打下重要基础。

——中美经贸摩擦多边影响大于双边影响。中国已成为超过 120 个国家和地区的最大贸易伙伴,美国也是全球大部分国家与地区最重要的贸易伙伴之一。2018 年,中美两国 GDP 占全球的 39.75%,GDP 增量占全球的 50.43%,贸易额占全球的 22%。中美经贸摩擦更深层次的影响是对以自由贸易为主线的经济全球化进程的冲击,是对二战后总体上行之有效的多边贸易体制的冲击。

——中美经贸摩擦间接影响大于直接影响。美国挑起对华经贸摩擦,有可能伴随着其他多种因素,从而形成间接影响,对此要高度警惕。比如,美国除了打贸易牌外,还有可能打出某些组合牌,影响国际资本流向,严重干扰我国发展的外部环境。

3. 把握未来 10 年重塑中美关系的关键时期

随着中美双方相对实力的变化,在全球经济增长乏力和全球经济治理面临挑战的影响下,如何相互适应一个不断变化的对方,多变环境下如何定位自身在全球事务中的角色,成为妥善处理中美关系的重大课题。未来 10 年,中美两国经济实力的相对变化是个客观趋势,但并不必然带来某些冲突与矛盾,关键是双方能否主动并有效地适应一个不断变化的对方。

(三) 推进区域一体化的关键时期

1. 南海局势日益趋缓向稳,但仍面临较大不确定性

目前,泛南海区域已逐渐成为印太地区的重心,更是中美等大国博弈的焦点。从短期看,南海局势趋稳向好、总体可控。例如,我国与东盟签署旨在稳定南海大局的《南海各方行为宣言》,并提前完成了"南海行为准则"单一磋商文本草案的第一轮审读等。但从中长期看,影响南海形势的不利因素并未得到根本消除,泛南海区域内经贸合作仍面临多方面不确定性。

2. 推进东北亚区域经济一体化机遇与挑战并存

一方面,推进东北亚区域经济一体化面临重大机遇。东北亚其他五国对我国经济依赖性明显上升,2008—2018 年,日、韩、俄、蒙四国对中国的出口由 2384.4 亿美元增长到 3687.4 亿美元,年均增长 4.5%;是其整体出口增速的 3.5 倍;占其出口比重由 15.1%上升至 20.5%。我国已经成为东北亚地区五国最大贸易伙伴,且区域内各国尤其是中日韩三国均面临着单边主义与贸易保护主义的外部压力。

推进东北亚区域经济一体化仍面临突出挑战。除以往东北亚区域内各国间的主权、领土、安全等敏感问题外，半岛局势仍面临较大不确定性，日韩经贸摩擦呈现长期化态势，以及外部大国干扰等。东北亚区域安全机制的建立将是一个长期的过程。

3.《区域全面经济伙伴关系协定》（RCEP）谈判有望尽快结束，但亚太区域经济一体化仍然面临多方面挑战

RCEP 估计在 2020 年前完成谈判。但从亚太自贸区倡议的发展历程看，进入实质谈判阶段将会面临更多难题，取得共识、协调利益难度远比区域全面经济伙伴关系协定谈判更大。

（四）新一轮科技革命引领产业变革的机遇期

1. 全球将进入新数字时代

第四次工业革命将重塑全球产业分工格局，全球产业分工将从产业链式分工逐步转向网络式分工。未来几年，一系列新兴信息技术将进入到产业化普及阶段。预计到 2025 年，全球数字经济规模将达 23 万亿美元，在 2017 年 12.9 万亿美元的基础上增长近一倍。

2. 以数字经济引领我国产业变革的关键时期

预计 2020—2025 年期间，我国 5G 商用将直接带动经济总产出 10.6 万亿元，直接创造经济增加值 3.3 万亿元；间接带动经济总产出约 24.8 万亿元，间接带动的经济增加值达 8.4 万亿元；就业贡献方面，预计到 2025 年，5G 将直接创造超过 300 万个就业岗位。由此将提升我国的国际竞争力，并奠定经济高质量发展的重要基础。

（五）我国经济转型升级的重要窗口期

1. 我国经济转型升级仍有较大空间

例如，城乡居民消费结构还有 15—20 个百分点的升级空间；产业结构还有 10—15 个百分点的升级空间；城镇化率还有 10—15 个百分点的升级空间。

2. 经济转型升级蕴藏巨大内需潜力

随着我国产业结构、消费结构、城乡结构等转型，内需潜力叠加，将支撑"十四五"时期 6%左右的经济增长。例如，从产业角度看，过去 10 年服务业每增长 1 个百分点，可以带动经济增长 0.43 个百分点。如果服务业保持在 7%—8%的增长，每年将带动 3 个百分点左右的 GDP 增长。

3. 经济转型升级为高质量发展奠定重要基础

例如，随着我国形成服务业主导的产业格局，服务业成为最大的"就业容纳

器"。2018 年,我国 GDP 每增长 1 个百分点,吸纳新增就业人数为 206 万人,是 10 年前的 3 倍。预计到 2025 年,我国服务业就业人员有望达到 4 亿人以上,占总就业人员比重达到 55% 左右。这不仅将有效吸纳新增劳动力,还将促进收入分配格局的调整,并进一步降低对资源环境消耗的依赖,形成绿色发展新格局。

(六) 全面深化改革的攻坚期

1. 短期问题与中长期问题相互叠加,经济政策需要在改革中破题两难或多难

例如,我国既面临着以积极经济政策稳增长等短期挑战,也面临着推动经济转型升级等长期任务;面对人口老龄化与经济下行的双重压力,既要大幅降低企业养老保险的缴费负担以有效释放市场活力,又要不断扩大涉老公共支出规模。

2. 周期性与结构性问题相互交织,在解决周期性问题的同时更要推进结构性改革

当前,外部环境深刻变化所带来的新的经济下行压力固然不容小觑,尽快破题结构性矛盾和问题才是治本之策。以消费为例。释放我国巨大的消费潜力,不仅是短期宏观政策调整的任务,更是供给侧结构性改革的重大任务。只有以服务业市场开放为重点的供给侧结构性改革取得重要突破,才能有效解决服务型消费"有需求、缺供给"的突出矛盾。

3. 内部矛盾与外部因素结合,解决国内问题离不开对国际形势的把握

比如,在 40 多年的改革开放进程中,港澳台地区发挥了十分重要的作用。近几年来,港台局势深刻复杂变化。尤其是最近香港的复杂形势,既有我国"一国两制"政策未能很好落实、爱国教育缺失、香港经济增长普惠性长期不足等内部因素,更有外部势力干预的因素。由此也提醒我们,由域外势力干扰与国内矛盾结合引发的经济社会风险的可能性不容忽视。

三、"十四五"时期以高水平开放赢得国际合作竞争的主动

基本判断是:在内外环境明显变化的背景下,开放与改革、转型、发展直接融合,扩大开放成为事关我国改革发展全局的关键因素。

(一) 以扩大开放有效应对单边主义、贸易保护主义

1. 以高水平开放维护经济全球化大局

当前,我国在全球贸易投资格局中的地位和作用明显提升。2018 年,我国货

物贸易额占全球的 11.8%,居世界第一位;目前,我国已成为 120 多个国家和地区的最大贸易伙伴。2018 年,我国对外直接投资 1430.4 亿美元,占全球的 14.1%,居世界第三位。作为新型开放大国,我国的高水平开放对维护经济全球化大局、维护多边贸易体制、推进世界经济增长都将产生重大影响。

2. 以高水平开放促进和引领全球自由贸易进程

近几年来,我国与亚洲、大洋洲、拉丁美洲、欧洲等国家和地区先后建设自贸区,目前已与 25 个国家和地区达成了 17 个自贸协定。共建"一带一路"倡议提出6 年来,已得到 160 多个国家(地区)和国际组织的积极响应,成为推动全球自由贸易进程的重要动力,成为包括发达国家与发展中国家在内的共商共建共享全球治理的重要平台,成为推进经济全球化的新主角。未来,适应服务贸易快速发展的大趋势,依托我国巨大市场规模优势,加快推动以服务贸易为重点的开放转型,将发挥新型开放大国在促进和引领全球自由贸易中的重要作用。

3. 以高水平开放进一步提升我国在世界经济治理中的地位与作用

近年来,世界经济对我国依赖性明显提升。例如,2013 年以来,我国对全球经济增长的贡献率位居世界第一。2018 年,全球经济净增量为 4.9 万亿美元,我国GDP 净增量为 1.46 万亿美元,比美国的 1.01 万亿美元高出 0.45 万亿美元,占全球净增量比重的 29.8%。未来,我国在对接国际经贸规则中促进高水平开放进程,将明显提升我国在全球经贸规则重构中的话语权与影响力。

(二) 以"全球视野、长期视角、战略思维"重塑中美新型大国关系

1. 立足双方及全球长期利益拓展合作空间

作为最大的发展中国家和最大的发达国家,中美合作空间巨大,不仅包括经贸领域,也包括能源、安全、减贫、气候等领域。立足长期,需要争取取消加征关税并逐步走向零关税,合作推动全球关税降低、推动自由贸易;共同开发第三方市场等。

2. 以平等协商为原则尽快重启中美投资协定谈判

美国的创新和中国的大市场两者结合在一起,将为全球释放出巨大的增长动力。着眼长远,重启中美投资协定谈判,符合经济全球化趋势,也符合两国共同利益。

3. 发挥多边框架的重要作用

充分利用 WTO、APEC、G20 等两国共同参与的多边区域机制,形成"维护多边贸易体制共同体",对单边主义或"本国优先"形成制衡。

(三) 以高水平开放推进区域一体化进程

作为区域内第一大经济体,我国加快推进高水平开放进程,将对亚太、东北亚、

泛南海等周边经贸合作,构建系统性的周边安全结构及秩序带来全局性的重要影响。"十四五"时期,抓住有利时机,以高水平开放继续深化我国与周边地区的经贸合作。例如,在巩固南海局势向好态势的基础上,抓住机遇打好"经济牌""开放牌",以扩大开放、主动开放构建"泛南海经济合作圈",增进与泛南海区域各国和地区的经贸、人员交往,以交往带动合作,以合作促进发展,推动各方携手共建泛南海海洋命运共同体;通过大幅降低关税与非关税壁垒,积极推动与东北亚、上合组织成员等国家与地区双边开放进程,以经贸合作带动政治安全与人文交流,实现政治安全、经贸合作和人文交流三个轮子的有效同步运转。

(四) 以高水平开放赢得全球新一轮科技竞争与产业变革的主动

1. 市场开放为全球新科技革命提供最重要的应用市场

我国拥有全球规模最大的移动互联网用户群体,为大数据、人工智能、云计算、移动互联网、物联网、区块链等数字技术提供了巨大应用市场。例如,机器人、新能源汽车、移动支付以及一些高科技产业,尽管其核心技术不在中国,但最大的应用市场在中国。

2. 以高水平开放实现开放创新的重大突破

第四次工业革命正在开启创新 2.0 时代,主要特征是开放式创新,这种创新已经不再是一个国家内部的"闭门造车",而是跨越国界的全球现象。这就需要以扩大开放实现"聚天下英才而用之",加强与发达国家与新兴经济体的创新合作。

3. 以高水平开放推动我国产业数字化转型

推动数字经济与传统产业融合、实现产业数字化转型直接依赖于相关领域的开放。例如,没有医疗、金融等服务业的市场开放安排,这些领域就很难形成数字化转型的重要突破。

四、"十四五"时期实现高水平开放的重要突破

基本判断是:"十四五"时期,把握推进高水平开放的重要机遇期,推进规则等制度型开放进程,加强制度性、结构性安排:要以服务贸易为重点破题结构性开放,形成以服务贸易为重点的开放新格局;要在更大范围、更深程度对标国际经贸规则,降低边境内壁垒,更深程度融入世界经济;要以开放应对保护、以改革回应关切,赢得与世界共同发展、融合发展的未来。

（一）把握"十四五"时期高水平开放的基本趋势

1. 从以制造业领域为主的开放到以服务领域为重点的开放

一方面,服务领域已成为我国扩大开放的重点。2005—2018 年,我国服务业实际利用外资规模由 149.1 亿美元增长到 931.2 亿美元,年均增速达到 15%,高于我国实际使用外资平均增速 10 个百分点;在全国实际使用外资总量中的比重达到 69%,是制造业的 2.25 倍。服务贸易是我国开放的突出短板。目前,我国服务贸易占贸易总额的比重不仅低于全球 23.1% 的平均水平,也远低于欧盟(27 国)、英国、美国等发达经济体,与金砖国家也有 3.1 个百分点的差距。"十四五"时期,从以制造业领域为主的开放到以服务领域为重点的开放转型将成为一个基本趋势。

2. 从商品和要素流动型开放到规则等制度型开放

改革开放以来,我国商品要素开放的进程不断加快。例如,全国平均关税水平由加入 WTO 时的 15.3% 降至目前的 7.5%;随着准入负面清单限制措施的不断减少,开办企业便利度升至全球第 28 位。当前,我国正由要素流动型开放向规则等制度型开放转变,包括按照公开市场、公平竞争的原则,推进国有企业改革、知识产权保护、产业政策、政府补贴、环保标准等与世界经贸规则的对接,并形成与之相适应的制度与政策体系。

3. 从经济全球化的参与者到经济全球化的推动者

面对经济全球化的新挑战,我国坚定推进全球自由贸易进程,坚定维护以 WTO 为核心、以规则为基础的多边贸易体制,以"一带一路"为载体坚定推进双边多边自贸进程,积极构建新型的经济伙伴关系。2018 年,我国占全球出口、进口的份额分别达 12.8%、10.8%。"十四五"时期,我国将从经济全球化的参与者进一步提升为经济全球化的推动者,将成为区域一体化的积极推动者、重要贡献者,并有望在某些经贸规则构建中扮演主导角色。

（二）以服务贸易为重点谋划"十四五"高水平开放

1. 以形成全面开放新格局为目标

——对外开放度明显提升。服务业对外开放度达到制造业水平;其中服务业 FDI 限制指数下降 40%,达到澳大利亚等水平;制造业 FDI 限制指数下降到 OECD 国家平均水平。建立内外资一致的市场准入负面清单,相关配套措施实现与国际接轨,提升负面清单的透明度与可操作性。"一带一路"双边、多边自贸网络进一步拓展。

——贸易自由化便利化水平明显提升。货物进口关税下降至 4% 左右,零关税商品占比由目前的 5% 左右提高至 10%,消费品进口占比由目前的 13% 提高到

20%左右;全面推广"单一窗口",并实现与主要贸易伙伴的对接;服务业国内标准基本实现与国际标准的对接,边境内壁垒大幅下降。

——实现基本经贸规则的内外对接,并且在对接全球最新经贸规则方面实现重要探索。一方面,在市场准入、竞争中性、监管等领域实现内外规则的有效对接;另一方面,在海南自由贸易港等率先探索以"零关税、零补贴、零壁垒"为代表的国际经贸新规则。

2. 以服务贸易开放为重点

——服务贸易比重明显提升。争取到2025年,服务贸易占外贸总额比重由目前的14.7%提高至20%以上。

——服务贸易结构进一步优化。争取到2025年,我国知识密集型服务贸易占服务贸易的比重由目前的32.4%提升至40%以上;保险、计算机和信息、知识产权等高端生产性服务贸易占比由目前的23.8%提高至30%以上。

——服务贸易国际竞争力明显提升。争取到2025年,我国服务贸易逆差占服务贸易的比重由目前的32.6%下降到20%左右;在保持制造服务、建筑服务、计算机与信息等优势基础上,大幅提升我国知识产权、金融等生产性服务贸易以及旅游等生活性服务贸易的国际竞争力。

3. 以强化制度性、结构性安排为保障

——"十四五"时期服务业市场化程度达到制造业水平,土地、资金、技术等生产要素市场化改革基本完成,实现各类市场主体平等使用生产要素。

——竞争政策在经济政策中发挥基础性作用。各类市场主体按着竞争中性原则平等参与市场竞争、平等享受政策待遇;以混合所有制为重点的国企改革全面推开,基本形成以"管资本"为主的新格局;加快加入WTO《政府采购协定》;营商环境排名进入全球前10位,商事制度改革取得重大进展,基本实现企业"自由生、自由死、自主营"。

——建立与国际接轨的开放风险防范体制机制。加快建立并进一步完善贸易投资监管制度、贸易调整救援机制、"不可靠实体清单"制度等,建立与国际接轨的、与全面开放相适应的监管体制机制。

(三)"十四五"时期形成高水平开放的新格局

1. 加快推进"一带一路"高质量建设进程

——实现由产能合作为主向产能合作与服务贸易并重转变。2018年,我国与"一带一路"沿线国家和地区服务进出口额超过1200亿美元,占同期我国服务贸易总额的15.4%,较上一年有明显提升,但与货物贸易占比27.4%的水平相比仍有明显差距。"十四五"时期需要加快推动"一带一路"产能合作与服务贸易融合发展。例如,针对国内不同区域,加快实施旅游、金融、教育、研发等服务业项下的自由贸易政策;加快构建以重点服务业与数字经济等为主题的跨境经济合作区等。

——加快构建"一带一路"灵活多样的自贸网络。在加快推进中国—上合组织、中国—海合会、中国—欧亚经济联盟等多边自贸进程的基础上,争取与挪威、以色列、巴西、墨西哥、土耳其等重要贸易伙伴实现双边自由贸易安排的重要突破;积极与欧盟、日本等发达经济体开展的第三方市场合作。

——以"一带一路"形成区域开放新布局。"一带一路"倡议横贯我国东中部、联通国际国内,为我国形成区域开放新格局提供了重大机遇。建议,一是加快推进"一带一路"与自贸试验区、京津冀、长三角、粤港澳等区域开放、发展战略的有效对接,率先形成"一带一路"国内段的开放发展新高地;二是以打造国际陆海贸易新通道实现"一带"与"一路"相衔接,尽快提升新通道软硬基础设施互联互通水平;三是加快推进"一带一路"经济走廊建设,实现内外开放发展相联动。

2. 以服务贸易为重点加快构建双边多边自贸区网络

——采取灵活方式推进中日韩自贸区谈判。预计"十四五"时期,中日经贸合作将明显加快。建议中日韩自贸协定谈判采取"双轨"到"三方"、产业项下的自由贸易到全面高水平自贸协定等务实举措。例如,以服务贸易为重点打造中韩自贸区升级版,尽快启动中日贸易投资协定的可行性研究;率先开展中日韩在医疗健康、养老、旅游等非敏感领域项下的自由贸易;在条件成熟时考虑加入 CPTPP。

——以服务贸易为重点构建中欧一体化大市场。中欧最大的互补性在服务贸易。建议在 2020 年完成中欧投资协定谈判的同时宣布启动中欧自贸协定谈判,为2030 年形成中欧一体化大市场奠定重要基础。这既需要中欧采取灵活方式逐步提升双边自由化、便利化水平,也需要中欧共同实现结构性改革的重要突破。例如,率先与德国、法国等在特定服务业项下深化合作;加快实施早期收获项目,在基础设施、环保绿色、政府采购等领域形成一批示范性成果。

——以 RCEP 为基础推进亚太自贸区建设。亚太自贸区若建成,将对维护以世贸组织为核心的多边贸易体制、促进全球经济平衡增长、推动完善全球经贸规则都将产生重要影响。由于亚太地区开放水平差异较大,可考虑在尽快完成 RCEP 谈判基础上,通过灵活方式务实推进亚太自贸区建设。例如,形成多层次贸易自由化便利化安排,不同层次适用不同开放标准,使亚太地区不同发展水平的经济体可以选择适合自己的标准,并明确过渡期,以加快协商进程。

3. 加快打造更多高水平开放的新高地

——以新的思路推动自贸试验区探索。当前,自贸试验区开放水平与全国落差不断缩小,面临着"高地不高"的挑战。自贸试验区 2019 年版负面清单数量仅比全国版少 3 项,且在服务业领域与全国版负面清单基本一致。为此,可以考虑三个思路:思路一,推动部分自贸试验区率先对标全球高标准自由贸易园区。比如,上海、广东等。思路二,赋予具备条件的自贸试验区更大的改革开放自主权。对不具备全面开放条件的自贸试验区,根据自身特点加快试行产业项下的自由贸易政策。思路三,按现有步骤继续推进,把重点放在相关制度创新上。建议以第一个思路为重点,兼顾二、三思路,由此开拓自由贸易试验区的新局面。

——加快推进粤港澳服务贸易一体化。率先实现广东自贸区与港澳基本经贸规则与开放标准的对接,在此基础上推动港澳更好融入国家发展大局。尤其是面对当前的香港局势,其全局意义凸显。一是以开放为先,推动粤港澳服务业产业深度合作。二是以制度创新为核心,推动粤港澳服务业市场体系直接融合。三是以体制机制创新为重点,推动粤港澳服务体系全面对接。比如,推进三地通关一体化建设,强化人员技术服务等资格互认等。

——以特别之举加快探索建设海南自贸港进程。在党中央统一领导下,把海南全岛划定为特别经济区,建立与高度开放型经济形态相适应的高效率的、特殊的行政体制,以把高度开放政策与重大制度创新相融合,释放海南地理、区位和资源优势,充分发挥海南在我国扩大开放大局中的特殊作用。例如,赋予海南高度的经济自主权、行政管理权、社会治理权和特殊立法权、司法权;赋予海南单独关税区的法律地位,授权以"中国海南"的名义同世界各国、各地区及有关国际组织保持和发展经贸关系,签订和履行有关经贸协议;加快建立与海南自由贸易港建设相适应的独立财税体制。

4. 在高水平开放中推动全球治理体系改革与完善

——抓住争端解决机制这一 WTO 改革关键。与支持多边贸易体制国家共同推动世界贸易组织争端解决机制危机的解决;同时做好相应预案,一旦世界贸易组织上诉机制陷入停摆,能尽快提出一个各方均可接受的替代方案。

——以提高公平性与代表性为导向推进国际货币基金组织、世界银行决策机制改革。适应国际经济格局变化趋势,以推动投票份额动态调整机制建设为重点,增加发展中国家的投票份额,提升发展中国家在国际机构决策过程中的话语权,防止部分国家滥用"一票否决"导致国际治理机构停摆,进而诱发全球系统性风险。

——以推动 G20 机制化为重点,推动正式国际机制与 G20 相结合,尽快形成新的治理框架。例如,加快推动 G20 与世界银行、国际货币基金组织、世界贸易组织、国际劳工组织、经济合作与发展组织、上海合作组织等国际机制有机结合,让更多的正式国际机制参与 G20 治理,充分发挥正式国际机制在执行力方面的优势,探索新的全球治理结构。

五、"十四五"时期以高水平开放为主线全面深化改革

基本判断是:在全面深化改革的复杂程度、敏感程度、艰巨程度明显加大的背景下,"十四五"时期要以高水平开放为主线形成全面深化改革的新动力;在对接国际基本经贸规则中推进制度创新,加快形成公开市场、公平竞争的市场环境;要在制度型开放中倒逼深化改革,充分发挥市场在资源配置中的决定性作用。

(一) 开放是最大的改革

1. 高标准市场经济体制有助于发展更高层次开放型经济

当前,我国市场经济体制仍有一些不完善之处,经济活动中出现的一些矛盾与挑战,经济增长面临下行压力,与市场决定没有得到有效落实直接相关。比如,由于行政垄断和市场垄断存在,社会资本进入教育、医疗、通信、金融等服务行业仍面临某些障碍,这使得服务业市场主体难以通过公平竞争来提高供给能力、供给质量和供给效率。2017 年,我国服务业民营固定资产投资占比仅为 39.4%,远低于农业 67.6%、工业 79.2%的水平。其中,在教育、卫生、文化、商务服务等现代服务业领域投资占比不足 5%。为此,需要在高水平开放中强化产权保护、深化要素市场化改革,充分发挥市场在资源配置中的决定性作用。

2. 高水平开放对建设高质量市场经济发展具有重大影响

建设高标准市场经济体制,需要在规则对标中形成强大的改革动力。例如,为保证《外商投资法》的全面落实,相关方面已开始对有关法规、规章和规范性文件进行全面清理。未来,随着按照竞争中性的原则确立、营商环境的逐步优化,将对改革形成更大倒逼压力,有可能使得服务业领域行政垄断等多年来未得到有效解决的体制机制问题得到集中解决,实现各类所有制企业公平竞争的基本格局。

3. 形成开放与改革相互促进的新格局

一方面,面对经济社会发展中存在的体制性、结构性弊端,需要继续深化供给侧结构性改革,对计划经济遗留的、转型进程中产生的、发展趋势新要求的体制机制进行主动改革和完善;另一方面,面对经济全球化趋势及挑战,需要加快高水平开放,倒逼深化改革,并以改革更好地推进高水平开放。比如,服务业市场开放直接依赖于行政管理体制改革的突破。

（二）以高水平开放为主线倒逼全面深化改革

1. 以加快经济转型升级为导向

我国经济转型升级的时间窗口是未来 10—15 年,尤其以"十四五"时期为关键。在社会主要矛盾发生变化的新阶段,我国市场化改革的基本导向是推动经济转型升级,释放我国巨大内需潜力。争取到 2030 年,消费结构、产业结构、城乡结构等经济结构基本趋于稳定。

2. 以全面激发民营企业活力为重点

当前,民营经济预期不稳、活力不足已成为经济转型升级与结构性改革的突出矛盾。为此,建议到 2025 年:民营经济增加值占 GDP 的比重提升至 65% 以上;民间固定资产投资占比提升至 65% 以上;民营企业与国有企业基本实现资源要素获取与成本平等;产权保护制度化法治化水平明显提升,企业家精神和创新活力得到有效激发。

3. 以对接国际基本经贸规则为关键

"十四五"的市场化改革,重点是加快对接国际基本经贸规则,降低甚至消除要素国内国际流动的制度性门槛。例如,对标世界银行营商环境标准,营商环境排名进入全球前 10 位;适应全球经贸规则新趋势,率先在市场准入、经营执业、监管标准、产权保护等实现内外对接融合,更深程度融入世界经济;加快构建服务贸易、数字贸易等最具潜力和优势领域的经贸规则,并通过双边多边谈判将其上升为全球规则,实现我国由全球经贸规则制定的参与者向主导者转变。

4. 以全面落实市场在资源配置中的决定性作用为目标

市场决定资源配置是市场经济的一般规律。"十四五"市场化改革,要把资源配置效率作为基本衡量标准之一。这就要求:推动市场进一步开放,尤其是推进服务业市场全面开放;加快推进以土地为重点的要素市场化改革,在试点的基础上建立要素市场化配置的新机制;减少政府尤其是地方政府干预资源配置的范围和幅度,把政府干预资源配置的范围严格限制在公共资源,建立资源配置政府干预负面清单;加快形成全国统一大市场,打破地区壁垒、行政壁垒,降低资源要素流动的壁垒,显著提升要素配置效率;适应高水平开放的海关体制、财税体制、金融体制等形成框架性安排,并在重点环节实现重大突破。

（三）以制度型开放有效破题市场化改革

1. 把服务业市场全面开放作为深化供给侧结构性改革的重大举措

——推动服务业市场向社会资本全面开放。按照"非禁即准"的要求,凡是法律法规未明令禁止进入的服务业领域,全部向社会资本开放,不再对社会资本设置歧视性障碍,大幅减少前置审批和资质认定项目,实施"准入即准营";鼓励引导社会资本参与发展服务业,并在打破服务业市场垄断方面实现实质性破题。

——加快推进服务业对外开放进程。在加快服务业市场化改革基础上,大幅缩减外资准入负面清单限制性条目。到2020年,率先实现教育、医疗、养老、旅游等服务业全面开放,取消对外资股比限制及经营范围限制;同时,按照《外商投资法》的相关规定,基本完善外商投资的服务体系。争取到2025年,在运输、保险、法律、研发设计等重点领域全面对接国际高标准开放水平。

——清理并大幅削减服务业领域边境内壁垒。在有条件的地区率先引入日、美、欧等在医疗药品、旅游娱乐、体育养老等重点生活性服务业的管理标准,并实现资格互认;全面推广跨境服务贸易负面清单,允许负面清单外的境外企业在我国提供相关服务,逐步在人员流动、资格互认、市场监管等领域实现与国际接轨。

——推动与服务业市场开放相配套的行政管理体制改革。垄断行业不改革,社会资本就难以全面进入服务业市场;事业单位不改革,体制内外的政策差异鸿沟不填平,体制外的企业与事业单位就难以形成平等竞争的新格局;服务业用地价格机制不调整,中小服务企业的成本就难以降下来;政府购买公共服务的机制不改变,就很难形成体制内外服务业公平竞争的市场环境。

2. 以制度性、结构性安排形成国际化、法治化、便利化的营商环境

——完善"准入前国民待遇+负面清单"管理制度。一是进一步缩减市场准入负面清单;二是推动《全国版外商投资准入负面清单》和《市场准入负面清单》对接;三是进一步提升负面清单透明度与可操作性;四是进一步细化准入阶段的管理权力、要素供给、融资方式、税收政策、法律保护、司法救济等一系列待遇标准,给内外企业明确预期。

——统筹强化知识产权保护与产权保护。一是在现行《民法总则》的基础上,尽快出台《民法典》;二是建立产权平等保护的长效机制,依法保护企业家的财产权和创新收益,尽快出台《民营经济促进法》;三是出台《知识产权法》,实现知识产权保护与国际对接。

——以减税降费为重点降低制度性交易成本。一是加快推进由间接税为主向直接税为主转变,改革以企业税、流转税、增值税为主的税制。二是进一步降低以企业所得税为重点的直接税税率。同时,进一步下调或取消广义税负中的各种费用、土地出让金和社保费用,切实减轻企业税费负担。三是全面实施企业自主登记制度与简易注销制度,取消企业一般投资项目备案制,全面推行"最多跑一次"。

——推进政府采购公开化、市场化进程。一是将政府购买公共服务纳入《政府采购法》,进一步理顺《政府采购法》和《招标投标法》的关系。二是出台政府采购负面清单。除明令禁止社会资本参与的政府采购项目外,对各类所有制企业一

视同仁,实行同等待遇。三是强化政府采购的公平竞争审查。四是加快加入世界贸易组织《政府采购协定》进程,并且按照《政府采购协定》中的相关规则,加快修订与完善相关制度。

3. 强化竞争政策基础性地位,推动产业政策转型

——全面清理妨碍公平竞争的产业政策。减少行政力量对市场资源的直接配置,大幅减少现有中央各部门、地方的产业补贴与扶持项目;按照"非禁即准"的原则,清理与法律法规相抵触、制约各类市场主体进入各行业的规定和程序,建立不平等待遇的企业申诉追索制度,严禁和惩处各类违法实行优惠政策的行为。

——推动实现产业政策向普惠化、功能性转变。推进产业政策转型不是要取消补贴,而是实现补贴政策的普惠化与非专项。减少选择性补贴、投资补助等举措,将补贴严格限定在具有重大外溢效应或关键核心技术的领域。更多采用普惠性减税、政府采购、消费者补贴等手段,维护市场公平竞争。实施功能性产业政策,关键在于加大基础研发、人力资本、信息等投入,加快构建实体经济、技术创新、人力资源协同发展的产业体系,形成创新驱动的基本格局。

——加快推动适应高水平开放的监管变革。一是实现市场监管的主要对象要由商品为主向服务为主转变;二是强化市场监管机构对经济政策的公平竞争审查,系统清理现行政策中妨碍民营企业发展、违反平等竞争的规定;三是把反垄断尤其是反行政垄断作为市场监管变革的重大举措,尽快修订并出台《反垄断法》,增加并细化反行政垄断的内容;四是强化金融、数字经济等重点领域的监管,尽快制定完善重点领域的监管标准体系。

4. 以混合所有制为重点全面推进国企改革

——加快从"管企业"走向"管资本",形成以"管资本"为主的国有资本管理格局。一是明确国有资产监管机构的职能主要是优化国有资本布局和实现国有资本保值增值;二是加快建立"管资本"主体的权责清单,尽快形成全国统一的国有资本投资、运营公司权责清单;三是进一步理顺财政部、国资委、国有资本投资及运营公司之间的关系。

——以发展混合所有制为重点鼓励社会资本参与。率先在能源、运输、民航、电信等一般竞争性领域,支持鼓励社会资本控股,注重发挥民营企业家作用,实现国有资本保值增值。同时,同步推进公司治理结构、内部运行机制等配套改革,进一步增强社会资本进入信心。

——加快推进国有资本的战略性调整。尽快形成"关系国家安全和国民经济命脉的重要行业和关键领域"的目录与标准,加快形成与之配套的投资清单。新增国有资本投资重点向教育、医疗、养老、环保等民生领域和基础设施领域倾斜,一般不再以独资的方式进入完全竞争领域和市场竞争较充分的领域;加快推进国有

资本划拨社保进程,为进一步降低企业缴纳税费比重拓宽空间。

5. 全面深化以土地为重点的要素市场化改革

——加快推进土地要素市场化改革。打破城乡土地双轨制与城市一级土地市场政府垄断,建立两种所有制土地"同地同价同权利"的制度,形成公开、公正、公平的统一交易平台和交易规则。在 2020 年实现城乡统一建设用地市场的同时,进一步赋予农民宅基地使用、出租、转让、处置、抵押、收益等在内的完整的用益物权,探索农村宅基地直接入市,进一步增加农民财产性收入。

——基本完成利率市场化改革。加快推进市场利率与基准利率的"两轨并一轨",尽快实现银行体系与实体信用环节的贷款利率由市场决定。同时,疏通货币市场和债券市场利率向信贷市场传导的渠道,通过加强公开市场操作打造利率走廊,实现利率市场化,为人民币国际化奠定重要基础。

——以激发创新活力为目标深化科研要素市场化改革。当前,我国科技成果转化率仅为 30% 左右,与发达国家 60%—70% 的水平有较大差距。其重要根源在于创新人才的活力没有释放出来。"十四五"时期要加快打破科技领域人才、资金等要素流动的体制障碍,进一步扩大创新主体自主权;建立以人为中心的科技创新激励机制。

——推进要素跨行政区、跨城乡的自由、便利流动。例如,打破要素及新能源等战略性新兴产业领域的地区保护主义,推动全国统一大市场建设。

六、"十四五"时期以高水平开放为主线推动高质量发展

基本判断是:实现党的十九大提出的 2035 年基本实现社会主义现代化这一战略目标,要求"十四五"经济增速要保持在一定水平,要求"十四五"经济增长质量有一个明显好转。从趋势看,我国产业结构、消费结构、城乡结构仍处于升级的大趋势中,并蕴藏着巨大内需潜力,这成为未来 5 年我国实现 6% 左右的经济增长的最大条件。释放巨大内需潜力,关键是推动扩大开放与经济转型升级直接融合;推进扩大开放与创新发展的直接融合,加快实现创新突破。

(一) 高水平开放与高质量发展相互融合

1. 国际市场与国内市场加快融合

当前,我国国内市场与国际市场已经高度融合,释放巨大内需潜力离不开高水平开放的突破。例如,进入老龄化社会,老年健康管理服务业、老年康复护理业、老年家政服务业等需求全面快速增长。目前,我国老年用品市场需求达 1.6 万亿元

人民币,但市场供给规模仅为 4000 亿元人民币,存在 1.2 万亿元人民币的供需缺口。到 2025 年,老年用品产业总体规模将超过 5 万亿元,如果仍然延续当前的供给结构,供求缺口会更大。这需要加快推进服务业市场全面开放,扩大服务进口,有助于缓解"有需求、缺供给"的突出矛盾,倒逼国内服务业企业转型升级,形成强大国内市场。

——把扩大国内市场规模作为"十四五"时期的预期目标。到 2025 年,社会消费品零售总额达到 60 万亿元左右;消费率达到 60% 以上,居民消费率达到 45% 以上。

——把中国进口商品和服务规模作为"十四五"时期的预期目标。到 2025 年,每年进口商品和服务达到 2 万亿美元左右。

2. 科技革命与经济转型升级的相互融合

新科技革命与我国经济转型升级交织在一起,深刻改变我国经济结构,并形成强大的增长动力。

——到 2025 年,研发强度提升到 3%。2020 年努力实现 2.5% 的目标,研发经费初步估算为 2.54 万亿元;2025 年达到 3% 的目标,研发经费初步估算为 4 万亿元。从我国过去几年的研发进展看,这一目标有可能实现。

——以高水平开放推动开放创新。在全球经贸联系和科技合作愈发紧密的今天,关起门来搞创新、搞研发的时代已经过去了。把开放创新作为新型开放大国的重要选择,使开放成为创新的重要源泉,推动重大科技创新取得明显突破,尤其是基础研发取得重大突破。

——保障科技交流机制化、通畅化。努力避免中美科技脱钩,进一步加强和欧日等科技强国的科技交流。

3. 高水平开放与新旧动能转变融合

"十四五"时期是我国新旧动能转变的关键时期,这个转变与高水平开放紧密结合在一起。

——到 2025 年,我国经济发展新动能明显增强,以新产业、新业态、新模式为主要内容的新动能快速集聚,持续壮大,成为支撑我国经济迈向高质量发展的重要力量。

——在新科技革命的应用上取得重大突破。在大数据、物联网、云计算、3D 打印、量子计算等新兴技术应用方面走在全球前列。

——以新动能带动传统产业升级取得重大进展。在数字经济引领产业变革的大趋势下,依托我国 5G 等技术优势与制造业规模优势,加快实现先进制造业与数字经济融合。

（二）以高水平开放释放巨大内需潜力

1. 把有效释放扩大内需作为"办好自己的事"的重大任务

面对外部环境的不确定性,要以有效释放内需潜力,明显增强我国抵御外部挑战的能力。例如,我国服务型消费的快速增长及其带来的新兴消费市场的扩大,已成为全球市场关注的重点,也成为我国立足自身、把握趋势、释放内需、赢得主动的关键。无论外部环境如何变化,只要内需市场继续保持快速增长态势,继续保持不断升级态势,就能够形成强大的经济吸引力,从而为化解各类国际经贸纠纷创造重要条件。

2. 建立与主动扩大进口相适应的制度与政策体系

一般来说,出口大国不一定是经济强国,但进口大国一定是经济强国。我国已经明确了扩大进口的目标,需要加快构建与此相适应的政策与制度体系。比如,在进一步降低关税总水平的同时,大幅降低或取消药品、常见病所使用的医疗器械进口增值税及重要日用消费品进口环节增值税;尽快实现以癌症治疗为主的医疗器械进口零关税;引进日、欧、美的药品质量安全标准,扩大医疗技术等服务进口,倒逼国内医药企业提高质量,以适应和满足全社会日益增长的服务型消费需求。

3. 推动新型城镇化和乡村振兴的双轮驱动

释放农村蕴藏的巨大消费潜力,最大掣肘是农民土地财产权未得到完全落实,农民财产性收入占比明显偏低。推动资源在城乡间自由的双向流动,不仅可以提升城镇巨大资本存量的配置效率,而且可以有效释放农村蕴藏的巨大消费潜力。比如,在严格农村土地用途管制和规划限制的前提下,尽快在法律上明确农民土地使用权的物权属性;改变农村土地流转限于集体成员内流转的相关规定。

（三）以高水平开放形成创新发展新格局

1. 以开放创新推动经济转型升级进程

对于科技企业来说,仅仅依靠内部资源进行高成本创新活动,已难以适应快速发展的市场需求以及日益激烈的企业竞争。这就需要把开放创新作为新型开放大国的重要选择,使开放成为创新的重要源泉。科技是第一生产力,创新是经济转型升级最重要的驱动力。近14亿人的新型开放大国要实现经济高质量发展,离不开科技创新的重要突破。

2. 以开放实现技术创新的重大突破

"十四五"时期,加快实现基础研究与基础创新的突破,加快产业关键核心共性技术研发和转化,在颠覆性技术方面取得实质性进展,不断突破产业转型升级的技术瓶颈,推进我国产业迈向全球价值链中高端。

3. 继续主动开展高水平的国际科技合作

无论美国如何在科技上遏制我们，我们坚持开放合作的方向不动摇。积极推进政府、企业、社会等多层次、多领域的合作，既分享我国创新的成果，也分享其他国家创新的成果。

（四）以高水平开放加快走向高质量发展

1. "十四五"时期实现经济中速增长

"十四五"时期推进高水平开放进程和与推进高质量市场经济体系建设，将有效释放我国内需潜力。

——实现6%左右的经济增长。按照2010—2018年中国GDP增速预测，估计"十四五"时期我国GDP增速将保持在5%—6%；2026—2032年保持在5.2%—5.6%之间。美国经济增速按照过去10年（2008—2018）的平均增速（1.75%）估算。估计到2025年，按2010年不变价美元计算，中国GDP将由2018年的10.8万亿美元增长至16.2万亿美元，占美国GDP的比重由60%提升至80%。

——跨越中等收入阶段。2013—2018年，我国人均GNI年均名义增长8.2%。"十四五"时期我们分三种情形预测：情形一，2019—2025年中国人均GNI年均增长8.2%，到2025年将达到11.2万元人民币；情形二，2019—2025年中国人均GNI年均增长7%，到2025年将达到10.3万元人民币；情形三，2019—2025年中国人均GNI年均增长6%，到2025年将达到9.7万元人民币。

若2025年人民币对美元汇率保持在6.5—7.5之间，上述三种情形下人均GNI分别为1.5万—1.7万美元、1.4万—1.6万美元、1.3万—1.5万美元，均高于世界银行"人均国民年收入在12736美元之上"的标准。

——城乡居民收入实现较快增长。2013—2018年，居民人均可支配收入年均增长7.1%，快于人均GDP增速0.8个百分点。预计"十四五"时期，居民人均可支配收入增速快于人均GDP增速的态势仍将持续。按2018年不变价人民币计算，预计到2025年，我国人均可支配收入将达到4.4万元人民币左右，人均可支配收入占人均GDP的比重将由2018年的43.7%提高至45%以上。

2. "十四五"时期经济转型升级实现重大进展

——基本形成服务型消费主导的消费结构。综合考虑过去3年服务型消费比重提升速度（年均提升1.5个百分点）以及我国城乡居民收入增速快于GDP增速等因素，服务型消费占比年均有望提高1—1.5个百分点，预计到2025年，我国居民服务型消费将由2018年的44.2%提高至52%—55%，形成服务型消费主导的消费结构。

——基本形成服务业主导的产业结构。随着我国进入工业化后期，服务业较快发展成为一个基本趋势。考虑过去 5 年我国服务业占比提升速度(年均提升 1 个百分点)及服务业市场开放加速等因素,服务型业占比年均提高拟按 1 个百分点估算,预计到 2025 年,我国服务业占比将由 2018 年的 52.16%提高至 59%—60%,形成服务业主导的产业结构。

——基本形成户籍人口城镇化的新格局。"十四五"时期,我国人口城镇化与户籍城镇化将加快推进。预计到 2025 年,我国常住人口城镇化率将由 2018 年的 59.6%提升到 67%—70%(年均提升 1.2 个百分点),户籍人口城镇化率由 2018 年的 43.4%提高到 53%—55%(年均提升 1.49 个百分点),两者差距缩小至 10—14 个百分点以内。

3. 在推动世界经济增长中作出更大的贡献

——保持全球第一大货物出口国地位,占全球出口市场比重达到 15%左右。2019—2025 年全球货物出口增速按 3%计算;我国出口增速分别按 5%、6%、7%计算(2018 年我国货物出口增速 7.1%)。估计到 2025 年,我国货物出口额将分别达到 35.0 万亿、37.4 万亿、39.9 万亿美元(2018 年不变价美元),仍将是全球第一大货物出口国,占全球出口市场的比重将由 2018 年的 12.8%提高到 15%左右。

——成为全球第一大货物进口国。2019—2025 年美国货物进口增速按 4%计算,预计 2025 年美国货物进口额将达到 34.7 万亿美元。随着我国扩大进口政策的实施,未来几年我国货物进口有望保持两位数增长。即便以 7.2%估算(2017 年、2018 年我国货物进口额分别增长 18.9%、12.9%),2025 年我国货物进口额将超过美国。

——成为全球第一大服务进口国(2013—2018 年),我国服务进口年均增长 9.7%,美国年均增长 3.9%,按此增速预测,到 2025 年,中国服务进口将超越美国。2018 年,我国服务进口额 0.53 万亿美元,是美国的 94%。到 2025 年将达到 1 万亿美元左右,是美国的 1.4 倍,占全球服务进口总额的比重由 2018 年的 9.4%上升至 14.1%,成为全球第一大服务进口国。

——主动参与并在某些领域主导全球经贸新规则制定。从过去几年实践看,我国在 RCEP、中日韩自贸协定谈判等领域地位与主导作用不断提升。预计在"十四五"时期,"中国方案""中国规则""中国议题"将明显增多;并在积极推动 WTO 改革方面更多体现"中国主张"。

——对世界经济增长贡献稳定在 30%左右。"十四五"时期,我国经济若保持年均 6%左右的增速,对全球贡献率仍然保持在 30%左右的水平,依然是世界经济增长的"主引擎"。这意味着,一个更加开放的中国,将同世界形成更加良性的互动,带来更加进步繁荣的中国和世界。

七、结语

"十四五"时期,我国发展的内外环境发生深刻复杂变化。世界处于百年未有之大变局,全球经济仍在寻找再平衡的探索之中;国内经济转型正处于关键时期,经济下行压力加大,短期问题与中长期问题交织在一起,增长问题与转型问题交织在一起,增长的新旧模式交织在一起。"十四五"时期全面深化改革开放,必须增强忧患意识,把握长期大势,抓住主要矛盾,善于化危为机,办好自己的事。

把握长期大势——立足 2035 年谋划"十四五"改革开放重大战略。总体来看,我国仍然是一个转型大国,面对短期经济增长压力时,在看到矛盾与问题的尖锐性的同时,也要客观分析我国经济转型的大趋势。在制定"十四五"规划的同时,需要谋划 2020—2035 年改革发展的中长期规划。

抓住主要矛盾——把握高水平开放这一关键因素,避免战略性误判。与过去 40 年不同,未来 10 年国际形势有可能发生重要变化,中美博弈与冲突有可能升级。应对美国对我国发展的遏制,最有效也是最根本的办法是推进我国自身的高水平开放,依托自己不断扩大的内需市场,增强应对大变局的能力。

善于化危为机——高水平开放要有非常之举。"十四五"时期以高水平开放为主线形成改革发展新布局,非常之时要有非常之举。

办好自己的事——关键是加快落实全面深化改革开放的重大部署。一方面,顶层设计确定的改革,由上而下抓紧推进。按着党的十八届三中全会和十九大的部署,能提速的提速,能启动的启动,能试点的试点。另一方面,尚未进行全国部署的改革,鼓励自下而上探索,调动地方改革积极性。

(课题组成员: 迟福林　匡贤明　郭达)

"十四五"时期我国贸易竞争力重塑研究

中国人民大学应用经济学院

　　我国产业竞争开始由主要与发展中国家竞争转变为主要与发达国家竞争,面临"前后夹击"的复杂局面。一方面,在传统的劳动密集型制造业领域,越南等新兴制造业国家开始冲击中国的优势地位;另一方面,在技术和资本密集的制造业和服务业领域,我国已经与发达国家全方位竞争。在主要竞争对手发生变化的前提下,我国应转变政策视角,重塑贸易比较优势。应充分尊重经济发展的自然规律,并更好地发挥政府的作用,国内政策和国际趋势相结合,拓宽比较优势空间,平稳实现产业升级。

　　首先,本报告分析全球竞争背景下的中国贸易现状;其次,分析拉美国家在贸易竞争对手转变时产业升级失败、陷入"中等收入陷阱"的典型案例;再次,从理论层面探讨我国贸易比较优势与要素成本之间的关系,以及我国与主要竞争国家产业比较优势的现状与发展趋势;最后,集中探讨拓宽我国产业竞争比较优势空间的政策组合。

一、全球竞争背景下的中国贸易现状

　　2019 年我国人均 GDP 已经迈过 1 万美元大关,全面建成小康

对外开放

社会进入收官阶段。随着我国人均收入的上升,劳动力、资本、技术等供给面因素,以及消费、投资需求面因素都发生了重大变化。在此背景下,我国企业的比较优势和贸易竞争力发生了较大变化。一方面,在传统的劳动密集型制造业领域,越南等新兴制造业国家开始冲击中国的优势地位;另一方面,在技术和资本密集的制造业和服务业领域,我国已经与发达国家全方位竞争。这一复杂局面下,我国能否顺利突围,顺利实现产业升级,是迈过"中等收入陷阱"、实现第二个百年奋斗目标的关键。

(一) 总体贸易体量巨大,服务贸易占比较低

目前,中国是世界第一大贸易国,对外贸易方式以商品贸易为主,在贸易结构中所占比重常年维持在85%以上,尽管服务贸易额在贸易总额中所占的比重开始有所增加,但相较而言,中国服务进出口贸易占对外贸易比重仍然较低。

(二) 货物贸易增速放缓,贸易顺差仍将持续

中国是世界上最大的货物贸易国,进出口总额居世界第一位。自加入 WTO 后,我国货物进出口额迅速增长,2010 年之后,我国货物进出口总额比重占世界进出口总额比重超过 10%。总的来看,我国货物贸易正处于增速换挡期,从高速增长阶段进入到中高速增长区间。

从贸易平衡角度来看,我国常年维持贸易顺差。从国别来看,2017 年中国对 162 个国家是有贸易盈余的,仅对大洋洲、非洲、拉丁美洲等地区的 55 个国家存在贸易逆差。这在一定程度上说明了世界对中国产品出口存在严重依赖,中国已成为世界重要的资源进口国。

(三) 服务贸易总量持续增长,服务逆差逐年扩大

在经济、技术和知识全球化浪潮下,我国对外服务贸易进出口总额不断上升,2018 年我国服务贸易进出口额较 1982 年增长了 168 倍。与此同时,服务贸易占全球的比重也不断上升。2018 年,我国服务贸易进出口仅次于美国,居世界第二位。但我国服务贸易长期处于逆差状态,且差额不断扩大。

(四) 私营企业比重提升,内生动力有所增强

我国对外贸易中最主要的所有制类型为私营企业和外商投资企业,国有企业占比较低。其中,加工贸易是外商投资企业最主要的对外贸易形式;而私营企业则主要以一般贸易为主导。外商投资企业通常采取垂直一体的经营方式,从而控制了加工贸易企业的经营管理权,这使得我国生产加工企业在价格上十分被动。

（五）对外直接投资影响对外贸易

改革开放 40 多年来,中国的对外直接投资及对外直接投资占世界整体比重均呈现出波动上涨的趋势。对外直接投资有超过 50% 集中在金融业、房地产业、租赁和商务服务业部门,说明中国近年致力于提高服务业产业质量成效显著。但科学研究和技术服务以及教育行业的投资较少,说明中国在对先进技术进行投资吸收方面还有较大潜力。无论从总量还是从地区分布方面看,中国对各个地区的对外直接投资与出口贸易额都呈现一致性变动趋势。

（六）传统服务贸易为主体,新兴服务贸易开始起步

中国服务贸易主要集中在旅游服务和其他商业服务等传统服务产业,而信息技术、金融、保险以及知识产权服务等新兴部门的竞争力较弱,但已开始呈现增长态势,服务贸易结构有待进一步提升。

（七）在贸易竞争中已具有一定的标准竞争优势,也面临着的巨大障碍

近几年来,中国主要从"引进来"和"走出去"两个方面积极参与国际标准竞争,大幅度地提升了中国的标准竞争优势。但当前我国"政府主导型"的标准化管理体制难以充分发挥企业的能动性。我国标准化体系不尽合理,存在标准更新慢、各级标准重复甚至矛盾、标准协调推进机制不完善、制定的标准达不到预期等问题。同时,由于发达国家具有制定标准的先发优势,中国在"走出去"战略中往往遇到发达国家制定的国际标准的挑战。此外,我国标准"走出去"的市场覆盖面较窄,并且很少能在东道国获得长期效应。

（八）跨境电子商务快速发展,数字贸易带来新机遇

相比于其他发达国家,我国数字贸易发展起步较晚,但近年来快速增长,各级政府部门相继颁布相关战略规划与政策措施,从顶层设计到合作倡议再到政策措施以及地方规划,中国已展现出发展数字贸易的巨大决心。

（九）进出口市场集中度高,对外贸易风险加剧

我国进出口贸易伙伴国和地区仍较为集中。2018 年,出口方面,前十大贸易伙伴的出口贸易比重就占到了出口贸易总额的 58.4%;前十大进口国比重达到84%。出口市场主要集中在发达国家和地区,而进口市场则集中于俄罗斯、澳大利亚等资源大国。这大幅降低了中国应对风险的能力,不利于保持出口稳定,也容易遭受反倾销等贸易壁垒的限制;同时,过高的进口集中度还影响我国能源和原材料

的供给安全。

（十）贸易进出口区域发展不平衡，部分省份存在贸易逆差

我国进出口贸易主要集中在东部沿海发达地区，例如广东、浙江、江苏、上海等省市，各地区的贸易发展极度不平衡，表现为明显的东强西弱状态。上海进出口贸易额虽然居于我国前列，但其贸易赤字较为严重，而广东、浙江和江苏三省则存在大量的贸易盈余。

（十一）反倾销诉讼次数频繁，贸易保护主义抬头

中国已成为全球反倾销的最大受害国。自 2001 年加入 WTO 以来，截至 2019 年底，我国共遭受已生效反倾销案件数达到 889 起，发起数达到 1166 起。遭受反倾销的频率与我国贸易进出口额成负相关关系，通常在遭受反倾销调查时，我国进出口贸易额涨幅明显下降。

二、产业比较优势与相对要素成本

（一）产业比较优势取决于要素成本的动态变化

本报告选取表 1 所示的七大产业以及七大代表性要素的相对成本进行分析。此处的成本为相对成本，指的是一国范围之内各个要素之间的相对价格。选取这七大代表性要素有以下几点原因：首先，他们是决定贸易竞争力的主要原因；其次，这些要素的相对成本会随着经济增长而动态改变；再次，这些要素成本会受到政策因素的影响；最后，它们对不同产业比较优势会产生异质性，甚至是反向的影响。

表 1　资源比较优势与相对要素成本需求

	劳动密集型制造业	污染密集型制造业	技术密集型制造业	教育	文化产业	金融	生产性服务业
低技术劳动力成本	低	—	—	—	—	—	—
高技术劳动力成本	—	—	低	低	低	低	低
本地污染成本	—	低	—	—	—	—	—
温室气体排放成本	—	低	—	—	—	—	—
国际通用语言成本	—	—	—	低	低	低	低
认同成本	—	—	—	低	低	低	低
平台成本	低	低	低	—	—	低	低

（二）政策因素对产业比较优势的影响

1. 环境政策对贸易竞争力的影响

（1）环境政策优化导致贸易比较优势转变

我们以中国高耗能产业的对外贸易为例分析国际贸易背后的环境成本转移。中国长期以来粗放的经济增长模式导致高耗能产业在出口贸易中占据重要的地位。中国贸易顺差背后是大量产品生产所导致的环境成本，如果未将这部分成本考虑在内，则会高估中国在出口贸易中的真实利益。

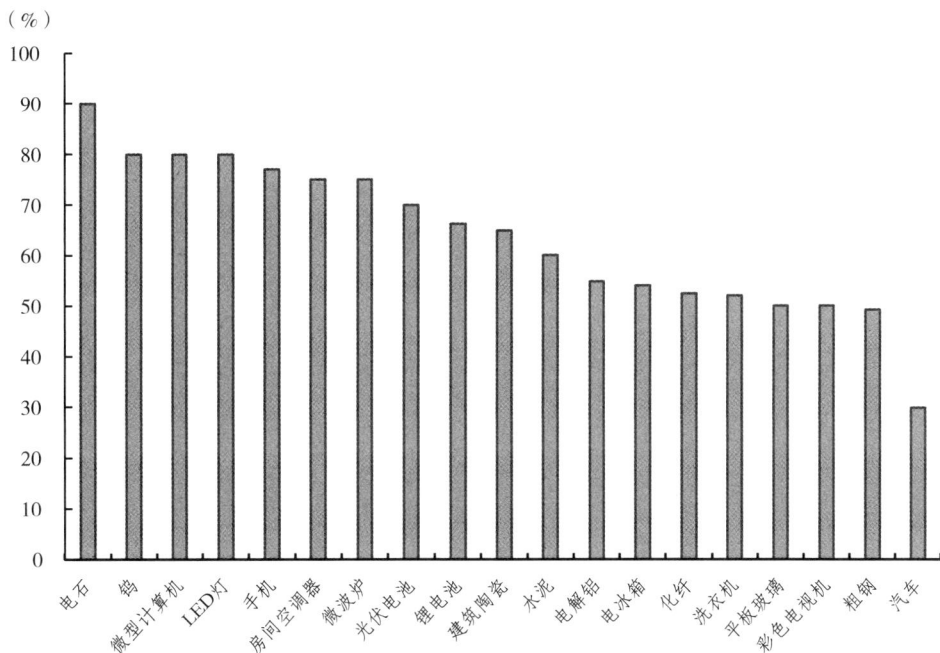

图1 2017年中国高耗能产品产量占世界总产量比重

资料来源：王庆一：《2018能源数据》。

我们利用投入产出法估算了中国高耗能产业出口的隐含收益和环境成本，结果发现出口中的隐含成本占出口额的比重约为2%—4%（见表2）。这意味着每出口一单位的高耗能产品，就会产生0.02—0.04单位的环境成本。而根据武汉大学中国企业—劳动力匹配调查（CEES）数据的研究发现，中国企业的平均税后利润率只有3.3%。因此，环境污染这一隐含社会成本的内部化，将对高耗能产业出口的竞争力造成很大的打击。

表2　中国高耗能产业出口隐含环境成本

年份	2005	2006	2007	2008	2009	2010	2011	2012	2013	2014	2015
隐含环境成本（CO_2、SO_2、烟粉尘、COD、氨氮、固体废弃物）（亿元）	365.2	404.6	464.7	386.0	378.2	378.2	373.4	435.8	436.8	437.7	438.6
出口额中隐含社会成本占比（%）	4	3	3	3	2	2	2	2	2	2	2

注：由笔者计算得到。

"污染天堂"（经济学理论中的一种假说，也称"污染避难"假说）的形成与环境规制的力度有关。对比美国的碳排放强度变化，中国在气候和环境治理上的成果十分显著（见图2）。环境规制的加强也同样对贸易结构产生了影响。近年来，我国出口中初级产品（往往是高能耗、低附加值）的比例在逐渐减少，对初级产品的消费转向进口（超过30%），工业制成品比重逐年上升，贸易结构得以优化（见图3）。

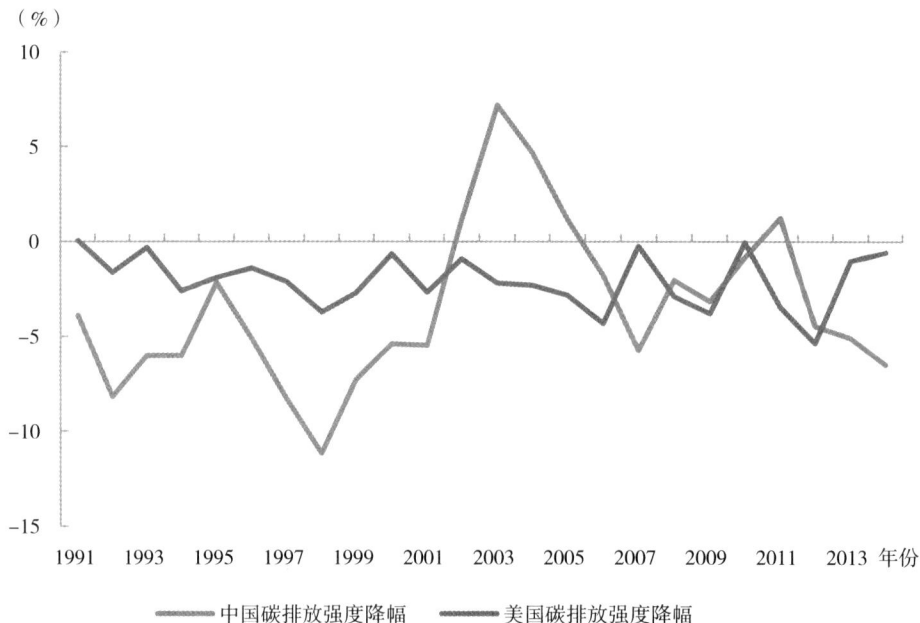

图2　中美碳排放强度变化幅度

资料来源：世界银行。

为进一步论证气候变化政策对贸易的影响，我们利用计量回归模型进行估算，结果发现，环境规制强度与我国的出口贸易之间具有显著的负相关关系。这意味

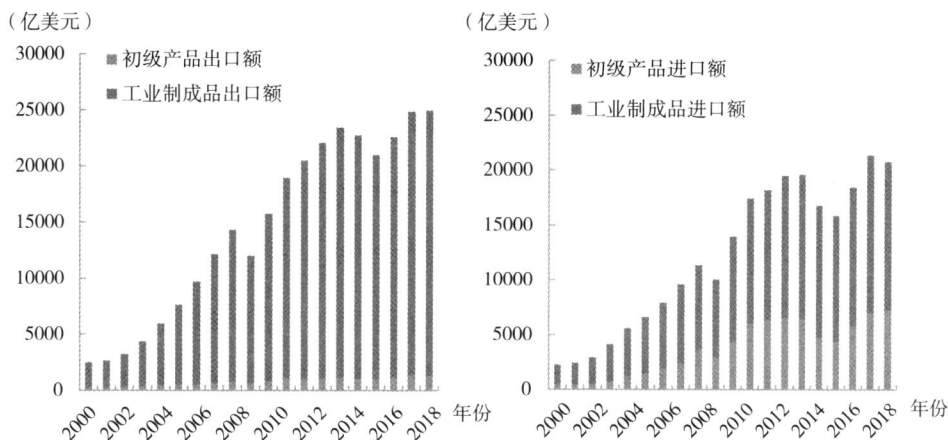

图3　2000—2018年中国进出口贸易结构

资料来源：国家统计局。

着随着中国对环境问题重视程度的加深,出口贸易受影响程度也会加深,需要制定政策对此进行补偿。此外,贸易伙伴国的环境规制强度对我国的出口贸易具有差异性影响。发达国家的环境规制强度与我国的出口贸易具有显著的负相关关系,而发展中国家的环境规制强度则未表现出显著的相关关系,这说明减排活动会引起贸易政策的变化在我国的出口贸易中确实存在。

（2）我国环境政策加码,改变产业转移形势

近些年来,国际产业转移出现了新趋势。一方面,发达国家纷纷推出新的产业战略,在重点发展战略性新兴产业的同时,通用、松下等制造业巨头则着手将海外基地迁回本土,制造业回流本土的趋势明显;另一方面,发展中国家的制造业成本上升,包括人力成本、环境成本等。在此背景下,我国国际产业转移也出现了新的趋势:第一,低附加值、高污染产业向更低成本的"一带一路"国家、东南亚地区转移;第二,更多的承接高附加值产业的转入,这一点也体现在我国吸收 FDI 的结构变化中。国际产业的转移受到多方面因素的影响,包括成本、营商环境、知识产权保护等。其中成本一项最为直观,包括人力成本、能源成本、环境成本等。环境政策的不对称造成企业在不同国家间生产的环境成本差异,我国的环境政策不断加码,并由此对高污染产业产生排斥作用,是我国目前产业转移形势的重要成因之一。

此外,在产业转移的过程中,一国的 FDI（国际直接投资）和 ODI（对外直接投资）也会随之发生变化,产业转出国 ODI 增加,产业接收国 FDI 增加。由此可见,环境规制强度可能对 FDI 和 ODI 产生影响。在假设环境规制对 FDI 存在负向影响时,环境政策则会通过 FDI 间接对进出口贸易产生影响。

如图4所示,中国的外商直接投资起初大量集中于采矿业、制造业、建筑业,但是FDI 流向这 3 个行业的占比呈现出下降的趋势,其总量也在波动中下降,而金融业、

房地产业、租赁与商业服务业所获外商直接投资的总量和占比均有显著的增长。这从直观上可以印证,随着近些年我国环境规制强度的加强,FDI 从高耗能/高污染产业向第三产业、高技术产业转移,全球产业的转移与环境政策的相对强弱有密切联系。

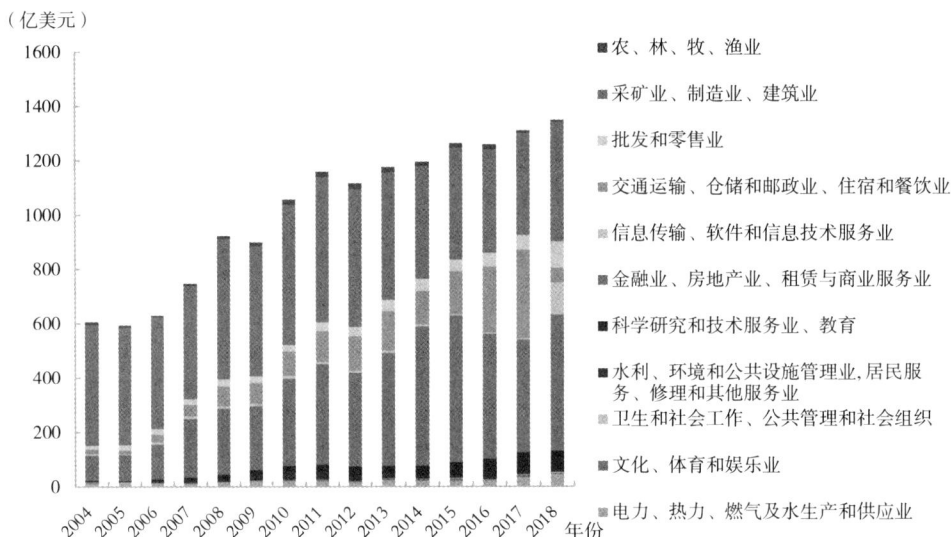

图 4　2004—2018 年中国各行业 FDI

数据来源:《中国统计年鉴》。

2. 标准推广政策深化贸易竞争力

随着全球化进程的不断推进,标准已经从传统的提高产品质量、生产效率、缓和信息不对称等方面的作用,演变成为产业竞争战略和国家(地区)之间的竞争战略。显然,由于标准在市场中的巨大影响力,通过影响贸易条件、核心竞争力、国际贸易规则等核心因素,已然跃升为国际贸易竞争力的重要组成部分。

首先,标准化水平的提升,能够显著地扩大对外贸易规模,推动对外直接投资,提升国家产业的国际竞争力。国际标准的存在能消除技术性贸易壁垒,提高产品在国际市场的兼容性,减少交易成本,有利于国际市场的运行,提高国际贸易效率,从而积极地促进产品的进口和出口,进而提升贸易竞争力。

其次,标准化水平的提升,有助于提升出口产品质量和产业国际竞争力。标准的兼容性可以带来网络效应,其质量规定可以避免劣品驱逐良品的出现,标准的多样化减少作用能使得产品达到临界量,取得规模经济作用。这些作用使得技术标准可以通过规范市场、加强竞争、提升产品质量、促进规模经济来促进产业贸易的发展,进而提升产业国际贸易竞争力。虽然在短期内,采纳新的国际标准或者国外先进技术标准存在一定的转换成本,但是长远看来,与国际标准接轨有利于提升产品质量,使产品可以进入国际市场。

3. 对外直接投资与贸易竞争力存在互动关系

出口贸易总额、关税与非关税贸易壁垒等是影响我国对外直接投资最重要潜在因素。通过实证分析得到以下几点结论。

第一,企业对东道国出口越多,获取境外市场的信息越多,越有可能提高对该国的直接投资。企业对外直接投资会面临政策变动、汇率变动等一系列不确定性因素;而出口具有更低的机会成本和更高的灵活性,是企业了解国际市场的重要方式和渠道。

第二,在面对贸易壁垒时,追求利润最大化的企业会选择对外直接投资来替代直接出口,即贸易壁垒对对外直接投资存在"诱发"效应,东道国对华采取反倾销措施整体会促进中国制造业对东道国的投资。

第三,中国对外直接投资存在出口规模扩张效应。近年来,中国的对外直接投资的目的地以发展中国家和地区为主;投资产业日益多元化;注册投资的有限责任公司数量快速上升,与贸易促进型的投资特点更为契合。

第四,对外直接投资所带来的国际市场需求信息及逆向技术溢出效应,对提升地区出口技术水平将会有显著的促进作用。对外直接投资确已成为我国制成品出口技术复杂度提升的重要加速器。

第五,对外直接投资对我国出口商品中工业制成品占比具有显著的正向影响,对高技术附加值商品出口规模的促进作用最大。

三、我国与主要竞争国家要素成本现状与趋势

(一) 中国在要素成本方面遭遇"两面夹击"

为了分析我国比较优势空间的现状和演变趋势,本报告将中国与美国、墨西哥、印度、越南等四国做对比分析。这四个国家分别代表决定我国比较优势空间边界的四类国家:发达国家、停滞的老发展中国家、重启的老发展中国家、后起的发展中国家。美国为发达国家的代表,是中国在产业升级过程中的潜在竞争对手。

表3 产业比较优势与要素成本

类型	中国	美国	墨西哥	印度	越南
	新兴的发展中国家	发达国家	停滞的老发展中国家	重启的老发展中国家	后起的发展中国家
低技术劳动力成本	中	高	中	低	低

续表

类型	中国	美国	墨西哥	印度	越南
	新兴的发展中国家	发达国家	停滞的老发展中国家	重启的老发展中国家	后起的发展中国家
高技术劳动力成本	低	低	中	中	高
本地污染成本	中	高	中	低	低
温室气体排放成本	中	中	中	中	中
国际通用语言成本	中	低	高	低	高
认同成本	高	低	高	中	高
平台成本	中	低	高	高	高

墨西哥是停滞的老发展中国家的代表。墨西哥曾经在低技术劳动力成本方面具备比较优势,然而未能在高技术劳动力成本、国际通用语言成本、认同成本等领域实现对发达国家的赶超,因此陷入了"中等收入陷阱"。

印度是重启的老发展中国家的代表。印度一直拥有大量低成本的低技术劳动力,也曾经先于中国融入国际分工体系。然而,中国改革开放之后,印度制造业被中国挤占了市场份额。近年来,随着中国劳动力成本的提升,印度再一次在低技术劳动力成本方面具备比较优势,在劳动密集型制造业领域重启贸易竞争力。此外,印度具有高水平的高等教育水平和英语语言优势,在高技术劳动力供给方面具备比较优势。因此,印度在生产性服务业领域的贸易竞争力不可忽视。

越南则是后起的发展中国家的典型代表。近年来,由于革新开放政策的施行,越南开始进入全球分工体系。相对于中国,越南拥有更低的劳动力成本。此外,由于越南的产业结构尚处在与发展中国家竞争、与发达国家合作的阶段,来自发达国家的贸易壁垒较小。因此,在劳动密集型制造业领域,越南具备比较强的贸易竞争力。

从上述分析中可以看出,美国代表传统发达国家,是中国的赶超对象。美国的要素成本结构给出了我国比较优势空间的上包络线。越南代表后起的发展中国家,从下方冲击中国的产业比较优势,越南的要素成本结构给出了我国比较优势空间的下包络线。图5给出了中国、美国、越南相对要素成本的示意图。从该图中可以看出,中国的要素成本介于美国和越南之间。中国各产业的贸易竞争力取决于这两类国家对中国的挤压。如果越南在低端劳动力、污染成本等方面的优势得以保持,在平台、高技术劳动力方面的弱项得到弥补,则会从下方压缩中国制造业的空间。如果美国在高技术劳动力、平台等方面的优势继续得到加强,则中国无法从上方拓展制造业空间。

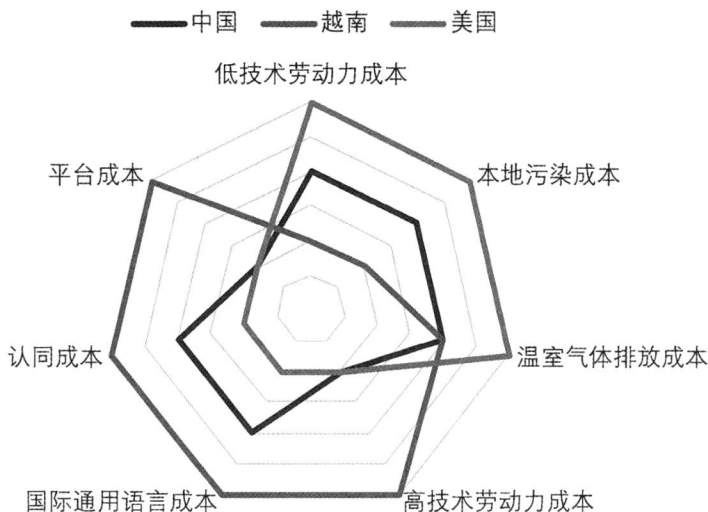

图5   中国、美国、越南相对要素成本分析

（二）比较优势转变的机遇与挑战并存

结合国际格局的变化,我国的贸易竞争力正在发生以下变化。

第一,中国的劳动力成本迅速上升,而越南等东南亚国家制造业产业基础有所提升,中国在劳动密集型产业领域的竞争优势有所弱化,越南在发展劳动密集型产业方面的优势正在逐渐显现。

第二,中国企业的污染成本和温室气体排放成本进一步提升。近年来,污染密集型的企业逐渐从中国东部发达地区撤出。与此相对应的是,孟加拉国等国仍然是承接污染密集型产业的"污染天堂"。

第三,我国的高技术人才储备水平和科技水平逐渐提升,在信息与通信技术(ICT)产业的高端环节、装备制造等领域的市场份额不断提升,对美国、德国、日本、韩国等发达国家的市场份额产生冲击。

第四,美国等发达国家开始混合使用进口管制和出口管制政策压缩中国的贸易优势。一方面,美国等国对原产自中国的制成品征收惩罚性关税,压缩中国制成品在价格方面的优势;另一方面,美国利用部门高技术部门的垄断地位,对出口中国的部分高技术中间产品采取管制措施,以切断中国制造业的上游产业链。

第五,生产技术开始出现新特征,对贸易竞争力产生深刻影响。数字经济等新经济模式的出现对贸易竞争力的决定机制产生影响,标准化的垄断力量更加强大。技术的变革对贸易竞争力的形成产生了以下影响:首先,平台和标准的拥有者在整个产业链条中处于支配地位。其次,平台产生规模经济的临界值(critical mass)大幅度增加,新企业达成"创造性破坏"的门槛大幅度提高。

四、政策建议

要素成本的相对变化一方面是经济增长的自然结果,另一方面则是政策作用的结果。本报告着重分析政策组合对相对要素成本的影响。这些政策的组合共同影响比较优势空间的形成。以此为依据,从拓展比较优势空间角度出发,本报告提出以下九大政策建议。

(一) 推进劳工保护标准的国际一致性,放缓劳动密集型产业退出进程

劳动保护水平的提升不应该是一个国家的单独行动,而应该是多国协调的共同行动。应通过贸易协定推进劳动保护标准的国际一致性,通过稳定住比较优势空间的下包络线,为平稳地实现产业升级提供时间和政策空间。

(二) 协调国际环境保护和碳减排进程,避免在境外出现"污染天堂"

首先,通过签订贸易和国际减排协定,协调国际环境保护和碳减排进程。其次,在高质量发展的大背景下,大幅提升国内环保标准。

从国内结构调整角度,需要降低对高污染高能耗产业的依赖,扩大政策规制对贸易的正向影响。第一,通过对不同出口部门实行差别税率和退税政策调整出口产品结构。第二,通过提高环境税和建立碳市场等方式减少企业决策与社会效率的偏离。第三,提高对低碳技术、清洁能源技术支持,加快国内企业的转型。

从国际合作政策角度,需要在加强全球环境政策的同时平衡各国政策的影响。第一,逐步增加发展中国家的减排任务。规范发展中国家的排放行为,督促其完成减排任务。第二,重建贸易优势判断标准。重建贸易优势判断标准就是要将环境损失纳入考量,使价格能反映产品生产过程中的全部成本损耗。第三,设置公允的碳关税。

(三) 推进英语普及工作,提升服务业国际竞争力

应顺势而为,推进英语的普及工作,降低服务贸易成本,提升服务业的贸易竞争力。同时,英语普及工作也可以提升中国人参与国际组织的能力,为更好地参与国际规则制定提供人力基础。

（四）积极开展援外教育，提升文化认同，以"人脉网"推进"物联网"

从未来发展趋势来看，我国制造业产品出口将逐渐由零散的最终产品出口转向为以平台为先导的全系统出口，不可避免地会遇到政治障碍。当地的文化认同和人脉关系对消除政治障碍有着重要意义。因此，积极开展援外教育为拓展贸易比较空间的上包络线提供支撑。

（五）加强标准化建设提升贸易竞争力

1. 在对外贸易中强化标准竞争意识

从厂商层面来看，首先，国家可创立多个大型标准制定联盟，鼓励企业参加或自行创立相关行业的标准制定联盟。当企业加入行业相关的大型标准制定联盟时，可增加制定兼容性标准成功的可能性。其次，鼓励企业、科研机构承担国际标准化技术委员会秘书处的工作。最后，创办标准化理论、实践和政策核心问题的相关学术会议。

从消费者层面来看，一方面，应该注意充分利用我国庞大的消费者群体，扩大我国标准的用户基数，强化国民标准意识。首先，统一国内标准。其次，强化标准的实业基础。另一方面，应加强标准化教育的普及，建立国家标准化知识体系，培养标准化人力资源。加大在标准化领域的科研投入，强化标准化领域人才的专业素养。

2. 增加标准供给，积极提供国际标准的中国方案

第一，实施战略性标准化政策，强化标准引领市场发展、提升国际竞争能力的作用。将标准政策提升到与财政政策、货币政策、产业规划等经济调控手段平行的高度，强化其在引导产业和发展技术上的巨大作用。选择拥有国际竞争优势产业和外部性强的产业，率先突破标准瓶颈，以国家之力推进其标准制修订和国际化的力度。在国内市场和国际市场营造使用中国标准的氛围，树立中国标准的国家形象。

第二，根据当地需求调整标准"走出去"方式。我国可以通过建设中国标准示范基地或示范工程的方式来实现标准有效走出去，标准示范基地以重大工程项目为依托，把在重大工程项目建设中推广使用中国标准的杰出企业列为试点。中国标准"走出去"也需要因地制宜，根据各国需求解决关键性问题，根据当地需求输送适宜东道国的中国标准。

第三，完善我国标准化体系，推进标准化。将我国的标准化管理体制由"政府主导"转变为"政府推动"，建成市场主导、政府推动、多方参与、协同推进的标准化工作新格局，充分发挥市场在标准化领域资源配置中的决定性作用。首先，需精简国家强制性标准，优化完善推荐性标准。其次，需要开展团体标准以及鼓励企业制

定自己的标准,确保标准制定的主体多元化。最后,建立权威高效的标准化协调推进机制,对跨部门、跨领域存在争议的重大标准的制定和实施进行协调。

3. 有效对接国际标准,融入国际标准体系

第一,积极参与或主导制定国际标准,推动国内标准成为国际标准。一方面,在制修订具体标准时,尽量与国际标准相衔接,采用国际市场认可的方式进行表述,提供多种国际语言版本;有效管理跨国公司、鼓励国际标准化机构的专业人员参与国内标准化活动,打通标准制修订的国内外信息传递和交流通道。另一方面,持续推进标准化的系统建设,提高标准的全产业链覆盖比率。在制修订标准计划中,优先安排和鼓励"标准族"项目,围绕优势产业和优势技术,针对整个产业链来制定标准,在企业之间建立战略合作伙伴关系,形成标准输出的"联合舰队",共同进入国际市场。

第二,参与国际标准组织管理,承担技术委员会活动。鼓励中国的标准化专家在国际标准化组织(如 ISO、IEC、ITU)中担任职务。在全国范围内培养、选拔标准化综合性专业人才,推荐其进入 ISO、IEC、IEEE,以及其他国际标准化机构、标准化教育机构担任领导职务和办事人员。

第三,在不同技术领域,采取不同的选择性战略。一方面,尽快以中国技术为基础,占领已经处于国际先进水平的技术领域,和具有战略性意义的技术领域作为国际标准高地的技术领域。前者需要尽快地将技术优势转化为标准优势,在技术研发的同时制定、衍生出国际标准。密切关注相关技术的世界发展动态,找准战略性切入点,尽快形成具有中国技术基础的标准体系。另一方面,跟踪培养那些虽没有处于技术前沿但并不落后的技术领域。在与国外厂商竞争、合作的过程中,密切关注技术发展动态,利用设计模块化分工、同步开发等平台和机会,找到合适的契合点,逐渐嵌入并攀升在国际价值链中的位置。

4. 注重中国标准"走出去"的效果,促进中国标准在国际市场的使用

积极鼓励按照中国标准生产的产品出口,鼓励按照中国标准设计、施工的对外投资和工程承包。在对外贸易、对外投资、工程承包的考核和财政补贴体系中引入"是否带动中国标准'走出去'"选项。在对外援助中,对能够认同、接受中国标准的受援国家,给予政策、资金与项目上的倾斜。推动"中国标准"与"中国设计""中国生产""中国资本"的深度融合,全面带动中国产品与服务的整体出口。

第一,构建开放条件下政府标准化管理模式。协调标准制定中不同利益相关方的利益诉求,扩大标准化技术委员会、技术联盟、产业联盟、研究机构等市场力量在标准制定和实施中的比重,给予协会标准、联盟标准以合法地位。

第二,设立标准化领域的国家安全监督机制。在国家外向型经济监测指标体系中,设置标准化内容。在国家安全监管部门,设立标准化监管机制。

第三,将标准制定与产业安全结合起来。企业在生产产品及出口产品时,尽量避开别国设置的技术性贸易壁垒,构筑适合我国进出口状况的技术性贸易壁垒体系。

(六) 以发展中国家市场为先导,跨过规模经济的临界值,助力形成产业标准的话语体系

拓展比较优势空间的上包络线就意味着与发达国家在相同的产业领域开展竞争。迂回地通过开拓发展中国家市场,跨过规模经济的临界值,以此在国际标准的制定过程中提升话语权。最终,降低平台成本,拓展比较优势空间的上包络线。

(七) 充分利用网络外部性,深化贸易竞争力

一是我国相关厂商在提高与现有产品(标准)的兼容性的同时,还需要打造自己产品的特色特征,从而有助于在推广产品时提高消费者的路径依赖,进而在消费者使用之后锁定用户群。

二是我国生产商要努力争取相关产品的标准主导权。当网络外部性较强时,市场容易出现一种标准处于垄断低位的情形,这时,在竞争中赢得标准主导权的国家,就可以在整个产业链的利润分配中掌握主动权。

三是必须加大相关产品技术的研发。从国家层面,应鼓励厂商加大对产品技术的研发,抢占市场先机,从而在国际贸易的竞争中占领制高点,提高我国贸易的竞争力。

(八) 鼓励与保护对外投资提升贸易竞争力

提高贸易增加值是改善中国贸易竞争力的重要途径。对外直接投资可以通过投资贸易互补扩大出口规模,通过逆向技术溢出提升出口商品结构两种途径提高贸易增加值,而先行贸易又可以使得企业提前熟悉国际市场规则,了解当地文化、政治、法律等信息,提高企业对外直接投资额。善用二者的良性循环,有利于深化中外贸易往来与经济合作,改善中国贸易竞争力。

(九) 企业是贸易竞争力的主体,政府搭台,企业唱戏

在国内市场方面,应充分发挥市场的决定性作用,保证要素合理配置。在国际市场方面,在发挥企业主体作用的同时,一是保障企业公平参与国际竞争的机会,为企业保驾护航;二是助力企业搭建平台,推进标准建设,更好发挥政府作用,帮助企业跨过规模经济的临界值。

(课题组成员:郑新业　侯俊军　黄阳华　陈占明　张晓兵　吴施美　林晨)

构建贸易竞争新优势研究

上海社会科学院经济研究所

在全球经贸与治理格局深度调整、外部环境不确定不稳定因素增多、国内外经济下行压力加大的情况下,我国贸易大而不强的矛盾日益突出,以数量和规模进一步扩张的粗放发展模式难以为继。客观形势和自身发展要求我国贸易需要在推动创新能力和出口产品质量持续提升、产业基础进一步夯实、商品结构更加优化、市场布局更趋合理、由以成本价格优势为主向以技术、品牌、标准、服务等为核心的综合竞争优势转变,积极发展以数据流动畅通为基础的贸易新业态和新模式,形成面向全球的贸易、投融资、生产、服务网络,继而实现我国开放型经济从要素驱动转向创新驱动,同时促进形成强大国内市场,加速将贸易比较优势转化为我国新一轮开放型经济发展的新优势。

一、未来五年我国贸易发展的六大趋势判断

党的十九大报告指出,国内外形势正在发生深刻复杂变化,我国发展仍处于重要战略机遇期,前景十分光明,挑战也十分严峻。以上情况在未来一段时期内的我国贸易发展环境上尤为凸显,尤其是新冠肺炎疫情的暴发,将对已经显露出来的"逆全球化"趋势

产生进一步加速以及扩大的影响,所以我国贸易在未来五年面临的形势将更为复杂,变化将更为深刻。未来五年我国贸易发展将呈现出以下趋势。

第一,逆全球化为贸易发展带来机遇与挑战。近年来,世界经济低迷,2016 年美国大选和英国脱欧标志着逆全球化思潮明确抬头,新冠肺炎疫情的暴发因物理层面的封锁和对经济造成的负面影响,将在很大程度上加剧这一过程。该过程导致的一项中长期的重要后果,就是全球产业链进入重构阶段,欧、美、日等国开始主张产业链的"逆全球化"甚至"去中国化"发展。不过,跨国企业的"去中国化"即便得以推进也需要一定时间,同时中国具有产业链完整度较高的优势,在全球产业链重构阶段,中国也有望突破一些关键环节,实现产业价值链的攀升。

第二,区域及双边贸易将扮演更重要角色。近年来,发展中国家展现出相较西方发达国家更为强劲的发展势头,逐步与现有全球经贸的治理格局不相适应。以 WTO 为代表的全球贸易体系在近年来受到来自西方发达国家的弱化和边缘化,贸易摩擦和战略对峙频率加大。区域贸易合作乃至双边自由贸易合作将会扮演更为重要的角色,区域贸易的规则制定成为各国抢占优势地位的落脚点,也可能成为新的全球贸易格局的基础。以日、韩为例,日本、韩国目前存在的贸易摩擦虽然可能为中国带来一定机遇,但贸易与产业的封锁将会为东亚地区乃至全球带来深远冲击。

第三,欧盟将保持其作为中国最主要贸易对象的地位。未来五年,中美贸易会进入明显的调整乃至萎缩期,贸易摩擦或进一步加大。受中美关系调整影响,强化与欧盟的贸易合作,将成为一种应对性的战略选择。另外,虽然近年来我国与东盟的贸易关系日渐紧密,应考虑到,东盟目前转口贸易居多,仍以欧美等国为支撑,难以作为我国坚实而可持续的贸易伙伴。但同时,中国与东盟在产业市场方面存在着很大的互补性,加之"一带一路"倡议所带来的重要契机,以产业链为链接的中国与东盟在未来会发展出更为密切的贸易合作关系。

第四,服务贸易成为全球化主要内容。服务业发展成为全球经济发展的主要动力,正逐步取代货物贸易而驱动全球化的主要内容。全球服务贸易,特别是传统服务贸易和与制造业密切相关的服务贸易虽然受新冠肺炎疫情影响会在短期上受到冲击,但从中长期来看,服务贸易发展仍有巨大的增长空间。而且,持续的技术进步和互联网的深度推广,也会带来更为先进和更具个性化、定制化的服务内容和服务贸易。近年来,我国服务贸易总额及服务出口额均呈现出较快增长速度,但总体来看,我国的服务贸易仍需要加快迈向高质量发展阶段,从而适应未来全球贸易的发展趋势。

第五,数字贸易将成为战略重点和增长驱动。近年来全球以及中国呈现出的贸易结构呈现出信息产品和数字产品的比重上升趋势显著。首先,科技变革对全球的产业链、供应链和价值链产生很大的冲击。特别是受新冠肺炎疫情影响,数字经济得到了前所未有的发展契机。其次,中国数字经济已经体现出强大的竞争力和强劲的发展势头,无论在技术开发、应用场景、数据积累、平台建设方面都具有国际领先优势。最后,全球主要发达国家都在积极参与数字贸易的规则制定。

第六,内外贸一体化发展趋势进一步凸显。在国际疫情蔓延与国内深化改革的双重因素的推动下,未来我国内外贸一体化的发展趋势将更为凸显。一方面,建立开放融合的流通体系,将有助于促进外贸产品转向内销,发挥大国经济市场需求庞大的优势;另一方面,亦可通过进一步丰富市场竞争主体,加速市场要素配置效率,有助于夯实我国的产业链基础。此外,区域间的贸易梯度转移也将因市场经济体制的不断深化而持续推进,从而进一步优化我国区域间贸易格局。

二、当前制约我国贸易竞争力的主要短板

（一）产业基础相对薄弱　制约对外贸易收益提升

一是全要素生产率低于发达国家,出口边际成本较大。我国经济全要素生产率,尤其是技术密集行业普遍低于发达国家,这不仅说明我国出口边际生产成本较高,还意味着我国出口结构不够优化,贸易附加值和贸易收益偏低,并将逐步带来出口对中国经济增长贡献度下降。

二是GDP单位能源消耗相对较高,外贸抗风险能力弱。中国能源效率较低必然导致中国产品边际投入成本较高,规模大与产值小不均衡现象突出,在国际市场竞争力落后,而且易于受世界能源价格波动影响,外贸抗风险性和独立性相对较弱。

三是实体经济发展"大而不强",贸易价值链攀升缓慢。中国制造业长期处于全球产业链的中低端,基础核心技术与创新设计能力薄弱,产出效率整体偏低,产品附加值不高,直接造成国家从贸易中获取利润较低;而随着进口材料成本上升、社会资产价格上涨等因素直接影响着我国实体经济成本,传统的贸易业成本优势正逐渐消失。

（二）商品结构不够合理　制约对外贸易附加值增长

一是本土品牌发育不足,国际市场影响力竞争力较弱。当下,我国本土名牌发展国际化程度和新兴品牌培育力度不足,本土品牌走出国门、获取国际认可的步伐仍需加快,无法为中国贸易强国之路提供必要的国际声誉支撑。根据全球最大的

品牌咨询公司 Interbrand 发布"2018 年全球最有价值品牌 100 强"榜单,中国企业仅华为上榜,排名第 70。我国作为全球最大的制造业国家,却是不折不扣的品牌弱国。

二是货物贸易占比过大,高附加值产品体量相对较小。我国贸易结构仍以货物贸易为主,而货物贸易中传统加工贸易依然占据主导,高技术高附加值产品贸易处于弱势。2019 年中国服务进出口总额占对外贸易总额的比重仅为 14.9%(而在发达国家中,美国服务贸易占比 24%,德国占接近 20%,日本占 20%),货物贸易中,高技术产品出口占制造业产品出口的比重只有 24.97%。

三是服务贸易逆差严重,新兴及现代服务业占比较低。我国服务贸易逆差严重,2019 年服务贸易逆差高达 11811.1 亿元。旅行、运输和建筑等三大传统服务贸易出口仍占 60% 以上,文化、数字服务、软件、研发设计等新兴服务占比很低。发达国家正好与此相反,如美国三大传统服务贸易仅占 40%。此外,我国外包服务行业中以研发服务、工程技术、检验检测等为代表的高端生产性服务外包业务及知识流程外包(KPO)占比仍不及 40%。

四是数字贸易质量不高,数据跨境流动挑战日益加剧。尽管我国数字经济和贸易近年来发展势头举世瞩目,但是数字贸易发展质量和效益整体不高,综合竞争力较弱,在国际规则制定中的话语权较弱,以数据跨境流动为核心的数字贸易监管政策还不完善。目前,受高端芯片等核心技术和零部件制约,中国提供的产品和服务多基于对传统产业的数字化改造,核心数字技术和网络技术无法有效支撑数字贸易的发展。由于国际竞争力较弱,中国在全球数字贸易中只能被迫适应国际规则,还没有能力掌握数字贸易的话语权和规则制定权。

(三) 国内区域结构不够优化　制约国家开放战略推进

一是东部沿海贸易能级不高,贸易强国带动作用有限。我国目前产业体系最完备、配套能力最强的东部沿海(尤其是长三角和珠三角)地区,依然处于加工链转型升级、供应链调整完善、价值链爬坡过坎的关键时期,产业和贸易体系能级不高。缺乏拥有自主知识产权的技术、品牌以及具有国际竞争力的产业集群,与中西部地区之间无法构成贸易梯度势能,对内陆地区的技术溢出、资本溢出和政策溢出效应有限。

二是国内市场统一开放不足,大国竞争优势难以发挥。作为全球最具潜力的市场,中国的生产要素市场和商品市场存在市场垄断、市场分割、市场封闭、市场无序等统一开放程度不足带来的问题,严重制约了大国贸易竞争优势的发挥。

三是各省份协调联动性较低,"一带一路"建设参与同质化。近年来,全国各地都非常积极地谋划融入国家深化开放水平的战略以及全球价值链,特别是对接和服务"一带一路"建设的项目在扎实推进;但是,很多地区在思考参与国际经济竞争合作方面视野还过于狭隘,还没有站在国际整体开放发展和区域联动开放的高度筹划推动各项工作。

(四) 国际市场结构较为单一　制约国际话语权确立

一是贸易市场多元化程度低,新兴国家潜力挖掘有限。长期以来,我国对外贸易过多依赖欧、美、日等发达国家,对与广大发展中国家和地区的贸易重视不够充分,对新兴经济体市场开拓不够,无法协调多边利益。中国前四大贸易伙伴除东盟以外其余 3 个皆为发达国家和地区,中欧、中美、中日双边贸易额合计占中国外贸总额比重逾三分之一。

二是已签订 FTA 含金量不高,发达经济体参与性不强。截至目前,我国已经签订的自由贸易协定(FTA)普遍含金量不高,在与 20 多个贸易伙伴签署的十多个自贸协定中,以经济体量较小的发展中国家和新兴经济体居多,使得自贸协定一定程度上对中国贸易的整体提振作用有限。值得注意的是,全球主要经济体如今都在发力建设大型甚至巨型自贸区,如 CPTPP(全面与进步跨太平洋伙伴关系协定)、日欧经济伙伴关系协定等,这些大型 FTA 对贸易的促进作用相对更显著。

三是"一带一路"引领性不强,向国际规则升华任重道远。现阶段"一带一路"倡议尚无法从本质上充分体现我国对区域乃至国际经贸规则制定方式的引领性,引领性体现在要提出先进的国际合作发展理念、方法和过程,让他国从价值上接受中国提出的这一新兴规则书写方式。

(五) 科技创新能力不强　制约国际市场竞争力提高

一是核心技术和关键零部件自主研发率低,外贸依存度较大。中国工业基础能力中的核心基础零部件和元器件、先进基础工艺、关键基础材料、产业技术基础(简称"四基")不强,核心关键技术受制于人,动摇了建立自由、平等、健康贸易关系的根基,不仅对国家产业安全造成威胁,而且延长了他国通过技术垄断获得垄断优势及利润的周期。

二是知识产权保护力度不够,贸易技术溢出效应难以发挥。我国知识产权建设体系不完善,导致对外经贸活动中国内企业面临的知识产权纠纷不断增多,不仅影响企业和产业的健康发展,也不利于中国应对当前国际上的贸易保护主义和解决对外贸易争端。

三是缺乏规则和标准话语权,无法摆脱跟跑地位劣势。当前,以英国、法国和德国为首的欧盟国家越来越致力于推动欧盟标准国际化,而中国企业(即使是行业领导企业)参与国际标准制定的机会和作用仍相当有限,缺乏行业标准制定话语权,有可能导致中国企业错误增强核心竞争力的重要机遇。

（六）贸易体制不够完善　制约内外贸营商环境持续优化

一是贸易便利化、自由化水平对标国际最高标准仍有差距。2013 年自贸试验区试点改革以来,中国贸易通关透明度不断提高、程序不断简化、效率不断加快,贸易便利化总体水平不断提升,但与国际最佳实践还存在差距。根据 2018 年世界银行全球物流绩效指数(LPI)显示,经济发达国家和地区的全球物流绩效表现持续居于领先地位,德国连续三次位居全球第一,而中国全球排名仅为第 26 位,位居韩国和中国台湾之间,其中海关和边境管理清关效率是排名最低的两个单项指标。此外,我国在单一窗口、预裁定、放行时间公布、AEO 认证、保税货物的区区流转、转关运输、商界参与等方面仍有继续改进的空间。

二是人民币国际化及跨境结算功能与国际货币差距明显。"一带一路"建设全面推进成为人民币融通使用的关键渠道,同时随着国内金融市场开放稳步推进,人民币作为国际货币的吸引力上升。但是,人民币金融产品体系尚不丰富,离岸人民币市场缺乏足够多样、足够规模、交易活跃的产品来激活与发展,资本流动管理"宽进严出",跨境资金流动通畅度有待提高,人民币国际支付基础设施建设相对滞后,国际化程度依然较低。

三是对外直接投资与跨国公司对国际贸易带动作用不足。作为利用外资规模居世界第三位、对外投资规模位居世界第二的重要资本输出国,一直以来,我国由对外直接投资,尤其是本土企业"走出去"带动起来的贸易规模一直偏小。

三、新形势下我国贸易竞争新优势的主要内容

"十四五"时期,我国贸易竞争的新优势应当包含以下内容。

（一）以高端技术、国际品牌和高附加值产业为特征的贸易基础新优势

"十四五"时期,我国的国内外贸易格局应建立在坚实的产业基础之上,重点应放在通过发挥市场机制作用来促进贸易和产业互动,通过推进先进制造业与现代服务业深度融合来培育具有全球影响力和竞争力的先进产业集群。整合科研资源和力量支持上下游企业加强产业协同和技术合作攻关,增强产业链韧性,提升产业链水平,在开放合作中形成更强创新力、更高附加值的产业链;继续完善外贸产业链供应链,推进国家外贸转型升级基地建设,以重点行业、龙头企业带动产业链上下游。传统产业方面,专注优化升级,从加工制造环节向研发设计、营销服务、品

牌经营等环节攀升,积极采用先进技术和标准来提高出口产品质量和产品附加值,推动一批重点行业产品质量整体达到国际先进水平。在新兴战略性产业,应在重点产业领域的核心技术和关键零部件有重大突破,巩固并扩大在 5G 等相关产业已具备的优势。培育高能级的贸易主体,在重点市场举办品牌展览推介,加快国际品牌培育,提高中国产品的品牌知名度,鼓励企业开展商标和专利境外注册,加强商标、地理标志品牌建设,提升中国品牌影响力。

（二） 以国内外市场一体化、多元化为特征的贸易市场新优势

为应对新冠肺炎疫情对全球经济造成的冲击以及可能带来的贸易摩擦,我国在"十四五"时期继续优化调整贸易市场结构,通过国外市场多元化来消化出口产能和分散外部市场风险,同时大力促进出口产能转向国内市场,加快实现国内外市场一体化。应继续扩大向"一带一路"沿线国家和地区的出口贸易,逐步提高自贸伙伴、新兴市场和发展中国家在我国对外贸易中的占比,扩大与周边国家贸易规模,优化并减少对欧美等发达国家市场的依赖,分散因贸易市场过于集中带来的潜在风险;优化国内贸易的区域布局,以国家重大区域发展战略为引领,推动区域间融通联动,充分发掘我国巨大的产能和消费潜力;引导出口加工类企业转产或对接国内市场,支持出口产品转内销,并相应出台需求端刺激政策,如通过筹办线上购物节、发放地方消费券、鼓励领导干部和党员带头消费等多种方式,积极做大国内消费市场规模;提高开放型经济比重。

（三） 以数字服务业、生产性服务业占比大幅提高为特征的贸易结构新优势

"十四五"时期,我国应致力于优化贸易方式,深化服务贸易领域改革和开放,持续推进服务贸易创新发展试点,完善促进服务贸易发展的管理体制和政策体系,着重提高现代服务业,尤其是数字贸易和生产性服务业在我国贸易结构中的占比。抓住数字贸易兴起的历史机遇,大力支持数字贸易等服务贸易新业态和新模式发展,加快数字贸易新业态发展,形成以数据驱动为核心、以平台为支撑、以商产融合为主线的数字化、网络化、智能化发展模式,推进跨境电子商务综合试验区建设,完善跨境电子商务零售进出口管理模式,推进文化和数字服务等领域特色服务出口基地建设;加快服务外包转型升级,健全服务外包创新机制,加快服务外包向高技术、高附加值、高品质、高效益方向发展,促进服务外包产业向价值链中高端转型升级。积极促进设计、维修、咨询、检验检测等领域服务外包,生产性服务贸易发展;发展特色服务贸易,推进国际物流和贸易大通道建设,发展"丝路电商",发展语音和数据网络等信息通信网络传输的数字服务贸易。

（四）以在未来贸易规则谈判中拥有更多话语权和牵头制定区域化贸易投资规则权为特征的贸易治理新优势

"十四五"时期，我国一方面应建设性地参与全球经济治理，坚定维护多边贸易体制，积极参与世贸组织改革，同时还应在"一带一路"等已有的区域贸易投资合作基础上，汲取现有区域贸易投资实践中的做法，并将其上升为贸易投资规则，以国际社会普遍接受的方式建立中国主导的贸易规则。致力于推动区域、次区域合作，维护以规则为基础的开放、包容、透明、非歧视性等世界贸易组织核心价值和基本原则；积极加入高端贸易投资协议，并在其中谋求规则制定权和更多的话语权，谋求国际贸易区域化演进中的贸易规则话语权优势；加快中、日、韩自由贸易协定谈判和中欧自由贸易协定谈判；积极参与多边贸易规则谈判，维护多边贸易体制的权威性和有效性，深入参与各类多边和区域、次区域合作机制，积极贡献更多中国倡议、中国方案。促进贸易投资自由化、便利化；积极开展共建"一带一路"经贸领域合作、三方合作、多边合作，推进合作共赢的开放体系建设，加强贸易和投资领域规则标准对接；积极参与全球数字经济和数字贸易规则制定，推动建立各方普遍接受的国际规则。

（五）以进一步改善营商环境、提高实质性经济利益为特征的贸易平台新优势

"十四五"时期，我国应对标已有国际贸易标杆地区，进一步完善以促进贸易自由化、便利化为目标的国际营商环境，以自贸港、自贸区等重大战略任务为抓手，大力打造贸易开放高地和贸易推广平台，形成有助于中国商品开拓国际市场的贸易服务网络。大力推进贸易促进平台建设，培育若干国际知名度高、影响力大的国家级会展，不断提升中国国际进口博览会的吸引力和国际影响力，拓展已有综合性展会功能，使其成为线上线下、境内境外贸易投资促进的重要平台；加快培育各类外贸集聚区，推进国家外贸转型升级基地建设，依托产业集聚区，培育一批产业优势明显、创新驱动突出、公共服务体系完善的基地；加快加工贸易转型升级示范区、试点城市和梯度转移重点承接地发展，推进国家级新区、经济技术开发区、高新技术产业开发区、海关特殊监管区域等各类开放平台建设；加快高标准自由贸易区建设，扩大自由贸易区网络覆盖范围，加快形成立足周边、辐射"一带一路"、面向全球的高标准自由贸易区网络，推动与世界重要经济体商建自由贸易区进程。

四、构建我国贸易竞争新优势的主要路径

（一）夯实外贸产业基础，培育本土跨国公司，壮大贸易产业要素基础优势

1. 以提升出口产品质量和强化创新驱动夯实外贸产业基础，推动产业与贸易联动发展

首先，建立国际认可的产品检测和认证体系，鼓励企业按照国际标准组织生产和质量检验。推动出口产品质量安全示范区建设。加快推进与重点出口市场检验检测、认证认可体系和证书互认。加强重要产品追溯体系建设，完善产品质量安全风险预警与快速反应机制，建立完善出口产品质量检测公共平台，支持出口企业开展质量管理体系认证。其次，着力构建以企业为主体、市场为导向、产学研贸相结合的技术创新体系。鼓励企业以进口、境外并购、国际招标、招才引智等方式引进先进技术，促进消化吸收再创新。支持国内企业通过自建、合资、合作等方式设立海外研发中心。鼓励跨国公司和境外科研机构在我国设立研发机构。

2. 积极培育本土跨国公司，鼓励中小外贸企业发展，推动中小微企业走"专精特新"以及与大企业协作配套发展的道路

鼓励本土企业以并购、参股、股权置换、技术和品牌投资等多种方式开展跨国经营，降低风险和成本。重点推动企业建立海外生产基地和营销渠道，开展境外加工贸易，建设技术研发平台，寻求资源开发合作，承接境外工程等。鼓励跨国经营企业到国际资本市场发行债券和股票，国家金融、证管、贸工等部门要加强调研、服务和监管，正确引导企业利用国际资本市场，并严格防范金融风险。鼓励证券机构协助企业境外融资，联合进入境外金融市场，形成我国企业境外资本市场融资的畅顺渠道。坚持专业化发展战略，加快培育专精特新"小巨人"企业。培育鼓励和支持中小企业长期专注并深耕于产业链中的关键环节或中间产品，能为大企业、大项目提供关键零部件、元器件和配套产品，以及专业生产的成套产品，坚持走与大企业配套发展道路。

（二）推动海外市场多元化，持续壮大国内市场，培育贸易市场拓展新优势

1. 积极拓展"一带一路"及新兴国家市场，推动海外市场多元化

建议组织实施"一带一路"贸易畅通计划，巩固欧盟、日韩等传统市场，大力开

拓非洲、东盟、拉美等新兴市场。加大对本土企业"走出去"参与全球各区域展会的支持力度,对企业在境外自办展会和政策性重点展会要加大对其的政策倾斜,支持其开拓多元化市场。充分发挥现有国际营销网络、跨境外贸服务体系等的作用,在重要国际市场节点地区建设若干海外贸易中心和公共海外仓,巩固市场、拓展渠道。

2. 利用好超大规模国内市场优势,支撑贸易可持续增长

首先,要加快国内统一要素市场建设,健全价格形成机制,降低土地、资金、能源等生产要素的使用成本,减少物流成本,进一步推进减税降费,增强营商环境对企业的吸引力,削弱产业链转移的内在动力。其次,针对实体经济成本高、效益低这一问题,综合采取结构性需求政策和结构性金融政策,提高实体经济对于各类生产要素的吸引力,使生产要素更多地配置到产业链的薄弱环节。最后,要继续推进"放管服"改革,公平对待各类所有制企业,最大限度地向全社会释放投资机会与市场机遇。

3. 发挥进博会带动和溢出效应,引领消费升级,持续壮大国内市场

需借助进博会带动和溢出效应,以上海和长三角地区为核心区域,进一步引进更有实力的国际知名零售商和品牌商进入中国,加快打造面向全球的消费市场,从而提高国内市场消费能级,释放国内市场消费需求,持续壮大国内市场。

(三) 聚焦新兴贸易领域和"一带一路"贸易规则制定,培育贸易规则引领新优势

1. 加强贸易新兴领域(数字贸易、服务贸易)的双边及多边贸易合作,强化贸易规则制定和话语权

探索建立适应国际规则的数据跨境流动标准规范,在自贸区临港新片区试点开展数据跨境流动的安全评估,建立数据保护能力认证、数据流通备份审查、跨境数据流通和交易风险评估等数据安全管理机制,并在此基础上试点实施商业数据跨境流动分类监管模式。制定关于数据交易等内容的地方性法规,探索以地方立法的形式"先行先试",制定关于数据共享、数据权和数据交易定价的地方性法规,为建立国际数据要素市场,打造数据驱动的创新策源能力,提供基础性和前瞻性的制度创新。

2. 深化与"一带一路"沿线国家和地区贸易合作,推动"一带一路"实现由倡议向规则的转变

积极与"一带一路"沿线国家和地区开展双边及多边经贸谈判磋商,加快形成"一带一路"贸易投资规则体系。建议在海外中资企业诉求基础上,就海外中资企业切实关心的问题和诉求,加快与"一带一路"沿线国家和地区开展贸易投资领域

的精准磋商和谈判,在互利共赢的原则下加快推进形成"一带一路"特色的正式贸易投资规则,保障海外中资企业合法权益和切身利益的同时,提升我国在国际贸易与投资领域的话语权。

(四) 大力发展数字贸易和服务贸易,培育贸易动能新优势

1. 培育数字经济新业态,完善数据跨境流动规则,大力发展数字贸易

首先,以地方先行先试加快推动数据跨境便捷流动。在临港新片区试点开展数据跨境流动的安全评估,建立数据保护能力认证、数据流通备份审查、跨境数据流通和交易风险评估等数据安全管理机制,在此基础上实施商业数据跨境流动分类监管试点工作,开展跨境供应链智能管理、跨境研发协同等领域数据跨境流动试点探索。其次,加快集聚和培育数字贸易主体。设立聚焦云服务、数字内容、数字化转型、商务智能等领域的数字贸易品牌培育专项资金。探索实施数字贸易出口零税率或免税政策,通过加大政策支持力度,培育一批具有国际基因和发展潜力的数字贸易品牌,吸引数字跨国公司的地区总部、研发中心、交付中心和重要平台落户中国。最后,打造数字贸易市场新蓝海。面向"十四五"时期消费互联网的潜在高增速市场(如东南亚、印度、南美洲、非洲等),实施数字贸易企业出海促进工程。成立"数字贸易出海促进基金",扶持数字贸易企业开拓发展中国家新兴市场。依托龙头企业,成立数字贸易出海联盟,打造数字企业出海生态体系,依托龙头企业数字产品搭载其他数字化服务,推动数字企业抱团出海。

2. 大力推进制造业服务化、服务业数字化,大力发展服务贸易

制造业服务化方面,一是鼓励引导制造业围绕产品功能扩展服务业务,搞好售后服务、全寿命周期服务。发展故障诊断、维护检修、检测检验、远程咨询、仓储物流、电子商务、在线商店等专业服务和增值服务,向下游延伸。二是鼓励大中型骨干企业和"专精特新"科技型优势中小企业凭借自身的技术、人才优势,向研发、设计服务上游扩展。通过科技成果推广、工业设计服务、科技管理咨询等方式推进行业优化升级。服务业数字化方面,要加快推动服务网络化、平台化、智能化,加快服务业数字化变革,完善服务业功能,促进产业结构升级,最终为我国服务贸易创新发展提供强大动力。

(五) 提升国内贸易环境规范性与公共服务水平,培育贸易环境新优势

1. 加快建设和完善贸易主体诚信征信机制,提升本国贸易环境规范性

首先,深化对外贸易企业主体信用建设。加强进出口企业信用建设,对虚假贸易、恶意低价竞争、编造虚假业绩或者因企业产品质量安全问题给社会及进出口贸易造成重大危害和损失的失信主体、责任人和失信行为记入信用记录,并实施信用

联合惩戒。其次,推进服务贸易主体信用体系建设。建立健全服务贸易市场主体信用记录和信用评价体系。在重大展会等贸易服务活动中,开展信用审查、可信交易对手推荐和失信警示等信用支撑服务。依托展览业重点企业联系监测制度开展企业信用评价。最后,推进跨境电商等数字贸易主体信用体系建设。组织跨境电子商务企业开展诚信经营承诺,自觉接受社会监督,并对承诺履行情况进行评估。制定跨境电子商务企业诚信档案评价规范,鼓励平台型企业健全经营者信用档案等。

2. 提高公共服务水平,切实保护跨国公司在华合法权益,进一步集聚全球高能级贸易主体

为有效防范跨国公司撤离等风险,我国应注意通过进一步优化国内营商环境,切实保护跨国公司在华利益,稳定跨国公司预期。以优质营商环境和有效制度保障确保跨国公司在华顺利开展合法合规投资与贸易活动,以达到进一步集聚全球高能级贸易主体的战略目标。

五、构建我国贸易竞争新优势的重大举措

(一) 扎实推进"四项平台建设"

1. 加快推进贸易推广平台建设

进一步培育若干个国际知名度高、影响力大的会展平台,深入推进内外贸结合商品市场、电子商务平台建设,培育一批带动功能强、服务优质的进口促进平台,发挥其带动促进作用。对国内具有重大影响力的展会和贸易平台予以积极的支持,不断扩大展会的国际影响力,使其成为线上线下、境内境外贸易投资促进的重要平台。推动 VR(虚拟现实)、AI(人工智能)技术与会展行业融合发展,在"十四五"期间打造一批具有全球影响力的虚拟展会平台,为发展数字贸易构建全新平台优势。以数字贸易当中的数字内容贸易为切入点,重点支持一批会展企业试点开展虚拟展会业务,试点过程中不断完善与虚拟展会相关的政策和规章制度。

2. 加快推进海外中资企业诉求反馈与交流平台建设

首先,通过加快建设境外异地商会,强化海外中资企业联络与协调工作。建议加快推进在海外国家的异地商会建设,充分发挥异地商会市场中间体的纽带作用,同时加强对现有海外异地商会的远程组织和管理工作,对"僵尸商会"进行黑名单管理制度,强化异地商会搜集当地企业诉求功能,打造境外异地商会信息反馈渠道。其次,建议由贸促会(中国国际贸易促进委员会)牵头搭建海外中资企业诉求

反馈平台,强化对海外中资企业诉求的信息搜集和分析反馈。建议由贸促会牵头,充分利用信息化手段,搭建具有半官方色彩的海外中资企业诉求反馈平台,以便海外企业能够及时有效反馈海外投资与贸易动态。最后,应组织专业数据公司和智库机构对海外企业反馈信息进行处理和深度分析,以便为我国与其他主要国家进行经贸磋商和谈判提供借鉴和依据。

3. 加快推进贸易主体征信平台建设

建议加快贸易主体征信平台建设,该平台应该包含如下功能:一是事前信用审查功能。推动贸易主体征信平台的审核信用记录、信用报告等数据信息为商务领域行政审核、行政许可、政府采购、政策支持等工作提供支撑和依据。二是信用公示功能。将贸易主体征信平台的相关信息利用各类商务系统网站、"信用中国"网站、国家企业信用信息公示系统等渠道,依法依规向社会公开行政许可、资质认定、行政处罚、执法检查、联合奖惩对象名单等信用信息。三是信用联合奖惩功能。在贸易主体征信平台数据库基础上加快建立外贸领域联合奖惩对象认定、退出、修复的标准和程序,完善发起、响应、反馈等联动机制。

4. 加快推进国际贸易创新服务平台建设

在数字贸易等新兴贸易领域,支持数字贸易龙头企业在云服务、供应链、工业互联网和内容生态圈等领域打造有辐射带动效应的数字化转型赋能平台,在推动相关产业数字化转型方面进行赋能,提升数字服务的能级和效率。建立数字贸易知识产权管理平台,针对数字贸易各类业务场景,基于区块链等技术,建立数字知识产权全生命周期综合服务平台。打造数字贸易数据共享服务平台,汇聚海外各国政策法规、市场规模、竞争格局等各类数据,形成数字贸易公共数据库,助力企业开展跨境数字贸易,降低企业出海风险。

(二) 加快推进"三大工程建设"

1. 加快推进"国家贸易品牌工程"建设,提升中国贸易产品品牌知名度、美誉度

大力培育行业性、区域性品牌。在重点市场举办品牌展览推介,推动品牌产品走向世界。加强商标、专利等知识产权保护工作,鼓励企业开展商标和专利境外注册。强化品牌研究、品牌设计、品牌定位和品牌交流,完善品牌管理体系。加强商标、地理标志品牌建设,提升中国品牌影响力。

2. 加快推进"国家服务贸易创新工程"建设,提升中国服务贸易发展能级

首先,鼓励服务贸易领域的新模式和新业态发展。鼓励依托云计算、大数据、移动互联网等新技术开展服务贸易模式创新,大力发展数字贸易、技术贸易、文化贸易等。其次,在全国范围内打造一批具有特色的服务贸易创新发展功能区。加

快建设特色服务出口基地,培育一批"国家级国际服务贸易总部示范基地",认定一批国家级服务贸易示范基地和示范项目,形成点(企业)、线(行业)、面(区域)立体发展格局。

3. 加快推进"贸易营商环境优化工程"建设,持续营造法治化、国际化、便利化营商环境

一是科学建设和运营全国性、区域性公共服务平台,加强对现有公共服务平台的整合与统筹利用,提高服务效率。鼓励金融机构在风险可控、商业可持续的前提下创新适应服务贸易特点的金融服务。二是推动世界贸易组织《贸易便利化协定》在国内实施。优化通关、退税、外汇、安全、环保管理方式,推进国际贸易"单一窗口"建设和应用,落实减税降费政策,加快打造国际一流、公平竞争的营商环境。三是充分发挥自由贸易试验区示范引领作用,高水平建设中国特色自由贸易港。以制度创新为核心,推动自由贸易试验区先行先试,探索实施国际通行的货物、资金、人员出入境等管理制度。

(三) 积极参与国际经贸规则制定

1. 加快推动形成"一带一路"贸易规则,强化中国国际经贸规则话语权

一是着力深化与"一带一路"国家的贸易合作。积极开展共建"一带一路"经贸领域合作、三方合作、多边合作,推进合作共赢的开放体系建设,加强贸易和投资领域规则标准对接。二是发展特色服务贸易。推进中欧班列、西部陆海新通道等国际物流和贸易大通道建设。发展"丝路电商",鼓励企业在相关国家开展电子商务。积极开展促贸援助。三是创新投资合作。拓宽双向投资领域,推动绿色基础设施建设、绿色投资,推动企业按照国际规则标准进行项目建设和运营。鼓励合作建设境外经贸合作区、跨境经济合作区等产业园区,促进产业集群发展。

2. 聚焦服务贸易和数字贸易新兴领域,抢占新兴领域贸易规则话语权

一是应率先建立跨境电商规则标准体系,在全球支付信用体系、网上消费者权益保护、数字化产品税收征收、物流统一及跨境电商规范经营等方面引导国际规则的制定;二是以推动数字贸易开放为重点,在规则方面保持与美欧发达国家相向而行,制定既符合我国优势又具有普遍适用性的规则,积极应对数字贸易壁垒;三是主动进行贸易监管体制创新,改变数字贸易监管难、服务难的问题,加快内外贸相关规则与法律调整方式的融合速度。

(课题组成员:沈开艳　詹宇波　张晓娣　张申　张伯超　李泽众)

贸易结构变化趋势和政策研究

中国社会科学院世界经济与政治研究所

为评估 2000 年以来中国贸易结构变化趋势并基于中国外贸发展状况提出优化贸易结构,推动贸易高质量发展的对策建议,本报告利用中国海关数据、世界贸易组织服务贸易数据库(WTO-TISMOS)、亚洲开发银行多区域投入产出数据库(ADB-MRIO)等多个数据库,从国际市场布局、国内区域布局、货物贸易结构、服务贸易结构和贸易方式五个维度深入分析中国贸易结构现状和变化趋势,以明晰中国贸易竞争的优势、弱势和潜力,为供给侧结构性改革、产业升级和出口产品质量升级找准发力点,为实现外贸新旧动能转换、贸易结构升级和协调发展提供数据支撑,为共建"一带一路"、国内区域发展战略、外贸领域改革提供政策参考。

对外贸易发展是发展中国家实现经济起飞和持续增长的重要驱动力。根据商务部统计,1978—2020 年,中国对外贸易从 206 亿美元增长到 4.6 万亿美元,增长 221 倍,为经济增长作出了巨大贡献。作为对外开放的重要载体,贸易不仅可以促进国民经济协调发展,还有力推动了中国完善现代产业体系产业,参与国际生产分工,融入全球价值链,实现就业增长。中国外贸直接和间接带动的就业人数高达 1.8 亿人,每 4 个就业人口中就有 1 个从事与外贸相关的工作。

但是 2008 年国际金融危机爆发后,全球经济急速衰退、复苏

对外开放

乏力,全球贸易大幅度下跌,全球化进程持续收缩回调。中国经济增长和出口增长
也呈现下滑态势。进入 2018 年以来,中美贸易摩擦不断升级,贸易保护主义和逆
全球化趋势显著升温,进一步加剧了全球贸易和经济增长的不确定性,世界经济进
入一个长周期的"低增长阶段"。同时,由于中国劳动密集型制造业比较优势逐步
丧失,人口增长率持续下降,生产力增长停滞,综合要素成本大幅上升,而新竞争优
势没有完全形成,中国经济和贸易进入深度调整期。大国博弈的加剧,导致了原有
的国际分工关系和贸易伙伴关系失去了存续的基础,部分产业链加快向发达经济
体回迁以及向东盟、非洲等劳动力和土地成本低的地区转移。过去二十年形成的
"美国—世界市场""中国—世界工厂"双轴心的分工格局将加剧调整,中国在全球
生产网络中的中心地位面临发达国家和发展中国家"双重挤压"。推动贸易高质
量发展、优化贸易结构是国际国内环境深刻变化背景下的重大决策部署,是成为贸
易强国、跨越"中等收入陷阱"、重拾经济增长、促进产业升级的重要手段。

一、中国国别贸易结构变化趋势及预测

　　本部分主要考察近年来中国对外贸易国别结构的变化趋势,并对未来国别贸
易结构的变化进行预测。如果没有特别之处,本研究中的"中国"指的是中国大
陆。通过对中国出口贸易的国别结构研究表明,2001 年以来美国、日本和中国香
港是中国最重要的出口目的地,出口到日本的产品占比在持续下降,从 2001 年的
14.9%下降到 2019 年的 5.7%,出口到美国的产品占比变化分为 4 个明显阶段:第
一阶段(2001—2006 年)稳定在 21%左右;第二阶段(2007—2013 年)逐渐下降到
2013 年的 16.7%,该阶段受国际金融危机的影响;第三阶段(2014—2018 年)逐渐
上升到 2018 年的 19.2%,该阶段受益于美国经济复苏;第四阶段(2019 年至今),
这一阶段的标示性事件为中美贸易摩擦,但对贸易的影响在 2019 年逐渐显示出
来,2019 年中国出口到美国的产品占比从上年的 19.2%下降到 16.8%,欧盟在中
国出口市场中所占比重较为稳定,"一带一路"沿线国家和地区在中国总出口中所
占比重持续上升。
　　通过对中国进口贸易的国别(地区)结构分析发现,2001 年以来中国进口来源
地集中度呈下降趋势,从"一带一路"沿线国家和地区进口的产品占比最大,且
2001 年以来在持续攀升。2001 年以来从该地区进口占总进口的 19%,2019 年上
升到了 28%。在"一带一路"沿线国家和地区中,进口占比最大的是东盟 10 国。
中国从欧洲六国的进口占比较为稳定,占比最大的为德国。在美洲地区,中国主要
的进口国为美国和巴西。2001 年中国从美国的进口占 10.8%,随后一直下降到

2011 年的 7.1%,2012 年开始又逐渐上升到 2015 年的 9%左右,2016 年开始呈下降趋势,中美贸易摩擦加速了下降过程。中国从巴西的进口占比呈上升趋势,2001年为 1%,2019 年上升到 3.8%。从澳大利亚的进口也呈上升趋势,从 2001 年的2.2%上升到了 2019 年的 5.8%。通过对中国进口贸易差额的国别(地区)结构的研究发现,中国的贸易顺差主要来源于美国、中国香港等,贸易逆差主要来源于中国台湾、澳大利亚等。

　　影响中国对外贸易国别(地区)结构的主要因素包括短期内的疫情防控进展、中长期内的国际关系变化,以及人民币汇率波动等不确定因素。从长期的视角来看,中国对外贸易发展仍具有较大潜力,未来一段时期内仍将成为国内经济增长和世界经济平稳发展的重要影响因素,但其内部国别贸易结构将发生一定程度的改变。一方面,由于中美经贸关系不确定性的增加、"一带一路"沿线国家和地区及东盟等国家贸易潜力的不断释放,使得中国对外贸易发展所面临的外部环境发生深刻的变化;另一方面,国内供给侧结构性改革的深化和国际国内双循环相互促进的新发展格局使得中国对外贸易的内部环境逐步发生变化。因此,从长期来看,中国对外贸易国别结构仍将是多元化、分散化特征。

二、中国地区贸易结构变化趋势及预测

　　本部分考察近年来中国地区贸易结构的变化趋势,并对未来地区贸易结构的变化进行预测。首先考察了各地区进出口贸易总额、进出口贸易排名和近年来的贸易增速变化,认为地区总体贸易结构保持相对稳定,地区贸易的差距有缩小趋势。从静态上看,2019 年中国出口总额排在前六位的分别是广东省、江苏省、浙江省、山东省、上海市、福建省等东部沿海地区,这六个地区出口总额占全国出口总额的比重高达 76.5%。出口总额排在最后六位的分别是青海省、西藏自治区、甘肃省、宁夏回族自治区、海南省、贵州省等中西部地区。考察各地区贸易方式可以发现,大部分地区均呈现一般贸易占比上升、加工贸易占比相对下降的趋势,而部分中西部地区加工贸易占比有上升趋势。从贸易方式上看,2019 年进出口总额中一般贸易占比最大的地区为青海、河北、北京、吉林、黑龙江等,占比最小的地区为四川、重庆、海南、新疆、西藏等,共有 15 个地区一般贸易占比下降。一般贸易占比与经济发展水平呈"倒 U"形关系,即经济发展水平较高和较低的地区,一般贸易占比较高;而经济发展水平中等的地区,一般贸易占比较低。一般贸易占比出现下降的地区,往往是一般贸易占比已经较高的地区。考察各地区产品结构,从产品多样化的角度衡量,各地区出口产品多样化大体呈现上升趋势。考察各地区的贸易伙

伴的国别结构发现,区位优势和地区技术水平与贸易伙伴的互补性是决定贸易伙伴国别结构的重要因素,各地区贸易伙伴有分散化的趋势。

2000年以来,地区贸易结构主要表现为以下趋势:第一,各地区贸易占比保持稳定,中西部地区发展潜力较大;第二,各地区均呈现一般贸易占比增长、加工贸易占比下降的趋势,中西部地区加工贸易发展迅速;第三,各地区均呈现产品多样性和技术含量提升的态势;第四,受区位优势和经济发展水平的影响,地区的国别构成较为稳定,中西部地区与发达国家的贸易有上升趋势。

基于近年来地区贸易结构的发展趋势,本部分对未来地区贸易结构的发展进行预测。总体贸易结构方面,市场供求、经济政策和外部冲击是决定贸易结构的主要因素。从市场供求上看,国内外经济规模决定了进出口贸易规模,而各地区未来经济增长的根本驱动力没有发生较大变化,因此经济规模不会发生突变,这决定了进出口贸易的规模和位次也不会发生较大变化。而由于各地区经济发展水平存在差异,中西部地区发展的空间较大,因此贸易增长速度可能高于东部地区。从经济政策上看,中国的开放战略和开放政策没有发生太大变动,因此东部地区的开放水平依然会超过中西部地区,但随着对外开放水平、自贸区试点从沿海向内陆发展,以及"一带一路"倡议的影响,地区之间的贸易开放水平差距会缩小。从外部冲击上看,中美贸易摩擦和新冠肺炎疫情是影响各地区进出口贸易的主要冲击,中美贸易摩擦为对美贸易依存程度较高的地区带来不利影响,但中美贸易冲突恶化的趋势现在得到一定程度的遏制。

未来一段时间,各地区进出口格局会保持这一稳定状态,进出口占比和排名不会发生太大变化。东部沿海地区依然在对外贸易中处于主导地位,在贸易总额、贸易技术水平和附加值上保持在高位,同时中西部地区贸易开放水平进一步提高,进出口贸易增长率高于东部地区。地区贸易方式方面,未来将继续遵循一般贸易占比增长、加工贸易占比下降的总体趋势,但西部地区将承担东部地区的产业转移,加工贸易得到迅速发展。产品结构方面,各地区未来的产品多样性和技术含量将持续上升。地区的国别构成方面,由于区位优势和各地区经济发展阶段长期稳定,国别构成在未来具有小幅调整,部分中西部崛起的地区对发达国家的进出口贸易量会上升,而整体而言,各地区对美贸易量呈下降趋势,对东盟、新兴经济体等发展中国家的贸易量增速超过发达国家,贸易伙伴的构成更加分散化。

三、中国货物贸易结构变化趋势及预测

本报告考察了2001—2019年中国对外贸易的商品结构变化趋势,并对未来商品结构的变化进行预测。首先,考察了中国出口商品的结构特征,如表 1 所示,电机、电气设备及其零件产品属于中国出口第一大类产品,而劳动密集型产品,如针织服装及衣着等所占出口份额明显下降。从细分产品层面看,如电话机和蜂窝网络设备、机器锅炉核反应堆、家具床上用品等重点出口产品,均受中美贸易摩擦影响,自 2017 年、2018 年起出口份额不同程度下滑;而如自动数据处理机、磁性或光学读取器等出口美国则没有受到明显冲击。其次,分析了中国货物进口货物的结构特征,机电产品连续十几年保持中国进口的第一大类产品,尤其是电机、电气设备及其零件类产品进口增幅较大,矿物、燃料、矿物油及蒸馏产物等进口原材料是中国进口的第二大类产品,进口规模呈趋势性上升。从细分产品层面看,电子集成电路和信号发送及接收设备自 2013 年起进口比重持续上升,主要依赖中国台湾、日本和韩国的进口。机电产品、如半导体设备制造品及其零部件增长速度尤其显著,所占进口比重从 2012 年的 4% 上升到了 2018 年的 15.1%;而其他功能机器设备及其零部件则比重大幅下降。2013 年以来,石油原油及从沥青矿物提取的原油等原材料总进口占比呈先降后升趋势,受国内需求和国际大宗产品价格的影响,增速起伏不定,并且进口来源比较分散,包括俄罗斯、沙特阿拉伯、安哥拉、伊朗等地。最后,考察了贸易差额的商品结构特点。核反应堆、锅炉、机器、机械器具及其零件和电子设备是贸易盈余的第一大类产品,对美国、中国香港、荷兰、印度、越南和英国都处于贸易盈余的状态;矿物燃料、矿物油和矿砂、矿渣及矿灰等基本能源、生产原材料几乎全部进口,处于绝对的贸易逆差,进口重点来源地包括俄罗斯、沙特阿拉伯、伊拉克、安哥拉和澳大利亚。

表1 中国出口最多的前十六种产品及占比 （%）

Code	产品名称/年份	2013	2014	2015	2016	2017	2018	2019
HS2 位码	前 16 种货物总占比	77.3	76.6	77.3	77.6	77.9	77.9	77.6
85	电机、电气设备及其零件	25.4	24.4	26.3	26.3	26.4	26.6	26.9
84	机械核反应堆锅炉等	17.3	17.1	16.0	16.3	16.9	17.2	16.7
94	家具床上用品等	3.9	4.0	4.3	4.2	4.0	3.9	4.0
39	塑料及制品	2.8	2.9	2.9	3.0	3.1	3.2	3.4
87	铁路或有轨电车外的车辆	2.7	2.7	2.7	2.9	3.0	3.0	3.0
90	光学摄影电影等	3.4	3.2	3.2	3.2	3.1	2.9	2.9
61	针织或钩编服装等	4.4	3.9	3.7	3.5	3.2	2.9	2.9

续表

Code	产品名称/年份	2013	2014	2015	2016	2017	2018	2019
73	钢铁制品	2.6	2.6	2.7	2.5	2.5	2.6	2.8
62	非针织或钩编服装等	3.1	3.5	3.4	3.4	3.2	2.9	2.7
95	玩具游戏和体育用品等	1.6	1.6	1.9	2.1	2.4	2.3	2.5
29	有机化学品	1.9	1.9	1.9	2.0	2.2	2.4	2.3
64	鞋类绑腿等	2.3	2.4	2.3	2.3	2.1	1.9	1.9
27	矿物燃料油及蒸馏产物等	1.5	1.5	1.2	1.3	1.6	1.9	1.9
72	铁和钢	1.7	2.4	2.2	2.0	1.9	1.9	1.6
42	皮革马具手袋等	1.4	1.3	1.4	1.3	1.3	1.2	1.2
63	其他纺织制成品	1.2	1.2	1.2	1.2	1.2	1.1	1.1

资料来源:中国海关数据库。

基于近年来商品结构的基本特点,对未来商品结构的变化趋势进行预测。本报告将中国进出口商品划分为劳动密集型、资本密集型、技术密集型、资源密集型四大类,发现:中国出口的主要产品顺序为:技术密集型、劳动密集型、资本密集型;2008年后,劳动密集型产品的进口占比保持相对稳定,技术密集型产品和资源密集型产品进口呈现趋势性的上升。在未来,技术密集型产品贸易将会有较大分化,一方面疫情大大提高与之相关的药品、防护用品、卫生用品等的国际贸易;另一方面,中美贸易摩擦,中国技术密集型产业的进口和出口均面临不利影响。短期看,疫情造成劳动密集型产业无法聚集开展生产,部分消费收缩;长期看,人口老龄化使劳动力市场面临短缺危机,成本上升不利于劳动密集型产业贸易发展。资源密集型的产品进口依存度较高,未来仍可能会继续扩大进口占比。

四、中国服务贸易结构变化趋势及预测

本报告利用WTO-TISMOS数据库和ADB-MRIO数据库从总值和增加值角度分析了中国服务贸易结构及变化,并与世界其他主要经济体进行比较。

从总值角度来看,2017年中国服务出口占世界总出口的比重为6.29%,具有比较优势的行业为建筑服务、商业服务和其他服务业,而发达国家在卫生、教育、文化娱乐、金融保险、专利特许和其他服务上具有比较优势,中国在这些领域亟待迎头赶上(见表2);2017年中国服务进口总额为1.097万亿美元,占世界服务总进口

的比重为 8.50%,仅次于美国,进口比重较高的行业为教育服务、商业服务、旅游、运输服务和通信服务;中国服务贸易逆差总额为 0.293 万亿美元,主要由通信服务、旅游、商业服务、运输服务、教育服务和专利特许六类服务的贸易逆差引致。

表 2   2017 年中国与主要国家服务出口结构及占世界比重   (%)

行业	中国	巴西	印度	俄罗斯	南非	德国	英国	日本	韩国	美国	世界贸易额（百万美元）
运输服务	4.15	0.46	1.17	1.83	0.16	10.16	2.76	3.27	2.46	9.92	1502693
旅游	2.83	0.35	1.93	0.53	0.49	2.32	3.79	2.14	0.80	17.40	1043241
卫生	2.45	0.13	0.58	0.11	0.01	34.24	6.57	0.11	0.64	19.24	54053
教育服务	4.10	0.13	0.88	0.39	0.08	2.70	8.53	3.01	0.09	36.51	116009
建筑服务	37.32	0.26	0.37	0.48	0.03	1.82	4.89	4.30	2.27	4.55	504782
金融保险	3.37	0.50	0.32	0.48	0.12	11.12	10.55	1.69	1.63	21.43	2535756
专利特许	1.25	0.17	0.17	0.19	0.03	5.26	5.47	10.95	1.87	33.67	381238
通信服务	2.75	0.68	3.64	0.86	0.14	6.19	3.59	10.43	0.38	18.36	1851490
商业服务	11.23	0.73	3.20	0.66	0.08	5.16	5.47	4.28	1.76	16.46	2532071
文化娱乐	4.34	0.47	0.23	0.33	0.11	2.83	1.41	6.95	1.07	39.58	54526
其他服务	13.72	0.04	0.37	0.18	0.00	0.95	6.31	0.33	0.43	24.00	68124
分销	4.22	0.93	0.77	1.41	0.19	8.53	1.29	7.80	3.55	16.27	2588064
总计	6.29	0.61	1.65	0.89	0.15	7.39	4.92	5.21	1.89	17.34	13232047

资料来源:WTO-TISMOS 数据库。

从增加值角度来看,2000—2018 年,世界整体服务增加值出口结构比较稳定,知识密集型服务增加值出口份额始终居于首位,其次是劳动、资本和健康教育公共服务,2018 年占比分别为 36.8%、33.8%、21.7% 和 7.7%。与发达国家(日本除外)相比,中国出口更多的劳动密集型服务,较少的知识密集型服务和健康、教育和公共服务。当前,中国金融、保险、计算机和信息服务、咨询、研发设计等服务国际竞争力仍然较弱,制造业技术知识服务更多依赖进口(见表3)。2000—2018 年中国服务增加值贸易出口结构发生了较大变化和调整,其中知识密集型和劳动密集型服务增加值出口占比上升,资本密集型以及健康、教育和公共服务增加值出口占比下降;但依然以劳动密集型服务增加值出口为主。与服务总值贸易逆差相反,中国增加值服务贸易为顺差,这主要是由于中国深度嵌入全球价值链,通过制造业间接出口了大量服务增加值。中国服务增加值顺差主要来自美国、中国香港、墨西哥、加拿大、印度尼西亚、日本和印度,且主要来自劳动密集型服务行业。中国服务贸易逆差主要来自德国、澳大利亚、韩国、中国台湾、巴西;其中,与德国、澳大利亚和巴西逆差主要来自知识密集型行业,而与韩国、中国台湾逆差主要来自劳动密集型行业。

表3　世界主要国家服务业增加值出口结构比较(2018年)

国家	出口				进口			
	H	K	L	O	H	K	L	O
中国	0.300	0.237	0.402	0.061	0.332	0.252	0.321	0.095
巴西	0.405	0.200	0.348	0.047	0.412	0.207	0.314	0.067
印度	0.417	0.168	0.329	0.087	0.355	0.253	0.305	0.086
印度尼西亚	0.217	0.215	0.486	0.082	0.305	0.252	0.362	0.081
墨西哥	0.302	0.143	0.552	0.004	0.468	0.201	0.266	0.065
俄罗斯	0.115	0.428	0.376	0.082	0.286	0.233	0.415	0.066
土耳其	0.213	0.347	0.412	0.028	0.313	0.252	0.360	0.074
英国	0.513	0.137	0.242	0.109	0.374	0.223	0.299	0.104
美国	0.467	0.172	0.265	0.095	0.431	0.196	0.300	0.073
法国	0.442	0.200	0.276	0.081	0.405	0.214	0.294	0.087
德国	0.401	0.197	0.313	0.089	0.387	0.201	0.323	0.089
日本	0.273	0.223	0.454	0.051	0.314	0.250	0.373	0.063
韩国	0.308	0.237	0.360	0.095	0.383	0.234	0.311	0.071
世界	0.338	0.217	0.368	0.077	0.338	0.217	0.368	0.77

注:H、K、L、O分别表示知识密集型服务、资本密集型服务、劳动密集型服务、健康教育和公共服务。
资料来源:根据 ADB-MRIO 数据库测算。

当前逆全球化思潮涌动,受中美贸易摩擦长期化、常态化以及疫情冲击的影响,未来全球价值链将呈现区域化、多元化和本土化。服务作为中间投入品和生产黏合剂,其贸易结构也将受到影响。加之服务贸易政策、数字技术、收入水平、人口结构等因素的变化,我们预测未来5—10年,中国服务贸易在国别(地区)结构、行业结构上均会发生较大变化。从国别(地区)结构看,与价值链升级和区域化同步,中国对北美地区服务出口占比将下降,对欧洲、东亚地区出口比重上升。从行业结构来看,中国劳动密集型和资本密集型服务出口比重下降,同时知识密集型出口比重进一步上升。从双边行业服务贸易结构来看,中国对美国、墨西哥、加拿大、日本等国的劳动密集型服务出口可能大幅下降,而从欧盟、日本和韩国知识密集型服务的进口比重将提高。同时数字经济的发展以及服务规制的融合,可能变革服务贸易模式,以商业存在为主的贸易结构可能被跨境供给替代。

五、中国贸易方式结构变化趋势及预测

　　基于 Wind 数据库和中国海关总署数据库,我们对近年来中国贸易方式结构及发展趋势进行了分析和预测。从总体和进出口贸易方式结构变化来看,无论是进口还是出口贸易方式结构均呈现一般贸易占比上升且逐渐成为主要贸易方式、加工贸易增加幅度较小甚至出现下滑的趋势。基于企业性质考察进出口贸易结构变化发现,比起加工贸易出口和进口都以私营企业为主,一般贸易出口以私营企业为主,而一般贸易进口中国有企业、外商投资企业和私营企业都占据了一定比重。基于产品类型考察进出口贸易方式结构变化发现,农产品、机电产品和劳动密集型产品进出口均以一般贸易为主,而高新技术产品进出口则以加工贸易为主。

　　在分析近年来中国贸易方式结构的变动趋势基础上,本报告进一步从供需和贸易方式性质及影响因素两个角度对未来进出口贸易方式结构的发展进行了预测。出口贸易方式结构方面,从中国作为出口贸易的供给方来看,第一,随着劳动力成本的逐步上升,中国依赖劳动力成本优势引进外资发展出口的贸易方式结构发生变化,中国未来会选择进行科技创新提高生产率来形成新的出口优势,发展更高附加值的一般贸易出口;第二,近年来中国提出加工贸易高质量发展,促进外商直接投资规模扩大及结构优化的贸易政策,中国出口中加工贸易比重仍会上升,且随着中国科学技术发展水平的不断提高,中国加工贸易会逐渐加入全球价值链附加值高、科技含量高的环节,以此提高加工贸易的加工深度。考虑到新冠肺炎疫情和中美贸易摩擦的影响,未来出口贸易中一般贸易和加工贸易的增速都会受到一定的负面影响。进口贸易方式结构方面,加工贸易进口主要服务于加工贸易出口,而一般贸易进口服务于国内经济发展需求,前者易受到国际环境变动的影响,后者依赖于本国资本积累和技术进步。

　　从国内需求和贸易政策来看,一方面,随着中国居民消费水平的提高,进口贸易中一般贸易比重将会上升;另一方面,为了逐步形成"以国内大循环为主体、国内国际双循环相互促进"的新发展格局,国家层面上的政策会多鼓励一般贸易方式进口,提高附加值,这无形中挤压了中国加工贸易进口份额。从国际贸易环境变动的影响来看,中美贸易协议的签订与推进实施,中国产业链升级推进制造业强国以及全球疫情大流行背景下大宗商品价格下降,未来中国加工贸易进口占比可能下降,但进口额将维持稳定增长。

六、政策建议

（一）持续释放"一带一路"国家的贸易潜力，应把贸易重点放在周边国家，特别是东亚地区

中美贸易摩擦加剧且出现长期化趋势。同时，中国经济的快速发展也挤压了英国、法国和德国等发达国家的市场份额，使它们的利益空间被大幅压缩，中国也由追赶者迅速成为竞争者。因此，未来中国与老牌发达资本主义国家之间的贸易会更多地受到意识形态和政治安全等因素的影响，而变得越来越不安全。为此，未来中国的贸易应把着力点放在周边国家，特别是东亚地区。

1. 重塑亚洲价值链，构筑以中、日、韩三国为"领头雁"的亚洲价值链新模式

东盟已经成为中国最大的贸易伙伴，未来仍有较大的发展空间。2008年国际金融危机后，全球价值链重塑的步伐加快，亚洲传统的价值链网络也有了新的变化。作为"世界工厂"的中国，凭借着巨大的市场规模、完整的产业链条和不断提升的技术水平，日益成为东亚生产网络的核心。韩国也在很多的技术领域赶超了日本，在亚洲生产网络中发挥着越来越重要的作用。因此，未来我们应适应全球价值链重塑的脚步，加快构筑以中、日、韩三国为"领头雁"的亚洲价值链新模式，以更高的区域经济一体化水平促进亚洲地区经贸合作的发展。

2. 加快区域自由贸易网络布局

在贸易保护主义等逆全球化潮流冲击下，推动区域经济一体化已成为各国寻求国际合作的重要路径。中国应考虑尽早加入CPTPP谈判，以自由贸易协定的制度约束，为中国贸易结构的稳步升级和调整保驾护航。加入CPTPP不仅与中国的自身发展方向相辅相成，而且可以起到"以开放促改革"的作用，拓展中国与亚太国家经贸合作的重要机遇。虽然此前许多人担忧其标准过高，但近年来深化改革开放的内生力量正在使中国向CPTPP的标准逐步靠近。在积极加入CPTPP的同时，应同步推进区域全面经济伙伴关系协定（RCEP）的实施和升级以及中、日、韩自贸区协定等多边贸易协定，全面推动亚洲区域一体化发展，促进与亚洲国家经贸关系的发展。

3. 在澜湄次区域合作框架内，促进与东盟国家的经贸关系发展

澜湄合作是澜沧江—湄公河沿岸六国共同创建的新型次区域合作机制。启动4年多来，澜湄合作已成为本地区最有活力、最有成果的机制之一。未来应进一步畅通澜湄国家贸易通道，调动中国西部、西南部以及东盟其他国家力量，实现对湄

公河国家的更大投入,进一步优化资源配置,维护产业链供应链稳定,推动澜湄国家协同发展。

(二) 本着"求同存异"的原则,稳步推进与欧洲国家的经贸关系

欧洲国家在意识形态和政治体制等方面与中国有很大的差异,特别是中国的赶超也必然会增加与欧洲国家的经贸摩擦。但中国和欧洲国家都支持贸易自由化和多边贸易体制,未来在处理与欧洲国家经贸关系时应坚持"求同存异"的原则,多方面推进与欧洲国家的贸易。

1. 利用好中欧投资协定,并积极促成中欧自贸协定的签署

中欧 BIT(中欧投资协定)将通过直接投资的增量,加强欧洲生产网络、东亚生产网络的关联度。在欧洲、东亚生产网络关联度强化的背景下,中欧之间的贸易关系也将进一步增强。这对欧亚大陆的经济融合也具有重要意义。但是需要注意的是,中国和欧盟距达成自贸协定还有相当距离,还应继续努力。在中欧 BIT 的基础上,中国与欧盟还可以就世界贸易组织争端解决机制改革、气候协定谈判、可持续发展等主题开展深入合作,凝聚双方的共识,共同推动国际经贸规则的多边化发展,为中国外贸发展创造良好的外部环境。

2. 尽快启动中英 FTA(自由贸易协定)谈判

进入 21 世纪以来,中英两国经贸关系持续升温,双边贸易稳步增长,投资持续深化。当前,中国已经成为英国的第三大进口货物来源地,第五大出口商品目的地。同时,中英双边服务贸易保持良好发展势头,在运输、旅游、金融、电脑及信息服务、医疗等领域拥有巨大的贸易潜力。此外,中英双向投资规模不断扩大,英国是中国在欧洲的重要投资目的地和资金来源地。为确保中英经贸关系行稳致远,应尽快启动中英 FTA 谈判,就货物贸易零关税等条款进行磋商,积极推动两国企业在金融、创新、通信、新能源等领域取得新的合作成果,争取更大发展空间。

3. 继续在"17+1"框架下,推进中国与中东欧国家的经贸关系

"17+1 合作"是根据中国同中东欧国家的共同愿望打造的跨区域合作平台,成立以来,已经搭建起全方位、多层次、宽领域的立体架构,在近 20 个领域建立合作机制,每个领域都取得了早期收获和重要成果。目前,"17+1 合作"正进入提质升级的新阶段,"17+1 合作"同共建"一带一路",欧盟的欧亚互联互通战略,波罗的海、亚得里亚海和黑海"三海倡议",中东欧各国的发展战略更好地融合对接,拓展在数字经济、人工智能、金融科技、生命科学、生态环境等新兴领域合作,实现"17+1 合作"高水平、高质量发展。

(三) 推进国内各地区贸易均衡发展

鉴于中国地区贸易依然没有改变东强西弱的格局,我们建议在国内循环中,构

筑以珠三角、长三角和京津冀"三头雁"为首的国内雁型发展新模式。珠三角、长三角和京津冀是中国最重要的三大经济圈,在中国经济发展和改革开放中发挥了巨大作用,是中国对外开放的重要窗口,更是中国企业"走出去"的桥头堡。由于外部风险日益提高,未来中国这三大经济圈除了要在国际循环中发挥重要作用外,更应该把着力点放在国内循环上,即以三大经济圈为中心,加大力度将产业链向经济圈的周边、东北和中西部布局。使中国区域经济协调且均衡发展,以带动国内供给和需求的共同发展,进而促进中国经济的稳步发展,带动国内贸易更均衡地发展。

(四) 全力发展高新技术产业,在全国范围内布局全产业链

由于中国长期采取以国际循环为主的发展模式,加工贸易一直在中国外贸发展中扮演着重要角色。两头在外、大进大出的外贸发展方式,使中国长期被锁定在价值链的中低端,核心技术始终掌握在发达国家手中,极易在危机时刻被"扼住咽喉",从而打断中国经济的发展进程。因此,在高技术产业特别在芯片等受政治因素影响较大的产业,应该在国内布局全产业链,要特别注意一些重要产业的关键技术、关键零部件、关键原材料的布局。如与数字经济相关的技术,我们知道,数字经济是人类通过大数据(数字化的知识与信息)的识别—选择—过滤—存储—使用,引导、实现资源的快速优化配置与再生、实现经济高质量发展的经济形态。在技术层面,包括大数据、云计算、物联网、区块链、人工智能、5G通信等新兴技术。在应用层面,"新零售""新制造"等都是其典型代表。

(课题组成员: 东艳　倪月菊　苏庆义　石先进　臧成伟

马盈盈　王芳　郭若楠　文俊　王楠倩)

自贸试验区和自由贸易港
开放新模式探索研究

上海社会科学院世界经济研究所

本报告在总结六年多来自贸试验区建设经验的基础上,针对试点中存在的主要问题,提出"十四五"时期我国自贸试验区和自由贸易港开放新模式,探索我国特色自由贸易港建设新路径。

一、自贸试验区开放路径、成效和主要问题

设立自贸试验区,是我国自主开放的重大举措和实施平台。自贸试验区成立六年多来,对标国际高水平经贸规则,有效发挥了示范带动作用,引领了开放型经济的迅速发展,成为构建开放型经济新体制的重要组成部分。

(一) 自贸试验区开放的特征

与我国之前的自主开放策略相比较,自贸试验区开放具有三个方面的特征。

第一,开放重点领域是国际投资和服务贸易。自贸试验区率先实现从正面清单制度向负面清单制度的转型,推行外商投资实行准入前国民待遇加负面清单制度。在服务贸易领域,除了通过取消股权比例等服务业投资领域开放外,还包括以商业存在为核

心内容的资质互认(含法人和自然人的资质互认)、跨境交付、自然人流动等跨境服务贸易方面的试点。

第二,开放内容从边境间壁垒(重点是关税和非关税壁垒)向边境内的制度改革和创新转变。因为自贸试验区开放领域主要是国际投资和服务贸易,所以必然要求改革与国际投资、服务贸易、货物贸易监管制度和贸易便利化不相适应的国内法律、法规、规章和规范性文件,并建立与国际投资、服务贸易和货物监管制度相匹配的国内制度体系。

第三,开放方式的多样性和差异性。不同自贸试验区,所处的区域位置不同,区域经济发展也有差异性,产业的国际化程度各不相同,因而各自贸试验区方案的开放方式也有不同。概括起来看,各自贸试验区方案的开放方式有三种。第一种方式是自贸试验区方案包含有关经济体与我国签署的自贸区协定中联动开放的条款。例如,中韩自贸区协定和中澳自贸区协定中含有在上海自贸试验区开放服务业的条款。第二种方式是要求自贸试验区与邻近国家展开区域经济合作。例如,山东自贸试验区总体方案要求深化中、日、韩区域经济合作,高标准建设中韩(烟台)产业园,创新"两国双园"合作模式和加强中日、中韩海关间"经认证的经营者(AEO)"互认合作;黑龙江自贸试验区方案支持境外农业合作园区,鼓励企业对境外投资合作所得回运产品开展贸易和加工,探索"两国双园"合作新模式。第三种方式是自贸试验区与邻近境外不同关境区开展联动发展。目前已初步形成与中国香港特别行政区、中国澳门特别行政区的联动机制(广东自贸试验区),福建自贸试验区方案中也有促进两岸经贸合作方面的要求。

(二) 自贸试验区开放成效

自贸试验区推动了国际投资和服务贸易等领域的开放水平,促进了货物贸易便利化,带动了全国范围内营商环境的不断优化,充分发挥扩大开放试验田作用。

第一,自贸试验区负面清单制度不断完善,并在全国范围内复制推广。国务院批准的《自贸试验区外商投资准入特别管理措施(负面清单)》至今已分别调整了五次,负面清单持续缩短,为更符合国际投资规则的国内法律提供了坚实的基础。2019年3月15日,第十三届全国人民代表大会第二次会议通过了《中华人民共和国外商投资法》,国务院随即也颁布了《中华人民共和国外商投资法实施条例》,两者均已于2020年1月1日施行。

第二,服务业开放试点前所未有。从服务业开放的领域看,几乎涉及WTO服务部门所涵盖的所有领域,其中海南自贸试验区的服务业开放程度最高,涉及9大行业中的51项措施。从服务业开放的方式看,包含了服务贸易的三种形式,主要包括商业存在、跨境交付和自然人流动。从服务贸易列表方式看,海南自由贸易港总体方案明确要建立跨境服务贸易负面清单管理制度。2018 年,上海自贸试验区发布了《中国(上海)自由贸易试验区跨境服务贸易负面清单管理模式实施办法》,也是国内第一个服务贸易的负面清单制度。

第三,以产业发展为基础倒逼开放,形成制度改革、制度创新和扩大开放的系统集成,推进了产业升级和溢出效应。各自贸试验区根据各自的产业特点,先期试点与产业发展相关的制度改革和制度创新体系。例如,上海自贸试验区在生物制药方面开展制度创新,福建自贸试验区在全球"一站式"航空维修基地、集成电路产业链保税监管等方面开展制度创新,天津自贸试验区在融资租赁领域开展制度创新等。这都是通过制度改革、制度创新和扩大开放的有机结合,形成系统集成的制度创新,提升了产业在全球价值链的位置,扩大了产业规模,形成了区内区外的高质量供应链体系。

第四,以协同创新为突破口,以数字制度基础设施为平台,提高了治理能力和治理水平,有效防范了各类风险,为开放措施的落实提供了制度保证。国际贸易单一窗口建设、上海自贸试验区的自由贸易账户(FT 账户)建设都是自贸试验区建设账户的重大数字制度基础设施,也是数字经济条件下实现政府监管、信息共享和推动功能建设的重要平台。这些数字制度基础设施提高了政府监管能力和监管效率,为全面推动我国数字制度技术设施建设提供了建设经验。

第五,通过自贸试验区率先试点,使我国营商环境得到明显改善。从世界银行评价营商环境的企业开办、跨境贸易等十大指标看,我国营商环境近年来得到极大改善,世界银行营商环境报告中我国的排名从 2013 年的第 151 位提升至 2020 年的第 27 位。

(三) 自贸试验区开放存在的主要问题

尽管六年多来,自贸试验区提出了许多开放举措,但是相对而言比较多的是以降低关税为主要内容的开放方式,国际投资和服务贸易的先行开放难度更高。

第一,在国际投资开放领域,自贸试验区的开放内容从边境间向边境内制度改革和制度创新转变,会涉及原有国内监管制度的改革,并涉及机构协同和新制度体系的创新问题,这些相对复杂的问题在自贸试验区层面难以得到基本解决。这涉及各版《自由贸易试验区外商投资准入特别管理措施(负面清单)》与高水平的自贸协定投资规则之间存在着的实质性差距,也就是需要市场准入后所涉及的法律、法规和行政规章上制度的调整,并涉及公平竞争和权益保护等领域,受到上位法和中央相关部门之间政策协调方面的约束,地方自主改革探索的空间有限。

第二,在服务贸易领域,尽管自贸试验区提出了要推行服务贸易的负面清单制度,但进展还不理想。服务业开放涉及的国内规则要比货物贸易复杂许多,涉及服务提供商和服务提供者的资质以及与提供服务相关的国内规则,特别是其一,数字经济条件下跨境交付服务所需要的行业监管制度尚未建立起来;其二,以数据跨境流动为基础的数字贸易受到电信增值服务外资股比要求的严格限制。

海南自由贸易港方案也提出了要建立服务贸易的负面清单制度,明确了数据安全有序流动,开展在线数据处理与交易处理等业务,开展国际互联网数据交互试点,建设国际海底光缆及登陆点,设立国际通信出入口局。这些都是自由贸易港数字化的重大数字基础设施和重大开放措施,但具体推进还需要对大量国内规则的调整和适合数字经济的新规则的制定。

第三,在货物贸易领域,与供应链贸易相关的货物市场准入受到国内法律法规制约。我国自贸试验区不仅在样品、临时入境、维修和再制造领域的开放度低(高水平自贸区协定在供应链贸易领域都实施零关税),而且由于政策法规的约束,全球维修和再制造的业务都受到影响。

第四,以产业为载体的开放、制度改革和制度创新系统集成有待进一步深化。产业为载体的制度系统集成会涉及从国际投资到货物和服务的系列开放措施,以及与这些开放措施对应的现有法律法规障碍,这需要针对某个产业形成"一揽子"开放和改革措施。尽管自贸试验区在系统集成方面有了突破,但目前自贸试验区方案中大部分产业发展无法具备系统集成性开放和改革措施,因而还没有真正释放出自贸试验区的能量。

第五,更高水平的开放需要更为完善的数字制度基础设施,总体而言,国家层面政策协同性不够。目前的数字制度基础设施以国家单一机构为主进行建设,在数字元标准化、监管协同和数据共享等领域的推进较为有限。国际贸易单一窗口国家版没有以国家贸易平台的方式进行建设,也没有考虑我国各自贸试验区之间存在的差异。FT账户以中国人民银行为主进行建设,其与外汇管理局的账户之间没有形成有效的合作机制。

二、国内外形势对自贸试验区(港)建设所面临的机遇和挑战

(一)新冠肺炎疫情对自贸试验区(港)开放的影响

随着疫情在全球范围的蔓延,其对全球贸易和国际投资的影响已经十分明显。疫情对全球贸易投资中长期影响是将改变经济全球化的推进路径和方式。一是以数字技术推进的在线服务贸易发展更快,进一步深化经济全球化。二是数字

技术带动的第三代货物贸易逐步成为全球供应链贸易的主导形式,数字产品、推进数字经济的货物(传感器等信息产品)以及货物订购平台形式多样化发展趋势(例如社交平台和搜索引擎平台)。三是以安全和风险角度进行的全球价值链重构加快,欧、美、日等多个经济体配置供应链体系以及医疗产业供应链呈现收缩趋势。

疫情使自贸试验区(港)开放面临着新的发展机遇。一是数字经济将带来跨境电子商务的发展,而我国已经形成了跨境电子商务生态圈,并有世界最完整的产业链和供应链体系,为货物贸易业态和贸易方式的转型提供了发展机遇。二是我国数字技术在全球具有一定的领先地位,在国内已经形成传输的在线服务商业形态。这为我国发展数字化的服务贸易提供了良好的发展机会。当然,疫情对自贸试验区(港)也会带来挑战,全球产业链、供应链会出现较大的重构,一些产业链不完整的自贸试验区将面临挑战。

(二) 多边、区域贸易协定不同走向影响开放模式

世界贸易组织(WTO)多边贸易体制正遭受成立以来的巨大挑战,WTO 改革呼声已经被放入成员方的议事日程。WTO 多边贸易体制现有的运行机制决定了WTO 难以推进复杂的贸易协定。一是"一揽子承诺"(the Single Undertaking)决策模式使议题变得复杂,利益交叉的多边谈判(164 个成员方)难以取得实质性进展。二是"协商一致"(Consensus)决策机制在多极化世界贸易体系中难以形成决议,"协商一致"原则成为发展中成员阻碍协定达成的工具。三是争端解决机制(Dispute Settlement Mechanism)的制度弊端降低了成员方的承诺意愿。与高水平国际经贸规则相比较,WTO 贸易规则在深度和广度上的差距不是在缩小而是在扩大。

与此同时,区域贸易协定方兴未艾,1995 年 WTO 成立至今,累计生效自由贸易协定(FTA)数量为 265 个,其中 2000 年以后累计生效的协定达 232 个,最近 20年全球累计生效的 FTA 数量是关税及贸易总协定(GATT)成立至其被 WTO 取代的 47 年间全球累计生效 FTA 数量的 6.8 倍。

区域贸易协定的特点如下。一是不断纳入高标准新议题形成高标准自贸区网络,从以贸易相关规则为主,转向涵盖国际投资、国际资本流动、竞争政策、跨境数据流动、知识产权等更多高标准条款的自贸区网络。二是供应链贸易以及数字密集型产品(货物和服务)将成为主导高标准自贸区网络的主要因素。在货物跨境流动过程中,涉及商业样品通关、临时入境、维修和再制造、退税和关税延期等多个供应链环节。这就使得供应链贸易相关条款成为高标准 FTA 规则在货物贸易领域的重要体现,从而频繁出现于美墨加三国协议(USCMA)、CPTPP 等区域性贸易协定文本之中。同时,"数据"在制造和服务中所产生的引擎作用,也需要生产和

服务供应链体系中的相关参与国在跨境数据流动便利上形成合力,以提升整个区域生产和服务供应链体系的运营效率。

与欧美主导的区域贸易协定的高标准相比,目前我国的自贸区协定还需要提升,主要表现为与美国2012年双边投资协定(BIT)范本的差距(后者涵盖国际直接投资和间接投资在设立、扩大和取得全生命周期的规则),以及与供应链贸易有关的市场准入、服务贸易负面清单制度、知识产权、数字贸易规则等领域的全面差距。这种差距,或者体现为我国的自贸区协定根本没有涉及,或者体现为尽管涉及但规则的深度和法律约束性不够。

自贸试验区(港)应当对照高水平贸易协定,选择适合在自贸试验区(港)试点的贸易投资规则,取得先行开放的经验,为我国与主要贸易伙伴签署高标准贸易规定提供制度改革和制度创新的经验。

(三)中美经贸摩擦升级需要自贸试验区(港)更好营造吸收外资的环境

中美经贸摩擦长期存在,但到了特朗普上台以后中美经贸摩擦出现了加深的趋势,主要表现为美国在货物贸易领域加征税款,在国际投资领域以国家安全为由严格限制中国企业对美投资和收购兼并,并通过实体清单等国内法手段打压中国高技术产业。

但我们认为,从需求端看,外资不可能放弃我国国内巨大的消费品市场,许多跨国公司在我国的利润占整个公司利润的25%到35%。从供应链看,供应链成本受到多种因素(包括供应链沉没成本、上下游供应链关系、各种技能劳动力的数量和质量)的影响,供应链的外部成本(基础设施、政府服务等)也会影响企业投资决策。在未来相当长的一个时期,我国仍然是供应链投资环境最好的区域,当然我们也不能认为没有任何问题,各种不同的产业链和供应链变动的影响因素有所不同,仍有必要做充分的应对准备。

因此,自贸试验区(港)要围绕全球供应链体系的变化规律,与供应链贸易市场准入的开放相结合,形成适合与供应链体系发展的营商环境。

(四)"一带一路"国际合作需要创新双向开放模式

2014年至今,我国与"一带一路"沿线国家开展了全方位的合作,在多个领域取得了早期收获,特别是随着在"一带一路"沿线国家国际投资的不断增加,形成以我国企业主导建立在产业供应链体系基础上与"一带一路"沿线国家国际投资和国际贸易之间的双向流动,而境外经贸合作区成为我国对"一带一路"沿线国家投资的重要区域。

受疫情影响,我国对"一带一路"沿线国家的贸易和投资将受到不同程度的影响,而不少"一带一路"沿线国家本身脆弱的经济受到影响更大,这需要从战略上将我国与"一带一路"沿线国家的贸易和投资从数量上的扩张转变为质量上的提高。

目前,许多自贸试验区(港)方案都要求成为推动"一带一路"国际合作的核心区,这需要建立自贸试验区(港)与"一带一路"国际合作之间的合作平台,在"一带一路"沿线国家贸易协定质量普遍较低和国内投资贸易规则不健全的情况下,结合不同自贸试验区(港)的不同情况,建立自贸试验区(港)与境外经贸合作区之间的紧密贸易投资联系,形成自贸试验区(港)的战略合作支点。

(五) 我国成为全球最大消费品市场需要自贸试验区(港)构建同时为国内和国际两个市场服务的体制和机制

目前,我国消费市场一直稳居全球第二大市场,仅次于美国;2018 年,我国社会零售消费品总额达到 57574 亿美元,与美国的差距缩小到 2800 亿美元;2013 年至 2018 年五年间,我国社会零售消费品总额保持了 8%的年均复合增长率,大大超过美国 3.8%的年均复合增长率,预计中国消费品市场规模将在 2020 年超过美国,成为全球最大的消费品市场。

我国巨大的国内市场就需要自贸试验区(港)探索如何利用自贸试验区(港)获得优质离岸资源,为在岸资源提供供应链服务,并为消费市场服务。

三、"十四五"时期我国自贸试验区(港)进一步开放举措

"十四五"时期,应通过进一步增加布点完善自贸试验区网络体系,对标高水平贸易投资规则,在货物贸易、服务贸易和国际投资等领域率先在海南自由贸易港和自贸试验区扩大开放,建立与率先扩大开放相匹配的制度改革和创新体系。

(一) 建设海南自由贸易港,增加自贸试验区布局,形成更加开放和合理的开放型经济网络体系

海南自由贸易港是我国最高水平的开放形态。以中西部地区为主,通过进一步扩大资源产业开放,以建设高水平无水港和增加海关特殊监管区制度安排为核心,增设自由贸易试验区,形成更加开放和合理的开放型经济网络体系。

1. 增加西部地区自贸试验区

中共中央、国务院《关于新时代推进西部大开发形成新格局的指导意见》明确以共建"一带一路"为引领,加大西部开放力度,而国际陆海贸易新通道可向北连

接"丝绸之路经济带",向南连接"21世纪海上丝绸之路"和中南半岛经济走廊,是目前连接"一带一路"的最佳纽带。

在青海、宁夏、甘肃、新疆和西藏,以设立高水平无水港和海关特殊监管区为核心,在保证生态条件下,充分吸收国内外优质企业,以资源类产业开放带动资源类产业的深加工,并通过国际陆海贸易新通道向西与"一带一路"中欧班列连接,向南与海南自由贸易港连接,充分利用海南自由贸易港的制度设计,形成撬动产业发展的连接点。向东与沿海不同自贸试验区联动,推动不同区域依据要素禀赋进行东西部产业分工,将自贸试验区建设成为西部地区开放型经济体制的战略支点。

2. 增设中部地区自由贸易试验区

中部地区工业化体系相对比较完善,有些产业甚至在全国处于领先地位,需要通过增设以海关特殊监管区为载体,通过扩大开放,以优质离岸资源服务在岸资源,提升中部地区的对外开放水平和在国内外产业价值链的位置。

3. 海南自由贸易港开放新模式

海南自由贸易港已经确立了中长期目标以及2025年前的重点任务,其核心对接国际高水平经贸规则,以制度集成创新促进生产要素自由便利流动。构建以旅游业、现代服务业和高新技术产业为现代产业体系建设载体,推进贸易自由便利、投资自由便利、跨境资金流动自由便利、人员进出自由便利和运输来往自由便利自由流动和数据安全有序流动,并形成与海南自由贸易港建设匹配的税收、社会治理、法治和风险防控等四个方面的制度建设现代产业体系(即"1+5+1+4"开放新模式)。

海南自由贸易港建设既体现了国际自由贸易港的一般特征,也反映了自由贸易港的未来发展趋势,更反映了中国特色和海南定位,即海南建设全面深化改革开放试验区、国家生态文明试验区、国际旅游消费中心和国家重大战略服务保障区("三区一中心")的战略定位。

(二) 自贸试验区的重点先行开放领域和开放模式

应根据货物贸易、服务贸易、国际投资和跨境数据流动等不同领域,形成不同开放领域和开放模式。

1. 自贸试验区供应链贸易实行零关税

目前的全球供应链体系从原来货物中间品之间制造业系统向供应链服务端移动,形成包括产品展示、样品、结算、维修和再制造等的完整的供应链体系。区域贸易协定在货物贸易的市场准入和国民待遇方面涉及商业样品通关、临时入境、维修和再制造、退税和关税延期等多个供应链环节。无论是美国主导的区域贸易协定[例如美墨加协定(USCMA)],还是欧盟主导的贸易协定[例如欧盟—日本经济伙伴关系协定(EPA)],乃至其他区域性贸易协定[例如全面与进步跨太平洋伙伴关系协定(CPTPP)],都把供应链贸易相关条款作为高标准自由贸易协定(FTA)规则在货物贸易领域的重要体现。

需要在自贸试验区试点供应链贸易中货物临时入境、低值商业样品入境、维修和再制造的零关税制度,并通过国际贸易单一窗口实施监管。

2. 在国际投资领域,实行以产业为导向的投资开放模式

与高水平贸易投资协定相比,我国现有的《外商投资准入特别管理措施(负面清单)》的自由化程度还比较低,涵盖的领域还比较窄,但由于涉及国内规则调整的复杂性,短期内国内很难形成与高水平投资协定匹配的投资制度安排,也很难在自贸试验区全面铺开试点。因而,需要每个自贸试验区根据国家战略、区域发展和本自贸试验区的产业特色和核心竞争力,形成“十四五”自贸试验区产业规划和实施方案,提出自贸试验区重点产业的投资自由化,明确自贸试验区试点的具体产业,试点这些具体产业外资的准入后国民待遇。也就是说,对每一项试点的产业,要列出市场准入后外资的不符措施,包括法律、法规、规章、规范性文件以及政策的不符措施,明确哪些需要继续保留、哪些需要率先在自贸试验区试点取消、哪些需要形成新的制度安排,形成可预见性的限制政策措施。

3. 各自贸试验区根据需要明确进一步开放服务业的领域,重点突破生产性服务业,为产业链和供应链提供高质量的服务

围绕推进实体经济的发展,在特定产业的研发设计业、检测服务业、维修服务业和商品商贸服务业(转口贸易和离岸贸易)等领域进一步突破行政规章制度和政策的壁垒,进一步推进贸易便利化改革,试点离岸税则。

4. 有条件的自贸试验区建立与“一带一路”沿线国家境外经贸合作区之间紧密经贸合作体系

对于“一带一路”沿线国家中没有特殊经济区域专门法律的国家,建议我国与其在两国政府层面签署协定,使其制定专门境外经贸合作区法律和实施细则。一般情况下,低收入国家法律不健全,政府的透明度低,且现有投资制度和投资便利化措施实施效率低,在具体运行境外经贸合作区时会碰到各种问题,在土地、迁移、供水、供电、污水处理、项目审批、项目建设和环境等方面都需要通过以特殊经济区域法律的形式为经贸合作各方提供制度保障。

有条件的自贸试验区要对接境外经贸合作区,建立联动创新机制。尽管我国形成了103个境外经贸合作区,但从总体上看这些境外经贸合作区尚缺乏国家开放战略在我国主导产业分工体系中的整体性和前瞻性,单个市场主体(无论民营或者国有)的境外经贸合作区内的资源动员能力和风险抵御能力弱,特别是金融、投资和贸易方面获得的支持不够。要以重点自贸试验区为平台,单独设计符合国

家战略的自贸试验区和境外经贸合作区的制度创新体系,以全国优质资源支撑境外经贸合作区的产业供应链体系。

5. 与相关国家(地区)的自贸区协定联动,先行在相关自贸试验区试点

我国最近谈判的自贸区协定已经出现了产业园建设的合作条款,例如中韩自贸区协定第 17 章"经济合作"第 26 条已经有产业园的合作条款,即中韩产业园单独条款。山东自贸试验区可以通过中韩产业园率先尝试在贸易、投资和服务领域的开放。今后在与"一带一路"沿线国家自贸区协定的谈判、深化协定谈判以及双边投资协定谈判中,也可以根据实际情况,将类似内容体现在双边投资协定或者自贸区协定中,使境外经贸合作区上升到国际法的高度,增强争端解决条款的法律效力。

6. 广东自贸试验区要成为粤港澳大湾区发展制度创新的核心区,在安全和风险可控条件下全面推进要素自由流动

广东自贸试验区要通过制度创新全面推进要素的流动,为香港特别行政区和澳门特别行政区的产业升级和转型提供空间和平台,发挥各自优势,以制度创新为基础推动粤港澳大湾区在数字通信、数字服务等领域继续居于世界相对领先的位置,以优质离岸资源带动产业转型升级。

7. 福建自贸试验区要从两岸经贸合作试点转向对祖国大陆台商的优质服务

在两岸经贸合作方面,面对台湾方面阻挠两岸经贸合作,并推进"制造业回流"和"新南向政策"的不利情况,对台经贸合作重点应该从对台湾地区的经贸合作转变为对祖国大陆台商的优化服务。一是要补齐对台服务链不足和短板,重点在金融服务和专业服务等领域形成对台合作的系统性集成。二是以台商供应链为导向,探索供应链系统集成的制度创新。三是以福建自贸试验区为主导,联合江苏自贸试验区苏州片区、重庆自贸试验区西永片区和河南自贸试验区郑州片区,以稳台商供应链为基础,推进与台商相关的在投资、金融、贸易和人才流动等方面的制度创新。

(三) 海南自由贸易港重点开放模式

海南自由贸易港要以海南自由贸易港总体方案中 2025 年前重点任务为依据,形成早期收获,为启动全岛封关运作作充分准备。

1. 以海关特殊监管区和"一负三正"清单为基础,加快货物贸易自由化措施实施

为了 2025 年高标准实现全岛封关运作,建议在海南重点建设园区加快海关特殊监管区的设立,特别是崖州湾科技城等承担高新技术基地(种业和深海科技)的区域设立海关特殊监管区。因为高科技领域很难预知需要哪些货物产品,很难概

括在海南自由贸易港的正面清单里面。

洋浦保税港区率先实行一线放开、二线管住的政策措施,特别是尽快出台对鼓励类产业企业生产的不含进口料件或者含进口料件在海南自由贸易港加工增值超过30%(含)的货物的相关细则。

2. 海南自由贸易港全面试点与高水平投资规则匹配的国内投资制度

要细化总体方案中的"市场准入承诺即入制",海南自由贸易港国际投资领域的开放须直接对标国际上公认高水平国际投资规则,这些规则涉及三大领域和15项议题,具体包括投资准入(准入前国民待遇、负面清单)、公平竞争(国有企业、业绩要求、环境条款、劳工条款)和权益保护(外汇转移、金融服务、征收补偿、税收、最低待遇标准、透明度、投资授权、政治分支机构、仲裁裁决的执行)。要结合我国的实际情况,建立与国际高水平投资规则相匹配的法律、法规和行政规章制度。

3. 海南自由贸易港要建立以跨境服务贸易负面清单制度为内容的服务贸易开放新模式

海南自由贸易港要单独制定适合自由贸易港特色的服务贸易清单制度,形成比《自由贸易试验区外商投资准入特别管理措施(负面清单)》更少限制、更为开放的服务贸易负面清单制度,特别是电信增值服务的对外开放后的新型服务贸易业态所产生的更高水平的跨境服务贸易负面清单制度。

4. 海南自由贸易港试点跨境数字流动制度

依据我国《网络安全法》及其配套法规,在海南自由贸易港率先出台《个人信息出境安全评估办法》(目前在国家层面仅有国家互联网信息办公室于2019年6月13日向社会公开征求意见的征求意见稿),建立国家安全和风险控制下的自贸试验区个人信息和重要数据出境制度。在跨境数据流入方面率先允许全球数据服务提供商以不设立实体的方式为海南自由贸易港内客户提供服务,但要建立一套与跨境数据流入相关的制度体系,率先探索与数字经济相关的税则体系。

先期可以在海南生态软件园试点数字自由贸易园区,在国家网络安全和隐私规范(参照亚太经合组织的隐私框架和欧盟的《一般数据保护法》),形成海南自由贸易港基于安全和隐私规范条件下的数字自由贸易园区。

(四) 与自贸试验区(港)先行开放相对应的制度系统集成

自贸试验区(港)先行开放,需要以系统集成导向的制度改革和创新为基础。

1. 以供应链贸易为主体,形成系统集成性供应链国内规则体系

要从供应链贸易各环节为对象调整相关的法律、法规和规章。在再制造方面,

在法律上明确"旧件"和"再制造"产品的区别,调整《旧机电产品禁止进口目录》《机电产品进口管理办法》和《质检总局关于调整进口旧机电产品检验监管的公告》中涉及再制造的有关管理规定。在全球维修领域,除了类似再制造方面的法律调整之外,还要对接来料加工贸易和全球维修两种贸易模式,确立来料加工贸易下的全球维修模式。依托信息化系统监管手段,建立供应链贸易跨部门监管体系。加强海关、环保、税务、工信和商务等多部门之间的监管协同,形成供应链贸易各环节中跨部门的监管体系。各自贸试验区要构建支持供应链产业发展的配套政策体系,在财政、税收、人才引进等方面实现精准扶持。

表1　供应链贸易优化政策表

供应链环节	政策突破建议	涉及部门
临时入境	免税	财政部、海关总署
样品	免税	财政部、海关总署
全球维修	免税、《国民经济行业分类(GB/T 4754-2017)》、全球维修贸易方式和来料加工贸易方式的协调、《旧机电产品禁止进口目录》《机电产品进口管理办法》《质检总局关于调整进口旧机电产品检验监管的公告》、国内税则改革	国家统计局、生态环境部、商务部、海关总署、工业和信息化部、财政部
再制造	免税、《国民经济行业分类(GB/T 4754-2017)》、全球维修政策、《旧机电产品禁止进口目录》《机电产品进口管理办法》《质检总局关于调整进口旧机电产品检验监管的公告》、国内税则调整	国家统计局、生态环境部、商务部、海关总署、工业和信息化部、财政部

资料来源:作者整理。

2. 以产业为主导的系统集成制度改革和制度创新

借鉴上海自贸试验区、福建自贸试验区等自贸试验区系统集成制度创新的经验,各自贸试验区应结合自身产业优势和特点,形成各自特色的以产业为导向的自贸试验区系统集成制度创新。

福建自贸试验区全方位梳理飞机维修涉及的各个环节及所需的配套政策,针对发展飞机维修存在的弱项与难点,开展制度创新系统集成,实现全国领先的"海关监管一体化、航材检验便利化、支持政策配套化和产业发展链条化"的重点功能性平台,全国首创"保税仓库+修理物品+加工贸易"一体化监管制度,推出一系列支持"一站式"全球航空维修平台建设便利化措施,尝试建立与航空维修产业国际税收制度,完善航空维修产业发展扶持政策体系,加大招商引资力度。这样不仅提高了自贸试验区的创新成效,而且为国家大飞机项目提供服务。以上经验值得进一步推广。

3. 开展自贸试验区海关特殊监管区制度创新

我国现有的海关特殊监管区是 20 世纪 90 年代适应"大进大出"的制度安排，已经完全不适应当前的基于国内产业和国内市场需要而必须建立的国内国际一体化的监管制度体系，因而需要突破离岸和在岸资源有效结合的瓶颈，并确立海关特殊监管区和非海关特殊监管区的制度结合点。一是深化货物状态分类监管制度，使之涵盖从贸易、物流到制造的诸领域，特别是加快货物状态分类制度在生产领域的试点，形成离岸资源和在岸资源之间产业联系，提升产业国际竞争力。二是建立海关特殊监管区和非海关特殊监管区的主、分区制度，特别是为企业主体提供灵活设置的分区制度，实现产业内外一体化的分工体系。

（五）与海南自由贸易港相对应的制度系统集成

要根据海南自由贸易港总体方案，在国家安全和风险控制的条件下建立要素自由流动制度系统集成。

1. 以国际贸易单一窗口为平台，建立海南自由贸易港贸易安全和风险控制下的货物贸易监管制度和便利化措施的系统集成

参照联合国经济与社会理事会（UNECE）2019 年发布了贸易便利化第 37 号倡议书（Recommendation NO.37：Single Submission Portal），提议建立"单一提交门户（SSP）"，核心是单一提交门户是一个访问点，允许交易者以标准格式并与特定活动相关的信息与包括政府机构在内的有关各方交换信息。借鉴新加坡自由贸易港等经验，结合自由贸易港货物贸易的流向，形成海南自由贸易港国际贸易单一窗口系统集成体系。

海南自由贸易港的国际贸易单一窗口要建立法律框架，一是法律基础，即通过法律、法规或法令对单一窗口授权，为政府部门间数据进入和分享以及跨境信息交换授权；二是授权法律框架，包含竞争、争议解决和责任问题、数据质量、数据保护、数据隐私和数据电子签名交换、电子文件同纸质文件的等价、电子订约等；三是法律的国际标准，即非歧视性、技术中立、法律互相操作性和地理中立等，借鉴新加坡国际贸易单一窗口等建设经验，建立与现代数字技术（区块链和云计算等）相匹配的法律体系。

2. 以现代产业体系建设为平台加快实施市场准入后的投资规则

重点在公平竞争和权益保护方面建立适合海南自由贸易港特点的投资规则制度，特别是在数字经济条件下的相关投资规则和知识产权保护规则。

3. 加快形成跨境服务负面清单制度相关的国内规则

海南自由贸易港要建立与跨境服务贸易负面清单相配套的国内规则体系，特别是对跨境交付中的服务提供商的资质和自然人的资质认可制度、对服务提供商

的事中事后监管制度体系。海南自由贸易港重点进行数字贸易的规则突破,在《中华人民共和国网络安全法》及其配套法规基础上形成可操作性的数字贸易国内规则体系。

（课题组成员：沈玉良　彭羽　陈历幸　吕文洁　高疆）

扩大服务业对外开放
进程和步骤研究

中国社会科学院经济研究所

服务业对外开放已经成为推动中国全面深化改革、继续扩大开放的关键抓手,也是推动形成全面开放新格局的关键力量,更是推动中国产业价值链迈向中高端的重要动力。为此,本报告系统分析了我国服务业发展历史、现状和问题,进一步对我国服务业发展前景和服务开放的发展趋势进行预测分析。在此基础上,提出了我国服务业对外开放的总体目标、思路、步骤和重点领域。

一、我国服务业发展历史、现状和问题

(一) 我国服务业发展历史和现状

改革开放以来,我国服务业以较快的速度发展,在国民经济中的地位不断上升。特别是近几年,中国服务业发展保持了"稳中有进"的良好态势,并且对拉动经济增长和产业发展、扩大就业、促进增加值出口方面发挥了越来越重要的作用。

1. 服务业规模持续扩大,对 GDP 增长的贡献明显提高

1980—2017 年,中国服务业增加值年均增速超过 18%,增加值占 GDP 的比重从 22.3% 上升到 51.6%,提升了 29.3 个百分点,

服务业对 GDP 增长的贡献率也从 1980 年的 19.2% 上升到 2017 年的 58.8%,提升了 39.6 个百分点,表明服务业已成为我国国民经济的支柱产业。与此同时,第一产业增加值比重逐步下降,第二产业增加值比重也在波动中有所下降,第二产业增加值比重波动态势与服务业相反。以不变价计算的三次产业结构和贡献显示,选取的不变价基准年份越近,服务业的增加值比重越高,对经济增长贡献越大。若以 2005 年为基准年份,2001—2013 年服务业对经济增长的贡献率达 56.8%,比第二产业(30.4%)高 26.4 个百分点。

2. 服务业结构不断升级,对产业发展的带动作用仅次于第二产业

随着经济发展的阶段性变化,不同类型服务业的演变特征和趋势呈现明显差异。这就需要从结构化视角出发,基于一定的标准对服务业内部行业做必要分类,在此,选取辛格曼的"四分法",即将服务业划分为流通性服务业、生产性服务业、个人服务业、社会服务业四类,对中国服务业结构升级进行研究。20 世纪 90 年代以来,流通性服务业一直是中国服务业内部最主要的行业。伴随服务业结构调整的持续推进,近年来流通性服务业发展总体稳定。根据 2014 年 WIOD(全球投入产出数据库),中国批发、零售业和交通运输、仓储及邮政业增加值占服务业增加值比例分别为 18.88% 和 11.55%,居于首位和第二位,典型性发达国家与此情况类似,具体比值也与中国相差不大。金融业占比与发达国家情况也较为类似,中国为 10.23%,发达国家的金融业占比在 7.18%—12.26% 之间。需要注意的是,卫生社会保障和社会福利业、信息传输计算机服务和软件业、科学研究技术服务和地质勘查业占比方面,中国皆小于发达国家。中国这三类服务业占比分别为 6.17%、5.58% 和 4.35%,而发达国家占比分别为 7.89%—10.35%、7.24%—8.52%、4.6%—7.85%,显示中国分配性服务业占比相对较高,而生产性服务业和教育卫生信息等服务业占比较低,未来中国服务业的整体质量还有较大提升空间。

3. 服务业就业增长显著,成为吸纳就业的主渠道

伴随着服务业的快速发展,服务业已成为中国吸纳就业最多的产业,为扩大就业作出了重要贡献。1980—2017 年期间,中国服务业就业占全社会就业的比重从 13.1% 上升到 44.9%,提升了 31.8 个百分点;在此期间,第一产业就业比重逐步下降,第二产业就业比重上升幅度较小。2011 年,服务业就业比重首次超过第一产业,并在此后不断拉大与第二产业和第一产业的差距。

国际经验表明,随着人均 GDP 上升和城镇化进程加快,服务业将成为吸收劳动就业的主渠道。国际上大多数国家和地区的服务业就业人员远多于第二产业就业人员,中高等收入国家的服务业就业人数通常是第二产业的 2—3 倍;美国服务业占 GDP 的 80%,总人口的 80% 就职于服务行业。考虑到中国庞大的人口规模和日益严峻的老龄化趋势,中国服务业就业比重在未来还会快速提高,其创造就业岗

位、解决劳动就业的能力也将进一步提升。

4. 服务业出口不断增长,对增加值出口贡献率有所上升

自 2014 年以来,中国已成为世界第一大贸易国,其中制造业贸易的贡献最大。按传统总值贸易统计方法,2012 年中国工业制成品出口为 19481.56 亿美元,是服务出口(1904.04 亿美元)的 10.23 倍,1990 年到 2012 年期间,工业制成品出口与服务出口的比值平均在 8 以上。2012 年中国工业制成品进口额为 11834.71 亿美元,是服务进口额(2801.40 亿美元)的 4.22 倍,1990—2012 年的工业制成品进口与服务进口之比平均在 6 以上。从贸易顺差来看,中国总贸易顺差完全由工业品贸易顺差带来,服务贸易基本上处于逆差,而且逆差的绝对值不断增加。因此,从总值贸易角度看,服务贸易规模远低于制造业。

服务贸易在国民经济中的地位和作用日益凸显。欧盟国家服务出口占 GDP 的比重都在 10% 以上,且呈逐年增加的趋势。各国服务产品出口占 GDP 的比重总体上呈逐步上升趋势,但上升幅度不大,39 个国家和地区的平均水平从 1995 年的 9.33% 增加到 2010 年的 15.07%。中国的服务产品出口占 GDP 的比重大致为 4%,呈现出较为明显的上升趋势。然而被忽略的是,中间贸易中服务产品日益增加。近期有关贸易增加值(TIVA)的测算研究表明,经合组织(OECD)国家的增加值出口中近 45% 来自服务业,而在总值贸易统计中,服务业出口只占到 25%。在这样的背景下,总值贸易统计实际上低估了服务业在国家中的角色。从中国贸易总出口的增加值分解来看,经由服务业渠道出口的国内增加值的能力强于第二产业,相当部分服务业增加值是隐含在其他产业部门(工业)而间接出口。

(二) 我国服务业发展存在的问题

1. 服务业增加值占 GDP 的比重不仅远低于发达国家,也低于一些发展中国家

2020 年,我国服务业增加值占 GDP 的比重为 54.5%,这远远低于欧美主要发达国家美国、英国、德国等国家水平,甚至比相同发展水平或落后国家的服务业增加值占 GDP 比重还要低。2010 年,美国、德国、法国等发达国家的服务增加值占 GDP 的比重都达 70% 以上。即使与我国发展阶段相近的印度的服务业增加值占 GDP 比重也达到 55%(2010 年);巴西的服务业增加值比重更是达到 67.04%(2010 年),比我国高近 10 个百分点。

2. 服务业增加值率比较低

增加值率指在一定时期内单位产值的增加值。增加值率越高,说明该产业创造价值的比重越高,相应生产中的中间消耗越低,属于高附加值产业。由于我国服务业以劳动密集型行业为主,且劳动报酬水平低,从而一定程度上导致了我国整体

服务业的增加值率相对较低。

3. 服务业结构不尽合理

我国服务业不但整体发展水平较低,而且其内部结构不尽合理。服务业的区域、行业发展不平衡,生产性服务业占比较低。

(1)地区服务业发展水平差距大。近年来,我国各地区的服务业增长较快,但受地区经济发展水平、自然禀赋、人口和环境的影响,服务业发展水平的差距较大。地区间人均服务产品差距明显大于地区间的 GDP 差距。

(2)传统服务业比重较高,现代服务业发展滞后。传统服务业比重较高,而现代服务业发展滞后,是我国服务业发展中面临的行业结构问题。当前,服务业主要集中在商贸、餐饮、仓储、邮政等传统服务业上,金融、电信、信息服务、商务服务和租赁服务、科学研究等现代服务业发展不足,服务业仍处于低层次结构水平,尽管近几年服务业内部结构有所改善,新兴产业有一定的升级趋向,但还没有成为产业增长的主体,传统部门和一般产业仍是带动服务业增长的主要力量。

(3)生产性服务业产值规模小,发展水平较低。生产性服务业在众多发达国家和地区已经获得了长足的发展,在许多新兴经济体,现代生产性服务业正处在蓬勃发展时期。生产性服务业有利于促进一国产业结构升级,促进就业和地区经济发展,生产性服务业发展水平的高低体现了一国的经济发展程度。但是,我国生产性服务业发展水平低,对制造业的支撑作用远没有发挥出来。鉴于现代服务业中大部分行业属于生产性服务业,从现代服务业和行业角度来看,我国生产性服务业发展规模和水平严重滞后。若从中间投入角度来,我国作为中间投入的服务产品占 GDP 的比重也显著低于西方主要发达国家。

4. 体制和机制障碍制约了服务业发展

一是服务业部分细分行业垄断最为严重,但以金融、电信、铁路、民航、教育、新闻出版传媒等生产性服务业领域为甚,这些行业普遍竞争力不强,效率低下。二是市场准入的门槛还比较高,尤其是对民营企业的门槛比较高。除餐饮、商贸等传统服务业外,其他服务业的市场准入门槛比较高。如银行、保险的经营牌照基本上政策分配的。很多新兴服务业民营企业介入较难,抑制了服务业的发展。三是管理体制比较落后,与市场经济的要求存在一些差距。与工业企业相比,缺乏具有国际竞争力、符合现代企业制度要求的大型企业。四是真正落实和可操作性的服务业发展支持政策缺乏,过去一些财税、金融政策都是针对工业部门而出台,许多对于服务业并不适应。如银行贷款一般要求资产抵押,而对于服务企业中像知识产权、品牌等无形资产占主导,造成许多服务业企业贷款困难。

二、"十四五"时期及未来我国服务业发展前景分析

未来 10 年是我国服务业快速发展时期,服务业将保持平稳快速的增长态势,服务业增加值占 GDP 的比重将大幅提升。首先,经济结构转型升级需要服务的快速发展。产业结构优化升级需要生产性服务业的快速发展,同时,人民生活水平的提高,对服务水平和质量的要求提高,促进生活性服务业快速发展。其次,我国经济进入中高速增长的新常态,工业(尤其是制造业)的增长态势放慢,国内外需求下降,工业品价格指数将在低位徘徊,进一步拉低了工业品在国民经济中的比重,也将促进服务业的比重进一步提高。为了准确预测未来我国服务业的发展趋势,本报告将利用简单的趋势外推法对服务业增加值和服务业占 GDP 的比重进行预测。同时为了预测服务业的内部结构的变化趋势,拟结合最新投入产出表数据,利用使用法对中国生产性服务业、居民服务消费和政府服务消费等进行更为科学的预判,预测我国服务业增加值比重、就业比重、服务贸易规模、生产性服务业发展水平等。综合以上预测方法得到第三产业的增加值和相关占比如下。

表 1   中国第三产业的增加值和比重预测

年份	第三产业增加值(万亿元)	第三产业增加值占比(%)	第三产业就业占比(%)
2020	55.1513	55.2	48.23
2025	81.1342	61.2	52.72
2030	116.4352	67.2	56.33

注:2020 年数据基于建模的预测值,该值与国家统计局公布的真实数据非常接近,2020 年第三产业增加值为55.3977 万亿元,占比为 54.5%。

(一)中国未来经济增长预测分析

综合考虑国际货币基金组织等研究报告和其他有关因素,在后续预测中假设:"十三五""十四五""十五五"时期年均增长率约为 6.5%、5.8%、5.5%。同时,我们也对相关参数的假设进行了敏感性分析。

表 2   基准情景下的中国 GDP 增长率和 GDP(不变价)

年份	GDP(万亿元)	GDP 增长率(%)
2021	106.0064	6.1
2022	112.2608	5.9

续表

年份	GDP（万亿元）	GDP 增长率（%）
2023	118.7719	5.8
2024	125.5419	5.7
2025	132.5723	5.6
2026	139.8638	5.5
2027	147.5563	5.5
2028	155.6719	5.5
2029	164.2338	5.5
2030	173.2667	5.5

（二）外推法预测服务业增加值和比重

根据"十二五"时期服务业增加值占比变化情况，以及现阶段和未来我国经济发展趋势，我们设计了 3 种情景。其中中情景（基准情景）是最有可能发生的。

1. 低情景

保守估计从 2017 年以来，年均增长将达 0.7 个百分点。也就是说，2020 年服务业增加值占 GDP 的比重达到 53.7%；到 2025 年达到 57.2%；到 2030 年达到 60.7%。

2. 中情景（基准情景）

假设在"十三五"时期，维持 2011—2015 年的平均增长速度，即从 2017 年后，年均增长 1.2 个百分点。到 2020 年服务业增加值占 GDP 比重达到 55.2%；到 2025 年达到 61.2%；到 2030 年达到 67.2%。

3. 高情景

假设第三产业占比每年增长 1.7%。到 2020 年服务业增加值占 GDP 比重达到 56.7%，到 2025 年达到 65.2%，到 2030 年达到 73.7%。

表3　服务业增加值占 GDP 比重的预测（趋势外推法）

年份	低情景（%）	中情景（%）	高情景（%）
2020	53.7	55.2	56.7
2021	54.4	56.4	58.4
2022	55.1	57.6	60.1
2023	55.8	58.8	61.8
2024	56.5	60.0	63.5
2025	57.2	61.2	65.2
2026	57.9	62.4	66.9
2027	58.6	63.6	68.6

续表

年份	低情景(%)	中情景(%)	高情景(%)
2028	59.3	64.8	70.3
2029	60.0	66.0	72.0
2030	60.7	67.2	73.7

　　表4是利用趋势外推法对我国第三产业GDP占比的预测结果。从最有可能的情景(中情景)来看,到2020年我国服务业占GDP的比重将达到55.2%,到达中等服务业发展水平;到2025年服务业占GDP的比重达到61.2%,进入服务业强国的水平层次;到2030年服务业增加值占GDP的比重达到67.2%,基本服务业强国中的中等水平层次。根据前述对我国GDP的预测结果,可以进一步计算服务业的增加值规模。

表4　趋势外推法预测第三产业增加值规模和占比(以2017年为基准)

年份	第三产业增加值 (万亿元)	第三产业增加值占比 (中情景)(%)
2020	55.1513	55.2
2025	81.1342	61.2
2030	116.4352	67.2

(三) 2020—2030年服务业就业比重估计

　　鉴于就业弹性变化趋势,服务业的资本密集化程度加深,本报告假设自2017年后,服务业的就业弹性为0.3,整个经济的就业弹性为0.04。根据服务业和整个经济的就业弹性,从而推算出服务业就业比重。

表5　2020—2030年服务就业比重预测

年份	全社会就业人数(万人)	服务业就业人数(万人)	服务业就业比重(%)	服务业新增就业人数(万人)	全社会新增就业人数(万人)
2020	78247	37728	48.22	955.5988	196.6872
2021	78414	38521	49.13	792.9086	167.0577
2022	78576	39306	50.02	785.1761	161.9254
2023	78736	40093	50.92	786.5363	159.5096
2024	78893	40880	51.82	787.5387	157.0776
2025	79047	41669	52.71	788.1745	154.6298
2026	79178	42299	53.42	630.7481	130.4282

续表

年份	全社会就业人数（万人）	服务业就业人数（万人）	服务业就业比重（%）	服务业新增就业人数（万人）	全社会新增就业人数（万人）
2027	79308	42936	54.14	636.9305	130.6434
2028	79439	43580	54.86	643.2339	130.8589
2029	79570	44229	55.59	649.6574	131.0748
2030	79702	44885	56.32	656.1999	131.2911

根据预测结果,由于服务业的就业弹性和增加值增长率都高于整个经济的就业弹性和增长率,服务业的就业比重稳步上升,到 2020 年服务业就业比重达 48.22%。服务业新增就业岗位是远远大于全社会的新增就业岗位,也就是农业或工业在未来可能出现就业负增长。到 2030 年,服务业就业比重达到 56.32%,达到发达国家中等水平。综合上述,我们可以得到服务业增加值占 GDP 比重、服务业就业比重的预测结果。

表6　2020—2030 年服务业增加值比重和就业比重

年份	GDP（万亿元）	第三产业增加值（万亿元）	第三产业增加值占比（%）	第三产业就业占比（%）
2020	99.9118	55.1513	55.2	48.2
2025	132.5723	81.1342	61.2	52.7
2030	173.2667	116.4352	67.2	56.3

（四）投入产出模型估计方法

服务业的最终使用主要包括居民服务消费、政府服务消费、固定资本形成总额中服务部分以及服务净出口。由于我国统计局没有公布每年生产性服务业、居民服务消费、政府服务消费、固定资本形成总额中服务部分以及服务净出口等具体数据,本报告拟利用投入产出表中有关的结构数据来推算"十三五"时期,生产性服务业、居民服务消费和政府服务消费等数据,进而预测我国服务业增加值比重、就业比重、服务贸易规模、生产性服务业发展水平等。为了科学论证结构参数的这种变化趋势,本报告根据全球投入产出数据库（WIOD 项目）的数据,分析世界主要国家服务业变化趋势及相关结构参数变化,以为本报告预测假设提供经验证据支持。根据以上理论模型和假设,我们预测了 2020—2030 年服务业发展主要经济变量。以下我们列出了一些主要预测结果。

表7　2020—2030 年服务业占 GDP 比重的预测结果

年份	第三产业占 GDP 的比重（%）	第三产业 GDP（万亿元）
2020	59.3	59.2957
2021	60.8	64.4906
2022	62.3	69.9665
2023	63.8	75.7924
2024	65.3	81.9812
2025	66.8	88.5454
2026	68.0	95.0969
2027	69.2	102.1012
2028	70.4	109.5883
2029	71.6	117.5901
2030	72.8	126.1407

注：数据采用以 2017 年为基准的不变价值。

从表7可以看出，在本报告的假设条件下，到2020年时中国第三产业增加值占 GDP 的比重能够提升到约59.3%。到2025年，第三产业增加值占 GDP 的比重为66.8%，达到发达国家中下水平。到2030年第三产业的比重到达72.8%，达到发达国家的中等水平。

综上可以看出，趋势外推法和使用法预测的服务业增加值和占比基本一致。使用法投入产出模型中，由于我们利用了国际服务业发展趋势，来估算中国服务业的发展趋势，有可能高估了我国服务业发展趋势。从稳健的角度来看，趋势外推法的结果更为保守。

（五）服务业劳动生产率预测

由于服务业的子行业差异较大且垄断行业比重大，测算全要素生产率存在很多问题，故以劳动生产率来替代。根据前面预测的服务业增加值和服务业就业人员，我们可以计算到2030年的服务业劳动生产率。

表8　2020—2030 年服务业劳动生产率

年份	全国劳动生产率（万元/人）	服务业劳动生产率（万元/人）	GDP（亿元）	全社会就业人数（万人）	服务业增加值（亿元）	服务就业人员（万人）
2020	12.7687	14.6180	999118	78247	551513	37728
2021	13.5188	15.5207	1060064	78414	597876	38521

续表

年份	全国劳动生产率（万元/人）	服务业劳动生产率（万元/人）	GDP（亿元）	全社会就业人数（万人）	服务业增加值（亿元）	服务就业人员（万人）
2022	14.2869	16.4508	1122608	78576	646622	39306
2023	15.0849	17.4190	1187719	78736	698379	40093
2024	15.9130	18.4257	1255419	78893	753252	40880
2025	16.7712	19.4713	1325723	79047	811342	41669
2026	17.6645	20.6327	1398638	79178	872750	42299
2027	18.6054	21.8570	1475563	79308	938458	42936
2028	19.5963	23.1474	1556719	79439	1008754	43580
2029	20.6401	24.5074	1642338	79570	1083943	44229
2030	21.7394	25.9406	1732667	79702	1164352	44885

从表 8 中可以看出，在趋势外推和就业预测基础上，我们估算到 2020 年中国服务业劳动生产率提升到约 14.6180 万元/人；到 2025 年中国服务业劳动生产率为 19.4713 万元/人；到 2030 年中国服务业劳动生产率到达 25.9406 万元/人。

三、服务业对外开放发展趋势

（一）全球服务业对外开放趋势

1. 服务业已成为国际市场竞争的新焦点，服务业国际竞争力将进一步分化

当前，服务作为满足市场需求的一部分，不仅仅受到服务业的重视，也不断得到传统工业生产企业的关注，服务业已成为国际市场竞争的新领域，各国尤其是发展中国家对国际服务贸易市场的重视程度日益提高。随着越来越多的人接入互联网并与世界其他地区进行数字化贸易，这一趋势可能会继续增长。

就当前服务业国际竞争力而言，美国在服务贸易领域的地位仍居于首位，不仅在传统的服务贸易领域如交通运输、旅游服务等具有绝对优势，在金融保险以及版税和许可证费用方面较其他国家的优势也比较明显。从长期来看，美国将在这些领域继续保持竞争力优势；而在通信、计算机和信息服务领域，美国的地位受到来自中国、印度以及英国和德国的挑战，基本呈现出全面竞争的格局。例如，美国 IT 服务出口所占的份额从 1990 年的 45% 下降到 2014 年的 8%，美国在这一领域的份

额已经落后于欧元区、印度和爱尔兰。从当前贸易摩擦、贸易争端的领域也可以看出服务贸易尤其是在金融、通信、计算机和信息服务领域内的服务贸易市场将成为国际市场竞争的新焦点。在服务贸易自由化的大趋势下,相关的贸易规则及其争端解决机制也亟须制定。

2. 全球服务贸易增速继续高于货物贸易的趋势将愈加明显

长期以来,全球贸易结构中货物出口一直占据绝对主导地位。但近年来,伴随全球产业结构调整、服务可贸易性不断增强以及服务贸易规则的不断推行,服务出口贸易得以迅速发展,尤其是近年来,以明显超过货物出口增速的势头在发展。虽然自 20 世纪 80 年代以来,全球服务贸易增长势头已初现曙光,但很长一段时间内,其增长势头并没有显著超越货物贸易,增长"新引擎"的功能似乎还没有完全显现。然而这一状况在 2008 年国际金融危机致使全球货物出口经历调整期后,发生了显著变化。2000 年至 2017 年的服务贸易年均增长率均为7.83%,货物贸易年均增长率仅为 3.55%。截至 2017 年,服务贸易进出口总额占国际贸易进出口总额的比重达到 22.45%,较 1980 年提高了 6.67 个百分点。特别是 2015 年,在全球货物出口呈现负增长的情况下,全球服务出口增速远超货物出口的趋势越来越明显,服务出口已在一定程度上显示出增长"新引擎"的功能特征。

3. 服务业呈"全球化"和"碎片化"发展趋势

20 世纪 80 年代以来,全球价值链日益成为国际分工的主导模式。服务业在全球价值链中的作用日益凸显,不仅表现为服务成为"链接"产品生产不同环节和阶段的重要"黏合剂",发挥着协调运营、总部管理等重要作用,而且服务本身(如研发、设计和营销等)也越来越成为价值链中的重要增值环节。联合国贸发会议发布的《全球价值链与发展:全球经济中的投资和增加值贸易(2013)》报告表明,1995—2011 年期间,全球制成品贸易中所内含的服务增加值比重不断提高,已由1995 年的不足 10%上升到 2011 年的 21.8%。当前,服务贸易在全球价值链中的重要性不断提升。服务出口占全球出口的比重只有 20%,但一半左右的出口附加值来源于服务。其中,如美国等发达经济体出口的制成品中,所内含的服务增加值已经超过 25%,而对于中国等已深度融入全球价值链的经济体而言,其制成品出口中所内含的服务增加值也均在 15%以上。

从发展趋势看,加大服务外包力度,或者通过 FDI 的形式推动服务业跨国转移以寻求更低的成本优势,将成为今后跨国公司的重要选择。发达经济体的跨国公司必然将更多的服务提供流程、环节和工序等外包出去。

（二）中国服务业对外开放问题和发展趋势

1. 中国当前服务业对外开放问题

（1）我国服务业和服务贸易发展水平与经济规模不相匹配

由于受我国经济发展阶段制约,同时由于思想认识和理论指导上的偏颇以及计划经济体制等因素的影响,长期以来,我国服务业和服务贸易的发展受到忽视,在整体经济中的地位始终处于被压抑的状态,发展缓慢。

从市场层面看,产业需求不足和要素供给不足并存。一方面,产业需求不足。国内对现代服务业的需求还没有充分释放,特别是政府部门和国有大型企业服务外包意识不强,许多服务需求还是通过内设部门或下属子公司提供。另一方面,高端人才等核心要素供给不足。

从政府层面看,政策体系不科学与政府服务不到位。一是政策内容不完整,彼此不协调。二是操作性差,政策执行程序不清楚。就政府服务而言,审批手续仍然复杂,周期过长;政务信息不够完备和公开;对一些服务价格管制过死;等等。

（2）我国服务业对内自由化程度仍然不高

我国的服务业对内自由化程度比较低。在20世纪80年代,绝大多数服务业的对内开放都处于探索阶段,只是到了90年代才开始有了一定的发展。在第三产业的管理和政策上,地方、部门、行业各自为政,政出多门,从而使其只局限于管理各自管辖的服务部门。部门、地方的保护主义严重,导致许多重要的服务行业长期处于垄断状态。服务业的对内自由化进入90年代才有了一定的发展。但除了商业和部分专业化服务等服务业的对内自由化真正获得了一定程度的进展外,许多重要的服务业实际上主要是处于摆脱计划经济体制束缚并逐步向社会主义市场经济体制转变的过程中,但改革和自由化进程较为缓慢。如金融服务业的改革,在1993年以前基本属于探索和渐进阶段,只是从1994年以后才开始进入深化改革阶段。到目前为止,仅仅使我国的金融体系接近于市场经济国家的金融体系,在自由化方面可以说才稍有起色。

（3）我国服务业对外自由化程度也较低

我国服务业的对外开放程度相当低,远远落后于制造业的开放进程。我国服务业对外开放的部门最初是餐饮饭店、房地产业,然后扩展到交通运输、能源、金融保险、分销、民用航空、专业和商业服务等领域。随着改革开放的不断深入,开放的广度和深度都有了提高。至今,我国的服务业各部门已不同程度地对外开放。但与绝大多数国家相比,我国的服务贸易自由化程度仍然相对较低,许多服务业部门的开放都是在90年代才开始试点,如分销、海运、专业服务等。

改革开放以来,我国引进了大量的外商直接投资,但主要集中在制造业。对大部分服务行业的外资引进则非常谨慎,基本上都采取的是只允许合资或合作方式,某些部门对外资作了很大限制,有些部门则不允许外商投资。这些措施都影响了我国服务业的对外开放水平,使我国服务业的对外自由化任重而道远。

(4)国际服务业开放标准不断提高,需要适应国际经贸新规则

21世纪以来,由于多哈回合进展缓慢甚至趋于停滞,以自由贸易协定为代表的区域经济合作逐步成为重塑国际经贸规则的重要机制与平台。跨太平洋伙伴协议(TPP)、跨大西洋贸易与投资伙伴协议(TTIP)、综合性经济贸易协议(CETA)等高水平协定要求各方货物自由化水平达到95%以上,工业制成品自由化水平接近100%。从涵盖领域上看,国际经贸规则逐步由传统的边境议题向边境后议题不断延伸,聚焦点从货物贸易转变为"三位一体"的"货物贸易—服务贸易—投资"。

这种发达国家主导的自由贸易协定要求扩大服务业市场准入并提高各成员国服务贸易政策的透明度,同时在自由贸易协定文本中新增了金融服务、电子商务等服务业专门条款。美国在双边和多边贸易协定谈判中率先推出了数字贸易规则,大力推动数字贸易国际规则的制定。

从各国已签署或正在谈判中的区域和双边自由贸易协定来看,服务贸易章节已成为各国极为关注的领域,而且服务业开放的标准不断提高。从规则标准来看,传统贸易投资领域的高水平开放和规则议题的高标准要求成为发展趋势,以CPTPP、TTIP和TISA为代表的国际经贸新规则将内容扩展至包括知识产权、竞争、投资、环保、消费者保护、技术与科研等。因此,面对西方发达国家倡议的高标准、多领域的国际经贸规则体系,我国需要把握好深化国内改革和扩大对外开放的节奏,积极参与国际经贸规则重构,不断提高规则制度话语权,努力与国际高标准规则接轨,积极提出符合中国发展利益、体现中国优势的新议题和新规则。

2. 中国服务业对外开放发展趋势

第一,我国服务贸易快速发展,很多年份增速快于货物贸易,在2012年以来全球贸易减速中,成为增长新亮点,目前已经成为全球服务贸易的重要组成部分。2012—2017年,我国服务贸易年均增长7.8%,规模跃居世界第二;特别是2017年服务出口增长了10.6%,是七年来的最高增速。

第二,虽然我国服务出口占国际市场的份额不断提高,但我国在国际上具有竞争力的服务行业和服务业企业仍偏少。从2008年起,我国服务贸易逆差急剧扩大,2010年我国服务贸易逆差为219亿美元,2017年达到了2554亿美元。我国除在广告、建筑服务、计算机和信息服务、咨询等部门处于少量顺差状态外,其余部门都出现不同程度贸易逆差。旅游、运输、特许权转让、专利等技术交易是我国主要服务贸易逆差行业。

第三,我国政府认真履行加入WTO议定书的承诺,逐步扩大服务市场的开放

度,我国服务业对外开放的门类数量已经超过入世承诺的水平。同时,外资质量持续提升,产业结构进一步优化。2011年,我国服务业实际利用外资规模首次超过第二产业。2012年以来,我国服务业实际利用外资规模继续增长,服务业利用外资占比越来越高,跨国公司在华投资设立的地区总部、研发机构等高端功能性机构继续聚集。国务院印发《关于加快发展服务贸易的若干意见》等促进服务贸易发展的相关文件,在各地开展服务贸易创新发展试点,在北京开展服务业扩大开放综合试点,探索推进服务业体制机制改革,加大对外开放力度。

四、我国服务业开放的总体思路和目标

(一)总体思路

以习近平新时代中国特色社会主义思想为指导,坚持创新、协调、绿色、开放、共享新发展理念,从思想观念、管理机制、政策体系、监管体系、发展模式等多角度入手,提升市场活力,切实提升中国服务的国际竞争力,促进服务业高质量发展,推动形成我国服务业形成全方位、高水平、多层次的开放新格局。

1. 坚持对外开放,注重防范风险

坚持对外开放,首要是坚持解放思想。以思想解放切实推进我国服务业开放工作进程,解决阻碍我国对外开放工作中的不敢开放和不想开放的问题。科学理性审视服务业对外开放对我国服务业长期发展的影响和作用,下更大决心深化推动服务业对外开放。注重防范风险,要全面分析服务业开放的潜在风险,积极制定完善服务业开放风险防范体系,重点审慎应对关键领域对外开放的系统性风险。

2. 重点领域突破,有序循序推进

深化推进我国服务业开放进程,应兼顾重点突破和均衡循序推进。重点突破,即合理制定开放领域和开放区域的优先前后排序。对那些影响我国改革开放全局、对我国经济结构性改革起到至关重要作用、决定服务业自身开放成功与否的生产性服务业,以及对满足人民群众日益增长的物质文化需求起到关键调节作用的生活性服务业,应该实施重点优先突破开放。同时对那些自身服务业基础良好、市场优势明显、市场需求旺盛的区域,应该给予优先开放的发展条件。

3. 推动双向开放,利用两个市场

推进我国服务业开放的过程中,也应特别注意兼顾对外开放和对内开放的公平性。对外资企业和内资企业实施相同标准的市场准入制度,促进不同性质的市场主体公平合理竞争。避免内资企业垄断国内市场的同时,也需要警惕外资企业享受超国民待遇。

4. 积极主动试验,驱动创新发展

从我国自身发展需求出发,结合我国市场经济体制特色,主动试验服务业开放体制机制,促进服务业管理制度改革,通过主动试验、主动推广,积极积累服务业开放经验。

(二) 发展目标

1. 深化服务业开放,多维度提高服务业发展水平,推动我国经济高质量发展

首先,通过深化服务业开放,推进服务业供给侧改革,全面提升服务产品质量,促进和改善居民消费水平,推动宏观经济需求结构调整,增强消费对经济的拉动作用。

其次,通过竞争要素的引入,完善服务业市场机制,构建稳健市场体系。高层次、国际化、高品质的境外资金、技术、人才、管理标准、市场理念等要素的进入,无疑将会推动我国服务市场体系的有序、健康发展。稳健、开放、有序的市场构建,可以有效地防范、吸收、对冲市场风险。

最后,通过扩大服务业开放,促进服务业发展和制造业升级,根本上推动我国产业结构战略调整。服务业开放有利于引进更为前瞻、先进的生产性服务业要素,例如科技服务、电子商务等,推动我国制造业服务化,提升我国全球价值链地位,增强产品附加值,实现制造业转型升级。

2. 提升全球经贸体系话语权,优化对外贸易结构,促进贸易强国建设

全球经贸体系正处于阵痛变革期,WTO 框架下的多边贸易治理体系已经无法满足日益复杂而多元的国际贸易趋势。长期以来,我国服务业开放水平较低,制约了我国参与全球经贸治理的能力和角色。利用服务业扩大开放,积极参与国际贸易规则的新一轮谈判,有助于重新定位我国在全球经贸体系中的位置。优化我国对外贸易结构,提升服务贸易比例,在全球贸易结构变革中抢占先机,逐步降低服务贸易逆差,缩小与发达国家的服务贸易差距。

(三) 服务业对外开放的重点领域

"十四五"时期,服务业对外市场开放的重点领域选择,一是要重视市场对外开放可能会引起国内的产业安全问题,优先选择我国具有比较优势的产业进行开放;二是要充分认识国际竞争对产业发展带来的促进作用,积极推动国内市场竞争已经比较充分的服务行业主动开放,迎接挑战。

"十四五"时期我国服务业对外开放的重点领域也要考虑目前政策已经打开的产业机会窗口。随着我国开放型经济新体制的构建,新一轮较高水平的对外开

放势在必行。2017 年,《国务院关于扩大对外开放积极利用外资若干措施的通知》明确服务业重点放宽银行类金融机构、证券公司、证券投资基金管理公司、期货公司、保险机构、保险中介机构外资准入限制,放开会计审计、建筑设计、评级服务等领域外资准入限制,推进电信、互联网、文化、教育、交通运输等领域有序开放。同时积极推动鼓励外商投资高端制造、智能制造、绿色制造等,以及工业设计和创意、工程咨询、现代物流、检验检测认证等生产性服务业。2018 年,商务部提出下一步将重点扩大金融、电信、医疗、教育、养老等领域开放,进一步放宽甚至取消银行、证券、基金管理、期货、金融资产管理公司等领域对外资的股比限制。

基于产业竞争力与政策支持,我国"十四五"时期服务业对外开放,应当重点考虑开放金融领域,有序开放互联网信息、教育、医疗、养老等关系民生安全的行业领域,同时深化建筑、交通等竞争相对比较充分的部门主动对外开放。要通过服务业全面开放,促改革、促发展,带动服务业的全面发展,既要"引进来",也要"走出去",推动我国对外贸易发展方式的根本转变。

(四) 服务业对外开放的步骤

服务业对外开放已经成为推动中国全面深化改革、继续扩大开放的关键抓手,也是推动形成全面开放新格局的关键力量,更是推动中国产业迈向价值链中高端的重要动力,进而实现我国经济的高质量发展。然而,服务业对外开放不能操之过急、一步到位,而应坚持渐进化改革的方针,坚持由易到难、循序渐进的道路。

1. 2018—2025 年,构建高质量的服务业对外开放体系

服务贸易规模和贡献稳步提升,服务贸易结构和区域显著优化、国际竞争力显著增强,高质量服务业对外开放体系初步形成。这一阶段,我们应该逐步放松对服务市场的直接管制,开放服务产品市场,减少服务产品领域非关税壁垒;依托自由贸易试验区逐步推动金融、教育、文化、医疗等服务领域有序开放,营造法治化、国际化、便利化的营商环境。积极开放服务要素市场,减少无形产品贸易壁垒和投资进入壁垒。进一步完善外商投资准入前国民待遇加负面清单管理制度,大幅度放宽市场准入,扩大服务业对外开放,提高自贸试验区外商投资负面清单开放度和透明度,着力构建与负面清单管理方式相适应的事中事后监管制度。大幅削减健康养老、建筑设计、会计审计、商贸物流、电子商务等服务领域的外资准入限制,还要不断扩大自由贸易区试点范围,探索建设自由贸易港。

2. 2025—2035 年,形成服务业全面开放新格局

服务业全球竞争力大幅提高,在全球产业链、供应链、价值链中的地位和控制力大幅提升。凡国家法律法规未明令禁入的服务业领域,全部向外资、社会资本开放,并实行内外资、国内外企业同等待遇。鼓励国有资本、民营资本和外资融合,通

过撬动数量可观的优质非公有资本,有机融合国有资本的规模、技术优势。金融、教育、文化、医疗等服务领域有序全面开放,法治化、国际化、便利化的营商环境基本建成。大幅度放宽市场准入,除了关系到国家安全的服务业都要尽可能放开。在自由贸易试验区的基础上,自由贸易港建设基本形成。

（课题组成员：倪红福　聂新伟　王欠欠　徐金海　刘维刚　李志永）

"十四五"时期国际收支状况研判、影响及应对举措研究

上海社会科学院

改革开放以来,中国通过吸引外资加速了工业化的进程,与此相关的就是加工贸易快速增长,出口规模不断扩张,贸易顺差也在不断扩大(见图1和图2)。

在这样的背景下,中国国际收支贸易账户所主导的经常账户顺差不断增加,两者成高度相关性。2008—2009年的国际金融危机曾经使得中国出口增长明显下降,贸易顺差和经常账户顺差一度大幅度下降,但是2012年以后又快速增长,贸易顺差在2015年曾经达到历史峰值5939亿美元。随后,由于世界经济增长疲软等原因,出口增长出现了负增长,贸易顺差逐年减少,经常账户的顺差则因为服务贸易逆差的加大,以更快的速度下降,到了2018年贸易顺差减少至3509亿美元,经常账户顺差则减少至491亿美元(见图3)。"十四五"时期中国国际收支尤其是经常账户收支将会如何变化? 中国是否会出现经常账户逆差? 这些问题是经济界关注的热点问题,也是本报告研究的出发点。

受2018年中美贸易摩擦以及随后突如其来的新冠肺炎疫情肆虐全球导致2020年全球陷入20世纪30年代以来最严重经济衰退等新的因素的冲击,中国的进出口增长同步性发生变化。由于中国维持了稳定的经济增长,2020年有效地控制了疫情,出口迅速增加,使得中国的贸易和经常账户的顺差重新回到2015—

对外开放

（亿美元）

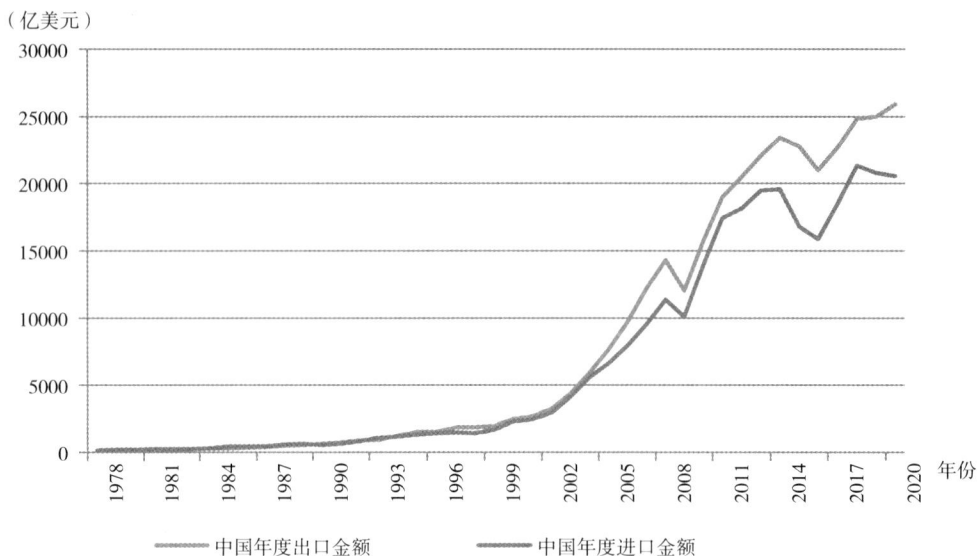

图 1　中国进出口贸易规模不断扩大

资料来源：Wind。

2016 年的高位，2020 年的贸易顺差达到了 5350.3 亿美元，经常账户顺差回到了 2739.8 亿美元的高位。原先普遍预测"十四五"时期中国经常账户顺差将会明显减少的情况在"十四五"开局之年出现了逆转。

（%）

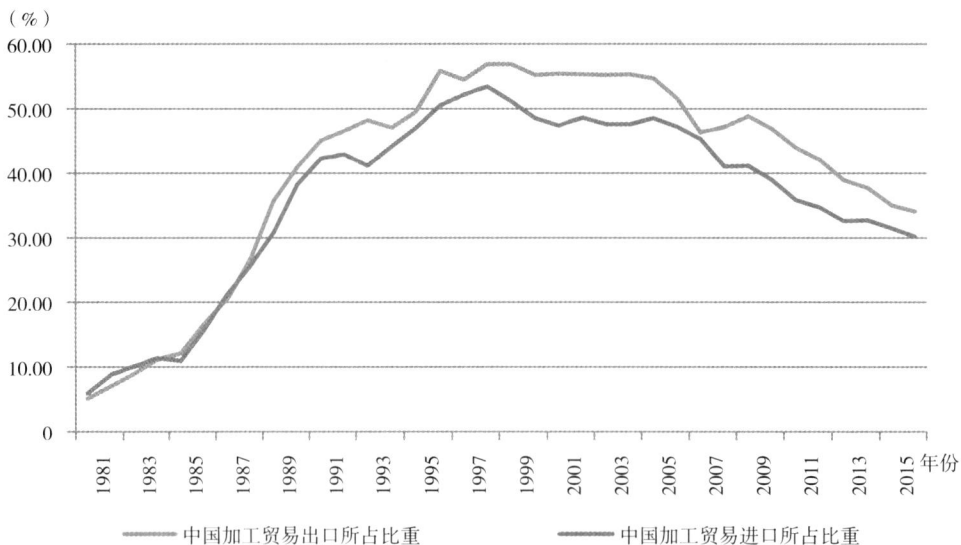

图 2　中国加工贸易占贸易总量的比重一度超过 50%

资料来源：Wind。

但是仅据此就作出"十四五"时期我国国际收支趋势的预测，并不可靠性。我们还必须更加深入地分析影响国际收支几个重要账户背后的决定性因素的变化，才能获得相对比较准确的"十四五"时期国际收支发展趋势。

（亿美元）

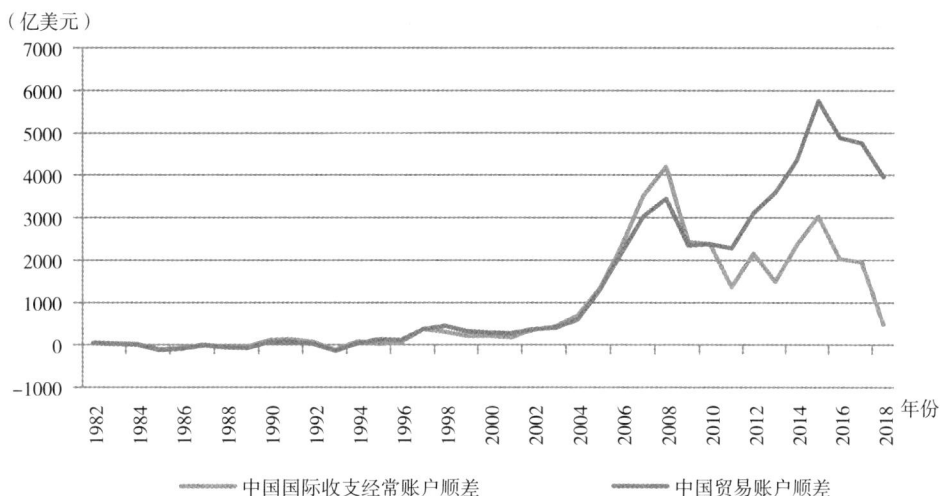

图3　2016年开始中国贸易顺差和经常账户顺差出现明显下降的趋势

资料来源：Wind。

一、国际收支的各个账户在"十四五"时期基本态势的研判

（一）影响"十四五"中国贸易收支变化趋势的重要因素分析

1. 对中国经常账户具有决定性影响的因素是中国的工业发展速度

改革开放以来,中国的工业化进程加速推进,第二产业的投资和增加值增长速度一路领先,是中国经济快速增长的主要动力。工业化与对外贸易以及引进外资都存在高度的相关性。从理论上讲,工业投资的增长促进了货物的进出口,而贸易净出口也成为GDP增长的重要支柱。"十三五"时期以来,中国工业化逐渐进入尾声,无论是工业增加值和投资的增长速度都开始下降,这对国际收支的变化带来了不可忽略的影响。

我们利用2011年第1季度到2017年第4季度的数据,对中国第二产业增加值和投资增长速度与中国进出口贸易做回归统计分析,发现第二产业的固定资产投资增长与增加值的增长与进出口贸易和经常账户的顺差存在高度的相关性。相关的统计分析表明,第二产业投资增长对于出口增长的效应非常明显,总体而言,第二产业投资对经常项目差额的影响系数为0.013,也就意味着在此期间,1亿元第二产业固定资产投资使经常项出现了0.013亿美元的顺差。统计的结果显示,第二产业增加值对货物出口影响也正相关,第二产业增加值在此期间每增长1%,经常项目的顺差增加了109亿美元。

我们运用 VAR 模型对工业增加值和工业投资与贸易的关系做了协整检验,得出的结果也证明工业发展(增加值和投资)与进出口贸易存在很高的相关性。

当然,上述简单的统计分析可能并不准确,背后还有更多的因素影响着进出口和经常账户的变化。但是量化统计分析给出的结果仍然具有重要的趋势性参考价值,即第二产业的投资和增加值增长与进出口贸易和服务贸易之间存在较高的相关性。第二产业的比重不断下降,第二产业的投资增长率不断下降的趋势将在"十四五"时期进一步显现。据此,我们判断工业投资和增加值增长对出口和经常账户的积极效应在"十四五"时期进一步减弱。2020 年的全球疫情和经济衰退在"十四五"初期对中国国际收支带来的顺差加大效应会在后期减弱,中国国际收支顺差长期看仍将会不断收窄。

2. 世界经济形势和外部环境的变化对"十四五"后期我国国际收支贸易账户存在不利影响

2008 年进入危机后,发达国家的保护主义情绪不断上升,对中国的出口不断采取反倾销、反补贴和以知识产权为借口的调查,外部市场环境变得越来越严峻。据统计,中国遭受的反倾销调查案件占全球的四分之一。另据媒体报道,"近几年,中国遭受的双反调查和其他保障措施的数量不断上升,价值也在增加……国外救济措施实施期限最少为 5 年,而实际上,大多数措施的实施期限达 10 年甚至更长,这就对中国出口的抑制作用更为负面。每年对中国外贸的整体影响为 1400 亿—1500 亿美元左右"。2018 年,美国特朗普政府对中国实施"301 条款"调查并对中国部分出口商品实施惩罚性高关税,使得针对中国的贸易保护主义达到了新的高潮。这导致中国对美国的出口在 2018—2019 年出现了大幅度下降,贸易顺差减少(见图 4)。但是 2020 年由于新冠肺炎疫情肆虐,美国陷入了严重经济衰退,生产大面积停顿,从中国的进口又开始大幅度增加,美国对中国的贸易逆差重新回到了 3169 亿美元的高位。不过我们判断,这一局面随着未来拜登政府与中国进行新的贸易谈判和博弈,"十四五"后期,中国对美国的贸易顺差仍然会趋于不断缩小。

我国尽管加强了与欧盟、拉美以及非洲国家的合作,进出口对这些地区仍然保持了增长的态势,但随着越来越多的国家保护主义的倾向上升,我国出口环境整体恶化的趋势在"十四五"后期难以得到有效改善,对我国贸易账户顺差将产生不利影响。

3. 中国经济结构升级和调整对"十四五"时期国际收支的影响

中国的经济结构和产业结构正在经历以供给侧结构性改革为核心内容的调整和升级。为了淘汰落后的过剩产能和提升产业结构的技术和能级水平,也为了应对外部对中国一些行业,比如钢铁业产能过剩的压力,中国正在加快企业的兼并与

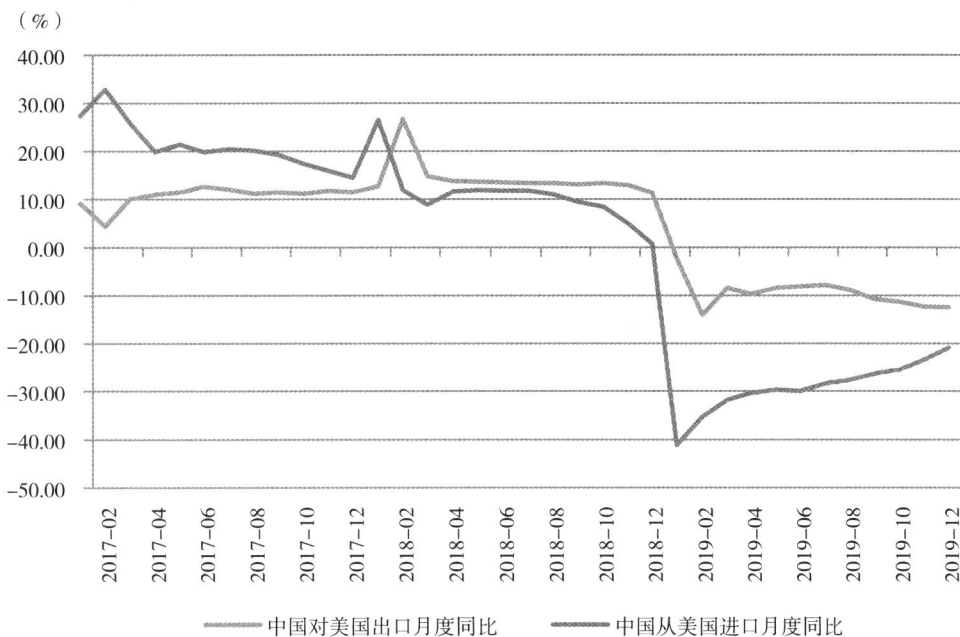

图 4　中美进出口贸易受贸易摩擦影响出现负增长

资料来源：Wind。

重组，同时也在扩大对外开放。

产业结构升级反映在贸易上最为集中的表现是加工贸易规模和占比在下降，一般贸易的规模和比重在上升。从结构的角度看，就是中国的企业逐步通过在产业链上提升地位，取代了一部分来料加工和进料加工出口的业务，成为自主生产出口的企业。这是一种进步和产业升级的表现，与此同时，有些来料和进料然后在中国加工生产再出口的商品就有可能逐步转移至国外生产，不再成为中国海关统计意义上的加工贸易出口。一般贸易与加工出口贸易相比，它的产业链条更长，对于中国经济整体的作用是积极的，但是它们对于进出口贸易账户的影响可能是消极的，因为加工贸易的顺差效应会更加明显。这是近两年中国贸易顺差不断减少的重要原因之一（见图 5 和图 6）。

中国目前对外扩大开放的步伐也在加快，进口商品关税和非关税壁垒进一步降低，将导致进口增加。中国国际进口博览会提供的进口平台也会在"十四五"期间成为进口进一步增长的动力。如果进口增长速度加快的同时，出口增长速度没有明显加快，就可能导致贸易顺差减少。

4."一带一路"建设对我国国际收支的影响

"一带一路"建设是中国进一步对外开放和中国地缘政治经济战略打破美国试图对中国"围堵"的重要战略举措。从长期看，对于中国经济发展也具有重要的

（亿美元）

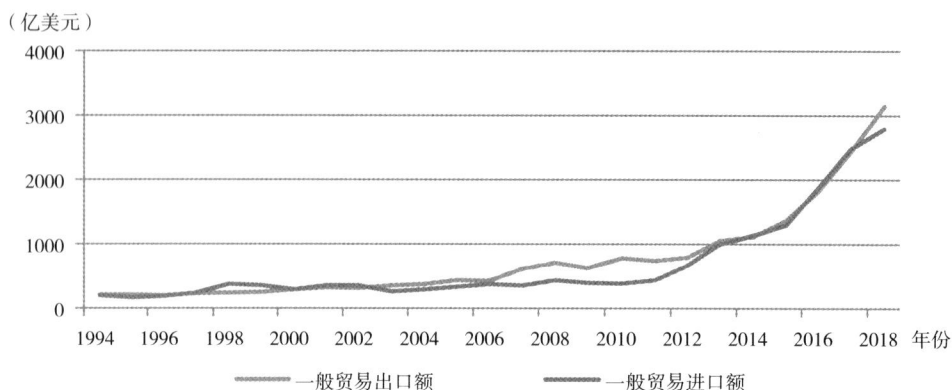

图5　中国一般贸易进出口处于基本平衡状态

资料来源：Wind。

（亿美元）

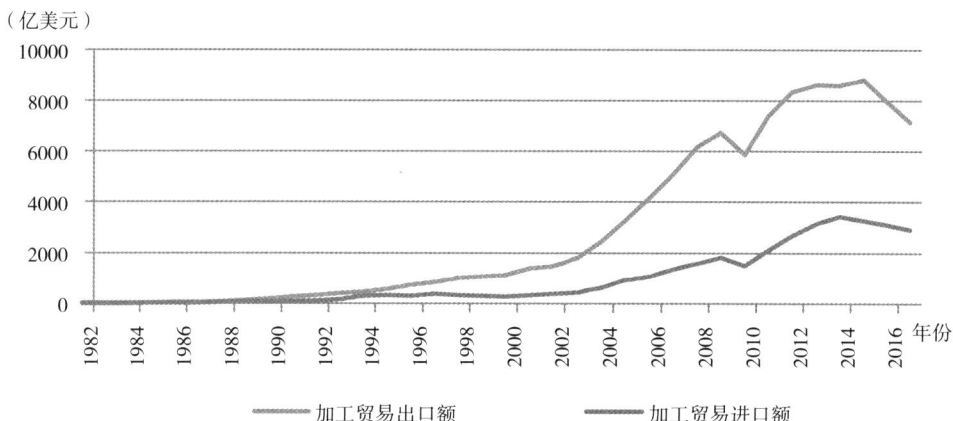

图6　中国加工贸易是中国贸易顺差的主要贡献者，但是近几年有所下降

资料来源：Wind。

推动作用,对于中国提升资本投资效率、促进中国出口也都会有积极的效应。短期内,进口随中国对"一带一路"沿线国家扩大开放而增加,而对"一带一路"沿线国家投资带动的出口增长效应可能会存在滞后效应,因为这些国家经济和收入增长所形成的出口带动效应会有一个时间差。因此,中国扩大开放,尤其是面向"一带一路"沿线国家扩大开放,在"十四五"期间对中国国际收支的影响将会是负面的。

根据海关的统计数据,2016年中国对"一带一路"沿线国家进出口总额为6.3万亿元,增长0.6%。其中出口3.8万亿元,增长0.7%;进口2.4万亿元,增长0.5%。这在进出口总额出现下降的2016年是一个突出的成就,说明"一带一路"沿线国家贸易增长潜力较大。但是中国对"一带一路"沿线国家的贸易进口增加速度更快。2017年我国对"一带一路"沿线国家进出口总额7.37万亿元,同比增长17.8%,高于我国整体外贸增速3.6个百分点,其中出口4.3万亿元,增长

12.1%,进口 3.07 万亿元,增长 26.8%。2018 年对"一带一路"沿线国家贸易继续高出全国整体增速 3.6 个百分点。其中,对"一带一路"沿线国家出口 4.65 万亿元,增长 7.9%;自"一带一路"沿线国家进口 3.72 万亿元,增长 20.9%;贸易顺差 9299.2 亿元,收窄 24.5%。从 2016 年到 2018 年中国与"一带一路"沿线国家的贸易基本状况看,进口增速要快于出口增速,对"一带一路"沿线国家的贸易顺差总体在缩小。但是这个趋势在 2019 年和 2020 年发生逆转,我国与"一带一路"沿线国家的贸易顺差开始扩大,2019 年达到 12480 亿元,2020 年增加至 14830 亿元。出现这种反转的主要因素仍然是世界经济受疫情冲击严重衰退,而中国受疫情冲击最小,生产和出口恢复最快。"十四五"后期新冠肺炎疫情因素消失,我国与"一带一路"沿线国家的贸易顺差难以继续增加。

(二) 我国服务贸易逆差的格局在"十四五"期间难以改变

1. "十四五"时期中国旅游项目逆差仍会比较大

随着我国居民收入不断增加、生活水平不断提高,出国旅游已经成了家庭在物质消费之外的一项主要消费开销。由于中国人口基数庞大,出国旅游的开支逐年加大,并且旅游出口收入每年徘徊在 400 亿美元左右,增长并不明显。这导致中国旅游进出口自 2009 年出现了逆差以后有不断扩大的态势。而这种趋势在"十四五"期间只要相关的政策不改变,将会延续,即以出国旅游呈现出的旅游服务的进口逆差额将会扩大(见图 7)。但是,新冠肺炎疫情打乱了原有的国际旅游结构。停航和关闭国门导致跨境旅游 2020 年几乎停顿,这导致中国 2020 年的旅游收支逆差迅速缩小。但是在"十四五"后期,随着国门重新打开,这一趋势可能不会改变。

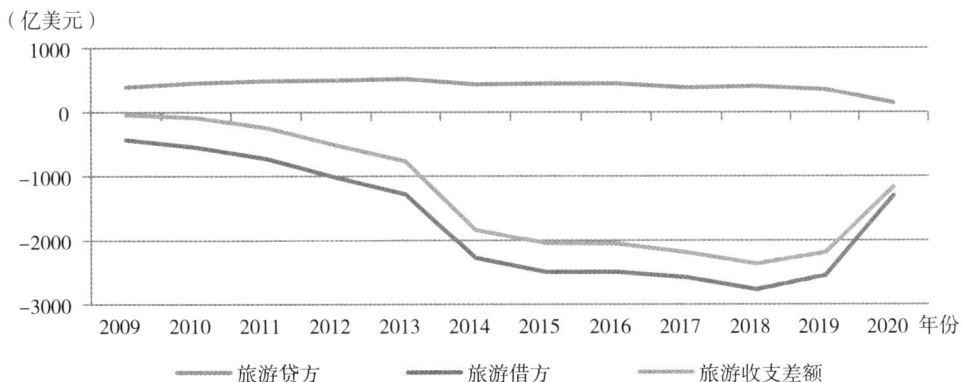

图 7 中国旅游服务进口加大是服务贸易逆差的大项

资料来源:Wind。

2. 技术引进增加导致技术服务贸易逆差加大

中国政府和企业在加大科技创新和研发投入的同时,也通过引进技术不断增强综合创新能力。同时,由于中国政府不断加大知识产权的保护力度,中国引进技术所支付的知识产权费用也在不断增加。目前,中国已经是世界第四大知识产权进口国,每年进口在300—400美元左右。当然,中国也在不断出口自己的知识产权,但是与不断加大的知识产权进口而言,规模相对较小,导致以知识产权费用表现的这部分服务贸易逆差总体在不断扩大。我们估计,随着中国知识产权保护力度在"十四五"期间进一步加大,这一逆差局面不会改变(见图8)。

(亿美元)

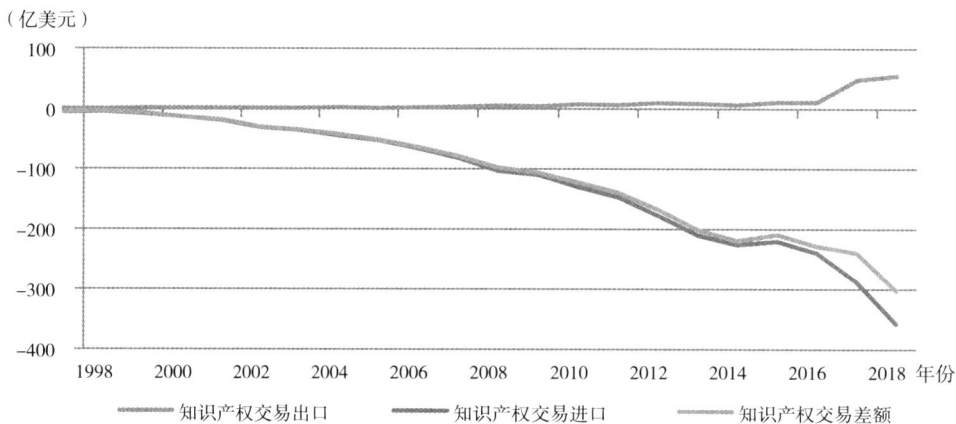

图8　中国知识产权进口不断加大导致该项目逆差不断扩大

资料来源:Wind。

3. 航运服务的进出口逆差"十四五"期间也难以扭转

航运服务是中国服务业进出口逆差的另一个大项,现在每年都存在500亿—600亿美元的逆差,2018年逆差进一步扩大为669亿美元(见图9)。我国是航运大国,又是货物进出口的大国,理论上讲我国的航运服务贸易应该也是出口大国。但是由于中国的出口商品超过30%是加工贸易,物流的控制方在跨国公司。跨国公司长期形成的物流服务网络基本上是海外的物流公司和轮船公司,因此导致中国的出口货物承运方多数是外国公司,即便是中国的轮船公司所拥有的轮船,常常也是挂靠在国外公司、租赁给海外公司或者注册在海外,以便享受相关的资金调度便利和税收优惠,在航运服务的统计上成了我们的进口。这与中国目前在航运管理上存在的制度性不便利和各种限制有很大的关系。

目前,上海自由贸易试验区以及其他保税港区正在进行航运服务监管体制的改革,争取在航运服务上的体制机制取得突破,成为真正意义上货物贸易配套服务和航运服务的中心。所有这些改革思路和努力实现目标需要逐步通过制度性改革和扩大开放的举措相配套,在"十四五"开局前几年难以真正落实。因此,我们判断,中国运输服务业的逆差在"十四五"期间仍然会维持较大规模的逆差。

4. 保险和金融业扩大开放的积极效应短期内无法抵消其他项目的大额逆差

保险金融服务在中国的服务业进出口中所占比重不大,但总体上处于逆差状态

（亿美元）

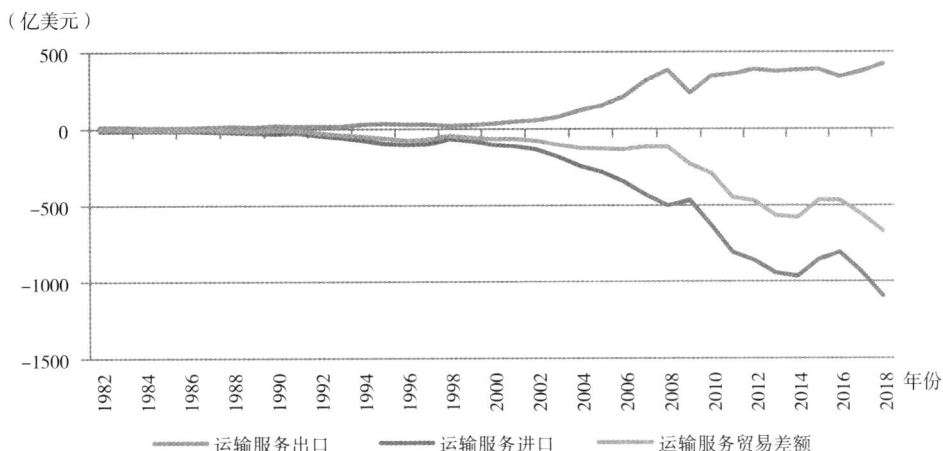

图9 中国航运服务也是逆差的重要项目

资料来源：Wind。

（见图10）。我们预计在"十四五"时期，中国进一步扩大金融业的对外开放，外资金融机构将会在中国投资形成更多的商业存在，理论上会推动中国金融服务业的出口，保险和金融服务业的出口规模会增加，但在"十四五"期间整体逆差仍会存在。

（亿美元）

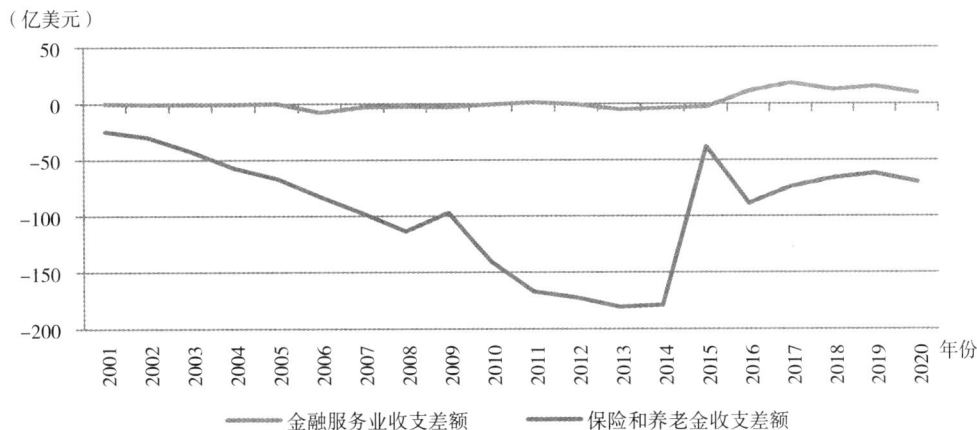

图10 保险金融服务总体上仍然存在逆差

资料来源：Wind。

（三）资本账户的顺差将明显减少

1. 中国引进海外的直接投资将难以继续快速增长

改革开放以来，中国一直是海外企业投资青睐的区域，每年流入中国FDI不断增长，中国多年来保持了全球第二大FDI输入国的地位。

但是，反全球化思潮不断高涨，全球直接投资的规模在世界经济整体发展速度放缓的背景下，增长速度缓慢，至今未能恢复到历史高位。制造业全球生产链布局更多地是以区域性调整的形式出现,发达国家大规模向外投资难以快速增长。受制于这一大背景,以制造业为主体的跨国公司直接投资流入中国将不断减少,服务业企业的投资则明显的增长。但是服务业的直接投资更多地以技术、无形资产等形式进入,以货币形式进入的投资很少,而且单体投资规模相对较小。这决定了中国吸引外资的规模难以大幅度增长。外商直接投资增长速度放缓自2014年起已经逐渐明显,我们预测"十四五"期间这一趋势将会继续,每年实际引进的外资很难突破1500亿美元。

2. 中国对外直接投资将持续增长

中国企业对外直接投资在2012年以后增长速度很快,这不仅因为中国企业通过对外投资将生产线转移至海外可以规避外部贸易保护主义,还因为中国产业和技术升级需要中国企业通过扩大对外投资来获得逆向型的技术溢出。与此同时,"一带一路"倡议提出以后,中国企业在"一带一路"沿线国家的投资也有了很快的增长,这也使得中国对外直接投资规模在2014年至2018年超过了吸引的直接投资数额(见图11)。

（亿美元）

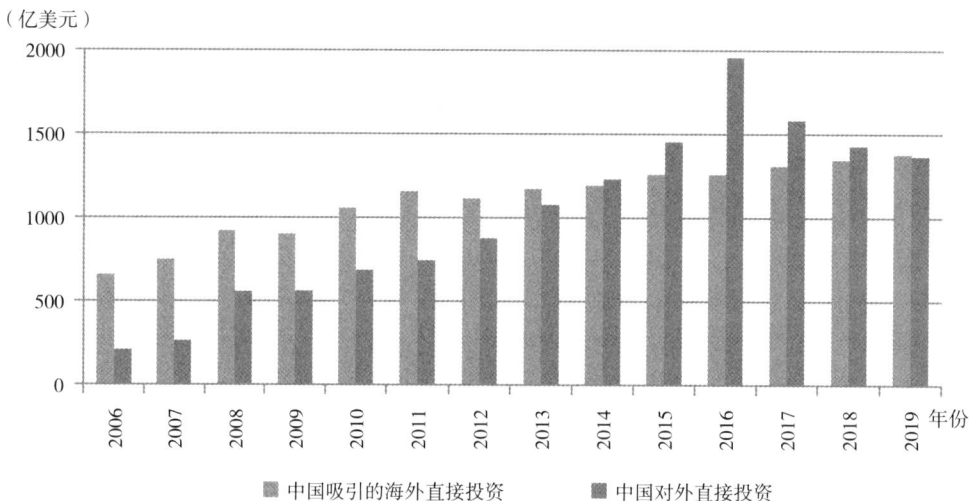

图 11　中国对外直接投资近几年超过中国吸引的海外直接投资

资料来源:Wind、商务部。

由于对外直接投资规模快速增长,在对外投资中,有些投资产业结构与中国政府的导向和战略目标不相契合,从2017年开始,中国政府加大了对外投资的产业指导,对海外房地产和一些文娱体育项目的投资实施了一些限制政策,有效地控制了通过这些项目的对外投资规避监管,转移资金的活动。因此,2019年以后直接投资账户的逆差情况有所改观。未来中国对外投资总体趋势能否继续增长取决于中国政府的政策。但是中国企业对外直接投资的动力仍然十分强劲,总额仍然可能增长。尤其是随着"一带一路"建设项目的推进,中国对外直接投资在"十四五"期间仍然会非常活跃,总体规模仍有可能保持在高位,除非我们采取更加严格的审批程序和限制措施。因此,我们判断直接投资在"十四五"期间仍会出现小规模的逆差。

3. 非直接投资资金在"十四五"时期流动将会呈现前后不同的方向

在 2014 年之前,由于中国经济快速的增长和中国金融资产回报率相对较高,人民币汇率也处在上升的通道,海外很多资金试图进入中国套利和套汇,资金总体呈流入态势。

但是 2015 年与 2016 年,随着整体国际形势的变化以及中国经济增长由高速转向中高速,市场对中国经济未来预期发生变化,人民币开始承受贬值预期的压力,资金外流的动机增强,投机和避险性质的资金外流开始增加。由于中国金融资本账户并没有完全开放,2017 年开始中国政府加强了跨境资本流动的管理,使得各种违规的资金流出有所收敛,2017 年以后证券投资项目顺差有所扩大。另一个原因是中国金融市场对外开放程度逐步提高以及人民币进入 SDR 计值篮子,国际化水平提升,一些长线的海外机构性投资者增加了中国国债和其他证券资产的持仓水平,在一定程度上抵消了投机性和避险性国内资金的外流(见图 12)。

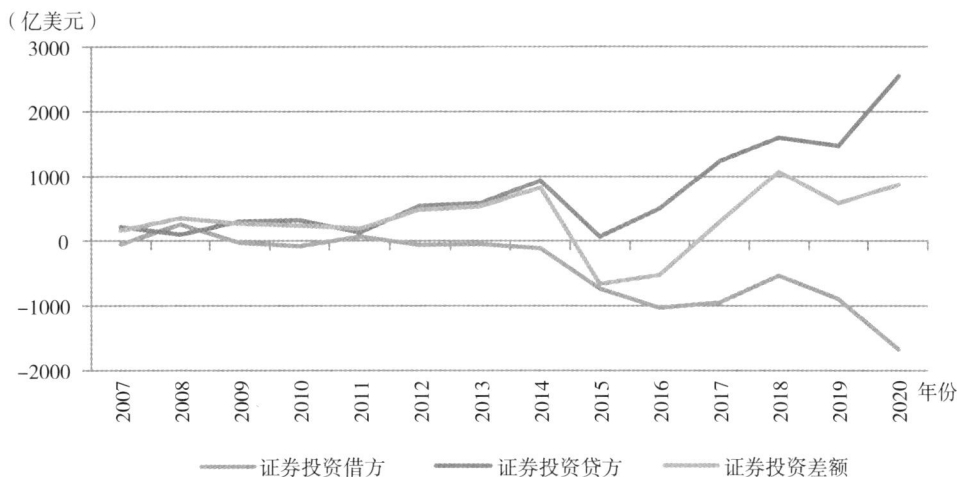

图 12　证券投资近几年流出规模不断增加

资料来源:Wind、国家外汇管理局。

证券性质的跨境投资在统计上存在较多的漏损,有时候是投资方故意少报或漏报为了逃脱监管而形成的。这就会导致错误与遗漏项目中有一部分是跨境的证券投资外流①,另外还有一些难以统计的跨境投资被列在"其他投资"项下。如果

---

① 错误与遗漏项目比较复杂,一般如果只占进出口贸易 5% 左右属于正常,如果比较高,就可能说明有些项目的统计出现了不够准确的问题,漏报比较严重。而在经常项目统计越来越严格,漏报相对较小的背景下,隐形的跨境短期资本流动就可能是主要的原因。但是也有学者认为这种判断不一定正确,参见管涛《关于我国国际收支平衡表中"净误差和遗漏"的问题》2015 年 1 月 22 日,见 http://www.gov.cn/2015-01/22/content_2808153.htm。

考虑其他投资和错误与遗漏,短期跨境资金的流动状况可能会更加全面(见图13)。如果算上错误与遗漏以及其他投资项目中资金流出的规模,总体上中国短期资本呈净流出状态,流出规模是在不断增加的。

图 13　其他投资项目与"错误的遗漏"近 10 年基本上是逆差

资料来源:Wind。

(四)"十四五"时期我国国际收支主要账户变动趋势研判小结

(1)货物贸易的收支仍然会略有顺差,因为加工贸易比例仍然超过30%以上,即便出口出现负增长,进口也会同步负增长,甚至下跌更快。但是贸易顺差将逐渐缩小,每年可能维持在3000亿美元左右。

(2)服务贸易的逆差将维持在较高水平,是导致整个经常账户顺差减少甚至可能出现逆差的主要原因。目前,每年2000亿美元以上服务贸易逆差可能会在"十四五"期间延续。2020年服务贸易逆差明显下降的是有特殊因素造成的,难以持续。

(3)整体经常账户将维持顺差状态,但是顺差不断扩大的状况将会改变,"十四五"后期经常账户顺差有可能大幅度下降,但是大幅度经常账户逆差也不会在"十四五"时期发生。

(4)资本账户中属于长期资本性质的直接投资将会维持相对平衡状态,吸引的外资以及中国对外投资增速都将维持基本稳定,在某些年份可能会因为对外投资大项目增加而出现直接投资账户的逆差,但总体上不会出现连年大规模的直接投资逆差。

(5)短期资本流动总体上在"十四五"期间仍然会维持逆差状态,而规模大小将取决于我国对跨境短期资本流动的管控力度和整体宏观经济运行的态势,管控力度加强,经济运行态势稳定向好,避险性和投机性短期资金外流的量会减少,而流入的量会增加,该项目的平衡状况将会得到维持。

二、"十四五"时期我国国际收支发展趋势影响和面临的主要风险点

(一) 国际收支经常账户顺差逐步消失的基本影响

1. 外汇储备停止增长、人民币汇率中长期存在贬值压力

中国国际收支经常账户顺差自21世纪初以来不断增长,是中国外汇储备快速持续增长的最为主要的来源。当中国外贸账户和经常账户顺差逐步减少,甚至消失后,外汇储备就不再增长,支持人民币不断升值的基础就不再存在。尽管理论上并不能证明一个国家的货币汇率是由该国的外汇储备所决定的,但是在现阶段,国际市场将中国的外汇储备看成中国人民币的对外信誉的保障,在中国资本账户没有完全开放的背景下人民币得到广泛的国际认可和国际化的广泛使用,与人民币对外价值(汇率)得到巨额外汇储备的支持是有很大关系的。经常账户顺差缩小后,将导致人民币汇率的预期发生变化。

2. 经济活力和竞争力受到不利影响

经常账户差额的变化是贸易以及投资收益等实体经济活动变动的一个结果,而不是它们的原因。因此,顺差减少在一定程度上反映了中国经济结构调整和相对国际竞争力的变化。顺着这个思路,我们就需要警惕导致经常账户顺差消失的更为深层次的原因。出口增长速度下降,服务业进口增长过快等需要我们从产业的竞争力角度审视,并需要我们采取相应的政策来重新激励出口的活力和服务业的竞争水平,改变不利的贸易和经常账户差额发展趋势。

3. 货币供应机制将发生变化

经常账户顺差导致的外汇储备增长曾经是中国货币发行的主要渠道,中国人民银行为了不让外汇供过于求导致人民币升值过快,采取了在外汇市场上持续购入外汇的干预措施,这就导致同等数额的人民币被投放到了市场上。为了不让人民币投放过多而导致通货膨胀,中国人民银行又在货币市场通过出售政府债券以及中国人民银行中期票据的形式来对冲。尽管对冲缓解了人民币投放的过多的压力,但是外汇储备增加在过去的10多年成为中国人民银行货币投放的主渠道。当经常账户顺差缩小、外汇储备不再快速增长甚至减少的背景下,人民币的投放渠道将发生变化。中国人民银行未来将主要通过购买国债或是通过对商业银行的借贷

设施来投放货币。从本质上而言,中央投放货币的渠道发生变化,并不会在总量上影响中国人民银行货币操作的能力,但是不同投放渠道会对中国人民银行的货币政策传导机制产生不同的影响,经济主体对中国人民银行的货币政策反馈机制也会发生重大的差异。这有可能对中央的货币政策效率产生一定的影响。如果不认识这些差异,将可能会使货币政策的操作出现迟滞,对宏观经济稳定带来冲击。这可能是"十四五"期间国际收支变化对经济影响的比较重要的内容。

4. 有利于减轻美欧对中国的压力

经常账户顺差减少,从另一个视角看,有利于减轻西方国家,尤其是美国长期以来对中国在国际贸易刻意维持国际收支顺差、人民币汇率低估等方面的指责。尽管美欧对中国的指责以及要求人民币升值的理由并不成立,但是中国贸易和经常账户长期大额度顺差给了他们借口对中国施压。美国 2018 年开始对中国实施"301 调查"并征收高关税背后的一个理由就是中国对美国长期保持巨额贸易顺差,并试图找机会把"汇率操纵国"的帽子往中国头上戴。"十四五"期间中国经常账户不再维持大额顺差将有利于中国与美国开展讨价还价,也有利于中国在必要的时机让人民币适当贬值,让中国出口企业得到一定的喘息机会。

(二) 长期资本账户变化趋势产生的影响

1. 不利于扩大对"一带一路"投资

中国企业"走出去"的一个大背景就是中国经常账户和资本账户顺差不断加大,外汇储备不断积累。要分散外汇储备的风险,就不能将盈余资金仅仅投资于美国国债,而是要投资于"一带一路"沿线国家的"硬资产"。如果资本逆差过大,而经常账户顺差又开始减少,这必然会导致对外直接投资的步伐有所放缓,因为此时过快的投资会对国际收支和人民币汇率产生压力。当然,对外投资如果更多地以人民币"走出去"的方式进行,以人民币作为主要的投资载体和金融结算货币,可以缓解经常账户顺差减少对海外直接投资的不利影响。

2. 对国内固定资产投资存在不利影响

理论上讲,对外投资并不一定对国内的投资产生挤出效应,如果资本供应充裕,甚至存在投资能力过剩和国内产能过剩的情况下,对外投资还能促进国内投资的增长,因为对外实体投资会拉动国内资本货物的需求,从而带动国内资本品的投资增长。但是如果对外投资的增长存在不理性的预期或者存在其他动机,就有可能使得对外投资虽然增长,但是效率不高,对国内投资还会存在替代效应。因为此时对外投资的经济目标存在扭曲,直接投资账户逆差会加剧这种扭曲的负面效应。

3. 对吸引外资存在不利影响

在总量上直接投资如果出现逆差,还会对中国整体吸引外资的形象产生负面影响,因为当中国成为直接投资的净输出国后,企业与舆论可能都会产生中国投资机会饱和的错觉,外资可能会对中国的投资前景产生错误的认知。其实双向投资是一种合理的存在,因为结构性差异和比较优势的差异,中国对外投资应该与吸引的海外直接投资同步增长。但是如果后者增长过快,将会导致国内外企业的错觉和预期的错误定位。

(三) 国际收支变化面临的主要风险

1. 金融投机和炒作的动机会增加

当中国国际收支不再是大规模顺差,而是在基本平衡的状态下出现某些结构性失衡时,可能给投机炒作提供题材,避险资金和投机性资金在特定的情况下会集中外流,对人民币汇率和我国金融市场产生冲击的风险将加大。由于中国房地产市场存在泡沫,如果这部分资产在"羊群效应"下跟风寻求变现并试图转移至海外避险,不仅会对房地产市场产生严重冲击,而且会对外汇市场产生冲击,人民币汇率会承受更大的压力。因此,如何在我国经常账户顺差减少的背景下稳定人民币汇率的预期,管控资产泡沫和跨境资本非理性的外流将成为重要的课题。否则可能导致我国金融市场不稳,甚至引发系统性风险。

2. 通货膨胀压力可能上升

从理论角度分析,经常账户有大规模顺差并使得外汇储备不断增长,货币供应会随外汇占款增加而增加,其他因素如果不变,可能会产生通货膨胀压力。① 中国人民银行在国际收支基本账户顺差的情况下,一直在货币市场上冲销其在外汇市场上不断购入外汇而注入的人民币流动性,使得中国的通货膨胀并没有明显上升。如果国际收支顺差消失,外汇占款发行的人民币减少,由此渠道产生的通胀压力下降。但是我们如果从现实的角度去分析,货币供应在国际收支顺差消失的背景下仍然要维持相同的增长速度,中国人民银行此时就会增加购买政府债券或者直接对银行放贷而创造货币,这部分创造的货币与通过购买外汇储备创造的货币在下一轮的货币创造和流通中所发挥的作用是不一样的。通过外汇储备增加注入的流动性首先流向了外贸企业,会促进他们的再生产和投资,经济运行在信贷没有扩张的情况下得到扩张,只有当这些货币重新回流到银行后才会加入货币创造的过程,一般不会直接产生通胀压力;而相反,如果通过购买政府债务或者扩大央行对商业银行的贷款形式注入的货币,会直接扩大信用,政府和企业是在负债增加的情况下在扩大投资和消费,是一种信用扩张。因此,很多国家国际收支逆差会导致国内货

---

① 尽管外汇占款多一直是不少学者担忧的一种货币供应状况,并认为我国货币政策因此被困住了手脚。但是现实数据并没有证明因此引发了通胀和其他经济运行的明显负面影响。

币供应扩张,对通胀产生不利影响。我国在 20 世纪 80 年代中期以及 90 年代末都曾经出现过比较大规模的经常账户逆差,同期的通货膨胀率也比较高,两者相关性也比较明显,尽管当时造成高通货膨胀的原因比较复杂;而进入 21 世纪后中国经常账户顺差不断扩大,我们并没有经历高通胀,只是在国际金融危机前后由于大规模宽松的货币政策和财政政策刺激产生过短暂的比较高的中等通胀,这也在一定程度上佐证了我们的分析结论。

3. 金融结构失衡和道德风险可能被放大,引发局部或系统性风险

由于我国金融体系改革相对于其他领域的改革和开放存在着一定的滞后性,其集中表现就是国有大金融机构占据垄断地位,在保证了金融体系稳定的同时,资源配置效率不高;由于竞争性不足,中小企业融资难、融资贵普遍存在;由于国有机构占垄断地位,客观上形成了刚性兑付,信用和风险无法市场化定价,导致道德风险普遍存在。而在结构上,则形成了企业债市场不发达、不完善;股市投机性强、波动震荡频繁;房地产市场杠杆率高、价格扭曲;互联网金融投机违规严重等问题。这些潜在的风险因素决定了我国金融业和金融市场的对外开放程度相对较低,无法完全开放以应对外部的投机冲击。但是,"十四五"期间中国面对的宏观外部环境又要求中国扩大金融业的对外开放,并考虑适当放宽金融市场管控,这本身就是一个艰巨的任务和挑战,需要有高超的艺术和技术手段。如果"十四五"期间国际收支经常账户顺差消失,可能会在金融业扩大开放的背景下引发风险因素集中爆发的叠加效应,对金融体系产生冲击。

4. 产业结构调整和升级困难会加大

中国经济正处于由第二产业占主导向服务业占主导的经济结构转型,而在第二和第三产业内部,也在经历科技含量高的新兴行业逐步替代科技含量低的行业或者发展速度快于传统行业的转型。供给侧结构性改革所强调的"去产能、去库存、去杠杆、降成本、补短板"就是推动这样的产业结构调整和升级的具体内容。国际收支基本账户处于顺差或者相对平衡的条件下,"三去一降一补"的推进会有一个相对比较宽松的宏观环境,因为"三去一降"本身对出口会有负面影响,过剩的产能和高杠杆是当前出口的客观动力之一,如果去掉了过剩的产能,低价在国际市场销售的动力会下降。从长远看,这对于提升经济效率是有利而且是十分必要的。但是,如果在贸易出口下降,顺差不再的情况下推进"三去一降",可能会对贸易平衡产生负面的叠加效应,因而就可能不得不放缓"三去一降"的力度。而补短板则可能会使进口增加,因为无论是加大创新研发投入或者提高有效供给的产品能级都可能会导致先进技术、高级别和高档次的资本或者消费品的进口增加。在国际收支经常账户顺差减少的背景下加大进口也会有叠加的负面影响,导致补短板的难度加大。

三、"十四五"时期应对国际收支变动趋势的政策目标和主要措施

(一) 主要的政策目标

1. 要提出保持国际收支基本账户的基本平衡的政策目标

尽管"十四五"时期国际收支的基本发展趋势是"双顺差"逐渐消失,但是中国经济的基本经济竞争力仍然存在,保持国际收支基本账户("经常账户+资本账户")平衡的能力仍十分强劲。因此,要提出在"十四五"时期维持基本账户稳定和基本平衡的政策目标。这样做的好处是可以给市场稳定的预期,为中国金融市场和人民币汇率的稳定提供基础性的条件。

2. 维持经常账户和长期资本账户的动态平衡

提出维持基本账户平衡,并不意味着经常账户和长期资本账户,甚至是货物贸易或者服务贸易子账户的各自平衡。在经常账户有顺差时,可以加大对外直接投资的力度,而在经常账户出现逆差时,则可以放慢对外投资的速度,以资本账户的顺差予以弥补。动态的平衡可以保持中国基本账户的差额不发生大幅度波动,从而对于外汇储备的稳定提供基础。

3. 保持3万亿美元外汇储备的总量基本稳定

从理论角度分析,中国维持3万亿美元的外汇储备其实略显富余,也无法根据历史数据论证出中国必须维持3万亿美元外汇储备的结论。但是,现实是中国3万亿美元官方外汇储备已经成为中国宏观经济,尤其是对外经济稳定的一个重要象征,也是维持人民币汇率基本稳定的一个"信誉锚"。市场对中国外汇储备的规模高度敏感,在经常账户顺差消失的背景下,外汇储备会成为市场预测人民币汇率走势的主要依据之一。因此,我们虽然没有必要继续增加外汇储备规模,但是对于目前的3万亿美元外汇储备仍然需保持相对的稳定,要通过对短期资本流动的控制来限制外汇的供求,即使在经常账户差额波动时也保持外汇供求的基本的平衡。

(二) 基本的政策措施

1. 在中国核心利益得到维护的情况下,与美国达成终止贸易摩擦的协议

与美国的贸易摩擦对中国国际收支有不利的影响,高关税会逐步使中国对美国的出口受损,与中国存在共同利益的企业界以及友好团体会因为受到政治氛围的限制,难以继续拓展中美合作共赢的经贸以及其他方面的关系。争取在守住底

线的前提下与美国达成平息贸易摩擦的协议,对于中国国际收支的基本平衡也是有利的,因为尽管我们会增加美国商品的进口,但是中国对美国的出口受到的限制将大大减少。而且根据目前的趋势看,尽管与美国达成一定的协议,未来不排除经贸摩擦还会重启,因此整个"十四五"时期都要把避免出现严重对抗作为一种政策措施。

2. 加大出口激励机制

在适当的时机,通过国内政策的调整,加大出口激励,以便与进口增加的趋势相匹配,保持对外贸易账户的基本顺差格局。可以在适当的阶段,提高出口退税率,恢复一些曾经使用过的金融优惠措施等。

3. 金融开放与加强跨境短期资本监管相互协调

在扩大金融业和金融市场开放的同时,加强对避险性和投机性跨境资金流动管控。锁住房地产市场资金,减少这类资产变现后冲击外汇市场的动机应该成为稳定金融市场的核心内容。短期跨境资金流动的管控要与预期引导措施相结合,要让市场相信中国政府维持人民币汇率的决心和能力,从而消除人民币汇率在经常账户顺差明显下降的情况下引发贬值的预期,奠定人民币汇率仍然会保持基本稳定的信心。

4. 扩大服务业的开放,吸引更多的服务业跨国企业投资中国

通过扩大服务业的准入和国民待遇,吸引更多的外资服务业公司在中国设立机构,在增加商业存在,这对于缓解服务业的进口逆差将会有积极的作用。因为理论上讲,外资服务业企业如果通过跨境提供服务,所有的服务支出都将成为中国的服务贸易的进口支出,而在中国的商业存在成为中国注册的法人后,他们提供的服务形成的收入,只有在汇出海外才成为服务业的进口,同等量的服务业贸易支出将会有所减少,这对缓解服务贸易的逆差有积极作用。

5. 可考虑恢复一些优惠措施来吸引高端制造业的外资企业

中国目前对外资给予国民待遇,超国民待遇的优惠政策基本取消。这在国际收支,尤其是资本账户直接投资项目持续顺差的背景下是必要和正确的。但是,考虑到产业结构升级和中国对外投资增长加快,资本账户顺差消失的背景,有必要对高端制造业的外国投资恢复一些优惠措施,比如研发投入的退税、高科技人才的个人所得税减免等,增加外资在中国产业结构升级中的作用,同时对冲和平衡中国对外直接投资不断增加的趋势。

6. 继续对外向型 ODI 实施行业指导和限制

在鼓励企业对外投资的同时,加强对 ODI 投资的行业指导和监管,鼓励能够促进出口以及带来逆向型技术溢出的对外投资项目,继续限制缺乏上述效应的房地产、娱乐文体设施等行业的对外投资。

7. 必要时可动用人民币贬值的手段来刺激出口、限制进口

如果出现经常账户的逆差,有必要在避免人民币大幅度贬值以及出现大幅度贬值预期冲击的前提下,逐步缓慢地下调人民币汇率,以此对冲和纠正国内出口企业成本上升过快、竞争力遭到削弱的局面。我们所做的实证检验提示,人民币汇率贬值对于国际收支经常账户和资本账户的余额的改善具有较为显著的作用。当然,这需要与国际收支经常账户的实际变动状况相吻合,不给美国任何借口指责我们操纵汇率,引发美国新的贸易保护主义报复措施。

（课题组成员：徐明棋　李刚　胡亚楠　胡卫刚）

"十四五"时期国际收支状况研判、影响及应对举措研究

国家开发银行研究院

当前,国际国内经济环境发生了诸多变化,全球贸易保护主义抬头、各大经济体货币政策异化、中美贸易摩擦、国内投资空间缩小、要素成本上升等,这些都深刻影响着"十四五"时期我国的国际收支。

一、"十四五"时期我国国际收支的变化趋势和主要特点

国际经贸格局变化和国内经济金融形势的动态演变,使我国国际收支呈现新的特点。

(一)国际收支将从"双顺差"向"基本平衡"演变

在 2013 年及之前的 20 多年,中国国际收支基本格局为"双顺差",即经常账户顺差和资本账户顺差。从 2014 年开始,中国国际收支的基本格局转变为"一顺一逆",经常项目仍保持顺差,但资本账户连续三年保持逆差。尤其是 2015 年和 2016 年,受"811 汇改"和经济降速调档等因素影响,资本账户年均逆差均超过 4000 亿美元,均高于同期的经常项目顺差。进入 2017 年以来,随着人民

币汇率逐渐企稳,非理性对外直接投资减少,中国金融市场开放程度加大,跨境资本流入再次增多,国际收支加快趋向"基本平衡"。一是国际收支总顺差规模显著收窄,2018年为1791亿美元,基本回落至2004年水平;二是外汇储备波动明显减小,不再出现2015年、2016年的骤降现象。可以预见,"十四五"时期,在我国经济持续健康发展、长期向好的大背景下,未来跨境资本流动将保持总体平稳,国际收支总差额将保持基本平衡,同时,外汇储备不会再快速上涨,波动将保持基本平稳。

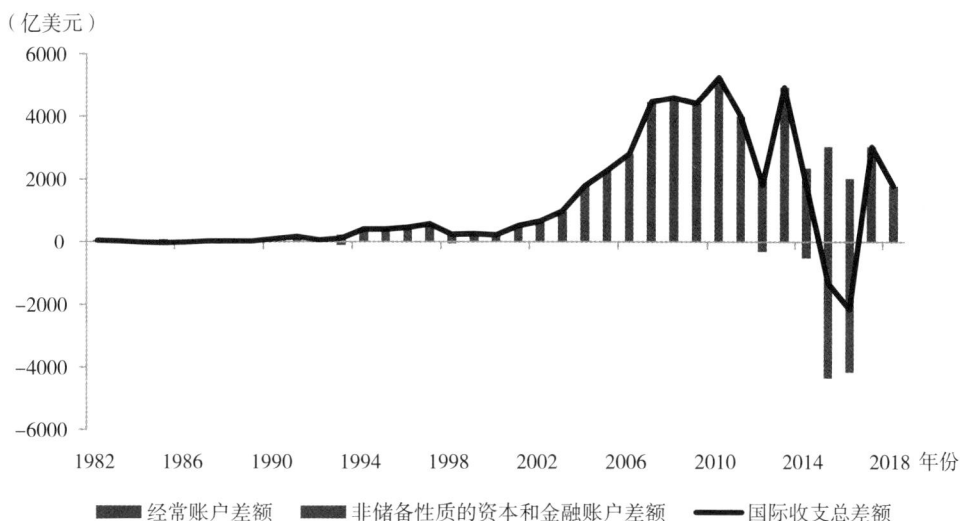

图1　中国国际收支账户变化情况

资料来源:Wind。

(二)国际收支资本账户波动幅度将显著加剧

过去在国际收支变动中,经常账户和直接投资项下的跨境资本流动占主体,而目前随着资本账户开放程度的提高和中国更加积极融入国际市场,扣除直接投资的非储备性质金融账户顺逆差规模和波动幅度越来越大,逐渐成为影响国际收支的重要因素。而金融账户影响因素更多、不确定性更强,加大了国际收支的波动性。"十四五"时期,在金融开放扩大的背景下,对资本流入/流出投资的限制或将逐步放松,意味着波动性较高的国际游资短期内的"流进流出"有较大概率导致资本账户短期内出现"大起大落"。

(三)经常账户顺差趋势性收窄并有可能在个别年份出现逆差

自2016年起我国经常账户顺差规模加速下滑,占GDP比重由2015年的2.7%逐年回落。2018年一季度,经常账户17年来首次出现季度逆差。2018年全年,我国经常账户顺差规模为491亿美元,占GDP比重为0.4%,降至1996年以来

（亿美元）

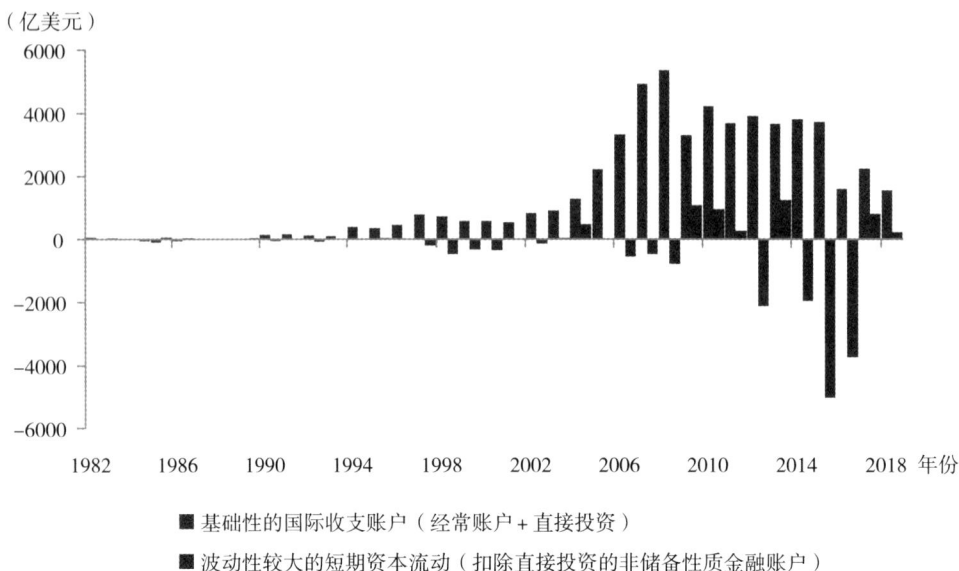

图 2　基础性和波动性较大的国际收支账户变化情况

资料来源：Wind。

最低。经常账户顺差收窄，主要源于货物贸易顺差收窄和服务贸易逆差扩大。一方面，这既是国际金融危机后全球经济深度调整的结果，也是我国积极扩大内需、调整经济结构的结果，表明我国在解决外部失衡问题方面取得重大进展。但另一方面，这标志着我国国际收支形势进入新阶段。在贸易摩擦长期存在和服务贸易持续扩大背景下，我国经常账户持续大规模顺差或将成为历史，未来经常账户将趋势性收窄，甚至不排除个别年份出现逆差的可能。

（四）资本账户逆差压力长期存在但基本可控

我国资本账户下，净误差与遗漏项长期为负，反映出资本外流的压力始终存在。从企业角度看，随着"一带一路"建设和企业"走出去"的增加，中国已经由过去的吸引利用外资为主，到"引进来"和"走出去"并重。2014 年对外直接投资规模首次超过利用外资规模，之后 3 年维持净流出态势，但由于中美贸易摩擦、欧洲对中国投资进行限制以及国内审查趋严等因素，我国对外投资自 2017 年起开始明显下滑。未来"十四五"时期，"一带一路"沿线国家等新兴市场国家提供的增量投资空间，与欧美对我国投资限制加大将长期同时存在。从居民角度看，考虑到目前我国居民部门资产负债表中海外资产占比不足 2%，而日本和韩国的这一比例已分别达到 15% 和 20%，"十四五"时期中国居民部门资产仍有进一步外流的持续需求，但同样面临国内审查与海外对华投资友好度下降的限制。综合来看，企业与居民部门海外投资造成的对资本账户逆差压力仍将长期存在但基本可控。

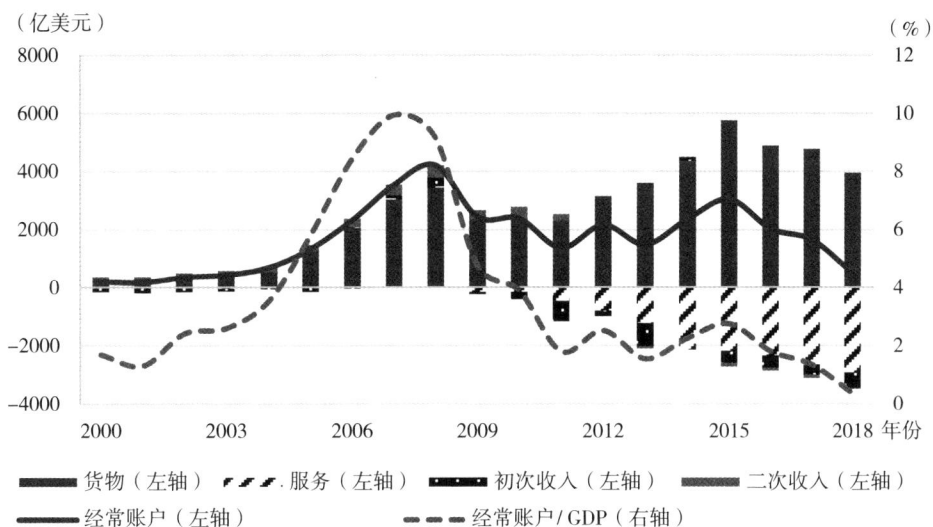

图3 我国经常账户变动情况

资料来源:国家外汇管理局。

(五) 国际收支结构变化将改变人民币国际化推进模式

国际收支结构的变化必然会深刻影响人民币国际化。在"双顺差"时期,由于人民币流入实质大于流出,其国际化进程十分缓慢。在近年"经常账户顺差、资本账户逆差"时期,人民币通过资本账户输出海外,并依靠经常账户顺差抵消贬值压力、保障币值稳定。未来看,"十四五"时期经常账户、资本账户可能在"一顺一逆"与"一逆一顺"之间交替出现,并不排除极个别年份出现"双逆差"。"一逆一顺"下,人民币国际化将类似于美元模式,通过经常账户输出货币后,再由资本账户输回,保持国际收支的大致平衡;而"双逆差"时,人民币贬值压力较大,不利于其国际化进程,但这种情况在我国基本面稳定的情况下发生概率较小。

二、"十四五"时期我国国际收支变化的深层次原因和主导因素

(一) 世界面临百年未有之大变局是决定我国国际收支格局的深层外因

世界面临百年未有之大变局。一是以美国特朗普政府为代表的民粹主义、保护主义、单边主义愈演愈烈,反全球化浪潮阻碍经济复苏、瓦解多边秩序、升高地缘风险。受此影响,一方面国际市场需求低迷、全球贸易萎缩,对我国货物贸易收支

造成较大压力;另一方面,国际资本的避险偏好将随着地缘风险的加剧而升高,如果我国能长期保持基本面稳定,对避险资金的吸引力将相对提高,从而有利于资本账户的平衡。二是百年来西方国家主导国际政治的情况正在发生根本性改变,世界经济中心向亚太转移,"一带一路"沿线国家的贸易与投资空间不断增长,将同时刺激我国对相关国家地区的货物出口与资本输出。

(二) 中国经济社会基本面在全球范围内的良好表现是决定我国国际收支基本稳定的根本内因

较高的经济增速、庞大的经济体量与消费市场,再加之稳定的社会环境,这些基本因素共同筑牢了中国国际收支保持平衡的基础。虽然中国经济面临出生率下降、人口老龄化加剧带来的潜在增长率下滑,但高素质劳动力与城市人口的增长将从结构上对冲人口总量收缩的负面影响,同时以 5G、新能源为代表的新兴产业逐步成熟,预计中国经济在"十四五"期间将保持 5%—6% 的增速,而这一增速仍将明显高于 3% 左右的全球经济平均增速。与此同时,即便越南等个别新兴市场国家增速将高于我国,但由于经济体量和市场规模与我国完全不是一个量级,因此对国际资本的流动并不造成实质性扰动。除经济方面外,全球地缘政治不确定因素仍在积累,而我国社会环境可预期的长久稳定,十分符合国际资本的避险需求。

(三) 美元进入扩张周期是决定我国国际收支基本稳定的直接外因

如果说我国的经济社会基本面决定了对全球流动性的吸引力,那么全球流动性宽裕与否则由美元周期的松紧决定。美元的周期(平均 17 年左右)决定了全球经济扩张的大周期,美元向全球提供贸易逆差,而其他国家基本是在争抢和分食这种逆差。我们认为,从美元周期看,"十四五"期间美元指数将经历大幅下跌过程,全球流动性处于宽松时期,美国的贸易逆差将进一步放大,而中国的国际收支比较容易持续贸易顺差格局。

我们分析,"十四五"时期,美元指数将持续大幅下跌,主要原因在于 2008 年之后的美国经济依靠超常规货币政策实现的弱复苏过程中,孕育着企业债这个巨大的新泡沫。通过不断借入低息长期债务以回购并注销本公司股票,上市公司高管们才得以不断推高股价,从而让自己薪酬结构中的期权变得值钱。目前美国已经积累了 11 万亿美元的企业债,其中 8 万亿投资级、1.5 万亿垃圾级、1.5 万亿银行信贷。而以目前缩表加息之后的市场利率水平计算,其中大量债务的借新还旧操作将不得不接受 7% 甚至 10% 以上的高息。为了避免新一轮规模巨大的企业的破产潮和违约潮,近期美联储开始讨论再次进入减息周期。从美国经济的结构和周期来看,2022 年之后,美国国债很可能步欧洲和日本国债的后尘,进入负利率状态。受此驱动,美元指数将从目前的 96 水平大幅下跌。

从历史来看,每一次美元指数下行周期,中国这样的制造业出口国的贸易盈余将大幅增长。考虑到中美之间的经贸摩擦,"十四五"时期的美元下行周期带来的外围国家盈余增长可能主要体现在东盟和南亚等区域,但也有利于中国国际收支的改善。

(四) 储蓄率下滑与产业升级的对冲结果是决定经常账户收窄的直接因素

"十四五"时期,如果我国能实现产业的全面升级、避免制造业的"空心化",将有望抵消储蓄率下滑的影响,保持经常账户长期略有盈余。从储蓄率角度看,自 2008 年起,由于老龄化、房地产热、年轻群体消费观变化等因素,我国储蓄率开始由 51.84% 的历史高值进入下行周期,国际货币基金组织(IMF)预测,2023 年我国国民储蓄率将降至 41.61%,而一旦低于 39%,投资与储蓄间将出现缺口。根据国民收入核算恒等式,如果国内储蓄低于国内投资,则需要依赖外部融资支持,导致经常账户顺差收窄乃至逆转。但从产业升级角度看,德国、日本、韩国等经济体在经历了储蓄率的大幅下滑后,由于在国际产业分工中占据高端位置,高附加值出口抵消了储蓄率下滑带来的逆差压力,保持了经常账户的长期总体盈余。虽然受到西方国家持续加大的扰动,但我国产业升级进程仍不断加速推进,主要出口品已经从低端劳动力密集产品转向附加值较高的制造品,未来产业升级会进一步提高我国产品国际竞争力,我国国际收支将保持基本平衡。

(五) 金融稳定性相对于人民币国际化与金融开放的优先级是决定资本账户收支基本稳定的直接因素

"十四五"时期,稳定性仍将是我国金融政策的最优先目标,人民币国际化与金融开放进程势必稳健推进,因此资本账户短期波动加剧不改长期稳定格局。从人民币国际化角度看,"十四五"期间人民币成为主要国际储备货币的可能性较小,因此类似美元"贸易逆差流出—资本顺差回流"的自动循环平衡能力较弱,容易导致"双逆差"的出现以及随之而来的贬值与外储下滑压力。从金融开放角度看,由于拉美及东南亚国家无序开放的教训殷鉴不远,现阶段我国对外资金融机构的准入大幅放开,其要旨在于通过竞争提高金融长期供给能力,而绝非寻求资本频繁"大进大出"带来的短期投机收益。综合来看,包括人民币币值在内的资产价格总体稳定,仍是未来一段时间内金融政策的首要目标,在这一前提下,"十四五"期间的资本账户大幅逆差与剧烈波动的长期化将得到较好的抑制。

（六） 中美贸易摩擦对国际收支冲击或将正负抵消

中美贸易摩擦仍在动态发展之中,由于其同时刺激出口转移与进口替代,二者相互抵消下,"十四五"期间国际收支并不会产生明显变化。一是高关税的贸易转移效应主要将体现在加工贸易和低附加值一般贸易。根据我们会同有关专家的测算,加工贸易部分将每年对美少出口 2240 亿美元,扣除相应减少的原材料与能源进口,总计减少贸易盈余 700 亿美元左右;一般贸易方面,假设"十四五"期间有一半会因为关税原因而将生产和订单转移到国外,那么将导致中国的贸易盈余减少每年 500 亿美元左右。综上所述,两者将合计导致中国每年的贸易盈余减少 1200亿美元左右。二是中美贸易摩擦衍生的中美技术战对产业链重构效应将显著加快我国关键领域、技术产品进口替代。美国对华技术战将对中国的产业链产生严重冲击,一方面会限制中国制造业的整体效率和技术进步速度,并冲击其海外销售;但另一方面也迫使中国制造供应链被动升级,众多关键零部件和服务的供应商将从海外转为本土,中国品牌背后的供应链将从整个跨太平洋地区向中国大陆收缩。将技术战的正反两方面效应结合起来,我们认为技术战整体上将导致中国的贸易盈余在"十四五"期间反而扩大至每年 1750 亿美元左右。综合上述两方面考虑,最乐观的情况下,中美经贸摩擦反而有可能使我国在"十四五"时期的贸易盈余略有所增加至每年 550 亿美元左右。

三、"十四五"时期我国国际收支变化带来的潜在风险点

国际收支结构的变化,将会对我国宏观金融形势产生多重影响。在国际收支"双顺差"阶段,中国经济面临持续的外部流动性流入,可能导致以下情况:一是外汇占款成为中国央行投放基础货币的主要渠道,央行不得不通过特定手段(例如发行央票与提高法定存款准备金率)来冲销过剩的外汇占款;二是人民币整体面临升值压力;三是国内资产价格整体面临上涨压力。

"十四五"时期,随着经常项目顺差收窄,资本项目双向波动,在这种局面下,我国的宏观金融形势将发生深刻变化:一是外汇占款不再是稳定的基础货币发行渠道,中国央行开始通过频繁的公开市场操作与降低存款准备金率来发放基础货币;二是人民币兑美元汇率由单边升值状态转变为双向波动;三是国内资产价格不再因为流动性过剩的推动而面临单边上涨压力,故而波动性显著上升;四是如果汇率市场化改革不能跟上金融开放的步伐,国际游资势必利用政策洼地、离岸市场等渠道,以人民币热钱的形式进行"快进快出"的大规模投机,冲击金融市场整体稳定。

"十四五"时期我国国际收支变化的潜在风险点主要包括以下几点。

一是证券投资项下跨境资本大进大出,加剧资产价格波动。自 2015 年以来,在大部分季度,我国证券投资项下跨境资本都呈现净流出态势,但 2018 年以来,受国内债券价格走高、债券通利好持续和 A 股国际化程度加快等因素影响,证券投资项下跨境资本净流入持续增加,境外机构开始积极增配境内人民币债券和股票资产。截至 2018 年底,境外机构持有的境内人民币金融资产规模达 4.85 万亿元,同比增长 13.1%。其中,非居民通过债券通持有债券资产规模达 1.75 万亿元。从短期看,证券投资项下跨境资本流入对稳定人民币汇率和国际收支具有重要作用,但考虑到证券投资项下的资本流入大多数是以短期的投机资本为主,未来随着我国货币政策和金融市场环境发生变化,短期热钱可能会集中以更快的速度流出,将严重冲击我国金融稳定。以股票市场为例,2018 年以来,沪深港通项下跨境资本大部分时间都是净流入的,截至 2019 年 4 月底,日均净流入 13.2 亿元;但进入 5 月以来,随着中美贸易谈判形势变化,跨境资本日均净流出 43.2 亿元,规模远超净流入阶段,前期的大额流入蕴藏了后期的逆转风险。

二是人民币成为跨境热钱重要表现形式。近年来,跨境人民币政策放开,为短期资本流动提供了新通道,也加大了监测和管理难度。2018 年,跨境人民币收付金额达 15.9 万亿元,其中除直接投资以外的资本金融项目收付金额达 8.1 万亿元,约占总额的 51%,成为跨境人民币使用的主体部分。同时,在外汇流动受限的背景下,人民币逐渐成为跨境资本流动逆差的主要来源币种。2018 年,银行代客涉外收付款项下人民币差额为-751.9 亿美元,约占全币种涉外收付逆差的 87.6%。人民币国际化快速推进,短期资本流动获得了更大规模、更加多样化的渠道,仅人民币合格境外机构投资者(RQFII)、沪港通、深港通、债券通四项通道规模就可达到 3 万多亿元。一旦出现风吹草动,短期资本或将通过人民币通道流出,将对金融市场乃至宏观经济造成冲击。

三是离岸市场成为扰动跨境资本流动的重要风险源。在中国资本项目尚未完全放开的背景下,在本币项下创新性地推出的离岸在岸互联互通机制本意是为了推动人民币国际化发展,满足境内主体全球资产配置和分散风险的需求;但在人民币汇率贬值和存在资产价格泡沫的背景下,更多的互联互通机制成为国际游资进入和流出国内的重要渠道,加大了金融市场波动的风险。以汇率市场为例,在2015 年、2016 年以及今年的人民币贬值阶段,离岸市场带动境内市场汇率贬值的特征明显,离岸、在岸汇差明显扩大,套利行为增加。未来我国金融市场开放加速推进,境内金融市场与国际市场关联度明显提升,全球政治经济形势错综复杂,国内经济增长面临下行压力,遭受境外输入型风险冲击的概率提升,离岸市场恐成为重要风险源头。

四是短期跨境资本流动下的货币政策操作难度剧增。短期资本流动作用于国际收支及外汇储备变化,进而对国内货币供应产生影响,并放大利率、汇率波动。在"不可能三角"框架下,货币政策独立、汇率稳定以及资本自由流动难以三者完全兼得。受到汇率基本稳定和资本相对自由流动的牵制,我国货币政策在立足国内基本面的同时,还需考虑美联储等外部环境变化的溢出效应,被迫采取一些调控或管理措施,影响了自身政策的独立性。而当短期资本过度波动造成严重冲击时,我国基于金融安全考虑不得不实施资本管制,这虽然有助于平抑短期风险,但也会在一定程度上挫伤市场信心,遭受舆论压力,带来长期负面效应。在2018年的土耳其金融危机中,土耳其政府就采取了极为严格的资本管制措施,反而加剧了汇率贬值的市场预期,造成了严重后果。

五是国际收支顺差收窄乃至逆差与人民币贬值相互强化可能威胁金融市场稳定性。从阿根廷、巴西、智利等拉美国家的经验教训看,国际收支顺差收窄乃至逆差与本币汇率贬值预期之间的相互促进和相互加强,可能威胁金融市场的稳定性,阻碍经济平稳增长,甚至可能成为跨越"中等收入陷阱"的拦路虎。第一,持续的贬值预期进一步降低了中长期固定资产投资的预期回报率,为数不少的民营企业将寻求金融投机或加大海外资产配置,不愿在国内进行中长期投资,使得本已不振的民间投资雪上加霜。第二,随着民间投资下滑,资金向实体经济流入的减少将导致纵向的制造业产业升级放缓,同时横向的国内产业梯度转移也将受阻,制造业"空心化"风险将显著上升。

四、政策建议

一是推动经济高质量发展,以稳固的基本面引导跨境资本流动长期化。IMF曾经指出跨境资本流动管理措施有效的3个关键条件,其中最重要的是拥有良好的经济基本面。从世界各国金融开放的历史经验看,只有确保经济高质量发展,才能有效应对内部与外部不确定性冲击。我国应继续坚定不移推进供给侧结构性改革,加速推进经济转型和结构调整,确保经济保持中高速增长。一方面,有利于提高资本长期回报率,引导资金流向战略性新兴产业、高端装备制造业和现代服务业等实体经济部门。另一方面,良好的经济增长势头也有利于稳定市场预期,避免股市、债市以及房地产市场出现恐慌性的资本外流。

二是增强制造业全球竞争力,夯实货物贸易顺差基础。我国未来要保持完备的、稳定的国际收支结构,关键在于通过增强产业竞争力保持相当规模的货物贸易顺差。应充分认识实体经济特别是先进制造业的重要性,加快解决制约产业发展的软肋和短板,提升产业核心竞争力,培育我国制造业在全球竞争中的新优势。同时,应重视传统产业在稳定就业、稳定国际收支方面的重要作用,从维持完整产业链出发,制定更加完备的产业政策,推动加工贸易创新发展,加大对相关行业中小企业的财税、金融支持力度,帮助其渡过难关。中长期看,应在完善基础设施、提高物流体系效率、优化营商环境的基础上,推动劳动密集型产业向条件较好的中西部地区转移,充分利用我国幅员辽阔的腹地纵深优势,将完整的产业链和出口企业留在国内,稳步推动传统产业转型升级,避免产业空心化。

三是加快推动汇率改革,保障国际收支基本平衡。第一,继续完善中间价报价机制,逐渐降低对汇率波动水平的限制,增强人民币汇率的弹性。人民币汇率弹性增强,既可避免过快消耗外储抑制单向贬值预期,也可充分发挥汇率"自动稳定器"作用,通过适当贬值对冲中美贸易摩擦的影响。第二,坚持底线思维,综合运用多种工具稳定市场汇率,防止过度波动。货币当局和外汇管理部门调节汇率的方式涉及多个维度,包括调节供求关系、调整汇率形成机制、调节交易成本、影响引导预期和直接参与交易等。第三,推出更多人民币期货避险工具,在条件符合时推出境内人民币期货产品,有助于拓展人民币外汇市场的广度和深度并维持人民币价值的稳定。

四是稳健推进人民币国际化,促进资本账户双向流动。第一,立足于"一带一路"建设需求,加强沿线区域税收、贸易投资、基础设施、能源环保等多领域合作,完善融资、保险等金融业务,切实发挥金融支持实体经济发展的基础性作用。第二,对于纯粹以套利为目的,特别是无真实贸易背景或融资需求背景,借道人民币跨境结算来获取利差和汇差的行为,要严格防范。第三,人民币国际化要求稳步推进资本项目可兑换,要找到兼顾国情和国际标准的对接区,有序推进资本账户开放。要在提高风险防范能力、留后手的前提下,对条件成熟的项目逐步放开,有序实现本项目可兑换,要保留紧急情况下的特定处置手段,把人民币国际化可能带来的风险降到最低。

五是合理有序推动金融开放,加强吸引与利用国际资本能力。第一,要明确开放的最终目的是提高金融服务实体经济能力,注重疏通流动性传导机制,使国际资本更多流入实体经济。第二,金融风险管理水平要与开放程度相匹配,健全货币政策和宏观审慎政策双支柱调控框架,同时提供足够对冲工具,使各类投资者能够有效对冲和管理金融风险。第三,审慎对待资本项目兑换开放进程,要发挥人民币资产作为高息资产的优势吸引更多国际战略投资者,同时开放进程要与汇率市场化改革相匹配,高度警惕国际投机势力利用市场分割、政策洼地做空我国资本市场。第四,金融开放要继续重视吸引资本账户下的对华直接投资(FDI)。我国 FDI 流量与 GDP、资本形成总额之比持续低于世界平均水平,仍有较大空间吸收更多外资支持国内实体经济发展。

六是完善金融风险预警与处置机制,防止跨境资本异常流动。第一,加强预期引导,提高预期管理的前瞻性、公开性与一致性,强化投资者教育,避免出现顺周期"羊群效应"引发的市场"大起大落"。第二,积极引导社保、养老、企业年金等中长期资金进入股市,增加机构投资者比重,强化中长期资金"稳定器"作用。第三,加快完善系统性金融风险监测预警和应急处置体系,加强对各类金融风险的动态监测和排查,特别是关注自贸区跨境资本流动风险,实时监测自贸区企业自由贸易账户(FT账户)异常资本流动,防止FT账户成为资本外逃的"快速通道"。第四,高度警惕并有效管理股市、汇市等市场相互传染和联动、放大市场波动的风险。必须采取有效手段,密切关注各类市场运行情况,必要时直接进行干预,防止出现汇率快速贬值和股市大幅下跌相互影响、相互推动,形成恶性循环的局面。

七是针对不同宏观情景,预设多种逆周期调控框架。密切关注国际国内经济金融走势和环境的新变化,加强形势预判和前瞻性分析,针对可能发生风险的轻重程度,建立相应的调控应对体系。建立涉及多部门、多币种的宏观审慎监管框架和应急协调机制,加强对货币市场、资本市场、外汇市场和保险市场跨境资本流动和跨境交易的统一监控,加强逆周期调控管理。同时加强与其他国家的宏观经济政策协调,尽量降低外部冲击对我国短期跨境资本流动的外溢影响。

（课题组成员：刘勇　　冯进路　　王兆阳）

"十四五"时期人民币国际化的目标任务、重大举措和实施路径研究

中国人民大学应用经济学院

2009 年,我国正式启动跨境贸易人民币结算试点,人民币国际化就此启程。十多年来,我国已发展成为世界第二大经济体、第一大贸易国、第三大对外投资国,具有较强的综合经济实力。同时,人民币已经成为全球第五大储备货币,也是特别提款权的货币篮子中波动率最小、币值最稳定的货币。随着以我国为代表的新兴经济体的崛起,当前的国际货币体系与世界各国政治经济地位的变化越来越不相适应。2007 年美国的次贷危机进一步地反映出美元主导的国际货币体系的内在缺陷和系统性风险,全球建立多元化国际货币体系的呼声和需求日益高涨。

回顾国际货币体系(英镑、美元、马克、日元、欧元等)发展的历史,从以黄金作为国际本位货币的金本位,到以美元为核心、实行固定汇率制度的"布雷顿森林体系",再到当前美元仍占主导地位的"牙买加体系",我们发现国别之间货币国际化的国情和背景等存在较大的差异,人民币国际化的进程可以借鉴德国马克通过国内经济发展、金融体系完善和区域一体化来推动货币国际化路径,而要避免日元的历史教训,防范货币的快速国际化和被动升值对经济和金融体系带来的严重冲击。

当前,人民币的国际化程度与中国在全球经济中的地位不相匹配。与此同时,经济发展的国际环境复杂多变,政治经济冲突越

对外开放

来越明显。"十四五"时期,如何与时俱进促进人民币国际化与我国产业结构、贸易结构协同发展,从而提升人民币国际地位是一个亟须解决的重要问题。我们认为,人民币国际化的关键在于培育对人民币的真实需求。国际经济主体对我国实体经济"有所求",持有人民币才"有所用",基于真实需求的人民币国际化才能行稳致远。

首先,产业结构提质增效是一个国家核心竞争力和人民币国际化的基础。虽然我国拥有当今世界较为齐全的工业门类和全球首位的制造业规模,但是中国制造业仍处于国际产业链中的中低端环节,无法牢固建立对国际市场的"护城河"。在这种情况下,与美元等传统国际货币相比,人民币缺乏在计价结算中的话语权。随着劳动密集型产业逐渐向外转移,高端制造业、信息科技行业等在产业结构中的比重稳步上升,人民币在计价结算、交换媒介、价值贮藏等方面的国际化地位会逐步改善和提升。

其次,贸易结构优化是人民币国际化的渠道保障。要将国内范围的产业优势真正转化为国际范围的货币优势,必须通过对外贸易这一渠道才能实现,因此贸易结构的优化对加快人民币国际化进程意义重大。我国贸易结构的改善主要表现为贸易方式调整、贸易伙伴多样和贸易依存度降低,这些提升了我国在全球贸易网络中的主导性,从而降低人民币交易的边际成本,形成和巩固国际主体对人民币的需求惯性,促进了国际化进程。

最后,区域一体化是人民币国际化的战略契机。基于真实需求的人民币国际化,应当从与我国经济联系密切的东亚、东南亚等周边国家地区和共建"一带一路"国家切入,提升人民币区域影响力,为人民币未来在更广范围内的国际化奠定基础。

综上,本报告将深入探讨基于产业结构升级、贸易结构优化和区域经济一体化而形成的国际真实需求的人民币国际化路径,并提出大宗商品贸易是这一进程中的重要抓手。同时,在金融市场开放方面,探讨以债券国际化推动人民币国际化。

一、升级产业结构

在产业转型的背景下,我国产业升级对人民币国际化具有以下 3 种效应。第一,带动先进技术的引进以及大量产品的出口,为此可以在贸易计价和结算环节推动人民币作为主要货币。第二,鼓励国内企业通过投资方式走出去,促进人民币计价、结算和交换媒介功能的完善。第三,提升企业生产效率和利润空间,促进外商投资,增加人民币价值储藏功能的发现。

突如其来的新冠肺炎疫情在很大程度上改变了国际政治经济秩序。在未来 5 年,全球供应链重构大概率将遵循风险最小化的原则,具体表现为供应链本土化和出口地多样化特征。在巩固制造业中心和供应链中心的同时,需要进一步发展高科技产业,加快数字经济等战略新兴产业的进程。同时,在保障我国产业链的独立性和内循环畅通的前提下,积极拥抱和融入全球产业链。

(一) 逐步转移劳动密集型和科技含量较低的产业

我国目前正处于工业化中后期阶段,第三产业稳步上升,工业部门种类齐全,能够为"一带一路"沿线国家和地区,尤其是亚洲的发展中国家提供发展经验,并转移我国以劳动密集型为特征的部分产业。根据历史上日本及亚洲"四小龙"的发展经验,成功的产业转移需要具备几个条件:一是东道国与目的国的产业发展有一定的差距,并且目的国的人均收入远低于东道国;二是目的国的相应产业拥有一定的规模,并且经济发展稳定。当前,"一带一路"的亚洲大部分发展中国家,还处于工业化初级阶段,制造业发展落后,急需外部的资金和技术,有强烈的意愿接受我国转移劳动密集型产业。

(二) 集中力量发展高端装备制造业

高端装备制造业是以高新技术为引领,生产制造高技术、高附加值的先进工业设施设备的行业。高端装备制造业具备三大特征:技术含量高、产业链位置高、附加值高。在"双循环"新发展格局下,我国正身处从"制造大国"向"制造强国"跨越的关键时期。大力发展高端装备制造业是我国抢占未来经济和科技发展制高点的必由之路,并会对周边产业产生较大的带动作用,推动战略性新兴产业加快发展、促进产业结构加快转型升级。

(三) 推进高科技产业发展

党的十九届五中全会提出把科技自立自强作为国家发展的战略支撑,即从高速增长向高质量发展转变。我国已经形成了体系完备、配套齐全的产业体系,同时关键的信息技术实现突破,具备将高技术产业做大做强的基础。在内循环的拉动下,我国具有较大市场规模和发展潜力,高科技产业可依托于庞大的内需推进核心技术的研发和产业化,从而促进行业发展。

作为产业转型和跃升的微观基础,数字经济转型是中小企业生存的必由之路,是中国经济持续健康发展的动力之源。数字经济成为我国重塑国际竞争力的关键,是中国经济增长的新引擎,中国经济正在由"工业化和信息化融合"升级为"数字经济和实体经济融合"。对于制造业企业而言,数据作为生产的核心要素,其着力点应该是有效增强产业内垂直分工的效率,提高包括研发合作、原材料和中间产品的稳定保障,以及服务于市场需求变化的弹性制造能力,为企业可持续发展提供支持。广大中小企业要积极转型、"苦练内功"、增强自身活力和竞争力,为"十四五"时期中国经济发展打好基础。

二、优化贸易结构

综合货物贸易进出口来看,机械和运输设备占据我国货物贸易进出口额的首要地位。从其占进口额的不断下降和占出口额的不断上升来看,我国制造业产品的国际竞争力在不断增强。就服务贸易整体而言,进口规模攀升,出口规模趋稳。我国居民出国旅行的增多是近些年我国服务贸易进出口呈现逆差的主要原因。同时计算机和通信服务业出口额连年稳定上升,也在一定程度上反映了我国服务贸易出口结构的优化。

伴随着我国贸易结构不断优化,我国出口产品与世界产品质量差距进一步缩小,高新技术产品以及服务贸易的提质增效,我国在国际市场上的贸易话语权在提升,这主要包括以下三个方面。

(一)贸易方式调整促进交易结算

一方面,多元化贸易的萌发以及对外贸易市场的扩大,为进出口交易商提供了便捷、低交易成本、多样化的人民币交易方式,采用人民币进行交易的比例将不断上升,促进采用人民币进行跨境商品交换。另一方面,伴随着我国贸易总量的上升,将会使得采用人民币交易的边际成本降低,增加交易双方采用人民币进行交易、结算的频率。

(二)外贸伙伴多样化提升主导性

区域全面经济伙伴关系协定(RCEP)国家逐步成为我国主要贸易伙伴,主要带来三点改变:一是我国转移劳动密集型产业,同时对外输出高端制造业产品,为我国打造区域性高端制造业中心奠定了基础,提升了我国制造业在区域产业链中的位置;二是我国通过亚投行等区域性银行进行对外投资,在推进区域基础设施建设的同时,也促进我国基础设施、通信设备等产品的输出,促进我国服务贸易输出,并增强了我国自主创新产品的输出,提高了我国在东南亚地区贸易主导性;三是我国对外贸易摩擦降低。区域经济合作下,我国将逐步开拓新兴市场,使得贸易流向发生变化,从而减少贸易摩擦,避免与欧美等国发生直接的贸易冲突。

（三） 贸易依存度降低凸显贮藏功能

贸易依存度的降低一方面对于我国服务业和高端制造业而言,代表着我国自主创新的产品已经具有替代效应,与国际产品差异度逐步降低,使得我国在服务贸易和高端产品市场议价能力逐步提升。另一方面,与"内循环"战略相呼应,我国国内市场需求广阔,扩大本土产业发展优势,促进形成完整的产业链条,使我国产业链具有较强的韧性和抗风险能力,从而使我国未来经济增长具有强劲动力,带动人民币远期汇率的升值,使人民币的贮藏功能和资产配置效应不断凸显,吸引外资投资。

三、 推进区域一体化

随着"一带一路"倡议的推进和 RCEP 协定的签署,我国将进一步推动与发展中国家的互联互通,提升人民币区域影响力,促使人民币成为区域性计价结算货币。

（一） 推动人民币货币区的形成

所谓人民币货币区,是指进出口贸易中使用人民币结算的比例较高、其汇率与人民币挂钩态势较为明显、人民币承担"锚货币"角色的区域。随着人民币结算的不断发展,用人民币结算的地区不断增多,人民币货币区在逐步形成,进而促进人民币的国际化。

（二） 促进资本项目输出

首先,各国政府之间开展货币互换协议,在重点区域内满足多种多样的需求,为境外的人民币流通提供流动性支持。其次,通过亚投行、丝路基金等区域多边开发机构,促使中国成为区域资金提供方与资本输出方的角色,为通过资本账户推动人民币国际化提供机会。最后,在深化区域合作的基础上,促进我国离岸和在岸金融市场在区域内有序开放,为人民币清算提供强有力支持。

（三） 拓展人民币真实需求

首先,复杂多变的国际环境使得中国的外贸形势面临很多的不确定性。RCEP协议签订,有利于我国的进出口结构进一步优化,通过拉动内需和利用外需消化过剩产能。RCEP 协议参与方对人民币需求将会有较大提升。

其次,我国抗击新冠肺炎疫情成果显著,但欧美等国疫情仍相当严峻,在全球避险情绪高涨和中国经济基本面持续利好的背景下,人民币汇率将进一步上升,其真实需求将保持上涨,也增强了 RCEP 国家对中国的投资热情。

最后,从长期来看,我国将进一步推动我国金融市场对外开放,放宽部分资本项目人民币收入使用限制,进一步完善人民币定价机制,同时以减免关税来助力。RCEP 成员国的投资需求将带动人民币真实需求上升。

四、发展大宗商品贸易

作为国际大宗商品最大的出口国和消费国,中国已成为国际大宗商品市场上的重要组成部分。然而我国在大宗商品市场缺乏定价话语权,并且人民币结算和计价功能尚未完善。伴随着人民币国际地位的提升,国际认可程度不断上升,人民币国际化进程加速,人民币逐步具备成为大宗商品定价货币的基础。

(一) 推动人民币计价职能

当前国际货币的计价功能,集中体现在国际原油的美元定价机制上。美元通过与石油挂钩,活跃在各大投资交易市场。对于我国而言,应当积极掌握人民币的大宗商品定价权。

(二) 促进人民币区域化货币职能

我国已经成为国际上重要的能源消费国,而"一带一路"沿线的多个国家(如沙特阿拉伯、俄罗斯、委内瑞拉、伊朗等)均是主要的能源输出国。推动大宗商品人民币结算,将避免使用美元带来的汇率风险,同时在双边贸易的增长和经济合作的良性互动中,提振对大宗商品以人民币计价的有效现实需求。另外,在我国经济增长进入"新常态"的背景下,大宗商品可以疏解过剩产能,平衡供需两端。

(三) 保持人民币币值稳定

将人民币等新兴国家货币作为大宗商品计价工具,有利于大宗商品价格的发现。当前国际货币体系走向多元化趋势,以单一美元进行计价模式存在较大的币值波动风险,以特别提款权(SDR)这样的一篮子货币的加权平均指数作为基准价格,对大宗商品进行定价,有利于优化大宗商品价格发现机制,并助推人民币币值稳定。

五、加快人民币债券国际化

债券市场国际化是人民币国际化的催化剂和加速器。为境外投资者提供人民币资产交易市场,能够从资本账户角度为人民币国际化寻找突破口。完善和发展人民币债券市场,深化对外开放,能够便利国际资本的投资渠道,吸引境外投资者持有人民币债券,不断增加人民币国际需求,提升人民币国际地位。

我国债券市场国际化进程主要包括 3 个阶段:从开放交易所债券市场,到开放银行间债券市场,最后到银行间债券市场交易限制的放宽,对外开放程度不断提高,取得了一定成果。但是,境外机构持债占比仍然较低,未来随着我国债券市场的开放,还有较大增长空间。同时,债券市场国际化存在的主要问题包括债市托管结算后台不统一、债市开放风险的防控能力不足、债券市场中介服务机构专业性有待提升。

近年来,债券市场是外资流入我国的重要渠道。境外投资者持有人民币债券的持有动机主要包括以下三个方面。

(一) 利差优势

受益于改革开放实践,我国的经济社会发展取得了巨大成就,这是人民币债券保持高收益率并吸引境外投资者的"基本面"因素。对于境外投资者而言,人民币债券是一种风险相对较低的参与中国经济成长、分享中国发展果实的良好投资标的。

(二) 风险分散

持有人民币债券,承担单位风险能够获得更高的收益,获得单位收益仅需承担更小的风险。另外,人民币债券市场的稳定性和抗风险能力相对较强,能够为人民币债券持有者带来分散资产组合风险的作用。

(三) 汇率波动

与大多数新兴市场国家不同,人民币债券收益率与人民币汇率波动的相关性并不明显。国内经济稳定增长主导着人民币债券的收益率,汇率风险相对较小,有助于提升境外投资者的持有动机。

人民币债券的国际化发展可以从离岸市场和在岸市场两个方面来分析。

在离岸人民币市场方面,人民币境外使用区域不断扩大,已形成中国香港、新加坡、伦敦、卢森堡等离岸人民币中心。跨境人民币结算的业务范围不断拓宽,基本涵盖了各项金融活动,业务发展日趋多元化。在国际离岸人民币市场,需进一步丰富离岸市场人民币金融产品种类,包括人民币存单、金融机构、公司债券等人民币产品,完善离岸人民币基准利率,增加离岸人民币的流动性和持有资产选择,释放更多看好人民币作为国际储备货币的信号。同时,国际金融机构配置、金融监管框架和相关法律体系也可以为离岸人民币业务提供安全保障,作为联系离岸人民币支付、结算的纽带,拓宽人民币国际化的空间。

在岸人民币市场方面,建立以中国内地特别是以上海为基础,覆盖全球的人民币资产多级托管体系,从而使得各国投资者能在当地购买、持有和交易人民币资产。当前,人民币并非完全可兑换,通过贸易流到境外的人民币不能够进入到国内的资本市场。未来,上海可以成为全球人民币资产的配置中心、最终清算中心、流动性保障中心和司库中心,需要一系列真正对标国际的基础制度安排,需要有机会的基础设施支持,从而让全球市场主体放心地投资和持有人民币资产。

六、未来人民币国际化的具体实施路径

面对复杂多变的国际环境,人民币国际化的中短期目标是降低我国经济在美元主导体系内可能受到的冲击与震荡,长期目标是支撑"双循环"和保持中国经济的可持续稳定发展。在"十四五"时期,我们建议通过以下具体措施和路径,积极稳妥推进人民币国际化发展。

(一) 借鉴马克经验,避免日元教训

德国马克和日元国际化所处的历史时期、国际环境、市场力量等外部因素大致相同,然而,从历史发展来看,德国马克国际化比较成功,而日元国际化则出现了问题。德国以强大的工业竞争力为核心,打造了以马克为支付清算货币的全球产业链和相关生产要素的交易与分配网络。而日本则通过放开资本管制、积极鼓励金融机构参与和日元相关的金融资产交易,以金融渠道对外输出日元。根据中国国情,在"十四五"时期,我国应吸取马克的经验,规避日元的教训:首先,继续提升我国高科技制造业实力。德国正是借助于其工业制品的国际竞争力推动了马克的国际需求。其次,稳定人民币币值。马克的币值稳定度要远远大于日元,因此"十四五"期间仍需一定规模的外汇储备避免汇率超调现象发生。第三,资本项目开放要稳步推进。日元的国际化进程表明,金融市场的发达、开放程度的进度要与国内经济形势相适应。在金融调控不完善时,过快推动资本项目开放,反而会使本国经

济容易受到国际资本较大的冲击。

（二）加速产业和贸易结构升级，为人民币国际化夯实基础

经济实力的提升和国际贸易量的增长是一国货币国际化的前提和基础。我们可以看到，德国依靠高科技制造业的国际竞争力为马克国际化提供了动力，从而使马克国际化较为成功。我国拥有完整的工业体系和产业链，具有遍及全球的贸易网络，具有"高—中—低"的人才梯队，科研创新投入和能力也逐步加强。这些为中国的中高端制造业逐步发展提供了很好的基础。"十四五"期间要继续推动我国产业和贸易结构升级，可以出台以下几方面措施。第一，无论是政府还是企业，都需要持续加大科研投入，鼓励数字经济的创新与运用。第二，提高我国高新制造业产品出口退税或补贴，提升制造业企业的技术升级动力。第三，对于原创性的高新技术产业，可以通过政府采购或财政补贴，培养激励其形成国际竞争力。

（三）通过区域一体化，推动人民币对外投资

在国内外形势发生重大变化的情况下，我国未来的对外投资战略要以获得先进技术、国外资源和扩大出口为目的；需要进一步改革开放，鼓励中资企业"走出去"，避免被"卡脖子"；依托"一带一路"建设，大力推动人民币对外投资主体的发展；在有话语权的情况下，鼓励企业在对外投资时坚持使用人民币计价。鼓励我国从事对外大型基础设施项目投资的企业在谈判时商定人民币计价，必要时可以给相关主体税收、政策支持，以推动人民币"走出去"；依托"一带一路"建设，积极发展人民币国际投贷基金，给予其他发展中国家和地区在资源开发、技术和经济建设上人民币贷款，并可适当采取低息或免息政策；同时支持丝路基金积极探索人民币对外投资，鼓励各级政府设立人民币国际投贷基金，带动地方基础设施项目"走出去"。

（四）依托大宗商品贸易优势地位，鼓励人民币贸易计价

在贸易方面，可以通过以下3个方面促进人民币贸易计价。第一，我国近些年对大宗商品需求不断增加，因此在大宗商品购买上应该坚持买方优势地位，推进使用人民币计价、结算。第二，监管机构可以通过降低汇兑成本或者直接对其进行相应补贴等措施，以推动人民币在大宗商品和其他贸易中的计价、结算。第三，大力推动进出口代理公司发展，促使大中小企业形成进出口联盟，形成规模优势进而增强贸易议价能力；与境外贸易商谈判时坚持使用人民币计价、结算，形成"进口—出口"人民币结算的闭环，推动人民币海外需求。

（五）以"碳中和"等绿色债券为抓手，进一步扩大金融开放

我国力争于 2030 年前到达"碳达峰"，并努力争取 2060 年前实现"碳中和"。在此愿景下，"碳中和"等绿色债券将是未来绿色金融和可持续金融的重要组成部分。在"碳中和"目标下，我国经济发展、产业结构将面临深度转型和变革，这需要巨大的资金支持，而"碳中和"等绿色债券具有期限长、价格优势等特点，未来这类债券的市场需求也将日益提高。因此，可以面向境内外机构发行"碳中和"等以人民币计价的绿色债券，促进国际国内金融标准融合，提升该类债券的国际流动性，为境外人民币提供更多的投资渠道，从而助推人民币国际化。此外，还应深度参与全球金融治理，保持数字货币领先地位，以更开放的举措推进自贸区等先行先试区域的试点和建设。建立健全跨境资金流动宏观审慎管理框架，稳步扩大金融开放。

（课题组成员：黄隽　苏立　刘阳　徐腾达　王少龙　曾丹　宋文欣　张津硕　陶佳祺）

>>> 国民素质

支撑引领现代化建设的
人力资源体系研究

劳动经济学会

本报告研究了我国现代化建设的新内涵,通过明晰我国现代化建设面临的新形势,以及对我国人力资源体系提出的新要求,考察我国现有人力资源总量、结构和质量状况,结合未来人力资源的发展趋势,剖析了其与现代化建设需求的差距,最后提出了全面提升人力资本、优化人才资源配置、促进人才创业、吸引海外人才,以及开发利用老年人才的政策建议。

一、我国人力资源发展的现状

(一) 人力资源供给丰富

中国的劳动年龄人口(以 15—64 岁人口为代表)从 1982 年的 6.25 亿人,持续增加到 2013 年的 10.06 亿人,之后略有下降,但到 2019 年仍然有近 10 亿人。

(二) 城镇就业数量不断增加

城乡就业总量从 1978 年的 4 亿人扩张到 2018 年的 7.8 亿人,就业总规模增长了 93%。其中,城镇就业人员总量达到 4.2 亿

国民素质

人,是 1978 年的 4.5 倍,年均增速达到 3.9%,乡村就业人员比重从 76.3% 逐步下降到 2019 年的 45.3%。

（三）人力资源流动规模不断扩大

中国的城乡劳动力迁移规模总体呈现不断扩大趋势,从 20 世纪 80 年代初的几百万人,发展到 20 世纪 90 年代的几千万人;进入 21 世纪以后,迁移规模快速扩大,2017 年达到 1.72 亿人。相应地,进城农民工占城镇就业总量的比例也由 20 世纪 80 年代末的 20% 左右上升到 21 世纪的 40% 左右。

（四）人力资源质量不断提升

人力资源质量的提升主要依靠教育,既包括普通教育也包括职业教育。2017 年,中国小学学龄儿童净入学率达到 99.9%,小学升初中、初中升高中以及高等教育毛入学比例分别达到 98.8%、94.9% 和 45.7%。2001 年到 2014 年,中国全部就业人员的平均受教育年限在波动中逐年增加,由 2001 年的 8.2 年增加为 2010 年的 9.1 年,2014 年进一步提升至 9.9 年。

（五）劳动力技能水平不断提升

职业教育和培训对提升劳动力技能水平发挥重要作用。1978—2017 年,中等职业教育学校数量从 2760 所增加到 10707 所,招生人数从 44.7 万人增加到 578.7 万人。在培训方面,2004—2010 年,累计培训 3500 万农村转移劳动力,年培训进城农民工 1000 万人以上。

（六）人力资源市场制度不断完善

就业公平显著推进,各类法律法规不断完善,基本形成了消除农民工就业歧视和促进机会平等的法律框架。社会保障制度建设取得明显成效,社会保障制度对各类就业人员包括农民工基本实现了全覆盖。

（七）儿童营养改善明显

从联合国儿童基金会(UNICEF)的数据来看,我国儿童严重消瘦、生长迟缓率、低体重的比例均呈现出大幅度下降的趋势。2017 年数据显示:第一,低体重率、生长迟缓率和消瘦率的城乡差别基本上消除,只剩下微小的差距,这说明我国农村儿童的营养状况总体上得到改善;第二,儿童营养不良患病率的区域差异依然较大,尤其是西部地区低体重率、生长迟缓率、消瘦率要远远高于东部地区,这提醒我们应该尤其注意边远地区的儿童营养状况;第三,在一部分儿童依然存在营养不良的同时,儿童的营养过剩现象越来越突出,超重、肥胖已经成为儿童营养不良的严重问题,全国超重和肥胖率达到了 7.4%,已经接近《2017 年世界儿童状况》对美国的估计值(8%),其中城市达到了 7.5%,东部地区更是达到了 8.6%,甚至西部地区也有 5.7%。

二、我国人力资源发展面临的主要问题

(一) 人力资源短板突出,农村潜在劳动力转移难度加大

我国农村人均受教育程度低,高学历人数不多,就业人员文化程度偏低。2016年,6 岁及以上年龄段人口,小学程度教育的占 27.2%,初中占 41.2%,普通高中占 13.5%,大学本科及以上仅占 6.4%。人力资源短板问题突出。另外,农村人力资本水平与城市之间的差距进一步扩大。根据全国人口普查和抽样调查显示,农村劳动力平均受教育年限不到 8 年,仅相当于全国平均水平的 80%,非农就业部门平均水平的 60%。农村 30 岁以下的年轻人人力资本水平勉强达到全国平均水平,到 50 岁之后男性平均受教育年限下降到 8 年以下、女性下降到 7 年以下,人力资本结构很难适应现代化非农就业部门的需求。按照当前经济发展和非农行业的实际人力资本需求,工业和服务业的平均受教育年限要分别达到 11.2 年和 12.6 年。作为支持乡村振兴主体的本地农民工,其潜在可供转移的比例不到农村常住劳动力的 20%,有条件实现本地非农转移的只有 3000 万人。这意味着,尽管我国农业"潜在"可转移人员有 1.4 亿人,但约有 78% 都难以转化为有效劳动供给。

(二) 劳动力技能存在不足,与新技术新经济需求之间的矛盾正逐步扩大

我国劳动力总量虽然很丰富,但技能劳动者严重不足,仅占总劳动量 19% 左右,高技能人才占比更是只有 5%,且技工短缺现象正逐步从东南沿海向内地延伸,从季节性演变为经常性的现象。人力资源供给的结构性矛盾更加复杂。新时代互联网、大数据、人工智能等新技术催生了生产方式深刻转变,"就业破坏效应"首先体现在传统行业,传统劳动密集型为主的农民工就业将遭受冲击。农民工群体受制于人力资本约束,难以顺应经济结构调整和产业转型升级的要求,技能水平、就业能力与岗位需求不相匹配的矛盾更加突出,"就业难、用工荒"并存的现象成为常态并有加剧迹象,就业结构性矛盾日益凸显并更为复杂。

(三) 创新型人才供给不足,亟须高端技术产业人才

我国高等教育实行高度集权的办学体制,高校自身办学自主权有限,在专业设

置、课程体系、教学模式等方面受到诸多制约因素的影响,开展人才培养模式改革面临较大阻力。学校人才培养模式单一化和趋同化,导致了"千校一面""千人一面"的状况,不能满足社会经济发展对多样化人才的需求。此外,高等教育扩招推延就业年龄,导致劳动参与率持续下滑,城镇人口劳动参与率持续下降,15—64 岁人口劳动参与率从 1990 年的 74.47%,下降到 2000 年的 67.67%,2010 年为70.20%,虽较 2000 年有所提升,但较 1990 年仍下降了 4.3 个百分点。在应对新技术发展和应用方面,技能型、创新型人才准备不足。

(四) 人力资源产业布局结构不合理

人才在各产业中的就业结构不合理。虽然第三产业已经成为吸纳就业的重要部门,但是第一产业就业人员仍然占到就业总量的 26.1%(2018 年),而第一产业在整个国民经济中的比重只有 7.2%。第一产业的劳动力产出效率远低于其他部门。同时,区域间收入差距加剧中西部地区的人才流失,人力资源合理分布问题进一步扩大。在人口老龄化也日益加重的背景下,农村、中西部地区的老龄化程度远高于城市和东部地区。据估计,2018 年全国 65 岁及以上老年人有近 2/3 居住在农村。在农村整体的人力资本水平远低于全国平均,且人才不断外流的情况下,推动城乡融合,实现乡村振兴面临着人力资本水平不足的挑战。

(五) 人力资源体制存在障碍

我国的人力资源制度形式化与僵化问题比较突出。一是重大决策权集中在政府行政部门,企业在机构设置、干部任免、职工进出、工资标准等方面缺乏自主权。二是传统的人力资源制度基本上是一种业务管理,仅在企业"需要"时发挥作用,没有规范化、长效化的运行机制。三是传统的人事管理主要着眼于当前,缺乏长远考虑。

(六) 国外人才引进遇到困难

引进的海外高层次人才的学科背景较为单一,人才引进对象多集中于自然学科,而对人文社会学科关注较少。在引进的学科方面,存在重应用、轻基础的问题。专门的外籍高层次人才引进项目少,经费支持力度不够,政策优惠对外籍学者的吸引力颇为薄弱。为外籍人才搭建可持续性发展平台不足,外籍人才在华工作时间较短,难以产生长期效应和规模效应。

(七) 人才国际化程度较低

人才国际化理念还没有在全社会真正树立起来。熟悉国际经济惯例的高级外贸人才、取得特许金融人才等基本处于空白状态。国际化人才成长的环境质量有待提高,人才对生活环境满意度不够理想。应对人才发展趋势的政策和措施缺少力度。

(八) 青少年身体素质亟须提升

我国儿童青少年的近视率不断攀升已经成为影响我国人口健康素质的重要因素,引起了党和国家的高度重视。2008 年,一项针对汉族学生的抽样调查,7—18 岁城男、乡男、城女、乡女视力不良检出率分别达 52.9%、37.3%、61.4%、46.2%,其中将近 3/4 的在校高中生"疑似近视"。近年来近视更是呈现出低龄化的趋势,根据对成都市小学生的一项抽样调查,成都市小学生的近视率竟然达到 33.8%。重庆永川区 6—11 岁儿童的近视率达到 17.87%。根据一项调查,我国学龄儿童青少年危险用眼行为依然比较普遍,仅有 45.4% 的学生用眼距离大于一尺,28.3% 的学生用眼距离甚至低于 20 厘米;83.2% 的学生单次连续近距离用眼时长超过 40 分钟,其中超过 120 分钟的占到 53.5%。

三、基于需求侧的人力资源水平判断

(一) 老龄化趋势加速,劳动力总量供给潜力下降

中国已经跨越了劳动年龄人口的峰值点。根据国家统计局数据,2011 年 15—64 岁人口比重为 74.4%,比 2010 年下降 0.1 个百分点,2014 年进一步降至 73.4%;劳动年龄人口规模也开始下降,15—64 岁人口由 2013 年的 100582 万人降至 2014 年的 100398 万人,减少 184 万人。长期来看,劳动年龄人口和占比双下降的趋势将会持续下去。根据预测,到 2020 年,15—59 岁劳动年龄人口数量约为 9.12 亿人,占总人口的比例约为 64.57%,2023 年将下降至 9 亿人以下,占比降至 60% 以下,2050 年约为 6.60 亿人,占比降至 50.24%。中国老年人口及其占总人口的比例将双双保持上升态势。2020 年,60 岁及以上人口占总人口的比例约为 18.16%,2023 年将超过 20%,到 2050 年达到 37.50%。

(二) 劳动力平均受教育程度提升加速,与发达国家之间的差距进一步缩小

根据全国第六次人口普查资料,2010 年人口的平均受教育年限为 8.8 年,比 2000 年提高 1.18 年,2015 年 1% 人口抽样调查显示平均受教育年限进一步提升至

9.28 年。按照平均增幅,2020 年平均受教育年限将为 9.8 年,2030 年平均受教育年限为 10.6 年。而美国和日本的平均受教育年限分别为 12.4 年、11.2 年。

(三) 新增劳动力的受教育程度提升很快,但是新增劳动力数量将进一步收缩

根据课题组设计的脱离教育人数法,可以测算从小学到高等教育每个教育阶段升学和进入劳动力市场人群结构状况。2018—2050 年间,新增劳动力供给数量将出现总体呈下降趋势,具体可分为 3 个子阶段:初期下降(2018—2030 年),从 1538 万人逐步降至 1404 万人;中期回升(2031—2045 年),从 1310 万人逐步升至 1485 万人;后期再下降(2046—2050 年),从 1435 万人逐步降至 1183 万人。

(四) 人力资源未来供给总量将持续下滑

根据现有的人力资源结构以及经济增长水平,课题组通过设定就业弹性和经济增长率,推算出就业的增长量(即劳动力的需求),再结合以上劳动力的供给可以测算出供需缺口,研究显示:2016—2020 年经济增长率为 6.5%;2021—2030 年,经济增长率为 5.5%。根据就业对经济增长的弹性可以预测出人力资源的需求,"十三五"期间劳动力需求年均增长 1549 万,2020—2030 年年均增加 1489 万。在未来十多年中,劳动需求略大于供给,但供需缺口不大。2018 年后略有不足,2020 年以后劳动力缺口呈现扩大趋势,但 2030 年之前缺口最大也不超过 200 万人。整体来看,虽然中国劳动年龄人口绝对规模开始下降,但 2030 年之前劳动力供应整体不会出现严重短缺的情况。

(五) 外部环境更加复杂,稳就业风险增强

经济发展进入新常态,外部环境复杂性增强,2014 年之前农民工工资 10%—15% 的高速增长不复存在,住宿和餐饮业等传统低端服务业的工资增长缓慢,2018 年工资增速仅为 4% 左右,部分产能过剩严重的行业的工资出现负增长。全球宏观经济形势不确定性增强,国际贸易摩擦对就业存在不确定性影响,综合主要机构研究测算来看,中美贸易摩擦对我国 GDP 增长潜在影响仅有 0.5 个百分点左右。按照目前 GDP 就业弹性估算,贸易摩擦对新增就业岗位最大损失不超过 100 万个,总体处于可控范围。但中国对美国出口商品集中度较高,贸易摩擦对特定行业、局部地区以及价值链传导的影响需要关注,沿海地区外向型行业和企业的劳动力,尤其是低技能劳动力较为集中的部门,不可避免地受到贸易摩擦影响。

（六）新技术新经济对传统人力资源体系发起挑战，未来就业结构性矛盾更加复杂

新时代互联网、大数据、人工智能等新技术催生了生产方式深刻转变，加快重构产业发展模式，"就业破坏效应"首先体现在传统行业，传统劳动密集型为主的农民工就业将遭受冲击。农民工群体受制于人力资本约束，难以顺应经济结构调整和产业转型升级的要求，技能水平、就业能力与岗位需求不相匹配的矛盾更加突出，"就业难、用工荒"并存的现象成为常态并有加剧迹象，就业结构性矛盾日益凸显并更为复杂。

四、中国人力资源体系发展的对策建议

人口资源体系包括人力资源培养、开发、继承和发展。广义的人力资源包括健康素质、智能科教素质、精神文明素质 3 个组成部分。建立起完善的开发体系，需要人力资源体系围绕人力资源本身的培养、开发、持续和发展进行。到 2035 年基本实现社会主义现代化，意味着届时我国将跻身创新型国家前列，社会文明达到新的高度，国家软实力显著增强，中华文化影响更加广泛深入，生态环境根本好转。这要求人口体能健康素质、智能科教素质、精神文明素质全面实现较大幅度提升。建成富强民主文明和谐美丽的社会主义现代化强国，实现国家治理体系和治理能力现代化，更是要求人口素质有一个大的飞跃。诚然，新中国成立 70 多年特别是改革开放 40 多年来，我国人口素质得到了前所未有的巨大提升，代表性指标如婴儿死亡率已从 1949 年的接近 200‰下降到目前的低于 10‰，平均预期寿命由不到 40 岁提高到 2017 年的 76.7 岁，6 岁以上人口人均受教育年限由 1982 年的 5.2 年提高到 2017 年的 9.3 年，等等。然而，一些重要指标与发达国家的差距仍很明显。人类社会发展历史表明，尽管各国实现现代化的具体路径不同，但都有一个共同点，那就是把科技作为关键、教育作为基础、人才作为保证。尤其是在新技术层出不穷、以人工智能为代表的第四次工业革命孕育兴起的今天，必须认识到，经济和科技竞争归根结底是人才竞争，建立完善的人力资源体系、全面提升人口素质，既是现代化的重要内容，又是现代化建设最基本、最重要的支撑。

（一）全面提高人力资本素质，智力、体能、品德三位一体的人力资源培养机制

——建立全民健康计划，塑造健康生活。从小普及健康科学知识，强化学校、家庭和社区个体健康生活方式指导和干预,开展眼睛健康、口腔健康、骨骼健康等专项行动。发布体育健身活动指南,建立多层次、全方位的运动处方库,推动形成体医结合的疾病管理与健康服务模式,发挥全民科学健身在健康促进、慢性病预防和康复等方面的积极作用。统筹建设全民健身公共设施,加强健身步道、骑行道、全民健身中心、体育公园、社区多功能运动场等场地设施建设。加强全民健身组织网络建设,扶持和引导基层体育社会组织发展。

——制订实施国民营养计划,深入开展食物(农产品、食品)营养功能评价研究,全面普及膳食营养知识,发布适合不同人群特点的膳食指南,引导居民形成科学的膳食习惯,推进健康饮食文化建设。加强对学校、幼儿园、养老机构等营养健康工作的指导。开展示范健康食堂和健康餐厅建设。

——实施慢性病综合防控战略,加强国家慢性病综合防控示范区建设。强化慢性病筛查和早期发现,针对重点癌症高发地区开展早诊早治工作,推动癌症、脑卒中、冠心病等慢性病的机会性筛查。基本实现高血压、糖尿病患者管理干预全覆盖,逐步将符合条件的癌症、脑卒中等重大慢性病早诊早治适宜技术纳入诊疗常规。加强重视服务家庭,构建以生育支持、幼儿养育、青少年发展、老人赡养、病残照料为主题的家庭发展政策框架,引导群众负责任、有计划地生育。完善国家计划生育技术服务政策,加大再生育计划生育技术服务保障力度。

——加强心理健康服务体系建设和规范化管理。加大全民心理健康科普宣传力度,提升心理健康素养。加强对抑郁症、焦虑症等常见精神障碍和心理行为问题的干预,加大对重点人群心理问题早期发现和及时干预力度。加强严重精神障碍患者报告登记和救治救助管理。全面推进精神障碍社区康复服务。提高突发事件心理危机的干预能力和水平。

——加大公共教育投入。不断提高公共教育投入,提高义务教育阶段的教育质量。大力发展高中教育,尽快将高中教育纳入义务教育体系。进一步普及高等教育,缩小与发达国家的差距。大力发展职业教育和培训,以企业为主,大力推进校企合作。重视数字人才培养、数字技能培训,加强数字人力资源开发。

——加快发展学前教育,继续扩大普惠性学前教育资源,基本解决"入园难"问题。普及高中阶段教育,巩固提高中等职业教育发展水平。促进普通高中多样化发展。保障困难群体受教育权利。办好特殊教育,实现家庭经济困难学生资助全覆盖。做好随迁子女教育工作。加强对留守儿童的关爱保护。深化大陆和港澳、台湾地区教育合作交流。完善内地和港澳教育合作与交流机制。打造大陆和台湾地区教育合作交流平台。

——优化教育资源配置结构。推进区域、城乡教育协调发展。全面提升中西部教育发展水平,服务国家重大区域发展战略,新增高等教育资源向新的城镇化地区、产业集聚区、边境城市延伸。统筹城乡中小学校、幼儿园布局和建设规模,消除城镇"大班额"。优化教育体系结构。加快发展现代职业教育,着力提升职业教育人才培养质量,大力培养应用型、技术技能型人才,加强大国工匠后备人才的培养。针对劳动力受教育水平低的短板,大力发展继续教育,构建终身学习制度,创造终身学习、多渠道成才的环境。优化人才培养结构。针对国家重大战略需求,适度扩大高等教育规模,新增计划主要用于创新型、复合型、应用型、技术技能型人才培养,扩大高等学校和职业学校专业设置自主权,优化人才培养学科专业结构,加快培养现代产业和战略新兴产业急需人才。

(二) 优化人才资源配置,缩小区域、产业间劳动生产效率差距

——优化人才资源配置。发挥市场在人才资源配置中的决定性作用。处理好政府和市场的关系,推动人才资源依据市场规则、市场价格、市场竞争配置,实现效益最大化和效率最优化。大力破除制度壁垒,促进人才公平流动和公平就业。推进户籍制度改革,促进人才跨地区自由流动,消除因户籍、地域而造成的就业不公平。改革档案、职称评定等制约人才流动和配置的制度和规定。

——实施劳动力职业转型提升计划。迎接新技术的冲击促进劳动力向服务业转移。实施普通劳动力技能提升计划,解决工作技能要求与劳动者知识和能力的不匹配。实施劳动力社会保障提升计划,针对服务业新型就业形态不断出现的新变化,劳动力向中西部、低线城市回流的趋势,不断完善社会保障覆盖和社会安全网。

——推动科技发展与教育内容改革。要重视数字人才培养、数字技能培训,加强数字人力资源开发。为了应对数字经济带来的就业技能、就业机会、就业培训制度的挑战,要重视数字人才培养、数字技能培训,加强数字人力资源开发。建立特殊紧缺人力资源信息平台,收集特殊工种人才信息,开辟专门的特殊人才招聘服务平台,协调解决特殊工种的上岗资格问题。

——完善人力资源市场监测体系。改进调查监测方法,提高数据收集质量,加强数据资料分析,更加全面、准确、及时地发布岗位供需、职业发展趋势等信息,构建人力资源市场供给、需求、匹配、薪酬和流动"五位一体"的人力资源市场监测指标体系,为大学毕业生、各类技能人才以及普通劳动者等不同需求提供多样化的劳动力市场信息服务,提高职业转换和劳动技能供需匹配的有效性。

(三) 实施创新人才培养引进行动计划,全面提升人力资源体系

——建立健全政策体系,进一步深化改革,营造更加有利于自主创业的制度环境。鼓励引导优秀应届高校毕业生毕业后属地创业,探索全面放开应届高校毕业

生落户限制的可能性,为大学生创造更加包容的创业就业环境。优化金融服务,强化金融企业面向中小企业的一站式投融资信息服务,确保中小企业能够充分获得包括股权融资、债券融资和相关服务在内的金融信息。加强促进就业的创业信息、创业实践、创业人力资源等平台建设,为大学生创业提供全方位的服务。

——开展创新人才培养引进的调查规划工作,摸底统计各个领域的创新人才需求情况,建立创新人才需求数据库,明确创新人才培养引进的领域、类型、数量,做好我国创新人才的顶层规划。优化创新人才培养途径和载体,设立长期专项资金,着力推动重点领域的创新人才培养,特别是基础创新人才和顶尖创新人才的培养。优化创新人才引进工作,加快推动引才用才配套措施的建设。开展创新人才跟踪调查服务,建立创新人才数据库。

——设立创新人才奖励专项基金,对于在高新技术研发和产业化方面作出突出贡献的骨干研发和创新人才直接给予资金奖励。实施并优化柔性人才引进模式,按照"只求所有、不求所在"的策略,采取灵活方式吸纳国内外智力资源。吸引国内外技术进步和扩散相关领域顶尖人才和团队,营造优质的科研和创业平台。面向新经济、技术进步领先的行业及企业对特定的人才需求,提供培训资金补助,鼓励和组织企业开展特定技能人才的培训。鼓励和支持有条件的企业建设博士后流动站和工作站,与国内相关领域内权威高校科研机构合作新建博士后创新基地,各级政府提供一定的科研经费支持和博士后津贴,引进和培养产业升级所需的青年创新人才。

(四) 大力引进海外人才,快速弥补高端技术领域人才短缺问题

重点引进海外高层次创新型人才。大力引进海外人才,特别是高层次创新型人才。大力吸引留学人才回国发展,加大对来华留学的政策、服务和保障等方面的倾斜,探索来华留学生毕业后在中国的就业支持政策。制定更加积极的海外高层次人才引进计划。尽快协调和解决海外人才出入境和居留不方便、子女落户难、社会保险难以国际转接等问题。促进和完善相关出入境制度,拓宽引才通道。紧紧围绕国家战略、重大科技专项、重大科技项目和重大工程,调整和优化既有重大人才工程的引才结构。围绕"一带一路"建设,设立专项国外人才引进工程。

(五) 开发利用老年人才资源,提升人力资本利用效率

老年人口蕴藏着丰富的人力资源,老年人拥有社会生活经验的持续积累,具有其他群体人口所难以比拟的经验型人力资本,老年人力资源是推动社会发展的重要力量。促进老年人就业既能够减轻家庭养老负担,也是第二次"人口红利"的再释放,实施老年人力资源开发行动计划是积极应对老龄化的重要战略举措。鼓励

有就业意愿的老年人返回劳动力市场。为有就业意愿的老人创造良好的就业环境,完善劳动合同、社会保险以及个人所得税等政策。合理开发老年人力资源,创造适合老年人的就业岗位,探索弹性退休制度。

推动养老金制度改革鼓励老年人就业参与,建立弹性退休制度,鼓励退休老年人采取多样化灵活的就业形式和自主创业。加强老年人就业创业支持,实施金融支持、税收支持和创业辅导。实施老年人终身学习计划,推动我国老年大学升级,提升老年人力资本水平,引导老年人健康生活。针对中老年人劳动力提供终身培训并提高补贴,同时激励企业提供相关的培训课程和培训方案,提升老年人力资本水平,应对新技术变革和经济结构转型的挑战。实施"100年人生设计",鼓励老年人积极设计自己的人生。完善老年人就业法规和政策,为有能力、有意愿继续就业的退休人员创造良好的公平就业环境,消除他们进入到正规就业部门的制度性障碍,完善劳动合同、社会保险以及个人所得税等政策,探索实施最低工资制度豁免,减免老年人再就业的所得税和社保费。推动性别平等式退休机制。鼓励女性参与就业,提高中老年女性劳动参与率,改变性别退休年龄相差过大状况,逐步提高女性退休年龄,实现男女退休年龄平等。

（课题组成员：高文书　屈小博　程杰　向晶）

"十四五"时期提升
人力资本水平研究

中国社会科学院人口与劳动经济研究所

党的十九大报告提出,我国经济已由高速增长阶段转向高质量发展阶段,正处在转变发展方式、优化经济结构、转换增长动力的攻关期。经济高质量发展,既离不开技术创新,也离不开驾驭新技术的人力资本。"十四五"时期是上承全面建成小康社会、下启基本实现社会主义现代化目标的关键历史时期,面对世界百年未有之大变局和新冠肺炎疫情的持续影响,解决好国内发展问题特别是实现经济高质量发展是应对各种外部挑战的基石,而这其中提升人力资本是一项重大举措。本报告在全面考察我国人力资本现状和基本特征的基础上,剖析了当前人力资本发展中存在的突出问题,并提出了"十四五"时期我国人力资本发展战略、目标、任务和举措。

一、我国人力资本现状与特征

(一)教育型人力资本持续提高

人力资本的核心是教育,教育是人力资本形成和发展的最主要途径,教育型人力资本是人力资本的最重要的组成部分。我国

6 岁以上人口平均受教育年限从 2001 年的 7.62 年增长到 2015 年的 9.13 年,2018 年进一步提升到 9.26 年。劳动年龄人口平均受教育年限从 2010 年的 9.7 年增长到 2018 年的 10.63 年。大学毛入学率从 2000 年的 12.5%,提高到 2010 年的 26.5%,2018 年达到 48.1%,我国已经进入高等教育大众化阶段。劳动年龄人口的知识技能水平不断提高,为建设知识型、技能型、创新型劳动者大军提供了坚实人力资源基础。

(二) 技能型人力资本稳步提升

职业教育和技能培训是获取知识、技能的重要途径,由此形成的人力资本称之为技能型人力资本。我国技工学校在校生数量从 2000 年的 140 万人增加到 2019 年的 360 万人,中等职业学校在校生数从 2004 年的 1174 万人增加到 2019 年的 1576 万人。2019 年我国技能劳动者数量已超过 1.67 亿人,占就业人员总量的 21.3%,其中,高技能人才从 2004 年的 1860 万人增加到 2017 年的 4791 万人,占就业人员总量的 6.2%。我国已初步形成了一支规模日益壮大、结构日益优化、素质逐步提高的技能人才队伍。

(三) 健康型人力资本大幅改善

健康是影响整个生命周期的重要人力资本构成。我国 5 岁以下儿童的死亡率从 1970 年的 120‰下降到 2019 年的 8.6‰,远低于世界平均水平,与发达国家差距明显缩小(见图 1)。2018 年我国婴儿死亡率下降至 4.3‰,孕产妇死亡率从 2000 年的 59 人/10 万人下降到 2017 年的 29 人/10 万人。2018 年我国人均预期寿命增加到 76.4 岁,在全球 201 个国家和地区中排第 52 位。世界卫生组织于 2018 年公布新生儿健康预期寿命,该指标以丧失日常生活能力为生命终点,对于判断健康质量更具现实意义。数据显示,2018 年中国健康预期寿命为 68.7 岁,在世界排名为 37 位;而美国健康预期寿命为 68.5 岁,全球排名 40 位。我国居民健康水平大幅提升,健康人力资本水平与发达国家之间的差距明显缩小。

(四) 创新型人力资本加快积累

创新型人力资本是凝聚在个人身上的创新能力和素养,影响着一国的创新能力。创新型人力资本可以进一步划分为科学创新型人力资本、技术创新型人力资本、组织创新型人力资本、战略创新型人力资本和文化创新型人力资本。我国基础研究队伍不断壮大,基础研究人员全时当量从 2000 年的 7.96 万人年增长到 2018 年的 30.50 万人年,研发人员队伍快速扩展,从事应用研究和试验发展两类活动人员的全时当量从 2000 年的 84.24 万人年增长到 2018 年的 407.65 万人年,为技术

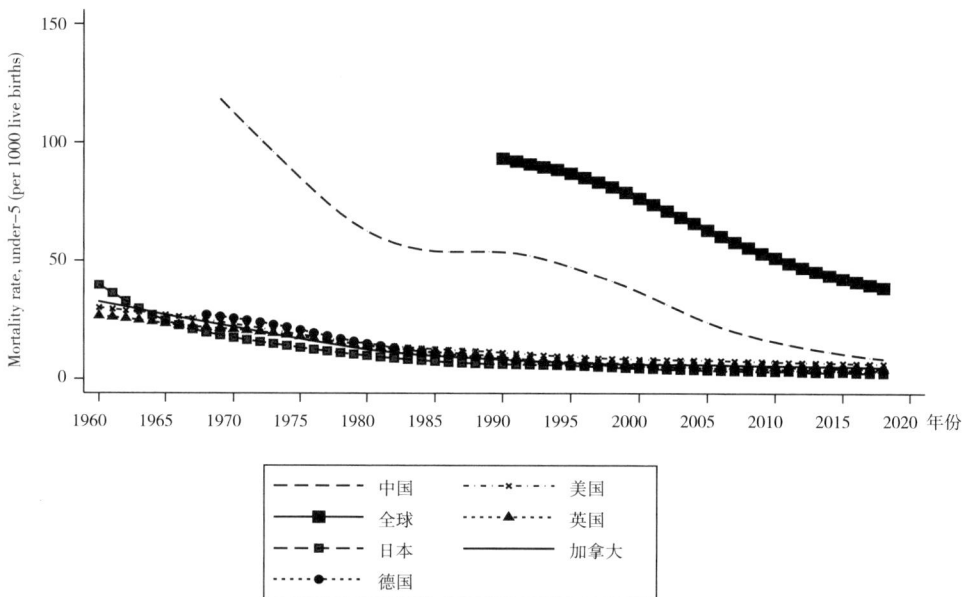

图 1　中国与世界主要国家 5 岁以下儿童死亡率变化（1960—2020 年）

数据来源：世界银行数据库。

创新发展提供重要人力资源支撑。科技企业孵化器累计毕业企业数量从 2000 年的 2790 个增长到 2018 年的 110701 个，高新技术企业数量从 2000 年的 20867 个增长到 2018 年的 130632 个，创新型人才为我国自主创新能力提升奠定关键基础。

二、我国人力资本面临的突出问题和挑战

（一）教育型人力资本发展仍存在薄弱环节

一是平均受教育年限相对于主要发达国家仍有一定差距。2018 年我国 6 岁以上人口平均受教育年限为 9.26 年，而德国、美国、英国和法国分别为 14.1 年、13.4 年、13.0 年和 11.4 年，日本和韩国也分别达到 12.8 年和 12.2 年。从平均受教育年限的发展阶段来看，目前中国的发展水平仅相当于美国 1960 年（8.9—9.82 年）、日本 1985 年（9.25 年）、韩国 1991 年（9.2 年）、英国 1992 年（9.3 年）、法国 1997 年（9.2 年）的水平（见图 2）。

二是高等教育发展的追赶压力较大。尽管目前我国高等教育毛入学率接近 50%，但美国、德国、法国和英国的高等教育毛入学率分别为 88.17%、70.25%、65.63% 和 60.00%，同在亚洲地区的韩国更是高达 94.35%。受制于高等教育发展相对滞后，我国全部人口中大学生的比例仍然较低。2010 年，日本、美国、韩国、法

国和德国的 25—64 岁人口中大学生比例分别为 44.81%、41.66%、39.04%、29.01% 和 26.61%(见图 3),而 2010 年中国大学生比例为 8.93%,远远低于其他发达国家的大学生比例。

（年）

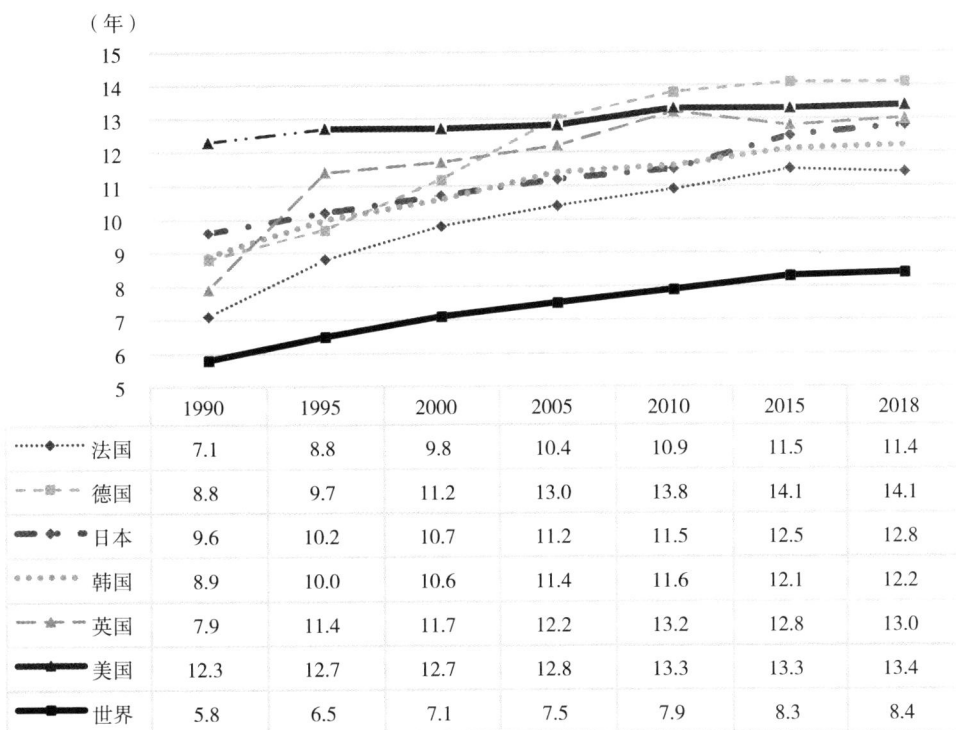

	1990	1995	2000	2005	2010	2015	2018
法国	7.1	8.8	9.8	10.4	10.9	11.5	11.4
德国	8.8	9.7	11.2	13.0	13.8	14.1	14.1
日本	9.6	10.2	10.7	11.2	11.5	12.5	12.8
韩国	8.9	10.0	10.6	11.4	11.6	12.1	12.2
英国	7.9	11.4	11.7	12.2	13.2	12.8	13.0
美国	12.3	12.7	12.7	12.8	13.3	13.3	13.4
世界	5.8	6.5	7.1	7.5	7.9	8.3	8.4

图 2　主要发达国家 6 岁以上人口平均受教育年限变化(1990—2018 年)

数据来源:世界银行数据库。

三是教育资源分布不平衡问题依然突出。城乡和区域间的教育资源差距较大,特别是优质教育资源的分布不平衡尤其明显。2017 年全国财政性教育经费生均支出前 50% 的省份支出水平是后 50% 省份的 1.8 倍。教育均等化需要国家投入更多资源支持教育事业,过去多年来国家财政性教育经费投入持续增加,但人均财政教育经费支出水平仍然偏低,2018 年我国人均财政教育经费支出仅相当于美国、英国、德国、法国和日本的 11.5%、15.9%、16.3%、16.7% 和 23.8%。2017 年我国财政性教育经费占 GDP 的比重达到 4.17%,2012—2017 年间,美国、英国和法国的公共教育经费支出占 GDP 的平均比重分别为 5.0%、5.6% 和 5.5%,日本和韩国则分别为 3.6% 和 5.1%,全球平均的比重为 4.8%。

（二）技能型人力资本与经济社会发展需求不相适应

一是技能人才队伍规模偏少,技能人才缺口普遍存在。尤其制造业体量巨大

（%）

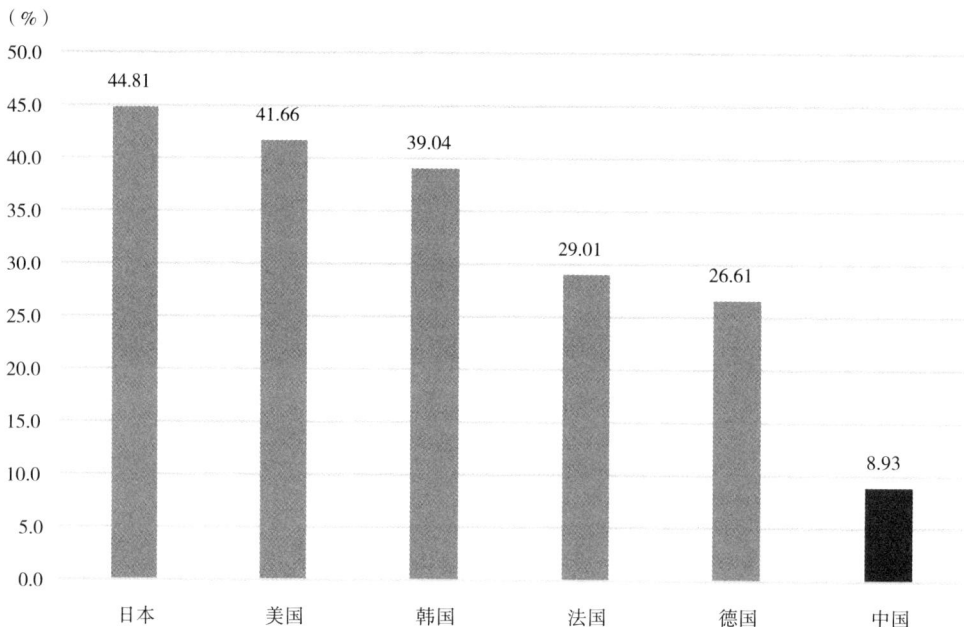

图 3　中国及主要发达国家 25—64 岁人口中大学生比例

数据来源：OECD《2018 年教育概览》和 2010 年中国人口普查数据计算。

但缺乏核心技术，长期处于产业链条中低端，制造业转型升级面临"设备易得、技工难求"困扰。2017 年我国技能劳动者 1.67 亿人，占就业人员总量的 21.3%，按照国务院办公厅发布的《职业技能提升行动方案（2019—2021 年）》提出的目标，到 2021 年底技能劳动者占就业人员总量的比例达到 25% 以上，技能人才队伍需要加快扩展。

二是高级技能人才比例较小、结构不合理。我国技师、高级技师等高级技能人才总量仅有约 5000 万人，不到技能人才总量的 1/3。近年来我国技能人才代表团参加世界技能大赛屡获佳绩，但顶尖技能人才依然稀缺，尤其在汽车制造、精密仪器加工等领域技术水平依然与世界强国有较大差距。而且，现有高技能人才年龄老化、工匠精神传承不够等现象突出，我国技能人才面临断档风险。

三是技能型人力资本地域和行业分布不尽合理，广大乡村、县域乃至地级市技能人才普遍匮乏，例如珠三角核心九地市技能人才数量约占广东省技能人才总量的 70%，而广东省东西两翼县域和农村地区技能人才数量不到全省的 30%。高级技能人才大都集中在教育和医疗卫生系统，农业、科技、制造、规划等行业的高级技能人才相对较少。

四是中等职业院校发展面临生源质量下滑等困境，技能人才储备存在短板。尽管国家加大扶持力度，出台了发放助学金、减免学费等系列优惠政策，"职普比"

有所提高,但仍难以彻底解决中等职业教育发展的难题。此外,我国技能型人力资本开发、管理服务等工作机制仍存在条块分割、政出多门、职能重叠等问题,技能人才培养、使用、流动等方面也还存在不少障碍。

(三) 健康型人力资本面临人口结构和生活方式转变带来的挑战和威胁

一是过度的工作压力、快速的工作节奏导致患病率提升,疾病年轻化态势日趋显著。2013 年全国第五次卫生服务调查显示,中国调查地区居民的每两周患病率达到 24.1‰,慢性疾病患病率为 330.7‰,2003 年这两项指标分别为 14.3‰ 和 151.1‰。2018 年发布的《中国城镇居民心理健康白皮书》显示,73.6% 的城镇居民处于心理亚健康状态,心理完全健康的城镇居民仅为 10.3%。

二是青少年营养健康和视力问题日益突出。经济发展和居民生活水平地区不平衡,加上营养的摄入不科学,导致肥胖率和青春期贫血同时发生,降低青少年成长质量。儿童青少年的近视率不断攀升,已经成为影响我国人口健康素质的重要因素。2018 年全国儿童青少年总体近视率为 53.6%,其中,小学生为 36.0%、初中生为 71.6%、高中生为 81.0%。

三是快速老龄化过程中老年人健康以及健康服务不平等问题日益突出。我国老年人整体健康状况不容乐观,约 2.5 亿 60 岁及以上老年人中有近 1.8 亿老年人患有慢性病,患有一种及以上慢性病的比例高达 75%,失能半失能老年人约 4000 万人。快速老龄化导致国家健康状况和流行病的方向发生转变,具体表现为国家的医疗健康重点逐渐从妇幼卫生健康和传染性疾病向慢性非传染疾病的转变。社会结构的变革导致老年人健康照护问题日益突出。

四是卫生投入区域发展不平衡,城乡与区域之间的卫生系统差距依然较大。2010 年全国居民预期寿命 74.83 岁,东部城市和经济社会发展快的地区人均预期寿命超过 78 岁,但西部地区尤其是经济较落后的省份,人均预期寿命不足 70 岁。城市地区新生儿死亡率为 3.7‰,农村地区为 7.3‰,农村地区是城市的约 2 倍。东中西部地区因财政约束,卫生投入差距非常明显。同时,流动人口规模庞大,加大了健康服务的成本及社会管理难度。

(四) 创新型人力资本不能满足国家创新驱动发展战略要求

一是创新型人力资本整体规模存在较大缺口,创新能力较为薄弱。2017 年,我国每万名就业人员中应用研究与问题发展人员(R&D)人员数量仅高于巴西等发展中国家,发达国家每万名就业人员的 R&D 人员数量约为我国的 2 倍,与日本和德国等创新强国之间仍然存在较大差距(见图 4)。第十次中国公民科学素质调查显示,2018 年我国公民具备科学素质的比例仅有 8.47%,还未达到美国 1988 年

（10%）的水平,科学素养与创新能力提升仍需要一个积累的过程。

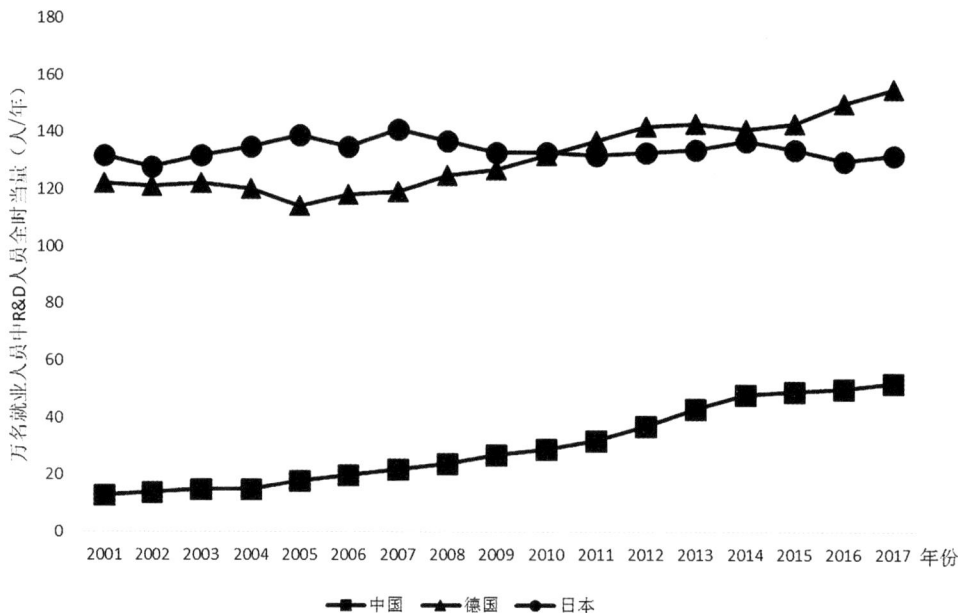

图 4　R&D 人员密度国际对比（2001—2017 年）

数据来源:《中国科技统计年鉴 2001—2019》和联合国教科文组织。

二是研发投入强度有待提升。2018 年,我国研发投入占 GDP 的比重达到了 2.19%,与发达国家的差距逐步缩小,但与传统创新强国之间仍有差距,仅相当于美国和德国 20 世纪 80 年代初的水平（美国 2.27%、德国 2.35%）,日本的研发投入占 GDP 比重长期稳定在 3% 以上。

三是基础研究存在短板。我国的基础研究投入力度相对不足,影响了基础研究能力,限制了自主创新能力。2017 年我国基础研究比重仅为 5.5%,远低于美国的 17% 以及日本的 13.7%（见表 1）。中国应用研究的比重也明显低于美国与日本,由于基础研究和应用研究是创造新知识、新技术的主要途径,这种差距也是造成我国自主创新能力不强的重要原因。

四是创新教育长期缺失。在基础教育阶段,为了满足教育 GDP 和升学率的考核要求,不少中小学校将大量的精力放在了以静态知识学习和考试技巧训练为核心的应试环节,缺乏系统的科学思想的熏陶、科学思维和科学方法的培养。高等教育的培养模式也停留在传统的课堂灌输模式,课程内容更多地以知识传授为主,缺乏实践和体验式学习,更缺乏在养成必要的科学思维和科学方法基础上的研究训练。

表 1　不同研究类型的经费占比情况国际对比（2003—2017 年）

年份	基础研究（%）			应用研究（%）			试验发展（%）		
	中国	美国	日本	中国	美国	日本	中国	美国	日本
2003	5.70	19.10	13.30	20.20	23.90	22.40	74.10	57.10	64.30
2008	4.70	17.30	8.80	13.00	22.40	40.60	82.30	60.30	50.60
2009	4.70	19.00	12.50	12.80	17.80	22.30	82.70	63.20	60.50
2013	4.70	17.60	12.60	10.70	19.90	20.90	84.60	62.50	66.50
2015	5.10	17.20	12.50	10.80	19.40	20.80	84.10	63.40	66.70
2016	5.20	16.90	13.20	10.30	19.70	19.70	84.50	63.40	67.10
2017	5.50	17.00	13.70	10.50	20.40	19.50	84.00	62.60	66.80

数据来源：《中国科技统计年鉴》。

（五）新时代高发展阶段对人力资本提出了新要求

一是人力资本的追赶要比经济增长更具挑战、难度更大。人力资本投资具有收益递增的特点，在现代经济增长中扮演着"永动机"功能。过去半个世纪的发展经验表明，发达国家的人力资本回报率高达 13%，而受困"中等收入陷阱"的拉美国家人力资本回报率仅有约 6%，中国的人力资本回报率持续提高并在 21 世纪之初达到 10%，但 2008 年之后出现下降迹象。发展中国家从 20 世纪 60 年代用了大约 50 年时间将平均受教育年限提高到 7 年，但人力资本水平也仅相当于发达国家的 1960 年的平均水平。更为典型的特征是，发展中国家整个生命周期的"人力资本曲线"呈现出随着年龄快速下降的特征，而发达国家的"人力资本曲线"更加平滑，中老年人口的人力资本差距持续扩大。

二是产业升级和生产率提升对人力资本提出更高要求。产业结构逐渐从传统的劳动密集型产业升级为资本密集型或技术密集型产业，这要求更多地依靠技术创新和技术进步提高全要素生产率，而人力资本是关键。我国制造业从业劳动力平均人力资本积累水平为 10.7 年，高于劳动密集型第二产业的平均受教育年限 9.8 年，但距离第二产业资本和技术密集型行业平均受教育年限 13.2 年仍有较大差距。第三产业劳动密集型行业的平均受教育年限是 10.2 年，第三产业知识、资本密集型行业的平均受教育年限是 14.2 年，第三产业服务密集型行业向知识密集型、资本密集型升级过程中，需要提高大约 4 年的受教育年限（见图 5）。在产业结构升级过程中，部分低技能劳动者将面临无法适应新的人力资本需求而被淘汰。

三是高质量发展阶段赋予人力资本新内涵。主要包括几个方面内容。第一，健康、教育和培训成为人力资本投资的主要方式。第二，高等教育和教育质量成为

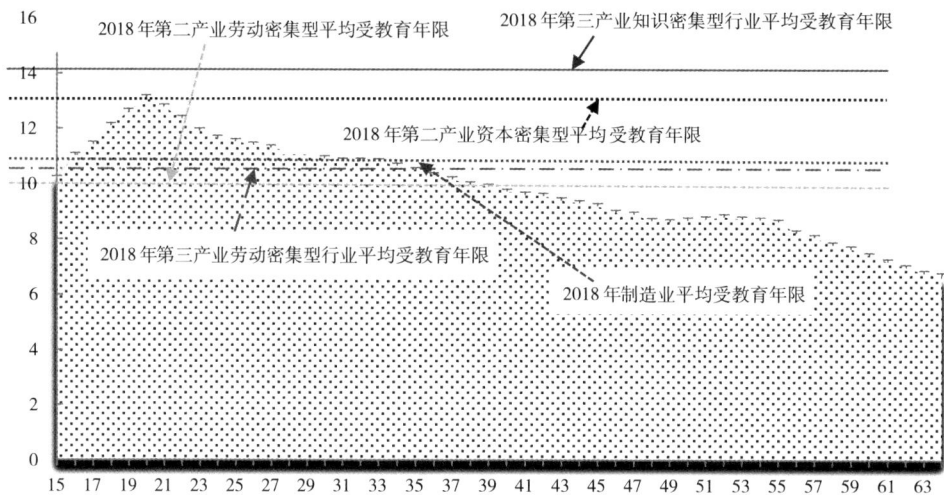

图5 劳动年龄人口平均受教育程度与产业升级人力资本要求

数据来源:根据《2005年1%人口抽样调查资料》和《中国人口与就业统计年鉴2019》计算所得。

教育发展和人力资本积累的关键内容。第三,终生教育体系成为人力资本积累的新任务。第四,人力资本投资与物质资本投资之间的关联性更强,两者相互影响、相互促进,以5G基站建设、大数据中心、人工智能、工业互联网等领域为重点的"新基建",既是物质资本投资,也是代表先进技术水平的新型人力资本投资。尤其是人工智能、机器人加速应用导致对工作任务需求的变化,传统的人力资本积累和内涵面临加速折旧的挑战,新技术革命正在重塑工作所需要的技能。

三、"十四五"时期我国人力资本发展战略、目标、任务和举措

"十四五"时期,人力资本发展战略要放置于国民经济社会发展规划中更加重要位置,通过实施人力资本跃升计划,推动教育优先方针、就业优先政策、创新驱动战略、新型城镇化战略等国家重大战略和工程深入实施,促进经济发展方式转变,保障我国从中高收入阶段实现向高收入阶段的跨越。

人力资本跃升计划应该遵循以下几个原则。

一是制定明确的发展目标和指标体系。指标设置既要具有连续性和可比性,又要突出新时代的要求。主要包括人均受教育年限、人均接受职业培训次数、全年职业培训人次、通用性技能和专业职业技能培训状况等,并适时开展人力资本水平和认知能力的直接度量。

二是根据目标群体差异化设计行动方案和重大工程。"十四五"时期就业主要矛盾从总量矛盾为主转向结构性矛盾的总体趋势不会变化,人力资本跃升计划既要有利于确保更加充分就业目标,更要有利于缓解就业结构性矛盾、提升就业质量。不同群体的人力资本水平存在差异,人力资本提升的方向和方式应该因人而异。目标群体应该重点关注新进入劳动力市场的高校毕业生、更容易遭受大规模失业风险的青年农民工、转型压力更大的制造业产业工人、就业灵活性与安全性矛盾更为突出的新技术平台从业人员队伍、就业转换难度更大的产能过剩转岗人员、带动引领作用更强的创新人才培养、人力资本投资收益率最高的儿童早期发展,以及适应人口结构转变趋势的老年人力资源开发等。

三是探索创新需求导向的教育培训方式。破解传统教育体系和技能培训体系的供需匹配矛盾,以需求为导向制定教育培训行动计划和实施方案,妥善协调教育培训的公共产品属性与市场在资源配置中发挥决定性作用之间的关系。教育培训方式和举措的创新方向包括:延长义务教育阶段,将学前教育和高中教育纳入义务教育;敞开高等教育大门,为上过大学的城乡青年再次有机会接受高等教育,衔接职业教育与高等教育;引入市场培训机构,采用政府购买服务的方式开展培训,采用"培训券"方式激励;全面实施终生学习计划,建立终生学习积分制,并与职业资格证、积分制落户等政策挂钩。

四是协调相关领域体制机制改革。深刻认识新时期人力资本内涵,重视健康、教育、培训、迁移、社会保障等多种方式的人力资本投资,补齐人力资本发展中的短板,将健康、学前和早期教育、终生学习体系作为新的重点领域,注重人力资本与物质资本之间的协同关联,以体制机制改革创新为动力,加快要素市场改革,提高人力资源配置效率,提升整个生命周期的人力资本积累水平和人力资本回报率。

"十四五"时期我国不同类型人力资本发展目标建议确定如下。

——教育型人力资本发展目标。2010 年 6 岁及以上人口平均受教育年限为 8.80 年,预期到 2020 年、2025 年的平均受教育年限应该分别提高到 10.03 年和 10.62 年,到 2030 年和 2035 年,分别提高到 11.22 年和 11.81 年。"十四五"时期新成长劳动力年均规模为 1619 万人,新成长劳动力的平均受教育年限水平从 2020 年的 12.4 年提高到 2025 年的 13.0 年。

——技能型人力资本发展目标。到 2025 年底累计开展各类补贴性职业技能培训 6000 万人次以上,技能劳动者占就业人员总量的比例达到 30% 以上,高技能人才占技能劳动者的比例达到 35% 以上。职业教育和技能培训全方位、多功能、规模化、专业化发展,形成以技师、高级技师等高级技能人才为骨干、以中高级技术工人为主体的技能人才队伍。

——健康型人力资本发展目标。以《"健康中国 2030"规划纲要》战略目标

"共建共享、全民健康",为"十四五"及中长期中国健康人力资本的战略主题。以人民健康为中心,坚持以基层为重点,以改革创新为动力,把健康融入各项相关政策中,使居民健康水平持续提升、城乡青少年营养状况明显改善、近视问题得到有效控制。

——创新型人力资本发展目标。提升创新型人才的数量和质量,增加创新型人才有效供给;建立有效激励机制,释放和激发创新型人才的创新潜力;促进创新型人才的流动,鼓励知识交流和扩散。"十四五"时期要实现创新型人力资本投资规模翻番,高水平创新型人力资本短缺问题得到战略性缓解。

一是强化教育型人力资本。进一步提高财政性教育经费占 GDP 比重,建议财政性教育经费支出占比在"十四五"时期提高到 4.5%,"十五五"时期达到 5%,并在 2035 年之前保持这一比例,提高中央财政教育支出占全国财政教育支出的比重。提升基本公共教育服务均等化水平,继续推进优质教育资源均衡布局,加大中央对西部地区和贫困地区教育投入支出力度,提高教育供给数量和质量。推进随迁子女入学待遇同城化,有序扩大城镇学位供给。全面普及高中阶段免费教育,将高中阶段纳入实施 12 年国家免费基础教育作为近期目标。加快补齐教育体系的短板,完善教育体系要着重补齐在学前教育、职业教育和继续教育这三个领域的短板。以农村为重点提升学前教育普及水平,建立更为完善的学前教育管理体制和投入体制,大力发展公办园,加快发展普惠性民办幼儿园。实施儿童早期人力资本投资的行动计划,加快补齐 0—3 岁婴幼儿的公共教育服务短板。缩小新技术革命下城乡人力资本差距,着力加强数据和人工智能在农村各个年龄组学龄人口的教育。建设完善现代化的职业教育体系,保持高中阶段教育职普比大体相当的招生结构,鼓励社会资本参与,促进职业教育和产业发展深度融合,培养与产业发展和市场需求相适应的高素质技能型劳动者。高等教育应面向经济社会发展需求变化,加快学科专业结构调整,打破传统学科专业局限,大力发展大数据、工业互联网、物联网、集成电路等新兴学科专业,加快培养信息技术与产业升级、技术创新和社会服务融合发展的复合型人才。

二是增强技能型人力资本。加强企业职工技能提升和转岗转业培训,对就业重点群体开展职业技能提升培训和创业培训。将职业技能进行分类和细化,做好技能调查与技能监测工作,建议结合我国国情开发设计《成人基本技能测试量表》,明晰技能短板和培训需求,为职业培训改革提供依据,切实提高培训针对性。立足企业和产业,密切关注人力资本需求侧演变态势,让人力资本供给更好地契合发展需求。探索构建区域技能人才联盟,集聚临近地域优势资源,在更高层面、更大范围实现技能人才共享和优势互补,区域技能人才联盟可在联络机制、信息平台、技能人才培养载体、职业技能竞赛、技能人才评价、技能人才配置等方面建立相应工作机制,逐步搭建起政府主管部门、技工院校、行业协会、重点企业、人力资源公司和产业园之间的横向及交叉工作框架。加快推动终身职业技能培训制度落实落地,稳慎推进职业资格许可和认定事项改革,在取消部分职业资格许可和认定事项时,注意把握好节奏、做好预期管理,将"放管服"改革与保护劳动者积极性统筹起来,进一步创新和健全技能人才评价机制,规范职业技能鉴定工作。注重系统培养、多样成才,打通职业教育与普通教育的制度性障碍,搭建人才成长"立交桥",继续强化以政府补贴培训、企业自主培训、市场化培训为主要供给,以公共实训机构、职业院校、职业培训机构和行业企业为主要载体。以就业技能培训、岗位技能提升培训和创业创新培训为主要形式,构建资源充足、布局合理、结构优化、载体多元、方式科学的培训组织实施体系。瞄准面临被机器人、人工智能替代及技术性失业的工人,免费实施"技术性失业"技能培训,帮助受冲击的劳动力重新适应并获得新技能。创新乡村技能人才培养制度,优化县域技能人才配置,夯实乡村振兴人才基础。健全技能开发和管理服务工作机制,整合优化培训资源,提高资源统筹和利用效能,将各部门分散的培训经费整合成"职业技能培训基金",对于培训成效的评估,实行实施方与委托方相分离模式。

三是提升健康型人力资本。完善医疗卫生服务制度,健康政策应当增进性别、教育或收入、民族和地区差异,减少因社会背景、身体和心理状况,以及生命周期带来的健康差距。优化医疗照护,完善预防保健服务、疾病管理和医疗保障体系三维制度。瞄准重点群体,延长国民健康生命周期,促进国民健康平等,重点关注儿童青少年、老年、贫困群体、身心障碍群体等弱势群体的健康保障。提供儿童和青少年全面的营养健康照护,制订科学的膳食营养摄入标准和执行计划。建立起家庭、学校和社区全方位的促成长、稳健康支持环境。建立起老年照料体系,增强老年公共健康服务体系,缩小老年健康差距。提高弱势群体的医疗服务使用率,不断提高服务水平,减轻弱势群体的医疗负担。推行全民身体活动健康计划,建立中长期全民身体活动健康发展策略。加强民众休闲运动设施建设,加快培育国民体能专业指导人才,组织举办国民体能促进与检测活动,建立国人每年体能变化数据库,开放学校运动设施,提供民众活动场所,培训城乡社区运动推广人才。增加国家总预算中在运动与健康的投资,将运动责任纳入全民健康计划之中,减少健康保障费用,考虑将运动指导纳入健康保障范围。

四是加强创新型人力资本。建立与创新发展相适应的人才计划和政策体系,对人才计划和政策进行清理整合,促进支持方式从临时性的物质精神奖励向人才发展生态环境建设转变。建立有利于培养创造力和创新精神的高等教育制度,以深化创新创业教育改革为抓手,在转变教育理念、创新教育方式、增强协同机制以及给予高校更多自主权等方面实施综合配套改革。建立有利于科研人员潜心研究的制度环境,加快薪酬制度和人才评价制度改革,继续深化事业单位科研机构改革。完善有利于人才横向和纵向流动的机制,改进人才引进机制,增加用人单位的自主权,积极发挥市场选人和评价的作用,提高人才引进的效率和效益。加快制约人才合理流动的户籍、档案管理、薪酬福利和社会保障等制度改革,促进人才在政府、事业单位、企业间顺畅流动。优化鼓励人才向欠发达地区流动的政策体系。建立有利于激励企业家创新的市场机制,加强对企业创新成果的知识产权保护,完善以市场为主体的创新创业激励机制,强化创新型人才激励。规范和放宽外籍高层次科技人才在我国永久居留条件。围绕国家重大需求,广泛吸引海外高层次人才回国(来华)从事创新研究。

（课题组成员：张车伟 高文书 屈小博 程杰 蔡翼飞
向晶 王博雅 谢倩芸 周灵灵）

"十四五"时期提升我国国民文明素养重点任务与重大举措研究

北京师范大学中国教育与社会发展研究院

实现中华民族伟大复兴,需要强大的经济力量,更需要伟大的民族精神和优秀的国民文明素养。党的十九大报告明确指出,"要提高人民思想觉悟、道德水准、文明素养,提高全社会文明程度"。提升国民文明素养,加强社会主义思想道德建设,是新时代我国社会发展必须完成的重要任务。当前,我国正处在全面建成小康社会的决胜阶段,正式迈进国民经济和社会发展第十四个五年规划阶段。课题组以问题为导向,从新时代国家战略的宏观要求出发,聚焦四个方面研究目标:一是明确新时代国民文明素养的内涵与核心要素;二是基于国民文明素养方面的指标,剖析近年来我国国民文明素养提升的成效及突出短板;三是总结发达国家或地区在提升国民文明素养方面的主要经验与做法;四是找准"十四五"时期提升我国国民素养的主要路径和举措。课题组围绕上述目标,基于以往研究成果,开展了广泛调研、文献梳理、与专家民众访谈等集中攻关,完成了"十四五"时期提升我国国民文明素养重点任务与重大举措的总报告。

国民素质

一、新时代国民文明素养的内涵与核心要素

　　文明素养是指人类在长期改造自然、社会和自身实践的过程中形成的文明观念,是通过主体认同、内化和外化互动所形成的能够适应终身发展和社会发展所需要的必备品格和关键能力。提升我国国民文明素养,是实现"两个一百年"奋斗目标、全面建成小康社会、全面建设社会主义现代化强国的战略任务,是适应社会主要矛盾变化、满足人民对美好生活向往的迫切需要,是促进社会全面进步、人的全面发展的必然要求。

　　党的十九大报告指出,"从二〇三五年到本世纪中叶,在基本实现现代化的基础上,再奋斗十五年,把我国建成富强民主文明和谐美丽的社会主义现代化强国。到那时,我国物质文明、政治文明、精神文明、社会文明、生态文明将全面提升……"党的十九大报告提出的五大文明全面提升的战略任务,是确定我国国民文明素养的内涵与核心要素的总遵循。围绕我国五大文明全面提升任务,我国需要重点提升国民的质量意识、标准化意识、科学文化素养、法治素养、公共文明素养、网络文明素养、健康素养、环保意识与生物安全意识。

　　其中,质量意识包括质量知识、质量信念和质量行为。标准化意识包括标准化知识、标准化认知、标准化行为和实践。科学文化素养包括理性的科学认识和态度、必要的科学知识和思想、基本的科学方法和工具,以及运用科学的实践理性。法治素养包括法治知识、法治思维、法治意识、法治信仰和法治实践能力。公共文明素养包括出行文明、交通文明、旅游文明等。网络文明素养包括网络政治文明素养、网络法律文明素养、网络道德文明素养和网络安全文明素养。健康素养包括功能性健康素养,互动性/交流性健康素养和批判性健康素养。环保意识包括环保认知、环保体验以及环保行为倾向。生物安全意识包括责任与信念、防范与应对意识、主要生物安全领域意识。

二、近些年我国国民文明素养提升的成效及短板

　　党的十八大以来,以习近平同志为核心的党中央高度重视国民文明素养培养与提升,作出一系列重要部署,推动国民素养培养,国民文明素养不断提高。但当前我国国民素养与实现"两个一百年"奋斗目标、全面建成小康社会、全面建设社会主义现代化强国等战略任务的高要求相比,依然存在很多突出短板。

（一）提升成效

1. 围绕物质文明建设，我国国民质量意识和标准化意识逐步提升

一方面，我国质量制度进一步完善，产品质量水平大幅提高，国民质量意识明显提升。在国家各部门的推动下，各级政府和社会各行业进一步强化了"质量第一"的意识，初步形成了"重视质量""质量第一"的政府执政理念和企业发展理念；同时，在生产和消费领域，国民质量维权意识也明显增强。另一方面，全社会标准化意识正逐步增强，不仅在国家国际战略层面成效显著，在标准化教育和学科领域、突发公共卫生事件应对方面亦取得突出成效。

2. 围绕社会主义先进文化建设，我国国民的科学文化素质水平显著提高

中国科学技术协会中国科普研究所于2018年4月至6月开展了第十次中国公民科学素质抽样调查，结果表明，2018年具备科学素质的公民比例达到8.47%，比2015年第九次调查的6.20%提高了2.27个百分点。青少年、农民、城镇劳动者和领导干部与公务员四类重点人群科学素养水平显著提升。公民科学素养建设能力有效提升，形成了良好的社会氛围。国际及港澳台交流与合作成果丰硕。

3. 围绕思想道德和社会文明建设，我国国民的法律与规则意识、公共文明素养、网络文明素养和健康素养持续增强

在法律与规则意识方面，全民法治认识和法治观念明显增强，由被动守法向自觉守法转变；同时，公众对立法、司法、执法的关注度、参与度持续提高，对法治建设的信心和法治信仰进一步增强。在公共文明素养方面，中央及各级文明办的宣传工作成效显著，塑造了良好的社会风气；大批文明品牌创建活动使城乡文明程度和公民文明素质进一步提升；此外，国民出境旅游文明素养有所提升，城市公共行为文明指数也持续走高。"十三五"期间，我国国民网络文明素养全方位提升。在健康素养方面，我国居民健康素养总体水平在近五年来稳步提升，同时健康素养各项推进工作也取得成效。

4. 围绕生态文明建设，我国国民环保意识进一步提升，生物安全意识初步形成

在环保意识方面，民众具备的环保知识有所增加，环保意愿不断提升，2019年度《中国城市居民环保意识调查》显示，超过80%的受访者表达了要为环保作出贡献的意愿。在生物安全意识方面，我国国民生物安全责任与信念初步形成，国民逐渐意识到个体在生物安全领域对本人、家庭、集体、国家和全球的承诺与担当。同时，国民生物安全风险识别与预警意识明显提升，国民生物安全危机应对与组织管理能力也初现成效。

（二）突出短板

1. 质量依然是制约中国经济发展和国际竞争力的重要因素,国民质量意识亟待提高

第一,质量问题依然制约中国制造的国际竞争力。2018 年调查显示,大部分海外受访者对中国产品的质量问题依然表示担忧,可见在当前国际竞争日趋激烈的大背景下,质量问题依然是我国产品"走出去"的最大障碍。第二,质量与质量意识在不同地区、行业间发展不平衡。2017 年中国质量协会调查显示,消费质量满意度与地区经济发展水平基本相当,呈现出东部高于中西部的态势;出行工具、家具建材、文体保健行业的满意度极大地高于生活服务、网络服务和食品饮料行业。因此,应加大对地区、行业质量发展的统筹和监督管理。第三,政府质量服务已成为制约国民质量意识的重要因素,由此为切入点提升质量行为应成为培育国民质量意识的重要抓手。

2. 国民标准化意识较为薄弱,标准化素养培育刻不容缓

第一,民众标准化意识薄弱。我国标准化工作起步晚,在生产领域、学术领域和实际生活中存在诸多盲区、盲点,标准实施状况不甚理想,标准化意识普遍缺乏。第二,标准化专业教育尚处起步阶段,标准化人才缺口大,这使得在产业发展与转型战略的背景下,我国现有的标准化教育和职业人才培训将面临很大压力。第三,国家层面标准化战略意识需要加强,体现在标准国际化意识、标准体系和管理体制、系统的疫情防控标准体系等方面。

3. 国民环保意识需进一步提升,在环保行为、教育研究和法治保障等方面均需加强

第一,环保理念与行为一致性程度有待提升。目前,我国国民的环保态度和环保行为存在知行不一的问题,应引导和鼓励公众将环保理念转化为环保实践,切实提高环保践行度。第二,环保教育重视程度不够。目前环境教育多为枯燥死板的灌输,不能达到有效指导青少年作出保护环境的行为。因此须加强环境教育,从孩子抓起,培养国民环保素养。第三,缺乏环保理论的相关研究。我国关于公众参与环保行为的理论和实证研究还处于起步和发展阶段,大力支持加强对环保理论的相关研究迫在眉睫。第四,我国环境法律内容设置、实施机制不完善,应进一步建立健全环境法律的实施机制,发挥法律法规的强制性与权威性作用。

4. 国民生物安全意识仍不到位,需进一步明确其价值内涵,完善系统管理体系

第一,缺乏国家安全意识。我国国民对生物安全的认识更多是局限在与个人相关的单一领域层面,多数人并没有意识到生物安全是国家安全体系的重要组成

部分,因此急需将生物安全上升到国家安全战略的层面。第二,缺乏有效的框架与指标体系。目前,有关我国国民生物安全意识的概念与核心要素少有研究,亟须建立相应的有效体系与完整结构以为提升国民生物安全素养提供指导。第三,缺乏前瞻性与科学性,缺乏系统的信息来源与管理体系,应建立由国家宏观统筹的联动管理体系,处理有关国民生物安全知识、防控、治疗与应对的一系列教育与保障措施。

5. 国民法治素养、网络文明素养、健康素养有待进一步提升

当前,我国公民法治素养的总体状况距离建设法治中国的现实要求还有差距,这首先表现在公民法治素养各个维度发展不充分,如法治程序观念较弱、法治规则意识尚不牢固、法治实践行为滞后、法治参与建设积极性不高等;另外,公民法治素养在不同区域和不同群体间发展不平衡、公民日益增加的法律服务需求与供给能力相对不足等矛盾也较为突出。就网络文明素养而言,当前我国国民网络素养缺失主要表现在网络娱乐倾向逐渐加重、网络道德认知薄弱和道德行为失范、网络法律意识薄弱和网络安全意识不到位等方面。在健康素养方面,目前我国居民健康素养水平总体仍然较低,并且在城乡、地区、人群间发展极不均衡,健康相关产业存在产品品质不佳、服务标准流程不完善等诸多问题。

6. 国民科学文化素养和公共文明素养提升需持续深化

在科学文化素养方面,我国与世界主要发达国家仍有差距,主要存在科学精神引领作用不够、科学文化素质发展不平衡、优质科普资源供给不足等问题;同时在科学文化的传播方式和能力上创新性不足,各类机制建设和组织方式尚不完善。在公共文明素养方面,部分国民的公共意识还未达标,国民的公共行为仍有很大的规范和提升空间,因此道德日常教育需进一步深化,使公共意识深入到每个人的心中、贯彻在人们的行动中;此外,目前我国公共文明的相关政策法规可操作性和执行性不强,也是制约国民公共文明素养提升的重要因素,应进一步细化相关政策法规、规范执法人员素质、完善组织保障,形成多元主体的良性协同互动。

三、发达国家或地区在提升国民文明素养方面的主要经验与做法

课题组依据国际流行的部分评价指数,选取美国、日本、新加坡、德国等国家或地区,对其提升国民文明素养的主要经验与做法进行了剖析,主要发现如下。

(一)出台并严格执行法律法规和政策是提升国民文明素养的前提

法律法规与政策性文件的出台是各个国家提升国民文明素养的前提。具体可

概括为两方面。

其一,制定严密、系统、具体、严格的法规法令。例如,德国的《食品法》所列条款达数十万个,涵盖了原材料采购、生产加工、运输、储藏、销售等环节,形成了统一完整的法律体系、质量标准、技术规范和管理准则。同时还设置产品质量召回制度以避免消费者损失。德国还通过企业自我检测、政府检测、独立的中介检测三个层次产品质量检验检测机构进行质量核查,以及商品质量的社会检验、监督和信息发布。另外,法律法规的违法成本高而且非常明确是个鲜明特点。例如在提高公共文明素养上,日本将危害社会或影响公共秩序的事项都定性为轻犯罪。德国有严格的法律约束网络行为,被称为"全球传播界对网络最不友好的国家",对社交网络平台内容实施最严格监管,而其互联网却表现出了更高的文明水平。

其二,健全法律执行机制与监管体制。有法可依之后,执法必严。新加坡制定了严密、具体和明确的各项生活法规,例如为了城市清洁出台并严格执行"口香糖禁律",禁止销售和进口口香糖,只在药店销售特定类别的药用或牙科相关的口香糖,如今执行已有20余年,所有人员只要是违反规定,一律照章处罚,没有特例。德国对乱扔的垃圾开罚都"明码标价";一些地区配有专门的环境警察,监督各家垃圾桶的分类情况、开具罚单;饲养宠物对主人的资质要求、宠物保险、遛狗时间等都有明确规定等。

(二) 依托系统化的学校教育是提升国民文明素养的基础

为提升国民的文明素养,各国都积极推进学校教育改革。这些经验可概括为以下三点。

第一,强化课程改革,明确将道德教育、科学教育、环境教育列入授课内容,并制定一套完整的事实与监督体系。例如,在树立标准化意识上,国际标准化组织(IOS)等明确指出要将标准化内容纳入教育课程。日本在中小学教育方面,开设了"标准化教室"上门授课活动,许多高校都开设了标准和标准化相关的专业课程。在提升环保意识上,美国环境教育协会统一提供教育课程指导大纲,强调行动教学,通过户外活动、公益实践、实验、专题讨论等形式,引导学生观察、亲近、体验和理解自然。

第二,注重学校教育与社会教育、自然教育相结合,增加公众体验,让公众在实践和体验中提升对文明素养的追求。例如,在提升国民法治意识层面,日本各大法律机构和团体通过编写教材,提供教师培训、教学指导和讲座等方式积极参与法制教育;公检法机关也会不定期向普通民众开展社会普法教育鼓励法律机关参与教学指导、教师培训。在提高科学文化素养层面,美国、日本、芬兰都在基础教育、高等教育和职业教育中对科学核心素养作出不同的规定和标准,注重课堂教育与自然实践相结合,提升国民对科学精神的掌握。

第三,注重人才的培养。比如德国和日本均强调职业教育以确保为高品质生产制造输送人才,通过人才的培养可以形成榜样力量,带动社会风气。在提高质量意识上,德国实行职业教育"双轨制"和现代学徒制,由学校和企业联合培养技术工人,理论学习和实际操作相结合,约70%的德国青年在接受常规学校教育的同时,都要在企业中接受职业培训。

(三) 建设文明和谐社会氛围是提升国民文明素养的保障

为提升国民文明素养,需要营造文明和谐的社会整体氛围。这些经验可概括为三个方面。

其一,增加国民参与公共政策的渠道和机会。比如为提高法治素养鼓励民众旁听庭审,为提高科学文化素养鼓励民众进行科普创作并投稿,为提高环保意识鼓励民众监督环境问题的治理、积极建言献策等。在提升国民法治意识上,美国、新加坡等发达国家都鼓励公民积极参与立法、司法、行政等活动。在提升公共文明素养上,德国由社会组织提供相对完备的公共服务体系,国民可以对这些公共服务的质量、便利性等指标进行评判,从而促进了国民参与公共政策的执行过程,有利于增强其对公共空间行为准则和规范的认可。

其二,加大博物馆、纪念馆、展览馆等硬件的建设和文明活动的展开和宣传。例如,美国注重整个法治文化的熏陶,建立纪念馆、博物馆等普法场所,并经常举办各种与宪法有关的展览、研讨会或演讲,借助大众传媒引领社会主流价值观的塑造。在提升公共文明意识上,新加坡提倡群众全民参与,设立特别节日,进行活动宣传。在提升环保意识上,美国展开了全国性的三次环保运动,号召民众关心身边的环境问题,唤醒了更多的人参与环境保护。各国还利用科研院所公开日、科普周、科普讲座等形式塑造了崇尚科学的社会氛围。

其三,秉持互联、绿色、共享、创新的宣传新理念,在实践中将传统媒体和互联网新型传播方式相结合。在提升国民健康素养上,美国将电子健康素养以及健康信息素养等概念作为重要的健康素养能力指标,与时俱进,发展电子传播方式。在提升生物安全意识上,新西兰为准确掌握国民生物安全意识与应对能力,委托有关科研机构针对470万名公众进行了生物安全调查,积极建构专业性、权威性的各类信息资源,以便于民众随时可以获取针对性的资料与建议,形成注重生物安全的社会整体氛围。

(四) 社会组织和公益团体在提升国民文明素养过程中发挥不可替代的作用

各国为提升国民文明素养,建立了一系列文明素养分支社会组织和公益团体,比如法治宣传志愿团体、环境保护宣传组织、生物安全宣传组织、标准化宣传组织等,发挥社会各界的联动作用,共同打造文明和谐的社会氛围。例如,在提高质量意识上,各国非官方的质量认证组织、商品测试机构和各种消费保护组织都发挥了重要的作用。在提高标准化意识上,德国、日本、美国都选择发挥民间力量,政府授权以民间标准化机构为主体,专业团队、行业协会等社会组织的介入使得标准体系建设更加分散灵活。在提升科学文化素养上,美国科学促进协会等社会组织制定长期性的国民科学文化素养提升计划,并牵头科学宣传普及项目等,将社会组织、企业、科研院所和专家个人相关联。在提升网络文明素养上,新加坡的公益组织担任起网络素养教育的"先行者",承担网络素材教育的课程设计、教材编写、活动策划以及培训师资等工作。在提升环保意识上,日本更多地依赖于团队、组织的载体而存在和发挥作用,从政府到企业、学术教育单位市民、非政府组织,都能够开展联合行动,在整个社会形成了一种高环保素养的环境。德国除了绿党这一大环保政党外,还有上千个环保组织致力于环保事业建设。

四、"十四五"时期提升我国国民文明素养的重点任务与重大举措

"十四五"时期,提升我国国民文明素养要以习近平新时代中国特色社会主义思想为指引,以社会主义核心价值观为核心,筑牢理想信念之基,加强新时代社会主义公民道德建设和爱国主义建设,弘扬民族精神和时代精神,强化社会责任意识,唱响新时代主旋律。

(一) 重点任务

1. 认同和践诺社会主义核心价值观

坚持以人民为中心的"五位一体"发展观,以满足人民日益增长的美好生活需要为根本出发点,认同和深化中国梦和社会主义核心价值观的思想行为引领作用,增强政治意识、大局意识、核心意识、看齐意识。深入学习研究宣传习近平新时代中国特色社会主义思想,加强理想信念教育,凝聚人心、汇聚力量,把社会主义核心价值观转化为全面建设社会主义现代化强国的动力来源,坚持全民行动、党员干部带头,树立行业典范、表彰新时代模范人物。坚持"四个全面"战略布局,坚定不移破除各种形式主义和官僚主义,增强全社会和各族人民的道路自信、理论自信、制度自信、文化自信。完善各项法律制度保障,增强意识形态领域主导权和话语权,构筑中国精神、中国价值、中国力量。

2. 加强新时代社会主义公民道德建设

学习践行习近平新时代中国特色社会主义思想和社会主义核心价值观,以中国特色社会主义和中国梦为共同理想,引导人们自觉地把个人理想融入国家富强、民族振兴、人民幸福的伟大梦想之中。大力弘扬以爱国主义为核心的民族精神和以改革创新为核心的时代精神,推动中华传统美德、优良传统和革命道德的继承和创新发展,强化道德认同、指引道德实践,引导人们明大德、守公德、严私德。推动社会公德、职业道德、家庭美德、个人品德建设,激励人们向上向善、孝老爱亲,忠于祖国、忠于人民。全面提高人民的思想觉悟、道德水平、文明素养,提高全社会文明程度。深入开展全社会公民诚信和志愿服务建设工程,强化社会责任意识、规则意识和奉献意识。

3. 丰富群众性精神文明创建活动

坚持用社会主义核心价值观引领群众性精神文明创建活动,重点抓好理想信念教育、爱国主义教育、公民道德建设、弘扬中华优秀传统文化、诚信建设,建设社会主义法治文化、发挥先进典型示范引领作用等方面的重要任务。分领域、分阶段、有计划地提升国民文明素养,急需培育与建构国民的质量意识、标准化意识、环保意识和生物安全意识,进一步加强和提升民众的科学文化素养、法治素养、公共文明素养、网络文明素养、健康素养。持续开展文明城市、文明村镇、文明单位、文明家庭、文明校园等群众性精神文明创建活动,健全志愿和慈善捐赠服务体制,培育文明风尚。培养全民阅读习惯,普及科学知识,加强科普宣传,使公民具备科学素质的比例超过30%。深化惠民文艺演出、丰富群众精神文化生活。

4. 打造良好的社会文化环境

重视保护青少年身心健康,营造其健康成长的文化氛围和网络空间,创造出符合时代精神、益智益德的文化作品,创作积极向上的文艺作品,广泛开展面向青少年的各类文化体育活动。满足老年人精神文化需求,建立老年文化广场,发挥退休人员在文明城市、文明社区建设过程中的积极作用。强化各行业文化建设,尤其重视质量和标准化意识、生物安全意识、环保意识。继续加强文明城市创建活动,持续推进农村乡风村风文明建设活动。以社区、学校、企业等社会力量为多元文明载体,全民广泛参与,营造"处处是文明地,天天是文明时,人人是文明人"的良好环境氛围。加强互联网内容建设和法制管理体系,净化网络空间,坚决遏制有害低俗、负面失真网络信息的传播,整顿"网络喷子",打击各类违法、侵害他人隐私曝光的不文明行为,积极倡导正能量,唱响网络主旋律。

5. 弘扬发展优秀传统文化

深入挖掘中华优秀传统文化蕴含的思想观念、人文精神、道德规范,结合时代要求继承创新,大力推动开展传统文化研习活动。通过大量文献梳理,我们发现我国传统文化修身成德思想主要体现在"仁民爱物""孝亲爱国""重义轻利""诚信自律""礼敬谦和"等方面。这些思想是提升当代中国人道德素质和文明程度的重要精神资源,是形成文明社会氛围的信念之源。普及规范国家语言文字的统一标准,加强落实传统文化校园教育并进行规范考核。振兴传统技艺,鼓励创建守护文化遗产的民间保护力量。开展周边文化交流活动,推进海外中国文化普及建设,扩大中华民族文化影响。推动发展中医药文化,鼓励支持中医药科研事业。

6. 加强新时代哲学社会科学创新与繁荣

加强构建中国化的哲学社会科学创新体系,研究和确定新时代中国哲学社会科学体系与创新理论,以中国哲学社会科学体系引领和指导各类人文社会科学的发展与繁荣。重点推进马克思主义理论研究和建设工程,发展有中国特色的、新时代特色的马克思主义。深入研究关乎国家发展、民生普惠的重大理论和现实问题,切实发挥思想库智囊团的作用,鼓励有创新思想的战略政策研究。完善和发挥国家智库的管理与作用,建立合理的竞争体制,平衡基础理论研究与应用对策研究比重,瞄准国家战略和社会急需,成为提升国民文明素养的重要智慧基地、人才培养基地和社会风气导向基地。

7. 加强提升国民文明素养法治建设

建立和完善提升国民文明素养的法律法规和政策,深化法律执行机制与监管体制,将文明素养建设纳入法治化轨道。把国民文明素养提升到国家战略任务的高度,制定国民文明素养提升的中长期规划,设置专门的部门、机构、制度和保障,充分发挥各级党委、政府的主导作用,确保长期不懈地提升国民文明素养和社会文明程度。加快建立和确立质量意识、标准化意识、生态意识和生物安全意识的法律法规与政策,完善和加强网络文明素养、健康素养、公共文明素养和法治素养等多领域的制度体系,确保文明素养提升有完善的规划体系、执行体系和监测评估体系。加强和完善不文明行为的惩戒制度和联合惩戒机制,坚持德法兼济,表彰、奖励模范文明行为,曝光、批评教育、行政处罚等约束和监管不文明行为,形成制约和监督全民文明行为的长效机制。

8. 突出"三个关键"和"文明八进"

国民文明素养建设突出"三个关键":首要抓好与群众生产生活息息相关的"关键文明领域"。以公共场所、交通安全、产品质量、网络、环保与健康等作为关键突破口,通过舆论宣传、文明助推、文化熏陶、社会整治等多种方式,提升文明素养水平。其次抓好文明"关键内容",做到全面普及与重点提升相结合,在具体推进中结合不同领域、地区、行业、人群特点有所侧重,提升文明教育实效性和精准性。最后抓好党员干部、先进典型、青少年等"关键少数",形成"头雁效应",发挥他们的表率、示范作用;重视重大社会事件、重大节庆活动对文明行为的引导和教育作用。此外,扎实开展"文明八进"活动,推进文明建设与活动进机关、进乡村、进社区、进学校、进企业、进工地、进宗教场所、进军营。

(二)重大举措

1. 社会主义核心价值观引领建设计划

全面推进"四个一"宣传平台建设,创造一批优秀的社会主义核心价值观文艺作品,开展一系列群众性社会主义核心价值观宣讲活动,建设一批高质量社会主义核心价值观互联网宣传平台,建造改造一批社会主义核心价值观体验宣传馆和主题公园。突出"三个重点",抓重点人群、重点地区、重点行业,提高社会主义核心价值观在全体人民中的认同和践行程度。

2. 新时代社会主义公民道德新风行动计划

持续开展各级各类道德模范评选表彰和宣传学习,弘扬中华民族传统美德,开展孝敬父母、勤俭节约、尊师重道、文明礼仪等全民精神文明行动。强化生产制造、消费服务等领域的质量和标准化意识;完善网络文明道德监管法律法规,推动互联网企业依法依规经营,网民文明上网。全面推进垃圾分类,开展"绿色家庭""绿色社区""绿色学校""绿色乡村"活动;增强国民生物安全意识,严惩非法捕杀、交易、食用野生动物行为。倡导科学精神,移风易俗,抵制迷信和腐朽落后文化。

3. 未成年人成长环境净化计划

组织实施"青少年文化提升精品工程",包括青少年文学艺术精品创作,青少年精品影视作品创作。重视青少年文化宫等活动中心建设,加强公益性、科普知识讲座和活动力度。重点推进农村青少年,尤其是留守儿童心理关爱和疏导。加强未成年人网络文化环境建设,完善精品文化网上传播力度。开展"网络正能量传播专项行动",肃清庸俗、低俗、媚俗等垃圾文化,弘扬爱国主义精神,传播社会正能量,营造未成年人成长的良好网络文化环境。

4. 文化传承与自然遗产保护建设计划

加强建设国家重大文化和自然遗产保护项目,加强支持全国重点文物保护单位。挖掘发展各地优秀传统文化基地,创新开发文化传承转化项目。持续推进国家记忆工程,持续整理编纂"中国传统文化百部经典"系列,持续推介"弘扬优秀传统文化、培育社会主义核心价值观"主题展览项目,持续开展"中华传统文化典籍保护传承"活动,持续实施中华优秀传统文化传承基地认定工作,持续助推传统文化走出国门、传播中国品牌。全面收集整理戏曲资源,建立传统戏剧戏曲网络传播平台。推动中医药科学的产学研体系,战略规划中医的发展方向。

5. 国民文明素养提升教育行动计划

实施"互联网/大数据+文明素养"行动计划,建立国民文明素养信息资源共享机制,开展先进事迹、典型案例展示;积极运用新媒体平台(微信、微博、新闻客户端等),深入落实媒体公益广告制度;建立舆情监测体系,监控文明素养的发展状况,构建主动式虚拟社会管理体系和管理模式。深入广泛开展"质量满意工程""中国好网民工程""法治好公民工程"三大国民文明素养提升工程。

6. 中国公民对外文明素质行动计划

结合国家重大外交战略、"一带一路"建设、2022 年北京冬季奥运会,加强国际传播能力建设,引导人们在各种国际场合、涉外活动和交流交往中争当"文明使者",展现中华美德,维护国家荣誉和利益。大力开展文明旅游行动,加强宣传教育、规范约束和社会监督,利用互联网技术有效治理在国外旅游不文明行为。

7. 国民文明素养相关人才培养培训计划

基于中国国情,吸收国际相关经验,在大学中加强标准化通识教育,同时更加注重标准化学历教育,在目前仅有个别学校已经开展标准化本科学历教育的基础上逐步扩大,同时加强已从业人员的继续教育与培训。建议国家启动"4+2"国民文明素养教育相关硕士项目,对大学生在完成 4 年相关本科专业学习之后,进行 2 年的国民文明素养教育相关硕士专业学习,硕士方向可以设定为质量意识、标准化意识、科学文化素养、法治素养、公共文明素养、网络文明素养、健康素养、环保意识与生物安全意识等,为我国开展国民文明素养相关实践培养大批人才。

8. 国民文明素养监测体系建设计划

制定文明素养监测指标,为国民文明素养的监测和评估提供依据,通过加强文明素养内涵的理论研究,建立符合我国国情的文明素养监测指标体系。政府部门尽快启动文明素养监测制度的制定,确保监测流程的规范性,保障监测工作的顺利实施。借助大数据技术,创新开发国民文明素养线上监测平台,及时高效地收集监测数据,充分把握国民文明素养的基本规律和发展趋势。定期开展监测结果公示,客观反映国民文明素养发展情况,增强监测结果的实用性,将国民质量意识提升情况、标准化意识情况、环保意识情况和生物安全意识情况等纳入政府执政能力考核评价体系。

(课题组成员：林崇德　罗良　张丽　邢淑芬
张梅　辛素飞　刘国芳　贾绪计)

高质量推进我国教育现代化研究

上海市教育科学研究院

本报告对照我国"十四五"乃至中长期发展面临的新形势新需求新任务,从六个方面总结梳理了"十三五"期间全国教育改革发展取得的成绩与经验,反映了党和政府加快推进教育现代化作出的巨大努力。同时,本报告也从师资队伍建设、资源优化配置、供给侧结构性改革、体制机制创新等六个方面,分析整理出需要在"十四五"期间予以重点突破的问题。在此基础上,本报告提出了我国教育现代化发展"十四五"时期的内涵与重点,并围绕办好人民满意的教育和建设教育强国,进一步提出了"十四五"时期我国教育现代化发展的建设目标、基本思路和对策建议。

一、战略形势:新时代新挑战

(一) 中国发展与新的国际环境

全球经济发展格局继续深度调整,各国在抢占国际合作与竞争制高点的较量中争相调整发展战略,迫切需要中国加快经济转型升级。创新日益成为发展的强力引擎,世界经济早已进入科技创新驱动发展的新时代,当前实施创新驱动对中国发展意义非同

国民素质

寻常。在世界多极化趋势中,国际间重大事务解决倚重多边协商合作机制,共同参与全球治理成为各国共识。加强人文交流、尊重多样性文化、促进文明互鉴仍将是国际竞争与合作大趋势。经济社会发展与人才素质的关系更加紧密,而教育则是各国综合国力和国民素质提升的奠基性工程。"平等、质量、选择"日益成为各国教育发展的三大趋势。

（二）法治中国与政府的转变职能

国家实施依法治国战略、贯彻落实 2020 年实现"法治政府基本建成"的目标,为依法治教提出改革新要求。依法治国,推进社会主义法治国家建设步伐,对依法治教提出新要求。强化依法行政,加快建设"法治政府",对依法管理教育提出新挑战。加大信息公开力度,塑造透明政府,要求教育发展更注重科学民主决策、综合改革。推进治理体系与治理能力现代化,对转变政府职能和创新教育管理方式提出新要求。激发社会基层活力、扩大社会广泛参与的改革趋势,为社会力量参与教育治理提供了新的发展机遇。

（三）新时代与中国经济可持续发展

经济结构深度调整,产业相互融合成为新趋势,发展方式向主要依靠科技进步、劳动者素质和管理创新转变。经济结构面临深度调整,产业升级对人才规模类型提出新需求。产业融合与互动日趋明显,融合式人才培养模式创新发展日新月异。优化空间格局、提高资源配置效率,集聚区域发展力量,已经成为国家经济发展的重要战略。创新驱动发展需要全面提升国民素质,促进教育与经济发展相适应,实施有效的人才跨地区跨界管理。现有人口素质、人才结构不利于创新驱动发展新需要。

（四）关注民生与社会和谐发展

我国扶贫工作战略重点已从以解决温饱为主要任务阶段转入实行扶贫开发和农村最低生活保障制度有效衔接新阶段。推进基本公共服务均等化,教育公平广受关注。加快连片特困地区的扶贫力度,成为扶贫重点。通过精准扶贫,增强扶贫对象自我发展能力。推进"以人为核心"的城镇化发展,加快实现农业现代化,要求不断创新公共资源配置机制,提高农业从业人员和农村转移人口的综合素质。将加强就业创业和持续培育大众创业、万众创新作为新引擎,为促进民生改善、经济结构调整和社会和谐稳定提供新动能。全面提升国民基本素质、满足人民群众日益多元化和个性化的需求,对教育公共服务产品的供给提出了新的挑战。

二、教育改革发展成就进展

（一）以社会主义核心价值观引领学生全面发展，全面推进立德树人系统工程

近年来，各级政府各部门坚持社会主义核心价值观引领，全面部署实施各级各类学校培育践行社会主义核心价值观工作。开展学习和争做美德少年、童心向党、向国旗敬礼等活动，累计网上参与6.15亿人次。统筹规划德育课程体系实现相互衔接。统筹发展传统文化、心理、安全教育。学校体育工作得到加强，校园足球加快普及。艺术教育课程改革持续推进，艺术教育综合育人机制进一步健全。

（二）坚持优先发展战略地位，不断加大投入，教育发展基础能力全面提升

经费投入的增加切实提高了教育发展的保障水平。2016年，国家教育经费总投入达到38866亿元，比2012年增加1117亿元，增长40.3%。财政性教育经费达到31373亿元，比2012年增加9137亿元，增长41.1%，财政性教育经费占国内生产总值的比重连续四年达到4%，近年来，教育经费总投入中财政比重持续超过80%，充分体现了党中央、国务院优先保障教育发展的坚定决心和意志。普惠性幼儿园建设取得突破性进展。义务教育学校标准化建设进一步推进。内涵式发展提升了高等教育办学质量和育人水平。扩大教师资源配置，教师短缺问题得到根本扭转，各级各类教育教师的学历层次稳步提高，教师专业能力进一步提高。

表1　各级各类教育教师学历情况　　（%）

学历占比＼年份	2012	2013	2014	2015	2016	2017
学前专任教师中幼教专业毕业比例	62.7	63.9	64.5	65.7	67.6	69.3
小学本科及以上学历教师比例	32.6	37.2	41.7	45.9	50.4	55.1
初中本科及以上学历教师比例	71.6	74.9	77.9	80.2	82.5	84.6
普通高中本科及以上学历教师比例	96.4	96.8	97.3	97.7	97.9	98.2
中职双师型教师占专任教师比例	25.2	26.3	27.6	28.7	29.5	30.0
高等教育博士学位教师比例	17.8	19.2	20.6	21.7	23.1	26.0

教育信息化的基础设施建设取得突破性进展。推动建设"宽带网络校校通"

"优质资源班班通""网络学习空间人人通"工程,数字教育资源实现教学点全覆盖。教育资源公共服务平台初步建成。全国近 50% 的教师通过平台便捷地获取适用的教学资源,国家平台的总页面访问数已逾 10 亿次、访问用户 7000 多万人次。教育管理公共服务平台建设稳步推进,各级教育数字资源大幅增加。全国中小学学生学籍信息管理系统联网运行,已覆盖 1.77 亿学生。

(三) 坚持以人民为中心,大力推进现代教育体系建设,全民终生学习机会显著扩大

通过贯彻执行 2011—2013 年、2014—2016 年两期学前教育三年行动计划及相关政策,加快扩大学前教育资源供给,有效缓解了"入园难"问题。我国学前教育得到空前发展,学前教育资源和机会显著扩大。2017 年,学前三年毛入园率比2012 年提高 15.1 个百分点,达到 79.6%。学前教育的跨越式发展切实有效地解决了人民群众的"入园难"问题。

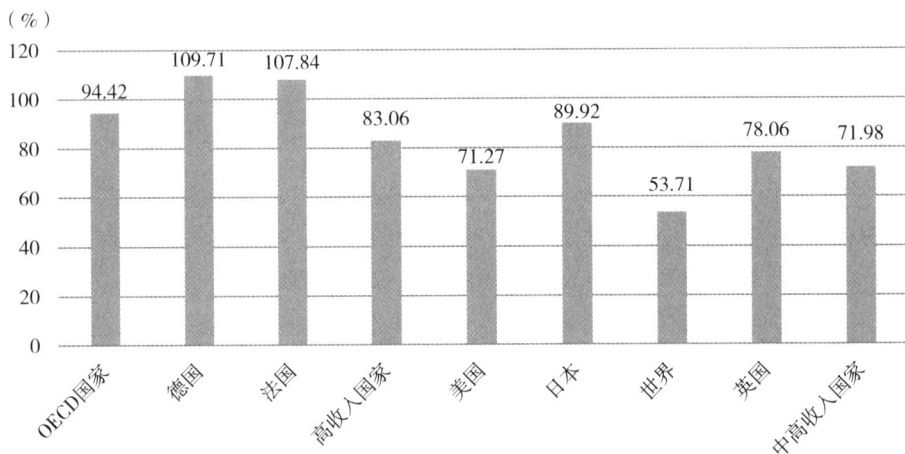

图 1　世界各国学前教育毛入园率①

我国义务教育普及水平始终保持高位,2017 年小学净入学率达 99.91%,初中阶段毛入学率达 103.5%,初步实现了"不让一个孩子掉队"。构建了政府主导、家校联动、社会参与的留守儿童关爱工作服务机制,涵盖 2000 万留守儿童的关爱体系初步建立。对特殊教育给予政策支持,积极推动"用科学方法帮助特殊儿童群体",2017 年全国 6—14 岁残疾儿童接受义务教育的比例已提高至 75%。

我国高中阶段教育普及水平稳步提高,2017 年在校生规模达到 3956 万人,相比 2012 年,高中阶段毛入学率提高了 3.3 个百分点,达到 88.3%。2017 年,我国

① 高收入国家等国家分组平均水平为测算的近似数据,部分国家为 2013 年数据,下同。

高中阶段毛入学率已经超过中高收入国家平均水平 6 个百分点,为建设人力资源强国作出了重大贡献。

（%）

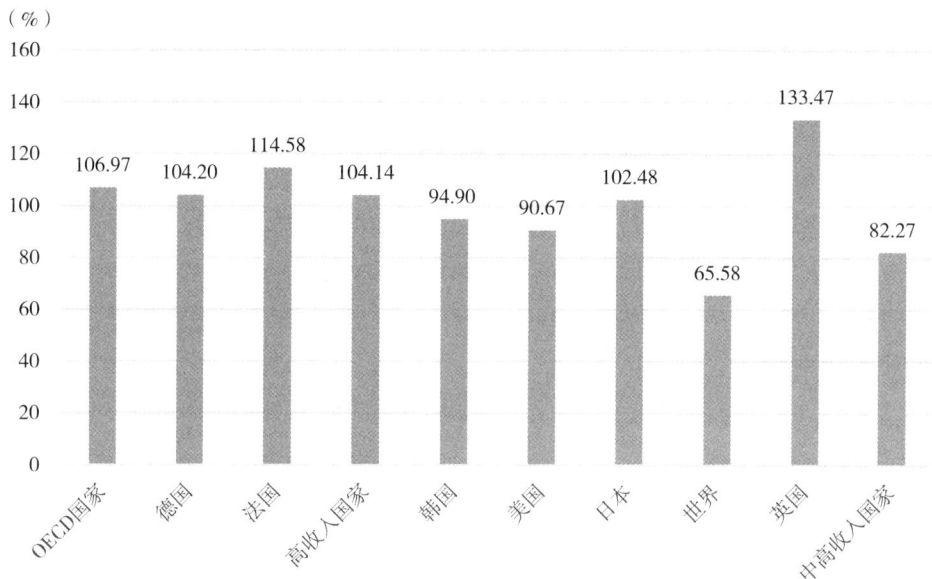

图 2　世界各国高中阶段教育毛入学率

党的十八大以来,推动现代职业教育体系建设扎实推进。2017 年,全国中等职业教育共有 1.07 万所,在校生 1577.44 万人,中等职业教育在校生数占高中阶段教育在校生总人数的比例为 39.88%。高职(专科)院校 1388 所,比 2015 年增加 47 所。近年来,我国政府面向国外特别是发展中国家实施了一系列人才培训、学校援建项目,进一步提升了我国职业教育技能型人才培养能力。

我国高等教育在学规模稳步扩大,高等教育普及水平明显提高,2017 年各种形式高等教育在学规模达到 3779 万人,比 2012 年增加 453.8 万人。2017 年,我国每十万人口在校大学生数为 2576 人,相比 2012 年有明显提高,增加了 241 人,增长 10.3%。高等教育规模扩大为推动大众创业、万众创新培养了大批生力军,为提升人力资源整体水平、优化人力资源结构、推动我国从人口大国向人力资源强国迈进作出重要贡献。

表 2　2017 年较 2012 年全国高等教育招生规模增长情况

	2017 年招生数（万人）	比 2012 年增长（%）
研究生	80.6	36.7
普通本专科	761.5	10.6
成人本专科	217.5	−10.9

（四）坚持服务国家转型,优化结构,教育服务创新发展能力显著提升

职业学校布局主动适应区域经济产业发展需要。2017 年全国有 1388 所高职院校,基本实现每个地市都有高职院校,同时 150 多所高职院校将校区开办在工业园区、开发区及科技园区等,布局上更加适应区域经济社会尤其是三线城市经济发展需要。普通高校建设向中西部倾斜。

高层次人才供给能力持续增强。过去五年,全国共招收研究生近 400 万人,年均增长 4%左右。2017 年,普通本专科毕业生、毕业研究生比 2012 年分别增长了15.1%、15.9%。"十二五"时期普通高校累计输送 3550 万专门人才,新生劳动力中接受过高等教育者的比例超过 45%,我国从业人员中具有高等教育学历的人数已位居世界前列。

大批毕业生进入劳动力市场,为经济提质增效转型升级提供了人才支撑。2012 年以来教育为国家输出亿万毕业生,成为新增劳动力的主力军,为提升人力资源水平、优化人力资源结构作出重要贡献。从 2010 年起,劳动年龄人口(16—64岁)占总人口比例从 74.5%下降至 2014 年的 73.4%,大专以上文化程度人口占总人口比例从 8.75%提高至 11%,显示了教育红利、人力资源红利大大抵消了人口红利下降的影响。

高校为科技创新作出重要贡献。高校科研创新平台建设不断推进,至 2016 年全国共有 34 个"985"工程优势学科创新平台,提升了高校科研实力。依托高校创新团队,我国在物理、航天、核电、计算科学等领域的研究取得了历史性的突破。

（五）坚持统筹协调发展,帮扶弱势群体,城乡区域教育差距进一步缩小

各级政府多措并举,城乡义务教育办学条件差距明显缩小。农村教育办学条件改善。义务教育均衡发展推进工作机制建立并完善。落实随迁子女入学"两为主、两纳入"政策,以混合编班等措施切实保障过程公平,逐步消除异地升学障碍。构建政府主导、家校联动、社会参与的留守儿童关爱服务体系,留守儿童身心安全得到切实维护。教育资助体系实现学前教育到研究生教育全覆盖,彻底解决了家庭经济困难学生的后顾之忧。

（六）坚持以开放促发展,加强国际交流合作,教育竞争力进一步提升

至 2017 年 4 月,我国已先后与 54 个国家和地区签订了学历学位互认协议,其中"一带一路"沿线国家 24 个,促进了我国留学生规模的增长和来华留学生结构的持续优化。来华留学生规模持续增加。2017 年留学生规模达 48.92 万人,比2012 年增长了 49%。接受学历教育的外国留学生比例稍有上升。2017 年,在我国

接受学历教育的来华留学在校生人数达24.15万人,比2012年增长80%。出国留学规模稳步扩大。党的十八大以来,随着留学回国人数的不断攀升,已有231.36万人学成归国,占改革开放以来回国总人数的73.87%。积极走出去,教育国际影响力不断增强。

三、"十四五"时期教育现代化发展建设面临的重大问题

(一) 学前教育教师队伍、质量保障体系亟待改进

——学前教师队伍质量跟不上群众对有质量学前教育的新需求。突出表现为:学前教育教师配置不足,专业化水平较低。特别是中西部地区学前教育教师数量短缺,教师专业素质更需提高,农村情况尤其如此。同时,农村地区教师学历水平低,专业素质不高。

——保障制度体系缺乏成为影响学前教育质量提升的重要因素。主要表现在:保育员队伍标准不健全,保育员保健医生没纳入教师队伍编制等导致学前教育保育员队伍和保健医生不仅十分紧缺,质量也普遍不高,严重影响保育质量提高。同时,保教活动质量较低也与其他方面相关保障缺失有关。

(二) 义务教育消除大班额、改善薄弱学校办学条件、丰富优质教育资源仍需加快推进

——义务教育大班额问题仍比较突出:从省份看,大班额比例排前三位的都为东部和中部地区人口大省。从城乡看,城镇大班额更为严重,城镇小学、初中大班额比例均高于农村。解决部分地区及城镇大班额问题涉及资源配置等综合因素,关乎义务教育质量,也决定着是否能满足人民群众对美好生活的需要,必须着力克服。

——部分地区学校基本办学条件改善的攻坚达标任务依然严峻:部分地区义务教育学校基本办学条件还存在明显"短板",全国还有一批学校未达到"底线要求"。尤其是农村义务教育资源配置水平仍旧是最大"短板"。寄宿制学校建设也有待加强。随着学校布局调整快速推进,学生寄宿需求逐年增长,一些农村寄宿制学校生活条件还比较简陋,食堂餐位不足、淋浴设施缺乏、师生如厕条件较差,学生课外生活较为单调,不利于学生的健康成长。

——优质义务教育资源缺乏无法满足群众"上好学"问题仍突出:随着城镇化建设推进,人民群众对优质学前教育的需求将持续高涨,城镇地区尤为突出,一方

面出现城区太挤、乡村太弱现象,另一方面乡村优质教育资源也更趋于短缺。目前存在的优质教育资源分布不均衡问题、推进学区化集团化遇到的问题以及很多地方普遍存在的应试教育问题、中小学"校内减负、校外增负"现象大量存在的问题等,除与群众对"优质学校"的认识和选择相关之外,主要因素在于优质资源的供给不足。

——重大政策、工程和项目实施需进一步落实落细:据调研发现,个别工程项目,如农村义务教育学生营养改善计划部分试点地区食堂硬件设施建设有待改善,工作人员配备不足,食堂供餐比例不高,不能完全满足学生吃正餐的需求。义务教育均衡发展推进工作仍然存在部分地方政府推进力度不够,投入不足,落实不严,督查乏力。部分地区教师队伍均衡力度不够,农村义务教育教师结构性短缺,差别化待遇政策落实不到位,存在农村教师缺口较大、培训效果不好等问题。很多中西部农村中小学缺少体育、音乐、美术、英语及信息技术教师,教师老龄化问题严重,特别是小学阶段,部分农村地区小学体育、音乐、美术、英语和信息技术的校均教师不足 1 人。农村初中也存在类似情况。

（三）普通高中各类教育资源投入不足支持不够、多样化发展推进机制仍不完善

——资源投入不足、硬件资源不够制约高中教育质量提升:主要体现在中西部普通高中投入水平偏低。由于普通高中尚未建立起完善、长效的经费投入机制,专项经费支持资金额度小,部分省份普通高中存在"吃饭靠财政、运转靠收费、建设靠举债"的现象。中西部地区普通高中教育经费投入偏低,影响高中教育质量的发展。中西部地区普通高中办学条件较差,其中,仪器配置水平最为明显,其直接结果是无法满足中西部地区普通高中实验室、实验仪器、体育场地、音乐、美术器械等教学设施设备使用要求,影响了高中教育质量的提高。

——社会教育资源支持不够影响学生综合素质提升:主要体现在各类公共教育资源、科研院所等创新型社会研究资源、产业企业生产性资源、科技科普活动资源、第三方组织的社会实践资源等,包括场馆、志愿服务、社会实践考察、工厂车间、研究性学习基地、创新实践场所、大学课程等,在大部分地区无论是深度、广度和力度上参与服务高中学生素质提升都不够,尤其影响了关系学生未来一生发展的创新素质和创新实践能力的提高。

——普通高中多样化发展制度环境不完善:主要体现在,一是学校评价观念仍需转变。"升学率至上"的学校评价观念仍普遍存在,许多学校不得不围绕提高高考升学率而挤压学校多样化发展的空间。二是配套政策仍需完善。普通高中多样化发展涉及办学体制、课程、师资、评价方式、中招、高考、经费、人事、学校空间布局

等因素,从普通高中多样化发展的实践来看,多部门多系统协同配套的政策跟进仍显不足。

（四）职业教育双师型教师队伍提升、产学研用协作机制创新亟须加快突破

——缺乏技能型人才从教制约职业教育高质量发展:2017年全国中等职业教育学校双师型教师①占专任教师比例仍处于较低水平,刚触及不低于30%的标准要求(《中等职业学校设置标准》)。其中,青海、贵州、宁夏、甘肃、云南和西藏等地区相对偏低。据调研,目前各高校实践基地建设,特别是国家级示范中心实验室建设十分缺乏"双师型"的实验教学队伍,实验教学队伍整体水平不高、不稳定的状况在部分示范中心仍然存在。职业院校双师型教师比例较低,不能满足教学需求,不利于技术技能人才的有效培养,成为制约职业教育高质量发展的重要因素。据有关调研,产业企业技术人才缺乏进入教师队伍的有效的顺畅制度渠道是重要原因。

——校企合作中企业积极性不高问题突出:目前校企合作机制尚缺乏稳定性,部分企业参与人才培养的积极性不足,一些合作在低水平和浅层次上运行,缺乏系统设计,实践基地建设的内涵还需提升。校企合作育人法律法规不完善,目前《职业教育法》有关教育部门、高校、学生和企业各自的责任、权利和义务规定不明确,激励机制不健全。职业教育实践实习费用分担机制不完善,企业、学校、个人以及政府如何分别承担相关合理费用的机制尚待建立,由于针对企业接收大学生实习实践的税收优惠政策始终不完善,导致企业缺乏积极性。高职学生实习保险政策和安全保障制度规定不完善,学生实习实践的安全保障制度不健全,学校、学生、企业在安全生产事故中的责任不清晰,也影响企业接收大学生实习的积极性。

——产学研用一体化发展长效推进和激励机制不健全:产业重大技术创新要求形成长期、稳定的产学研用合作机制,目前我国产学研围绕项目进行的短期合作较多,为企业服务的团队也趋向个体化,流动性强,导致对相关技术领域缺乏长期稳定的跟踪和研究,不利于解决制约产业发展的重大共性技术问题。以知识产权为核心的利益保障机制不完善也影响产学研用结合的积极性等。科技服务体系和信息平台也难以支撑产学研用结合,我国企业特别是中小型企业对科技信息服务的需求十分强烈,目前代表非官方机构的科技社团并没有利用非政府组织特点及自身优势,主动承接政府转移的职能以及弥补政府管理、服务上的不足,为企业提供有效信息服务,这也制约了产学研用的一体化发展。

---

① 双师型教师:指既有教师资格职称又有非教师系列专业技术职称的专业课、实习指导课教师。

（五）高等教育布局优化、支撑创新人才培养能力亟待加强

——高等教育发展面临布局结构进一步优化的突出问题:面向 2035 年,从加快满足国家现代化建设需要出发,在未来五年如何着手谋划实现高校布局和学科专业合理调整优化,先行作出预调或规模化调整的基础准备更是迫切的问题。特别是从全局看,由于受到地理、经济、环境、人才等诸多条件限制,当前中西部地区高等教育存在高水平大学偏少、高层次人才培养不足,学科专业结构不够科学合理、与地方经济社会发展不完全适应,优质高等教育资源短缺、对人才培养支撑不够等困难和问题,导致目前中西部部分省份每十万人口高等教育在校生仅为 1000 多人,远低于东部省份 3000—5000 人的水平。

——专门人才创新人才培养支撑能力亟待提高:由于历史惯性大、需求变化大、社会环境复杂,与党和国家事业发展需求、人民群众的迫切期待相比,高等教育的整体水平和人才培养能力还有不小的差距,目前我国处于新科技蓬勃发展时代和创新驱动发展时代的叠加期,对各类人才及其创新能力、创新精神和创新意识、思维方式乃至思维习惯等提出了时代性新要求,造就大批创新型专门人才、创新型劳动者大军的需求极其旺盛,而现有人力资本积累与国家创新驱动发展战略的高要求相比,首先就是创新型拔尖人才严重不足,从构建服务传统产业升级转型以及战略新兴产业加快发展的专门人才和创新型人才队伍体系入手,源源不断打造大批知识型、创新型、技能型人才,对全方位推进创新人才系统化培养的全面变革、加快建立适应新时代要求的创新人才培养体系提出了紧迫诉求和重大挑战。

（六）人才培养模式需要加快改革创新

——中小学课程改革的系统谋划、整体规划、协同推进不够:中小学课程衔接、内容更新、贯通融合等不适应经济社会发展和科技进步的要求,远不能满足大众创业、万众创新的新需要,更不能为每个学生的人生出彩做好准备。尤其是高校、中小学课程目标有机衔接不够,部分学科内容低质量交叉重复,课程教材的系统性、适宜性不强;教师育人意识和能力有待加强,课程资源开发利用不足。

——以学生综合素质为核心的评价模式尚未完全建立:社会和地方政府"升学率至上"的学校评价观念使得许多学校不得不围绕对升学率提高有利的知识领域开展教学,加重了重智轻德的趋势,单纯追求分数和升学率现象,导致学生的社会责任感、创新精神和实践能力培养较为薄弱,成为人才培养模式改革创新的重要阻碍。

——社会活动实践环节薄弱、知行统一式培养机制尚待完善:许多地方青少年社会实践活动难以实现普遍参与,部分社会活动实践基地开展社会实践活动项目

少,服务意识不强,活动的教育性有待提高。网络化、数字化、智能化时代,新技术如何加快深度融入教育教学,如何规范和鼓励教育新模式新业态服务群众多样化需要在许多中西部农村地区仍面临重大挑战。

四、"十四五"时期教育现代化建设目标、思路与建议

(一) 教育现代化内涵

本报告认为教育现代化是个相对概念,是教育发展在不同的时间序列中实现高水平的程度,也是教育的各方面指标达到了不同时期的现代化的标准与要求。教育现代化也是一种目标导向,在不同时期,教育现代化的目标追求也有所不同,不同时期目标和标准要求的变化决定了教育现代化的历史性和进步性。

可从三方面理解教育现代化,即是否具有现代性,表示状态、水平;使之具有现代性,表示过程、努力;追求现代性,表示目标、理念、动力。从教育现代化与国家现代化的关系看,教育现代化是国家现代化的重要组成部分,是核心,是基石,必须与整个国家社会的现代化建设包括经济等其他领域的现代化结合起来加以综合考虑,教育适度超前发展实现现代化,是国家现代化建设的基础支撑,也是引领和支撑国家现代化的必要保障。

本报告立足不同发展时期的教育现代化内涵,分别针对教育现代化初级阶段和高级阶段的不同认识和要求,以不同视角延伸出关于教育现代化内涵的不同理解及划分框架,包括以下两种。

第一种,教育现代化初级阶段的划分架构,包括八方面:一是先进的教育思想观念,二是有效的教育制度和管理,三是较高的教育普及水平,四是不断提升的教育质量,五是不断完善的教育体系,六是不断增长的教育投入与保障,七是逐步推进的教育公平,八是日益显著的教育服务贡献。

第二种,教育现代化高级阶段的划分架构,包括六方面:一是学习者获得全面而有个性的发展,二是各级教育建立智慧型美丽学校,三是形成融通开放多样化的教育体系,四是实现共建共享多元化教育治理,五是创新发展贡献度得到显著提升,六是教育影响力达到发达国家水平。

(二) "十四五"时期教育现代化建设目标

各级各类教育普及目标全面实现,现代化教育制度体系初步形成,教育总体实力和国际影响力显著提升。实现更高水平更有质量的教育普及,全体人民更公平

地享有教育改革创新成果,教育服务经济社会发展能力显著提升,多样化可选择的优质教育资源更加丰富,学习型社会建设成效明显,服务全民的终生学习体系更加完善。

到2025年,实现人人有学上、上好学,让每位学习者依法享有公平的教育机会,创造享有优质教育资源的机会,具备满足每个人终生发展需要的学习服务资源,为每个人发展提供适合的教育。实现每一所学校成为合格学校并逐步走向优质,每所学校的教师配置和基本办学条件都符合标准要求,学生具有安全快乐的学习生活环境,满足学生健康成长的教育教学需要。实现教育结构与质量更好满足经济社会和人民发展需求,教育结构体系更加合理完善,人才培养规模、结构与质量更好满足国家现代化建设需求,每位学习者能获得满足多样化个性化需求的资源服务,人人能为国家发展、人生出彩而学有所用。

(三)"十四五"时期教育现代化建设基本思路

1. 聚焦短板,精准施策

根据优先补齐教育发展短板、抬升底部的资源配置原则,建立健全政府统筹教育资源精准选择、重点投入导向的资源配置调控机制和相应的指导与保障机制,让各类教育资源投向发展的重点和最需要的地方。

2. 分区规划,分步推进

指导各地根据国家总体目标要求,立足区域发展基础,推进实施本地区教育现代化规划,落实本地实现目标的时间表和路线图。推动各地建立权威、高效的领导、统筹、协调、保障的机制,加快落实一地一案的目标任务,统筹引导东部省份先行实现教育现代化目标,中部地区实现特色发展、个性化推进,鼓励欠发达地区加快追赶,不断缩小与全国平均水平的差距,向更高层次教育现代化迈进。

3. 工程引领,带动发展

本着聚焦重点、带动全局的原则,瞄准影响教育现代化发展的若干重大方面,在各级各类教育发展牵一发而动全身的关键环节、影响全局发展的重点领域,整合资源,集中财力物力实施一系列重大工程项目。

4. 改革先行,鼓励创新

坚持改革创新作为教育现代化建设的根本动力。建立教育改革试验区制度,通过科学布局,精心谋划,先行实施分批改革探索、分类试点创新的政策,加快开展教育现代化的有关任务和项目的同步改革试点。充分发挥基层政府、学校的积极性和创造性,鼓励各地区大胆探索、勇于创新、加快突破,聚焦探索教育供给有效方式、优化供给结构、提高供给质量,率先破除影响教育现代化发展的体制机制障碍,多出经验、出好经验。

（四）"十四五"时期教育现代化建设政策建议

1. 建立教育现代化建设战略推进机制

——聚焦以战略抓手为核心的推进体系。为确保"十四五"时期教育现代化建设目标实现,将教育现代化建设评价指标体系及其运用,作为"十四五"时期推进教育改革发展的战略抓手,形成教育现代化建设推进机制。

——制定教育现代化建设的时间表路线图任务书。对照 2035 年目标、结合 2022 年战略任务,制定"十四五"时期教育现代化建设的量化目标与任务,分教育层次、分教育类型、分不同区域、分不同领域,提出全国及各地区各级各类教育改革发展任务及时间进程。

——形成监测基础上的教育现代化发展激励和问责机制。建立目标导向的监测—预警机制、可追溯的问责—改进机制、协同发展性的合作—激励机制。

——建立教育现代化建设工程项目进展评价机制。针对基础教育巩固提高、职业教育产教融合、高等教育内涵式发展、加强教师队伍建设、推进教育信息化以及学生营养改善计划、义务教育均衡发展等形成绩效评估及结果应用机制,对工程项目服务国家教育现代化建设的贡献程度作出判断,为后续调整优化提供决策依据。

2. 加大基础能力建设、优质资源供给,服务群众民生需求

——标准引领,以人为本,办好每一所学校。大力加强学校标准化建设,并通过逐步提高学校建设标准,有效减少、直至消灭办学条件不合格的学校,按标准消除各级教育大班额。全面改善中西部地区尤其是农村地区不达标的义务教育薄弱学校基本办学条件,确保每个孩子都能获得有质量的公共教育服务。加大智能化校园建设,强化信息技术应用,促进其与教育教学深度融合。

——坚持公益性和普惠性,扩大学前教育资源,着力提高保教质量。建成以公办园和普惠性民办园为主体的学前教育广覆盖的服务网络,切实解决"入园难""入园贵"问题。进一步加大政府对学前教育投入,加快提高学前教师队伍专业化培养和发展,配齐合格保育员保健医,健全保教投入机制、幼儿园教师队伍标准、准入制度等保障制度体系,让适龄幼儿享有高质量的学前教育。

——提高质量水平,发展公平优质的义务教育。加大省级政府统筹力度,优化教师资源配置,加大向农村倾斜,引导优秀校长和骨干教师到农村学校或城市薄弱学校任职任教。通过更有效的集团化、学区化办学模式和制度创新,积极扩大优质义务教育资源覆盖面。

——提升职业教育质量,完善校企合作办学,形成人人皆可成才、人人尽展其才的服务支撑体系。职业教育作为与经济社会联系最密切的教育类型,在推进实

现"中国梦"的进程中发挥着不可替代的重要作用。从造就一大批德能兼备的现代职业人出发,加快双师型教师队伍建设,打通学校与行业企业的人才流动渠道,让有专技的企业人才顺利走上讲台,政府出台明确政策给予编制和经费的支持。完善相关法规制度,明确各主体权责利,健全和落实企业参与激励机制与政策,提高企业参与职校办学的积极性。

——补齐短板,推动高中普及、质量提升。大力提高连片特困地区高中阶段教育普及程度,制订专项计划提高各类资源投入水平,扩大社会资源参与,使这些地区高中教育总体普及水平整体达到全国目前的平均水平。在高考试点地区,加快推进以综合素质评价为基础的评价制度改革,让教师精力集中到适应学生未来发展的综合素质、关键能力和创新素养培养上,积极提高专业发展素养、创新教学方式方法。

3. 加快教育与经济社会融合发展,提高服务能力

——创新产学研用一体化发展制度,实现跨领域有效合作。完善教育界与产业界合作育人机制,加快形成政府、行业、企业、学校为主体的和谐的"生态圈",建立健全产业企业共同参与、实现产教、科教融合发展、产学研用一体化培养技术技能人才的服务支撑体系。新建一批示范性的产学研用一体化的跨区域协同创新中心和新型职业教育集团。统筹各部门协同设计、制定适应便于相互职业岗位转换、专业资格认证和薪酬福利换算的人力资源管理制度。

——建立学科专业结构调整机制,服务经济产业新需求。引导和推动高等院校的专业设置以适度的"超前意识",根据区域经济发展、产业升级动态调整专业结构。统筹有关部门健全劳动力市场人才预测机制和学校学科专业动态调整、预警和退出机制。完善就业状况对专业设置和教育教学的反馈机制。

——全面提升高校创新服务能力。推动高校根据建设创新型国家的要求,在资源配置各领域各环节形成创新人才培养的全方位支撑保障体系,打造更多高层次创新型劳动者大军。引导鼓励高校加强基础科学和前沿技术研究,支撑国家、行业和区域创新体系建设,推进协同创新。

——建立跨区域的教育与人力资源发展合作联动的新机制。聚焦国家需求,建立以国家项目引导的、跨区域教育与人力资源合作推进新机制。

——对接国家战略重点领域供给高质量服务。做大做强参与国际产能深度合作、提升国家竞争力的相关专业。尤其在智能制造、物联网、生物医药、新材料、新能源、人工智能、航天工程、高端装备等战略新兴产业提供全方位人才和智力支撑。

4. 提升教育现代化治理能力,创新人才培养模式

——推进政府科学化管理。健全政府履行教育职责机制,加大行政监督和问责。加强各级政府之间和各个部门之间的协同治理机制。健全依法、科学、民主的

教育决策形成机制。完善教育法律法规执法体系,规范教育行政权力行使程序。

——建立科学的教育评价制度。基于以学生综合素质为核心的评价,聚焦学生关键能力和创新素养,完善学校自我评价制度,支持专业机构和社会组织规范参与评价,切实保证教育评价质量。

——健全人才培养综合推进机制。形成大中小立德树人一体化推进机制,健全学校、家庭、社会三位一体育人机制,形成强化美育、体育、劳动教育等新机制。

（课题组成员：张珏　王秀军　潘奇　李伟涛　公彦霏
　　李金钊　王中奎　王湖滨）

实施健康中国战略研究

国家卫生健康委卫生发展研究中心

人民健康是民族昌盛和国家富强的重要标志。党的十八大以来,以习近平同志为核心的党中央作出了"推进健康中国建设"的重大决策,这是以习近平同志为核心的党中央从长远发展和时代前沿出发,坚持和发展新时代中国特色社会主义的一项重要战略部署。本报告旨在从理论层面进一步深入剖析新时代健康中国战略的科学内涵和基本要求,立足当前我国健康领域发展实际,深刻把握"十四五"时期我国健康领域发展面临的国内外形势,借鉴国际健康战略实施经验,研究提出新时代科学有序推进健康中国战略的阶段性目标和实施路径,以及符合我国国情的健康中国战略实施模式与推进机制,为确保健康中国总体战略目标和重大任务有序推进、实现人民健康与经济社会协同高质量发展奠定坚实基础。

一、理论研究:实施健康中国战略的基本内涵与 要求

本报告从个人和家庭、国家和民族、全球和全人类三个维度,系统分析了健康的地位与作用,明确提出从个人和家庭看,健康是

人生命和幸福的基础,也是公民的基本权利。从国家和民族看,健康是社会生产力的基础,也是国家富强、民族振兴的基石和标志。从全球和全人类看,健康是国家软实力的重要组成部分,也是全球可持续发展的核心与动力。基于对健康的深刻理解和把握,参考"美丽中国""平安中国"的内涵,研究提出了"健康中国"的内涵,即要把健康放在更加突出的地位,融入经济建设、政治建设、文化建设、社会建设、生态文明建设等各方面和全过程,有效维护和促进全民健康。

在此基础上,提出健康中国战略是健康中国理念、思想和目标的理论化、制度化与政策化,是全面提高中华民族健康素质和水平、实现人民健康与经济社会协调高质量发展的国家战略,是实现"两个一百年"奋斗目标的核心内容和重要保障。从根本要求、基本策略和基本目标三个方面,研究阐释了健康中国战略的深刻内涵。为把握健康中国战略的思想内核和基本要义、凝练"十四五"时期实施健康中国战略的框架体系奠定了理论基础。

二、实践总结:健康战略实施国际经验与国内实践

从国际经验看,实施健康中长期战略规划是提高国民健康水平的有效途径。美国、日本、欧盟、爱尔兰、瑞士、俄罗斯、泰国等国家(地区)均对国民健康的长期发展战略进行了系统研究,制订和实施各自的国民健康规划。其主要经验可以归纳为:将国民健康作为国家战略的重要组成部分和提升国际竞争力的重大举措;以健康中长期规划统领一定时期内卫生与健康工作;以解决不同历史时期的主要健康问题为重点;重视广泛的健康影响因素;关注全人群、全生命周期的健康;政府主导、跨部门协作,社会各界广泛参与;以及实施将健康融入所有政策;等等。

从全球卫生健康改革发展趋势看,"人人享有健康"是世界各国在承诺保护和促进国民健康、增进人类福祉和经济与社会持续发展领域不懈追求的最终目标。从1851年第一次国际卫生会议的召开,到1948年世界卫生组织成立并通过《世界卫生组织组织法》确立"健康是一项基本人权",再到《国际卫生条例》《阿拉木图宣言》等一系列国际公约、宣言的签署,国际社会始终致力于维护全球公共卫生安全、促进全人类健康,这些都为今后一个时期我国健康中国战略实施提供了重要指引。

从国内推进健康中国战略实施看,全国卫生与健康大会召开以来,各地区积极贯彻落实党中央、国务院决策部署,大力推进健康中国建设。全国31个省(区、市)均召开省级卫生与健康大会,印发实施当地健康领域中长期发展规划(行动纲要)或实施意见(方案),并通过制定重点任务分工方案及相关配套文件、行动计划

等形式,对推进健康中国建设各项任务要求进行细化实化,在建立健全健康中国战略实施机制、协调推进机制、监测考核机制、推进健康城市健康乡村建设等方面开展了有益探索,形成了一大批典型经验。

三、战略基础:"十三五"时期推进健康中国建设进展与成效

"十三五"以来,在党中央、国务院坚强领导和各方共同努力下,我国国民健康水平不断提升,健康公平性持续改善,人均期望寿命逐年提升,城乡居民健康状况差距进一步缩小。人民健康水平总体上优于中高收入国家平均水平,为全面建成小康社会、推进健康中国建设奠定了重要基础。

(一)深化医药卫生体制改革取得重要阶段性成效,重点任务有序推进

分级诊疗制度正在形成。超过90%的地市开展分级诊疗试点。各地区域医疗联合体(简称"医联体")建设快速推进,基层医疗卫生服务体系建设不断加强,家庭医生签约服务不断完善,以此为抓手促进优质医疗资源共享、下沉,提升基层服务能力,推动形成"基层首诊、双向转诊、急慢分治、上下联动"的分级诊疗模式。

现代医院管理制度建设稳步推进。全国所有公立医院全面推开综合改革,全部取消药品加成(不含中药饮片)。落实政府办医责任,赋予公立医院经营管理自主权,建立以公益性为导向的考核评价机制。

全民医疗保障制度逐步健全。组建了国家医疗保障局,基本医疗保险制度进一步优化整合,全民医保体系不断完善,基本医保参保率稳定在95%以上。大病保险制度实现全覆盖。

药品供应保障制度日益完善。药品审评审批制度改革、公立医院药品采购"两票制"、药品和高值医用耗材阳光采购、短缺药品供应保障、仿制药质量和疗效一致性评价等改革举措有序推进,药品生产、流通、使用全链条得到提升和规范,初步形成新时期药品供应保障制度框架。

综合监管制度逐步形成。"十三五"以来,医疗卫生行业综合监管机制逐步形成,深化医药卫生领域"放、管、服"改革稳步推进,多元化综合监管体系不断完善,全行业综合监管持续强化,为实施健康中国战略、全方位全周期保障人民健康提供有力支撑。

相关领域改革持续统筹推进。人才培养机制逐步完善,住院医师规范化培训、全科医生和乡村医生等人才培养与医学教育工作不断推进。不断壮大全科医生队伍,改革创新全科医生使用激励机制,截至2017年底,我国培训合格的全科医生已

达 25.3 万人,每万人口拥有全科医生 1.82 人,较"十二五"末增长了近 1 倍。

(二) 医疗卫生服务体系不断完善,健康服务质量和水平明显提升

基本公共卫生服务均等化水平进一步提高,重大疾病防控成效明显。人均基本公共卫生服务经费从 2009 年的 15 元提高到 2018 年的 50 元,免费向全体城乡居民提供 14 大类国家基本公共卫生服务项目,基本覆盖居民生命全过程。多数疫苗可预防传染病发病率降至历史最低水平。摘掉了乙肝大国的帽子,被世界卫生组织誉为"发展中国家的典范"。

优质高效的医疗服务体系不断完善,服务质量和水平不断提升。医疗资源总量持续增长。2015—2017 年,每千人口医疗卫生机构床位数从 5.11 张增长到 5.72 张,每千人口执业(助理)医师数从 2.22 人增长到 2.44 人。2017 年 80% 以上的居民 15 分钟内能够到达最近的医疗点,居民就医方便度大幅提高。医疗服务水平持续改善。所有三级公立医院和 1000 余家社会办医疗机构参与医联体建设。

充分发挥中医药独特优势,中医药传承创新发展取得新进展。持续推进中医医疗服务体系建设。基层中医药服务能力显著提升,全国 98.2% 的社区卫生服务中心、96% 的乡镇卫生院、85.5% 的社区卫生服务站和 66.4% 的村卫生室能够提供中医药服务。健全完善中医药人才教育培养体系。

强化重点人群保障,推动健康服务覆盖生命全周期。保障妇幼健康,加大出生缺陷综合防治力度,建立完善生育全程基本医疗保健服务制度。提升老年人健康服务能力。开展老年常见病、慢性病的健康指导和综合干预,2017 年老年人健康管理率达到 67% 以上。保障贫困人口、流动人口、残疾人等重点群体健康。深入实施健康扶贫工程。

(三) 健康生活普及与健康促进持续推进,健康环境建设取得新进展

深入开展健康教育和健康促进活动,进一步提高全民身体素质。全国近 84% 的县区启动了全民健康生活方式行动"三减三健"专项行动。2017 年,中国居民健康素养水平提高到 14.1%。修订发布《中国居民膳食指南(2016)》等健康科普指南。

深入开展爱国卫生运动。着力改善城乡环境卫生面貌。全国累计命名国家卫生城市(区)337 个(创建比例达到 43.5%)。积极推进"厕所革命"。全面推进健康城市和健康村镇建设,确定首批 38 个健康城市试点市。

综合监督执法与食品药品安全监管力度不断加大。加强监督执法体系建设。卫生健康监督网络进一步健全,卫生健康监督逐渐向基层延伸。开展国家重点监督抽查工作,积极扎实有序推进"双随机、一公开"工作,2017 年实现了抽查范围和

抽查事项的全覆盖。

（四）多层次多样化健康服务不断拓展，健康产业加快发展

多元社会力量办医格局加快形成。截至 2017 年底，全国非公立医疗机构达 44.7 万个，占医疗机构总数的 45.31%，民营医院床位数占医院床位总数的 24.4%，门诊量、出院量分别占医院总量的 22.4%、17.4%，有 7.6 万名医师多点执业，其中到社会办医的占全国医师总数的 63.6%。减少医养结合机构审批繁文缛节，打造"无障碍"的审批环境。鼓励各地探索独立设置医疗机构，扩展了社会办医投资空间。

健康服务新业态不断涌现。医养结合、健康旅游、"互联网+医疗"等新业态、新模式发展势头强劲。分两批确定 90 个国家级医养结合试点单位。确定了首批 13 个健康旅游示范基地。组建健康医疗大数据产业联盟。

推进创新药品、国产设备发展应用。将国产设备纳入高性能设备重大专项支持范围。先后组织完成三个批次 20 个品目的优秀国产医疗设备的遴选工作，为医疗机构配备提供参考。利用卫生援外、国际卫生合作、"一带一路"建设等机会，加大宣传力度，助力国产新药、设备走向国际市场。

（五）健康中国战略实施的支撑保障机制逐步健全

健康人力资源建设取得新成效，人才队伍的规模与结构不断优化。健康人力资源总规模不断扩大。党的全国医师总数由 2015 年的 319.1 万人增长为 2017 年的 339 万人，注册护士由 2015 年的 350.7 万人增长为 2017 年的 380.4 万人。卫生技术人员学历结构不断优化，农村基层卫生人员队伍不断壮大。

健康科技创新体系进一步完善。深入组织实施"重大新药创制"和"艾滋病和病毒性肝炎等重大传染病防治"重大专项，加快突破制约新药研发的瓶颈关键技术和制定符合我国国情的重大传染病临床治疗方案。研究推动卫生与健康领域国家实验室建设。推动创新成果转移转化。推动基层医疗卫生适宜技术推广。

人口健康信息化建设明显加强。促进人口健康信息互通共享。完善数据信息基础，建立健全全员人口信息、电子健康档案、电子病历三大数据库。2017 年，国家平台实现与 32 个省级平台、44 家委属（管）医院的互联互通和数据报送，省市县平台联通全覆盖。全面实施"互联网+"健康医疗益民服务，提升健康信息服务能力。

通过对有关数据的系统整理分析，报告系统反映了"十三五"时期推进健康中国建设的主要目标指标完成情况：

——对照《"健康中国 2030"规划纲要》（简称《纲要》）设置的 5 个方面 13 项

主要指标,《纲要》确定的主要目标进展良好,部分指标已提前达到规划目标要求,大部分指标达到序时进度。其中,作为《中华人民共和国国民经济和社会发展第十三个五年规划纲要》主要指标之一的人均预期寿命,已由 2015 年的 76.34 岁提高到 2017 年的 76.7 岁,达到 2020 年序时进度要求。婴儿死亡率、5 岁以下儿童死亡率提前实现了 2020 年目标。孕产妇死亡率,因心脑血管疾病、癌症、慢性呼吸系统疾病和糖尿病导致的过早死亡率和个人卫生支出占卫生总费用的比重(该项为约束性指标)三项未达到序时进度。

——对照国务院印发的《"十三五"卫生与健康规划》,从主要发展指标进展情况看,7 大领域指标总体进展良好。婴儿死亡率、5 岁以下儿童死亡率、以乡(镇、街道)为单位适龄儿童免疫规划疫苗接种率、3 岁以下儿童系统管理率、孕前优生健康检查目标人群覆盖率、门诊处方抗菌药物使用率、出生人口性别比等指标提前实现 2020 年目标水平;大部分指标达到评估点序时进度要求(即 2017 年完成率高于 40%);孕产妇死亡率,因心脑血管疾病、癌症、慢性呼吸系统疾病和糖尿病导致的过早死亡率和个人卫生支出占卫生总费用的比重三项未达到序时进度,特别是作为约束性指标的孕产妇系统管理率在 2017 年甚至比 2015 年水平下降,需引起注意。从主要任务完成情况看,对照 14 项主要任务、12 个重大工程项目,从目前可获取数据的指标看,总体进展良好。妇女常见病定期筛查率、医护比 2 项指标未达到序时进度要求。

——对照国务院印发的《"十三五"深化医药卫生体制改革规划》确定的到 2017 年和 2020 年深化医改的主要目标,2017 年的主要目标基本实现。其中,仅试点城市公立医院药占比(不含中药饮片)(32.6%)、百元医疗收入(不含药品收入)中消耗的卫生材料费(29.2 元)距离 2017 年目标(30% 左右、20 元以下)仍有一定差距。到 2020 年的主要目标总体完成情况良好,部分指标已提前达到规划目标要求,大部分指标达到序时进度,各项重点任务稳步推进。

四、战略形势:"十四五"时期实施健康中国战略面临的内外部形势

健康中国战略着眼于未来推进健康中国建设重要战略机遇期较长时间跨度,具有长期性和广泛性。其战略实施过程面临着复杂多样的内部和外部环境。

——宏观环境

从宏观政策环境看,习近平新时代中国特色社会主义思想为实施健康中国战略提供了基本遵循。明确了人民健康优先发展的核心理念和基本要求;明确了全

方位、全周期维护人民健康的基本思路。

从宏观经济环境看,建设现代化经济体系对新时代实施健康中国战略提出新要求。经济发展进入新常态要求完善医疗卫生财政投入长效机制;打赢脱贫攻坚战对攻克健康扶贫"硬骨头"提出了新要求;培育发展新动能对加快健康产业发展提出了新要求。

从宏观社会环境看,人口形势和社会环境变化对实施健康中国战略提出新期盼。特别是人口结构变化、城镇化发展和流动人口健康形势给新时期维护和促进人民健康带来挑战。

从科技发展环境看,健康科学技术进步为实施健康中国战略提供了新动力。医药健康领域核心关键技术加速突破推动健康发展方式变革;信息技术和互联网跨界融合对健康需求与供给模式产生深刻影响。

——内部形势

从健康影响因素看,已大大超出了生物学的范畴,生活与行为方式、生态环境以及食品药品安全、职业伤害、饮用水安全等对人民群众健康的影响更加突出。"十四五"时期,随着经济社会发展宏观环境变化,维护和保障人民健康面临着多重健康影响因素交织的新形势。

从主要健康问题看,我国面临着疾病谱变化与多重疾病威胁并存的复杂状况,传染病、寄生虫病和地方病防控形势仍然严峻,新发传染病持续出现,慢性非传染性疾病日益成为主要健康威胁。

从重点人群健康看,健康问题覆盖生命全周期的各个阶段,未来在母婴健康、青少年健康、职业人群健康、老年人健康、临终人群健康等方面都面临着不同健康问题带来的多样化挑战。

五、战略重点:"十四五"时期实施健康中国战略需要解决的重点问题

(一) 新时期卫生健康领域发展面临的主要问题

新时期新形势下,党中央、国务院对卫生健康事业改革发展提出了新的更高要求,人民群众对健康服务有了新的更高期盼,亟待深入剖析卫生健康领域发展面临的问题与挑战。

——新形势下的"看病难"问题。

随着群众多层次、多样化、高品质健康服务需要日益增长,我国"看病难"问题

的实质,已由过去的难以有效便捷地获得医疗服务,转变为优质医疗服务资源总量不足、区域和层级分布不均衡、服务质量有待提高等突出问题。一是优质医疗资源总量不足、分布不均衡。执业(助理)医师数增长相较于入院人数、诊疗人数增长仍有较大差距;中西部和基层优质医疗资源薄弱;多层次多样化个性化健康服务需求缺口较大。二是基层服务能力薄弱。缺乏人才、技术、资金、管理等问题突出。三是医疗服务质量和均质化程度亟待提高。住院医师规范化培训保障机制有待进一步健全;医教协同体制机制有待完善。

——"看病贵"仍是群众反映强烈的问题。

从群众健康需求增长和国际比较看,我国"看病贵"问题仍不同程度存在,仍不能充分满足新时期卫生健康领域发展要求。一是政府医疗卫生投入水平和可持续性面临考验,特别是在宏观经济下行压力加大的背景下,亟待建立健全更加精细化、科学可持续的政府卫生投入机制。二是公立医院补偿机制尚不健全。公立医院经济运行压力增大,公立医院合理补偿机制仍需加快变革。三是医保筹资水平仍然偏低,筹资压力持续加大。四是群众异地就医负担沉重,一定程度上加剧了"看病贵"问题。异地就医过程中产生的交通、食宿、误工等成本给群众看病就医增加了额外负担。

——重点领域改革亟待加快推进。

一是公立医院科学合理的补偿机制亟待健全,尚未形成科学合理的医疗服务定价机制和以成本与收入结构变化为基础的服务价格动态调整机制。二是药品供应保障制度建设仍存在短板,药品、高值耗材价格虚高水分未充分挤压。三是医务人员积极性尚未充分调动。公立医院经营管理自主权仍待改革落实;人事编制、薪酬分配等改革有待深化。

——全方位全周期促进健康的社会环境有待优化。

一是社会公众健康素养有待提升。居民健康素养总体水平仍然偏低,健康生活行为方式教育引导体系不健全。二是将健康融入所有政策的部门分工协作机制亟待完善,多方协同参与的合力有待加强。三是服务模式"碎片化"问题仍然突出,难以有效应对慢性病高发挑战。

(二) 政策措施建议

"十四五"时期,实施健康中国战略面临的主要矛盾是人民日益增长的健康需要和健康领域不平衡不充分的发展之间的矛盾。这一主要矛盾是经济社会发展进入新的历史阶段后,我国社会主要矛盾的变化在健康领域的客观反映。"十四五"时期,实施健康中国战略要紧紧抓住主要矛盾,着力在几个方面取得突破。

——以健康促进和社会健康管理为主要手段,推动社会整体联动,努力解决

"少发病"的问题,全方位维护人民健康。要以新时期爱国卫生运动为抓手,以建立把健康融入所有政策的实施机制为保障,增强社区和个人的权能,使健康促进成为全社会的共识和自觉行动。

坚持"以人民健康为中心,政府主导,跨部门协作,全社会动员,预防为主,群防群控,依法科学治理,全民共建共享"的新时期爱国卫生运动的方针,广泛组织动员群众,更加注重预防为主和关口前移,更加注重全面的社会健康管理,更加注重健康影响评估评价,强化全民健康促进,强化重点人群健康维护,强化重大疾病综合防控,强化健康环境综合治理,强化健康中国基层基础,在全社会掀起关心、关注、参与健康中国建设的热潮,让习近平总书记提出的"每个人都是自己健康第一责任人"的理念深入人心,划牢"健康红线"。

——以优质高效的整合型医疗卫生服务体系为支撑,推动由以治病为中心向以健康为中心转变,着力解决"看病难"和"碎片化"的问题,全周期保障人民健康。

要加快推进卫生健康领域供给侧结构性改革,以医联体和家庭医生签约服务为抓手,以医保支付方式改革为杠杆,发挥人才队伍建设和信息化的支撑作用,加快建立以健康为中心的优质高效的整合型医疗卫生服务体系。在《全国医疗卫生服务体系规划纲要(2015—2020年)》基础上,制定整合型医疗卫生服务体系建设指导性文件,优化医疗卫生资源配置,以强基层、补短板、稳总量、提质量为主线,推动优质医疗卫生资源扩容,推动医疗服务质量全面提升,推动基层能力实质性提高,推动医疗服务模式转变,推动健康产业发展,使医疗服务"上下连成一条线、前后延伸形成链"。

——以基本医疗卫生制度为保障,继续深化"三医联动",着力解决长效机制问题,形成促进全民健康的制度体系。

紧紧围绕健康中国建设,坚持以问题为导向,继续深化医药卫生体制改革,建立更加成熟定型的基本医疗卫生制度,为实施好健康中国战略、全方位全周期地保障人民健康提供强大动力。突出抓重点、补短板、强弱项、稳成果,协同推进医疗、医保、医药联动改革,全面建立中国特色医疗保障制度,健全现代医院管理制度,健全药品供应保障制度,建立符合医疗卫生行业特点的人事薪酬制度,提高全系统的整体效能。

六、战略任务:"十四五"时期实施健康中国战略的总体部署 和重点任务

(一)"十四五"时期实施健康中国战略的总体思路

以习近平新时代中国特色社会主义思想为指导,全面贯彻党的十九大精神,按

照党中央、国务院决策部署,坚持以人民为中心,实施健康中国战略,坚持大卫生、大健康理念,坚持新时期卫生与健康工作方针,以提高人民健康水平为核心,以健康促进和社会健康管理为手段,以优质高效的整合型医疗卫生服务体系为支撑,以基本医疗卫生制度为保障,完善国民健康政策,推动全民共建共享,促进以疾病治疗为中心向以人民健康为中心转变,全方位、全周期维护人民健康,大幅提高健康水平,显著改善健康公平,助力全面建设社会主义现代化国家。

(二)"十四五"时期实施健康中国战略的主要目标

2025 年,全面建立中国特色基本医疗卫生制度、医疗保障制度和优质高效的医疗卫生服务体系,健全现代医院管理制度,全民健康素养水平显著提高,有效控制主要健康影响因素,控制重点传染病发病,逐步减缓心脑血管疾病、癌症、慢性呼吸系统疾病、糖尿病等重大慢性病发病率上升趋势,实现人人享有高质量的基本医疗卫生服务和基本体育健身服务,形成内涵丰富、结构合理的健康产业体系,主要健康指标接近高收入国家水平,人均预期寿命在 2020 年基础上继续提高 1 岁,健康预期寿命与预期寿命的差距在现有基础上进一步缩小。

(三)"十四五"时期实施健康中国战略的主要任务

一是强化健康促进和社会健康管理,全方位维护人民健康。重点要加强全民健康促进;强化重点人群全生命周期健康维护;强化突发公共卫生事件监测预警与重点疾病综合防控;强化健康环境综合治理;强化健康中国基层基础。二是建立优质高效的整合型医疗卫生服务体系,全周期保障人民健康。重点包括推动优质医疗卫生资源扩容;推动医疗服务质量全面提升;推动基层能力实质性提高;推动医疗卫生服务模式转变,强化医防协同;推动健康产业发展;加强医疗卫生人才队伍和健康信息化建设。三是巩固完善基本医疗卫生制度,形成促进全民健康的制度体系。重点抓好深化医改五项制度建设,完善分级诊疗制度;全面推进现代公立医院管理制度建设;筑牢全民健康广覆盖可持续保障网底;建立规范有序的药品供应保障制度;建立权威高效的新时期综合监管制度。

(课题组成员: 张毓辉 王秀峰 王昊 王荣荣 翟铁民)

"十四五"时期建立健全稳定
公平的医疗保障制度研究

国家卫生健康委卫生发展研究中心

作为世界上最大的医疗保障安全网,我国的基本医疗保险制度通过分担疾病经济风险来防止因病致贫(返贫)的发生、促进社会公平,通过服务购买引导卫生资源的合理配置和有效利用,在健康中国建设中发挥着极为重要的作用。当前,我国已经进入全面建成小康社会、全面建设社会主义现代化国家的新阶段,医疗保障制度发展的外在条件深刻变化,进一步发展面临新的机遇和挑战。在新的历史起点上,总结"十三五"时期医疗保障制度建设取得的成就,分析当前各层次医疗保障制度的发展现状、面临问题及形势与挑战,对于在"十四五"时期建立健全稳定公平的医疗保障制度具有重要意义。

一、"十三五"时期医疗保障制度取得的主要成就

回顾既往,从1994年国务院启动"两江医改"拉开医疗保障制度改革大幕以来,经过20多年的探索,我国已将传统的劳保医疗、公费医疗与农村合作医疗制度变成了历史,完成了由旧有企业(单位)保障、覆盖部分人群的制度模式向现代社会医疗保险为主体、

以政府负责的医疗救助和市场提供的商业健康保险等为辅,覆盖全民的多层次医疗保障制度体系的转型。结合我国城乡差异的实际情况,我国目前已经形成了"两纵三横"的医疗保障制度格局,"两纵"即城镇职工基本医疗保险与城乡居民基本医疗保险,"三横"即基本医疗保险、商业健康保险和医疗救助。党的十八大以来,医疗保障体系建设攻坚克难,在一些关键领域和环节取得了突破性改革进展。我国医疗保障制度体系建设成就显著,被国际社会保障协会(ISSA)称为"举世无双的杰出成就";世界顶级医学期刊《柳叶刀》刊文称,"中国医疗保险的发展令人瞩目,为其他类似发展情况的国家提供了有益的借鉴"。

"十三五"时期,我国医疗保障制度体系实现了从"搭建制度框架"向"提升制度品质"的转变,在制度建设的各个方面都取得了一定成就。

(一) 覆盖全民的多层次医疗保障制度体系基本形成并不断健全

我国已搭建起以医疗保险和医疗救助为基本主体的医疗保障制度框架,初步完成了《"健康中国2030"规划纲要》所提出的健全多层次医疗保障体系的要求。其中,医疗保险以基本医疗保险(包括职工医保和城乡居民医保)为基础,为职工建立了职工互助保险和职工大额医疗补助等各种类型的补充医疗保险,为城乡居民建立了大病保险,商业健康保险也成为两大群体的重要风险分担制度。2016—2020年,全口径基本医疗保险参保率稳定在95%以上,完成了《中华人民共和国国民经济和社会发展第十三个五年规划纲要》(简称《"十三五"经济社会规划纲要》)以及《"十三五"深化医药卫生体制改革规划》提出的"基本医保参保率稳定在95%以上"的要求,实现了基本医疗保险、大病保障和医疗救助应保尽保的目标。此外,城乡居民大病保险、职工补充保险、商业健康保险与医疗救助共同构成重特大疾病保障网,在"进一步健全重特大疾病医疗保障机制"方面进行了积极探索。

(二) 基本医疗保险筹资和待遇机制逐步完善

"十三五"期间,《"健康中国2030"规划纲要》所要求的"均衡单位和个人缴费负担"和《"十三五"经济社会规划纲要》所要求的"完善医保缴费参保政策"的要求得到贯彻落实,基本医疗保险筹资水平不断提高,相关主体的缴费负担结构逐步优化。职工医疗保险缴费率略有下降,单位和个人之间的分担比例有所优化,从3.57∶1下降到3.55∶1;部分地市已着手探索城乡居民医保个人缴费标准与居民可支配收入相挂钩的动态筹资机制。基本医疗保障通过扩大用药范围、就医范围,以及向贫困人口倾斜等措施提高待遇水平,基本接近《"十三五"卫生与健康规划》提出的"到2020年,政策范围内住院费用基本医保支付比例达到75%左右,个人卫生支出占卫生总费用的比重达到 28% 左右"的目标,其中 2019 年度贫困人口实际报销比例超过 89%。各地积极探索优化个人账户,统账结合机制不断完善。2015—2017 年间,全国个人账户划拨比例占职工医保基金收入的比重逐年下降。17 个省市中,有 106 个地级市建立了职工门诊统筹制度,101 个地级市职工医保个人账户可用于家属参保缴费。同时,很多统筹地区还扩大了个人账户的支付范围。

（三）基本医疗保险制度整合有序推进

《"健康中国 2030"规划纲要》和《"十三五"经济社会规划纲要》提出的"整合城乡居民基本医保制度和经办管理"的要求得到快速执行。除西藏外,全国 31 个省(区、市)均已出台文件对本省(区、市)全面推进整合制度工作作出了规划部署;部分地区在整合城乡居民基本医保的基础上,进一步探索整合职工医保和城乡居民医保。

（四）支付方式改革不断深化

"十三五"期间,得益于医保基金规模的快速扩大、信息系统的完善,支付方式改革逐步深化并快速推进。基于医保基金预算管理,适应不同人群、不同疾病或不同服务特点的总额预算管理下的多元复合式支付方式基本建立。截至 2020 年,30 个城市开展疾病诊断相关分组(DRG)付费国家试点工作,71 个城市开展区域点数法总额预算和 DIP 付费试点工作。《"健康中国 2030"规划纲要》和《"十三五"深化医药卫生体制改革规划》所倡导的复合式付费方式在各地得到广泛推进。

（五）医疗保障经办管理服务能力不断提升

一是参保人就医结算更加便捷。《"十三五"深化医药卫生体制改革规划》等所要求的"加快建立异地就医结算机制"得到有力执行。截至 2020 年底,住院费用跨省直接结算定点医疗机构达到 4.44 万家,比 2019 年底增加 1.68 万家,增长 60.87%。国家平台累计直接结算 724.83 万人次,涉及医疗总费用 1759 亿元,其中医保基金支付 1038.43 亿元。门诊费用直接结算试点工作稳步推进,国家异地就医平台正在向实现门诊待遇的全国平台实时结算努力。京津冀、长三角和西南 5 省(区、市)等 12 个先行试点省份开通联网定点医疗机构 1.02 万家,联网定点药店 1.18 万家,门诊费用跨省累计直接结算 302 万人次,涉及医疗总费用 7.46 亿元,其中医保基金支付 4.29 亿元。

二是医疗服务监督管理能力不断增强。医保总额控制和智能监控全面实施,基金风险防控能力有效提高。部分省市还探索建立了专门的医保监督执法机构和队伍。

三是医保药品谈判机制和集中带量采购机制初具雏形。2020年,国家组织开展第二批、第三批药品集中带量采购,共覆盖87个品种,中选产品平均降价53%;开展冠脉支架集中带量采购,中选价格从均价1.3万元左右下降至700元左右。同时,各省普遍以独立或联盟方式开展药品、医用耗材集中带量采购,涉及229种药品、19类医用耗材。

四是"社商合作"机制不断完善。《"健康中国2030"规划纲要》和《"十三五"经济社会规划纲要》所提倡的"引入社会力量""鼓励商业保险机构参与医保经办"的思路得到落实。

(六) 全民医疗保障体系的社会经济效益凸显

除了发挥医疗保障制度的医疗费用保障作用外,医疗保障制度还有效支持了我国的社会经济改革发展。一是配合支持了国有企业改革和经济转型,对我国经济社会体制改革有历史性贡献,维系了社会稳定。二是在医改中的基础性作用逐步发挥,有力地支持了医疗卫生事业发展,遏制了医疗费用的不合理过快增长,有效缓解了"看病贵""看病难"的问题,维护了人民健康。三是增强国民安全感,支持健康产业发展,拉动就业和社会消费。

二、当前我国各层次医疗保障制度发展存在的问题

一是基本医保筹资与待遇机制尚需完善。目前,中国存在大量流动人口与非正规就业人口,对医疗保险全民覆盖构成巨大挑战。同时,基本医保筹资及待遇水平在制度之间、地区之间的差距较大。基本医保住院待遇与门诊待遇失衡,存在"门诊转住院"从而推高医疗费用的情况。职工医保个人账户缺乏效率,各地结构性改革力度不足。

二是打包付费支付方式激励作用有限。各地在支付方式改革中较为注重总额控制的作用,按人头付费、按病种付费等精细化的微观支付机制占基金支出数额的比重不高,支付方式改革效果未能充分体现出来。支付方式改革以费用控制为主要目标,对服务质量的监管相对重视不足。同时,医院人事薪酬和绩效评价等制度的配套改革尚需加强,在一定程度上制约了支付方式改革效果的发挥。

三是基本医疗保险制度整合后的管理难度大。城乡居民医疗保险整合后,减少了重复参保,筹资总额随之减少,补偿政策和医保目录就高不就低,以及定点机构范围扩展可能导致的就医流向上移则增加了医疗保险基金支出,使整合后的城乡居民医保制度在基金安全方面面临挑战。制度整合后,大量基层医疗卫生机构

（尤其是村卫生室）的加入使得医保制度对医疗服务的监管难度加大。由于城乡居民医保缴费水平远低于城镇职工医保，未来整合职工医保与城乡居民医保难度较大。

四是重特大疾病保障覆盖面窄，保障力度不足。我国重特大疾病保障制度多，但是总体保障水平相对较低。同时，各地医疗保障倾斜政策侧重于贫困地区和农村贫困人口，对非贫困地区的贫困户及城市困难群体的保障相对不足，对于非贫困人群的因病致贫问题也缺乏有力的预防和保障机制。

五是商业健康保险精细化发展不足。商业健康保险与政府医疗保障制度间的协同性较弱。商业保险机构主要负责承办城乡居民大病保险，对基本医疗保险经办参与不足，商业保险机构自身的专业能力和信誉度也有待提高。

三、经济社会形势变化对当前中国医疗保障制度发展提出的挑战

党的十九大以来，我国对社会矛盾有了新的认识和界定，即人民日益增长的美好生活需要和不平衡不充分的发展之间的矛盾。在此基础上，健康中国战略的提出使医疗保障的目标不再局限于分散疾病经济风险，而是保障全人群的健康，医疗保险对医疗服务体系的影响作用越来越显著，医疗保障在整个社会治理中的重要性凸显。同时，我国将在一个较长的时期内面对人口老龄化（包括高龄化）、人口流动、非正规就业等给社会服务、医疗保障、医疗服务带来的挑战。经济新常态下，政府和企业将面临增收和新旧经济发展动能转变的压力，也将遇到技术进步与革新的重要机遇。因此，医疗保障制度建设需要审时度势，分析当前和未来的发展形势与挑战，将当前问题与未来目标结合起来，以便更好地迈向稳定公平的制度建设目标，在健康中国建设中发挥更大作用。

（一）社会主要矛盾的转化及其衍生的挑战

在医疗保障领域，社会的主要矛盾体现为医疗保障筹资和待遇在地区之间、人群之间、就业状态和基金状态之间的不平衡、不充分。

一方面，医疗保障的不平衡源于分灶吃饭的财政体制和按人群、地区统筹，分步推进全民医保的路径，过渡性政策没有及时转换以适应新形势。另一方面，医疗保障的不充分尤其体现为低收入人群在就医可及性和医疗保障待遇上的不充足。在国民的健康诉求日益丰富和提高的总体趋势下，医疗保障的不平衡、不充分对完善多层次医疗保障制度提出更高要求。

（二）健康中国战略和医改发展新形势及其衍生的挑战

健康中国战略是习近平总书记关于卫生与健康事业的新理念、新思想、新战略，它以人的全生命周期健康保护和促进为中心，将人民健康与经济社会协调发展视为重要任务，决定了现有的医疗保障制度的功能应向"健康保障"延伸。国家医疗保障局的成立是统筹推进医疗、医保、医药"三医联动"改革的重要举措。作为整合两万多亿医保基金购买能力的单一购买人，将有利于推动医疗保障实现"战略购买"，推动现有医疗服务体系向有价值的、以国民健康结果为导向的整合型医疗卫生服务体系转变。

当前在发挥医疗保障战略购买功能方面还存在一系列困难和挑战。一是作为履行购买者责任的具体机构，医保经办机构管理能力建设遇到体制和机制障碍。二是医保支付方式改革效果有效发挥尚存在部分障碍，关键在于尚未实现医疗机构与医务人员的"激励相容"。三是药品目录准入和药品管理有待进一步完善，急需理顺政府机制和市场机制、基本医保目录和基本药物目录、招标采购和医保支付之间的关系。四是整合型医疗卫生服务体系尚未形成，既需要医保经济激励，也需要医疗服务体系改革的持续推进。

（三）宏观人口形势及其衍生的挑战

首先，我国正进入高速老龄化、高龄化、少子化的历史阶段，其直接的挑战是老年人在医疗、康复和护理方面的"刚性需求"。其次，我国居民慢性病死亡人数占总死亡人数的比例高达86.6%，造成的疾病负担已占总疾病负担的70%，成为影响国家经济社会发展的重大公共卫生问题。最后，城镇化、外地务工或就医、就学等原因导致的人口流动和迁移，在新时期已经成为我国宏观人口不可忽视的一种生存状态。

宏观人口形势的变迁影响着当下医疗保障制度的效果，也给医疗保障制度的可持续发展带来长期性的挑战。一是医疗保障制度的筹资能力和可供用于保障的基金规模受到限制，尤其在退休人群不缴费和更高个人账户划入比例的情况下，职工医保的统筹基金支撑能力日益削弱。二是医疗保障的支付需求不断增加。三是伴随人口流动和迁移的普遍化，异地就医和异地照料的问题与压力逐步凸显。

（四）经济新常态和动能转换及其衍生的挑战

目前，由于经济新常态、中美贸易摩擦等原因，宏观经济形势日益紧张，企业经营压力大。

一是部分行业特别是传统劳动密集型行业呈现区域集中性的经营困难，区域性缴费能力下降,部分地区财政日益紧张,医保制度增收日益困难,筹资能力降低。

二是新常态下就业方式日益非正规化,劳动关系和就业状态日益模糊,基于雇佣关系和单位的传统医保管理模式需要随之转变,也需要调整当前职工医保和居民医保之间的筹资与待遇倒挂的关系。

三是新旧经济发展动能转化,以劳动密集型为主的旧动能企业就业人员将逐步转换就业,对职工医保和居民医保之间的参保身份转换提出了新的要求。

四是新动能带来的技术进步,特别是"互联网+"、大数据、物联网等将为传统的医疗服务和医疗保险服务模式、管理模式提供变革的机遇,同时也对管理经办体制的完善和相关人员能力的提升提出挑战。

五是在医疗服务领域呈现局部供给过剩的前提下,逐利性的社会资本进入医疗服务领域会增加医保基金的隐患。医保监管队伍和机制有待完善,缺乏专职监管机构和队伍,监管机制上尚未实现民众的主动参与,也未能实现全科与专科医生间、不同医疗机构间、同一医疗机构不同专业间相互监督的机制。

四 、完善医疗保障制度的改革建议

我国的医疗保障制度建设已经取得显著成就,但在新时期经济社会发展的新形势下,医疗保障制度仍有很大的完善空间,需要顺应经济社会发展趋势,通过不断完善体制机制来应对长远挑战。

(一) 完善基本医保筹资和待遇调整机制,实现基本医疗保障制度深度融合

利用大数据技术实现基本医疗保障全民覆盖。基于公平、公正、可持续的原则,逐步探索以家庭收入为单位缴纳基本医疗保险费,建立基本医保稳定可持续的筹资调整机制。优化基本医疗保障待遇机制,落实医疗保障待遇清单制度,完善门诊统筹补偿政策、提高门诊补偿待遇,提高基本医疗保险住院起付线并取消封顶线。探索解决支出型贫困问题,即非贫困家庭的因病致贫问题。未来,积极探索推进基本医保领域的三保合一,并加强基本医疗保险与大病保险、医疗保险和医疗救助保障的衔接和深度融合。

(二) 引入医疗保险风险调整机制

医疗保险风险调整机制可以有效实现社会公平,促进医疗资源合理配置。风险调整机制的核心是钱跟着风险(即参保人)走,即按照参保人的需求分配资金,

人在哪里,资金分配到哪里。

(三) 完善重特大疾病保障制度并拓展至面向全民

制定面向普通人群的重特大疾病保障制度,逐步强化分级诊疗并提高三级医院报销比例,探索实行基于家庭收入的个人自付封顶机制。

(四) 强化医疗保险支付方式的制约和引导作用

一是引入多方力量,建立医疗保险支付方式协商委员会,发挥医疗服务供方团体在支付方式中的作用,鼓励各地建立"医疗机构—专家学者—医保机构"三方参与的协商谈判机制。二是以医疗保险支付标准推动医疗服务价格改革,加强医疗服务质量监管和实现医疗质量信息公开。三是将短期措施和长期调整结合起来,基于各地试点作长期监测和调整,支持支付方式改革实现引导建立整合型医疗卫生服务体系的功能。

(五) 建立现代医疗保障治理体系

充分发挥国家医疗保障局在"三医联动"中的关键作用。建立独立的医疗保障经办机构,赋予其行政执法权力,提高其经办能力,从而形成完善、强有力的管理经办服务体系。在医保管理机构下设相关专家委员会作为"智囊团"。比如,可以考虑成立基本医疗保障专家委员会、费率调整委员会和待遇调整委员会等,充分发挥专家作用,听取利益相关者的意见,遵循公开、公正、全面的原则,努力实现各方诉求的均衡。

(六) 推进战略购买和价值医保

首先,将医保对药品战略购买的机制从部分药品扩展至所有医保药品,逐步实现从支付参保患者已消费服务向支付对参保患者健康有益服务的转型,实现以价值为导向的战略性购买,即价值医保。同时,完善药品支付价格形成机制,在以市场化形成的价格机制为主的情况下,实现市场价格产生机制与政府机制的有机结合。

其次,依据外部环境变化择机推动经办管理服务的社会化改革。公立医院真正落实法人化后,按"有管理的竞争"理论完善经办市场和医疗市场,允许经办机构从医保基金中提取管理费用,同时打破地域限制、允许参保人自由选择经办机构,建立"钱随人走"的竞争机制,逐步实现经办管理服务市场的社会化。

最后,完善和理顺相关法律体系,为医疗保障经办管理和监督创造平等、有法可依的法制环境。实现医保监管与其他部门监管的有效衔接,并建立顺畅的与公安联动的机制;推动技术手段创新,更多地依托大数据和智能审核、监管系统进行监管;同步推动适应医保法律责任明确的相关研究。

(七) 完善医疗保险信息系统和数据使用规则,实现数据的互联、互通、互识和有序使用

当前,医保管理已转变为以信息系统为核心的信息化、标准化管理模式,但部分地区尚未实现与医疗机构之间数据的顺畅联通,无法即时掌握医疗机构的数据,无从了解医疗机构的真实行为。因此,提出以下建议。

第一,由国家医疗保障局建立全国标准化信息平台,统一全国底层信息标准(包括医院端),构建从中央到乡村的垂直一体化、标准化的信息网络,依托信息平台提供决策支持、智能审核、支撑国家专家组工作等诸多功能。

第二,在实现各地数据向省级和国家级平台归集的前提下,完善相应的医保数据使用规则,在保障信息安全和参保人隐私的基础上,依据相应规则为研究机构和研究人员开展科研工作提供必要的信息,为参与经办的商业保险机构等委托经办机构提供必需的数据,真正发挥医保大数据的价值。

建议以统一数据底层标准,特别是各种临床数据标准,并建设顺畅的自上而下的数据通路,以出台相应的数据使用方法为核心,将医保数据逐步开放供各方研究分析使用,从而更精细化地支持医保管理。

(八) 以支付方式改革等管理手段为依托,推动医疗服务体系的优化

以医保支付方式改革为契机推动医疗服务体系优化,是医疗保险战略购买的重要内容,但其效果的显现具有一定的长期性和滞后性。因此,支付方式改革既是当下提升医保管理精细度的亟须手段,也是未来需要长期坚持的发展路径,是我国医疗保障制度走向完善所必须坚持的长期任务。

具体而言,在推动异地就医有序化方面,可以在完善异地就医系统信息通路、实现全国数据底层编码统一的前提下,引入支付方式改革,从而确定异地就医患者的资源消耗程度,提升管理水平。在推动本地就医有序化方面,可以引入按人头付费,同时设置“结余留用”和绩效考核机制,激励基层医生提高服务质量,将更多患者留在基层;同时,鼓励全科医生与患者建立更加紧密的朋友式关系。在控制床位规模方面,可以引入以医保支付激励为主、行政命令为辅的方式,控制医疗资源富集区域高等级医院的床位规模。在推动医生薪酬体系改革方面,将总额控制下的多种打包付费与医疗机构人事制度改革相结合,切断医生的灰色收入通道,强化对医生的正向激励,使医保激励机制传递到对医生行为的影响,实现“激励相容”。

从长期来看,还需要探索推动和引导建立全科医学与专科医学分立的医疗服

务市场结构。扶持基层全科医学服务市场建设,真正从计划经济时期的层级制专科医疗服务体系转变为全科医学和专科医学服务市场之间有序竞争、分工协作、相互牵制的状态。为医保通过经济激励方式引导资源配置和进行协商谈判提供基础条件。

(九) 多措并举应对慢性病的挑战

第一,以全科医生为核心,实行多劳多得、优劳优得的薪酬体系,引导主动服务,增进医患之间的亲近度,使其成为"患者的朋友",引导患者到基层就医,并将优秀的全科医生留在基层。建立现代的保障参保人健康的"守门人"制度,而非约束参保人就医自主权的逐级转诊机制。"守门人"机制,一方面内含参保人"以脚投票、钱随人走"的自由选择机制,鼓励医疗机构提高运行效率和效果;另一方面,又在全科医学和专科医学服务市场中间嵌入了一个转诊许可机制,防止对专科医学服务和住院的滥用。同时,全科医生和专科医生之间呈现相互监督、相互制约的机制。

第二,在支付方式中引入"结余留用"和按绩效分配结余的机制,从考核健康结果、分享结余入手,引导全科医生和高等级医疗机构注重健康导向、减少医疗资源的浪费。逐步向完全持资的全科医生(Hold-fungding GP)模式转变。以完善门诊统筹制度为契机,推动信息系统和信息通路建设,关联基层医疗机构内部各系统,整合和统一内部各类标准,积累数据、提高数据质量,逐步完善门诊领域支付改革。同步建立向各部门、各医疗机构和民众公开数据的信息平台,引导公众监督和方便民众选择医疗机构,进而进一步鼓励竞争。

第三,建立整合型医疗卫生服务体系,推进"医防融合"的慢性病管理体系。通过政府引导,构建起"医院—社区"慢性病一体化管理模式,以医疗保险支付激励为杠杆、全科医生为核心、分级诊疗为手段,推进不同层级医疗机构之间的纵向与横向整合,从而提升整个医疗体系的运行效率。

(课题组成员:顾雪非　赵东辉　徐楠　李婷婷　李珍　王超群　郑清文)

应对人口老龄化研究

中国人民大学社会与人口学院

中国人民大学社会与人口学院

人口老龄化是改革开放 40 多年来,中国经济社会快速发展、公共卫生条件不断改善带来的伟大成就。人口老龄化指的是年轻人口规模缩小、老年人口规模扩大,老年人口在总人口中占比逐渐增多的动态过程。生育率与死亡率的双降,是中国人口快速转变的直接动因。人口老龄化是一个持续且不可逆转的过程,时至今日,人口老龄化已成为一种全球普遍性现象,中国也未能例外,自 21 世纪初进入老龄化社会以来,中国人口老龄化的发展态势便十分迅猛,已成为中国基本国情。党的十九大报告提出,从 2020 年到 2035 年,在全面建成小康社会的基础上,再奋斗 15 年,到本世纪中叶基本实现社会主义现代化;"两阶段、两步走"战略部署周期,正是中国人口老龄化进程最快和达到鼎盛之时。

老年人口占比及规模的快速增长,对经济社会发展而言是一把"双刃剑"。一方面,人口年龄结构老化对经济社会发展的负面影响显而易见:人口老龄化程度的加深会抑制储蓄率的提高,降低劳动生产率,抑制消费需求,且伴随医疗保障、护理服务需求的增长。已有研究也表明,人口老龄化与经济增长的关系呈现倒"U"型模式,长期而言对经济增长产生消极影响。但另一方面,中国老龄化水平的区域差异,有助于统筹配置资源、分散风险,可以延长人口红利窗口期,此外,老年人口规模的扩大带来医疗、照护等服

务需求的激增,也会推动相关行业的快速发展。

总之,老龄社会机遇与挑战并存。人口老龄化问题本质上是发展问题:它既是经济社会发展的必然结果,其快速发展必然又会对经济社会发展带来挑战。为妥善应对和有效解决人口老龄化带来的问题和挑战,在发展中补齐民生短板,实现老有所养和弱有所扶,必须准确认识与科学研判当前和未来一段时间内人口老龄化特征,全面评估人口老龄化带来的全程性和全局性后果,并在此基础上提出对策思考与建议。本报告将利用全国人口普查、1%人口抽样调查和中国老年社会追踪调查等全国性、大规模权威数据对此进行探讨。

一、中国人口老龄化形势的基本判断

(一) 人口老龄化总体情况

本报告主要采用的人口老龄化的测度指标为 65 岁及以上人口在总人口中的占比超过 7%。总体而言,中国老龄化发展进程正处于高潮期,老龄人口基数大,增速快,高龄化、空巢化、失能化趋势明显,罹患慢性病的老年人口也不断增多。

一是老年人口总量及其占比持续上涨。中国正处于快速老龄化阶段,老年人口规模及其所占比例不断上升,无论是老龄化程度还是速度,均已属世界前列。中国人口老龄化的发展可以分为 3 个阶段。第一阶段是从 1953—1964 年,中国当时处于死亡率变动主导型的人口转变阶段,因 1959—1961 年间的自然灾害等导致死亡率非正常波动,65 岁及以上老年人口占比从 4.4% 下降到 3.6%,老年人口规模下降 96 万人。第二阶段是从 1964—2000 年,65 岁及以上老年人口占比与规模开始逐渐上升,由 3.6% 增至 6.96%,是进入老龄化社会的前期阶段。第三阶段是从 2001 年至今,65 岁及以上老年人口规模及占比快速上升,从 9062 万人增至 15831 万人,占比从 7.1% 增至 11.4%,是进入老龄化社会后的加速发展阶段。

二是老龄化发展速度在波动中加快。1990—2000 年间,中国的人口转变进入生育主导阶段。自 1991 年开始,中国生育率在低位的基础上继续缓慢下降,生育率与死亡率之间的差距越来越小,人口增长速度减缓,老年人口数量增长与老龄化程度加深齐头并进。

三是人口年龄结构呈现高龄化。随老龄化不断纵深发展,老年人口的年龄结构也在发生变化,高龄老人在总人口以及老年群体中的占比都明显上升,高龄化态势凸显。

四是带病生存老人增多。国家卫健委发布的《国家卫生服务调查分析报告》

数据显示,2013 年,老年人慢性病患病率高达 40.9%,其中有 33.6% 的老年人患有一种慢性病,患有两种慢性病的老年人占比 11.9%,患有 3 种及以上慢性病的老年人占比 4.3%。不同年龄组老年人的慢性病患病率有所不同:老年人慢性病患病率的峰值出现在 80—84 岁年龄段,为 86.4%;谷值出现在 60—64 岁年龄段,为 59.5%,患病率与年龄之间呈现出倒"U"型关系。

五是失能老人规模庞大。随着平均预期寿命的延长,老年人也将有更长的失能期。尽管不同研究参照的口径与标准有所不同,但已有研究均表明中国失能人口规模正在逐渐扩大。1994—2004 年间,生活不能自理的老人占比由 7.5% 上升至 8.9%,其中高龄老人(80 岁以上)从 33.7% 上升至 35.3%,增速最快。失能老人疾病负担更重、医疗以及各项服务支出也更大,给个人、家庭和社会养老资源构成严峻的挑战。

(二) 人口老龄化空间特征

人口老龄化已成为中国一个全域的普遍性现象,除西藏外,大部分省(区、市)均已迈入老龄化社会。中国经济社会发展区域差异明显,人口老龄化发展也有同有异。

一是老年人口数量省际同步增长。1987—2017 年间,各省(区、市)65 岁及以上老年人口规模均出现不同程度的增加。具体而言,老年人口规模排在后三位的始终是西藏、青海、宁夏,且这三省的 65 岁及以上老年人口规模均随时间推移而不断增加;排在前三位的省份则随时间不断发生变动,2000—2005 年,排在前两位的一直是山东省、四川省,从 2005 年开始,河南省由第三位降至第四位,江苏省则升至第三位,从 2015 年开始,山东、四川、江苏三省的老年人口规模均已超千万。

二是老龄化水平省际差异明显。中国人口老龄化的区域差异显著:人口老龄化呈现高—高分布由东部向中西部集聚,高—低分布与低—高分布向东南部及西部部分地区集聚的态势。就老年人口规模而言,极大值与极小值之间的差值随时间推移而线性增长,从 564 万人扩大到 1295 万人,可见,省际间的老年人口规模差异明显。

三是农村老龄化形势更为严峻。人口老龄化的城乡倒置并非中国独有的现象,而是一种必然的老龄化过程,欧美国家老龄化的空间分布也是如此,在社会经济发展水平发展到一定程度,城镇化水平进一步提高时,老年人口主要集聚于市区及特定区域。在 1982—2016 年间,农村地区 65 岁及以上老年人口比例由 5.0% 升至 2016 年的 12.53%,城镇地区的老龄化水平由 4.5% 增至 9.6%,两者增值相差 2.43 个百分点。

（三）人口老龄化性别差异

一般而言,女性的平均预期寿命要高于男性的,女性老年人口的增量与增速都会快于男性老年人口的增量与增速,故女性群体的老龄化程度会更深。而传统性别文化的规制导致女性在社会生活的诸多方面备受歧视。在生命历程中的劣势不断累积,会导致女性老人的晚年生活环境更加恶劣,因此,必须重点关注女性老年群体。

一是不同性别的老年人占比差距扩大。纵向来看,老龄化和高龄化存在明显的女性化特征。1982—2017 年间,65 岁及以上男性与女性老人的占比趋势一致,都在波动中上涨,但女性老人的比例始终高于男性的。具体而言,1982—2010 年间,中国的女性老人的占比高出男性的约 1 个百分点,2010 年后,该差值持续扩大;2017 年,女性老人的占比高出男性老人的 1.65 个百分点。

二是老年人口性别比随着年龄升高而不断下降。总体上,老年人口性别比随年龄升高而下降,这一规律随时间推移变得愈发明显。因女性老年群体的死亡率低于男性老年群体的死亡率,老年群体的性别比会随着年龄的升高逐渐下降。2017 年,老年人口性别比从 60—64 岁年龄组的 100.03%降至 95 岁以上年龄组的 40.36%,2015 年的老年群体性别比则从 105.13%降至 32.28%。

三是高龄老人女性化特征明显。女性老人因更长的平均预期寿命,高龄化程度相应也更高。1982—2017 年间,80 岁及以上的女性老人占比从 0.31%上升至 2.42%,占比增长 6.8 倍;85 岁及以上女性老人占比从 0.08%增至 0.98%,增长高达 11 倍。而且,因女性退休年龄早于男性的,且女性老人更易遭受丧偶独居风险,女性高龄老人更易陷入生活困境。

四是女性老人慢性病患病率更高。75—79 岁之前,女性老人与男性老人的慢性病患病率均随年龄增长而升高,且两者之间的差距略有增大,但是在 80 岁以后,女性老人的慢性病患病率率先下降,在 85 岁以后,女性老人的慢性病患病率低于男性老人的。或许源于死亡的选择作用,男性老人死亡率更高,而存活下来的男性老人往往是健康状况较好、患病率较低的群体。

五是女性老人失能更严重。随着女性老人逐渐趋向高龄化,女性失能老人尤其是高龄失能的女性占比要远高于同年龄段的失能男性老人占比。

（四）人口老龄化动因及未来发展趋势

人口老龄化是多种因素综合作用的结果。这既是全球普遍现象,亦有中国独有特点:生育率迅速下降、平均预期寿命延长成为影响人口老龄化的直接因素,人口迁移流动则不断改变着中国人口老龄化的区域分布。

　　一是出生率下降与预期寿命升高是推动老龄化纵深发展的直接因素。严苛的生育政策的执行加速了中国人口出生率的下降,这也成为中国迈入老龄化社会的主要影响因素之一。随着社会经济的发展,低生育的社会规范已在中国形成,初婚初育年龄推迟的趋势也较为明显,加之生育机会成本的升高进一步降低了居民的生育意愿,因此,无论是从宏观层面,还是从微观层面而言,中国未来五年、十年甚至是三十年内,生育率都不会出现大幅甚至明显的增长。随着医疗卫生条件的进一步改善,中国老年人口的死亡率将进一步降低,平均预期寿命将进一步提高,进而提高了老年人口在全体人口中的占比。

　　二是流动人口"削峰填谷"改变了人口老龄化的空间分布。因流动人口具有高度年龄选择性,人口流动既可以降低社会经济发展程度较高地区老龄化程度,但也会增加落后地区老龄化程度,致使老龄化水平出现区域间的不平衡。流动人口的另一重要转变即是"老漂族"的出现,且规模在不断扩大。

　　三是人口老龄化将持续纵深发展。中国老龄化进程十分迅猛,65 岁及以上人口占全部人口的比重从 7% 升到 14% 仅用了 25 年。若按当前出生、死亡等基本参数预测,中国将于 2027 年进入深度老龄化社会、2047 年进入超老龄社会;2050 年,中国 60 岁及以上人口占比将超过 35%。在未来一段时间内可见,低生育率背景下,若老年人死亡率继续降低或是维持在一个较低水平,老年人比例还将继续上升,老龄化程度仍将继续加深。而伴随人口老龄化进程的推进,中国老龄化会进一步呈现出高龄化、失能化、慢病化等多种特征并发出现的特点。

二、人口老龄化带来多层次和多维度的挑战

　　人口老龄化态势无疑是经济社会发展的重大成果,是社会文明进步的重要指征。但是,快速的老龄化进程从宏观、中观和微观上给社会发展与社会运行带来严峻的挑战。宏观层面上,老年抚养比的上升和劳动年龄人口的下降意味着中国持续近 40 年的人口红利期将逐渐消失,对中国现有的增长方式、国际竞争力和社会保障体系产生了巨大冲击。中观层面上,人口老龄化也对社区公共服务供给和社区治理带来严峻挑战。微观层面上,生育政策的严格执行和大规模的人口地域流动,极大地弱化了家庭的养老功能,对未来家庭和个体福祉都会带来相应的影响。

(一) 宏观挑战

　　一是劳动力总量减少和结构老化并存,老年抚养比快速上升。劳动力是经济社会持续发展不可或缺的资本要素。劳动力也不可避免地受到人口老龄化的影

响,面临着总量短缺和结构老化问题。劳动年龄人口的总量减少、结构老化和总抚养比的逐年上升则意味着维持中国经济增长近 40 年的人口红利的窗口期行将关闭,经济增长方式难以再依赖传统的数量驱动模式。

二是养老金支出总量大与结构失衡并存,地区养老金收支失衡。老年抚养比的上升在收支两个环节对养老保险基金的可持续发展形成了巨大冲击。在传统的家庭保障模式受到削弱的情境下,养老保险成为老年人晚年生活的重要保障,基金的运营状况直接决定着其晚年的生活质量。在人口老龄化快速发展的背景下,养老保险基金的健康可持续运营已经成为中国经济社会发展必须直面的问题。除基金可持续外,养老保险基金运营在各地间极不平衡:部分省份养老保险基金已"入不敷出"。这既受制于当地人口结构自身的老化,亦受到人口流动的强化。

三是医疗费用上升,医疗保险支出庞大。随着年龄的增长,慢性病和失能已经成为影响老年人健康的主要问题,持续期长,且病情迁延不愈的疾病特征,使其面临着更高的医疗服务需求,医疗费用将在老年阶段显著增加。全国老龄工作委员会的预测结果显示,到 2050 年,中国用于老年人养老、医疗、照料等方面费用占GDP 的比重,将由 2015 年的 7.33% 升至 26.24%,对家庭和社会造成了沉重的负担。同时,老年人口的增多无疑会加重整个社会医疗费用负担,对医疗保险制度构成严峻的挑战。

四是消费需求和结构改变,对储蓄影响尚不明确。消费和储蓄是经济运行的重要基础,人口老龄化的经济效应也表现在消费和储蓄方面。从消费总量来看,尽管中国人均收入不断攀升,但老年人的消费理念仍较为保守,消费意愿普遍偏低,收入的不足和收入来源的有限也限制了他们的消费能力。宏观的消费结构也受到人口老龄化的影响,康复和照护相关的产业,如养老设施和机构、老年护理服务业、老年康养产业、老年辅具器械行业未来将有进一步扩展的空间。老龄化对储蓄的影响主要通过长寿效应和结构效应得以实现。前者指当人们预期到未来将会有较长的寿命时,劳动年龄人口为保障晚年生活,储蓄意愿更强,从而提升总体储蓄率。后者指当个体步入老年期时,因收入下降所导致的消费大于收入,进入了负储蓄的阶段。

五是人口老龄化区域失衡,地区间的协调发展受限。进入 21 世纪后,人口老龄化区域差异逐渐显现,且逐步扩大。社会经济发展水平落后地区老龄化程度高于东部沿海发达地区,前者老龄化主要源于两种路径:一是在封闭状态下,当地人口结构也处在一个老龄化的进程。二是发达地区较高的经济发展程度和更多的就业机会吸引大量青壮年劳动力流入,加剧了落后地区的人口老龄化程度。人口老龄化的区域失衡既是经济发展不均衡的体现,反过来又限制了落后地区的社会经济发展。

（二）中观后果

社区是个体生活的基本场域,是连接家庭养老与社会养老、政府公共服务供给的基本依托。随着在地老化的理念日渐深入人心,将有越来越多的老年人选择在社区内度过自己的晚年生活。社区必定也会受到日益加剧的人口老龄化的影响。

一是专业护理人员缺口大,制约养老服务供给能力提升。随着老龄化形势的加剧,社区高龄老人、失能老人绝对规模与相对占比也呈现上涨的趋势,对社区养老服务提出了更高要求。但是,社区养老服务仍处于初步快速发展阶段,服务质量不高。在科学技术尚不足以替代人工服务的情况下,养老服务人员,尤其是护理人员队伍的充足性、稳定性和专业性就显得尤为重要。老年人口的迅速增多,且逐渐向“失能化”和“空巢化”方向发展,凸显了中国养老服务队伍总量不足、专业性不强、年龄偏高、稳定性差的问题。

二是资金投入负担重,补贴方式单一。资金是社区居家养老服务健康发展的重要基础。中国失能老年人规模庞大,所需的照料成本也极其巨大。但中国社区养老服务中的政府和社会资本合作(PPP)模式尚不成熟,市场化运行程度不足,融资渠道较为单一,资金来源仍主要依赖政府的财税政策支持。随着老龄化的进一步加深、养老服务需求的增多,政府也将面临着更大的资金压力。当前政府对养老服务的补贴方式多为“补供方”,忽视了老年人的消费特点和消费能力。

三是养老服务供给结构失衡,适老化改造压力大。当前,中国养老服务领域还存在较为明显的结构失衡,社区的适老化环境还有待进一步提升。中国养老服务设施既面临结构失衡,也存在地区失衡。中国养老床位的设立还停留在量的增长层面,忽视了质的提高。地区发展的失衡主要体现在城乡间和中心—边远城区间养老服务发展差距较大。随着选择社区居家养老的老年人越来越多,年龄友好型社区已经成为老年人度过晚年的最佳场所,社区适老化环境的改造是实现年龄友好型社区的必要环节。但中国老旧小区配套设施无障碍水平低,社区适老化改造成本高,动态性也不足。

四是社区治理复杂性强,急需理念与方式的变革。首先,随着社区老年人的增多,对传统社区治理理念形成了一定的冲击。其次,老年人养老服务的社会化加之就地老化的养老理念日渐普及,广大老年人的利益诉求转向了社区。老年人除基本的健康管理和照料服务需求外,还有着更高层次的精神慰藉和受人尊重的需求。最后老年人是相对弱势的一个群体,他们自我保护意识不强,行动迟缓,身体机能也有了很大的衰退。老年人的这些特征使得社区安全、犯罪等风险事件的防控形势逐渐严峻。

（三）微观问题

长者赡养是家庭最基本的核心功能之一,家庭在养老中始终起着不可替代的作用。尽管人均预期寿命的延长提高了多代同堂的可能性,但家庭年龄结构正日趋老化,呈现出小型化、核心化和空巢化特点,由此而引发家庭养老资源紧缩和家庭照护负担的加重,流动老人、农村女性老人赡养问题更加突出。

一是家庭规模小型化,年龄结构老化。中国人口老龄化的进程并非孤立的人口现象,而是伴随着少子化、大规模人口流动和代际分居的日渐普遍,多种因素造成了家庭规模的小型化。家庭规模缩小和结构改变意味着家庭人力资源减少,传统家庭的赡养功能受到了极大的挑战,加之人口流动及居住模式改变,降低了子女亲自照料父母的便利性;在少子化时代,可分担照护父母责任的人手很少,完全由子女、配偶等家庭成员提供照料和支持的传统养老模式难以为继。

二是丧偶老人比例升高,家庭养老资源进一步紧缩。配偶在保障老年人晚年生活中发挥着不可替代的作用。人口寿命的延长使得老年人丧偶的比例逐渐上升,老年人在晚年需要照料时,难以通过配偶获得足够的支持。随着年龄的增长,无论男性或女性老年人,丧偶的比例都在显著上升。随着人口寿命的延长,丧偶老年人的绝对数量和相对比例都将随之上升,老年人,尤其是女性老年人的家庭养老资源将随人口老龄化的进程而进一步紧缩。在家庭养老资源极大萎缩的情形下,老年人不得不依靠自己的力量保障自己的晚年生活。

三是家庭照料负担加重,家庭福祉受损。老年期的延长使老年人有更长的时间处于失能状态,加之中国社会化养老服务不足,使得老年人的生活照料问题凸显。首先,照料是一种高强度的活动,不仅要照顾老年人的日常生活需求,还需考虑老年人日常的突发情况,这对照料者的健康和就业产生诸多不利的后果。其次,少子老龄化降低了家庭养老依赖的人力资源,人口寿命的延长也使得低龄老年人不得不承担起照顾自己父母的责任。2016年中国老年社会追踪调查显示,有6.81%的老年人仍在照料着父母。再次,受传统"男主外、女主内"的性别分工规制的影响,照料者多为中年女性,她们或因年轻时承担繁重的家务分工而未进入劳动力市场,或因家庭赡养负担的加重较早退出劳动力市场。最后,高昂的医疗和护理费用支出恶化了老年人家庭的经济状况,但家庭成员因照料而退出劳动力市场,又难以弥补家庭照料成本上升给家庭收支带来的缺口,在家庭外部支持资源不足的情况下,家庭极易陷入贫困的状态。

四是老龄化与社会问题相结合,弱势老年人困境凸显。未富先老和未备先老是中国人口老龄化的典型特征。与西方国家人口老龄化的进程有所不同,中国现代化阶段尚未完成就已经进入了老龄社会。在此过程中,人口老龄化和诸多社会问题相结合,如性别不平等、城乡二元结构和人口的单向流动,造成弱势老年人的生存困境。女性、农村、流动老年人更易陷入贫困的状态。

三、应对人口老龄化的对策思考

少子老龄化是一种不可逆转的人口常态,中国的生育率在未来也将长期处于低位状态,人口老龄化程度将进一步向纵深发展,加大力气解决上述由人口老龄化引发的社会问题,是一项具有全局性、全程性、长期性的重大社会议题,也是加强人口发展战略、促进经济社会发展、实现中华民族伟大复兴的应有之义。

(一) 全面认识人口老龄化形势,加快推进老龄化国情教育

一是科学研判人口老龄化现状及其变动趋势。作出何种顶层设计、采取什么具体措施应对人口老龄化,取决于中国人口老龄化的发展现状及其未来趋势。"十四五"时期是中国人口老龄化的快速发展期,为了让各项老龄政策、服务体系设计更加符合群众需求、实现效益最大化,都要鼓励社会各界做好人口老龄化科研工作,为政府制定政策提供数据支撑,为做好老龄化国情教育提供方向引领。二是深入开展老龄化国情教育。只有提高全社会、各个年龄群体的老龄化意识,增进对老龄社会的正确认识,才有助于进一步应对和防范问题。因此,要进一步普及老龄国情教育,宣传基本常识、端正对老龄化态度、借鉴和吸取国际经验与教训,大力倡导全社会接纳、尊重、帮助老年人,从而实现"有准备的老龄化"。三是营造孝亲敬老的社会氛围。积极应对人口老龄化,需要构建一个养老、孝老、敬老、重老的社会环境,既要从中国传统文化中挖掘养分,大力传播传统孝观念,也要借鉴国际经验,在全社会普及、确立积极老龄观、健康老龄观。

(二) 借鉴先发国家应对经验,探索本土化的最优策略

一是健全老龄事业体制机制。积极应对人口老龄化,需要做好体制机制设计,为服务供给、活动开展、资金筹措等提供制度保障。从全球范围来看,为解决老龄化带来的社会问题,实现挑战到机遇的转化,政府在老龄事业发展中都发挥了极其重要的作用,相关法律法规体系十分健全,为老年权益获得保障、健全老年服务体系提供法律支撑。二是完善资金筹措体系。人口老龄化引发社会担忧的重要原因即是社会养老负担不断加重,加之中国老龄化的发展进程快于经济社会发展,资金不足更易成为未来养老面临的重要挑战之一,现阶段,中国长期照护资金筹措体系处于探索阶段,而且多地基本养老保险基金出现赤字。人口老龄化引发经济负担也是全球共性问题,世界各国都积极探索,不断完善养老相关的资金筹措体系,以确保养老基金、长期照护资金的收支平衡。三是提升社会化为老服务水平。系统

而完备的社会化为老服务体系是应对少子老龄化、解决家庭养老资源不足的重要手段。世界各国都在不断探索、完善符合各国实际的社会化为老服务体系,不断提升服务水平,以提高老年人的晚年生活质量。

(三) 多层次共同发力,协同推进老龄事业健康发展

一是制定老龄化背景下的经济社会发展战略。底部老龄化使得中国新增劳动人口数量持续减少,劳动力年龄结构也渐趋老化,由此带来企业用工成本的上升、生产率下降、创新力不足等问题,故部分学者提出中国经济发展所依赖的"人口红利"逐渐消失。这不仅需要出台鼓励生育政策,更需要寻找新一轮的经济增长点。同时,应从体制机制入手,完善基本养老保险制度、持续推进医疗卫生体制改革,大力发展与民众息息相关的老龄产业,实现人口老龄化的区域协调发展。二是打造社区治理新格局。作为为老服务的重要依托,新时代的社区建设面临着许多新问题和新挑战,要坚持社区治理理念创新,培育为老服务专业人才,增加社区为老服务资金筹措渠道,推动社区适老化改造工作发展,解决社区为老服务人财物不足的问题。三是强化家庭与个人的外部养老支持。家庭是生产、生活的基本单元,与人生、老、病、死各种形态和各个生命阶段都密切相关;自古以来的"养儿防老"传统,将反哺养老模式内化为家庭责任,赡养父母是子女应尽的义务。尽管随着计划生育政策的推行和婚育观念的转变,以及现代化和都市化等结构性要素的变化,家庭养老功能大大弱化,但家庭依旧是老有所养的基本场域。在养老问题社会化的同时,必须充分发挥家庭在养老中的基础性作用,不断提升老年人自身的养老能力,改善家庭照料者的健康水平,提高对更加弱势的老年群体的投入。

人口老龄化是贯穿中国 21 世纪的基本国情。在未来相当长一段时间内,中国人口年龄结构的快速老化与经济社会发展之间的不平衡矛盾将更加突出,这对中国的执政观念、社会目标和发展方式提出更大的挑战。积极应对人口老龄化,必须立足当下、着眼未来,充分认识到中国老龄化形势的严峻性,坚持贯彻习近平新时代中国特色社会主义思想,抓住人口老龄化时间窗口,建立与人口转变历程协调一致的经济社会发展新模式,充分发挥政府、市场、社区、家庭联动作用,满足广大老年群体的差异化需求,实现健康老龄化,鼓励老年人参与社会建设,实现人口、经济、社会和谐发展,全社会共同发力,做好应对人口老龄化的全方位准备。

(课题组成员: 杨菊华 刘轶锋 王苏苏 卢瑞鹏 李延宇)

人口老龄化背景下老龄事业和产业协同发展研究

中国宏观经济研究院社会发展研究所

人口老龄化是影响我国经济社会发展的重要因素。实施积极应对人口老龄化战略贯穿我国各项工作始终。在我国人口老龄化中长期发展趋势下,协调好老龄事业和产业发展的关系,关系到应对人口老龄化成效,也关系到亿万老年人和家庭的幸福生活。

一、事业还是产业:养老制度路径选择的理论基础

在应对人口老龄化制度和政策领域,理论界和实务界存在较大的争议,例如:老龄工作、养老责任应侧重于家庭承担还是由社会和政府承担;延迟退休要不要实施,如果实施,要在何时以何种方式实施等问题。以上问题又可以进一步引申出老龄发展领域持续存在的问题:应该作为事业还是产业进行发展。

养老制度是整个社会福利体系的重要组成部分,因此受到社会福利思想的影响。西方社会政策的原理有二:一是制度主义福利,二是剩余主义福利。制度主义福利原理认为,每个人的养老服务需求作为一种权利被认定为正常社会生活的一部分,福利养老服务应当提供给所有老年人。剩余主义福利原理认为,养老服务

作为一种福利安全网,应当只提供给穷人,或只提供给那些个人及其家庭无法满足自身养老服务需求的人。哈里特·迪安将养老制度分为四种:普遍福利型,代表是北欧国家;福利多元主义型,代表是德国、日本;社会安全网型,代表是美国、加拿大;无保障型,代表是撒哈拉以南非洲。至于中国应该选择什么类型的养老制度,目前学界内没有定论,但是大多数学者倾向认为选择何种养老制度应根据我国的具体国情来决定,当前我国的主要任务是要发展,用于养老服务的支出是有限的。有研究表明,在不断追求经济发展以及寻求社会与经济政策相整合的发展中国家,西方模式并不适合。有的学者认为应该采用适度普惠的福利模式,胡湛、彭希哲认为,尽管西方国家在发展型政策上的实践给中国养老制度安排带来了重要启示,但对于一个处于转型期的发展中人口大国,中国复制其他国家的政策模式仍有先天的局限,只有将别国经验与中国的现实及文化传统统一起来,强调在中国国情的基础上构建符合中国发展需要的"发展型养老政策"。李兵等认为,中国社会福利体制的类型决定中国的养老服务模式也应该是"政府主导下的混合经济养老服务"模式。

学界对于养老制度、政策、模式的探讨有着鲜明的时代特征,反映了时代的需求。积极应对人口老龄化是未来一段时期我国将长期面临的重要任务,所以我们应立足当前的时代特征、面向未来的时代要求,系统谋划应对策略。

二、我国中长期人口老龄化趋势研判

(一) 到2035年我国人口老龄化进入快速发展期

未来30年,我国老年人口的绝对数量持续增加。第一阶段,当前到2035年前后快速上升。根据《世界人口展望2019》中方案预测数据并结合现有数据进行修正,2020年我国60岁及以上人口为2.56亿人,此后一段时期老年人口以年均1000万人的规模增长,2026年突破3亿人,达到3.12亿人,2034年突破4亿人,达到4.06亿人,2020年到2035年的15年间共增长1.5亿人。第二阶段,2035—2052年前后增速趋缓。2035年后,60岁及以上老年人口进入缓慢增长期,2052年到达顶峰,峰值为4.90亿人。第三阶段,2052年左右峰值过后缓慢下降。60岁及以上老年人口进入缓慢下降期。2100年降为4.03亿人,近50年时间下降约0.87亿人。

"十四五"时期老龄化年均增幅较"十三五"提速。据预测,我国60岁及以上老年人口占总人口比重将于2020年达到18.17%,2025年达到20.50%,2051年达到

（万人）

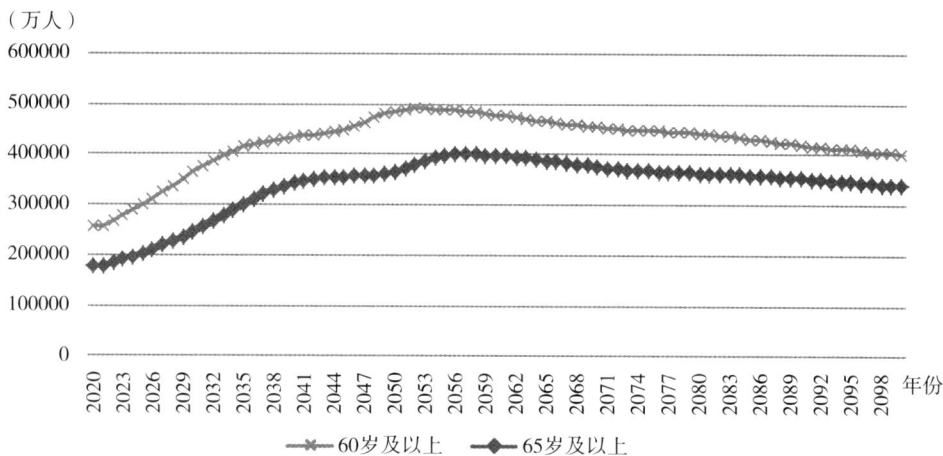

图1　未来我国老年人口变化趋势

数据来源：根据《世界人口展望 2019》和现有数据测算。

35.01%，2020—2051 年年均增长 0.54%，但"十四五"时期年均增幅为 0.66%，大大超过"十三五"时期年均 0.36% 的增幅，见表1。

表1　"十四五"时期老龄化速度较"十三五"时期明显增加

	年均增加 60 岁及以上老年人口（万人）	60 岁及以上老年人口占总人口比重年均增幅（%）
"十三五"时期	658	0.36
"十四五"时期	1037	0.66
"十五五"时期	1260	0.86
"十六五"时期	964	0.68
2020—2051 年	755	0.54

资料来源：根据 2015 年国家发展改革委社会发展研究所课题组测算和《世界人口展望 2019》测算。

（二）我国人口老龄化程度普遍低于国外发达国家

2017 年《世界卫生统计》报告显示，2013 年我国 60 岁及以上人口占总人口的比重为 14%，同期世界主要发达国家人口老龄化程度如下：第一是日本，为 32%；第二是意大利、德国、圣马力诺，为 27%；第三是芬兰、希腊、保加利亚、瑞典，为 26%；接下来是克罗地亚、葡萄牙、丹麦、爱沙尼亚、法国、匈牙利、奥地利、比利时、捷克、摩纳哥、马耳他、斯洛文尼亚、瑞士、英国、西班牙、荷兰，分别为 23%—25%；加拿大 21%，美国和澳大利亚 20%，俄罗斯 19%，韩国 17%。经常有人说中国是"未富先老"，事实上，我国老龄化程度与经济发展程度是匹配的。2013 年，世界各国人均 GDP 与老龄化程度具有极高的正相关性，上述人口老龄化国家人均 GDP

均为万元以上。中国人均 GDP 为 7050 美元,只有乌克兰和泰国属于人口老龄化程度高于中国(分别为 21% 和 15%),但人均 GDP 低于中国(分别为 4029 美元和 6168 美元),其他国家的人均 GDP 世界排序和人口老龄化程度世界排序基本一致。

如以国际通行口径测算,2020 年我国 65 岁及以上老年人口为 1.77 亿人,占比为 12.72%,老龄化程度远低于全球排名前三位的日本(28.4%)、意大利(23.3%)和葡萄牙(22.8%),也低于排名第 38 位的韩国(15.8%)。据预测,2025年 65 岁及以上老年人口突破 2 亿人,2035 年突破 3 亿人,随后持续上升到 2050 年左右达到峰值 4.01 亿人,老龄化程度为 26.07%,和主要发达国家老龄化程度相当。根据普华永道的预测,届时中国人均 GDP 将达到 4 万—5 万美元。所以说中国是"边富边老"应当更为确切。

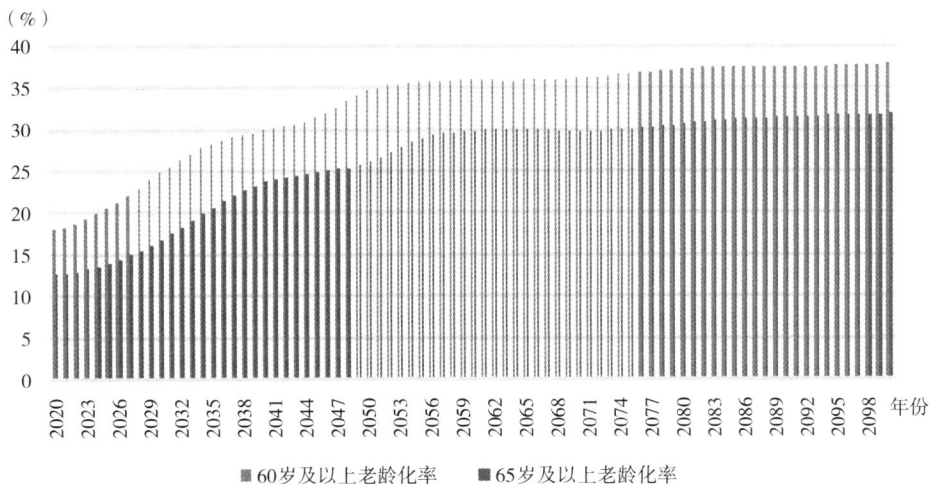

图 2　未来我国老龄化程度变化趋势

数据来源:根据《世界人口展望 2019》和现有数据测算。

(三) 高龄化与少子化并存,必须加以关注

据预测,2020 年我国 80 岁及以上高龄老年人为 2600 万人,2033 年达到 5400万人,2047 年突破 1 亿人。2020—2050 年间,高龄老年人平均每年增长近 300 万人,高龄老年人失能、失智、独居比例大,生活照料压力较大。

人口老龄化导致我国疾病谱发生重大调整。近 30 年来,我国疾病谱发生重大变化,慢性非传染疾病负担增加,其中缺血性心脏病死亡率增加 20.6%,肺癌死亡率增加 12%。随着人口高龄化不断加剧,失能失智等老年病、慢性病老年人的照护和医疗服务体系将更加吃紧。

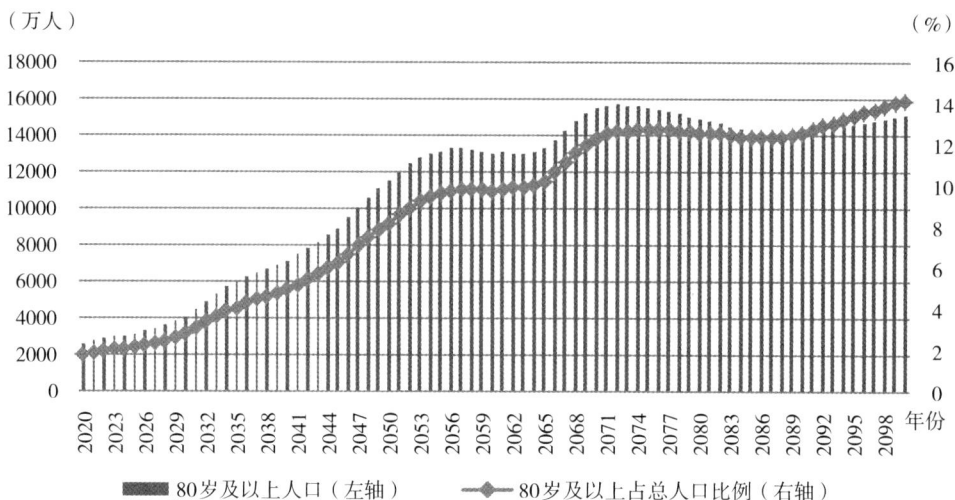

图 3　未来我国高龄老年人数量和占比变化趋势

数据来源：根据《世界人口展望 2019》和现有数据测算。

　　出生人口逐年下降，面临少子化危机。预计 2020 年我国出生人口约 1406 万人，2025 年约 1355 万人，2035 年约 1171 万人，新生儿数量逐年减少。

（四）劳动力人口逐年下降，年龄不断老化

　　2019—2025 年，我国 15—64 岁劳动年龄人口规模将会从 9.85 亿人下降到 9.75 亿人，平均每年下降 170 万人左右。从 2028 年开始，每年劳动年龄人口将减少 1000 万人以上。劳动年龄人口占比将从 2019 年的 70.83% 降至 2035 年的 63.67%。同时，劳动年龄人口不断老化。45—64 岁的大龄劳动人口占劳动年龄人口的比重将从 2019 年的 40.16% 提高到 2025 年的 43.53%。届时，我国老年人口抚养比（65 岁及以上老年人口与 15—64 岁劳动年龄人口之比）将从 2017 年的 0.17 继续上行，预计到 2025 年达到 0.21，到 2030 年将突破 0.3。

　　可见，我国人口老龄化具有自身的特点：老年人口数量规模大，近 30 年增长速度快，并伴随少子化和高龄化。由于我国老年人口数量庞大，虽然目前在全球老龄化程度并不突出，但老龄化发展趋势还是受到世界瞩目，尤其是在中国正在向高收入国家迈进的过程中，如何托起人口老龄化的巨大势能并将其转化为强劲的发展动能，成为中国应对人口老龄化的重点任务。

三、我国老龄事业和老龄产业的发展现状

(一) 老龄事业发展持续推进

1. 养老服务体系不断健全

养老服务体系是包含服务对象、服务内容、服务网络、运行监管等在内的一系列制度设计。"十二五"以来,我国养老服务体系的方向路径逐步明确。2011 年,国务院办公厅印发《社会养老服务体系建设规划(2011—2015 年)》,首次通过规划确定"以居家为基础、社区为依托、机构为补充"的社会养老服务体系,明确由中央预算内投资带动社会资本共同推动养老服务体系建设。2013 年,国务院发布的《关于加快发展养老服务业的若干意见》将养老服务业的外延拓展到生活照料、老年产品用品、健康服务、体育健身、文化娱乐、金融以及旅游等交叉领域,养老服务开始呈现出事业和产业双向发展的雏形。2017 年,国务院印发《"十三五"国家老龄事业发展和养老体系建设规划》,明确了"十三五"时期全面推动老龄事业发展和持续推进养老服务体系建设的任务。2019 年,中共中央、国务院印发《国家积极应对人口老龄化中长期规划》,系统部署了我国应对人口老龄化的思路和任务,党的十九届四中全会提出"居家社区机构养老相协调,医养康养相结合"的方向。通过党和国家的重大规划和政策意见,养老服务体系不断调整充实以适应我国应对人口老龄化的任务要求。

2. 养老服务床位不断增加

在我国推进养老服务体系建设初期,机构养老的发展基础最为薄弱,福利院、乡镇敬老院、公办养老院等传统机构的服务对象多为特困群体和福利对象,难以满足广大老年人社会化养老的需求。为此,我国"十二五"时期提出到 2015 年每千名老年人拥有养老床位数达到 30 张的建设目标。"十二五"时期,中央预算内投资超过 108 亿元,带动地方政府投资、中央和地方福彩公益金以及民间资本投入300 亿元以上,重点支持公办养老机构和社区日间照料床位建设。"十三五"时期,各主体投资规模和幅度进一步加大,通过公建民营、民办公助、城企联动等形式,护理型、医养结合型床位快速增长。2019 年国家发展改革委、民政部、卫生健康委联合推出"普惠养老城企联动专项行动",意在引导市场和社会增加"基本以上、高端以下"的养老服务床位。此次中央预算内投资支持的床位建设类型包括医养结合、社区嵌入、旅居型、学习型等,重点面向大多数中低收入老年人。截至 2018 年末,全国共建有养老服务床位 746.3 万张,护理型床位占比达到 47%。我国床位建

设目标逐渐由数量型指标过渡到结构性指标,逐步聚焦护理型、医养结合型、社区嵌入式等建设类型,不断摸索出更能满足需求的床位供给模式。

3. 养老服务规范不断完善

作为养老服务的上位法,《中华人民共和国老年人权益保障法》颁布后历经3次修订,不断规范养老服务行业发展。近年来,民政部等部门从行业主管职能出发,出台各类鼓励和规范行业发展的政策文件上百个,包括《养老机构管理办法》《建筑设计防火规范》等。各省市政府主管部门均依照国家规范和属地情况制定相应的管理办法。国家标准委、各地标准制定部门和行业组织在综合管理、建设、服务等层面发布了国家标准、地方标准、行业标准近百个,包括《养老机构基本规范》《老年养护院建设标准》等。此外,还有强有力的监督措施予以保障。《关于推进养老服务发展的意见》提出了养老服务综合监管制度,更加注重社会信用体系建设和应用,对严重失信机构和人员进行联合惩戒。应当说,在民生领域各项社会事业发展中,养老服务领域规范和标准的覆盖程度位处第一梯队,监管落实也逐渐强化,保障和推动了行业的快速发展。

4. 医养结合模式不断确立

2015年,国务院办公厅转发《关于推进医疗卫生与养老服务相结合的指导意见》,将"医养结合"正式纳入养老服务体系,结束了长期以来养老与医疗各自发展的割裂现象,向养老服务专业化迈进了一步。随后,中央和地方政府积极推进医养结合试点,着力探索符合中国特色的医养结合之路。各地在实践中发展出了四种类型:一是"医中有养",即医疗卫生机构开展养老服务;二是"养中有医",即养老机构增设医疗服务;三是医疗机构与养老机构实现合作,为机构中老人提供就医绿色通道;四是医疗机构和养老机构互相转型发展。据国家卫健委2019年10月数据显示,我国已开办近4000家医养结合机构,医疗机构与养老机构建立签约合作关系的有25000多对。全国养老院以不同形式提供医疗服务的比例达90%以上。

党的十九届四中全会明确提出"医养康养相结合",调整了此前医养结合聚焦医疗诊疗与养老服务结合的倾向,更加突出了医疗前端健康管理和医疗后端康复护理两个重要环节,凸显了健康在整体人口老龄化和个体晚年生活中的双重重要性。2020年开年之初,《医养结合机构服务指南(试行)》明确了兼具医疗和养老服务机构的基本要求,更规范了医养结合的服务内容和流程。伴随我国人均预期寿命不断提高,老年人口日益增多,健康余命才能带来幸福晚年。伴随《健康中国行动(2019—2030年)》的落实,健康老龄化将持续通过制度落实、机制设计体现在积极应对人口老龄化的各项工作中,体现在老年人的晚年生活中。

5. 老龄事业改革持续推进

近年来,针对养老服务领域存在的体制机制掣肘,大力推动"放管服"改革,其中最核心的改革包括以下几方面。

一是全面放开养老服务市场。放宽准入,取消养老机构开办许可;一视同仁,对境内外投资者兴办机构给予国民待遇;简化审批,改"先证后照"为"先照后证"。

二是公办养老机构改革不断深化。2013年,《关于加快发展养老服务业的若干意见》首次提出开展公办养老机构改制试点,各地在搞活公办机构运营模式、给予民办机构同等待遇等方面取得了不同成效。温州市特困供养对象通过政府购买服务的方式托管在民办机构中,北京市公办机构全面推行公建民营改制。

三是改革民非机构管理办法。推动品牌化连锁化建设。在民政部门登记的非营利性养老机构,可以依法在其登记管理机关管辖范围内设立多个不具备法人资格的服务网点,明确了可以做连锁复制。注重发挥公益慈善组织作用。引导公益慈善组织重点参与养老机构建设、养老产品开发、养老服务提供,使公益慈善组织成为发展养老服务业的重要力量。积极支持发展各类为老服务志愿组织开展志愿服务活动,支持老年群众组织开展自我管理、自我服务和服务社会活动,探索建立健康老人参与互助服务的工作机制。

四是对营利性机构提供支持政策。长期以来,我国养老服务领域仅对注册为民办非企业单位的服务机构给予政策优惠。为鼓励社会资本积极参与养老服务,中央预算内投资、地方财政支持的养老床位建设补贴和运营补贴已经陆续向企业开放,城企联动专项行动更是推动了企业积极参与服务供给。

(二) 老龄产业发展潜力巨大

老龄产业作为家庭和老年人刚性需求的趋势不断显现。我国家庭户规模已由2000年的3.44人下降到2015年的3.10人。未来30年,老年人口将迎来一个快速增长时期,高龄、失能、空巢老年人比例逐渐加大。

1. 政策体系不断充实

各部门、各省市均密集出台支持老龄产业发展的政策意见,老龄产业项目频繁落地。国家发展改革委落实规划要求,开展积极应对人口老龄化重点联系城市建设,鼓励城市或地区依托自身基础和优势创新政策与市场机制,探索应对人口老龄化的创新举措。在政策推动和社会预期作用下,全国各地纷纷布局。江浙沪依托张江、泰州、常州等健康产业发展布局深度人口老龄化地区应对方案;广西全境开展健康养老示范区规划;深圳、广州、中山等地依托珠三角规划和粤港澳大湾区规划推动健康医疗、生物医药、健康养老等产业落地;河北北戴河、陕西安康等依托自身优势发展旅居养老、中医药旅游等优势产业;等等。谋定而后动,各地呈现出一种百舸争流的老龄产业发展态势。

2. 资本热度持续升温

随着养老服务受关注度的提高和创新要素的融入,养老服务的产业形态也在不断变化,新兴业态不断涌现,新的技术也加快应用。社会资本在健康养老领域投资热潮不断兴起,金融、地产、保险、互联网等资本不断进入健康养老、老年地产、养老养生、养老旅游等跨界融合的行业,养老服务业被催生成为朝阳产业,受到社会资本的热捧。根据养老企业投资回报情况分析,养老服务行业属于回收周期长、回报率稳定的行业,发展趋势和营收前景乐观。

3. 消费投资不断释放

目前97%—99%的老年人在社区居家养老,老年人社区养老的消费潜力巨大。据预测,社区针对失能、半失能和慢性病老年人的养老服务带动老年人消费规模达到1.9万亿元,见表2。

表 2　社区养老服务消费带动经济规模

序号	服务种类	目标人群	测算过程	带动经济规模
1	社区失能老年人护理服务	1425万社区居家养老的失能老年人	目前380万张机构床位中,按照护理型床位46%计算,只有近175万张护理型床位。根据国务院发展研究中心2017年中国民生调查的数据以及国际对比失能率6.2%推算,我国约有1600万失能老年人。如果有175万失能老年人在机构养老,剩余1425万失能老年人是在社区居家养老。按照民政部测算的居家和社区养老护理费用3200元/月计算,3200×12×1425≈5500亿元/年	5500亿元/年
2	社区健康护理服务	半失能老年人2463万人、慢性病老年人约1.1亿人,共约1.35亿人	按照国家发展改革委价格监测中心测算的数据,老年人介助费用840元/月,840×12×1.35≈1.35万亿元/年	1.35万亿元/年
共计				1.9万亿元/年

数据来源:笔者测算。

近年来,在国家政策推动下各地启动老旧小区改造工程,对政府投资带动社会投资发挥了有利的作用。据预测,城镇老旧小区室内外适老化改造将带动投资3.6万亿元,见表3。

表3　适老化改造投资拉动经济规模

序号	投资内容	测算过程	带动经济规模
1	城镇老旧小区加装电梯	假设城镇4—6层的多层住宅小区需要加装电梯,根据2015年全国1%人口抽样调查数据,共涉及7890万户。以每单元15户(一梯三户)、每部电梯40万元计,每户需要分担3万元,则共需投入2.37万亿元	2.37万亿元
2	城镇老旧小区加装无障碍坡道	假设2000年以前建成的住宅小区(除平房外)需要加装无障碍坡道,根据2015年全国1%人口抽样调查数据,共6645万户。如果按每个坡道1万—2万元,每户分担1000元,则共需投入665亿元	665亿元
3	城镇家庭室内适老化改造	假设城镇家庭户室内适老化改造共需5000元/户,根据2015年全国1%人口抽样调查数据,城镇家庭户共有2.27万个,则共需投入1.13万亿元	1.13万亿元
共计			约3.6万亿元

数据来源:2015年全国1%人口抽样调查数据,笔者测算。

四、加快推进老龄事业和产业协同发展

应对人口老龄化是我国举国共担的一项历史工程。应当说,人口老龄化不是洪水猛兽,应对人口老龄化可以化挑战为机遇。要针对我国人口老龄化特征,客观认识其发展规律,积极推进事业和产业协调发展,动员政府、企业和社会各界的力量共同实现积极应对。

(一) 充分发挥人口老龄化基本国情对下一阶段培育强大国内市场的积极作用,将人口老龄化势能转化为经济发展的持续动能

我国具有形成老龄产业强大国内市场的主体优势:从需求侧来说,人口老龄化发展态势、城乡居民收入增长态势等,都持续推高老龄产业消费升级;从供给侧来说,以企业和社会组织为主体的供给主体,在政策和需求双向引领下不断推动产业升级。供需双方形成的强大市场动力,将形成推动经济发展的新动能,为老龄社会财富储备贡献力量,有效缓解筹资动力不足等问题。

从"十四五"时期开始,我国人口老龄化将进入快速上升期。老龄社会将充分释放出对康养服务业、老年产品、科技创新等的巨大需求。"十四五"时期老龄产业作为以人群划分的产业门类将专门制订产业规划,从服务产品、保险金融、房地产和城市更新等角度形成产业合力,重点推动多层次养老服务业、老年功能代偿用

品、医疗器械和康复辅具、商业保险和老年金融、城市更新和适老化改造等领域发展。融合二三产业和科技创新的老龄产业可能成为一些深度老龄化地区的主导产业。

但是,老龄社会并不会天然形成强大市场,强大市场的形成尚需市场规则、市场基础设施、要素市场、内外融通等方面的建设和配合。只有形成公平公正的市场规则,完善服务各类市场主体的基础设施,扫清要素市场的各种掣肘和壁垒,推动国内国际两个市场互相融通,才能真正在人口老龄化趋势下培育出强大市场,推动我国人口与经济协调发展。

（二）充分发挥老龄事业对保障亿万老年人基本权益的重要作用,持续推进老龄事业改革发展,制定基本养老服务制度,加强农村等困难地区养老服务体系建设

"十四五"时期,推动构建与经济社会高质量、可持续发展相适应的,以扶老、助残、爱幼、济困为重点的,具有中国特色、回应需求、精准匹配、支持家庭发展的社会福利制度体系。在此框架下,建立涵盖传统福利对象和事实需要帮扶老年人的基本养老服务制度。制度包含基本养老服务内容、标准和支出责任并随经济发展水平动态调整,使之与我国扶贫攻坚后的反贫困长效机制相适应,与提升农村养老服务水平相配套,与社会主义现代化建设相呼应。

全面落实养老服务领域"补短板、强弱项、提质量"。重点落实中西部农村地区、民族边境等落后地区的养老服务体系建设补短板工作。从健全服务网络、拓宽基金渠道、建立协作机制三方面进行部署。鼓励各地建设农村幸福院等自助式、互助式养老服务设施。加强农村敬老院建设和改造。

持续推动老龄事业发展和改革,深入推进养老领域"放管服"改革,在全国范围内逐步实现公办养老机构改革。鼓励社会力量通过独资、合资、合作、联营、参股、租赁等方式,参与公办养老机构改革,提高运营效率和社会主体积极性。

（三）充分发挥养老企业对扩大养老服务供给的推动作用,构建政府、企业、社会合理分工、通力合作的中国特色养老服务体系

应对人口老龄化是全社会共同的职责和使命,急需建立多主体统筹协同的合力。与欧美日等发达国家重点依靠慈善公益组织提供为老服务有所不同,我国慈善公益事业尚在发展中,面对旺盛的服务需求和市场热情,我国将在世界上率先探索一条兼顾公益性和市场化的养老服务业发展道路。"十四五"时期为企业发展培育良好的市场营商环境成为扩大服务供给的重中之重。

创新公平环境。企业多次呼吁希望享有与民办非企业单位机构在财政补贴、项目申请等方面同等待遇。建议建立新型的社会企业制度,既具有社会公益性质,又按照企业模式运营与管理,创造养老产业良性的市场化运营环境。

创新要素环境。鼓励各地创新性地推出土地、金融、人才等支持性要素供给,与企业实现联动,为企业减负助力。通过创新信贷融资,应用债券融资,优化基金支持,完善政府购买,多渠道为养老服务企业提供资金支撑。鼓励将养老服务从业人员和产业人才纳入人才支持目录,从育才、引才、用才等多角度壮大从业队伍。与其他行业相比,养老从业人员整体薪酬水平偏低,行业人员缺口大,流动性高,可以考虑对从业人员在个人所得税方面给予一定的政策支持,例如在专项附加扣除中增加从事养老服务业的扣除项目,以鼓励更多人员进入并且长期留在养老行业。强化民政、卫生、规划、建设、质监等多部门对行业的共同监管。引导基层政府积极作为,与市场主体共同改造、利用社区综合服务设施,增强社区服务功能。

创新监管环境。尤其动员基层政府客观认识、积极服务养老服务企业。服务城市老旧小区的养老服务企业多有面临设施不到位、消防不达标、经营范围受质疑等问题,建议街道和区县卫健、民政、市场监管等条块政府加强统筹协作,积极疏通企业经营堵点,更好发挥便民利民作用。

(四)充分发挥科技创新对老龄社会供需双方的支撑作用,以科技引领应对人口老龄化工作不断提升

应对人口老龄化的核心问题就是靠什么养老、靠谁养老,除了通过增强社会保障支撑力和建立多层次养老服务体系来解决"钱"和"人"的问题以外,"科技"是应对人口老龄化的重要支撑变量。目前,从要素配置角度看,老龄产品包括智能产品的广泛应用能够极大降低人工成本提高的影响,从而降低老龄社会支出总费用。下一步,应积极开发应用康复辅助器具技术、智能照护机器人技术、生物工程技术、新型材料技术以及大数据、物联网等在老龄产业中的研发和集成应用,推动老龄产品研发制造纳入制造强国发展战略,实现老龄产业的长链条、高标准发展。

未来科技创新将快速迭代现有的体系和模式。科技可能会超越一切传统要素,成为应对人口老龄化的重要支撑变量。老年智能产品的快速普及能够极大规避人工成本提高的影响,从而降低老龄社会支出总费用;科技产品也将改变老龄社会的生活环境和社会交往模式,建设有温度的老年友好型未来社会将是科技创新的基本宗旨。"十四五"时期,推动养老服务与智能产品相结合,实现老龄产业链条增长、科技元素增加,搭建起一个虚实结合、智慧共享的应对人口老龄化的综合立体架构。

(课题组成员:李璐　赵玉峰)

>>> 民 生 福 祉

鼓励和引导民间资本投入公共服务体系建设的主攻方向和重大举措研究

中国财政科学研究院

"十四五"时期是全面建设社会主义现代化国家新征程的开局起步期,也是实现中华民族伟大复兴中国梦的关键时期。在公共服务体系的构建过程中,应着力完善多元治理结构,鼓励和引导更多民间资本和社会力量参与,实现公共服务领域"补短板、强弱项、提质量",不断满足人民日益增长的美好生活需要。

一、我国公共服务体系建设的基本内涵以及新特征、新形势

"十三五"以来,我国公共服务体系建设取得了明显成效,基本内涵、主要特征发生了明显变化,但也面临供给能力不足、发展不均衡、从业人员短缺等问题。

(一) 我国公共服务体系的基本内涵

公共服务体系是指以政府为主导、以社会团体和私人机构为补充的供给主体,以为公民及其组织提供公共服务为主要目的而建立的一系列有关服务内容、服务形式、服务机制、服务政策的制度安排,最主要表现为政府主导、社会参与和体制创新。我国现阶

段公共服务主要涵盖公共教育、养老服务、公共医疗、住房保障、公共文化体育、创业就业服务、社会保障等领域，既有强调均等化、保障性的基本公共服务，又有体现个性化、多样性的非基本公共服务。

（二）我国公共服务体系建设的新特征

公共服务体系建设是一个不断调整、不断扩容和不断优化的过程，在覆盖范围、投资规模、参与主体和供给结构等方面呈现出一些新特征。

1. 覆盖范围：不断拓展

我国公共服务体系的功能定位从改革开放初期的"保民生"逐步升级到当前的"谋发展"。最直接的表现是：覆盖范围不断拓展，不仅追求受益主体的全覆盖，力求"应保尽保"，还注重满足人民群众多层次、多样化的公共服务需求。

2. 投资规模：迅速扩大

"十二五"以来，我国公共服务体系建设迈入系统化、规范化和常态化轨道，各领域财政投入大幅增加，民间资本也日趋活跃，投资占比呈现整体上升态势。以民办学校为例，2019 年末，全国各级各类民办学校 19.15 万所，比上年增加 8052 所，占全国学校总数的比重为 36.13%，其中，民办幼儿园达 17.32 万所，比上年增加 7457 所，增长 4.50%；民办高等学校招生人数同比增长 19.43%。以医院为例，2019 年末，全国民营医院数量达 2.2 万家，同比增加 2000 家。

3. 参与主体：日益多元

随着政府职能的转变和现代治理理念的引入，我国公共服务体系建设逐步由过去的政府"大包大揽"转向"以政府为主，多方主体参与"的多元格局。民间资本、社会团体、慈善机构、志愿服务组织以及基层自治组织等主体的积极参与，对推动公共服务体系高水平建设发挥了重要补充作用。

4. 供给结构：持续优化

随着人民生活水平的不断提高，我国公共服务领域的供给结构发生明显变化，直接表现为"物本逻辑"向"人本逻辑"的转变，更加注重人力资源的培养开发和人民群众的高层次需求。强调"以人为本"的新型公共服务网络进一步织牢，公共教育、公共医疗、养老服务、创业就业、文化体育等领域的服务供给能力大幅提升。

（三）公共服务体系建设面临的新形势

我国经济社会处于从高速增长向高质量发展转型的关键阶段，公共服务体系建设正面临产业结构、科技水平、生活条件、财政状况、人口结构以及城镇化等因素变化带来的新机遇和新挑战。

1. 产业结构变迁与信息技术革命

以信息基础设施、融合基础设施和创新基础设施为代表的新基建全面推进，将进一步加快技术手段的更新迭代，为公共服务体系建设带来新的动能转换。特别是以人工智能、物联网为代表的信息技术革命，突破了物理空间束缚，将深刻影响公共服务领域的产品形态、服务模式和递送效率。相比于政府部门和国有企业，民间资本对前沿技术和产业机会具有更敏锐的嗅觉与更突出的开发运用能力。

2. 人民日益增长的美好生活需要

新时代社会主要矛盾的深刻变化，要求公共服务体系建设更加注重服务质量和服务能力的提升。一方面，人民群众对公共服务的需求规模迅速扩大。特别是生产生活方式的改变，导致公共服务体系的短板和弱项更为凸显。另一方面，人民群众对公共服务的多样化诉求更加迫切，既带来了公共服务的长期发展机会，也形成了公共服务的短期供给压力。特别是近年来新旧动能转换以及大规模减税降费政策的实施，进一步加剧了我国财政收支矛盾。

3. 人口结构变迁

我国人口现状呈现四个显著特征：增速放缓、老龄化、低生育率程度增加以及育龄人数下降。全国总人口数在 2017 年达到 13.9 亿人后，增速降至 0.53%，劳动人口数量出现拐点。2019 年，全国人口平均预期寿命为 77.3 岁，人口老龄化趋势加快，65 岁及以上人口占总人口比重达 12.6%。2015 年 1% 人口抽样调查时的生育率仅为 1.05，一孩生育率持续下降。人口平均寿命和年龄结构的变化以及日益凸显的少子高龄化趋势，导致我国人口抚养比例、代际关系发生重大变化，给医疗卫生、养老服务和社会保障等公共服务体系造成较大压力。

4. 新型城镇化稳步推进

城镇化是现代化的必由之路，也是公共服务体系不断延伸和普及的过程。特别是强调"以人为本"的新型城镇化稳步推进，给公共服务体系建设带来了巨大的投资机会和发展空间。而人民日益增长的美好生活需要又对公共服务的多层次和多样化提出了更高要求。显然，政府已经难以独自满足人民群众的全部公共服务需求，亟待破除体制机制束缚，进一步激发民间资本活力，形成推动公共服务体系建设的强大合力。

得益于政策引导和需求拉动，我国公共服务体系建设近年来取得了明显成绩，极大激发了民间资本的参与积极性。但调研发现，我国在鼓励和引导民间资本参与公共服务体系建设过程中，仍面临体制机制、营商环境、资源要素、合作机制以及民间资本自身局限性所形成的不足与障碍，需要在"十四五"时期着力破解。

二、鼓励和引导民间资本参与公共服务体系建设的总体目标、基本思路和主攻方向

近年来,我国公共服务领域的投入不断加大、设施条件持续改善,但仍然存在供给不足、质量不高、发展不均衡等突出问题。积极鼓励和引导民间资本参与公共服务体系建设,既是缓解财政支出压力的必然选择,也是贯彻现代治理理念、推动公共服务提质增效的重要举措。

(一) 总体目标

"十四五"时期,鼓励和引导民间资本参与公共服务体系建设的总体目标是:推动多层次、多样化公共服务体系建设,形成"全面覆盖、功能齐全、结构合理、供给多元"的鲜明特征,基本实现"合作、激励、优化、创新"的总体目标。

1. 合作——坚持"管办分离"与"政社合作"相结合

深化公共服务领域的市场化、社会化改革。由政府负责保障的基本公共服务,逐步由政府直接生产转变为通过购买服务来间接提供。将非基本公共服务全面推向市场,以"清单式"界定政府和其他主体的权责边界和融合领域。推广运用政府和社会资本合作(PPP)、公建民营、民建公助等模式,着力构建政府部门、民间资本和社会公众共同参与的多中心治理格局,体现"共建、共治、共享"的现代治理理念。

2. 激励——坚持"公共性"与"收益性"相结合

公共服务领域的投资具有周期长、收益低、公益属性明显等特征,难以满足民间资本的盈利要求,需要政府给予一定的政策引导和正向激励,确保有效提供公共服务产品的同时,增强民间资本获取合理利润的市场预期。

3. 优化——坚持"公办托底"与"民办补充"相结合

明确政府和民间资本在公共服务领域的主攻方向,促进双方的供给结构、服务效率、资源配置、合作模式等方面同步优化。既发挥政府的保障性"兜底"功能,实现基本公共服务均等化;又释放市场主体的经营活力,提供高品质、个性化公共服务。

4. 创新——坚持"机构改革"与"多元创新"相结合

以供给侧结构性改革为主线,不断推动体制机制和组织模式创新。一方面,继续深化政府"放管服"改革和事业单位改制,扩大民间资本参与范围,进一步释放制度红利和创新动力。另一方面,鼓励民间资本开展科技、金融、组织等方面的创

新实践,进一步提升公共服务体系建设的数字化、智能化和网络化水平。

(二) 基本思路

为更好满足人民群众对公共服务的多层次、多样化需求,"十四五"时期应按照以下思路,积极鼓励和引导民间资本参与公共服务体系建设。

1. 分层分类:"基本"与"非基本"高低补充

从非营利性(营利性)和均等化(差异化)两个维度构建分析框架,用于判断民间资本参与公共服务体系建设的基本范畴(见图1)。凡具有非营利性特征,且强调分配均等化以及获取机会公平的公共服务产品,应由政府负责提供,纳入基本公共服务范畴。而具有营利性特征,能根据民众不同需求实现差异化供给的公共服务项目,应纳入非基本公共服务范畴,在承认其具有一定公共产品属性的前提下,鼓励和引导更多供给主体通过市场化方式提供。通过科学的分层分类,能进一步划定民间资本参与公共服务体系建设的基本范畴。

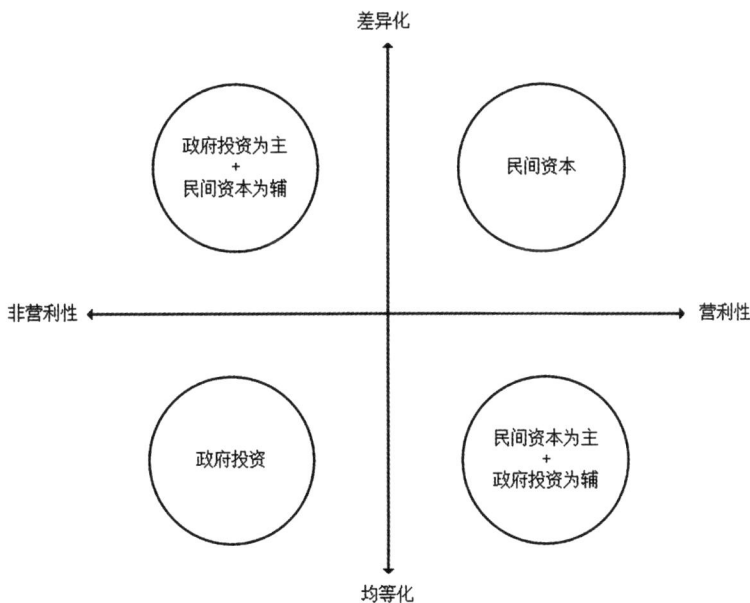

图1 公共服务类别的二维度模型

2. 正负清单:"正面清单"与"负面清单"双向界定

按照分层分类原则确定民间资本参与公共服务体系建设的基本范畴后,中央政府可结合央地财权事权划分准则以及区域发展不均衡特征,授权各省级政府制定"正、负面清单",对政府和民间资本参与公共服务领域的具体项目和立项审批流程进行双向界定。将养老服务、学前教育、公共医疗、劳动就业等重点发展领域的公共服务建设项目列入财税、金融、土地以及人力资源支持政策的正面清单,鼓励民间资本积极参与。同时划定禁止准入事项的负面清单,实行负面清单之外的"非禁即入"。通过清晰的正负清单,能进一步遴选民间资本参与公共服务体系建设的重点项目。

3. 提质扩容:"提升品质"与"扩大供给"同步推进

与政府提供基本公共服务、承担兜底责任有所不同,民间资本参与公共服务体系建设的发力点应放在提升公共服务的品质和可获得性等方面。充分发挥民间资本反应敏捷、机制灵活、决策迅速等特点,不断提升公共服务的专业化、科技化和精准化水平。而鼓励和吸引民间资本参与公共服务体系建设的关键在于构建一套收益与风险对等、责任与权力匹配的制度体系和运行机制,让民间资本有机会、有动力参与公共服务体系建设,并获取预期收益,实现激励相容。通过强调提质扩容,能进一步明确民间资本参与公共服务体系建设的工作重心。

4. 双轮驱动:"盘活存量"与"开发增量"相互配合

各级政府需统筹协调财政性资源,进一步盘活存量、开发增量。对于存量公共服务项目,推广委托管理模式,并采取税费优惠、运营补助、购买服务、岗位补贴等方式对民间资本给予扶持。对于新建公共服务项目,应注重发挥政府投资的引导作用和民间资本的主体功能,采取包括 PPP、民建公助等模式,引导民间资本的工作重心前移,更多参与项目前期投资,增强其长期合作的意愿和信心。通过强调双轮驱动,能进一步优化民间资本参与公共服务体系建设的实施路径。

(三) 主攻方向

针对我国公共服务体系建设存在的问题和不足,结合民间资本的比较优势,"十四五"时期,将鼓励和引导民间资本瞄准公共服务领域主攻方向,通过市场化力量,形成政府职能的有效补充,共同推动公共服务体系的高水平建设,进一步增强基层公共服务保障能力(见表1)。

表1　民间资本参与公共服务体系建设的主攻方向

主要领域	主攻方向	主要内容
公共教育	普惠学前教育(含0—3岁托幼)	支持民间资本加大对普惠性学前教育的投资,增强普惠性幼儿园和0—3岁托幼服务的供给能力。引导民间资本探索以幼儿园和妇幼保健机构为依托,兴办0—3岁婴幼儿早期教育服务机构
	职业教育	引导民间资本兴办产教融合的职业教育,优先鼓励具有行业领先优势和技术创新优势的大型企业出资兴办特色职业教育

续表

主要领域	主攻方向	主要内容
养老服务	医养结合	支持民办养老机构内设医疗机构或与医疗卫生机构签订合作协议,重点发展安宁疗护服务及长期护理服务
	普惠养老	继续推动普惠养老城企联动专项行动,并适度扩大实施范围。鼓励民间资本兴办和运营普惠养老机构,扩大普惠养老机构所占比例
公共医疗	特色专科	引导民间资本深耕眼科、口腔、儿科、医疗美容、体检等细分医疗领域和高端特色医疗
	康复医疗	引导民间资本发挥中医药等传统医学优势,进入儿童康复、老年病康复、运动损伤康复等康复医疗领域
公共文化	新兴文化产业	鼓励民间资本进入数字媒体、影视、动漫、旅游等新兴文化产业领域
公共体育	体育赛事	鼓励民间资本以冠名、特许、专营和合作等方式承办国内外高水平体育竞赛活动
住房保障	老旧小区综合治理	吸引民间资本参与老旧小区综合治理,加大对非基本保障范畴的建筑本体和公共区域的美化、综合服务设施、停车位、信息化设施等领域的投资力度

三、鼓励和引导民间资本参与公共服务体系建设的重大举措、重大项目与重大工程

"十四五"时期,将根据不同公共服务的需求变化,就如何鼓励和引导民间资本参与公共服务体系建设出台一批重大举措,实施一批重大项目与重大工程。

(一) 公共教育

拓宽民间资本参与公共教育事业的有效渠道,形成"以政府办学为主体、全社会积极参与、公办教育与民办教育共同发展"的良好格局,不断提升全民的受教育程度和水平。

1. 重大举措

——完善和落实民间资本办学的扶持政策。鼓励有条件的地区由财政牵头组建教育发展基金,完善和拓宽基金功能,设立民办教育专项扶持项目。结合当地同类公办学校水平,对非营利性民办普通高中、中等职业学校和技工学校等民办高中段学校,根据其收费情况给予一定补助。加大用地、用房政策扶持,将民间资本投入公共教育领域的建设项目优先纳入土地利用总体规划和土地利用年度计划。完善针对非营利性民办学校或民办教育培训机构的出资人奖励制度,除给予财政奖励以外,每年还可从扣除必要成本和费用后的累计结余中提取一定比例资金,用于

对出资人进行奖励。

——支持民办教育机构的管理机制创新。坚持和完善非营利性、营利性民办学校分类登记和管理体系。探索建立民办学校"清单式"管理制度。优先扶持非营利性民办高校示范校、民办中小学非营利制度试点校建设。继续扩大民办学校招生自主权和收费自主权,继续放宽民办高校专业自主设置权。支持民办学校实现品牌化、连锁化和集团化发展。支持培育新型教育业态,鼓励发展互联网形态新型学校。完善政府购买服务机制、公办民办学校相互委托管理机制和第三方评估机制。

——鼓励民间资本参与普惠性学前教育。充分调动民间资本投资普惠性学前教育的积极性,通过购买服务、综合奖补、减免租金、派驻公办教师、免费培训教师、教研指导等方式,支持民间资本兴办普惠性幼儿园和0—3岁托幼机构。进一步完善普惠幼儿园的认定标准、补助标准、扶持政策以及保障机制,支持现有民办幼儿园向普惠性幼儿园转型。鼓励民间资本改造小区配套物业、闲置厂房、乡村办公用房、农村闲置校舍用于兴办普惠性幼儿园和0—3岁托幼机构,或由政府负责前期硬件装修及设备设施,再委托给有实力、有资质的民间资本运营。将民办普惠性幼儿园和公办幼儿园教师一并纳入当地教育行政部门的师资培养计划,在职称、评优、培训、社保医保等方面享有同等待遇。

——引导民间资本兴办产教融合的职业教育。引导民间资本参与产教融合建设试点,鼓励与职业院校(含技工院校)开展人才联合培养,提高职业技术教育的适配性,进一步加大职业教育对产业升级的智力支持和人才保障能力。鼓励有条件的地区创建产教融合园区,运用开发性 PPP 等新型合作模式吸引民间资本参与园区建设和职业教育事业发展。推动具有行业领先地位和技术创新优势的企业参与职业教育的课程体系设计和专业人才的培养培训工作。

2. 重大项目与重大工程

——民间资本参与教育"扩容"计划。鼓励民间资本以更加灵活多样的形式推动教育体系"扩容"。积极引导民间资本以实物出资、参股等方式参与中等职业学校和高等院校的实习实训基地建设,开展高校重点实验室、研究院、工程研究中心、科研创业孵化基地的共建,合作设立教育改革、研究、评估、咨询类中介机构,合作建设智慧教育平台和教育服务平台,合作开发专业课程等。支持民间资本兴办高端教育培训机构、特色老年教育机构以及青少年社会实践服务机构等。

——百所"民间资本特色办学示范校"培育计划。以"育人模式新颖、课程特色鲜明、教学方法创新、品牌效应明显"为标准,在全国范围内培育和评选百所民间资本特色办学示范校。对入选的民办示范校给予更大的办学自主权,并加大政策扶持力度。培育评选对象包括:多样化特色化普通高中、产教结合的中等职业学校、集团化的义务教育段流动人口子女学校、主要接纳外籍学生的国际学校等。定期对民办学校和民办教育培训机构开展质量等级评估,对办学行为规范、教学设施齐全、社会效益良好的办学单位,由基层财政给予一定的奖励性补助。

——"公民互通"协同发展工程。鼓励在公办学校和民办学校之间开展基于人才交流、技术交流和机制交流的深度合作。建立民办学校和公办学校之间教师工龄、教龄的互认机制,鼓励优秀专任教师在公办学校和民办学校之间以借调、兼职、聘任、顾问等多种形式开展流动任教。消除民办学校教师在社会保险、资格认定、职称评审、课题申报、培养培训、考核评价、专业发展等方面与公办学校教师之间的待遇差距。

(二) 养老服务

全面放开养老服务市场,切实发挥政府的主导作用和民间资本的主体功能,统筹推进养老事业和养老产业协同发展,全面建成"以居家为基础、社区为依托、机构为补充、医养康养相结合"的公共养老服务体系,基本实现"老有所养、老有所医、老有所为、老有所乐"目标。

1. 重大举措

——鼓励民间资本发展医养结合等多样化养老服务。培育养老新业态,支持民办养老机构积极兴办老年病院、康复院、医务室等内设医疗机构,并按规定申请纳入城乡基本医疗保险定点范围。支持民办营利性养老服务机构以需求为导向,切实提升服务能力,发展专业护理、功能康复、长期护理等高端养老服务,开展自主差异化定价和"一照多址"连锁经营。通过用地保障、委托管理、信贷支持、政府采购以及一次性开办补助等方式,引导民间资本兴办养老服务、老年康复等社会福利机构以及中医医疗、中医养生等保健机构。鼓励民间资本从事专业化养老服务设施的研发、生产、销售或进入老年生活服务、饮食服装、营养保健、休闲旅游、文化传媒、养老金融等公共养老服务的衍生市场。

——加大民办养老服务机构的人才保障力度。支持民办院校加强养老服务、医养结合、照料护理等涉老领域的学科建设,实施定向资助和委托培养计划。对于相关专业毕业生在非营利性养老机构连续工作满 3 年的,由基层财政给予一次性入职奖补。进一步完善以职业操守、实践能力、从业年限为导向的职称评定和技能等级评价制度,拓宽养老服务人员的职业发展空间。鼓励民办养老机构积极开发老龄人力资源,返聘一批经验丰富、身体健康的退休人员从事养老事业。在全国养老服务机构中开展"技能比武",评选一批优秀养老护理员,在居住落户、住房保障、子女就学等方面给予相应优待。

——支持民间资本参与公办养老服务机构改革。鼓励民间资本通过合资、合作、参股、收购、租赁等方式,参与公办养老机构改革。扩大养老机构和养老设施的公建民营范围,进一步完善公建民营养老机构管理办法。放宽准入门槛,支持公办养老机构通过技术合作、品牌输出、实物出资、服务外包等方式与民间资本开展合作,探索跨区联合、资源共享、连锁运营、异地互动养老等新型业务。

2. 重大项目与重大工程

——民间资本参与居家社区养老服务工程。采取经费补助、购买服务、增设公益性岗位、协调指导等方式,支持民间资本对闲置的医院、厂房、学校、办公楼等政府性资产及商业设施进行整合改造,提供生活照料、家政服务、康复护理、助餐助行等"菜单式"养老服务。鼓励社会资本参与或牵头建设居家养老服务中心、日间照料中心等社区嵌入式养老服务平台。有条件的地区可采取委托管理方式,将社区养老服务设施无偿或低偿交由具有相关经验和专业团队的民间资本负责运营。

——普惠养老城企联动专项行动扩大计划。继续稳步推进《普惠养老城企联动专项行动实施方案(2019 年修订版)》,并以此为指引,按照"政府支持、社会运营、合理定价"的原则,进一步扩大实施范围和财政支持力度。引导乡镇及有条件的农村地区系统规划养老服务体系。鼓励民间资本采取多种方式参与普惠养老事业的发展,进一步扩大养老服务的有效供给。采取财政投入、政策支持、信用管理、投融资优惠、平台推广等方式,努力降低民间资本建设运营普惠养老机构的实际成本,进一步提升普惠养老的服务质量。

——民办养老机构养老护理员能力提升计划。支持民办职业院校、培训机构设立养老护理员培训基地,开设养老服务、医养结合、科技助老等课程。统一养老服务业培训教材、职业技能等级和评价标准,确保民办、公办养老机构的从业人员享受平等的教育机会。支持建设教育培训云平台和养老护理员数据库,并向民办养老机构平等开放。推行养老护理员终生培训、职业资格鉴定和持证上岗制度。

——民间资本参与农村养老集中安置工程。支持农村地区将村"两委"、村卫生室、农家书屋等集体资产或农民宅基地,无偿委托民间资本建设符合标准的农村幸福院、康养中心以及综合服务站点,优先保障农村特困老人、留守老人以及政府其他供养对象的养老需求。采取购买服务、税费减免、增加"公益性岗位"数量等方式对民间资本参与农村养老集中安置工程给予扶持。

——"人工智能+"养老服务工程。依托物联网、云计算、大数据、移动互联网等信息技术和新型基础设施,搭建公共养老服务平台,并平等向民办养老服务机构开放。采取经费补助、政府采购、税收优惠等方式,支持民间资本参与智慧健康养老应用试点建设并开展基于互联网的养老健康服务。制定智慧健康养老产品及服务推广目录,鼓励民间资本开发具有智慧助老、实时监测、健康预警等功能的智能机器人、适老化设计的可穿戴设备以及终端操作系统。

（三）公共医疗

切实发挥民间资本在推动医疗事业发展中的积极作用,构建"政府主导、社会参与、办医主体多元、办医形式多样"的公共医疗服务体系,全面推动健康中国建设。

1. 重大举措

——鼓励民间资本进入特定的细分医疗领域。持续深化医疗服务供给侧改革,鼓励民间资本紧扣人民群众的实际需求,提供便捷的全科服务、精准的专科服务以及高端的特色医疗服务。坚持中西医并重,大力发展中医药事业,支持民间资本参与高水平中医馆、全科诊所的建设运营,为群众提供全方位、全周期的健康服务。支持民间资本进入细分医疗领域,在眼科、骨科、口腔、妇产、儿科、医疗美容等专科以及康复、护理、体检等领域,加快打造一批专业化医疗机构。鼓励民间资本围绕严重肿瘤、心脑血管、糖尿病等重点疾病引入国际尖端医疗资源,提供以先进诊疗技术为特色的精准医疗和特需医疗服务。

——鼓励民间资本参与组建规模化医疗机构。引导民间资本参与公立医院的改制,或联合公立医院投资建设优势学科和综合性医院,参与申报国家医学中心和区域医疗中心,开展重大疾病的科技攻关和临床防治。对于民营医疗机构通过医院等级评审或学科被列为重点学科和重点专科建设项目、获批相关科技计划项目等,实行与公立医疗机构同等的奖补政策。在部分重点领域为社会办医留出发展空间,鼓励民间资本主导设立专业化医院管理集团,助推高水平、规模化、规范化发展。鼓励境外资本、境外医疗机构与国内医疗机构、企业及其他经济组织以合资、合作等形式设立高水平的综合性医疗机构。

——优化民间资本办医的审批流程。督促各地落实民营医疗机构跨部门、全流程综合审批指引,全面清理不合理的前置审批事项,简化相关审批流程,进一步明确并缩短审批时限。鼓励有条件的地区为民间资本申办医疗机构相关手续提供一站式服务。鼓励拥有办医经验和专业团队的民间资本以合资合作、收购兼并、融资租赁等多种方式参与公立医院改制重组。在符合规划总量和结构的前提下,取消对社会办专业护理机构的数量和地点限制。鼓励符合条件的民营医疗机构申报成为医疗保险定点单位,实行与公办医院同等标准的年度审核。

——大力发展普惠型商业健康保险。鼓励民间资本发展普惠型商业健康保险,拓展商业健康保险的广度,力争到"十四五"末覆盖率达 50% 以上。发挥商业健康保险的风险管控优势,加大与家庭医生签约服务的紧密结合,实现健康管理的关口前移,进一步增强居民抵御健康风险的能力。提升商业健康保险的赔付水平,更好发挥商业健康保险在分担居民就医负担中的积极作用,力争到"十四五"末商业健康保险的赔付额占卫生总费用比例达5%以上。

2. 重大项目与重大工程

——民营医疗机构"招才引智"计划。鼓励民营医疗机构委托大中专院校开展定向人才培养、培训以及面向社会自主招聘卫生技术人员。有条件的民营医疗机构可参照公立医疗机构卫技人员标准参加补充养老保险和企业年金制度。民营医疗机构在学科建设、职称评定、学术活动、科研立项、成果鉴定等方面享受与公立医疗机构同等待遇。鼓励采取对口支援、多点执业、挂职锻炼、进修学习等方式,加大民营医疗机构和公立医疗机构之间的人才流动和互动交流。支持民营医疗机构设立高校毕业生实践基地,对其引进的高层次人才,享受当地人才引进的相关规定。

——民间资本兴办康复医疗机构专项计划。引导民间资本充分发掘中医药等传统医学的独特优势,加大在康复医疗领域的投资力度,补全医疗后端环节,减轻临床医疗体系压力,优化全链条医疗资源配置。支持培育一批民办康复机构,重点扶持脑瘫、孤独症以及视力、听力、言语等方面障碍的儿童康复机构和中风、慢性病、卧床等方面的老年康复机构发展。鼓励民办康复医疗机构与临床治疗、预防医学之间的深度合作和信息共享。

——民间资本兴办专业护理机构专项计划。采取特许经营、公建民营、民建公助等模式以及购买服务、合资合作等方式,支持民间资本兴办非营利性专业护理机构,并承接长期护理服务。鼓励民间资本增设长期照护、特殊护理、安宁疗护等医养结合病区,在执业科目审批、大型医疗设备配置、床位设置等方面予以优先落实。鼓励民营医疗机构将闲置床位改造为长期护理床位,增强长期护理的供给能力,更好满足老年人口的长期护理需求。

（四）其他领域

鼓励民间资本参与发展公共文化产业和体育产业,扩大新兴文体领域消费,为经济发展增添新动能。支持商业保险机构参与经办社会保险项目,提高社会保险经办效率,构建多层次社会保障体系。引导民间资本参与保障性安居工程建设,构建"多主体供给、多渠道保障"的住房保障体系。

1. 重大举措

——鼓励民间资本参与公共文化服务体系建设。鼓励民间资本通过多种方式参与基础文化设施建设、公益性文化产品和服务供给、重大文化惠民工程、重大公益性文化活动以及其他公共文化服务。采取政府采购、项目补贴、定向资助、贷款贴息、税收减免等措施,引导民间资本参与电影院、剧场、文化馆、图书馆、博物馆、美术馆等公共文化基础设施建设。支持民间资本组建具有公益性和准公益性特征的文化社团组织并举办群众集体文化活动,直接面向社会公众提供公共文化服务。支持民营文化企业的产品和服务通过招投标等方式进入政府采购目录,参与重大文化惠民工程和文化活动的冠名、组织、运营和服务。深化文化体制改革,鼓励民间资本以项目合作、资本合作等方式参与文化类事业单位的转型改制。加快建设文化产权交易市场,鼓励民间资本通过文化产权交易所等渠道进入文化领域。

——引导民间资本有序进入公共体育领域。探索体育场馆规划建设新模式,在投资核准、融资服务、财税政策、土地使用、运营管理等方面对民间资本投资建设体育场馆给予支持。在确保公共体育场馆的公益属性和主体功能的前提下,积极探索所有权和经营权分离的运营模式,鼓励民间资本参与体育场馆的经营管理。扩大民间资本在体育健身领域的投资比重,培养群众的体育健身意识,引导公共体育消费。鼓励民间资本以冠名、特许、专营和合作等方式承办国内外高水平体育竞赛活动。鼓励民间资本投资职业俱乐部和体育中介机构。支持民间资本联合地方政府、金融机构等共同组建体育产业投资基金,不断拓宽体育产业的融资渠道。

——引导民间资本参与保障性安居工程建设。鼓励和引导民间资本根据当地的保障性安居工程建设规划和年度计划,通过多种方式参与老旧小区综合治理、廉租住房、公共租赁住房、棚户区改造住房等保障性安居工程建设。鼓励民间资本参与老旧小区加装电梯、补建停车设施、配建服务设施等,形成地方政府、民间资本、社会公众共同参与改造和治理的良好格局。适当放宽民间资本参与保障房建设的容积率、建筑密度、绿地率等规划指标限制,鼓励集约节约用地。对参与保障房建设的民间资本提供信用增级、贷款贴息、政策性贷款等支持并在企业所得税、个人所得税、增值税等方面给予相应减免。

2. 重大项目与重大工程

——新兴文化产业民间资本“领航”工程。鼓励民间资本进入新兴文化产业,更好发挥其在数字媒体、影视、动漫、游戏、文化旅游、文化会展、创意设计、网络文化产业等领域的创新引领作用。采取政府采购、战略合作、特许经营等方式鼓励民间资本参与“互联网+”文化服务体系建设,在全国范围内建成一批民间资本主导、前沿科技与文化要素深度融合的智慧数字文化项目,提升公共文化服务的传播力和影响力。鼓励在新兴文化产业具有领先地位的市场主体利用信贷、信托、基金、债券等多种金融工具进行融资,或通过并购重组、公开上市等方式做大做强主业,提供更加优质的公共文化服务。

——公共体育“新增长极”培育工程。在大众体育健身、群众体育赛事和体育用品生产经营三个领域鼓励民间资本进入,更好发挥民间资本的技术优势、市场优势和管理优势。支持民间资本开发和引进健康有益、生动有趣的健身休闲项目并做好技术指导和安全监管,满足群众多元化体育健身需求。鼓励民间资本进入体育旅游、户外拓展、极限运动、电子竞技等新兴体育产业领域。积极探索建立重大体育赛事和体育活动的市场化运作机制。鼓励民间资本从事体育用品研发、生产和销售活动,着力扶持、培育一批拥有自主品牌、比较优势和竞争实力的体育用品企业。

——"社保商办"合作新领域拓展计划。鼓励商业保险机构有序开发面向在校学生和幼儿的校方责任险、意外伤害险;开发面向农村居民、城镇低收入人群、残疾人的普惠保险;开发满足新业态从业人员、灵活就业人员的保障需求、适合中小微企业的保险产品及业务。在医疗保险领域,鼓励商业保险机构配合社保部门共同推动医保支付方式改革和以提高医保服务绩效为目标的医疗费用管控。鼓励商业保险机构按规定开展医保资质认定、医疗费用审核、健康管理服务、异地医疗经办、三个目录维护、医疗费结算、风险控制系统建设以及协助对定点医疗机构稽核检查等工作。鼓励民间资本运用互联网、大数据等现代技术,协助开发健康管理服务平台,为参保对象及基层医疗机构提供疾病预防、就医指导、远程会诊、双向转诊和异地结算等服务。

——老旧小区综合改造的金融撬动计划。积极开展老旧小区综合改造项目的投融资模式创新,鼓励商业银行加大信贷规模、创新金融产品、优化贷款流程,吸引更多民间资本参与保障性住房建设。支持民营房地产企业和物业管理公司发行企业债券或中期票据,专项用于老旧小区综合改造和其他保障性安居工程建设。积极试点保险资金、企业年金基金、城市发展基金、房地产信托投资基金等金融工具,拓宽保障性住房建设和老旧小区综合改造的投融资渠道。扩大房地产投资信托基金的试点范围,建立民间资本在保障房建设和老旧小区改造项目中的退出渠道。

四、鼓励和引导民间资本参与公共服务体系建设的保障措施

鼓励和引导民间资本参与公共服务体系建设,不仅需要从法治保障、财税政策、金融工具、要素市场等方面为民间资本创造良好的外部环境和支撑条件,还需要从实施工具和评价体系两方面为民间资本参与公共服务体系建设提供有力保障。

(一) 加快相关立法进度

加快出台《民间投资促进法》,推动政府和社会资本合作(PPP)领域的立法工作,确保民间资本参与公共服务体系建设有法可依和有法必依。从法律上处理好

营利性和非营利性的关系,依法解决民间资本参与公共服务体系建设过程中的公平竞争、合理回报和投资退出等问题。加大对民间资本合法权益和平等主体地位的法律保障,修订完善公共服务领域公平竞争审查实施细则,清理废除妨碍统一市场和公平竞争的各种规定。完善公共服务领域准入、运营、退出的监管体系,并保持规则、标准的相对稳定。对民间资本从事营利性公共服务的,尽可能减少行政干预、放松收费管制,保障其自主经营权,鼓励开展规模化、一体化、品牌化运营。

(二) 完善财税支持政策

采取购买服务、贷款贴息、财政奖补、风险补偿、运营补贴以及一次性补助等财税政策,鼓励和引导社会资本参与公共服务体系建设,尤其加大对落后地区、薄弱环节以及人口导入区的投入。对民办非营利性公共服务机构免征行政事业性收费,对营利性机构减半征收。在企业所得税、个人所得税、关税等方面出台优惠政策,并允许通过加速固定资产折旧等会计政策,支持民间资本加大公共服务产品研发、固定资产投入以及科技成果转化的力度。对符合规定的民办公共服务机构自用的房产、土地,在一定期限内免征房产税、城镇土地使用税。适当放开公共服务市场,鼓励境外资本参与大部分公共服务体系建设,并享有与境内民间资本同等的财税优惠政策。

(三) 加大金融扶持力度

鼓励搭建公共服务领域涉及融资、担保、金融服务的公益性平台。支持民办营利性公共服务机构积极对接多层次资本市场。拓宽信贷抵押物范围,探索以有偿取得的土地、设施以及知识产权、股权、应收账款、收益权等开展抵质押融资或通过股东保证、联合担保、股东其他股权质押等方式申请银行贷款。鼓励银行金融机构在依法合规、风险可控、商业可持续的前提下,开发有利于民间资本融资并定向投入公共服务领域的创新性金融产品,合理确定贷款利率和还款周期。引导担保机构针对民办公共服务机构提供信用担保支持,鼓励有条件地区设立以民间资本为主体、实现市场化运作的公共服务类产业投资基金。探索扩大公共服务领域不动产信托投资计划(REITS)试点范围。

(四) 推动要素市场改革

推动土地、资金、技术、数据等要素的制度改革,完善要素市场体系建设。搭建投资信息综合服务平台,促进要素价格市场决定、配置高效公平,消除要素在不同所有制主体之间自由流动的障碍,确保民间资本平等获取各类要素。支持民间资本采取合资合作、受托运营、租赁购买等方式,参与盘活公共服务领域的存量国有资产。不断深化户籍、职称、人事等方面制度改革,进一步健全公共服务领域从业人员培养、准入、使用、流动、待遇保障、考核评价和激励约束机制。

（五）大力推广PPP模式

进一步完善PPP政策体系,赋予民间资本平等的市场地位,坚定其长期投资运营的信心。根据公共服务体系建设的现实需要和民间资本的合理诉求,积极优化PPP业务流程、扩大PPP适用范围,最大限度挖掘民间资本潜能,以更低成本、更高效率提供更具性价比的公共服务。探索将区域内某类公共服务统一打包,通过PPP模式交由具有专业能力的民间资本建设运营或将多类公共服务项目统一装入区域整体开发范畴,运用开发性PPP模式提供一揽子实施计划。

（六）构建综合评价体系

针对公共服务领域的具体行业,按照"适应需要、质量优先、价格合理、多元供给"原则,对公共服务机构实行分类管理。逐步建立全覆盖、全方位、全过程的质量评价体系和监管机制,推动城乡、区域、不同所有制之间公共服务评价标准的有效衔接。鼓励民间资本参与组建公共服务的第三方实时监测和质量评价机构,提供质量检测、科学评估、调查咨询等业务。建立公共服务绩效评价结果与财政支出额度直接挂钩的政府付费机制。定期开展公共服务机构等级评比活动,建立公众反馈评价机制和评估结果报告及社会公示制度,营造竞争有序、奖优罚劣的市场环境。

（课题组成员：刘尚希　韩凤芹　朱坤　张琦　朱小玉）

扩大中等收入群体比重研究

扩大中等收入者比重是产业结构优化的重要途径,也是稳定渐进的工业化力量。中等收入者不仅是维护社会稳定的中坚力量,也是释放消费红利的主力军。确立扩大中等收入者的战略,明确中等收入者比重增长的目标,关系到经济社会转型与改革的全局,对于协调重大利益关系、形成广泛的改革共识、提振社会对改革的信心具有重大意义。在我国经济增速放缓的背景下,出现居民收入增速下降、收入差距高位运行、消费贡献低迷、社会稳定风险抬头等问题,研究扩大中等收入者问题,不仅可以为缩小收入差距和增强消费动力问题提供出路,而且对于我国经济社会"调结构、稳增长、促发展、保稳定"具有重要战略意义。

一、中等收入者的界定标准

(一) 单纯使用绝对或相对标准带来的问题

中等收入者的相关论述最早来自西方"中产阶层"的概念,指处于社会中间位置的人群。虽然各界对"中等收入者"有着概念上的共识,但在具体量化标准上却有很大差异。有的基于阶层、职

民生福祉

业、教育、主观认同等定性指标,有的基于消费、财富、收入等经济指标,有的采用绝对标准,有的采用相对标准。基于不同标准估算出的我国中等收入者比重差别很大(见图1)。比如,在对 2012 年中等收入者比重的估算中,最高值为 54.00%(Dominic Barton 等,2013),最低值为 7.70%(李春玲,2013);在对 2025 年的预测中,最乐观的结果是 59.40%,最悲观的则为 19.80%(Diana Farrell 等,2006)。

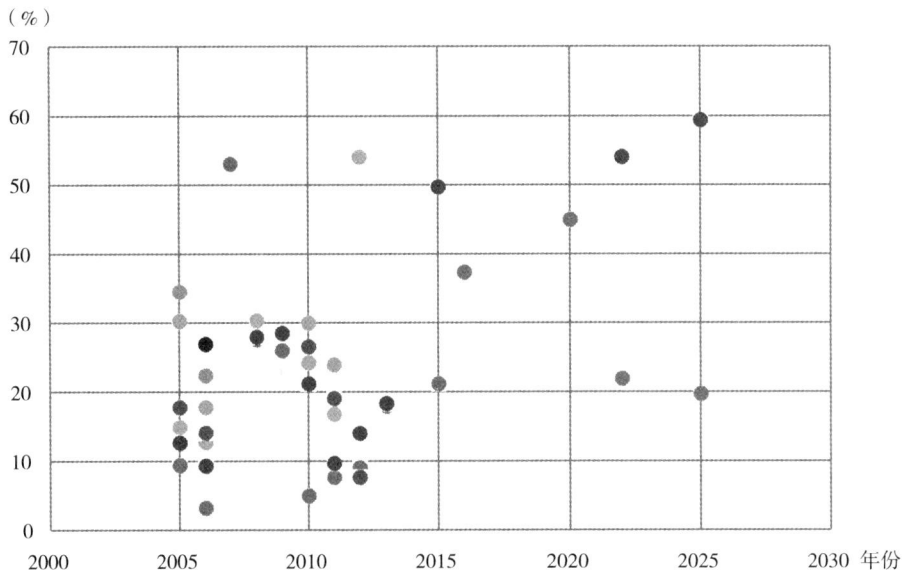

图 1　文献估算出我国不同年份中等收入者比重

注:横轴是年份;纵轴是中等收入者比重;图中的每个圆点代表每个报告的结果。

(二) 绝对与相对结合的国际可比较标准

在收入、消费、教育、职业等众多指标中,我们认为宜采用"收入指标"。收入是一个能动态反映教育、职业、技能等综合结果的指标,而且不同时间点、不同地区人们的收入在调整后具有很好的可比性。在各类收入指标中,宜进一步选取"户人均可支配收入中位数"作为基准。由于绝对和相对的界定标准都会带来一定问题,因此需要综合相对和绝对的指标。

经比较后,本报告选取全世界 230 多个国家各年份收入中位数的 67%—200%作为界定标准。此标准有两个优点:一是便于作纵向比较,可以估算随着时间的推移我国中等收入者比重的变化趋势;二是便于作横向国际比较,寻找出我国与发达国家存在的差距,便于制定更有针对性的政策。具体而言,先根据世界银行每年份所有国家的人均国民收入,经人口加权后找到全球收入的中位数,然后把这个中位数的 67%与 200%,作为当年我国中等收入者的上下线。

从图 2 中发现,本报告的中等收入者下线与五等分组里最高组的门槛值有可比性。改革开放初期,我国大多数居民收入都很低,离全球平均水平有很大差距,因此本报告使用全球水平界定的中产下线比我国最高 20% 居民的门槛值还要高很多;但是到了 2007 年和 2013 年,随着我国整体经济的增长,全球中产下线已开始略低于我国最高 20% 组的门槛值了;到了 2018 年我们界定的中产下线标准,已明显低于五等分组中最高 20% 组的门槛值了。

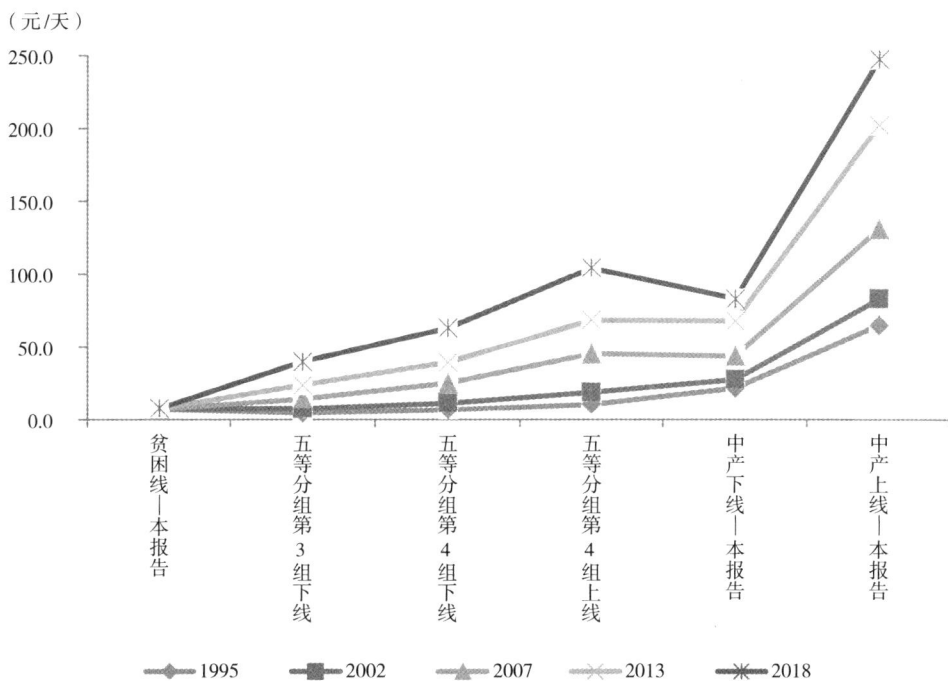

图 2　本报告的中等收入者界定标准与五等分组方法的比较

除了统计局常用相对方法定义的五等分组外,表 1 还比较了全球最为常用的经济合作与发展组织(OECD)标准,即用户人均收入 10—100 美元(2005 年 PPP)作为中等收入者的下线和上线。另外,国家统计局曾采用两种定义方式:一是 2010 年价格下家庭年收入介于 8 万—40 万元之间的家庭,二是 2017 年价格下家庭年收入介于 9.5 万—47.6 万元之间的家庭,被定义为中等收入家庭。

表 1　界定中等收入者的上下线 　　　　　　　　　　　　　　　(元/天)

界定方案		上下线	1995	2002	2007	2013	2018
本报告	世界人口收入中位数 67%—200%(当年价格)	下线(户人均收入)	22.0	28.0	44.0	68.0	83.0
		上线(户人均收入)	65.0	83.0	131.0	202.0	247.0
OECD	10—100 美元 (2005 年 PPP)	下线(户人均收入)	28.0	32.2	37.6	46.5	50.9
		上线(户人均收入)	280.0	322.0	376.0	465.0	509.0

续表

	界定方案	上下线	1995	2002	2007	2013	2018
国家统计局	五等分组最高第4组	下线(户人均收入)	6.7	11.2	25.1	39.4	62.9
		上线(户人均收入)	10.5	18.8	45.4	68.3	104.2
国家统计局	家庭年收入8万—40万元(2010年价格)	下线(户收入)	149	170	199	246	269
		上线(户收入)	744	852	995	1231	1347
国家统计局	家庭年收入9.5万—47.6万元(2017年价格)	下线(户收入)	162	177	201	243	266
		上线(户收入)	813	887	1009	1216	1331

注:根据不同标准计算特定年份的标准。

(三) 各种定义标准下的结果比较

表2是不同标准下我国各年份的中等收入者比重。从中发现本报告的测算结果与国家统计局的结果非常接近,但远小于 OECD 这个更宽标准测算的结果。另外,虽然不同标准下估算出中等收入者比重存在差异,但都显示我国中等收入者比重在稳定提高。2018 年中等收入者比重为 29.4%,人口规模为 4.1 亿人左右。

表 2　不同标准下我国中等收入者比重比较　　(%)

		界定方案	1995	2002	2007	2013	2018
本报告	绝对和相对结合	世界人口收入中位数的67%—200%	3.6	10.0	20.2	27.3	29.4
OECD	绝对标准	10—100 美元(2005年PPP)	1.4	7.4	27.2	46.1	54.2
国家统计局	绝对标准	家庭年收入8万—40万元(2010年价格)	0.3	1.8	9.7	24.7	28.9
国家统计局	绝对标准	家庭年收入9.5万—47.6万元(2017年价格)	0.24	1.55	9.5	25.4	29.4

注:根据不同标准计算特定年份的标准。

二、中等收入者比重及变化趋势

(一) 我国中等收入者比重持续扩大

利用本报告的界定标准,发现 2002 年我国仅有 10% 的人口属于中等收入者。随着我国经济的高速发展和居民收入的提高,中等收入者比重在 2007 年和 2013 年分别增长到 20.2% 和 27.3%,2018 年又进一步扩大到 29.4%。近 20 年来我国中等收入者比重在快速提高。虽然我国中等收入者比重依然偏低,但绝对规模还是相当可观。2018 年我国中等收入者人口规模已达 4.1 亿人,是当年美国总人口的 1.25 倍。

表 3　各年份我国各收入组所占比重　　　　　　　　（%）

	1995	2002	2007	2013	2018
贫困人口	60.7	40.2	14.8	3.6	2.7
低收入者	35.6	49.5	63.5	67.0	64.8
中等收入者	3.6	10.0	20.2	27.3	29.4
高收入者	0.1	0.4	1.5	2.1	3.1
总计	100	100	100	100	100

注:基于各年份的 CHIP 数据计算而得。贫困人口与低收入者的分界线是国际贫困线 2 美元。

(二) 国际比较发现我国中等收入者比重偏低

在本报告的同等标准下,近两年英国和德国的中等收入者比重都在 60%以上,虽然美国的中等收入者比重为略低的 45.2%,但其高收入者占到 44.6%。俄罗斯的中等收入者比重也达到 52.9%。因此,与较发达国家相比,我国中等收入者比重依然偏低,扩大中等收入者规模任重而道远。

(三) 我国中等收入者比重的未来趋势预测

1. 经济增长是扩大中等收入者比重的最主要来源

为识别收入增长和收入分配格局变化对中等收入者规模的影响,我们假定 2013 年收入分配格局不变,认为 2013—2018 年间分组收入增长率与国家统计局数据相同,这样可算出仅收入增长下 2018 年中等收入者的模拟比重,并与 2018 年实际的中等收入者比重作比较。

表 4 发现,2013 年之前我国中等收入者比重的提高,约有 90%是来源于居民收入的增长,只有约 10%是来源于居民收入格局的变化。而到了 2013—2018 年间,我国新增的中等收入者几乎全都源于居民收入的增长。由此看出,保持一定的经济增长速度,对提高我国中等收入者比重至关重要。

表 4　假定收入分布不变情况下的中等收入者比重与实际比重比较　　（%）

	假定自 2013 年起收入分配结构不变,仅收入增长情况下 2018 年中等收入者比重	2018 年实际中等收入者比重
全国	30.5	29.4
城市	53.0	45.0

续表

	假定自 2013 年起收入分配结构不变, 仅收入增长情况下 2018 年中等收入者比重	2018 年实际 中等收入者比重
农村	9.1	6.6
流动人口	34.9	42.4

注:作者根据 2013 年和 2018 年 CHIP 数据计算。

2. 再分配政策扩大了中等收入者比重,部分政策起逆向效果

我国财政转移支付、税收政策、社会保障制度为主要支柱的再分配体系,使中等收入者比重从 23.39% 上升到了 29.38%,提高了 5.99 个百分点,效果比较明显。然而,其中缴纳各项保险费使中等收入者比重下降了 1.26 个百分点,养老保险费对中等收入者比重的负向影响大于医疗保险费、失业保险费及其他缴费,这反映出中低收入人群缴纳各项费用的负担较重,使部分脆弱的中等收入者"跌落"为低收入者。个人所得税使一部分高收入者变为中等收入者,从而小幅提高了中等收入者比重,但整体效果非常微弱,没有起到政策应有的显著作用。

表5　我国主要公共政策对中等收入者规模的影响　　　　（%）

		中等收入者比重	中等收入者 比重的实际变化	中等收入者 比重的变化率
总体	市场收入	23.39	—	—
	可支配收入	29.38	5.99	25.61
社会保险	市场收入	23.39	—	—
	-各项缴费合计	22.13	-1.26	-5.39
	-养老保险费	22.46	-0.93	-3.98
	-医疗保险费	23.02	-0.37	-1.58
	-失业保险费	23.38	-0.01	-0.04
	-其他缴费	23.37	-0.02	-0.09
个税	市场收入	23.39	—	—
	-个人所得税	23.45	0.06	0.26
转移支付	市场收入	23.39	—	—
	+公共转移收入	29.92	6.53	27.92
	+离退休金	28.89	5.50	23.51
	+城镇居民养老金收入	23.65	0.26	1.11
	+农村居民养老金收入	23.48	0.09	0.38

续表

		中等收入者比重	中等收入者比重的实际变化	中等收入者比重的变化率
转移支付	+其他养老收入	23.44	0.05	0.21
	+低保金	23.40	0.01	0.04
	+社会救济收入	23.44	0.05	0.21
	+政策性生活补贴	23.49	0.10	0.43
	+医疗报销款	23.76	0.37	1.58
	+从政府和社会组织所得实物收入	23.42	0.03	0.13
	+各种农业补贴	23.46	0.07	0.30

3. 未来我国中等收入者比重将持续提高

借鉴国际权威机构 OECD 在《2035 年世界经济展望》的做法,假定从 2020 年到 2035 年世界经济年均增长率为 3%,再利用 2018 年的世界各国人均 GNI 的信息,进而估算出 2025 年、2030 年、2035 年所有国家人均 GNI 中位数,并把此中位数的 67%、200% 作为我国 2025 年、2030 年、2035 年中等收入者的上下线。

表 6 在同样收入分布不变的假设下,按收入年均增长率不同情境预测了我国中等收入者比重。如果增速为 6%,到 2025 年和 2035 年我国中等收入者比重将分别达到 37.7%、44.3%。如果增速下降至 3%,则我国中等收入者比重就只能徘徊在 29.4% 的水平,由此保持一定的经济增长速度对于扩中政策相当重要。

表 6 不同增长率下我国中等收入者比重 （%）

年增长率 \ 年份	2025	2030	2035
6	37.7	41.8	44.3
5	35.1	38.0	40.7
4	32.1	33.9	35.4
3	29.4	29.4	29.4

注:表 6 最后一行各年份对应的中等收入者比重都相同的原因是:假定世界人均 GNI 年增长率为 3%;当假定 2020 年后我国年人均收入也为 3% 时,意味着人们收入都以相同的速度在增长,所以据此估算出中等收入者比重没有发生变化。

三、我国中等收入者的主要特征

（一）我国中等收入者整体特征

主要分布于东部城市地区或发达的省份。约 53% 的中等收入者居住在东部地区。人均 GDP 越高的省份、人均可支配收入越高的省份、城镇人口所占比重越高的省份,则中等收入者所占比重也越高。

受教育程度以高中学历为主。成年中等收入者的平均受教育年限为 11 年,贫困人口和低收入者为明显偏低的 7.6 年和 8.4 年。成年人中等收入者主要为高中学历,低收入者和贫困人口则主要为初中及以下学历。

我国中等收入者储蓄率偏高。中等收入者的储蓄率在 40% 左右,高于低收入者和贫困人口的储蓄率,这意味着中等收入者负担较重,使得预防性储蓄明显更高;相反,中等收入者的边际消费倾向较低,明显低于同等类型国家中产群体的边际消费倾向。

更多是工薪阶层,而不是企业主等商业人员。按收入来源分,我国约 3/4 的中等收入者都属于工薪阶层。60% 以上的中等收入者都以工资性收入为主,仅有 14% 左右的中等收入者以经营性收入为主。财产性收入在中等收入者的可支配收入中的占比仅为 10% 左右,远低于发达国家中的这一比值。未来要扩大中等收入者的比重,增加财产性收入来源是重要途径之一。

对政府的认同感比其他群体更高。中等收入者位于收入中间阶层,是国家经济发展的最大受益者,他们拥护执政党和政府的路线、方针、政策,对政府工作和社会问题持更积极态度,综合满意率超过 85%,明显高于其他群体的 78% 左右。因此扩大中等收入者比重,明显有利于政府工作和社会稳定。

(二) 中等收入者的内部差异

白领是中等收入者的主要构成。若按职业分,我国约 1/3 为党政机关企事业单位负责人、专业技术人员和办事人员(即通常所称的"白领人员")。约 1/4 的中等收入者为商业服务业人员,另有 16.2% 为生产运输设备操作人员,从事农业生产的农民仅约 4%。

中等收入者大多数是城市居民。若按户口和流动状况分,我国约 3/4 的中等收入者都属于城市居民,有 10% 左右的中等收入者是拥有农村户籍且居住在农村地区的农村居民,另有约 17% 的中等收入者是流动到城市工作的农民。

中等收入者的内部差异很大。纵然在中等收入者内部,再划分为五等分组后发现,中等收入者内部的异质性很强。无论是居民收入结构来源、财产投资结构、边际消费倾向系数和消费支出结构等,都存在明显的区别。

(三) 潜在中等收入者的规模特征

对下线很敏感,扩中潜力很大。我国收入分配结构是典型金字塔状的结构,因此中产者对下线很敏感,下线降一点则中产规模会大幅上升。若将收入介于下线的 80% 与下线之间的人群视为潜在中等收入者,则在全国所占比重约为 10%,约有 1.39 亿人。

农村的中等收入者增加潜力巨大。由于农村人口规模庞大,相当一部分属于中低收入者,伴随着经济增长和收入增加,他们会逐渐成为中等收入者。若农村的收入增长率能够维持过去的趋势,在 2030 年农村中等收入者规模占比能够达 23%,比 2016 年会增加 17 个百分点。

潜在者约一半分布于东部地区主要是白领及制造业从事人员。我国中等收入潜在者约一半分布于东部地区,整体受教育水平很低,一半以上都为初中及以下学历。职业主要是商业服务业人员和生产设备运输操作人员;主要集中于制造业、批发和零售业、居民服务修理和其他服务业等行业。多数潜在中等收入者主要工作于私有部门,主要为个体户和工作于私营企业的员工,仅有很少数工作于公有部门或从事农业生产,所以要大力发展民营经济、私营企业,仅仅依靠发展农业、依靠发展国有大中型企业是不够的。

四、中等收入者存在的主要问题

(一) 分布不平衡

我国中等收入者的分布不平衡,约 91% 的中等收入者为城市居民(包括流动人口在内),居住在农村地区的中等收入者仅为 9%,这与庞大的农村人口规模不匹配。就地区分布而言,53% 的中等收入者都居住在东部地区,仅有 24.2%、22.1% 的中等收入者居住在中西部地区。

(二) 流动性大

发现在 2010—2016 年间,最低和最高收入者维持在原阶层的比重很高,分别达到 76% 和 42%,说明收入流动的固化现象不仅表现在底层收入者中,最高收入者的固化现象也明显,短期内难以实现各阶层之间跨越式变动。同时,由低到中、由中到低的流动比率都在上升,说明中等收入者的流动性或不确定性在增加。未来要使低收入者向中等收入者转变,在减少中等收入者向更低收入等级下降的同时,要想办法促进中、低收入者向更高收入等级转移,由此真正实现由不稳定的"上字型"社会向两头小、中间大的"橄榄型"社会转变。

(三) 认同感不足

很多个体虽然在客观标准上被划分为中等收入者,但是在主观认同感上却普遍较低。客观中等收入者与主观上认同的社会"中层"人群很不吻合,甚至存在明显背离。在 2016 年是客观中产的人群中,有超过 42% 的人认为自己是低收入群体。这可能是由于我国贫富差距快速扩大,大多数居民所占的收入份额较低,普遍存在"被平均"的现象,居民普遍存在焦虑感和被剥夺感。因此,个体虽然在客观上被划分为中等收入者,但在主观认同感上却普遍较低。

（四）负担重

教育、医疗和养老等高昂的生活成本,侵蚀了中等收入者的生活水平,制约了工薪阶层积累财富的能力,使得中等收入者的作用并没有充分发挥出来。中等收入者对美好生活的获得感并不强,其幸福感评价并不高于低收入者,其行为模式也并不比低收入者明显更优,这就使得本来在占比上就并不太多的中等收入者,就更没有发挥出他们应该要起到的作用。因此,迫切需要在教育、医疗和养老等方面的政策改革,要在住房保障、养老保障、医疗保障方面花较大力气完善相关制度,从而支持中等收入者减负。

（五）消费潜力没充分发挥

由于高收入阶层占有的比重很小,消费的绝对数量不是很大,而低收入阶层的消费能力有限,因此市场消费的主体应该是中等收入阶层。但与其他国家相比,我国中产群体的边际消费倾向仍然较低,内部也与其他收入群体接近。由于高房价、高物价和高意外支出等因素,特别是由于我国社会保障制度还没有健全,我国中等收入者普遍具有脆弱感和焦虑感,中等收入者的相当一部分收入被用来预防性储蓄,而用于消费的比例却并不高,这明显不利于扩大内需。

五、扩大中等收入者比重的政策方向

（一）保持必要的经济增长

收入稳定增长是实现橄榄型分配格局的最主要前提。在新形势下,居民收入增速可能放缓。这需要继续保持与居民增收有关的激励政策,增加国民收入在宏观收入分配中的份额等。在此基础上要进一步缩小收入差距,让低收入者从经济增长中获益,并成为中等收入者。需要进一步落实针对中低收入者的就业创业支持政策、技能提升相关政策,落实其他以中低收入者为主要对象的居民增收措施。

（二）提低而不是限高才是扩大中等收入者比重的出路

由于我国低收入者人数仍然很多,未来要扩大中等收入者比重,根本着力点还在于要增加低收入者的收入,使其进入中等收入者群体,而不是把高收入者的收入拉下来而成为中等收入者。2020 年实现现行标准下所有贫困人口的脱贫任务后,仍存在大量的其他低收入者。未来实行良好的社会保障制度和最低工资政策等,就有可能把相当一部分低收入者提为中等收入者。过去几年的政策经验表明,提低是"扩中"最为有效的手段,各种惠农资金、转移补贴和社会托底政策使得中等收入者比重持续扩大。所以说扩中政策的核心还在于"提低"这个方面。

（三）提高农民的收入水平是扩中的关键所在

西部及农村地区还存在相当大比例的中低收入群体,他们人口规模庞大,而且相当一部分在中等收入者的下线附近徘徊,有很大的潜力步入中等收入者行列,因此提高农民收入是扩中的关键所在。首先要提高农业劳动生产率,加快农业劳动力向非农产业转移;其次要通过合作社、农业公司,延长农业产业链,让农民不仅获取第一产业的利润,而且能分享到第二、三产业的利润;再次要深化农村土地制度改革,推进宅基地流转和置换方式创新,让农村居民能合理分享到土地升值收益。

（四）农民工是未来扩大中等收入者的主要来源

进城务工人员已经成为中国经济增长的重要动力来源,2019 年进城务工人员数量已经达到 2.9 亿人,占全国总人口的 21% 左右,约占全国劳动力数量的 36%。同时,进城务工人员的收入在过去经历了快速增长态势,部分高收入进城务工人员已经达到或超过中等收入门槛。根据国家统计局数据,2019 年全国进城务工人员人均月收入 3962 元,推算进城务工人员最高 20% 组的月均工资已达到 8420 元左右,远超各种标准定义的中等收入者门槛。可以说,由于进城务工人员数量庞大、相当部分进城务工人员的收入已达到该门槛,这使得进城务工人员是未来扩中的主要来源。要清理针对进城务工人员的各种歧视政策,逐步取消城乡隔离的户籍制度,防范进城务工人员失业返乡所带来的收入增长中断等。

（五）提高财产性收入是扩大并稳定中等收入者比重的重要途径

对于中等收入者来说,财产性收入通常都构成其收入的重要来源。当前美国中等收入者的财产性收入占比达到 20% 左右,日本的占 24% 左右,而瑞典的则能达到 30% 左右。相对来看,2018 年我国中等收入者的财产性收入占比不到 10%。未来要扩大并稳定中产收入者比重的重要着力点,就是要逐步放宽金融市场准入条件,深化以银行为主的金融体系改革,加快发展多层次资本市场,鼓励金融产品创新,开发适宜投资需求的金融产品,拓宽居民利息、股息、红利、租金、保险等财产性增收渠道。

(六) 进一步增强中等收入者的作用贡献

中等收入者是消费的主力军、经济增长的动力来源和社会稳定的压舱石。然而目前我国中等收入者的消费作用并没有充分发挥出来,中等收入者的边际消费倾向并不太高,其边际消费倾向仅比平均水平高出约 2 个百分点;而且,中等收入者的行为模式也并不比低收入者的明显更优。这就使得本来存量上就并不高的中等收入者,更没有发挥出应该要起到的作用。未来政策上要把增强中等收入者的获得感、存在感和安全感作为核心,通过制度设计和政策托底来减少他们面临的各种风险,从而达到增强自主意识、提升边际消费倾向和稳定行为模式的目的,并进一步提升中等收入者对经济增长和社会稳定的边际贡献。

六、扩大中等收入者比重的政策建议

(一) 着力改善营商环境是扩中的重要途径

大部分小微经营者、小商小贩等小型经营者都是中等收入者,因此通过简政放权、支持小商小贩的税收政策和改善营商环境就非常必要。要逐步放宽市场准入条件、优化市场竞争环境,进一步拓展城乡居民增收渠道,促进城乡居民收入结构不断优化。落实税收优惠、资金补贴等财税政策,促进中小企业和个体私营等经济发展,扶持劳动者创业,让失业、退役、残疾、毕业生从事个体经营的免除前置审批费用,免收各类行政事业收费等。切实保护产权、创新收益和其他合法权益,营造依法保护企业合法权益的法治环境。保护企业家的物权、债权、股权等基础性财产权,尤其是各种合法产权应平等重要、平等待遇、平等保护;依法平等使用生产要素,公开、公平、公正参与市场竞争,同等受到法律保护。

(二) 通过减负来稳定中等收入者

未来政策的核心,除了要进一步"提低"让低收入者成为中等收入者外,更重要的则是要稳定住已经存在的中等收入者。当前有一部分中等收入者掉入低收入者群体,其中主要是因病致贫、因学返贫所导致的,当然各种意外冲击也使得相当一部分中等收入者又重新成为低收入者。因此完善医疗保险、养老保险和失业保障等各种社会保障制度,增强政策的托底保护,应该是未来政策的核心。此外,教育、医疗和养老等高昂的生活成本在很大程度上侵蚀了中等收入者的生活水平,严重制约了工薪阶层积累财富的能力,所以有关教育、医疗和养老等方面的政策也需要进一步改革,增强政策的托底保护,从而支持中等收入者比重的稳定快速增长。

(三) 防止资产价格泡沫的大起大落

中等收入者大部分财富配置在房产上,部分中等收入者还拥有股票证券资产,股票和房产已经成为相当部分中等收入者的重要财富载体。近几年股市和楼市的异常波动,资金脱实向虚、金融体系内的自我循环等,反映了实体经济与虚拟经济的失衡。资本市场大起大落,对中低收入居民产生掠夺作用。地价、房价持续上升,严重增加了中等收入居民的负担。每次股市的大起大落,几乎都是对中等收入者的一次洗劫,房价过快增长则几乎把整个年轻一代从中等收入者拉入低收入阶层,因此必须稳定宏观政策,建立健全合理有序的房地产市场,变住房为消费性产品而非投机性商品,减少住房等的高消费支出,抑制资产价格泡沫,从而防止资产价格的过度上涨给中等收入者带来损害。

(四) 进一步提高财政转移支付的瞄准效率

在中国再分配体系中,政府转移支付对中等收入者比重的影响最大。政府转移支付使全国中等收入者比重提高了 6.53 个百分点,这也表明政府转移支付是一项最有力的累进性的收入分配调节政策。同时在公共政策的再分配效应中,保障房建设、低保、基本公共服务支出等财政政策能解释收入差距降低的 70%—90% 左右。因此要扩大和稳定中等收入者的最主要政策就是要在财政政策上努力,在于有针对性地提高低保扶贫政策的瞄准性,针对中等收入者的迫切诉求,切实解决中低收入者的生活负担,从而让更多的低收入者迈入中等收入者行列。

(五) 增加直接税比重以稳定中等收入者

目前我国仍然是一个以间接税为主的国家,缺乏直接税的直接调控,无法有效干预收入群体被固化的现象。遗产税草案自 2004 年提交人大立法讨论后,2013 年又重新退回到"研究在适当时期开征遗产税问题";而关于要逐步建立个人住房房产税改革则一直没有进行,近两年人大立法仍然没有列入审议范围。从实际情况看,以间接税为主的税制,不仅加大了企业税收负担,而且还会产生税收逆向调节的矛盾,中低收入者实际承担的流转税税负要高于高收入者的税负。因此,要培育中等收入者,必须逐步改变以间接税为主的税制结构,逐步提高直接税比重。个人所得税方面要继续降低工薪税负担,尤其是减轻依靠工资的中等收入者的负担,加强对高收入者征管。需完善个人所得税制,实行综合与分类相结合办法,减少对中低收入者和劳动要素的征收,从而切实提高中等收入者比重。

(六) 完善社会保障制度增强中等收入者的消费贡献

要继续完善社会保障制度,发挥社保制度政策稳定中等收入者方面的作用。北欧和西欧的一些国家建立了非常健全、覆盖质量和保障力度很高的社会保障体系,对于提升中等收入者抗风险能力有很重要的意义,特别是能避免中等收入者的向下流动。我们要继续提高涉及养老、义务教育、医疗、住房、救济、抚恤、灾害应急等社会保障体系的力度,完善反贫困、救济抚恤、救灾体系机制,提升更有力度、更有效率的应急救济。这些保障措施在防止中等收入者向下流动的同时,还能最大限度上减少中等收入者的不确定性,有效提升中等收入者的消费倾向。

(七) 稳定中等收入者的行为模式和社会态度,促进社会更加稳定

在全球性信息大爆炸的时代,海量且无序的互联网信息不是让人们更加理性清楚地认识到真实的收入分配状况,反倒是各种互联网信息容易渲染不平等的氛围,尤其是各种炫富信息的泛滥传播会刺激个体的主观神经。在分配政策信息不透明的情况下,由此会放大个体对不平等的感知,并加剧对公共政策的不满,产生社会不信任的状况。近年来拉美及北非国家的案例证明,在互联网信息的作用下,反倒是中等收入者容易爆发激进情绪,并引发重大社会问题,因此近年来很多国家都加强了正面宣传和舆论引导。

(八) 以全面改革推动中等收入者比重扩大

收入是结果,但深层次原因则是产业、教育和社会保障等各种相关的政策。因此,要扩大中等收入者比重,必须从经济社会的战略视角去看待,要从产业和就业结构的宏观视角去理解。中国过去长期依靠低端的产业结构和廉价的工业产品,通过进出口帮助其他国家创造了大量的中等收入者,而自身仍然停留在产业和收入水平的低端,因此要扩大中等收入者比重,就必须从源头上提高教育质量、增加中高端就业比重、升级产业结构等。只有这样,才能从根本上增强中等收入者的就业和产业结构支撑,也才能有效提升中国经济竞争力。

(课题组成员:李实　万海远　杨修娜)

行业、区域收入分配差距及调整优化方向和重点研究

中国人民大学公共管理学院

"十三五"期间,我国经济社会发展的协调性有所增强,但地区之间、城乡之间、行业之间的发展不平衡不协调现象依然存在。具体体现为:第一,东西部发展差距逐渐缩小,南北分化现象逐渐凸显。第二,城乡间差距缩小趋势逐渐放缓,要素流动与公共资源配置均未达到合理状态。第三,行业之间特别是第三产业内部收入分配差距扩大,资本逐渐向资源禀赋高的群体聚集。根据上述新情况新变化,课题组采用多种研究方法进行分析,并将主要研究观点汇报如下。

一、21 世纪以来我国整体收入分配及行业区域 分配变化趋势及影响因素

(一) 21 世纪以来我国整体收入分配差距呈现先增后降趋势

根据我国总体基尼系数数据,2003 年至 2017 年,基尼系数总体呈现先攀升后逐渐下降的变化趋势,15 年间共出现三个增速不同、持续时间不一致的上升阶段,但基尼系数数值从未低于 0.46,

始终处于国际警戒线之上。2008 年之前基尼系数呈现波动上升的趋势,2008 年之后迅速下降但于 2015 年触底反弹。第一个上升阶段为 2004 年至 2006 年,即在 2004 年基尼系数短暂下降后波动上升,直至 2007 年再次下降;第二个上升阶段持续时间较为短暂,为 2007 年至 2008 年;在经过 2008 年至 2009 年短暂且缓慢的下降之后,基尼系数保持下降趋势,到 2015 年达到最低值 0.462 后又出现上升,但后续增速较小。

影响整体收入分配差距的主要因素如下:第一,人均 GDP、城镇职工工资与我国收入分配差距呈现正"U"型关系,我国收入分配差距依然处于随着人均 GDP 及城镇职工工资上涨而不断提高的阶段。第二,城市化率的提高会加大我国收入分配差距,表明我国在缩小收入分配差距的过程中要重点关注城乡收入分配差距。第三,随着我国经济市场化程度的提高,劳动报酬占比、所得税负担对于收入分配差距变化的影响会越来越突出。

(二) 城乡间收入分配差距总体趋势由不断上升转为逐步下降

改革开放以来,城乡间可支配收入差距呈现波动发展的趋势,我国城乡间收入分配差距的扩大是造成总体居民收入不平等情况加剧的主要因素。近几年我国城乡收入差距呈下降趋势。同时,农村居民内部分化现象较为严重,中等收入阶层缺失的状态对我国农村的经济社会发展构成了一定的不利影响。

改革开放至 20 世纪 80 年代中期,城镇居民人均可支配收入与农村居民人均可支配收入的比例大幅下降,此后到 90 年代中期又迅速上涨,至 20 世纪末,这一数据持续下降至低点,之后到 2003 年,城乡间人均可支配收入比例缓慢上涨,在 2003 年之后至今,这一数据偶有上涨但整体维持下降的趋势。相比于整体可支配收入,城镇居民的工资性收入始终远多于农村居民,两者的比值高达 4—7;经营性收入的比值在 0—1 之间,说明农村居民的经营性收入多于城镇居民;转移性收入的比值在 2013 年前都较大,最高时达到 20 以上,在 2013 年后维持在 3 左右;财产性收入的比值在 2013 年前都较小,在 2013 年后激增,近年来持续保持在 13 左右。

影响城乡收入分配差距的因素主要包括:人均 GDP、宏观税负、城市化率、房价收入比。其中,人均 GDP 与城乡收入分配差距呈现正"U"型关系,目前我国处于城乡收入分配差距不断扩大阶段;宏观税负、城市化率及房价收入比均会抑制我国城乡收入分配差距。

(三) 区域间收入分配差距整体呈下降趋势并维持相对平稳

本报告主要从省级人均 GDP 差距、市级人均 GDP 差距、基尼系数、RS 系数等指标分析我国区域间的收入分配差距。

2008年之前，我国东部、中部、西部、东北部地区基尼系数走势存在一定差异性，东部地区呈下降趋势，东北部地区为先上升后下降，中部与西部地区呈上升趋势。2008年之后，四个地区的基尼系数都趋于下降，其中西部地区的基尼系数在2012年之后一直高于其他三个地区，表明我国当前的社会发展中，西部地区的收入分配差距可能是最大的。

省级人均GDP差距的演变趋势为从1993年起到2004年轻微上浮，从2005年开始下降直到2013年后保持比较平稳的状态；市辖区人均GDP差距从2001年至2012年均为缓慢下降，2013年出现小范围剧烈上升，于2013年出现峰值后又迅速下降并保持稳定。整体来看，地区间收入的不平等在2003年前后达到最大值，此后保持缓慢的下降并保持相对平稳的状态。

（四）行业间收入差距有所降低，不同产业间趋势存在差异

本报告依据国家统计局的分类将所有主体划分为三大产业和十九个大行业。对于三大产业而言，第一产业的人均增加值相对稳定，整体波动不大，第二产业与第三产业的人均增加值总体呈现出波动下降的趋势。

对于十九个大行业而言，不同的行业变化趋势各不相同，其中，金融业、信息和计算机服务业两大行业的主要行业收入分配差距波动幅度较大但两者趋势相反，教育业的波动幅度较大，房地产业呈现持续下降的趋势。同时，本报告使用基尼系数、RS系数描述了所有就业人员分行业的人均工资不平等情况和城镇居民人均工资不平等情况，通过数据分析发现，对于所有就业人员而言，分行业的人均工资差距均从2003年起逐步上升，直到2008年达到峰值并保持稳定水平至2010年，在2010年后的两年间出现短暂小幅度下降后保持平稳；对于城镇就业人员而言，在2003年至2008年之间分行业的人均工资差距呈现小幅度缓慢上升的趋势，随后以非常缓慢的速度逐步下降，自2012年后，保持稳定状态。

通过实证分析，本报告发现影响我国行业间收入分配的因素主要包括房价收入比、人均劳动社会福利、国有资本投资占比，具体表现为以下几点。

第一，房价收入比对我国行业收入分配差距具有显著的正向影响，即房价占收入比重越高，我国行业收入分配差距越大。这可能由于我国行业间因其自身差异导致行业间平均收入差距本就较大，而住房对于低收入者来说主要具有"刚需"属性，对于高收入者来说则主要具有"投资品"属性，因此在收入增速较低的情况下，房价的大幅提高导致房价占收入比重越来越高，平均收入较低的行业从业者负担不断增大，住房外可支配收入较低，而平均收入较高的行业从业者由于房价自身的"财富效应"导致其从房价上涨中受益，因此行业间收入分配差距会逐渐扩大。

第二，人均劳动福利对我国行业间收入分配差距具有抑制作用，即通过不断提

高人均财政公共服务支出从而提高人均劳动福利会缩小行业间收入分配差距,这主要是由于随着财政支出在公共服务领域的增加,除会显著减少低收入行业从业者的部分服务消费外,财政支出对于就业人员的培训等投入,可能会提高低收入行业从业者的能力,从而提高其薪资,因此带来行业间收入分配差距的缩小。这可以说明政府可以通过增加公共服务财政支出来缩小收入分配差距。

第三,国有资本投资占比可能会扩大行业间收入分配差距,这主要是由于国有资本投资主要在一些能源、交通等关系国计民生的领域,从而会导致国有资本投资为主的行业与非国有资本投资为主的行业间的收入差距扩大。

第四,人均 GDP 与行业间收入分配差距亦可能存在正“U”型关系,即当人均GDP 达到一定程度,行业间收入分配差距会达到某一个谷底,但超越这个节点,行业间收入分配差距会继续扩大。

(五) 影响再分配效果的几项重要制度分析

1. 现行社保养老保险制度在一定程度上对缩小收入分配差距存在负效应

社会保障支出对缩小收入差距的负面效应,实际上是各种不同转移支付项目相互作用的结果。在我国的分项社会保障支出中,离退休金的集中率最大,且远高于总收入的基尼系数,是扩大居民收入差距的驱动因素。城镇居民社会养老保险的集中率也超过了总收入的基尼系数,虽然超出幅度不及离退休金的集中率,但仍然是加大居民收入不平等的因素。换句话说,按照目前城镇居民社会养老保险的制度设计,高收入人群从中受益的程度比低收入人群的更大。集中率低于总收入基尼系数的政府转移收入有城乡低保、新型农村养老保险、社会救济、现金政策性惠农补贴。报销医疗费的集中率略微低于总收入的基尼系数,从边际效应来看,其对缩小总收入差距的力度较弱。城乡低保的集中率是人均可支配收入的所有构成项目中集中率最低的,是对低收入人群倾向最强的收入构成。因此,社会保障支出规模偏低,且主要集中于行政事业单位离退休金,而行政事业单位离退休金是扩大居民收入差距的支出项目。对居民收入不平等具有较强改善作用的低保、农村居民养老金的规模却偏低,其改善收入分配的作用难以充分发挥。

2. 税收制度对收入分配的影响

税收是缩小收入分配差距的重要手段。按照国际经验,超额累进税率的制度有助于缩小贫富差距,实现社会公平。由于间接税可以转嫁,因此承担税负的主体理论上均为最终消费者,同时在某些商品领域,低收入群体的边际消费倾向较高,成为间接税主要的承担者,因此,间接税在这样的情况下表现出一定的累退性,不利于收入分配差距的缩小。我国的税制结构中,一直是以间接税为主体,直接税占比较低,所以我国的税制设置并不利于收入分配差距的缩小,甚至还有强化差距的趋向。个人所得税是我国较为典型的直接税,虽通过累进税率的设置有助于缩小收入分配差距,但因为个税在总的税收收入中占比较低以及税制设置科学性的限制,对于我国总体收入分配的调节作用有限。2018年10月,我国实施个税改革,受到社会广泛欢迎。但是也应看到这一改革对收入分配差距的不同影响。一方面会削弱税收对收入分配的调节作用,削弱收入分配的纵向公平;另一方面,有助于提升低收入群体的收入水平,缩小收入分配差距,原因在于免征额以下的收入群体属于低收入群体,我国主要的收入分配差距在于这一群体与其他群体之间的差异,而不是这一群体内部。因此,我国未来应当提升直接税在税收收入中的比例或通过优化税率等级促进横向公平,进而完善我国的收入分配结构。

3. 转移支付对收入分配的影响

转移支付政策是政府弥补收入分配差距的重要手段之一,从理论上讲,如果转移支付制度可以按照政策设计初衷有效实施,居民收入分配差距将会缩小。但众多现有研究通过实证分析表明,随着政府财政转移支付数额的不断提升,居民收入分配差距不降反升,这一现象的关键原因在于我国财政转移支付制度的设计、效率与执行能力的缺乏,具体表现为:第一,转移支付未能精准地作用于低收入群体,某些形式的转移支付政策具有明显使高收入群体获利的倾向,收入越高的人群所获补助的数额越多,收入越低的人群所获补助的数额越低,起到了扩大收入分配差距的作用,例如住房公积金、医疗补助等;第二,转移支付在具体分配时受到较大主观因素的影响,在缺乏有效监督的条件下,转移支付资金的使用方向往往偏离原有的目标群体,使转移支付资金的收入分配调节功能大打折扣;第三,转移支付偏向于城镇居民,其获得转移支付资金数额要远高于农村地区居民所获金额,在一定程度上间接增加了城乡之间的收入分配差距。

二、"十四五"时期优化收入分配结构的政策建议

"十四五"时期,优化收入分配结构,缩小收入分配差距对于我国实现高质量发展和共同富裕具有重大意义。一方面,缩小收入分配差距是跨越"中等收入陷阱"、顺利实现现代化的前提条件;另一方面,缩小收入分配差距是践行共享发展理念、走向共同富裕的必然要求。共享发展不只是让人民群众都能享受到发展的成果,更重要的是不断提高成果分享的公平性。我国努力建设的社会主义现代化,不只是追求物质财富的积累,更重要的是促进人的全面发展,实现全体人民共同富裕。因此,为了更好地在"十四五"时期实现缩小收入分配差距、优化收入分配结构的目标,现提出调整与优化的方向及重点如下。

（一）推动资源在区域间的有效流动,促进地区间的平衡发展

经过改革开放40多年的发展,我国各个行业、各个领域生产技术与生产能力得到了极大提升,但是在地区之间、城乡之间还存在着均等化程度偏低的问题,发展的不平衡不充分问题已成为城乡与区域收入差距较大的重要原因。区域之间发展不平衡的关键原因之一是资源禀赋的差异,资源禀赋深刻影响着区域发展的深度和广度。这里的资源不仅仅是指自然资源,同时还包括人才资源、地理区位资源、文化资源、历史资源、政治资源等各方面因素。资源禀赋对区域发展的影响最终会反映在产业形态和经济总量上,进而产生不同区域间的收入分配差异。在社会主义市场经济条件下,资本一方面会自发地向着资源禀赋高的区域流动,这些区域的发展会越来越突出,与资源禀赋低的区域相比,发展差异会逐渐加大;另一方面,政府在社会主义市场经济中起到重要的产业引导和资源分配作用,面对资源禀赋引致的发展和收入差异,政府可通过行政力量重新分配资源,平衡不同区域间的资源禀赋,实现优势分享与优势互补,从而实现平衡发展。因此,通过政府力量推动区域之间资源的有效流动、促进地区间均衡发展,是"十四五"时期实现区域收入分配优化与调整的关键举措。

（二）促进居民与公共消费需求扩容升级,为缩小收入分配差距提供内在动力

通过本报告实证部分的研究可知,无论是居民消费率、政府消费率还是最终消费率都是影响我国收入分配差距的重要因素,并且消费率越高收入分配差距越小。因此,提升和改善居民与政府消费需求将为我国"十四五"时期收入分配差距的缩小提供内在动力。这一结论的得出是基于回归分析的相关关系,是具有工具理性的。而从内容理性的角度来说,居民与政府消费是地方或区域GDP增长的重要因素,一般来说,居民与政府消费越多,地方或区域GDP越高;消费需求的改变将反作用于居民和政府行为主体的收入行为,为了获得更加充分的消费能力,居民和政府会产生一种进行充分竞争的偏向。在这种偏向的影响下,居民和政府都有必要在收入能力上占据优势,竞争的充分性以及竞争意愿的强烈性会推动收入分配差距的缩小。因此,改善居民和政府的消费需求,将为"十四五"时期我国行业和区域收入分配差距的改善提供内在动力。就行业收入分配差距而言,居民与政府的消费需求要根据行业发展情况进行引导和构建。对于行业收入高的领域,应当减缓或压缩居民与政府对于相关产品的消费需求;对于行业收入低的领域,则应当增加或扩展居民与政府对于相关产品的消费需求。同样地,对于区域收入差距而言,对于发展较差的区域而言,居民与政府消费需求可通过外部力量引入而实现大规

模增加,通过需求倒逼供给,进而促进发展,对区域发展较好的区域,可适当通过行政手段将需求外转,弥补欠发展地区需求不足的问题。

(三) 继续壮大中等收入群体,在更高质量水平上构建橄榄型社会结构

扩大中等收入群体,在新的高度上构建橄榄型社会。一般地,橄榄型社会的社会结构比较稳定,既能较大限度地降低高收入者与低收入者之间因收入分配差距带来的不稳定风险,又可以实现大多数人的共同富裕与共同发展。中等收入群体得到快速壮大是持续释放居民消费潜力、促使经济社会持续健康发展的必要手段,也是真正跨越“中等收入陷阱”的必要举措。同时,中等收入群体增加的着力点主要在中下收入群体,特别是农民群体。无论是对于集体建设用地还是覆盖面更广的宅基地的入市流转,都有助于提升农民的财产性收入,且符合农民的需求。而城市的问题在于如何解决公共资源分配不公问题。比如,就业的户籍门槛、就业的透明度、工人尤其是进城务工人员的人力资本和社会地位、大城市的户籍限制等问题。这些问题的解决,无论是从预期性视角还是从约束性视角着眼,都与中等收入群体的数量以及橄榄型社会建设程度相挂钩。因此,在“十四五”时期,应当以提升农民尤其是进城务工人员人力资本、劳动报酬为突破,以降低中低收入者看病住房压力为兜底,以稳定就业形势和提升就业质量为依托,以营造更为优质的营商环境和更为透明的人才选拔环境为保障,充分发挥政策性金融机构的作用,以缩小区域收入差距和行业收入差距为目标,不断为中等收入群体的扩大营造公正的制度环境,从而保证全体人民在共建共享发展中有更多获得感。

(四) 有效降低企业税费负担,助力小微企业发展,缩小行业间收入分配差距

我国行业区域间收入分配的差距还来自当地企业规模和性质的差异。一方面,企业的规模会影响到地方或区域的生产和就业能力,从而影响到地方收入的能力;另一方面,某些地区因为区位条件的限制,会聚集一批相同性质或相同规模的企业,一旦某一规模或某一性质的企业发展受到影响,地方经济发展便受到较大冲击。2018年以来,我国民营企业发展出现一些波折,而小微企业作为民营经济的重要组成部分,在2018年的经济大环境中也受到影响,负担感加重。相较于传统大型企业,小微企业没有规模和利润上的优势,其自身抵抗风险的能力较低,其产品在售卖领域相对于大型企业来说缺少比较优势,因此在流转税变化的过程中,税负转嫁能力弱于大型企业。因此,在我国小微企业比较集中的区域发展受税负影响的程度较大,其与大中型企业聚集的区域相比,会产生较大的收入差距。因此,有效实施减费降税措施,促进不同规模、性质企业均衡发展是我国“十四五”时期

调整行业区域间收入分配差距的重要手段。

减税政策实施的根本目的是促进我国小微企业生产能力、服务供给能力以及盈利能力的深度发展,影响企业税负担的关键因素在于企业相对财富以及比较优势的高低。为增强小微企业减税政策的有效实施,弥补行业区域间的收入分配差异,在减税的同时还应当实施相应的降费措施。税和费虽然在性质上有根本区别,但在实际影响上都分流了小微企业的收入。社保缴费机制转轨超出了我国小微企业的政策耐受能力,缴费基数核算以及征缴手段上的严格化,加之原有在征缴能力较低背景下制定的费率影响,小微企业整体的税费负担较重。所以,根据减税政策的目标要求,我国政府部门需配套改革涉企收费的相关政策,在降低税负的同时降低或维持费负不变,有效降低费率并精简涉企收费项目,降低小微企业用工成本,这样才能在实质上实现小微企业减税政策的效力。

(五) 通过人力资本、市场竞争、再分配领域改革推动行业间收入分配差距缩小

第一,充分重视人力资本对行业间收入分配差距的影响。金融等行业的高人力资本导致了较高的行业平均收入,农业等行业的低人力资本导致了较低的行业平均收入。因此各级政府一方面应该均衡各行业的基础教育投入,引导高素质人才在各个行业间均衡就业;另一方面,应该均衡建设各行业的在职培训体系,鼓励各行业的劳动力积极参与在职培训,进而缩小行业间的人力资本差异,弥补行业间收入差距。

第二,充分重视不完全竞争对行业间收入分配差距的影响。高收入的行业往往呈现出较高的不完全竞争程度,存在着一定程度的垄断现象,而这是由于行业垄断使得行业中的企业能够获得较高的垄断利润。同时生产要素市场上劳动力、资本要素的不完全自由流动在很大程度上助推了行业间收入差距的扩大。因此各级政府一方面应该在可控的条件下,降低垄断行业的准入门槛,加大垄断行业的竞争程度,不断降低行业的垄断水平;另一方面应该持续健全生产要素市场,促进资本要素和劳动力要素在行业间的自由流动,消除市场壁垒,进而构建竞争性的生产要素市场。

第三,充分重视收入再分配对行业间收入分配差距的影响。国家通过税收、财政支出等方式,在不同行业间进行再分配,能够有效缩小行业间的收入差距。因此各级政府应该充分考量社会公平和社会稳定,进一步健全收入再分配机制,例如对低收入行业进行合理的补贴和减税,对高收入行业进行合理的增税,进而降低行业间收入差距。

（六）推进农业适度规模经营，促进城乡间收入分配的差距缩小

城乡收入差距过大一直是党和国家高度重视的问题。虽然近年来农村居民人均可支配收入的年增长率大于城市的，城乡居民可支配收入的相对差距有所缩小，但城乡居民可支配收入的绝对差距仍然较大，已经成为限制经济均衡增长的重要因素。如何有效缩小城乡收入差距已经成为未来亟须解决的关键问题，因此需要采取一系列措施来缓解城乡收入差距的扩大。具体而言，主要有以下两方面。

第一，减少农村资金外流。资金的大量外流在很大程度上限制了农村居民人均收入的提高。因此一方面要合理增加财政支农资金投入，提高"三农"支出在财政支出中的比例，进而将更多的资金投入基础设施建设等方面；另一方面要建立农村普惠型金融体系，形成以农村商业银行、村镇银行、贷款公司、农村资金互助社、农业担保公司等为主体的多元化农村金融机构，将农村的资金留在农村，进而在资本要素层面缩小城乡差距。同时，进一步推进土地制度改革，实现生产要素在区域间和行业间的自由流动，充分发挥要素流动的扩散效应。

第二，积极推动农业的合理规模经营。传统的小农户式的经营模式无法实现较高的收入水平。因此各级政府一方面应该在合理范围内鼓励和支持农村劳动力向城镇有序转移。积极探索进城务工人员在城镇落户的可行办法，推动进城务工人员平等享有劳动报酬、子女教育、公共卫生、计划生育、住房租购、文化服务等基本权益，努力实现城镇基本公共服务常住人口全覆盖。通过已转移农业人口在城镇的良好发展状况，对农村未转移人口发挥积极的示范和引导作用。另一方面应该坚持依法、自愿、有偿原则，引导农村土地承包经营权有序流转，使进城的农民工能够方便地将承包土地转出并获得合理的报酬。同时着力培育新型农业经营主体，既要注重引导一般农户提高集约化、专业化水平，又要注重扶持专业大户，发展多种形式规模经营。同时还要着力发展多元服务主体，壮大集体经济实力，发展农民专业合作和股份合作，培育壮大龙头企业。

（七）优化转移支付的政策设计与执行效力，提高收入再分配的政策效果

具体来说应注意以下几点：第一，提高对居民收入的统计范围和精确性，通过收入水平和收入来源进行转移支付群体细分；第二，完善转移支付政策设计科学性，创制多样化的补助方式，增加对低收入群体的转移支付力度；第三，构建科学有效的监督机制，保障转移支付资金精准用于政策目标规定的群体，有效解决转移支付资金层层截留和挪用的问题，提升转移支付政策执行效力；第四，调整政府转移支出结构，逆资源禀赋分布安排转移支付金额，增加对农村地区、低收入群体的转

移支付,更加偏重于民生支出。需要强调的一点是,西方高福利国家的情况表明,即使提高货币补助,例如失业保障、最低工资等的金额,也只能让低收入者更安于现状,没有激励其去提高自身的收入。转移支付的最终目的不应该是给低收入家庭提供源源不断的补助,而是应该鼓励和帮助他们提高自身的能力,依靠自身的力量赚取更高的收入。因此,转移支付政策应当带有充分的激励性,从而杜绝"养懒人"的现象。

(八) 完善税制结构,提高直接税比例

"十四五"时期,我国应当进一步提高直接税的比例,特别是增加个人所得税占总收入的比例。2000 年以来,我国对个人所得税征收方案进行过四次改革:第一次是 2006 年,将个税免征额从 800 元提高至 1600 元;第二次是 2008 年,将个税免征额进一步提高至 2000 元;第三次是 2011 年,将个税免征额提高至 3500 元,并将 9 级税率调整至 7 级;第四次是 2018 年,将个税免征额提高至 5000 元,并设置子女教育支出、继续教育支出、大病医疗支出、住房贷款利息和住房租金、赡养老人等专项附加扣除。可以看到,我国改革的趋势是减税,对于个人所得税提升免征额与增加专项扣除都弱化了个人所得税调节收入分配的功能,因此从这方面看,直接税呈现降低的趋势,其目的在于保护低收入群体的收入水平。"十四五"时期我国应当适时提高对富裕阶层的个人所得税的税率,在房产税等财产税领域的改革迈出新步伐。

(课题组成员: 许光建　崔军　李青　许坤　魏嘉希
卢倩倩　乔羽堃　佘欣艺)

"十四五"时期完善社会保障体系研究

中国社会科学院社会发展战略研究院

中国社会科学院世界社保研究中心

一、"十四五"时期企业职工基本养老保险基金收支缺口测算

"十四五"时期是全面建成小康社会、实现经济结构转型升级和社会转型发展的关键时期,建设多层次可持续社会保障体系至关重要。目前,我国人口、经济和社会发展环境都发生了深刻变化,对社会保障制度的财务可持续性提出了挑战。因此,需要对"十四五"时期基本养老保险基金的精算收支情况作出预测。考虑到城镇企业职工是整个社保体系的主体以及数据可获取性等客观因素,本报告只对城镇企业职工基本养老保险的收支情况进行测算,包括参保人数预测、基金收支预测和财政补贴预测三个部分,测算数据主要来自中国社会科学院世界社保研究中心编制的《中国养老金精算报告 2019—2050》。

(一) 参保人数预测

1. 参保职工人数

根据预测,"十四五"时期全国城镇企业职工基本养老保险参保职工人数将继续保持增长,但增长速度将趋于放缓。具体来说,

民生福祉

2021 年参保职工人数将达到 2.81 亿人,比 2020 年提高 1.81%。但是,从 2022 年开始到"十四五"时期结束,虽然增长趋势不变,但增速将明显下降,增长率都低于 1%,而"十三五"时期每年参保职工人数增长率都超过 2%,这是一个重要变化。理论上讲,出现这一转变的原因主要有两个:一是制度本身的吸纳能力;二是人口自身的变化。对制度本身的变化,难以对未来作出可以信任的预期,因此假设保持制度不变。比较而言,人口的变化是可以预测的,而城镇劳动年龄人口(报告假定城镇劳动年龄人口为 16 周岁到退休年龄之间的城镇人口)对城镇企业职工基本养老保险参保职工人数变化的影响更为直接。在整个"十四五"时期,参保职工人数与劳动年龄人口的比例始终保持温和增长,但从 2023 年开始劳动年龄人口将进入下降通道,因此人口因素成为制约参保人数增长的一个根本原因。到 2025 年,参保职工人数预计为 2.88 亿人,也就是说,整个"十四五"时期参保职工将增加1175 万人,年均增长 235 万人。

2. 缴费职工人数

"十四五"时期全国城镇企业职工基本养老保险缴费职工人数将继续保持增长,但增速有所回落。2021 年,缴费职工人数为 2.25 亿人,比 2019 年增加 384 万人,增长率为 1.74%,此后增速开始显著回落,到 2025 年,缴费职工人数比上一年的增长量和增长率分别只有 217 万人和 0.95%,而整个"十四五"时期缴费职工人数将仅增长 982 万人,每年不到 200 万人。缴费人数的变化是以参保人数变化为基础的。从长期来看,如果制度本身和外部环境不发生根本性的变化,二者应该有一个稳定的比例关系或者一个动态的变化关系。

3. 参保离退休人数

"十四五"时期全国城镇企业职工基本养老保险参保离退休人口数量将继续保持较快增长势头。具体来说,2021 年参保离退休人口为 1.09 亿人,比 2020 年增加了 369 万人,增长率为 3.49%,到 2025 年参保离退休人口高达 1.37 亿人,比上一年的增长量和增长率分别是 623 万人和 4.76%。分性别来看,男性和女性参保离退休职工人数都在快速增加,而且女性始终多于男性。具体来说,2021 年男性参保离退休职工为 4030 万人,而女性却高达 6904 万人,然后都开始不断增长,到 2025 年,男性参保离退休职工为 5123 万人,女性为 8597 万人。根据制度内参保人数、缴费人数和离退休人数可以得到两个概念下的制度赡养率,即规定制度内离退休人数与参保人数的比率为"参保赡养率",制度内离退休人数与缴费人数的比率为"缴费赡养率"。预测显示,2021 年"参保赡养率"和"缴费赡养率"分别为38.9% 和 48.6%,然后同时快速上升,到 2025 年分别达到 47.7% 和 59.4%;二者的增长率也分别从 2021 年的 1.65% 和 1.73% 蹿升至 2023 年的 7.26% 和 7.21%,随后虽然略有下降但都维持在高位,到 2025 年分别为 3.89% 和 3.77%。

（二）基金收支预测（不考虑财政补贴）

1. 基金收入

"十四五"时期全国城镇企业职工基本养老保险基金收入继续保持增长态势，占 GDP 比例也将同步提高，但增速将持续放缓。具体来说，2021 年基金收入（不考虑财政补贴）为 4.03 万亿元，占 GDP 比例为 3.7%，到 2025 年将分别提高到 5.85 万亿元和 4.2%。但是从增速来说，将从 2021 年的 13.99% 下降到 2025 年的 7.38%。从基金收入构成上看，征缴收入是基金收入的主要来源，2021 年为 3.35 万亿元，占基金收入的 93.66%；到 2025 年为 5.34 万亿元，占比为 91.31%，在整个"十四五"时期呈现出一定下滑趋势。

2. 基金支出

"十四五"时期全国城镇企业职工基本养老保险基金支出呈现持续高位增长态势。具体来说，2021 年基金支出为 4.32 万亿元，占 GDP 比例为 3.9%；到 2025 年，基金支出和其占 GDP 比例将分别高达 6.54 万亿元和 4.7%。从增速上看，几乎所有年份都超过 10%（2021 年除外）。在基金支出构成上看，养老金支出无疑是主体，从 2021 年的 4.18 万亿元增长到 2025 年的 6.33 万亿元，每年都介于基金支出的 96.7% 和 96.8% 之间。

（三）财政补贴预测

1. 财政补贴

在现有制度下，财政补助是保障制度长期收入来源不可或缺的一部分，而且随着时间推移，其地位愈加重要，在"十四五"时期也同样如此。具体来说，2021 年全国城镇企业职工基本养老保险基金财政补贴为 6977.3 亿元，一直将增加到 2025 年的 9871.4 亿元。其间，占基金总收入比例也基本维持在 14.1%—14.7% 之间，而占 GDP 比例基本稳定在 0.7%。

2. 基金结余

"十四五"时期全国城镇企业职工基本养老保险基金当期结余赤字将不断扩大；在财政补贴的前提下，累计结余将继续增长，但增长将趋缓，导致可支付月数（"可支付月数"是指当年的累积结余与当年的基金支出的比值）进入下降通道。具体来说，如果没有财政补贴，当期结余赤字将从 2021 年的 -2831.6 亿元迅速提高到 2025 年的 -6859.0 亿元；但在财政补贴政策下，当期结余盈余不低于 3000 亿元，从而对累计结余的增长作出贡献。根据预测，2021 年全国城镇企业职工基本养老保险基金累计结余为 4.92 万亿元，此后将保持持续增长，到 2025 年达到 6.76 万亿元。对比而言，累计结余占 GDP 比例变化不大，说明增长在逐渐放缓。所以，在此期间,全国企业职工基本养老保险基金可支付月数在达到 2022 年的 13.8 个月后,开始进入下降通道。

(四) 中长期预测

《中国养老金精算报告 2019—2050》对我国企业城镇职工基本养老保险制度未来 30 年的全国情况和未来 10 年的分省情况进行分析,基于精算结果,简单总结起来主要有以下几点结论。

第一,从全国情况看,基准方案(16% 费率)将于 2028 年出现当期收不抵支、2035 年出现累计耗尽的情况;主要原因在于制度参保结构发生变化,未来 10 年将是退休人口进入高峰、赡养负担快速上升的 10 年;2032 年之后,制度进入在职参保人口和退休人口均为低增长的稳定态势,但由于人口结构的持续老化,基本养老保险基金支出增速高于收入 2 个百分点左右,制度财务会进一步恶化,到 2035 年之后难以持续。

第二,从敏感性上分析,18% 费率情景和 14% 费率情景对基本养老保险基金收入的影响在前 10 年为 5% 左右,后期下降于 3% 以下区间;对基金当期结余出现收不抵支年份的影响为 4 年左右;对基金累计结余用尽年份的影响也为 4 年左右。比较而言,由于可以从增加收入和降低支出两个方面对基金结余产生影响,延迟退休情景对改善基金财务可持续性的效果更为明显一些;随着延退方案的推进,至预测期末"延退"带来的基金收入增长为 5% 左右,支出减少为 20% 左右;在延退情景下,基金累计结余可以维持到 2042 年左右,随后 8 年内全国当期的支付缺口并不大,处于相对可控水平。以上说明"延退"对于改善养老保险制度财务可持续性的重要性。

第三,从未来 10 年期的分省情况看,包括人口流入规模较大的省份在内,全国各地赡养负担普遍加重,大部分省份基金收支压力加大;期间当期收不抵支的省份继续增加,到期末达半数省份,少数东北和中西部省份面临基金累计结余用尽的风险。同时,基金累计结余进一步向少数省份集中,至期末可支付月数处于警戒线之下的省份达到 13 个。

第四,未来 10 年,中央调剂制度的实施预期会对缓解地区间基金收支失衡起到明显作用。以 2019 年数据为例,来自净贡献省份的调剂金额将达到 1700 亿元。以制度赡养率为杠杆,调剂金起到的作用愈加突出。为此,从基金结余大省向基金亏空大省的再分配调节,其中贡献最大的为广东和北京两地,受益最大的为东北三省,这三地当期亏损量减少 40% 左右;从累计效应看,至 2028 年十几个贡献省份的累计转出金额为 4.2 万亿元左右,对于改善其他省份(尤其是东北和部分中西部地区亏空数字较大的省份)的财务状况有积极作用。但调剂金作为调节地区"再分配"的一项措施,只能对缓解地区间的收支失衡起到一定作用,并不能从根本上改变部分地区收不抵支的趋势,同时调剂金政策的精确性也有待进一步完善。

基于精算报告的主要结论,基本养老保险制度在中长期内面临着财务不可持续的挑战。在当前社保降费的改革任务冲击下,这个矛盾显示养老保险制度的改革需要标本兼治,从制度根源和参数改革等方面,出台综合性设计方案,提升养老保险制度的财务可持续性。

二、"十四五"时期完善社会保障体系的政策建议

本报告就"十四五"时期完善社会保障体系提出改革思路,具体包括四个专题的研究内容:一是人口结构、经济结构、财政收支变化对社保体系提出的要求和产生的影响;二是推动实现养老保险全国统筹,深化养老保险制度改革;三是根据经济社会发展实际完善退休制度;四是提升社会保障服务和管理水平,提高资金使用和保值效率。

(一) 人口结构、经济结构、财政收支变化对社保体系提出的要求和产生的影响

"十三五"期间,我国人口结构、经济结构、财政收支都经历了历史性的深刻变化,对社保体系产生了深远影响,社保政策由此实施了自社保制度诞生以来的时间最长、力度最大的改革,大幅降低费率和缩小费基。展望"十四五",在人口结构方面,不可逆的发展趋势将迎来两个重大关口即老年人数量突破 3 亿人大关,老龄化突破 20% 大关,养老保障制度迎来一个历史性拐点即正式步入到 2 个缴费者赡养一个退休者的历史阶段;在经济结构方面,新就业形态迅猛发展,尤其是新冠肺炎疫情闭户期间对新业态的刺激效应将贯穿"十四五"时期,一些最需要社保的群体裸露在外,社保扩大覆盖面面临新挑战,且三产比重持续提高,企业缴纳社保压力将不断加大,降费的压力和可能性依然存在,城镇化率继续提高,城乡结构变化要求政府提升社保管理和服务能力;在财政收支方面,"紧平衡"依然是"十四五"时期各级财政面临的主要问题,这预示着财政转移支付能力将大大受限,形成与社会保障需要刚性补贴之间的矛盾碰撞。为此,社保制度需要加快全面深化改革步伐。

1. 人口结构加速逆转,对养老保险制度财务可持续能力产生较大影响

"十三五"时期是中国人口结构变化的一个重要转折点,虽然实施全面"二孩"政策,但人口出生率非但没有出现显著增长,反而迅速步入下降通道。2016 年至2019 年,新出生人口逐年减少,分别为 1786 万人、1723 万人、1523 万人和 1465 万

人;16—59 岁劳动年龄人口逐年减少,各年份分别为 9.07 亿人、9.02 亿人、8.97 亿人和 8.96 亿人,其中,2017 年和 2018 年每年减少 500 万人左右;60 岁及以上老年人口分别为 2.31 亿人、2.41 亿人、2.49 亿人和 2.54 亿人,突破了 2.5 亿人大关。初步测算,"十四五"时期,"少子老龄化"特征将会更加明显、更加突出、更加尖锐。"十四五"时期,如没有政策干预,养老保险制度可持续性受到的影响是长期性的和趋势性的,相比之下,医疗保险和失业保险受到的影响较小。

2. 经济结构变化将导致社保需求增加的同时加重雇主负担

这里将经济结构理解为一个比较宽泛的大概念,包括消费结构、产业结构、城乡结构、投资结构和分配结构等。"十四五"时期,经济结构将发生深刻变化,尤其是经过此次新冠肺炎疫情的巨大影响,经济结构变化趋势已经显露端倪,社保必将受到经济结构趋势变化的影响,尤其新兴业态的迅猛发展和消费结构、产业结构和城乡结构的变迁将对社保制度产生深刻影响。

3. 财政收支变化将极大限制用于社保体系的财政补贴力度

"十四五"时期,财政运行整体上仍将面临减收增支压力,处于"紧平衡"状态,这预示着财政转移支付能力将大大受限。其实,这些年已经能够感知这种变化,2018 年 7 月 1 日,企业职工基本养老保险基金中央调剂制度开始正式实施,当年调剂比例为 3%,调剂基金总规模为 2422 亿元,如果没有调剂金,中央财政将为此付出相等的转移支付。而且,随着调剂比例的不断上升,将进一步降低财政转移支付额。从某种角度上说,这也是财政"紧平衡"的一种表现。

为应对上述新变化新情况,缓解社保制度的财政压力,"十四五"时期应尽快完善并推出系统的社保改革方案。一是加快基本养老保险基金的全国统筹进程,提高基金使用效率;二是增强制度激励性,激发以新就业形态为代表的灵活就业人员参加社保制度的主动性;三是适时推出延迟退休政策,改善基金收支状况;四是整合城乡居民基本医保制度,进一步完善城乡居民异地就医直接结算;五是加快基本养老保险基金市场化投资步伐,增加基金投资收益;六是加快国有企业划拨全国社保基金进度,稳定社会预期。

(二) 推动实现养老保险全国统筹,深化养老保险制度改革

多年来,全国统筹一直是养老保险改革的一个难点问题。2010 年《中华人民共和国社会保险法》提出"基本养老保险基金逐步实行全国统筹",2017 年党的十九大明确要求"尽快实现养老保险全国统筹"。2018 年以来国家相继推出中央调剂制度和社保降费等重大改革措施;2020 年为帮助企业渡过疫情难关,出台更大规模的减免政策,基金收支压力逐步加大,"十四五"时期实现养老保险全国统筹势在必行。

1."十四五"时期实现养老保险全国统筹应实施"三步走"战略

本报告认为,深化养老保险制度改革,尽快实现全国统筹的任务十分迫切,这是统领"十四五"社保改革的一个核心目标。在此提出"十四五"时期实现养老保险全国统筹的"三步走"战略:第一步,2020年全面落实省级统筹制度,为全国统筹打下基础;第二步,2021—2025年持续推进中央调剂制度,至2025年实现当期缴费的全国统收统支;第三步,2025年或2026年实现养老保险全国统筹。

第一步:2020年不折不扣落实省级统筹。

2018年国家明确提出到2020年实现省级统筹制度的目标,这是"十四五"实现全国统筹的前提条件。养老保险统筹的核心是基金统收统支。目前,全国除北京、上海、天津、陕西、山西、广西、福建等十个左右省份实现了省级统收统支外,其他大部分地方仍采用省级调剂制度;还有省份采取按区域类别划分统筹单位(例如广东)的方式,并不是真正的省级统筹。2020年,应不折不扣地执行统收统支政策,保障32个省级统筹单位(包括新疆生产建设兵团)落实到位。

第二步:2021—2025年逐渐提高中央调剂比例。

在2020年省级统筹的基础上,"十四五"时期加快推进中央调剂制度,不断提高统收统支比例,这是转型成本较低的一个过渡路径,具体可分为两个阶段:第一个阶段是2021—2022年,继续采用现行中央调剂政策,提高调剂比例。"十四五"的前两年内应将调剂比例每年提高1个百分点,到2022年达到6%,预计产生的省际间再分配(净)额将达3000亿元左右。届时,部分基金"净贡献"省份(例如山东和上海)陆续出现当期支大于收的状态,开始消耗累计结余,"一刀切"式的中央调剂公式需作出调整,向全国统收统支方式转型。第二个阶段是2022—2025年,在此三年内,逐年提高6个百分点左右的统收比例。随着统收比例的提高,相应加大中央统支的比例。

第三步:2025年或2026年实现当期缴费全国统筹。

建议在2025年或2026年实现养老保险统收统支,在2028年养老保险出现当期"收不抵支"的情况之前,将各地历史结余纳入中央统管,是非常必要的财务保障措施。根据循序渐进的原则,实现全国统筹后还有两项任务需同时实施:第一项任务是针对各地的养老金历史结余存量(主要是少数结余规模大的省份,例如广东、北京等)建立一个针对各省不同情况的沉淀基金的"消化"机制。第二项任务是除实现基金的统管目标外,还应实现各地养老金制度的统一,包括费率、缴费基数、待遇计发办法和经办管理等方面。

2. 在实现全国统筹的过程中,继续深化养老保险制度改革

"十四五"时期在实现全国统筹的过程中,应根据形势需要对转型时间和路径进行适当调整,继续加大改革力度,尽快建立制度的内在激励机制。实现省级统筹

后,财务风险逐渐从县市级政府上移,来自地方的道德风险如何防范? 这需要从制度的结构性改革入手,实行一系列参数改革,旨在提升参保主体激励性,改善制度的精算平衡能力。

(三) 根据经济社会发展实际完善退休制度

完善我国退休制度是一项艰巨的任务,持续半个多世纪的严重偏低的法定退休年龄规定(女工 50 岁,女干部 55 岁,男性 60 岁)使大量劳动年龄人口因退休而成为非劳动力。在中国劳动力市场已走过了"刘易斯拐点"的情况下,劳动力供给下降、养老保险基金可持续性将面临挑战、退休制度的强制性等问题将贯穿"十四五"期间并仍将造成巨大的人力资源浪费。无论从哪个方面讲,在"十四五"时期尽快如期按计划公布和实施延迟退休年龄是完善退休制度的重要内容,建议从2022 年实施延迟退休制度。

1. 延迟退休政策的主要内容

一是规范法定退休年龄。建议利用两三年时间统一"特殊工种"认定标准,终止各地自主认定的乱象,以规范退休年龄,这是第一步,也是提高退休年龄的大环境。二是提高法定退休年龄。建议按照人力资源和社会保障部原定计划,尽快颁布提高退休年龄政策,并于原定的"十四五"时期内开始实施。在具体方案方面,建议男女同步实施,每三年提高一岁,直到女性达到 60 岁、男性 65 岁。三是构建弹性退休机制。由于劳动者存在着个体与工作性质等差异,建议构建考虑企业与劳动者意愿的弹性退休机制。

2. 完善退休制度的两个重要机制

完善退休制度除上述三项主要内容外,相配套的还需引入和建立两个重要机制。一是引入和建立退休申请机制。非国有经济就业比重逐年提高,但在目前强制性退休制度下,即使非国有企业中愿意继续留任超过退休年龄的人员,地方社保部门也来函通知退休并主动发给退休金,非国有企业就只能照办。为增加退休制度弹性,建议在"十四五"时期首先在非国有企业建立申请退休原则,在达到延后退休年龄前,具有申请退休权限者如不申请,则原有劳动关系自动续约,如当年未申请,可在新的自然年度重新申请。为降低改革阻力,"十四五"时期建议机关、事业单位及国有企业就业者暂不适用申请退休原则。二是完善退休待遇形成机制。在待遇确定机制方面,为降低改革阻力并提升制度自身的激励效应,建议在原有社会统筹部分每缴费满一年提供 1% 的基础上,每延迟一年基数增加一个点数(4%左右)。在调整机制方面,应同步构建待遇调整与缴费时间相关联的新机制。

(四) 提升社会保障服务和管理水平,提高资金使用和保值效率

截至 2019 年底,我国各项社会保险基金和医保基金累计将近 10 万亿元,但分

布不平衡、使用不充分的问题突出:基金跨区域转移难度大,社会保险转移接续不畅,医保异地就医直接结算落实面窄;失业保险资金闲置与保障不足并存;养老保险基金投资效率偏低。本报告认为,"十四五"时期,提升社保服务和管理水平应主要体现为两个方面即改善社保转移接续办法和全面落实异地就医直接结算;提升资金使用和保值效率主要体现为三个方面即用足用好失业保险基金、加快基本养老保险基金委托投资和改善全国社保基金投资策略。

1. 探索更加有效的社保转移接续办法

建议加快社保信息标准化建设,重点支持经济落后地区社保信息化建设,全面实现社保经办电子化。完善"国家社会保险公共服务平台"工作机制,将养老保险、医疗(含生育)保险、失业保险、工伤保险、长期护理保险等所有经办业务全部纳入该"平台"系统。

2. 全面落实异地就医直接结算

建议将所有基层定点医疗机构纳入"全国联网结算平台",加强备案人员数据分析和管理,引导异地就医分级诊疗。推进医疗保障经办机构法人治理,明确把经办机构的管理费列入社保预算,依照经办负荷量按比例从基金中支取。有条件地向参与社保经办的商业保险机构放开医疗和医保数据。

3. 用足用好失业保险基金

建议将领取失业保险金的最低缴费年限下延至 6 个月,确保符合条件的参保进城务工人员、新就业形态从业人员"应保尽保",提高制度的"瞄准度"。将失业保险金提高至最低工资之上,并采取待遇递减方式激励再就业。将失业保险基金扩大支出范围的实践制度化、常规化。完善职业培训的政府采购机制,鼓励竞争,引入"白名单"和"黑名单"制度。

4. 加快基本养老保险基金委托投资

建议借鉴国外"缴费型"主权养老基金管理经验,扩大基本养老保险基金的投资渠道,鼓励境外投资。建立独立的城乡居民基本养老保险基金委托投资账户,与城镇职工基本养老保险基金分开投资,执行不同的投资策略。建立引导长期投资的绩效评估机制和绩效评估周期,鼓励长期资产配置。

5. 改善全国社保基金投资策略

建议推动全国社保基金理事会的企业化改革,将其建成独立的主权养老基金投资主体。将一部分外汇储备转化为养老基金储备,委托全国社保基金理事会投资运营,建成独立的"外汇型"主权养老基金。将对全国社保基金的监管由"严格监管原则"改为"审慎人原则",取消对权益类资产和境外投资的投资比例限制。

三、"十四五"时期基本养老保险制度的改革与发展建议

"十三五"时期是中国全面推进养老保险制度改革的关键节点,也是城乡统筹养老保险制度建设的攻坚时期。虽然多层次养老保险制度框架已基本建立,但制度仍存在政策不完善、机制不健全、发展不平衡和可持续性面临挑战等现实问题。本报告在总结"十三五"时期改革发展成就、分析改革面临的复杂形势和存在主要问题的基础上,提出"十四五"时期中国养老保险制度发展面临的形势和任务、改革的思路。

(一)"十三五"时期中国养老保险制度的发展回顾

"十三五"时期政府高度重视养老保险制度体系建设,制定和出台了一系列措施,推进制度不断走向成熟和定型,逐渐实现从制度全覆盖向人群全覆盖迈进,越来越多的劳动者享受到经济发展的成果,中国养老保险制度在提振消费、转变经济增长方式和增强民众幸福感等方面发挥着重要作用。

1. 取得的主要成就

(1)加快出台政策,助力多层次养老保险制度体系建设

截至 2018 年底,城镇职工基本养老保险和城乡居民社会养老保险的参保人员为 9.42 亿人,占总人口的 67.54%。为有效应对人口老龄化和实现劳动者退休收入多元化,党的十八届三中全会通过的《中共中央关于全面深化改革若干重大问题的决定》,进一步明确了税收优惠政策,加快推动企业年金、机关事业单位职业年金和商业保险的发展。2018 年 5 月 1 日,我国开始在上海、福建(含厦门)、苏州工业园区正式开展税收递延型商业养老保险试点。

(2)全面开展全民参保计划,推进实现从制度全覆盖迈向人群全覆盖

近年来,我国积极采取措施努力扩大覆盖面取得的成绩得到了国际社会的高度认可,国际社会保障协会于 2016 年 11 月授予中国政府"社会保障杰出成就奖"。基本养老保险覆盖范围从城镇逐渐扩大到农村,从国有企业扩大到多元经济单位,从正规就业群体向个体工商户、灵活就业人员等就业不稳定群体覆盖。全国参加基本养老保险人数已经从 2016 年的 8.58 亿人上升到 2018 年的 9.42 亿人。

(3)稳步提高养老保险待遇水平,筑牢民生安全保障网

我国在 2005—2019 年间已经连续 15 年提高企业退休人员基本养老金。2005—2018 年,城镇职工基本养老保险退休人员月均养老金水平由 771 元上升到

3153 元,增长了 4.1 倍。2018 年 3 月,人社部和财政部联合下发《关于建立城乡居民基本养老保险待遇确定和基础养老金正常调整机制的指导意见》,推动实现城乡居民养老金待遇水平调整的机制化和科学性,实现与经济发展水平和财政能力相契合,进一步强化民生安全保障网。

(4)养老保险制度重点领域的多项改革取得突破性进展

1)企业职工基本养老保险基金中央调剂制度稳步推进

为有效均衡地区间的养老负担,实现基本养老保险制度可持续发展,国务院决定建立养老保险基金中央调剂制度,于 2018 年 7 月 1 日正式实施,规定按照 3% 进行征收,实现上缴基金 2466 亿元,差额拨付 612 亿元,2019 年将调剂比例进一步提升到 3.5%。中央调剂金制度对各省份城镇职工基本养老保险的基金收支进行了有效调节,保证了部分地区待遇的及时、足额发放,有助于优化制度结构、增强制度互助共济。

2)适应经济新形势,切实推进双降费和社会保险费征收体制的综合改革

自 2016 年以来,党中央和国务院出台一系列关于企业职工基本养老保险减税降费政策,三年内两次调整企业缴费。2018 年我国进行社会保险费征收体制改革,规定包括养老保险费在内的各项保险费征收工作交由税务部门统一征收,结束了以往社保经办机构和税务部门双重征缴的局面,促进征缴效率的提升。

3)划转部分国有资本充实社保基金应对历史欠账问题,促进代际公平

"十三五"时期,我国稳步推进国有资本充实社保基金的工作,尤其在 2019 年政府工作报告中重申划转部分国有资本充实社保基金的必要性和重要性之后,出台了具体划转方案。2018 年全国国有净资产规模超过 50 万亿元,如果按 10% 的比例划转,社保基金的股本规模将增加 5 万亿元左右。

2. 存在的主要挑战

中国养老保险制度发展取得了实质性突破,但也面临着多重挑战叠加,人口老龄化高峰期对我国养老保险基金形成的巨大支付压力的挑战,新常态下经济增长率下滑对财政收入增幅缩窄的挑战,面临退休人员养老金"十五"连涨对基金收支平衡的挑战。养老保险制度依旧面临公平性不足、可持续性面临挑战、不平衡不充分和适应性不强等现实问题。一是基本养老保险基金统筹层次低。目前,我国养老保险还限于省级统筹水平,部分省份仍为调剂式统筹阶段,省际之间的缴费负担和待遇水平的差异较大,从而影响了制度的公平性。二是城镇职工基本养老保险基金自平衡能力和财务可持续性面临一定挑战。近些年来,养老保险基金自平衡的能力变弱,部分省份当期征缴收入难以支撑基金支出,当期缺口不断扩大。实际运行中,城镇职工基本养老保险对政府财政补贴的依赖程度不断加深,中央和地方政府财政补贴的规模已经从 2005 年的 651 亿元上升到 2017 年的 8004 亿元。三

是多层次养老保险制度体系发展不平衡。多层次养老保险制度体系实践运行并不均衡,政府主导的基本养老保险制度一支独大,二三支柱养老金覆盖面仍然非常窄,基金积累规模小。四是基本养老保险制度适应性不强。随着城镇化进程的不断推进,大量劳动力跨制度、跨地区流动现象普遍,劳动者养老保险在转移接续过程中仍有诸多不便,断保和重复参保现象大量出现。大量流动就业人口参保率偏低,尤其是网络经济下的新业态从业人员参保率较低。

(二)"十四五"时期基本养老保险制度发展面临的形势和任务

"十四五"时期(2020—2025 年)是我国全面建成小康社会后的第一个五年规划期,是推进国家治理体系建设和实现治理能力现代化的重要时期,也是各项社会保障制度走向更加成熟更加定型的改革攻关时期。新时代背景下,我国经济社会发展将进入新的结构调整期,就业和人口结构持续发生变化,养老保险制度改革将面临新的环境和制约因素。综合研判国内外发展形势,分析养老保险制度改革面临的新形势、新情况和新任务,提出改革发展的思路建议,具有十分重要的意义。

党的十九大对新时代特征进行了全面阐述,进入新时代社保改革面临的宏观经济社会环境和约束条件都发生了深刻变化,对养老保险制度改革提出了新的要求:一是经济增长的新常态意味着扩面速度、缴费机制和待遇调整政策都要发生适应性的变化;二是完成供给侧改革任务意味着要长期树立养老保险制度降费的成本意识;三是在"健康中国"大战略下,实施积极的应对人口老龄化政策,需要高度重视制度的财务可持续性,推进基本养老保险基金投资和国有资产划拨工作落实等改革措施;四是全面建成小康社会,完成脱贫攻坚任务需对养老金的减贫目标有所贡献;五是建立共享共治的社会治理格局,实现共同富裕,扩大中等收入群体、缩小收入分配差距、加快推进基本公共服务均等化等方面的新提法,也对社保的全覆盖、全民参保以及发展补充性的养老保险制度提出了迫切需求。

"十四五"时期中国社会保障改革的总体目标是:围绕全面建成小康社会,以党的十九大提出的全面建成多层次可持续社会保障制度为指导,落实党的十九届三中、四中、五中全会精神,全面深化推进养老保险制度各领域的改革,坚持应保尽保原则,健全统筹城乡、公平、可持续和多层次的基本养老保险制度,稳步提高保障水平。养老保险制度发展的具体目标如下。

1. 制度体系完善,运行机制健全

中国特色的多层次养老保险制度体系基本定型,其基本架构分为三个层次:第一层以基本养老保险制度为主体,持续巩固城镇职工基本养老保险和城乡居民基本养老保险制度,基本实现人口全覆盖,提供基本的老年生活保障;第二层为企业年金和职业年金,扩大企业年金覆盖面,加快职业年金投资运营,实现一定的投资

收益;第三层为商业保险,加快个税递延型商业养老保险的试点和扩大覆盖面,增加个人和家庭商业养老保险储蓄。实现多层次养老保险制度协同发展,同时促进基本养老保险与其他社会保障政策的有效衔接。

2. 实现基本养老保险的人群全覆盖

"十四五"时期,将继续落实全民参保计划。在实现各类就业群体全覆盖的基础上,规范参保行为,适当延长缴费年限,提高缴费水平,提升参保质量;在巩固现有参保人群的基础上,重点面向城镇灵活就业人员、进城务工人员以及新兴就业形态劳动者群体,完善相应的参保政策,降低参保门槛,扩大社保覆盖面,实现基本养老保险覆盖率由目前的90%提高到95%左右。

3. 稳步提高保障水平

稳步提高职工和居民的基本养老金水平,同时,统筹考虑城乡居民养老保险待遇水平的调整,使所有60周岁以上老年人脱离贫困线。建立和完善养老金正常调整机制,明晰调整依据,建议综合考虑经济增长、物价水平和基金承受能力,调整方式上,应统筹考虑机关事业单位、企业和城乡居民养老保险待遇的调整,确保城乡各类老年人公平分享社会经济发展成果,并确保基本生活水平不降低。

4. 建立有效应对人口老龄化风险的财务可持续长效机制

进一步强化待遇与缴费挂钩的激励措施,提高参保人员缴费积极性;适当提高最低缴费年限,渐进式延迟退休年龄,改善赡养比;建立规范的社会保障预算,促进各级财政用于社会保险的支出占财政支出比例的持续上升;开展养老保险基金投资运营,实现保值增值;开辟新的筹集渠道,做大全国社会保障基金规模,增加战略储备,并在人口老龄化高峰期投入使用。

5. 实现基础养老金全国统筹,促进人员合理流动

落实基础养老金全国统筹目标的实施,实现全国"一盘棋",有助于基础养老金在全国范围内调剂使用,提升基金财务可持续能力。合理划分中央和地方基本养老保险责任,进一步完善流动人员基本养老保险关系衔接政策。

6. 建立健全社会保险经办管理体系

整合社会保险经办资源,推动多险合一经办,积极探索政府购买、外包社保服务方式;基本建成覆盖全社会的社会保障公共服务网络。社会保障卡持卡人数达到13亿人以上,实现社会保障一卡通用、全国通用。全面推进社会保险管理服务的标准化、信息化和专业化,为群众提供高效便捷安全的社会保障服务。

(三)"十四五"时期养老保险制度改革的思路

根据"十四五"时期社会保障发展目标和基本原则,提出我国基本养老保险制度改革的主要内容。

1. 统筹推进城乡养老保险制度,实现各类就业群体全覆盖

(1)进一步提高参保覆盖率

按参保率95%的目标,基本养老保险制度参保人数应达到11亿人(职工基本养老保险5.4亿人、居民养老保险5.6亿人)。按目前基本养老保险已覆盖9.5亿人计算,实现全覆盖的目标,在未来7年时间内,需新增参保1.5亿人。其中,职工基本养老保险至少需新增1.2亿人;城乡居民养老保险需新增0.3亿人,每年需新增600万人。

(2)完善居民和个体从业人员参保政策

进一步完善多缴多得的激励机制,调动个体工商户、灵活就业人员、城乡居民参保缴费积极性。对选择较高档次缴费和缴费年限较长的城乡居民,可适当增加政府补贴,增发基础养老金,通过利益引导和强化参保管理,鼓励持续缴费、长期缴费。对城乡低保对象和残疾人等特殊群体,完善政府资助缴费的政策。针对部分低收入灵活就业人员中断缴费的突出问题,完善社会平均工资统计办法,将私营单位纳入统计范围,降低缴费基数,并增加缴费弹性区间,将缴费基数拓展到社会平均工资的60%—300%,既与企业职工缴费区间保持一致,又方便他们根据自身实际情况进行选择。

(3)完善养老保险制度衔接办法

目前,企业基本养老保险关系跨省转移接续和企业基本养老保险与城乡居民社会养老保险衔接政策已平稳实施,解决了企业基本养老保险跨地区(包括参保进城务工人员)以及企业职工与城乡居民之间的衔接问题。但实际运行中转移接续困难、经办成本较高、部分人员无法转移等问题仍比较突出,应加快统一转移衔接的经办流程,健全全国统一的社会保障信息系统,杜绝重复享受待遇,实现转移衔接的规范化和电子化,为参保人员提供方便快捷的服务。

2. 实现养老保险全国统筹

近年来,随着省级统筹制度的普遍实施,逐步做到了在省范围内政策统一和基金调剂使用,并初步建立了省对地(市)、县的激励约束机制,2020年全国实现省级统筹。2018年中央调剂制度开始建立,调剂比例逐步提高,这为"十四五"时期推进全国统筹奠定了基础。全国统筹的目标是:按照社会保险大数法则的要求,通过强化中央决策机制,在全国范围内实行统一的制度和政策,统一经办流程和信息系统;统筹基金的使用和管理,均衡地区负担,增强基金的抗风险能力;其核心在于结合现行财政管理体制和地区经济发展不平衡的实际情况,合理划分中央政府和地方政府对基本养老保险基金的筹资与支出责任,明晰事权和财权,充分调动中央政府和地方政府的积极性。

3. 推进养老保险制度参数改革,有效提升制度财务可持续性

(1)实施渐进式延迟退休年龄政策

随着经济社会不断发展以及人均寿命和劳动者受教育年限的不断延长,延迟退休年龄是一种必然趋势。应综合考虑劳动力供需、教育水平、预期寿命、基金收支等因素,适时延迟退休年龄。可考虑分两步走、先女后男、小步慢走的渐进式方案。同时,综合研究完善相关配套政策,如一些从事繁重体力劳动人员的具体退休办法;取消因病提前退休政策,对因病完全丧失劳动能力的人员,按规定发放病残津贴,达到退休年龄时办理退休;以个人身份参保的女性和城乡居民,仍实行领取养老金年龄的相关规定,退休年龄提高后,适时同步调整,并完善促进中老年人就业的政策,鼓励各类用人单位创造适合中老年人的就业岗位和就业方式,引导中老年人就业和创业。

(2)建立科学、合理的基本养老金调整机制

一是以完善企业退休人员基本养老金正常调整机制为基础,逐步建立覆盖机关事业、企业单位统一的城镇职工基本养老金正常调整机制。二是基本养老金调整依据主要参考物价变动和职工工资增长情况,调整的幅度大小需在考虑工资增长率和物价指数变化的基础上,兼顾基本养老保险基金、财政负担能力确定。三是实行普遍调整与特殊调整相结合的办法。在普遍调整的基础上,对高龄人员适当增加待遇,原则上不再对特殊身份群体实行倾斜照顾政策。四是在对城镇退休人员调整基本养老金的同时,国家根据经济发展和物价变动等情况适时对城乡居民基本养老保险基本养老金的最低标准进行调整。

(3)加大推进养老基金投资运营,实现基金保值增值

鉴于全国社会保障基金是为应对人口老龄化而设立,可考虑进一步做大基金池,以更有针对性地应对人口老龄化高峰时的支付风险。此外,应加快启动中央国有上市公司国有股权划转工作,研究将部分国家重要资源收入作为社保基金的来源,以增强社保基金储备能力。随着中等收入者特别是高收入群体的增多,开征具有代际调节和促进社会公平功能的遗产税,是未来加强再分配的重要手段,其税收可定向用于补充战略储备基金。

4. 健全管理服务体系,提高管理服务水平

(1)进一步整合经办管理服务资源

考虑赋予经办机构必要的行政管理和执法权限,明确其主要职能是"执行政策、管理基金、承办事务、提供服务"。在人力资源社会保障部以及省级和地市级设立社会保障管理服务局,县级设社会保障管理服务分局。整合经办服务资源,将目前一些地方分设的企业职工基本养老保险、机关事业单位养老保险、新农保(城乡居保)经办机构合并为一,完善经办体制和服务网络。

（2）加强基层公共服务平台建设

"十四五"时期,应充分发挥政府、社会各方力量,整合和利用基层服务组织与社会服务机构的网络和服务资源,在全国所有街道、乡镇建立劳动就业和社会保障服务平台,争取在所有社区、行政村设立劳动就业和社会保障服务站;行政村普遍实行社会保障协管员制度。完善以城市(含县区)为核心,以街道(乡镇)、社区(行政村)等基层服务网点为基础的经办管理服务网络。

（课题组成员：郑秉文　房连泉　齐传钧　张盈华　高庆波）

"十四五"时期我国推进数字治理的机制路径与政策举措研究

浙江大学

数字治理是全球公共治理理论与实践的前沿议题,也是当代中国推进国家治理体系和治理能力现代化的重要方面。"十四五"时期是我国数字治理建设从数字化到智能化、智慧化转变的关键时期。本报告将首先从理论上解析数字治理的概念,然后根据多地调研情况分析当前中国数字治理建设面临的主要问题,在此基础上,提出"十四五"时期推进数字治理的机制路径和政策举措。

一、数字治理的概念

数字治理是指政府、企业、社会组织和民众等多元治理主体依托数字技术开展公共事务治理,以实现高效、精准的公共治理。数字治理主要包括三个层次的内容:一是公共治理主体运用数字技术开展治理活动,是治理主体驱动的治理行为,数字技术作为公共治理的一种工具;二是数字技术辅助治理主体开展治理活动,是数字技术驱动的治理行为;三是公共治理主体与数字技术的深度融合,即治理主体和数据双重驱动下的公共治理,由数字技术帮助治理主体监测、预测可能的问题,并向治理主体提供多个可供选择的

方案,治理主体运用数字技术开展治理活动(见表1)。

表 1　数字治理概念的内涵与外延

数字治理	内涵	政府、企业、社会组织和民众等多元治理主体依托数字技术开展公共事务治理			
	外延	层次一	数字化	治理活动+数字技术	主体驱动	降低成本提高效率
		层次二	智能化	数字技术+治理活动	数据驱动	(部分)替代主体开展治理工作
		层次三	智慧化	数字技术×治理活动	主体、数据双向驱动	提高治理的精准性、有效性

二、当前我国数字治理建设面临的主要问题

尽管在联合国 2020 年电子政务调查报告中,我国首次上升为 EGDI(电子政务发展指数)最高的七个亚洲国家之一,但是由于缺乏合适的顶层设计,尤其是缺少统一的目标路径、技术和体制机制保障以及与之相匹配的能力、要素支撑,我国的数字治理建设仍然面临一些问题,具体表现在以下方面。

(一) 数据的物理割裂和逻辑割裂并存,数据孤岛仍然普遍存在

数据孤岛是数字治理中的基础问题。目前我国政府职能部门依旧是条块结合的组合模式,数字治理中的数据共享机制难以有效建立,"主观上不愿意"和"客观上不允许"导致目前的数据共享总体上处于默认不共享的状态。

数据孤岛主要包括物理层面和逻辑层面的数据孤岛。物理层面的数据孤岛主要表现在部门间"块状"的数据孤岛、"跨层级"的数据孤岛以及数据孤岛的打破与再生成。逻辑层面的数据孤岛在于政府内部各部门对于"数据"本身的概念认知不同,导致数据集合被赋予了不同的含义,相同的数据在使用时内在相关性被割裂。

(二) 数据归集、整理的标准和界限不一致,缺乏系统性

数据归集整理的标准和界限问题是数字治理的普遍问题,数据的标准和界限不一致给后续数据的应用带来了客观阻碍。一方面,政府内部数据归集、整理等相关标准不一致,显著影响数据资源的可应用性。另一方面,政府各部门数据收集界限不接榫,数据重复收集和部分数据没有收集的现象并存。

（三）重数据归集轻数据应用，数据资源较少转化为实际治理效能

数据资源未转化成实际治理效能是当前数字治理建设中的关键问题。一方面，排除数据的可获取性和可应用性等因素干扰，治理主体进行数据应用的整体意愿受到数据使用意愿和能力等多方面因素干扰。另一方面，当前我国政府掌握了大量的数据，但应用层面主要停留在业务数据化（而非数据业务化）的阶段，数据赋能城市治理、基层治理和乡村治理等数据驱动以及数据技术与公共治理深度融合的应用较少。

（四）乡村数字治理仍然处于初期阶段

数字技术的不断发展为乡村治理提供了重要工具，但数字治理在乡村场域的覆盖率和应用度远未达到预期。结合《数字农业农村发展规划（2019—2025 年）》中"构建乡村数字治理新体系"的相关要求以及《关于加强和改进乡村治理的指导意见》的相关表述，乡村数字治理的实现形式聚焦于公共服务治理、公共管理、公共安全治理三个方面，其中数字化基础设施与工具是推进乡村治理数字化的基础与条件。然而，即便在数字治理发展较快的乡村地区，基础设施和应用平台都仍未搭建完成。与城市的数字治理建设相比，由于经济因素、知识水平等限制，乡村数字治理基础设施覆盖率低、数字化实现形式相对单一，整体上还处于数字治理初期阶段。

（五）政府以外的治理主体参与数字治理深度有限

民众、企业、社会组织等治理主体参与数字治理的程度是数字治理发展的重要内容，也是"治理"区别于"管理"的关键所在。数字时代，整体回应复杂的公共治理更加需要多主体共同参与。但目前情况下，民众、社会组织参与共同治理的方式、渠道、便捷度、约束力等仍然有限，主要原因在于：一是多数地方的政务信息准确性、完整性较差，而且政府以外力量参与数字治理的路径较为单一，参与要求较高，社会知晓度偏低；二是部分地方虽然完善了政务信息、落实了信息公开、拓展了参与渠道，但这些平台、系统、模块等的使用友好度较差，缺乏用户激励，无法形成广泛、稳定、积极参与的用户群体；三是部分地方虽然设计了较好的多元主体共同参与治理的数字化平台、系统或模块，但在实际运作过程中缺乏治理主体间实质性的相互约束。此外，政府与企业合作进行数字治理的领域、区域和合作方式还有所限制。

（六）治理主体的数字治理能力有待进一步提升

治理主体的数字治理能力是数字治理发展的重要保障。数字治理能力至少包

括以下五个维度:数字治理的意识;归集数据的能力;分析数据、挖掘数据的能力;
利用数据优化决策的能力;数据安全能力。在推进国家治理体系和治理能力现代
化的进程中,数字技术和数字资源发挥着越来越重要的作用,数字治理能力成为各
治理主体提高治理效能的基本能力。一方面,将信息技术的效用从政府组织内部
延伸到组织外部的过程中,公务员队伍的数字治理能力是政府组织内部"赋能"的
关键之一。然而目前大多数干部面临无法准确认知数字技术、尚未建立数字治理
逻辑、也不会使用数字技术的困境。另一方面,数字治理中政府需要与民众、企业、
社会组织等进行互动以实现对外部"赋权",这也对民众、企业、社会组织等治理主
体的能力提出了新的要求。

三、"十四五"时期推进数字治理的机制路径

(一)"十四五"时期推进数字治理的总体目标

围绕缺乏顶层设计,缺少统一的目标路径、技术和体制机制保障以及与之相匹
配的能力、要素支撑等问题,本报告提出"十四五"时期推进数字治理的总目标在
于:推进数据驱动的公共治理与传统治理手段的深度融合,建立完善"整体智治"
的现代治理体系。

"整体智治"包含两个关键词:"整体"和"智治"。"整体",即"整体性治理",
是指面对公共治理需求,公共治理主体内部和治理主体之间通过充分沟通、有效协
调,形成整合与协作,共同开展公共事务治理,统一回应治理需求。公共治理主体
不仅限于政府,还应该包括社会组织、民众个人、市场机构等。相应地,公共治理的
机制也不仅限于行政机制,还包括社群机制、市场机制。"智治",即"智慧治理",
是指在公共事务治理中广泛引入数字技术(如云计算、大数据、人工智能等),实现
智能化、智慧化的公共治理。以数字技术为基础的"智慧治理"为"整体性治理"提
供了工具和路径支撑,助力治理需求及时、准确的识别,为实现"整体性治理"提供
了技术上的可能性;以整合力量统一回应需求的"整体性治理"为"智慧治理"提供
了公共治理的目标指向。

所以,"整体智治"指的是传统手段和数据驱动相结合,识别、发掘公共治理需
求;在此基础上,公共治理主体内部和治理主体之间广泛依托数字技术开展充分沟
通、有效协调,形成整合与协作,共同开展公共事务治理,统一回应治理需求。简单
地说,"整体智治"即是依托数字技术的精细化需求识别、整体性处理、统一性产出
和有效性回应的公共治理体系,其机制如图1所示。

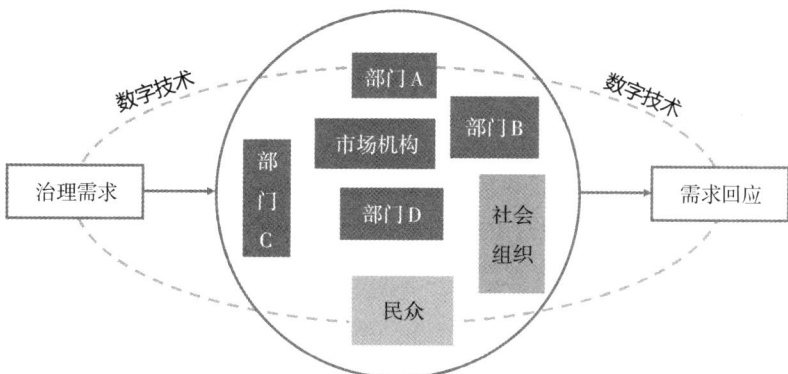

图1 "整体智治"的运作机制

（二）"十四五"时期推进数字治理的基本框架

"十四五"时期推进数字治理的基本框架如图2所示,自上而下分别包括:(1)"十四五"时期推进数字治理的总目标,即构建"整体智治"的现代治理体系;(2)数字治理的具体应用场景,按照政府职能分为经济调节、市场监管、公共服务、社会治理、应急管理五个部分;(3)"十四五"时期推进数字治理的支撑体系,分为数字基础设施、数据治理体系、数字治理组织体系、跨部门跨主体协作体系,以及数字治理基础平台五大支撑;(4)"十四五"时期推进数字治理的保障措施,主要在于资金、人才和评价三项内容。

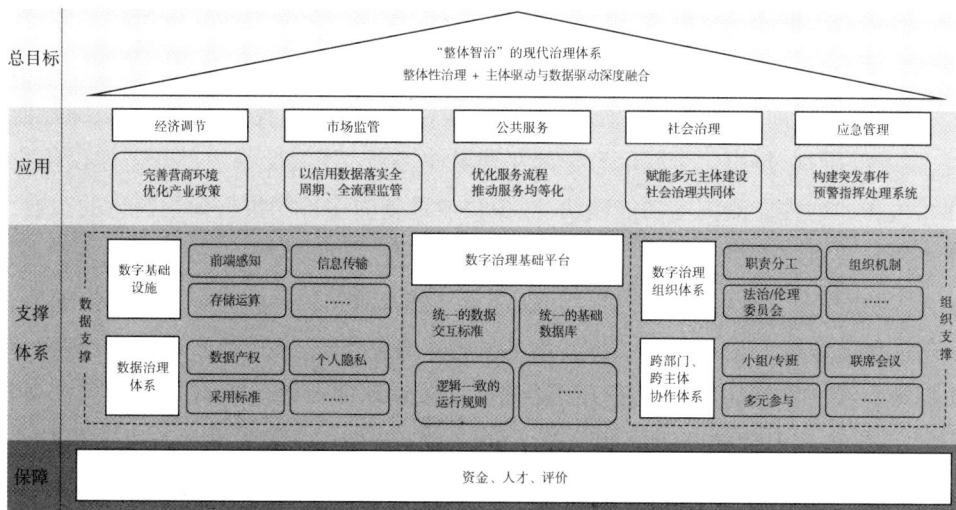

图2 "十四五"时期推进数字治理的基本框架

四、"十四五"时期推进数字治理的政策举措

数字治理建设是当下及未来政府公共管理的核心工作,也是中国向世界提供可能的中国方案,展示中国之治的重要内容。数字治理建设涉及政府公共管理的方方面面,既是公共治理的基础设施,也是公共治理的重要工具,是一项系统全息的工程,需要自上而下的战略引领、制度供给和机制路径设计,需要所有部门的共同参与和推动。报告第二部分指出了当前数字治理建设面临的六大问题,其背后的主要原因在于缺乏有效可行的顶层设计的引领。"十四五"时期我国推进数字治理的核心目标是建设完善"整体智治"的现代治理体系。本部分将首先展示建设完善"整体智治"现代治理体系需要在经济调节、市场监管、公共服务、社会治理、应急管理等重要领域所开展的应用场景拓展,然后进一步提出支撑这些应用场景拓展所需要的技术和体制机制支撑,技术方面主要包括数字基础设施、数据治理体系,体制机制方面主要包括数字治理的组织体系、跨部门跨主体的协作体系,以及需要技术和体制机制融合共同推进的数字治理基础平台建设,最后,讨论支持上述工作所需的资金、人才等要素保障,以及引领数字治理建设的评价体系。

(一) 拓展场景应用

1. 经济调节:发掘企业需求完善营商环境,因地制宜优化产业政策

数字治理推动优化营商环境,实现经济稳定健康发展。在优化营商环境方面,继续推进企业导向改革,引入云计算技术,测量计算基于企业生命周期的国际营商环境指标,依此简化行政审批流程;引入区块链技术,形成统一审批录入、综合监管、多维度研判、集中化全网信息资源互通共享系统,开发投资项目开工建设信息在线报送和远程监测调度功能模块,减少企业重复向多部门报告信用信息的次数,也方便行政执法人员获取企业所有相关信息,提高工商管理效率;建立涉企服务模块,让政策和企业自动匹配,与信用信息平台挂钩,对信用优秀企业优先安排资金,实现涉企政策统筹使用、集中发力、精准扶持。在转变经济发展方式方面,应充分发挥新型举国体制的优势,建立智慧决策系统,实现产业最优组合与最优配置;利用数字技术,实时监控产能过剩产业,预测未来需求走向;加强城乡基础设施共建共享及公共数据共享,通过数据链驱动和提升农业产业链、供应链和价值链等方法,弥合城乡之间的"数字鸿沟";建立创新创业数字驱动机制,健全"众创空间+孵化器+加速器+产业园区"的全链条创新模式,构建人才数字化管理机制,向企业定向推荐所需要人才。

2. 市场监管: 以信用数据为核心, 落实全周期、全流程监管

数字治理推动以信用信息为核心、多元主体共同参与的市场监管新格局, 建立事前、事中、事后全覆盖的监管机制。在事前, 完善数字化征信系统, 实时动态更新信用信息, 并向社会公示公开, 强化信用对市场主体的约束作用。在事中, 建设信用监测和预防预警系统, 结合企业、执业者主动报告和溯源全流程管理, 归集企业承诺信息、履约信息, 关联信用主体信用记录, 对市场主体开展实时评估, 充分引入社会、公众监督; 建设第三方评估监督机制, 依托大数据分析, 获取更具有针对性和容易被忽视的评估内容。在事后, 推进守信激励奖惩机制落地, 搭建"互联网政务+金融"平台, 精准找出诚信企业为其提供信用贷款或金融优惠产品等, 限制失信企业的金融扶持和其他公共资源交易项目的参与资格, 激励企业诚信经营。

3. 公共服务: 以需求导向优化服务流程, 发挥数字技术优势推动服务均等化

数字治理推进基本公共服务均等化、可及性, 提升公共服务供给与需求的匹配度。在政务服务领域, 依托大数据分析, 从需求端角度再造政府流程, 归并、删减政务服务事项、非必要步骤和材料, 发现高频办事事项, 精确配置人员, 科学排布网点; 效仿"浙里办""粤省事""渝快办"等全省/市统一的政务服务平台, 从需求导向和使用者友好度等方面, 建立起一体化的政务服务体系; 在基层布设政务服务自助终端, 通过远程协助等方式, 辅助偏远地区民众使用线上政务服务。在医疗健康领域, 推广智慧医疗系统, 结合"医共体"建设, 实现家庭签约医生、社区医疗服务机构、县区级医院、省市级医院数据共享、检查结果可供互相参考; 对偏远地区覆盖智慧医疗终端, 通过远程协助、培训乡村医生等方式, 联动邮政体系辅助偏远地区药品递送, 实现"乡镇医院做检查、省市医院做诊断、药品快递送到家"。在教育文化领域, 注重运用数字技术识别义务教育、基本公共文化服务等需求, 针对城市区域居民, 重点关注基于数字技术的共享接送、学后托管、数字图书等, 针对偏远地区居民, 重点依托数字技术开展"教管分离"的远程学前教育或义务教育, 由村社提供教学场地、聘请专门人员进行课堂管理, 由专业老师开展远程学前或义务教育, 提高偏远地区优质文化教育资源的可及性。在社会保障与社会救助领域, 运用数字技术建立更广的社会保险管理信息网络, 提升数字化健康管理水平, 开展更加精细的老年人疾病管理、留守儿童关爱等, 协同社会组织, 借助数字技术识别匹配专业服务供给与需求; 充分运用数字技术搜集本地区就业培训需求, 完善线上就业培训体系, 有针对性地对接就业培训供给方。

4. 社会治理: 数字技术赋能多元治理主体, 推动社会治理共同体建设

数字治理推动多元主体合作共治, 建设人人有责、人人尽责、人人共享的社会治理共同体。在城市治理方面, 建设城市治理综合指挥服务系统, 内嵌智慧交通板块, 预测城市交通状况, 自动向执勤人员发送指令、自动调节交通信号系统、自动推送交通事故潜在风险,民众通过手机实时上报交通情况;内嵌智慧停车板块,应用预约停车;内嵌智慧城管板块,通过前端传感设备和居民上报信息,实现城市管理运行状况的全面、实时可视化,线上系统推送信息辅助现场决策。在基层治理方面,建设基层治理综合服务系统,设置基层协商议事板块,作为民主决策、民主管理和民主监督的渠道;设置矛盾纠纷调解板块,依托"网格化管理、组团式服务"的组织架构,组织线上线下相结合的基层矛盾纠纷调解库,通过矛盾纠纷文本内容分析和大数据比对,识别牵头机构,推荐调解成员和类似案例解决方案,提供远程联线开展矛盾调解的功能,推动自治、法治、德治"三治融合"与"智治"的进一步融合;设置邻里守望互助板块,居民或村民在该板块发布需求,其他居民或村民、社区社会组织、社区个体工商户、乡镇企业代表、志愿者等自愿选择回应需求,地方政府可设置公益类奖项、小额奖励或税收减免鼓励邻里互助;设置垃圾分类积分管理板块,将既有的村社垃圾分类管理人员和地点电子化、数字化,准确识别居民垃圾分类行为并自动换算积分,确保责任到户。

5. 应急管理:扩展数据来源,构建突发事件实时预警指挥处置系统

数字治理推动防范化解社会重大风险,建设面对突发公共事件事前防控预警、事发科学决策、事中迅速反应和事后数字管理的应对机制。在公共卫生事件方面,构建公共卫生应急管理智能体系,建立早期传染病疫情和突发公共卫生事件申报系统;与科研院所、领域专家合作开发突发公共卫生事件预警监测系统,使用大数据等提高评估监测敏感性和准确性;加强实验室检测网络建设;结合传染病疫情和突发公共卫生事件大数据制定分级、分层、分流的重大疫情防治措施,利用物联网等技术实现疫情期间对人员的精密智控。在自然灾害方面,建设自然灾害防控救一体化平台,实时掌握灾害信息,智能分析灾害态势;结合地区灾害发生特点,联动科研院所,定制开发风险评估模型、趋势推演模型、多灾种灾害链分析模型等进行灾害态势智能分析;当灾害发生时,触发相应应急预案,形成数字化救援方案,供决策参考;事后整理归集数据,为预警和风险研判提供数据支撑。在事故灾害方面,利用大数据、物联网、人工智能等实现对重点领域、重点行业、重点区域的实时全方位监控和隐患排查,使用全方位监控信息和历史数据为安全生产风险检测、智能评估和趋势预判提供依据。在社会安全方面,利用视频监控技术、基础数据管理技术、地理信息系统(GIS)等收集城管、安防相关数据进行实时安全监控;运用物联网技术自动采集相关信息生成社会安全事件情景库,针对不同类型社会安全事件形成个性化应急预案;运用数字技术重点识别基于城乡差异、贫富差距等形成的突出社会安全问题,对各问题进行风险和警情研判。

（二）完善支撑体系

1. 数字基础设施：进一步优化前端感知、中端运输和后端存储运算设施

在前端感知和服务设施方面，应加强基础物联感知设施的统筹建设、资源整合，着力实现城市运行全面数据化；规划建设覆盖所有自然村的自助服务终端，根据农村使用者习惯对自助服务终端进行界面重构、数据标签拓展等面向不具备数字设备使用能力用户的提升改造，提高服务终端的可用性和使用友好度，通过数字技术推进治理资源配置的均等化，切实提升农村和偏远地区的公共治理可及性。在信息传输设施方面，实施光缆扩容、智能管道新建工程，超前建设集约共享的通信管道网络，进一步提速互联网骨干直联点。在存储和运算设施方面，构建城市级的数据存储空间（数据覆盖城乡），以及边缘计算、云计算、超算协同的多层次运算体系，增强多种信息在全空间演化、生成、存储、传输等过程中的安全性，提升数字治理基础设施的技术安全性和隐私保护能力，为架构数字治理基础平台提供基础设施保障。

2. 数据治理体系：加快数据立法，构建细化数据采集和运用的标准化体系

数据治理是对数据的管理与组织，目的在于构建完整、高效、安全、逻辑自洽的数据组织管理体系，服务于数字治理实践，主要包括数据从生产、存储、交换、共享、使用等环节的一整套管理规则。党的十九届四中全会首次提出将数据与资本、土地、知识、技术和管理并列，作为可参与分配的生产要素。因此，数据治理首先需要在立法层面确立数据作为要素资源的产权归属，应在《中华人民共和国民法典》的立法精神基础上，加快出台个人信息保护、数据安全等相关法律法规，遵循谁生产、谁所有的原则，规定数据权属、侵权责任和惩戒措施，民众与公共部门共同生产的数据，归属民众与公共部门共同所有，任何一方需要使用相关数据时都需得到对方许可。数据传输过程中任何企业、个人、单位在未经数据所有者允许的情况下不得保留数据副本；民众可查询访问、使用个人数据、共有数据开展决策分析或事件办理的数据记录，允许民众、法人定制敏感数据被调取使用的即时提醒，发挥数据主体监督数据使用的制约机制。在中央层面出台更为全面的数据治理技术层面的标准规范，进一步打通数据孤岛，防止新的数据孤岛产生，可在《政务信息资源共享管理暂行办法》的基础上拓展细化，形成政务数据基础版图、资源目录，以及数据存储、共享、使用等一系列规范，覆盖所有政府业务部门的数据，确定数据间的逻辑层次和关系；同时，在中央层面出台非公组织数据治理推荐标准，召集重要科技企业、行业协会商会、社会组织代表，讨论确定企业、社会组织层面涉及公共治理相关数据的存储、调用、共享、使用标准及其逻辑关系，建议企业、社会组织参照标准执行。最后，中央层面应允许各地在不违反法律的情况下，根据国家标准细化拓展数据治理规范,涉及国家层面的标准规范不一致的地方,需报请中央层面数据治理专班审议,以保证政务数据在全国层面的逻辑一致性和基础互通性。

3. 数字治理组织体系:建立健全系统全面、分工合理、各方参与、专业高效的组织体系

数字治理建设是涉及各层级政府、所有部门以及政府以外其他治理主体的全面改革,"十四五"时期推动数字治理需要建立健全系统全面、分工合理、各方参与、专业高效的数字治理组织体系。首先,根据纵向政府间事权梳理各级政府数字治理的主要职责和侧重点,形成纵向政府间数字治理的职权划分标准和主要内容,探讨数字治理中政府与社会、市场主体的功能范围,出台建议性标准,倡议市场和社会组织,尤其是那些掌握较多社会运行数据的组织,设立参与数字治理的专门机构或专员,建立健全培育激发市场、社会主体参与数字治理建设的激励机制。其次,进一步明确数据资源管理部门的职能定位,通过派驻数字治理专员、组织数字治理专项培训、评估把关数字治理项目等方式,明确数据资源管理部门在数字治理建设中的需求统筹、标准制定和业务指导功能。再次,各级政府需要设立数字治理法治委员会和数字治理伦理委员会,依托专家学者、民众代表、企业和社会组织参与为数字治理建设工作提供法律和伦理指导,同时监督数据采集、标准设置、应用开发等数字治理实践。最后,强化部门数字治理建设工作的领导机制和人员配备,由各职能部门领导班子成员分管本单位数字治理建设工作,有条件的部门设置专门中层机构,其他部门至少需配备数字治理建设专职人员。

4. 跨部门、跨主体协作体系:联动多元治理主体,完善数字治理协同机制

在组织支撑中,推进数字治理还需要建立跨部门、跨主体的协作体系。在政府内部,可以由党委牵头成立数字治理建设领导小组、工作组或专班,将各部门开展数字化建设的工作人员作为成员,中央层面重点讨论编制全国层面的数字治理基础设施规划、数据治理规则、数据治理基础平台建设,地方层面重点讨论当地的数字治理基础设施规划、符合地方需求的数据治理补充规则和前端场景应用;在政府、企业、社会组织、民众之间,由政府牵头成立数字治理建设联席会议,充分调动行业协会商会、专业社会组织以及热心于数字治理建设的民众代表,参与数字治理基础设施规划的制定、讨论跨主体数据治理标准。同时,需要特别重视多领域、多学科专家学者特别是哲学社会科学工作者参与数字基础设施规划的编制、数据治理规则的设定、数字治理基础平台的建设以及数字治理前端应用的开发,可以在领导小组、工作组、专班或联席会议中设置技术组、理论组、实践组等,保证数字治理的公共价值导向。

5. 数字治理基础平台:构建具有全局性、通用性的数字治理基础平台

在数据支撑和组织支撑的基础上,数字治理需着力推进基础平台建设,即对各

地公共治理中共性的治理知识和治理能力进行封装,变成标准化的模块,拉齐各地数字治理的基础能力和水平,提高共性治理知识和治理能力的可用性与通用性,提升数字治理对普遍性、基础性治理问题的响应能力。数字治理基础平台类似于数字治理的操作系统,各业务条线的工作如同操作系统之上的应用程序,虽然各自独立但共享一套基础规则,同时,在需要联通的部分可以通过共享接口、标准等实现相互嵌入和调用,突破物理意义上的部门界限;各地也可以根据地方治理需要,在基础平台上对既有的部门业务进行调整拓展或添加新的应用和模块。在数字治理基础平台之上,行之有效且具有一定推广意义的数字治理创新能够没有技术障碍地得到推广、扩散和共享,一旦这种数字治理创新成为新的普遍化应用,则可以进一步被封装到基础平台之中,实现治理能力的标准化、共享和复用,推进数字治理基础平台的迭代升级。

中央层面可以出台试点政策,选择具有一定基础平台建设条件的地方开展数字治理基础平台建设试点,如杭州的"城市大脑"、广东的"数字广东"中心等,通过试点择优选出或综合各方优势产生一套数字治理基础平台的标准体系,进而在全国范围内推广实施。

(三) 落实基础保障

1. 强化资金保障:以政府投入为引导,创新数字治理建设模式

以政府投入为引导,创新数字治理建设新模式。各级政府可建立日常工作财政资金保障机制,将数字治理建设所需要的经费列入本级财政预算,设置应用场景开发专项资金;同时,积极探索"政府主导+社会参与"的建设运营模式,建立探索长效化的数字治理建设与运营机制;建立完善建设项目决策的多方参与和咨询制度,出台数字治理项目建设和运营管理规范,规范项目统一决策和组织实施程序,完善项目建设和常态化运营的评估体系,推进形成"全周期""全口径"的数字治理项目管理体系,提升数字治理项目资金使用效率。

2. 加强人才培养:设置专项培训与学位项目,快速提升数字治理能力

加强数字治理人才队伍建设,加快建立数字治理领域高层次、复合型人才培育和储备机制。在公共部门人员培训中设置常态化的数字治理人才培养专项,深化大数据讲堂、数字治理专题研学等活动,有条件的地方可以设立数字治理学院,全面提升公共部门人员数字治理能力;联动高校、科研院所等资源,依托公共管理硕士(MPA)等专业教育学位项目、继续教育中心等平台,快速提升在职工作人员数字治理逻辑、意识和能力,培养选拔一批通晓政务业务、熟悉信息技术的综合型人才,构建政产学研协同创新的数字治理人才生态圈。

3. 建立健全评价指标体系:与第三方合作构建引领性的数字治理评价指数

　　高层级政府可以与智库、高校等第三方机构合作,由第三方机构牵头,通过联动企业、社会组织、民众等共同参与,形成具有引领性的数字治理评价指数,通过定期分析、诊断、评价不同地区、不同部门的数字治理情况,纵向横向比对等,充分反映各地各部门数字治理建设的成效和不足,引领数字治理建设与发展。

　　　　　　　　　　(课题组成员: 郁建兴　黄飚　任亭娜　邓钦心　苏林梅)

"十四五"时期加强和创新基层社会治理研究

中国社会科学院社会学研究所

党的十九届四中全会通过了《中共中央关于坚持和完善中国特色社会主义制度、推进国家治理体系和治理能力现代化若干重大问题的决定》(以下简称《决定》),《决定》对加强和创新社会治理作出了明确要求。本报告根据《决定》关于坚持和完善共建共治共享的社会治理制度的要求,分析"十四五"时期加强和创新基层社会治理面临的新趋势和新要求,剖析新形势下基层社会治理存在的共性问题、薄弱环节和体制机制障碍,研究"十四五"时期加强和创新基层社会治理的重点任务与改革路径。

一、"十四五"时期加强和创新基层社会治理面临的新趋势与新要求

(一)"十四五"时期加强和创新基层社会治理面临的新形势与新挑战

(1)市场化、城市化、个体化、老龄化、技术化等多重趋势的进一步叠加,是加强和创新基层社会治理面对的新的社会基础。人口的高度自由流动、在各级城市的进一步聚集、婚姻家庭形式的迅

速变迁、老龄人口比重的迅速上升、新技术应用带来的社会连通性的进一步增强、新经济新社会组织形态的不断涌现、新的就业形态的层出不穷,等等,是"十四五"时期社会治理面临的新形势,会对城乡基层社会的公共服务、秩序维护等带来新的挑战。

(2)各类常规和非常规风险(如公共卫生安全风险)叠加,成为"十四五"时期加强和创新基层社会治理面临的突出环境特征。当今世界处于百年未有之大变局,各种风险挑战并存,在新冠肺炎疫情的影响下,经济社会发展的不确定性加大。社会治安、安全生产、自然灾害等常规风险仍然存在,政治安全、意识形态、公共卫生突发事件等非常规风险叠加,确保基层社会的安定有序和组织动员,成为加强和创新基层社会治理的重要任务。

(3)社会分化的加剧、社会整合的压力、社会认同的难题,是加强和创新基层社会治理面对的一个关键性困境。与市场化、城市化和技术化等趋势相同步,整个社会的利益分化态势在逐步加剧,市场化、城市化和技术化带来的红利差异,给社会的阶层分化带来新的特征。随着利益关系分化的演变,社会整合压力逐步增大,不同群体在价值观念方面的差异进一步凸显,新的社会认同如何构建和形成,是加强和创新基层社会治理面临的重要挑战。

(二)"十四五"时期加强和创新基层社会治理的总目标与新要求

(1)坚持以推进基层社会治理体系和治理能力的现代化为总目标。基层社会治理是国家治理的基础,在推进国家治理体系和治理能力现代化的指引下,"十四五"时期要将推进基层社会治理体系和治理能力的现代化作为加强和创新基层社会治理的总目标。构建现代化的基层社会治理体系,需要坚持和完善党建引领在基层社会治理体系中的核心作用;推进城乡基层行政管理体制和社区治理体制的综合配套改革;构建多方主体各尽其能、协商共治的基层社会治理新格局;建设人人有责、人人尽责、人人享有的社会治理共同体。

(2)有效提升城乡社区在不同情境下的精细化和精准化治理水平。"十四五"时期加强和创新基层社会治理的一个新要求,是有效提升城乡社区在不同情景下的精细化和精准化治理水平。现有基层社会治理体系,在多元主体的协同治理、关键情境的有效治理、差异化社区的分类治理等方面还存在精细化和精准化水平不足的问题。因此,必须巩固现有基层社会治理制度体系,梳理制度盲点和短板;立足基层社会治理的主要治理情境,创新精细化治理机制;针对多样化的基层治理难题,提升资源的精准化投入水平。

(3)加强大数据、人工智能等现代科技与基层社会治理的深度融合。"十四五"时期加强和创新基层社会治理的另一个新要求,是加强新一代数字技术等现代科技与基层社会治理的深度融合。大数据、云计算、人工智能、区块链等数字技术,既是当代社会变迁的重要驱动力量,也要成为社会治理特别是基层社会治理的重要支撑力量。因此,必须高度重视现代科技在基层社会治理中的重要作用和支撑角色;改革创新推进现代科技与基层社会治理深度融合的体制机制;建立健全有效驾驭现代科技、合理确定技术边界的规则体系。

二、当前基层社会治理存在的共性问题、薄弱环节和体制机制障碍

作为社会治理的基本单元,城乡社区事关居民群众切身利益,涉及的治理问题高度复杂,包含的治理情境丰富多样。然而,当前城乡社区治理都还没有形成系统的基于不同治理情境的路径、机制、举措,基层社会治理的情境化治理机制还不够精细和精准。具体而言,存在的问题主要包括以下八个方面。

(一) 党建引领城乡基层治理体系的具体路径尚不明确

(1)社区党委与社区在职党员以及普通居民之间的联系机制尚不明晰。
(2)党建引领基层治理难题化解的具体方向、路径、边界还处于探索中。
(3)区域化党建在协调整合多层级、多部门、多领域的资源方面还缺乏有效方案。
(4)社区党组织建设面临不少困境,基层党组织治理体系和治理能力的现代化亟待破题。

(二) 政府负责的工作机制和责任边界还不够清晰

(1)政府的公共服务、治理资源与社区实际需求之间的匹配机制尚不精准,"最后一公里"的问题依然存在。
(2)政府条块之间权责配置失衡、协同机制不足,影响到基层社会治理的实际效能。
(3)政府的责任边界较为模糊,社会对政府充满期待,政府常常陷入"兜底困境"。

(三) 民主协商的平台、规则和机制尚未系统建立

(1)社区民主协商的平台尚未系统建立。
(2)社区民主协商的规则尚未系统建立。

（3）社区民主协商的机制尚未系统建立。

（四） 社会协同在城乡社区治理中的作用还不充分

（1）基层群众自治组织在社区自治方面的工作力度和精细化程度不足,处理复杂问题的能力有限,激励机制存在不足。

（2）社会组织参与基层社会治理还不够深入,内部分化程度较高。

（3）其他社会力量(如辖区企事业单位、平台企业等)在基层社会治理中的协同作用较为零碎和分散。

（五） 社区居民参与治理的权利基础、公共精神和组织能力不足

（1）社区居民参与社区治理的权利基础尚未真正落到实处。

（2）社区居民缺乏公共精神,对社区事务的参与意愿不足。

（3）社区居民间缺乏横向的社会网络和社会资本,自组织能力不足。

（六） 法治在基层社会治理中的保障作用有待加强

（1）基层社会治理领域的法律缺失和执行难问题依然存在。

（2）基层政府缺乏行政执法权,社会治理领域的法律资源高度碎片化。

（3）社区居民的法律意识不足,自治、法治、德治的协同机制尚未形成。

（七） 科技支撑基层社会治理的路径和机制还处于探索阶段

（1）数字技术参与社区治理的具体路径目前还处在探索阶段,基础设施亟待建设。一是政府部门如何运用大数据、云计算、人工智能、区块链等数字技术进行社会治理,如何在政府自上而下的信息平台与城乡社区内部的横向信息平台之间建立关联,还未形成系统成熟的经验。二是平台企业借助数字技术参与社区治理的路径和机制还不明朗。特别是如何解决平台企业参与社区治理的准入机制、竞争机制和可持续发展机制,是亟待探索的问题。三是数字技术在"最后一公里"的应用遇到不少问题,能够支持数字技术应用的5G基站、大数据中心、基层社区操作人员、技术培训人员及相关配套制度等基础设施还相对欠缺,科技支撑在城乡基层社会中的落地问题亟待破题。

（2）科技支撑在基层社会治理主要情境中的应用机制还在探索中,尚未形成系统经验。第一,化解矛盾纠纷是城乡社区治理的常见治理情境。"枫桥经验"是矛盾纠纷化解的典范,然而大量城乡社区还并没有形成精细、精准的多元矛盾纠纷化解机制,尤其是大数据技术等在矛盾纠纷的信息收集、资源调配、处置追踪、监督反馈和效果评估中如何更为有效地发挥作用,还需要进一步探索。

第二,维护公共安全、建设平安社区,是基层社会治理的重要治理情境。目前参与维护公共安全的数字技术更多针对的是常规安全问题,对于以此次新冠肺炎疫情为代表的突发性公共卫生事件等非常规性的公共安全问题,自上而下的应急管理体系和能力建设暴露出不少短板。第三,社区参与、民主协商是基层社会治理能力提升的关键治理情境。数字技术如何提升社区事务对于居民的吸引力,如何实现政府部门、社区组织与居民之间的信息沟通和良性互动,如何为多方主体之间的民主协商提供公共平台,是当前基层社会治理中的前沿问题和薄弱环节。

(3)数字技术在基层社会治理中的应用空间、应用风险和权利边界,还未得到明确界定。数字技术的应用既有利于提升基层社会治理能力,也可能带来一系列新问题。第一,数字技术在基层社会治理中的应用空间尚未界定,即数字技术能够应用于哪些方面,不能应用于哪些方面,对于党委政府、社区自治、居民个人分别会带来什么样的影响,都亟待在实践和理论上破题。第二,数字技术在基层社会治理中的应用风险问题尚未界定,即平台企业会由此掌握大量的基层社会治理信息,如何界定平台企业及其他各方的数据权限,如何确保基层社会治理信息的安全,如何防止平台企业在基层社会治理领域形成信息垄断效应,都是尚未形成解决方案的薄弱环节。第三,数字技术在基层社会治理中的应用,还会触及城乡居民的个人隐私和权利边界问题。常规状态下,社区居民的相关信息都会进入科技平台,如何保障居民个人和家庭的隐私,成为新的平台治理问题。应急状态下,比如此次新冠肺炎疫情中,健康码等数字技术产品的应用,意味着个人的健康信息和行为轨迹不再是隐私,个人的出行权利会受到数字技术的界定,那么,政府、平台企业、居民个人在这些信息权、出行权方面的权利边界如何界定,应急状态如何向常规状态转化,都亟待相应的制度建设。

(八)社区类型复杂多样,基层社会治理中的分类治理机制尚未健全

上述七个方面都是聚焦于基层社会治理中的共性问题,实际上基层社会治理还必须面对社区的异质性问题。中央层面关于社区治理的顶层设计是一致的,但政策落实到每一个具体社区还需要考虑到社区类型的复杂多样。当前基层社会治理的精细化、精准化程度不足,体现城乡差别、区域差别、历史差别、内部差别的治理创新思路、方式和机制尚未形成。

三、"十四五"时期加强和创新基层社会治理的若干建议

（一）"十四五"时期加强和创新基层社会治理的改革路径

"十四五"时期,必须以党的建设为引领,以城乡基层社区为重心,以群众实际需求为导向,以体制机制改革为动力,以"有力党建、有为政府、有效市场、活力社会"为目标,着力补短板、强弱项、建机制、提能力,加强和创新社会治理,推进社会治理精细化,完善党委领导、政府负责、民主协商、社会协同、公众参与、法治保障、科技支撑的社会治理体系,更多运用法治化、社会化、市场化、信息化方式,推进传统社会治理向现代社会治理转变,在基层社会治理中不断提升党建引领能力、统筹协同能力、群众自治能力、协商共治能力、精准治理能力、科技支撑能力、法治保障能力和道德教化能力,构建新时代城乡基层社会治理新格局,实现政府治理和社会调节、居民自治的良性互动。

（二）"十四五"时期加强和创新基层社会治理的重点任务

（1）强化党组织在基层社会治理中的领导核心作用。加强、创新城市和农村基层党建,深化区域化党建平台和机制建设,加强党组织在社会领域的领导作用,最大可能地调动各方主体参与基层社会治理的能动性,发挥多方协同、共建共治作用。

（2）改革基层政府治理体制机制,深化街道乡镇体制改革。推动街道职能转变和机构改革,推动重心下移、权力下放和资源下沉,形成权责统一、条块协同、简约高效的基层政府管理体制。

（3）深入推进现代乡村治理制度改革,创新完善城市社区治理体制机制。完善以居（村）党组织为领导核心,居（村）委会为主导,居（村）民为主体,集体经济组织和农民合作组织、居（村）务监督机构、业委会、物业公司、驻区单位、社会组织等共同参与的城乡社区治理架构,培育共建共治共享的基层社会治理共同体。

（4）深化城乡居民自治,发展多种形式的基层民主。完善城乡社区公共事务的参与、决策、管理、监督、评价制度建设,创新丰富村民居民自治的形式和载体,提高村民居民自治的制度化水平和自治能力,完善基层群众自治的民主选举、民主决策、民主监督、民主管理等各项机制;完善群众参与基层社会治理的制度化渠道。

（5）健全多层次社会公共服务体系,满足群众多样化服务需求。提高基本公共服务的均等化、社会化、市场化和信息化水平,社会公共服务资源分布日益均衡、

供给方式持续拓展、供给效率不断提高,为广大城乡居民提供可及、均等、优质的基本公共服务,不断提升群众的满意度和获得感。

(6)丰富社会治理多元主体,深化城乡社区民主协商。培育发展社会组织、社会企业、社区基金会等新型社会治理主体,加快形成政社分开、权责明确、依法自治的现代社会组织体制。推动城乡基层协商民主广泛、多样、制度化发展。

(7)健全利益诉求多渠道表达、矛盾防控和多元化解的新机制。完善城乡公共安全和社会风险管理体制机制,建立各类传统和现代风险的防范预警管理机制,提高基层应对重大突发事件的应急管理能力。

(8)推动基层社会治理信息化智能化改革,创新"互联网+社会治理"的机制。充分运用现代科技改进社会治理手段,不断提高社会治理的精细化、信息化和智能化水平。充分发挥互联网、大数据技术和平台企业参与社会治理的重要作用。

(9)加强基层社会治理人才队伍建设,完善支撑基层社会治理的保障制度。加快城乡社区工作的职业化、专业化建设,建设规范社区工作者和社会工作者队伍体系,完善支撑基层社会治理的财力物力制度保障。

(三)"十四五"时期加强和创新基层社会治理的重大举措

(1)以区域化党建工作统筹整合地区社会治理资源。建立多级区域化党建协商议事共治平台,推进街道社区党组织兼职委员制度,吸收区域单位(驻区单位、业委会、物业公司、社会组织)党组织代表担任兼职委员,推动区域单位更深层次地参与到地区公共管理和社会治理的议事决策中来。建立服务需求、服务资源、服务项目三项清单和"双向认领""双向服务"机制,鼓励驻社区单位发挥资源优势参与社区治理和服务。促进区域单位的资源优势与居民区的服务需求对接。

(2)着力加强党建引领小区治理和物业管理。加强物业服务企业和业主委员会党建引领工作,推动交叉任职、双向进入,发挥社区党组织对物业服务企业、业主委员会的领导、引导、支持和监督作用,推动业主组织法治化规范化运转,建立完善对物业服务企业和业主委员会的监督激励机制,发挥市场优胜劣汰机制作用,发挥行业协会的规范自律作用。

(3)全面落实属地党组织、在职党员"双报到"制度。落实深化党的组织关系不在居住地的在职党员、退休党员和流动党员到居住地报到并发挥作用的制度,建立与"双报到"相匹配的"双考评"制度,探索回社区报到的在职党员实质性参与社区治理的途径。探索单位党建、行业党建与区域党建互联互补互动机制。

(4)完善村党组织领导村级治理体制机制。落实村级各类组织职能定位,建立以基层党组织为领导、村民自治组织和村务监督组织为基础、集体经济组织和农民合作组织为纽带、其他经济社会组织为补充的村级组织体系。

(5)创新群团组织形式,建立健全"群众化、社会化、网络化"的群团工作运行机制。进一步增强基层群团组织的活力和凝聚力,向新领域、新阶层延伸组织体系,加强与有影响力的社会组织合作,引领各类社会组织共同服务群众。

(6)深化街道体制改革,完善街道职能定位,发挥地区治理的统筹协调作用。引导街道党(工)委聚焦主责主业,集中精力抓党建、抓治理、抓服务,在地区社会治理中发挥领导核心作用。有序取消街道招商引资、协税护税等工作任务,切实把街道工作重心落到做好公共服务、公共管理和公共安全等社会治理工作上。建立完善街道乡镇依法履职的权力清单、责任清单和公共服务清单制度,实行职能部门职责下沉街道准入制度。推动街道赋权扩能,落实赋予街道在规划参与权、综合管理权、人事考核权、征得同意权和建议权等方面的权力。改革优化街道乡镇内部党政机构设置。理顺街道和职能部门条块关系。按照权责一致的原则,科学界定条块职责,形成上下联动、各方协同的新型条块关系。推动街道办事处工作地方立法。

(7)改革基层考核评价方式,发挥地区考核导向作用。转变考核评价方式,坚持自上而下和自下而上相结合、内部专项考核和外部调查测评相结合的原则,进一步扩大基层群众、企业和社会参与的考核比重,把公众满意度作为重要评价指标。

(8)完善基本公共服务体系,建立基层公共服务多元供给机制。优化公共服务资源配置;提升公共服务水平;丰富公共服务供给。通过政府购买服务的方式,积极引导社会力量参与社区公共服务设施运营、内容供给、服务配送、成效评价,为居民群众提供多样选择。将民生和社会治理领域中属于政府职责范围且适合通过市场化方式提供的服务事项,纳入政府购买服务指导性目录。加强财政转移支付力度,推动市域范围内基本公共服务的城乡和地区均衡。

(9)完善城乡居民自治制度,完善公众参与社会治理的制度化渠道。依法保障城乡社区居民知情权、参与权、决策权和监督权,完善公众参与治理的制度化渠道。对关系公众切身利益的重大决策,以村民/居民会议、村务/居务公开、议事协商、民主听证、民主评议等形式,广泛征求公众意见建议,加强公众监督评估。深化乡村治理体系改革,完善村民自治机制。完善居民自治制度,丰富居民自治形式。

(10)深化城乡社区协商,健全基层民主协商的长效机制。推进街道乡镇和城乡社区层面的议事协商机构和平台建设,优化议事代表结构,进一步体现广泛性、代表性和群众性。完善居(村)民提案议事、听证会、协调会、评议会等制度,推动建立多种形式的基层协商机制,搭建协商平台、优化协商流程、完善议事规则、落实协商结果,推动线上协商与线下协商的有机结合。

(11)建立完善问政、问需、问计、问绩于民的常态化议事平台。针对社区治理问题和居民需求,完善党政群共商共治机制,不断拓宽公众有序参与渠道。建立健全各级党代表、人大代表和政协委员定期联系社区、联系群众制度和长效机制,深化人大代表工作室、政协社情民意联系点工作,充分发挥新的社会阶层人士作用,搭建流动人口参与社会公共事务的平台,广泛动员社会力量参与社会治理。

(12)重点解决住宅小区治理难题,建立完善小区分类治理模式。构建以住宅小区为基础单元的自治共治机制。在城市社区,着重推动党建引领物业管理,加强党组织对物业服务企业、业主委员会的组织覆盖和工作覆盖,做实住宅小区综合管理联席会议制度。针对商品房、房改房、保障房、农改居等不同类型的居住小区,建立与其特点相适应的分类治理模式。加强党对业委会的政治引领,优化居委会、业委会、物业公司"三驾马车"运行机制,鼓励社区党组织、居委会、业委会成员之间进行交叉任职,促进业委会和物业服务企业依法依规有序运作。积极引入第三方社会组织参与业委会组建运行及物业管理工作,推动物业矛盾纠纷化解。

(13)完善社会组织体系,引导社会组织深度参与社会治理。推动登记制度改革,实行分类登记制度。建立完善社区、社会组织、社会工作者、社会企业的联动机制。加快支持型、服务型和枢纽型社会组织建设,发挥政治把关、孵化培育、协调指导、整合引领作用;培育品牌实力强、带动辐射广、在重点区域和重点领域处于领先地位的社会组织;注重在新兴产业、新兴领域和新阶层、新群体中培育发展社会组织。完善社会组织孵化园功能,发挥街镇社会组织服务中心作用,加大政策辅导、注册协助、资源对接、项目指导、人才培训及资金扶持等。完善有利于社会组织发展的财政制度,落实公益慈善类社会组织的减免税政策。建立健全社会组织综合监管体系,加强对社会组织服务管理,提高社会组织透明度和公信力。深化社会组织信用体系建设,探索建立异常名录制度。完善政府购买社会工作服务平台,重点扶持发展公益慈善类、志愿服务类、兴趣互助类、社区治理类社区社会组织。积极发展社会企业,探索社会企业工商登记和行业认证制度,建立社会企业的监管、财税、治理结构等支持政策,鼓励物业服务、养老等领域的企业转为社会企业,促进公益性优质社会组织转型为社会企业。鼓励成立社区基金会,为社会资金支持社会组织参与社区治理创造条件。

(14)运用信息化理念创新社会治理机制,探索"互联网+社会治理"治理方式创新,促进现代科技与基层社会治理深度融合。建立市(区)统一的公共服务智慧平台,以城区(县域)为单元,打造建立集治理服务、交往沟通、诉求表达、宣传教育等于一体的地域性综合信息平台和基层社会治理服务管理综合信息系统。推动城市网格化综合管理服务信息系统与政府相关服务管理系统互联互通,逐步实现城市网格化管理与"12345"市民服务热线的融合互动,加快推进城市管理网、社会服务网、社会治安网"三网"融合。加大社会建设领域各部门间信息公开、信息整合及信息利用的力度,依法有序推动职能部门业务数据信息向街道乡镇等基层开放,形成便捷、高效、安全的政务数据查询、交换和使用体系。依托行政服务中心和网格化综合管理中心,加强信息的整合和大数据的分析应用。做好社区智慧应用平台和社区服务信息化项目的开发和维护,搭建政府与群众即时交流互动的信息平台。实施"互联网+社区"行动计划,加快人工智能、大数据、5G、区块链等新技术与社区治理和服务体系的深度融合,在有条件的地方积极推进智慧小区、智慧社区建设,统筹推进数字乡村建设。

(15)深化户籍制度改革,建立新市民服务管理机制。完善居住证制度。推进常住人口在居住地享有义务教育、就业和医疗等基本公共服务全覆盖。建立实有人口基础信息管理系统,探索建立新市民协会、地域性外来人口协会等社会组织,加深外来流动人口对社区共同体的认同。

(16)健全依法维权和化解纠纷机制,健全社会稳定风险防控机制。健全利益表达、协调机制,引导群众依法行使权利、表达诉求、解决纠纷。完善多级联动人民调解、行政调解、司法调解工作体系,搭建多级公共法律服务平台,完善社区法律顾问制度,加快推进医患纠纷、物业纠纷等行业性、专业性人民调解组织建设。健全重大突发案(事)件协调联动处置机制,完善应急预案,明确职责措施,加大实战演练,不断提高维护社会稳定、应对风险的能力。

(17)加快建立以城市为基本单元的统一社会信用体系,发挥支撑社会治理的基础制度作用。完善社会信用体系。加快建立以公民身份证号码、组织机构代码为基础的统一社会信用代码制度,探索统一社会信用代码和"三证合一",健全公民和组织守法信用记录,完善守法诚信褒奖机制和违法失信行为惩戒机制。加快推进政务诚信、商务诚信、社会诚信和司法公信建设,建立健全守信联合激励和失信联合惩戒制度,努力推动个人诚信体系建设,在全社会形成良好法治环境和诚信氛围。

(18)强化基层治理的人才支撑,完善基层治理人才队伍体系。多渠道挖掘、引进和培养基层治理领军人才,支撑乡村振兴和乡村治理。加强城市社区党组织书记队伍建设,推动社区工作者队伍的职业化、专业化发展。强化社区工作者保障机制,实行统一的社区工作者职业化薪酬体系,完善社区工作者管理制度,制定社区工作者发展专项规划和政策措施。建立社区工作者的薪酬体系,完善薪酬、奖励、晋升等相结合的工作激励机制。构建社会组织人才培育机制。加强社会工作领军人才、社会工作督导等高端人才培养,扩大社会组织人才在党代表、人大代表、政协委员中的比例,有序拓宽其政治参与渠道。探索建立社会组织优秀人才到政府机构、企事业单位、居委会的交流挂职机制,促进社会组织人才的合理流动,提升社会组织人才综合能力。依托各类青年创业孵化基地,把社会组织创业纳入"大众创业、万众创新"的扶持范围。

（19）深化志愿服务制度化建设，推进城乡社区志愿服务制度化常态化。建立省市统一的志愿者、服务对象和服务项目网络供需对接平台，促进社会发展需要、社区居民需求与志愿服务供给有效对接，建立志愿服务向乡村延伸机制。建立志愿组织管理服务体系，完善志愿服务激励和保障制度，鼓励吸引社会力量广泛开展各类志愿服务，促进志愿服务活动常态化、社会化、项目化。

（20）提高法治、德治和自治的融合程度，推进法治社会、诚信社会建设。在社会治理中始终坚持法治思维和法治方式。加快社会领域立法，加强社会治理的法制保障。完善社区治理政策法规。围绕培育发展社会组织、群众自治、公共安全和应急管理、城市顽症治理、网络安全与信息管理等重点领域，研究制定相关地方性法规。加强公民道德建设，弘扬中华优秀传统文化，引导社会公众用社会公德、职业道德、家庭美德、个人品德等道德规范修身律己，自觉履行法定义务、社会责任、家庭责任，自觉遵守和维护社会秩序。

（21）加大基层社会治理的财政保障力度，建立多元化资金投入机制。进一步加大公共财政对民生实事、公共事业及公共管理服务等领域的投入，为推进自治共治、"三社联动"、社会组织培育和社会工作人才队伍培养等社会建设重点项目和重大工程提供充足的财政支持。将基层组织活动和公共服务运行经费、村（社区）干部基本报酬、社区服务设施和信息化建设经费、人才培养培训经费等纳入财政预算和预算内基本建设投资计划，并向边远地区、民族地区倾斜。拓宽社会资本参与社会建设的渠道，探索形成以政府投入为主导、多元社会资金参与的筹集机制，保障社会服务的充分供给。

（课题组成员：杨典　肖林　向静林　吕鹏　李振刚　付伟）

"十四五"时期夯实我国社会治理现代化基础研究

——"十四五"时期健全现代社会治理体系研究

北京师范大学中国教育与社会发展研究院

党的十八届三中全会明确提出了完善中国特色社会主义制度、加快推进国家治理体系和治理能力现代化的目标。党的十九大描绘了我国到 2035 年基本实现现代化、到新中国成立 100 年时建成社会主义现代化强国的宏伟蓝图。"十三五"时期,作为国家治理现代化重要组成部分的社会治理现代化建设取得了显著成效。主要标志是,习近平总书记系列重要讲话为我们勾勒出了中国特色社会建设理论体系的基本框架,我国社会治理特别是基层社会治理创新实践呈现出良好发展势头。但也必须清醒地认识到,在中国特色社会主义事业"五位一体"总体布局和"四个全面"战略布局中,社会建设相对滞后的现状还没有从根本上改变,还存在许多发展短板、体制性障碍和薄弱环节,当前我国社会主要矛盾不平衡不充分的特征,在社会建设方面表现得尤为突出。

"十四五"时期,是我国全面建成小康社会后、奔向社会主义现代化目标的重大战略机遇期。与此同时,当今世界面临百年未有之大变局,我国现代化建设也面临许多新挑战、新考验。迎接这一系列新挑战、新考验,社会建设、改革、治理是基础性、经常性、根本性的工作,必须立足当前、面向长远,坚持问题导向、需求导向、创新导向、目标导向,按照"十四五"时期有突破、"十五五"时期上台阶、"十六五"时期基本实现现代化的目标,扎实推进社会治理

体系和治理能力现代化不断取得新成效。

本报告组一致认为,在"两个一百年"的历史交汇期,在实施党的十九大确定的现代化"两步走"目标的起步阶段,认真研究健全现代社会治理体系问题,对于制定实施"十四五"时期我国经济社会发展规划、推动国家治理体系和治理能力现代化具有重要的历史意义和现实意义。

一、"十四五"时期健全现代化社会治理体系,首先要以习近平社会建设重要论述和党的十九大精神为指导,确立社会建设的基本定位,明确现代社会治理体系的科学内涵

(一) 要明确指导思想:坚持以习近平社会建设重要论述为指导,在深入研究新时代中国特色社会建设理论体系的基础上,构建现代社会治理体系

社会治理理论体系蕴含在社会建设理论体系之中。研究现代社会治理体系,要以习近平社会建设重要论述为指导,在深入研究新时代中国特色社会建设理论体系基础上进行。党的十八大以来,习近平总书记对加强社会建设作了全面论述,主要观点集中体现在 2017 年出版的《习近平关于社会主义社会建设论述摘编》等著作和讲话中。新时代中国特色社会建设理论体系的内涵非常丰富,习近平总书记重要论述,为我们勾勒出了新时代中国特色社会建设理论体系的基本框架,主要包括以下几个方面:一是坚持以人民为中心的发展思想;二是牢牢把握保障和改善民生、加强和创新社会治理两个基本点;三是紧紧抓住党建引领、改革创新、重在基层三个着力点;四是不断完善"党委领导、政府负责、社会协同、公众参与、法治保障"的体制机制;五是紧紧围绕社会治理体系和治理能力现代化目标,不断提高社会治理社会化、法治化、智能化、专业化水平;六是在落细落小落实上下功夫,在共建共治共享上求实效。

(二) 要确立基本定位:构建现代社会治理体系,要以党的十九大报告表述为基准,在明确社会治理基本定位的前提下,确立现代社会治理体系的基本定位

自 2004 年党的十六届四中全会明确提出加强社会建设以来,我国社会建设理论与实践不断取得新发展。但在理论和实践中,对社会建设内涵的认识往往不够全面,甚至有偏颇。有时更多的是强调保障和改善民生,有时更多的是强调社会治理,甚至一度偏重社会管理,即使是综合讲社会建设,也往往表述成"民生服务+综治维稳"。从理论体系上说,这是不全面、不系统的表现;从实践运行上说,表现为

不一贯、不稳定。说到底,是对社会建设的基本内涵以及社会建设与社会治理、社会管理的关系,还没有搞清楚、没有把握准。

党的十八大以来,习近平总书记对加强社会建设、深化社会体制改革、创新社会治理发表了一系列重要讲话,指明了前进方向。党的十八届三中全会,明确用社会治理代替社会管理,强调创新社会治理体制,强调加快推进国家治理体系和治理能力现代化。党的十九大明确从"提高保障和改善民生水平、加强和创新社会治理"两大方面部署社会建设工作,从而确立了社会建设丰富内涵的两个基本点,一是保障和改善民生,二是加强和创新社会治理,也就是说包括社会服务与社会治理两个方面。这实质上也界定了社会建设与社会治理、社会管理之间的关系,即作为"五位一体"总体布局重要组成部分的社会建设,是大概念;作为社会建设重要方面的社会治理,是中概念;作为社会治理中政府职能的社会管理,是小概念。因此,制定我国"十四五"时期经济社会发展指导意见,编制我国"十四五"时期经济社会发展规划,要以习近平新时代中国特色社会主义思想为指导,以党的十九大报告表述为基准,从社会服务与社会治理两个方面整体规划、全面部署社会建设工作,从社会治理现代化目标高度研究部署健全现代社会治理体系的任务。

(三) 要把握主要内涵:我国现代社会治理体系涉及面很广,要在国家治理现代化目标下,在理论与实践基础上,深入系统研究、全面整体把握其基本内涵

应该看到,自党的十八届三中全会提出国家治理体系和治理能力现代化命题以来,虽然各个领域都有不少研究,但总体上理论研究落后于实践发展需求,甚至在许多方面还没有破题,社会治理尤其如此。研究制定"十四五"规划,推动加强和创新社会治理取得新的更大发展,必须进一步高度重视、充分认识、深刻理解和准确把握现代社会治理体系的丰富内涵与重大意义。

决定现代社会治理体系内涵的因素,既有外在的,也有内在的。从外在因素说,作为国家治理体系和治理能力现代化的重要组成部分,经济建设、政治建设、文化建设、生态文明建设的现代化以及科技创新发展,都与社会建设是相互关联的,都对构建和完善现代社会治理体系起着促进或制约作用。从经济建设角度说,主要表现在中国特色社会主义市场经济结构战略调整对社会结构深刻变化的影响;从政治建设角度说,主要表现在中国特色社会主义民主政治制度对社会治理体制机制的影响;从文化建设角度说,主要表现在中国特色社会主义先进文化对社会文明的影响;从生态文明建设角度说,主要表现在自然生态环境对人的全面发展的影响;从科技创新发展角度说,主要表现在互联网、物联网、大数据、云计算、区块链、人工智能等对社会治理手段的影响。

从基本内涵说,现代社会治理体系可以从社会治理体制机制、社会治理目标任务、社会治理手段方式三个层面,综合概括为十个方面,即现代社会制度体系,现代社会服务体系,现代社会管理体系,现代社会动员体系,现代社会价值观体系,现代社会诚信体系,现代社会工作队伍体系,现代社会法治体系,现代社会安全体系,现代社会治理方式体系。这十个方面,基本构成了我国现代社会治理体系的框架。

二、"十四五"时期健全现代社会治理体系,要在认真总结国内外先进经验的同时,重点分析当前我国社会治理特别是基层治理的现状、存在的深层次问题、发展瓶颈短板及其主要原因

(一)　要认真总结经验:新中国成立以来,特别是党的十八大以来,党的社会治理理论取得了新发展,基层社会治理实践取得了新成效,要站在社会治理体系和治理能力现代化新高度进行深入研究总结

新中国成立后,经过改革开放,特别是党的十八大以来,我国加强和创新社会治理、健全现代社会治理体系逐步取得了一系列历史性新转变:一是治理理念逐步从社会管理向社会治理转变;二是制度体系逐步从分散型向整合型转变;三是社会体制逐步从政府一元管理向政府、市场、社会多元共治转变;四是方式手段逐步从单纯行政手段向多种手段综合并用转变;五是社会结构逐步从传统社会向现代社会转变;六是运行状态逐步从社会高度集中向秩序与活力相统一转变;七是社会景象逐步从整体贫困向全面建成小康社会转变。

在理论发展方面,如果说,以新中国成立之初毛泽东同志发表《关于正确处理人民内部矛盾的问题》为主要标志,开创了我国社会治理新道路,以改革开放后邓小平同志和党中央先后提出关于"改革、发展、稳定"理论、社会主义和谐社会理论为主要标志,打开了我国社会治理的新局面。那么,党的十八大以来,以习近平总书记发表一系列重要讲话为标志,开创了我国社会治理的新时代。习近平新时代社会治理理论,核心是以人民为中心;关键是加强党的领导、构建共建共治共享社会治理格局;路径是深化改革、加快推进社会治理体系和治理能力现代化;目的是在更高水平上保障和改善民生、加强和创新社会治理,让人民群众拥有更多、更直接、更实在的获得感、幸福感、安全感。习近平社会治理重要论述,为新时代加强和创新社会治理、健全现代社会治理体系指明了前进方向、提供了

强大思想动力。

在基层社会治理实践方面，近十多年来，全国各地密切联系实际，创造性地开展工作，有许多好经验、好做法。北京市 2007 年成立中共北京市委社会工作委员会、市社会建设工作办公室，在体制机制创新、工作体系创新、政策体系创新、运行方式创新、实践模式创新等方面走在了全国前列，取得了明显成效。2014 年 2 月 26 日，习近平总书记对北京"大力加强社会建设"给予了充分肯定。上海市自 2014 年以来，认真贯彻落实习近平总书记重要指示，把加强基层建设、创新社会治理当作"一号工程"坚持不懈抓，举全市之力在超大城市精细化治理方面创造了许多经验。浙江的"枫桥经验"、广东的社会工作创新、贵州的社会治理大数据等，都在全国发挥了引领和示范作用。在新一轮机构改革中，北京市将市委社会工委与市民政局合署，云南昆明成立了市委社会工委，四川成都成立了"市委城乡社区发展治理委员会"，都产生了良好反响。

另外，新加坡政府主导下的城市岛国社会治理模式，日本东京推进地方活力的多元协同社会治理方式，法国巴黎公共文化推进社会治理的探索，英国伦敦社会治理现代化的系统构建，美国纽约以数据共享为特色的电子化社会治理方式等经验，也值得我们学习和借鉴。

（二）要深入分析问题：从总体上讲，在"五位一体"总体布局中，社会建设相对滞后的现状还没有根本改变，存在的瓶颈主要是缺乏统筹协调，主要短板是政策碎片化，深层次原因是体制改革不到位

第一，在社会治理体制方面，主要问题是各类主体责任不清，缺位、越位、错位现象时有发生，没有形成工作合力。第二，在社会动员体系方面，主要问题是党建引领、激发社会内生动力不够，公众有序参与亟待加强。第三，在社会服务体系方面，主要问题是亟待建立全国一体的基本公共服务体系。第四，在政府社会管理体系方面，主要问题是政出多门、政策碎片、重控制轻协商。第五，在社会价值观体系方面，主要问题是国家意识还不够强，社会文明程度还不够高。第六，在社会诚信体系方面，主要问题是违规失信频发、监管系统不健全、惩戒力度不够。第七，在社会工作队伍体系方面，主要问题是专业力量不足、工作覆盖面不够。第八，社会法治体系方面，主要问题是社会建设立法严重滞后。第九，在社会安全体系方面，主要问题是疏堵结合不够、防控结合不够。第十，在社会治理方式方面，主要问题是社会化、法治化、智能化、专业化的水平还不够高。总的说来，抓基本、抓基层、抓基础还不够，与发达国家比，在国家意识教育、法治社会建设、社会文明程度及关爱弱势群体等方面，还有明显差距，必须下大力气解决。

（三）要认真分析原因：当前我国社会治理存在问题的主要原因是，思想认识不到位、体制改革不到位、工作落实不到位，要切实有效解决

第一，思想认识不到位。应该说，全党上下对加强和创新社会治理越来越重视，但远远还没有提高到治国理政的高度。说起来重要、忙起来次要、干起来不要的问题还很突出。发达地区以经济之俊遮社会问题百丑、落后地区认为还暂时顾不上的思想认识不是个别现象。"不忘初心、牢记使命"主题教育应该强化重视社会建设和社会治理方面的教育。因为，社会建设和社会治理说到底是服务群众的工作。第二，体制改革不到位。在"五位一体"中，社会建设涉及面最广，最需要综合协调，而恰恰社会建设方面，从中央到许多地方，没有专门机构抓统筹、没有专职人员抓协调、没有专门经费保障，政策碎片、政出多门、各自为政、条块分割问题突出，没有形成工作合力，推诿扯皮问题严重。十多年来，北京市社会建设取得成效的一条主要经验，就是市区两级都有专门工作机构抓统筹规划和综合协调。"十四五"时期，应当下决心解决社会建设和社会治理体制问题。第三，工作落实不到位。由于思想认识、体制机制、责任意识、评价体系等问题，社会建设和基层社会治理任务往往落不到实处。除了加强思想教育、体制改革外，还应该建立健全科学的综合评价指标体系和奖惩机制。

三、"十四五"时期健全现代社会治理体系，要面向基层、面向未来、面向现代化把握发展趋势，尤其要注重研究和解决社会结构深刻变化带来的新问题

（一）我国社会结构情况复杂、涉及面广，研究解决社会结构问题是加强和创新社会治理的着力点、健全现代社会治理体系的基础工程

中国特色社会主义进入新时代，我国社会主要矛盾发生了新变化，我国社会主义进入决胜全面建成小康社会、进而全面建设现代化强国的新阶段，面向基层、面向未来、面向现代化，更加注重保障和改善民生与加强和创新社会治理相结合，更加注重经济结构与社会结构相协调，是健全现代社会治理体系的新趋势。社会结构的新变化，集中反映了我国社会主要矛盾的新特点，决定了社会治理模式与方式的选择，要把研究解决我国社会结构深刻变化带来的新问题当作加强和创新社会治理的重要着力点、当作健全现代社会治理体系的切入点。

（二）我国社会结构已经和继续发生深刻变化,总体仍处于不稳定状态,在各个方面存在一系列突出问题,必须引起高度重视

我国地域辽阔,人口众多,社会结构复杂,社会结构至少包括以下几个主要方面:人口结构、家庭结构、就业结构、收入结构、消费结构、城乡结构、区域结构、组织结构、群体结构。

在人口结构方面,突出问题是老龄化越来越严重;在家庭结构方面,突出问题是空巢家庭、单亲家庭、单独家庭、留守家庭等增多;在就业结构方面,突出问题是一方面农村仍有大量剩余劳动力,另一方面由于经济发展持续下行和机器人使用等影响,在城市大量劳动密集型企业职工面临下岗;在收入结构方面,主要问题是基尼系数仍处高位、贫富分化严重;在消费结构方面,主要问题是城乡居民仍以生存性消费为主,大病致贫等现象仍很突出;在城乡结构方面,主要问题是城乡发展失衡,农村快速空心化严重,甚至有逐渐消失的危险;在区域结构方面,主要问题是我国发展建设东快西慢、南强北弱、东南沿海好西北内陆差的格局仍未根本改变,特别是东北发展疲软问题突出,以大城市群为核心的区域协同发展仍存在许多体制性障碍;在组织结构方面,主要问题是政府机构过大且包揽过多、社会组织较弱作用发挥不充分、市场组织履行社会责任和参与社会治理不够;在群体结构方面,主要问题是中等收入群体规模仍然偏小、下层民众向上流动渠道变窄、新阶层兴起且情况复杂。

（三）我国社会结构的深刻变化,一方面与经济结构调整密切相关,另一方面也有自身规律特点,健全现代社会治理体系要把握社会结构和社会治理发展趋势

要看到,社会结构变化与经济结构调整是相关联的。一方面,具有一致性与滞后性,社会结构随着经济结构的调整而变化,而又相对滞后。比如,经济分配结构会影响社会收入结构、经济产业结构会影响社会就业结构、经济投资结构也会影响社会消费结构等。另一方面,具有相对性与独立性,社会结构变化有自身规律、受多种因素影响,特别是经济发展到一定阶段后,社会发展有一定独立性,社会结构变化呈现多元化、多样性,而且社会结构的深刻变化,反过来会影响经济结构的深刻调整。因此,既要从经济结构变化角度研究解决社会结构变化问题,也要从加强和创新社会治理、实现社会治理现代化目标高度研究解决社会结构存在的问题。

结合当前形势综合分析判断,"十四五"时期我国社会结构变化将呈现如下几个明显趋势:一是人口老龄化趋势;二是城乡发展一体化趋势;三是社会群体多元化趋势;四是与经济结构协调发展趋势;五是区域协同发展趋势;六是社会虚拟化

趋势。同时,当前我国社会治理也呈现了一些新特点、新趋势:一是城乡基层治理成为社会治理的重心;二是公共安全的地位更加凸显;三是风险治理与应急处置加强统筹;四是实体社会治理与虚拟社会治理相结合;五是社会心理服务体系建设受到重视;六是社会企业发展方兴未艾。

加强和创新社会治理,健全现代社会治理体系,要谋势而动,抓重点、抓协调、抓落实。"十四五"时期,总体上要在如下几个方面加大力度:一是深化城乡统筹改革,推动城乡融合发展;二是深化户籍改革,健全社会保障体系;三是深化产业结构改革,大力发展社会企业;四是深化收入分配改革,壮大中等收入者群体;五是深化管理体制改革,构建区域发展新格局;六是深化社会组织改革,构建"枢纽型"社会组织工作体系;七是加快养老事业发展,形成养老服务供给新格局;八是深化网络社会治理,提升社会治理智能化水平。

四、"十四五"时期,加强社会建设、深化社会体制改革、推进社会治理,要站在新起点、胸怀大格局、瞄准现代化抓好顶层设计,要坚持问题导向、需求导向、创新导向、目标导向抓好任务落实

(一)基本原则:制定实施"十四五"规划,推进社会治理现代化,要坚持以习近平新时代中国特色社会主义思想和党的十九大精神为指导,把握好基本原则

第一,坚持党的全面领导,以党的建设为引领;第二,坚持以人民为中心,让广大群众有更多获得感、幸福感、安全感;第三,坚持从国情出发,充分体现时代特征、中国特色、区域特点;第四,坚持全面深化改革,推动社会治理创新实践;第五,坚持广泛动员参与,形成共商共治共建共享格局;第六,坚持搞好统筹协调,不断完善社会治理体制机制;第七,坚持搞好顶层设计,不断完善社会治理现代化体系;第八,坚持夯实基层基础,不断提高社会治理现代化能力水平。

习近平总书记指出,"社会治理是一门科学"。在坚持上述原则基础上,工作中要正确处理以下基本关系:一是社会建设与其他工作的关系,把社会建设放在"五位一体"总体布局、"四个全面"战略布局中研究和推进;二是民生工作与社会治理的关系,把保障和改善民生与加强和创新社会治理作为社会建设的两个重要组成部分结合起来一起抓;三是维稳与维权的关系,既维护好社会稳定大局,又维护好人民群众的根本利益;四是秩序与活力的关系,使社会既充满活力,又和谐有

序;五是法治与德治、自治与共治、专治与智治的关系,不断提高社会治理社会化、法治化、专业化、智能化水平和社会文明程度;六是顶层设计与基层基础的关系,朝着社会治理体系和治理能力现代化目标不断迈进。

(二) 主要目标:站在"两个一百年"交汇的历史新起点,面对世界百年未有之大变局,抓住机遇、迎接挑战,朝着我国社会治理体系和治理能力现代化目标迈进

总体目标是:党的领导全面加强,保障和改善民生的水平明显提高,加强和创新社会治理的成效明显增强,现代社会治理体系初步形成,共建共治共享的格局初步形成,社会更加充满公平正义、文明诚信、活跃有序、和谐稳定,人民更有获得感、幸福感、安全感。具体目标可以概括为"九个更加""九个明显提高"。

一是社会治理体制更加健全,党建引领、协同共治水平明显提高;二是社会服务更加完善,民生保障、公共服务水平明显提高;三是社会管理更加科学,政府履职、城乡管理水平明显提高;四是社会动员更加广泛,公众参与、社会共治水平明显提高;五是社会风气更加文明,社会诚信、公益慈善水平明显提高;六是社会心理更加健康,培育良好心态、营造和谐氛围的水平明显提高;七是社会运行更加有序,化解社会矛盾、维护社会公正水平明显提高;八是社会环境更加安全,依法治理、风险防控水平明显提高;九是社会治理方式更加现代,智能化、专业化水平明显提高。

(三) 主要任务:要站在"五位一体"总体布局与"四个全面"战略布局高度,从社会服务与社会治理两个方面,全面系统部署"十四五"时期社会建设的主要任务

2011 年国家"十二五"时期经济社会发展规划纲要,分社会服务、社会管理两篇、十二章规划部署了社会建设工作,经验非常宝贵。总结历史经验,结合创新实践,认真贯彻落实党的十九大精神,建议"十四五"规划社会建设篇章,按照"完善服务,提高保障和改善民生水平""共商共治,加强和创新社会治理"两篇、若干章格局,进行全面规划、系统部署。"完善服务,提高保障和改善民生水平"篇可包括完善公共服务体系、优先发展教育、提高就业质量、完善分配体制、加强社会保障体系建设、巩固精准扶贫成果、健全养老服务体系、实施健康中国战略、加强社会心理服务体系建设等内容;"共商共治,加强和创新社会治理"篇可包括完善社会治理体制、加强和创新基层治理、加强社会组织建设、加快社会企业发展、完善群众权益保障机制、加强预防和化解社会矛盾机制建设、健全公共安全体系、加强社会诚信和社会责任体系建设、提高社会治理现代化水平等。

（四）有关对策建议："十四五"时期,要坚持问题导向、需求导向、创新导向、目标导向,有针对性地解决事关全局的突出问题,不断健全现代社会治理体系

第一,关于健全社会治理体制。建议在社会治理体制的具体表述中,加上"科技支撑",即"党委领导、政府负责、社会协同、公众参与、法治保障、科技支撑",主要是强调注重运用科技手段,不断提高社会治理现代化、智能化水平。

第二,关于健全社会治理新格局。建议在已有表述中增加"共商",即"打造共商共治共建共享的社会治理格局"。以此更加突出中国特色社会主义协商民主在社会治理现代化中的作用。

第三,关于健全社会治理机构。建议把在中央和地方设立社会建设工作机构和协调机制(领导小组或委员会)列入"十四五"规划,以此加强党对社会工作的领导,加强统筹规划、综合协调。

第四,关于健全公共服务体系。建议把完善社会心理服务体系、加快社会企业发展等写入"十四五"规划。加强社会心理服务体系的核心要义是:培育自尊自信、理性平和、积极向上的社会心态,营造文明友善、理解包容、幸福和谐的社会氛围。社会企业是以社会效益最大化为目标,依靠提供产品或服务等商业手段解决社会问题并取得可测量的社会成果的企业组织。社会企业在社会服务和社会治理乃至城市管理中有广阔的发展空间、大有用武之地,需要政策支持、加快发展。

第五,关于健全社会组织工作体系。加快推进社会组织管理体制改革,建议将"全面实现政社分开、管办分离、取消业务主管单位"写进"十四五"规划。建议借鉴北京市多年经验,将"构建社会组织枢纽型工作体系,充分发挥人民团体等的枢纽型社会组织作用"写入"十四五"规划。

第六,关于健全社区治理机制。建议将完善"党建引领、四社联动(社区居委会、社会组织、社会企业、社会单位)"的社区治理机制写入"十四五"规划。

第七,关于健全社会安全体系。建议把"排除地下管网隐患,形成统一规范的城市地下管网体系"写入"十四五"规划。这项工作,国务院办公厅早在 2013 年就有文件统一部署,但是各地都没有很好落实。另外,还建议把"排除城市建筑玻璃幕墙安全隐患,建立玻璃幕墙安全档案"写入"十四五"规划。改革开放 40 多年来,各个城市玻璃幕墙林立,目前有许多已经超过质量安全期,需要政府牵头全面普查、建立档案、落实责任、定期更换,确保城市安全。近几年,上海、北京已经在这方面做了一些工作,但大多数地方无人负责。这是一个重大的城市公共安全隐患。

第八,关于健全社会诚信体系。建议把"建立健全公民个人诚信档案、建立健全单位履行社会责任评价体系"写入"十四五"规划。

　　第九，关于健全社会治理能力建设体系。建议把"加强能力体系建设、提供基本制度保障，不断提高党组织领导力、政府负责力、社会协同力、公众参与力、法治保障力、科技支撑力、人才建设力"写入"十四五"规划。

　　第十，关于健全综合评价指标体系。建议把"建立健全社会治理体系和治理能力现代化综合评价指标体系"写入"十四五"规划。在这方面，北京市已经有初步经验。

　　总之，加强社会建设，深化社会体制改革，实现社会治理体系和治理能力现代化目标，是长远复杂的系统工程，要做到一手抓顶层设计、一手抓基层基础，切实把"十四五"规划制定好、实施好，这是事关全局、事关长远、事关人民群众幸福安康的大事、实事。

　　　　　　　　　　　（课题组成员：魏礼群　宋贵伦　赵秋雁　杨积堂
　　　　　　　　　　　陈鹏　尹栾玉　尉建文　于晓静）

健全现代社会治理体系研究

上海社会科学院社会学研究所

当今世界正经历百年未有之大变局,国际力量对比深刻调整,不稳定性不确定性明显增加。我国仍处于重要战略机遇期并进入高质量发展阶段,但发展不平衡不充分的问题仍然突出。"十四五"时期是我国全面建成小康社会、实现第一个百年奋斗目标之后,乘势而上开启全面建设社会主义现代化国家新征程、向第二个百年奋斗目标进军的第一个五年,按照立足新发展阶段、贯彻新发展理念、构建新发展格局的总体要求,全面分析和准确把握我国社会治理面临的重大问题和挑战,建立健全现代社会治理体系,打造秩序和活力有机统一的平安和谐社会,是全面实现国家治理体系和治理能力现代化目标的重要基础和保障。

一、"十四五"时期社会发展内涵特征、发展主线、重大问题

"十三五"至"十四五"时期,是我们进入新时代,又面临"百年未有之大变局"之关键十年,"变局中危和机同生并存",全球治理体系深刻重塑,国际格局加速演变。"百年未有之大变局"是开展"十四五"规划前期研究应遵循的指导思路。

民生福祉

（一）"十四五"时期社会发展阶段内涵与特征

"十四五"时期我们仍然处在战略机遇期,但条件、外部环境发生了新的变化。2019年第7期《求是》杂志发表了习近平总书记重要文章《关于坚持和发展中国特色社会主义的几个问题》。习近平总书记在文中指出,改革开放以来,"我们对社会主义的认识,对中国特色社会主义规律的把握,已经达到了一个前所未有的新的高度,这一点不容置疑。同时,也要看到,我国社会主义还处在初级阶段,我们还面临很多没有弄清楚的问题和待解的难题,对许多重大问题的认识和处理都还处在不断深化的过程之中,这一点也不容置疑。对事物的认识是需要一个过程的,而对社会主义这个我们只搞了几十年的东西,我们的认识和把握也还是非常有限的,还需要在实践中不断深化和发展"。当前,在社会大局总体稳定的同时,社会利益关系日趋复杂,社会阶层结构分化,社会矛盾和问题交织叠加,人民群众对社会事务参与意愿更加强烈,社会治理面临的形势环境更为复杂。一方面我们取得了巨大成就,另一方面我们也积累了不少问题,这也是"十四五"时期社会发展、社会治理须面对之阶段特征。

（二）"十四五"时期发展动力、社会治理主线

展望未来,中国经济平稳健康可持续发展在资源潜力、内生动力、发展活力、调控能力等方面具备充足的支撑条件,也为"十四五"时期的社会治理创新打下了坚实的基础。

第一,我国城市化率仅接近20世纪30年代美国、50年代日本(时下美国城市化率83%、日本超过90%),我们的发展空间、潜力很大。有专家指出,2018年底,中国仍有10亿人未坐过飞机,近5亿人未用上马桶、80%家庭人均月收入未超过3000元。另据中金数据:2017年末,中国城镇住房套数总共为2.7亿套,其中城区1.59亿套、镇区1.15亿套。换言之,中国有43%住房都是镇区住房(不在城市里的房子)。而"十四五"时期每年仍将有700多万大学生毕业,绝大多数愿意去一、二线城市就业。这表明虽然我们发展不太均衡,但反过来却将有力支撑我国城市化、现代化进程。

第二,以数亿计之广大百姓对美好生活的向往是支撑我国经济社会发展、社会治理进步的根本动力。现在人民群众对美好生活的向往,更多向民主、法治、公平、正义、安全、环境等方面延展。与此同时,未来五年,民众对高品质生活会越来越关注,可简化为 FRESH,即 Fun(娱乐生活)、Rich(财富管理)、Education(教育)、Safety(安全)和 Health(健康),这将为"十四五"时期高质量发展、高品质生活提供广阔的动力。

第三，中国政府的超级组织与统筹能力是任何国家无法比拟的。2020 年，中国共产党领导 14 亿人口大国实现了全部脱贫、全面建成了小康社会。在时空压缩的短短 40 年中，我们的国家综合实力、民众生活提升显著，人均 GNI 已超过 1 万美元水平，非常不易。"十四五"时期，支撑我国社会发展的主体性动力、制度性动力、发展理念动力还远远没有释放殆尽。

第四，中国特色社会主义进入新时代，我国经济已由高速增长阶段转向高质量发展阶段。这无疑是"十四五"规划的发展主线。精准改革，将能继续释放中国未来经济增长潜能，在推动高质量发展成为新时代我国经济发展主线的同时，要求我国社会建设在进入新时代也进行相应的变革，推动高质量的社会建设，实现社会现代化。而社会治理作为社会建设之重要载体，应该维护社会公平正义，进一步优化社会结构，形成高质量社会流动机制，促进人的全面发展和社会全面进步。

（三）"十四五"时期社会治理须关注的重大问题

第一，防范化解社会矛盾与风险。中美贸易摩擦长期化、复杂化是一个大概率事件，我们要从思想上做好长期准备。习近平总书记曾多次强调，必须统筹好国内国际两个大局、发展安全两件大事。防止外部风险传递至内部风险、单一风险演化为综合风险，是保持我国政治稳定大局的最大挑战。这也可能成为影响"十四五"规划与布局一个最大不确定、最复杂的外部变量。

第二，解决经济发展动力衰退。当前，我国经济运行仍然存在不少困难和问题，这其中既有周期性因素，但更多是结构性、体制性的。从国际看，全球增长动力疲软，政策空间有限，不确定上升可能导致全球经济活动持续恶化，对贸易和投资产生重大影响。回顾过去 150 年，人类经历了两次世界大战和两次工业革命，全球经济呈现出"两起两落"的特征，其中有两个特别明显的"波谷"，即全球经济增速低点，分别是 1882 年前后和 1929 年前后。而时下全球经济增长速度，已经回落至上述两个低点的水平，出现了百年以来第三个谷底。用康波理论解释就是：1882年低点，是全球经济第二轮康波周期之萧条期；1929 年低点，是全球经济第三轮康波周期之萧条期；第四轮康波周期之萧条期发生在 1981 年前后，但 GDP 增速明显高于前两轮，并未形成"超级谷底"；今天全球经济增速跌到了百年以来的第三个谷底，第五轮康波萧条期已经开启。这种世纪一遇的变局，既会改变一个国家内部的经济、政治和社会格局，也会影响国家与国家之间的贸易、外交和地缘关系。上述经济问题必然会引发一系列的社会治理问题。

第三，健全改善社会治理结构。2018 年 8 月，国务院研究中心课题组所做的一份全国调查问卷显示，当前我国社会治理面临九个问题：一是转型期社会治理理论欠缺引致多重困惑；二是亟待整合条线治理力量、调动地方政府积极性；三是亟

须建立健全社会组织和公众充分参与治理的制度和社会环境;四是尽快完善、规范
多元共治的社会治理体制;五是在保障与改善民生中推进社会治理;六是真正实现
社会治理的重心向基层下移;七是创新社会矛盾化解渠道和机制;八是合理利用现
代信息与大数据技术服务社会治理;九是发挥传统文化在社会治理中的积极作用。
为此,本报告组提出:法治社会建设、公民素质提升、公共服务的有效均等供给、社
会主体的培育壮大,将是推动、健全"十四五"时期现代社会治理体系的关键要素。

二、影响"十四五"时期健全现代社会治理体系的结构因素、变量

"十三五"后半期至整个"十四五"时期,我国社会结构、社会治理面临一些重
大变化。

(一) 首要因素是人口增长触底

几乎所有的经济增长理论中,人口都是很重要的因素。劳动力短缺会成为经
济增长的瓶颈,也会影响全球贸易的需求。全球人口正在步入老龄化,这将对未来
全球的宏观经济层面产生巨大的影响。据世界银行预测,未来二十年劳动力增长
率将下降一半,2018 年,我国改革开放之后出生年轻人口总量首次反超改革开放
之前几代人,达到 7.4 亿人,人口年龄结构也大致相当于 20 世纪 70 年代美国,但
老龄化速度却很快;60 岁以上老人总数,也开始反超 14 岁以下青少年儿童总数
(各为约 2.5 亿人)。上述两个人口数据,从长时段看,具有重要的警示意义。

(二) 人均 1 万美元被经典理论认为是刚迈入中等发达国家"门槛"

中国现在一年创造约 100 万亿元 GDP,相当于 8 个英国、11 个韩国。而 2018
年我国人均 GDP 大约 1 万美元,大约已相当于四十年前(1979 年)美国水平。但
我们的基尼系数还比较大,表明贫富差距、地区差异、阶层差别较明显。历史经验
已经印证,这一时段也是最危险的发展阶段,即民众告别了温饱问题,开始向往美
好生活,这时候往往也是贫富矛盾、观念冲突最凸显时段,弄不好就会陷入"中等
收入陷阱"。因此,"十四五"这五年是最关键之五年。若能平稳渡过,2025 年我国
人均 GDP 可达到 1.5 万美元、2035 年人均最少也可达到 2.5 万美元。万一"渡"
不过去,则将如习近平总书记指出的,将面临"惊涛骇浪",面临各种巨大挑战、风
险与危机。

（三） 中国 GNI 处于世界中上位置已相当不易

据世界银行发布（2017）指标数据,中国（大陆）人均国民收入为 8690 美元（GNI）,是世界平均水平的 83.83%,在世界上排名有所提高,名次超过了巴西与墨西哥。即除中国（大陆）之外的世界 70 多亿人中,GNI 平均收入比中国高的仅有 15 多亿人,而比中国（大陆）低的超过 45 亿人。在人类 200 多年的现代化进程中,实现工业化的国家不超过 30 个、人口不超过 10 亿人。而人均 GNI 超过 3 万美元、人口必须 5000 万人以上的国家,2018 年只有 7 个:美英德法意日韩。因此,我们要有道路自信。

（四） 技术进步给整个社会生活、价值观念、政治参与带来明显影响

尤其是我国 7 亿青年人口,都是在改革开放大环境下长大的,他们主体意识、批判思维、生活方式基本与世界同步,这对意识形态、政府管理、"数字治理"带来新冲击。随着互联网特别是移动互联网的发展,社会治理模式正在从单向管理转向双向互动,从线下转向线上线下融合,从单纯的政府监管向更加注重社会协同治理转变。因此,"十四五"时期我们必须居安思危,强化底线思维,进一步完善社会管理新格局,健全社会治理新体系。

（五） 坚持不断改善民生建设为主导的社会治理

"十三五"期间,政府投入虽每年有所增加,但与人均 GDP 发展阶段相似国家相比,我们欠账还较多。尤其是未来中国经济不确定、社会未来预期下降、老龄化与少子化"双碰头"社会大背景下,民生领域若不能得到基本、均衡保障的话,将对我们执政与社会治理构成现实挑战。因此,我们一方面必须做到尽力而为,另一方面又须坚持量力而行。

三、"十四五"时期健全现代社会治理体系面临风险与挑战

（一） 加强"三个防止"

第一,防止贫富分化进一步扩大。适度的贫富分化是经济社会发展的客观规律和趋势,但如果在经济增长下降周期中由于财富增长马太效应导致的贫富差距进一步拉大的话,将会极大影响到我们的执政基础,也将影响经济社会的长期繁荣与稳定发展。因此,防止贫富分化进一步扩大,是"十四五"时期一个具有全局性

的重大议题。

第二,防止社会极端思潮出现。特别是当中等收入群体和较低收入群体的需求得不到有效满足时,有可能会引发新的社会矛盾,容易激化社会大众的非理性意识,催生负面社会情绪。

第三,防止经济下行压力、市场风险积累传递到社会矛盾。一段时期内,由于我们重经济政策而轻社会政策,追求经济效益而忽视社会发展,在社会保障方面的公共投入比例过小。在财政投入方面,又存在"社会保险效率低,缺乏精算,不可持续"等问题。当前民众较普遍地对未来预期不稳,这些都会极大增加治理成本。

(二)关注"三大变化"

第一,社会结构带来变化:国家权力运行跟社会实际运行业已"脱嵌"。过去国家和社会是绑在一起,后来搞市场经济,分开以后还有一些合作的基础。但现在很大程度上国家权力跟社会权力的运行存在"两张皮"现象。所以,怎样去识别不同社会群体的组织形式、组织形态,这是今后社会治理面临的新挑战。

第二,政治空间带来变化:传统管制结构已无法进入、识别网上"微群"政治空间。我们原来的管制结构是结构功能主义式的,上面是人大、政协、政府、党群四大系统,一竿子插到底,在外围还有妇联、工会等组织,我们每个人的生活都跟他们有关,但现在我们越来越多的人生活在新的政治空间,比如"两新"组织、网络空间中,但目前对新型政治空间的运行情况我们还缺乏相应的识别能力,这是我们未来社会管理、社会治理必须加以认真研究的课题。

第三,新技术革命带来变化:人工智能对社会治理、政府管理构成新挑战。正如习近平总书记指出:"我们不少干部的思想观念和知识结构还不适应城市发展要求。"一些地方政府在治理上"项目思维"太浓,而监管、治理能力又面临"本领恐慌"。未来我们尤其要防止形式主义、官僚主义而引发"治理失败"的风险。

四、"十四五"时期:健全现代社会治理体系须处理好几对关系

(一)必须坚持党的领导、人民当家作主、依法治理有机统一

探索一条符合中国社会发展实际、更可持续的中国特色社会主义社会治理之路,打造共建共治共享的社会治理格局。"治理社会"到"社会治理"有一个培养发育过程。我们的公共社区精神、居民素质还未发育到发达国家水平。公民素质是

需要引导、培养的。未来基层社会治理更复杂,治理难度系数更高,必须注意提升政府治理和社会自我调节、居民自治良性互动。在强化以人民为中心执政理念的同时,要矫正一些地方的形式主义、"处处留痕迹""扰民式"的基层治理作风。

(二)必须处理好"共治"与"自治"关系

一是正确处理好党建引领与多元共治的关系。多元共治是社会治理的时代趋势,坚持党建引领,决不意味着党组织大包大揽承担、解决社会治理中的所有问题,各级党组织要善于把为民执政的意图通过共商共建途径化为各类组织共治自治的措施,引导基层多元主体融入社会治理和服务。

二是行政推动是实现治理目标的有力保证。政府既要深化体制改革,又要强化主体责任,尽力为百姓提供基本公共服务,又要主动开放公共资源;在保证"底线民生"供给的同时,不断提升做好"质量民生"工作的自觉性;社区基层组织要充分依靠群众,做到重心下移,健全社区党组织领导的居民委员会、业主委员会和物业服务企业之间联动机制,共商区域发展、共同服务群众、共建美好家园。

三是正确处理好居民参与和基层协商民主的关系。针对当前社区治理的行政化问题,应有意识培养年富力强的居民积极参与社区议事,建议每个社区开设居民议事会。在民主决策方面,把联席会议、居民议事会、民主听证会等用好;在民主管理方面,加强现代化居委会建设,依法组织居民群众开展自治实践活动;在民主监督方面,推进居务公开、民主评议。将基层协商民主的有效做法和途径,制度化、规范化和程序化。

(三)必须处理好"秩序"与"活力"关系

习近平总书记说:"社会治理是一门科学,管得太死,一潭死水不行;管得太松,波涛汹涌也不行。要讲究辩证法,处理好活力和秩序的关系。"一个地方社会治理好不好,如何评价? 就是要看当地是否"经济发展有质量、社会更安全、民众感受更公正"。因此,处理好"秩序"与"活力"的关系,摆脱"一管就死、一放就乱"的困境,走出一条"管而不死、活而不乱",构建一个活力与秩序相统一的社会,是"十四五"时期社会治理的重点所在。为此,第一,以巨大的政治勇气和智慧继续全面深化改革,建立公平的竞争机制和分配制度;第二,完善社会保障制度,努力改善民生,解除人们的后顾之忧,建立有效的激励机制;第三,准确地预测、评估形势,建立利益均衡机制,用制度来有效解决问题。

(四)必须处理好"治理"与"管理"关系

时下健全社会治理体系进程中,民间"众创"活力无疑会创造更加丰富的民间

"软法",促发更加多样、更加智慧共享的社会治理秩序。然而,这也会带来新的问题和挑战,如网约车、短租平台等智能互联网新业态,既展现共享经济与智慧社会建设成就,又开启了前所未有的"众创"式制度变革与创新模式。这就需要按照新时代的治理要求,确立"共建共治共享"的治理理念,秉持包容普惠的基本原则,采取同步分享、增量赋权的制度变革策略。同时,也需要政府基于公益立场,对各种"互联网+"新业态、智慧经济新模式进行有效规制,抑制资本垄断和限制私人偏好,促进多元平衡、保障民生权益和维护社会公平。

(五) 必须处理好"模式"与"创新"关系

第一,当前各地基层社会治理,多有好的案例、经验,有些可复制,有些不可复制。通过对2013—2015年度"中国社区治理十大创新成果"的典型案例归纳分类,大致可归纳为四种城乡社区协商共治模式:"党领群治联动型协商""政社协同共建型协商""政群平等对话型协商""社群精准议事型协商"。另外像深州、上海浦东还正在探索一套可复制、标准化的"社会治理评价模式"。各地探索形成的一些社会治理创新经验,应该总结、推广,但时下一些地方将社会治理指标化、模式化加以量化来考核干部,却有形式主义之嫌,老百姓获得感并不强。因此,"十四五"时期应深化改革,把社会治理顶层设计和基层探索结合起来。

第二,提倡"整体均衡治理理论",防止、解决社会治理中"碎片化治理"现象。时下各个部门仍习惯于"各扫门前雪",要么治理不足,要么治理过度,这都属于"缺陷治理",都不是"善治"。"十四五"时期的社会治理,应提倡一种整体思维,即"整体均衡治理理论"。

第三,要处理好政府—社会—市场关系。在国家治理层面,应处理好政府与社会之"服务"边界、政府与市场之"监管"边界、社会与市场之"责任"边界。在区域治理层面,应处理好大湾区经济建设与社会治理、京津冀协同、农村空心化、长三角一体化、东西差距、南强北弱等社会治理中的协作问题。在城市治理层面,尤其要处理好"三共"(共建共治共享)、"四化"(社会化、专业化、法治化、智能化)问题。在社区治理层面,应着重解决基层提供"新三公"(公共管理、公共服务、公共安全)背景下基层激励问题、物业管理多主体以及居民区自治问题。

五、"十四五"时期健全现代社会治理体系基本思路

为回应上述社会治理重难点问题的关切,我们提出创新社会治理的新思路。

（一）构建本土化的社会治理理论

在面对我国社会转型前所未有之大变局、西方普遍面临治理困境、人类社会其他社会治理形态无法照搬照抄的背景下，应对社会治理现实的需要，我们唯有扎根中国实践，梳理中国治理传统，认真调查研究，自觉创新社会治理理论。

（二）社会治理创新须完善政府治理、推进多元"共建共治共享"体制形成

社会治理创新是一个系统工程，需要有效政府、活力社会和市场机制，需要社会组织来平衡和弥补"看得见的手"和"看不见的手"。政府层面要真正做好"放管服"，进一步改善"营商环境"，提升公众对政府的信任。监管要以引导服务为主，依法推进，形成有利于群众和社会组织参与、促进公共服务均等化、维护社会和谐与活力的法规和政策体制机制。

（三）在改善民生中提升社会治理质量与水平

现行的综合治理重在治标，核心还在解决民生问题。社会治理中出现的问题要在发展中解决，与政府阶段性重点工作创新融合，要大力推进公共服务的有效均等供给。

（四）注重新技术手段与传统文化、社会力量相结合

现代技术手段长于监测、预警与应急处置，传统文化重在自治、约束。要真正实现社会管理向社会治理的跨越，必须按照党的十九大关于"保护人民人身权、财产权、人格权"的精神，实现包含大数据在内的"智慧社区"建设，以及现代信息技术与传统文化、民间自治力量的多元结合。

六、"十四五"时期健全现代社会治理体系重大政策建议

（一）以"微中心建设"为抓手，促进都市圈高质量发展

按照城镇化进程的中国经验，城镇化前期是"小城镇"主导城市发展，中期由"大城市"主导城市发展，后期则是由"都市圈和城市群"主导城市发展。国家颁布的《关于培育发展现代化都市圈的指导意见》表明，"都市圈与城市群"主导发展已上升为国家战略，城市群、都市圈也将成为城镇化"主角"。中国都市圈与国际比

较,差距并不在核心区,主要在"微中心"和节点城市的差距上,以东京都市圈为例:50 万—100 万级(人口)城市 5 个,20 万—50 万级城市 18 个,5 万—20 万级城市 84 个,而北京的相应数字分别为 2 个、7 个和 8 个。目前我国都市圈节点城市、微中心发展严重不足,跨城交通建设非常落后。比如北京市郊铁路仅 290 公里,远低于东京 4476 公里、伦敦 3076 公里,而北京极端通勤平均需要 72 分钟,54%集中在北三县。

建议"十四五"时期,一是将节点城市、微中心建设发展纳入都市圈空间规划体系,促进都市圈空间体系结构的集约化和合理化。二是以公共交通为导向的开发和社会服务设施建设为导向的开发建设微中心,优化都市圈空间结构。三是完善基本公共服务共享机制,发展多层次、多制式无缝连接的综合交通系统,构建以城际铁路、市郊铁路和市域轨道为主体覆盖都市圈的综合交通网络。四是发挥政府引导作用,积极引入社会资本参与都市圈基础设施建设、公共服务供给、新区新城建设,降低政府负债风险,提升外围地区城镇化水平。

(二) 打破行政管辖边界,尝试跨区域有效配置资源

建议尽快构建跨区域生态环境保护共保共治,财税共摊均享,交通、公共服务共建共享的社会治理新格局。这涉及规划、土地、人口、生态、公共服务、基础设施等多方面机制创新,也是"十四五"时期改革发展的重要方向。

一是实现跨区域治理从"末端治理"转为"源头联防"。可借鉴西欧莱茵河流域横向生态补偿的成功经验,加大京津冀、长三角江、河、湖、林生态廊道和生态屏障建设力度,建立京津冀、长三角开发地区、受益地区与保护地区的横向生态补偿机制;加强环境风险"过程联控"和污染问题"后果联惩",完善环境保护信息强制性披露、严惩重罚等制度,建立区域生态环境违法"黑名单"制度,落实联合惩戒措施。

二是探索实现跨区域财税分享治理机制。最早开始这一探索的是珠三角地区,广东省委、省政府甚至将分税制看作是一个扶贫手段,以解决粤北和珠三角地区发展不平衡问题。"十四五"时期可借助长三角区域一体化,推动长三角地区投资市场相互开放,打破地方政府各自为政、封闭经营,让地区间财政转移不受行政更替之影响。在投资方面,应破除市场壁垒,将地方政府投资与税收分成挂钩。

三是创新实现跨区域"合作治理"。时下京津冀、长三角区域一体化正在协调推进,但跨区域无缝衔接的执法和服务体系尚不健全,对此可借鉴欧盟做法,打破各省市行政边界约束,建设区域一体化交通网络,使大学生、老人、儿童、低保人员等弱势群体能够享受区域交通卡免费服务,从而可增强民众对区域一体化支持和认同。

（三）保障常住人口的基本公共服务，积极促进农业人口城市化

时下，在一些特大城市，一方面希望人才落户，另一方面又在一定程度上控制人口规模，实际落户需求和政策之间存在一定矛盾。现实中，越是容易落户的地方，可能越是人们不愿意去的地方。2018年底，我国城镇人口年度增量构成中，大约16%为自然增长，即城镇人口生育带来增长；5%是农转非人口；26%为农民工增长的贡献；最大的53%来自所谓"就地变更"，即通过行政区划变动导致的城镇化。国家统计局数据显示，2017年末全国大陆总人口中，城镇常住人口占总人口比重（常住人口城镇化率）为58.52%，户籍人口城镇化率为42.35%。常住人口城镇化率与户籍人口城镇化率有着16%的差距，意味着仍有2亿多人在城镇生活，却没有城镇户口。最新调查表明，80%进城务工人员表示并不愿进城落户。为此，建议"十四五"时期应进一步深化城乡土地制度改革，按照要素由市场交易决定其配置，有序促进农业人口城市化，保障常住人口的基本公共服务。

（四）将实现进一步对外开放作为健全社会治理体系之重要途径

"十四五"时期中国开放的步伐不会停顿。从减少企业经营壁垒，提升开放性、完善治理体系等视角观察，开放治理应聚焦于以下几方面：

一是企业营商环境的国际化。营商环境国际化并不仅仅是改善边境、海关管理，而是按照FTA、WTO规则，实现准入前国民待遇，其要点不是一个企业和另一个企业同等国民待遇问题，而是能不能有生存权、出生权的问题；准入后之不同企业应按照负面清单管理，法无授权政府不可为，法无禁止企业都可以做；保护知识产权；生态环境保护要求；劳动力保障、权利等方面要求；同等国民待遇；不同所有制、不同类企业"竞争中性"，在政府采购、银行贷款等方面，不同所有制之间处理同样事项，应遵循同样游戏规则；取消各种补贴；加大开放准入领域，或者开放度不够的领域，如教育、卫生、文化、服务贸易、服务业、金融业等。

二是增加科技、人文国际学术交流，扩大开放，不要以封闭对封闭。最近IEEE协会受到政府压力，限制中国学者参与。在这种环境下，我们反而应该加大开放力度，增加与世界各国多边的科技、人文学术交流，时下我国高校财力较雄厚，在国际化方面还有大幅度提高的空间。

三是入境旅游、工作、学习的便利化。时下外国人反映在中国生活、工作还有诸多不便，如签证、上网、移动支付和英语标识，等等。目前每年大约3000万外国人来中国旅游、参加商务交流，其数量尚不如日本入境人数。调查显示，对于大多数外国人来说，来到中国之后普遍对中国的好感大增，如果能在签证、上网、移动支付和英语标识等方面有所改善，不仅可以大幅度增加外汇收入（据测算入境旅游

上升,可增加 500 亿—1000 亿美元外汇收入),还可以提升中国国际形象,进一步增进高校、企业对外交流,进而提升整个国家创新能力。

总之,"十四五"时期,中国应该抓住机会,迅速提升中国经济的开放度,减少各种国际交流壁垒,提高营商环境的透明度。只要中国经济(尤其是人员和信息交流)的开放度接近美国,中国在人口和人才方面的优势可以超越美国。

(五) 将"独生子女父母养老"提升至国策,制定中国版"百年安心计划"

一是坚持党和政府在城市养老服务体系建设中的主导作用。明确政府在养老福利政策和基本养老服务方面的职责和任务,把加快发展养老服务体系建设列入保障和改善民生的重要议事日程。通过明确阶段性、刚性任务要求推进养老事业发展,以推动"十四五"规划编制和立法研究;强化民政在养老服务工作中的牵头作用,新一轮机构改革对民政开展养老服务带来全新的机遇,明确了民政部门在养老服务方面的职责定位;建立民政牵头的工作推进体制,通过建立行业规范提升服务标准、强化行业监管;发挥社会各方主体积极性,整合各方资源,集中力量解决大城市养老工作中遇到的各种问题。

二是针对独生子女父母,在政策所规定的退休金的基础上,适度提升退休金额度。在政府财政支持下,适当提高农村独生子女老年父母的养老保险金。一孩生育政策虽已结束,当它带来的"红利"逐渐消失的时候,它所引起的中国人口结构失衡和社会加速老龄化问题也开始凸显。为此,必须做好长期"还本付息"的准备。精准关爱独居老人。在统一的国家政策的基础上,政府还应特别关注失独父母的养老责任问题。对于生活不能自理的失独老人,政府应购买护理服务。"十四五"时期,建议构建高龄体弱独居老人的全天候多重应急呼叫网络,推进符合大多数独居老人有效需求的机构养老,在全国城乡社区层面尽快建立"独居老人信息库"。

三是制定实施中国版"百年安心计划"。"十四五"时期,应提高公共养老金保险费上限,设置养老金给付下限,确保养老金替代率维持在 50% 以上。上调国库负担比例。制定逐步上调领取养老金年龄的长期计划,引入"宏观经济指数调整率",构建一个养老金账户的"财政自动平衡机制"。完善养老金征缴制度,提高养老金征缴水平,缴纳养老金单位比例需要用更严格的制度来保证,维护全民的养老金账户,维护市场经济的公平竞争环境。

(六) 把"健康生活"纳入社会公共政策,提升国民整体健康水平

由于时下由政府主导、部门协作、全社会参与的"健康中国"机制尚未建立,这也是中央要明确把健康融入所有政策的原因。目前我国中风患者年轻化趋势很明

显。据调查,近一半是40岁到60岁的人,甚至还有一些30多岁的年轻人。高血压、血脂异常、糖尿病、房颤以及很多生活方式和行为等都可能引发中风。反观美国、日本以及北欧一些国家都已制定了《健康法》,日本甚至管到了腰围,如果一个单位里腰围超标的人多了,你就必须在3—6个月之内减下去,否则国家要处罚这个单位。还有的国家规定,50人以上企业,必须有一个职业卫生医师来管健康问题,效果很明显。为此,建议"十四五"规划,应通过法律,把"健康生活"纳入社会公共政策,比如要求一定规模的单位、企业必须设立健康联络员或健康管理员,以督促、提升国民整体健康水平,这既是回应老百姓对美好生活的向往,也是国家治理现代化的题中之义。

(七) 加强党建引领,进一步健全社会治理体系的制度创新

当代中国社会治理转型是一个多线程的并进模式,涉及三条基本主线:一是本土情境下多元治理结构的发展;二是涉及政府职能转变的过程与机制;三是围绕经济、技术发展形成的新空间治理网络与治理机制。这三条主线相互交织于一体,构成了当代社会治理模式转型的总体图景。"十四五"时期要进一步加强党建对我国社会治理创新之引领。

一是以党建引领社会治理创新,为治理转型中公共性与公共空间培育提供制度保障。社会多方主体参与治理要解决参与主体对公共问题的持续关注。"十四五"时期,党建的多层次引领功能应更注重"软体"的价值、人才、专业和项目引领,以实现活力迸发与"嵌入式"的柔性引领相并进。

二是强化社会治理创新中的体制机制协同。"十四五"时期,创新社会治理加强基层建设实践中,应形成市—区—街道—居民区四级联动的党建工作联动体系,以保障不同层级社会治理创新形成制度合力;同时以区域化党建为依托,强化"条""块"协同,推动各类单位参与社区治理。

三是在多维空间中延展党建治理网络,实现基层社会的有效治理。基层党建工作应注重形成全覆盖的党建工作网络,注重针对经济社会生活中不同性质的空间形成精准发力的工作路径,如在楼宇空间中,围绕公益、慈善、文化等现代组织关注的核心领域,形成宽松的党建网络;在互联网空间,围绕议题设置、引导公众注意力分配等策略,构建开放、具有向心力的党建网络;在流动空间,围绕公共服务递送等焦点问题形成动员网络,进一步对"溢出"传统行政治理网络的社会空间进行有效吸纳。

(课题组成员:杨雄　陶希东)

"十四五"时期健全乡村治理体系研究

中国社会科学院农村发展研究所

乡村治理体系和治理能力现代化,是完善和发展中国特色社会主义制度、推进国家治理体系和治理能力现代化的重要内容,也是走中国特色社会主义乡村振兴道路的具体路径之一。党的十八大以来,乡村治理体系和治理能力现代化建设取得了明显成效,积累了丰富经验。但是,在建立"自治、德治、法治"三治相结合的较为完善的乡村治理体系过程中,也面临一些问题和困难。随着城市化和社会转型,未来农村社会结构将更加复杂、农村社会形态日趋分化、农村利益关系面临重大调整。为健全乡村治理体系,"十四五"时期需要继续稳定土地承包经营权、完善乡村治理组织体系、建立乡村治理保障机制、开辟村民参与公益事业渠道、鼓励社会参与村庄建设和乡村自治、提升公共服务的水平和质量。

一、近年来乡村治理取得的成效

(一) 基层党组织领导核心地位进一步巩固

根据顶层设计,各地加强了基层党组织建设。主要体现在:充

民生福祉

实壮大基层党组织队伍,选拔优秀人才担任村党组织书记;推进党的组织和工作覆盖,加大在农业企业、专业合作社、农业社会化服务组织等建立党组织力度;整顿软弱涣散党组织,并对党员学习教育、作用发挥、管理监督等作出了严格规定;丰富农村基层党组织服务内容,积极引导发展农村集体经济;引导村"两委"交叉任职,配备第一书记。目前,基层党组织在乡村治理中的领导核心地位不断巩固。

(二) 村民自治制度不断完善

以《村民委员会组织法》为指导,基层逐渐构建了由村民委员会、村民会议、村民代表会议、村务监督委员会等组成的村民自治组织体系,绝大部分行政村有了村规民约或村民自治章程,村民自治有了坚定的制度保障。各地按规定开展村委会换届选举,民主选举工作总体比较规范。一些地区通过建立村民理事会、党群理事会等议事平台和探索"互联网+"监督模式、印制小微权力清单等加强"民主决策、民主管理、民主监督"。多地积极探索村民自治有效实现方式。一些地区缩小自治范围,探索在村民小组(自然村)范围内开展自治活动,调动了农村居民参与治理的积极性,取得了较好的治理效果。一些地区通过引导乡贤慈善会、家乡建设委员会等社会组织发育,有效解决了农村建设人才缺乏和资金来源单一、不可持续的问题。此外,一些发达地区进行了政社分离、政经分离探索,引导村民自治组织集中开展村民自治活动。总的来说,通过完善自治组织体系和相关治理机制,村民自治效果不断得到改进。

(三) 农村公共服务水平有较快提高

当前,农村公共服务水平正不断提高。农村人居环境整治行动有序开展,垃圾、污水处理率显著提升,农村环境有了较大改善。农村基础设施建设不断加强,农村交通道路条件显著改善,农村饮水安全问题基本解决。农村教育发展财政支持力度不断加大,农村学校基础设施显著改善,农民教育负担大幅减轻,农村学生营养、健康状况得到有效保障,农村教育发展水平和质量不断提高。城乡居民医保制度不断完善,农村医疗卫生工作质量大幅提升。城乡居民基本养老保险制度进一步整合,农村养老保障水平不断提高。农村低保、医疗救助等社会救助制度日益体系化、规范化。农村公共服务水平较快提高大大提升了农村居民的幸福感、获得感和安全感。

(四) 村风民风明显改善

近年来,国家加强了移风易俗工作。各地通过制定和完善村规民约,从生产生活秩序、社会治安、法律义务、社会主义精神文明建设等方面规范了农村居民的生产生活;加强了农村公共文化建设,丰富了群众文化生活;通过各种评比及对身边正面典型案例的宣传,引导农村居民追求真、善、美。在相关工作的推动下,村风、民风明显改善,请客送礼攀比之风得到有效遏制,邻里关系更加融洽,家庭更加和睦,社会更加稳定。此外,部分地区在大力推进扶贫工作的同时开展了群众教育活动,引导和鼓励群众自力更生,对提高群众自身发展能力,积极参与生产发展发挥了积极作用。

二、当前乡村治理存在的主要问题

(一) 基层党组织的服务能力有待加强

虽然近几年加强了农村基层党组织建设,并取得了积极进展,但农村基层党组织的服务能力尤其是带动村庄经济发展的能力还有待进一步增强。主要有几个方面的原因:一是农村基层党组织干部文化水平不高,以初中及以下文化程度居多,制约了他们带领群众致富、解决发展难题的能力。二是人员保障不足,农村党员普遍年龄较大,出现"青黄不接"现象,联系服务群众工作难以有效推进。三是党员干部服务群众意识不强,标准不高,影响了服务型党组织建设在群众中的满意度。四是农村基层党员参与组织生活积极性不高。因流动党员较多、留守党员年老体弱等原因,部分党员对基层党组织事务参与度不高。

(二) 乡村治理力量不足

当前乡村治理面临着人员缺乏、力量不足的问题,这主要有几个方面的原因:(1)随着外出务工收入水平的不断提高,农村青壮年劳动力大量外流,导致农村优秀治理人才流失严重,再加上村干部报酬待遇政策不完善、贯彻落实不力等原因,一些经济发展落后地区甚至出现了无人愿意当村干部的情况,农村经济社会发展缺乏有力可靠的"领头羊"。(2)大量留守农村的妇女和老人在乡村治理中的作用还没有被充分认识,缺乏有效组织,未能形成有影响的治理力量。(3)由于缺乏相关支持政策和治理平台,一些愿意参与乡村治理的主体未能有效参与治理。例如,发达地区的一些农村,外来人口超过了当地居民,但由于缺乏相关机制,不能有效参与当地治理。(4)随着收入来源多元化和社会交往不断扩大,农村居民对社区的依赖减弱,参与村庄公共事务的积极性下降,直接影响了乡村治理效果。

（三）村民自治组织行政化

由于政府在农村缺乏对应机构,很多工作要通过村委会来开展。行政村要承担各类政务和服务工作,村委会的工作重心在行政事务上,发展村庄公益事业和集体经济等职能被削弱。特别是撤镇并村以后,行政村管辖范围扩大,但干部数量却没有相应增加,更加增大了自治的难度。

（四）部分地区自然村村民自治试点运行不畅

各地积极探索的自然村(村民小组)村民自治虽然取得了一定成效,但有效运行面临一些问题。首先,有的村党总支和村委会习惯于按传统方式开展工作,只召集村党支部书记、村民小组长开会,不通过自然村(村民小组)村民自治组织就直接处理自然村(村民小组)村民公共事务,而有的自然村(村民小组)村民自治组织自作主张,没有与村党(总)支部和村委会进行充分协调沟通,导致双方各自为政。其次,由于很多自然村(村民小组)集体经济薄弱,加之村务管理费用筹集较为困难,推选产生的自然村(村民小组)村民自治组织日常工作运转经费和自治组织成员的误工补助没有保障,村民自治组织的工作难以正常开展。

（五）农村居民的部分公共服务需求还不能有效满足

虽然农村公共服务水平有了很大提高,但农村居民的部分需求还不能有效满足。例如,一些地区农村由于儿女外出务工,加上社区养老体系不健全等原因,出现了老人生活无人照料、精神慰藉严重缺乏的现象;由于还没有建立有效的垃圾、污水处理体系,一些地区垃圾、污水围村的现象还比较严重,实现农村居民对美好生活环境的向往任重道远;农村教育、医疗基础设施尽管不断完善,但由于优秀师资、医疗卫生技术人才普遍不足等原因,农村教育、医疗质量和城市相比还有较大差距。此外,农村留守儿童问题还比较突出。办好农村寄宿学校对促进农村留守儿童的健康成长至关重要,和同龄人一起学习、生活可以在一定程度上减轻留守儿童对亲人的思念,促进其健康成长。但是,不少地区农村寄宿学校的教学条件、住宿条件、伙食条件都还需要改善,对部分学生的心理疏导工作也有待进一步加强。同时,寄宿学校教师教学、安全压力普遍加大,需要建立标准有效的寄宿学校教学安全管理体系,提高教学管理效率,减轻教师压力。农村居民公共服务需求不能完全满足主要是相关治理机制不健全,尤其是缺乏稳定、动态调整的财政保障机制。对乡村治理的财政投入严重不足,使农村基础设施建设和其他公共服务发展缺乏必要的资金。

三、"十四五"时期乡村治理可能面临的风险

（一）强制推行土地流转损害了农民的利益

近年来,部分地区针对农村劳动力外出务工多、土地主要由老人或妇女经营的现状,以耕作粗放或家庭小规模生产没有效率为由,或者强行将农户承包经营权收回,以合作经济的名义在村内搞农业生产统一经营;或者搞所谓集体资产股权改革,将土地和其他长期积累的集体资产折成股份后,再将这些集体资产租赁给公司,农户则按股份分红,形成所谓"资源变资产、资金变股金、农民变股东"的委托代理模式。但是,农业生产上规模经济并不显著,通过集体统一经营带来的收益可能抵不上由此产生的管理成本或生产上低效率带来的损失。至于土地股份制后的租赁经营,其缺陷更是明显,因为:(1)不存在一个给农户承包经营权定价的市场,农户承包经营权有可能被低估;(2)拥有小额股份且分散的农户缺乏监督农业股份公司经营者的激励;(3)即使流转土地的农户有激励监督经营者,也缺乏监督的手段,因为市场上不存在一个反映土地股份制农业公司绩效的股票市场。

（二）社区信用网络解体,社会资本流失

在传统的农耕社会,村庄是一个小共同体,由于村民长期生活在一起,村内形成一个信任合作网络。通过这一网络,生活上大家互帮互助,分担各种风险;生产中大家相互合作,共同应对自然及外部政治、社会、经济带来的不确定性。但是,随着工业化和城镇化,越来越多的村民特别是年轻人离开村庄外出工作,部分村民甚至搬迁到城市居住,村内的信任网络开始解体。信任网络解体后,村内的社会资本开始流失,相互之间帮忙少了,村民合作的意愿减少了,村内公益事业建设的成本显著提高了。最严重的是,信任网络解体后,村民之间的监督机制失灵,传统上依靠村内长者和权威协调关系、化解矛盾的方式失去作用,部分村民开始抢占集体公共资源,村民之间的利益冲突开始公开化。

（三）惠农资金的分配公平和使用效率问题

20 世纪初,我国开始进入以工补农、以城促乡发展阶段。2003 年党的十六届三中全会明确提出了统筹城乡发展战略,2005 年中央政府提出建设社会主义新农村以来,从中央到地方,各级政府加大了对农村道路、水利、饮水安全、土地整治、生态改善、垃圾处理、农村教育、医疗、扶贫救济、养老保障等方面的投入。党的十九

大提出了乡村振兴战略,明确在2035年基本实现基本公共服务均等化的目标。中央政府这一系列战略与政策旨在改善农业生产和农民生活条件,提高农民收入。但是,当投入农村的项目越来越多、投入的资金越来越大时,如果缺乏对这些项目和资金使用的必要监督机制,可能会出现项目效率低下、地区之间和村民之间分配不公平现象,产生寻租和腐败行为,导致村民之间、村民与基层组织之间的对抗。

四、"十四五"时期乡村治理面临的外部环境变化

(一)农村社会结构更加复杂

"十四五"时期,我国农村社会结构将更加复杂。一方面,伴随城镇化的继续推进,大量农村青壮年人口持续向城镇迁移,农村"空心化""三留守"的问题更加凸显,并引发一系列社会问题;与此同时,一些城市近郊和第二、三产业发达的农村,外来人口大量涌入,数量甚至超过本地村民;此外,城镇居民向农村流动的现象也逐渐增多。另一方面,伴随农民合作社、家庭农场等农业新型组织加快发展,农村一二三产业加快融合,乡村社会内部的组织类型日趋多样,成员结构及其利益关系更加复杂,农村社会日益由原来主要靠宗法伦理、乡规民约、道德礼俗等进行调控的"熟人社会"转变为"半熟人社会"。乡村社会结构的复杂性,要求必须通过有针对性地创新乡村治理思路、手段和方式来应对。

(二)农村社会日益老龄化

人口老龄化日益成为影响农村经济社会发展的重大问题。2017年,我国乡村60岁及以上老龄人口比重已达到19.9%,比2013年提高2.8个百分点。城镇化的快速推进和青壮年劳动力持续外流,将进一步加速乡村人口的老龄化进程。如果按照现有速度推算,到2025年,我国乡村老龄人口比重将达到25%左右。大量农村留守老人的出现,使以家庭养老为主的农村养老模式亟待改变。但目前来看,我国农村社会化养老服务体系仍不健全,表现为:养老保险保障水平较低,养老机构匮乏,设施、环境和服务水平较差,医养结合服务体制机制仍不完善,无法满足农村居民日益增长的对高质量、多元化、社会化养老服务的需求。

(三)农村社会形态日趋分化

我国地域宽广,地区经济、社会和文化先天差异很大,农村社会形态非常丰富。乡村振兴战略为顺应村庄发展规律和演变趋势,根据不同村庄的发展现状、区位条

件、资源禀赋等,提出了按照集聚提升、融入城镇、特色保护、搬迁撤并四种方式,分类推进乡村振兴的思路。这一乡村振兴战略的实施,将更加突出乡村自身的发展特色,同时也使农村社会形态更加多样化。乡村社会治理有效目标的实现也必然要求各地乡村治理方式的多元化,要围绕乡村振兴的总体战略,制定适合本地经济、社会和文化特点的、切实有效的乡村治理方案。

(四) 农村利益关系面临重大调整

近年来,农村正在探索开展集体产权制度改革、征地制度改革、集体建设用地入市改革、宅基地改革等一系列重大试点,这些改革探索牵涉到每一个农民的切身利益,其政策方向将会带来农村和农民利益关系的重大调整。目前这些改革尚处于地方性的探索阶段,"十四五"时期,部分改革将形成定论,落实到中央的政策文件上,推广到全国层面。乡村治理必须在新一轮农村利益关系进行重大调整的过程中,发挥好引导和协调作用,保障改革的顺利进行和农村社会的稳定。

(五) 农村信息化进入新一轮革命期

根据 2019 年 5 月中共中央办公厅、国务院办公厅印发的《数字乡村发展战略纲要》的规划,"十四五"时期是我国数字乡村建设取得重要进展的五年,在乡村 4G 深化普及的基础上,5G 技术将得以创新应用。可以预见,"十四五"时期,智慧农业、农村电商将得到进一步发展,信息技术也将广泛应用于城乡基本公共服务均等化、乡村文化建设、乡村法治建设、平安乡村建设等各个方面,乡村治理方式将得到创新性变革,乡村治理的便利化、精准化、全面化、现代化水平将显著提高,城乡"数字鸿沟"将进一步缩小。

五、"十四五"时期乡村治理体系建设思路

总的思路是按照实施乡村振兴战略的总体要求,不断完善党委领导、政府负责、社会协同、公众参与、法治保障、科技支撑的现代乡村社会治理体制,以自治增活力、以法治强保障、以德治扬正气,健全党组织领导的自治、法治、德治相结合的乡村治理体系,坚持把治理体系和治理能力建设作为主攻方向,坚持把保障和改善农村民生,建设充满活力、稳定和谐有序的乡村社会作为根本目的,走中国特色社会主义乡村善治之路。

（一）稳定土地承包经营权

家庭联产承包责任制是乡村治理的支柱之一。承包经营权是否稳定，关系到农民的收入、农业的发展以及农村社会的稳定。事实上，农业生产中规模经济并不明显，农业社会化服务体系的发展弥补了农村劳动力的不足。而根据我国人多地少的国情，即使城镇化率达到75%，在相当长的时期内，仍有大量居民生活在农村。因此，应该严格遵守《土地法》和《土地承包法》，稳定农户土地承包经营权，稳定农民的生产预期，对基层组织通过行政强制的手段收回农户的承包经营权或强行推动土地流转搞合作经济的行为必须坚决制止。

（二）完善乡村治理组织体系

建立和完善由基层党组织、村民自治组织、集体经济组织、合作社、老人协会、村妇联、乡贤理事会等组成的乡村治理组织体系。基层党组织是领导核心，村民自治组织是主体力量，其他组织是重要补充。

基层党组织要贯彻落实好党的方针、政策，发挥好引导和组织村民自治的作用。在基层党组织建设方面，除了扩大基层组织覆盖范围外，要通过完善相关激励机制发展和培养青年党员干部；要加强党员的理想信念教育，提升党员的责任感和使命感，切实发挥党员在乡村治理各项工作中的先锋模范作用。

在村民自治组织建设方面，要继续鼓励各地根据实际情况探索在适宜范围内建立村民自治组织，并逐渐完善相关支持、保障政策，提升村民参与治理的积极性和主动性。同时，要搭建村民议事会、村民理事会等议事平台，进一步做实村民会议、村民代表会议，避免出现村委会自治和村干部自治损害农村居民自治权利的现象，把自治权利交还给农民。

在集体经济组织建设方面，要不断完善治理结构，通过股份制改革、政经分离改革等提升集体经济发展水平和减少贪污腐败现象，发展壮大集体经济，以增加农村居民收入和提高村庄公共服务供给能力。

在合作社建设方面，重点是要充分挖掘和开发当地优势资源，引导和扶持相关产业发展，并增强农村居民在产业链中的利益分配能力。

在其他社会组织建设方面，老人、妇女是当前农村主要留守群体，要充分发挥他们在乡村治理中的积极作用。例如，可以引导建立和完善老人协会，组织有能力、有责任的老年人在协调村庄矛盾纠纷、保护老年人权益、丰富老年人生活等方面发挥积极作用，有效减少老无所养现象及老人自杀事件的发生。还可以借鉴一些地区的探索，引导留守妇女加入村干部队伍，通过组织培训和学习，提升其协调组织能力，发挥妇女在乡村治理特别是在家风民风、美丽家园建设等方面的积极作用。另外,为更好地满足农村居民日益增长的物业管理需求,可以引入物业企业,通过和村委联合"共管"等方式对农村社区物业进行管理,改善农村居民的生活环境。

(三) 建立乡村治理保障机制

根据基层探索的经验,要提高乡村治理效果,需要建立由人才保障机制、财政投入保障机制、监督考核评价机制等组成的长效治理机制。

在人才保障机制方面,由于乡村治理关系到乡村政治、经济、社会、文化、生态发展,从而需要大量具有综合能力的人才。为此,除了通过招聘大学生村干部、选派第一书记充实村党支部、村委会等基层组织队伍外,还需要通过完善相关激励机制引导更多主体参与解决治理人才不足的问题。此外,要引导外来人口较多的地区积极应对社会发展趋势,主动建立和完善外来人口参与社区治理机制。

在财政投入保障机制方面,要优先保障农村基础设施建设、基本公共服务发展、村级组织运转必要的经费需求。对于因财政困难无法提供基本保障的地区,上级政府应增加转移支付。需要提出的是,在解决农村基层干部报酬待遇问题上一定要合理确定补贴范围和人数,避免补贴范围过大、人数过多,导致财政负担过重,影响财政支持的可持续性。

在监督考核评价机制方面,要普遍推广制定小微权力清单和办事流程,加强村务公开工作,加强对村干部的监督。此外,还要建立村民参与监督考核机制,把村民满意不满意作为重要考核指标,与村干部报酬挂钩,从而提升村干部服务村民的积极性和主动性。

(四) 开辟村民参与公益事业建设的渠道

目前的《村民委员会组织法》只是为落实村民自治和农村基层民主搭了一个组织框架,对村民委员会如何选举规定得比较详细,但对村民大会和村民代表大会的规定则比较粗略。村民委员会只是村级自治组织的执行机构,选举村委会只是村民参与村民自治的一种方式,建立和完善村民会议或村民代表大会同样是村民自治最基本的内容。当前,大部分行政村的村民代表大会流于形式,未被建成常设机构,其职责并不清晰完整,议事规则也不明确,致使村民缺乏表达公共服务需求偏好的渠道。从河南省移民村和湖南省益阳市的经验来看,可以通过建立村民议事会来完善村民代表大会制度。村民议事会是讨论和决定村级日常事务的常设机构,它以村民小组为单位,由小组议事会成员代表、村"两委"班子成员等组成。一般事项由民主议事会根据少数服从多数的原则表决形成决议后报村"两委"研究审定,重大事项由民主议事会表决通过后,提交村民会议表决并形成决议。村民议事会扩大了村民代表的规模和代表来源的多样性,增加了议事的范围,规范了议事的程序,从而使村民更有机会表达自己的意愿,村务决策可获取信息的渠道更宽广更畅通,村级治理的民意基础更牢固。

(五) 鼓励社会参与村庄建设与村民自治

目前的村民自治是村内成员的自治,而村内成员以户籍是否在村来界定。尽管《村民委员会组织法》第十三条有规定,户籍不在本村的外来人员可以申请参加村委选举,只要在本村居住一年以上且经村民会议或者村民代表会议同意。但是,除非外来者作了较大贡献,否则村民会议或村民代表会议是不会给他选举和被选举资格的。由于耕地、池塘、森林等资源属于村内成员集体所有,村庄治理排除外人参与可以更好地保护村内居民利益,但这种排除也导致外部的资金、技术、人才入不了村,降低了村内土地、劳动力等要素的利用效率以及外部资源投资公益事业建设的可能性。在当前的制度背景下,区位条件较好、经济较发达的地区,可以通过出租土地从工商业企业收取租金,或者通过拉企业赞助来投资村庄基础设施、生态环境和文化建设。此外,政府也可以通过外包、特许经营、企业或个人投资合作等多种方式来利用外部资源,提高农村公共品和服务建设的效率。

(六) 提高乡村治理智能化水平

现代技术的发展对全球经济社会发展产生了深刻影响,要与时俱进,加强信息技术、大数据、人工智能在乡村治理中的应用,以提高乡村治理的智能化和现代化水平。尤其是,要逐渐普遍建立乡村治理的综合服务平台,至少提供三个方面的服务。一是提供电子政务,提高村民办事的便捷性,方便群众的日常生产生活。其次,通过平台及时公开村务和发布政府相关政策、文件,保证群众的知情权和监督权。再次,方便群众利用平台就村庄各项事业发展提出意见、建议,并及时进行回应和反馈。除此之外,还可以通过平台提供农产品供求、就业及其他商业信息,为农村居民进行生产经营决策提供重要参考,帮助农村居民实现增收。

(七) 提升公共服务供给水平和质量

一是继续加强平安乡村建设。除了通过加强法治建设和开展扫黑除恶活动净化社会环境以外,还可以借鉴城市治理经验,通过组织志愿者队伍等方式,引导广大农村居民参与平安乡村建设,通过群众的力量及时发现问题和解决问题。

二是继续加强农村环境卫生整治。一方面,要加大投入加强农村垃圾、污水处理体系建设。为促进垃圾的资源化、减量化,可以适时启动垃圾有偿处理机制。具体操作办法是,规定农村居民必须购买规定样式的垃圾袋,只有放置在这些垃圾袋里的垃圾才会被接收去统一处理。在这样一种制度安排下,为减少支出,农村居民会自觉减少垃圾或推进垃圾分类。另一方面,要加大财政投入,鼓励各地研发和推广适合当地的垃圾和污水处理技术。

三是要采取有针对性措施进一步提高农村公共服务水平,尤其是要促进农村教育、医疗、养老等基本公共服务的发展。教育方面,重点要通过加强师资力量或加大优质教育资源共享,提升教育质量,为更多农村孩子升入重点中学和重点大学学习深造提供机会。此外,还要加强农村寄宿学校的软硬件条件建设,为农村留守儿童健康成长创造更好条件。医疗方面,重点是要进一步完善医疗设施和提高医卫人员诊疗服务水平。养老方面,重点是进一步拓展服务内容,将提供生活照料和精神慰藉作为农村养老体系构建的重要内容,为老年人安度晚年提供有利条件。

(八) 加大基层公共文化设施建设投入

基层调查发现,居民解决温饱后,对文化活动有比较强烈的需求。促进居民合作、丰富居民生活最有效的途径可能是文娱、体育等文化活动,这其中深受农村居民欢迎的是戏剧演出和广场舞。我们在河南省永城市调查发现,戏曲深受农民欢迎,在河南乡镇组织的戏剧演出中,观众少则几百人,多则 2000 多人,许多中老年观众都能哼上几段;在浙江、广东、海南调查点的发现也是如此。广场舞是目前农村最喜欢的文化活动,尤其是妇女,已将广场舞作为健身和精神愉悦的主要活动。因此,可考虑在移民村或移民邻近村兴建"文化大舞台",借助"送戏下乡"这一文化惠民工程,组织戏剧演出;也可以在移民村或移民邻近村兴建文化广场,配备必要的音响设备,为移民和当地居民提供跳广场舞或其他文体活动的场所,促进大家相互交流。

中央和地方应增大对农村基层公共文化设施建设的投入,确保基层公共文化建设投入的增长幅度不低于经常性财政预算收入的增长幅度。县级以下的公共文化建设投入要重点保障行政村一级的文化设施建设需要,确保行政村一级的基本公共文化设施均能达到省级规定的标准,使农村居民能够享受到与城镇居民等值化的基本公共文化服务。人口规模较大的自然村应按照行政村的标准建设公共文化设施。基层文化建设能增加居民快乐,让社会更加和谐稳定。

（课题组成员：魏后凯　谭秋成　罗万纯　卢宪英）

>>> 安全发展

"十四五"时期增强大国韧性的思路和对策研究

国务院发展研究中心

"十四五"时期,世界百年未有之大变局加速演变,不稳定性不确定性明显增加,我国加快转向高质量发展阶段,但发展不平衡不充分问题仍然突出。这个时期,来自外部和内部的各种"黑天鹅""灰犀牛"事件易发多发,各种可预期和不可预期的风险挑战明显增多。我们必须未雨绸缪、坚持底线思维、增强大国韧性,有效应对各种风险挑战。

一、"大国韧性"的内涵与类别

"韧性"一词本是物理学概念,是指材料在塑性变形过程中吸收能量、恢复原有性状的能力。近年来,国内外社会科学界逐步引入这一概念,用于衡量一个国家和地区应对外部冲击和重大风险的能力。

(一)"大国韧性"的内涵和类别

我们认为,"大国韧性"是指一个大国在遇到或可能遇到外部冲击和重大风险时,能够利用大国超大规模体量的独特优势,有效抗衡和抵御外部冲击,及时消化和转移风险,恢复原有发展形态并

开辟新的发展空间的能力。

大国经济社会运行是一个复杂的系统,各子系统之间交互影响、相互作用和支撑。按韧性所起作用的不同,又可以将其分为三类:即抗冲击韧性、修复韧性、重构韧性(见图1)。

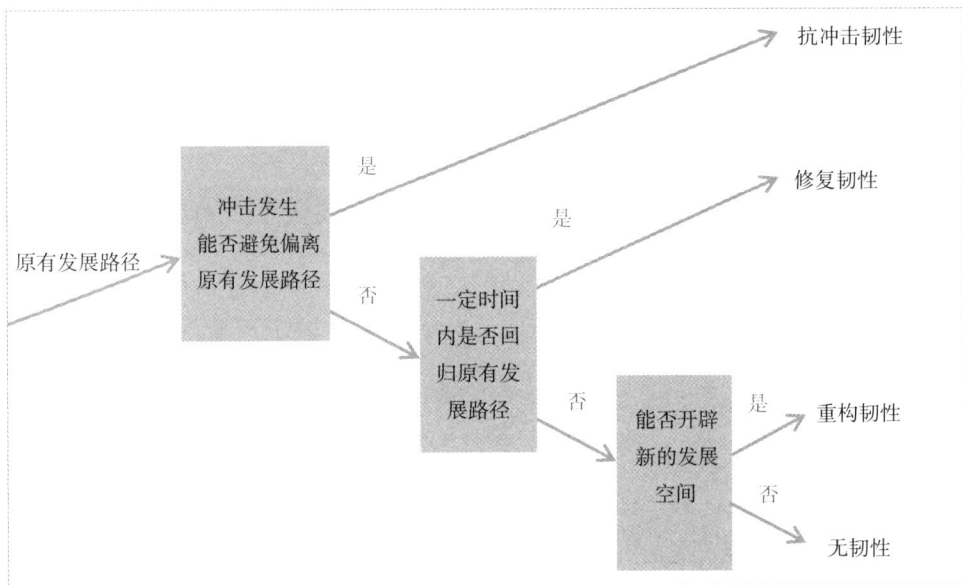

图1 "大国韧性"的类别

——抗冲击韧性。指受到外部冲击和发生重大风险时,经济社会结构内在弹性和防护机制,能够抗衡和抵御外部冲击对经济社会系统造成的毁灭性打击,体现的是吸收外部冲击并保存其自身功能的能力。

——修复韧性。指外部冲击对经济社会系统形成巨大破坏后,能够自我修复、化解或转移外部冲击造成的后果,并在较短时期内恢复到原有发展状态,体现的是在外部冲击后恢复到潜在均衡稳态的能力。

——重构韧性。指一旦外部冲击超过"阈值"后,原有经济社会系统已经不能恢复到冲击前的状态,但能够通过自组织能力赢得重生并拓展新的发展空间,体现的是自我重塑和再组织能力。

(二)"大国韧性"的条件

"大国韧性"是建立在一系列条件之上的,这些条件既包括客观条件,如国土空间和自然资源禀赋、人口规模和人力资本条件、产业结构和国民经济体系、市场规模和吸纳辐射能力等;也包括可以自主选择的政治制度和发展战略、宏观调控和风险管理能力等主观条件。

——国土空间和自然资源禀赋。通常情况下,国土空间越广阔,风险腾挪空间就越大。资源禀赋条件越好,应对外部冲击的回旋余地就越大。我国疆域辽阔,国土面积几乎相当于整个欧洲,可以通过空间换时间,增强应对外部冲击的韧性。我国自然资源总量较大,但多数资源人均拥有量低于世界平均水平,特别是战略性矿产资源如石油、天然气等储量不足世界人均储量的十分之一,对外依存度不断提高,确保能源安全成为增强韧性的重要约束条件。

——人口规模和人力资本条件。人口规模具有基础性作用,而人力资本水平对增强大国韧性更有决定性意义。我国人口总量超过 14 亿人,人口总规模接近欧洲的两倍,2019 年劳动年龄人口接近 9 亿人,还有 1.7 亿受过高等教育和拥有专业技能的人才,科技人力资源和研发人员数量均居世界前列。人力资本不断积累,为我国增强大国韧性创造了有利条件。

——产业结构和国民经济体系。产业结构的完整性和国民经济体系的现代化水平是增强大国韧性的经济基础。我国拥有全球最完整的产业体系和上中下游产业链,是世界上唯一拥有联合国产业分类中全部工业门类的国家,包括 39 个工业大类、191 个中类、525 个小类。220 多种工业品产量全球第一。我国正在建设现代化经济体系,现代产业体系、科技创新体系、城乡区域发展体系日趋完备,国民经济的创新力和竞争力日益增强。

——市场规模和吸纳辐射能力。市场规模是大国韧性的重要条件,特别是在全球需求不振、市场成为最稀缺资源的条件下,超大规模市场的优势更为明显。我国已经形成全球第二大商品市场,随着居民收入水平提高和中等收入群体规模扩大,市场的成长性独一无二,对外部商品的吸纳能力和对周边经济体系的辐射带动能力都在增强,有利于缓释外部压力。

——基础设施规模和网络效应。基础设施网络有利于要素跨区域迅速流动、聚集和转移,将有效增强抵御外部冲击和自我修复能力。改革开放以来,我国交通、通信等基础设施实现跨越式发展,建成了全球最大的高速铁路运输网络、高速公路运输网络、航空运输网络、电子通信网络,构建起多层次、多节点的复合型网络体系,是增强大国韧性的重要保障。

——政治制度和发展战略。政治制度、动员能力和战略调整能力,是增强大国韧性的重要条件。中国特色社会主义制度具有强大的社会动员能力和资源整合能力,能够在发生外部冲击和重大风险时,短时间内集结各方面力量和各种社会资源,共同应对各种风险挑战,形成强大的凝聚力和战斗力。我国善于根据国内外形势变化,制定适合国情的发展战略,并形成了制定中长期规划的体制机制,这是西方多党轮替制国家所难以做到的,也是我国特有的优势。

——宏观调控和风险管理能力。宏观调控和风险管理能力,对熨平经济大幅波动和防范化解风险有重要作用。我国建立了符合国情的社会主义市场经济体制,经过亚洲金融危机和国际金融危机的洗礼,积累了丰富的宏观调控经验,形成了多样化的政策工具,宏观调控水平不断提高。改革开放以来,我国注重发挥社会主义制度优势,提高风险管理的系统性和协调性,是世界上少有的没有发生重大经济危机的大规模经济体。

二、"十四五"时期我国发展面临的主要风险

"十四五"时期,我国在产业、科技、金融、社会、外部环境等领域面临的风险明显增多,应对来自内外部"黑天鹅""灰犀牛"事件冲击的压力明显增大。

(一)产业领域面临的主要风险

1. 关键核心技术的"卡脖子"风险

我国关键基础材料、核心基础零部件(元器件)、先进基础工艺、产业技术基础等对外依存度仍然居高。例如,我国汽车产业大而不强,零部件主要依赖外资企业或进口,从制动系统到发动机、从电控系统到尾气处理装置都被德国博世、日本电装、德国大陆等企业垄断。智能网联汽车、无人驾驶汽车的关键零部件和核心元器件也几乎为国外垄断。集成电路产业中,个人电脑、服务器的 CPU 芯片以及手机等移动终端中需求量最大的存储芯片几乎完全依赖进口。在人工智能领域,关键零部件传感器存在高端供给被国际寡头垄断、低端产品供给国内过剩的现象。在高端装备领域,目前 80% 的高端数控机床和 90% 的数控系统仍依靠进口。

2. 产业向外转移的风险

近年来,我国制造业成本不断上升,且尚未形成以技术和品牌为代表的核心竞争优势,总体上仍然呈现"大而不强"的特征。根据英国 Brand Finance 公司统计,2020 年美国占据全球品牌 500 强中的 206 席,稳居品牌大国第一。中国入选的品牌仅有 76 个。2018 年中美贸易摩擦在一定程度上增大了我国产业外移压力。本轮产业转移影响范围较广,无论是中低端的纺织服装,还是中高端的机械电子,都面临较大范围的转移压力。"十四五"时期中美经贸关系将继续发生复杂变化,我国产业安全仍将面临挑战。同时要看到,制造对美国出口占行业生产能力的比重大多在 3% 以下,虽然产业转移带来的风险较大,但尚不会对我国的产业完整性和产业配套能力带来根本影响。

（二）科技领域面临的主要风险

1. 被国际主流技术体系隔绝的风险

中美贸易摩擦爆发以来，美国强化了对中美科技交流、敏感技术出口方面的管控，其他发达国家也可能效仿。我国科研机构与美国联合开展研究项目受阻，科技人员来往受限。美国对从事敏感领域研发、生产的中国企业采取限制性措施，将其列入实体清单，这将对我国科技创新产生不利影响。极端情况下，我国可能被国际主流技术体系隔绝，从而被迫自成体系与之竞争，面临的风险将会增大。

2. 知识产权方面面临的风险

今后一个时期，我国企业在国外遭受类似美国"337调查"等各类知识产权纠纷将增多，面临的知识产权诉讼事件也将明显增加，这将影响我国企业进入国际市场的步伐。与此同时，我国已经拥有的大量知识产权在国外缺乏有效保护，存在核心技术流失的风险。

3. 信息泄露带来的安全风险

我国企业、金融、商业等服务后台和信息系统的核心技术设备和基础软件均被国外主要厂商所垄断，信息安全存在较大风险。一旦数据平台受控制或数据信息泄露，可能严重影响我国经济、社会、外交、军事、文化事务，威胁国家安全、居民人身和财产安全以及社会稳定。

（三）金融领域面临的主要风险

1. 资本大规模外流风险

我国加大力度推进金融业对外开放，增加了我国金融市场与国际市场的联动性，导致跨境资本流动大幅增加，国际市场动荡将有更多渠道影响我国金融市场，存在人民币大幅波动的风险。如果遇到外部"黑天鹅"事件，就可能增大我国资本外流压力，造成人民币汇率大幅贬值，外汇储备大幅下降，并导致国内资产价格大幅缩水，极端情况下可能造成金融市场恐慌。

2. 中小金融机构集中破产退出风险

银行贷款和其他融资的信用风险累积，银行不良资产规模持续增长，不良贷款率出现较大幅度上升，信托、小贷公司、网络借贷等贷款机构的风险持续释放，可能引发中小存款类机构破产退出。风险暴露容易引发市场间的连锁反应，可能会有更多的高风险金融机构被处置，中小金融机构有可能集中破产退出，造成金融市场动荡。

3. 金融科技的冲击

金融科技带来的跨市场、跨行业、跨区域金融创新，风险传染性强，传播速度快,风险外溢性大。金融市场参与主体行为趋同,强化了羊群效应和市场共振,放大了市场波动。金融市场操作走向智能化后,操作风险增加,微小的技术故障都可能造成重大损失。金融业务对科技的依赖程度提高,而技术不成熟、不可靠可能导致出现传统金融未曾有的新风险。

(四) 社会领域面临的主要风险

1. 社会矛盾集中释放的风险

经济增速下行、去产能、企业外迁都可能导致就业特别是大学生、农民工就业不稳定,进而引发社会矛盾。在一些地区,财政收入增速大幅放缓甚至负增长,公共服务与民生需求升级的矛盾凸显,各种突发事件有可能多发频发。

2. 收入差距扩大引发的社会风险

近年来,收入分配差距问题进一步凸显。全国基尼系数自 2009 年以来持续下降的趋势在 2016 年出现反转,由 2015 年的 0.462 攀升到 2018 年的 0.468,2019 年虽然下降至 0.465,但仍处于高位。如果考虑家庭财产的因素,实际贫富差距要更为严重。收入差距扩大,还将通过人力资本投资、社会资本和婚配等机制影响到子代成年后的发展,使社会分化进一步加剧并积累各种社会风险。

3. 人口老龄化引发的风险

根据有关报告测算,2030 年我国 60 岁以上老年人口将超过 4 亿人,老年人口抚养负担大幅上升。过度依赖政府的基本养老保险,养老金缺口持续扩大,一些省份出现了当期扣除财政补贴养老金收不抵支的情况,养老金支付将面临日益严峻的压力。

(五) 外部环境面临的主要风险

1. 中美贸易摩擦向其他领域扩散的风险

从风险的潜在冲击强度看,由于我国对外贸易依存度已明显下降,经贸摩擦对国内经济的潜在冲击强度相对较小。"十四五"时期,中美两国中等强度的经贸摩擦很可能成为常态,并且有可能向科技、金融、网络、制度乃至意识形态等多方面扩散蔓延,冲击的强度提高。

2. 原油进口中断风险

我国已是全球第一大原油进口国,原油进口依存度已高达 70.9%。根据历史经验,原油进口中断或油价暴涨,可能使高度依赖进口的经济体陷入"滞胀"局面。从原油进口断供实际发生的概率看,虽然全面断供可能性较小,但地缘政治危机导致供给减少和价格上涨可能冲击国内原油供应。我国原油进口运输通道较为单一,运输通道中断引发的风险也不容小觑。

3. 国际经济金融动荡的冲击

2008 年国际金融危机以来,世界经济进入长周期调整阶段,目前仍处在深度调整中,国际金融危机后续影响仍将持续一段时间。当前,世界经济形势仍然复杂严峻,复苏不稳定不平衡,疫情冲击导致的各类衍生风险不容忽视,加之逆全球化思潮抬头,贸易保护主义盛行,我国外需市场将受到直接影响。虽然内需对我国经济增长的贡献率不断提高,但外需对经济增长仍有重要支撑作用,国际经济金融动荡仍会对我国经济平稳运行造成冲击。

表1　外部环境主要风险点及应对能力

风险点	潜在冲击强度		发生概率	应对能力（韧性）
	现状	趋势		
中美贸易摩擦升级	中	持平	大	中等
原油进口中断	大	增大	中	弱
国际经济金融动荡	中	增大	中	中等

三、"十四五"时期增强大国韧性的优势和挑战

改革开放以来,我国成功开辟中国特色社会主义道路,初步形成了一套具有自身特点和优势的发展模式,积累了丰厚的物质和技术基础。同时,外部环境的百年未有之大变局和我国转向高质量发展形成历史交汇,也带来诸多严峻挑战。

(一) 优势和条件

1. 超大规模经济体的优势显现

超大规模经济体优势是我国独特的大国韧性。2020 年,我国经济总量约为美国和全球的 73% 和 17%。2013 年以来,我国跃升为全球最大商品贸易国。2020年,我国世界 500 强上榜企业数量超过美国。我国拥有全球第一大银行系统、第二大股票市场和第三大债券市场。我国已跃升为全球技术创新大国,消费市场成为全球经济增长的新动力,世界对中国经济依存度显著上升。这既为"十四五"时期我国经济发展奠定了坚实基础,也为应对大国长期竞争和博弈提供了有利条件。

2. 中等收入群体不断扩大

随着居民收入水平提高,我国中等收入群体已达 4 亿人,进而推动国内市场成为全球最大的消费市场。2019 年,我国恩格尔系数降至 28.2%,处在联合国划分

的 20% 到 30% 的富足标准。居民对商品和服务的品质、质量要求明显提升,旅游、养老、教育、医疗等服务需求快速增长,由此形成的消费结构向高端化、个性化、服务化转型升级。我国有世界上最大规模的中等收入群体,这是经济中长期发展和大国韧性的"压舱石"。

3. 科技创新进入活跃期

实施创新驱动发展战略,科技创新和战略高技术取得重大突破。根据世界知识产权组织发布的《2019 年全球创新指数》报告,我国创新指数世界排名升至第 14 位,比 2013 年提升了 21 位,成为前 20 名中唯一的中等收入经济体。推动创新技术产业化,使我国移动支付、电子商务、平台经济、无人零售、新能源汽车等跻身世界前列,增强了大国韧性的技术基础。

4. 全面深化改革持续推进

改革全面发力、多点突破、纵深推进,主要领域改革主体框架基本确立。"改革开放是决定当代中国命运的关键一招"成为全社会共识。在坚持社会主义制度的前提下,推进重大领域和关键环节改革,加强产权特别是知识产权保护,加快要素市场化配置改革,扩大服务业特别是金融业对外开放,不断调整和完善既有的体制机制,既不为西方模式所误导,也不为过去的经验所束缚,我国将不断地解决发展道路上遇到的新问题,并为增强大国韧性提供制度保障。

5. 党的领导全面加强

全面加强党的领导,中国特色社会主义更具制度优势。在中国共产党领导下,把人民有序组织起来,通过群众路线和社会主义协商民主方式,保障国家和人民具有共同的目标和利益,凝聚了发展合力,增进了社会团结,能够更有效地动员资源,集中力量投入到战略性领域,这就使得我国无论是应对短期的高强度对抗,还是长期的持久战,都将表现出更高的抗冲击能力。

(二) 面临的挑战

1. 外部挑战更加复杂严峻

2008 年国际金融危机后,外部环境深刻调整变化。特别是美国实施"美国优先"战略,对国际规则搞"合则用,不合则弃"。美国将我国列为战略竞争对手,单方面挑起经贸摩擦,不仅对我国输美商品连续多轮加征关税,而且还向科技、金融、网络、意识形态等非贸易领域延伸,并试图对我国进行全面战略围堵。中美贸易摩擦这场斗争具有长期性、全局性、复杂性,我国面临的风险和挑战明显增加。

2. 重大结构性矛盾依然突出

实体经济供需结构失衡,供给体系提质增效面临挑战。金融和实体经济失衡,资金"脱实向虚"问题仍然突出。房地产和实体经济失衡,金融资源过度向房地产领域集中,挤压了实体经济发展空间,抑制了创业创新活力,也进一步加剧了房地产资产泡沫。经济结构性矛盾相互交织,影响到经济需求、供给、投入产出、收入分配、资源配置的循环,造成资源错配和经济重大比例关系失调,对增强大国韧性构成重要制约。

3. 科技"卡脖子"问题凸显

尽管我国创新发展取得重大进展,但科技创新还存在薄弱环节和深层次问题。原始创新能力不足,创新体系整体效能不高,激励人才的体制机制不健全,导致我国关键核心技术依然严重依赖进口。在西方国家对我技术封锁升级的背景下,"卡脖子"问题凸显。若不在关键核心技术取得突破,不仅影响我国在全球科技竞争中的位势,还将对增强大国韧性形成严重挑战。

4. 金融风险不断积累和释放

商业银行不良率上升,中小金融机构风险增大,债券违约事件增多,地方政府性债务特别是隐性债务风险上升,资金过度流入楼市导致房地产价格处于高位,P2P"爆雷事件"对社会稳定带来较大冲击。如果不能有效化解过去积累的风险,进而出现重大系统性风险,大国韧性就将受到削弱。

5. 收入差距有可能继续拉大

居民收入增长与经济同步增长的基础仍不牢固,政府、企业、居民的收入分配关系仍不合理,初次分配尚未完全理顺,再分配制度不完善、功能弱,收入差距有可能继续扩大,进而影响社会和谐稳定,并制约大国韧性的增强。

四、"十四五"时期增强大国韧性的思路和实施路径

"十四五"时期是我国开启全面建设社会主义现代化国家新征程的关键期。从国际看,国际政治格局和力量对比加速演变,我国面临大国战略竞争的严峻考验。从国内看,"十四五"时期是我国转向高质量发展的攻坚期,解决发展不平衡不充分问题、加快新旧动能转换的任务十分艰巨。

(一)"十四五"时期增强大国韧性的思路

面对外部环境深刻复杂变化和经济转型期风险易发高发的特征,要坚持底线思维、系统思维、战略思维,着力增强抗冲击韧性、修复韧性、重构韧性,有效防范化解可能出现的各种风险。

1. 加强风险管理能力建设,增强抗冲击韧性

加强风险防范的顶层设计、系统规划和稳步推进,加强对各类风险的评估,建

立风险预警机制,及时识别和有效管控各种风险。创新风险管理机制,建立各部门风险管理协调机制,强化风险管理政策协调,提高风险管理的整体性和协调性。制定系统防范和化解风险的实施方案,明确每个阶段风险管理的重点,通过科学的风险处置,确保不出现最坏的情景,增强抗冲击韧性。

2. 推进全面深化改革,增强修复韧性

紧紧围绕市场在资源配置中起决定性作用和更好发挥政府作用,深化国有企业、财税、金融、社会保障和宏观经济管理体制等基础性领域和关键性环节改革,充分发挥市场机制在风险吸收和处置上的作用,增强政府风险管理能力,将"集中力量办大事"与"市场机制效率"有机结合起来,在更高层次上推进体制完善和创新,提升我国的制度优势,增强修复韧性。

3. 推进国家治理体系和治理能力现代化,增强重构韧性

全面加强党的领导,持续推进经济市场化、社会法治化、社会主义民主政治制度化规范化程序化、权力运行制约和监督科学化,充分利用信息化手段和智能化平台,最广泛最充分调动社会各方面参与国家治理的积极性,进一步彰显我国制度优势,提高应对外部冲击的弹性和适应性,增强重构韧性。

(二) 增强大国韧性的实施路径

增强大国韧性,必须根据不同阶段风险集聚的特点,明确短期、中期和长期风险防控的重点和主要任务。

1. 短期以应对中美贸易摩擦和金融风险为重点

从短期看,中美贸易摩擦是"十四五"时期我国外部环境最大的不确定因素,金融风险是国内最突出的风险领域。应对中美贸易摩擦,关键是办好自己的事。密切关注中美贸易摩擦的扩散升级,着力稳住产业链和供应链,增强科技创新能力,同时坚决维护多边主义原则,积极参与全球治理体系变革,加强与周边国家的睦邻友好关系。应对金融风险,关键是深化金融改革,完善金融监管体系,补齐监管短板和监管空白,健全市场化法治化违约处置机制,着力控制增量,积极处置存量,防止金融风险集聚。

2. 中期以增强实体部门竞争力为重点

从中期看,风险防范的重点主要是扭转实体部门全要素生产率下降和产业竞争力不强等问题。要坚定不移推进供给侧结构性改革,着力振兴实体经济,进一步提高劳动生产率和全要素生产率,增强供给体系对需求结构变化的适应性,提升供给体系的质量和效率,促使实体部门发展从数量规模扩张为主转向质量效率提升为主,重塑我国产业竞争力,促进形成新旧动力有序接续、协同拉动经济发展的新局面。

3. 长期以建设现代风险管理体系为重点

风险管理是一个覆盖事前、事中和事后的全过程管理,而非仅仅是危机爆发后的应急处置。风险管理体系建设滞后、风险管理能力不足是风险防范和应对的短板。从长期看,要加强风险评估、风险预警、风险应对、风险处置等能力建设,降低风险成本和风险损失,提高风险管理效率。加强风险管理人才队伍建设,创新激励机制,提高专业能力和水平,建设现代风险管理体系,筑牢防范化解风险的基石。

五、"十四五"时期增强大国韧性的主要对策

增强大国韧性,要坚持问题导向、多策并举,增强针对性和有效性,建立覆盖科技、金融、社会、体制和对外部门的风险防范体系。

(一) 增强科技创新能力

一是加快形成核心技术优势。对于芯片、高端机床、软件和新材料等影响面大、严重受制于他国的关键核心技术,要通过政府加大投入引导、以市场化合作和联合攻关的方式,进行攻关突破,解除被"卡脖子"的风险。提升对关键核心技术的掌控能力,力争培育出少数具有世界引领作用的关键核心技术。

二是提升产业竞争优势。进一步优化科技创新环境,提升原始创新能力,发挥好我国创新人才多、综合实力强,高技能劳动力数量多、敬业心强的"两多两强"的人力资本优势,促进制造业从低成本优势向质量、技术和品牌优势转型。

三是坚持走国际科技合作道路。完善共赢、透明、公平的国际科技合作机制,促进开放创新。继续加强与欧盟、日本等国家和地区的科技合作,扩大科技领域开放力度。研究新形势下更加符合国际惯例的创新政策体系,建立共赢的长期合作伙伴机制。

(二) 切实防范金融风险

一是提高金融基础设施的安全稳健性。在保证金融系统运行基本稳定的基础上,加快推广国产设备和软件使用。以线上支付和数字货币创新为契机,支持部分国内金融科技企业开展国际合作,探索以第三方支付的方式实现国际支付结算,避免过于依赖美元支付系统(SWIFT)的风险。

二是夯实并完善危机应对机制。提高金融市场的价格发现和风险管理功能,及时释放金融风险。有效管理政府的隐性担保,有序打破刚兑,规范市场秩序。尽快将存款保险基金公司从央行独立出来,由财政、央行和金融机构股东机构(汇金

公司）补足资金,进一步合理化存款保险的缴费机制和危机应对机制。

三是构建有效的金融监管体系。形成宏观审慎、微观审慎和货币政策相互协调的金融监管体系。完善金融监管,尤其是地方金融监管,进一步明确中央和地方金融监管的职责分工和力量配置,调整金融监管思路,从机构监管转向功能和行为监管,构建有竞争力的金融监管框架。

（三） 持续完善社会治理

一是化解养老、医疗保险收支压力。近期要提高统筹层级,在省际之间进行资金调节,远期要逐步下调缴费水平,同时辅以分步实施延迟退休年龄。改革医疗卫生机构筹融资模式和医务人员薪酬体系,从根本上消除医疗机构和医务人员的逐利行为。改革支付方式,使医疗保险在控费和提升医疗质量中发挥更大作用。

二是妥善应对失业压力。在强化既有鼓励就业措施的同时,构建应对区域、行业和生产布局调整三类风险的专项措施,防止局部风险扩展为全局风险。加强对面临结构性失业问题人员的培训,增强其就业适应性。充分发挥社保体系的兜底、赋能及发展功能。

三是促进教育公平和健康公平。切实降低教育负担,完善职业培训。进一步加大投入,严格学校收费管理,切实降低居民教育负担。实现基本卫生保健领域的改革,将公共卫生服务、限定诊疗项目与药品目录的基本医疗服务明确定位为公共品,基本医疗个人少量付费以控制浪费,对特殊困难人群实行减免,以更好实现人人"病有所医"的目标。

四是完善收入分配格局。建立更加公平的市场环境,各种生产要素公开公平公正参与市场竞争,消除垄断和各种不公平竞争。健全工资决定和稳定增长机制,完善企业工资集体协商制度,提升中低收入群体的收入水平,完善对高收入的税收调节。

（四） 全力保障能源供给

一是加快完善石油储备。加快国家石油储备立法,建立国家、企业、社会三级石油储备体系,进一步放开石油进口权,大幅提高石油战略储备。

二是实现进口来源及通道多元化。充分利用中俄、中哈、中缅石油管道增加进口,逐步降低石油进口对中东、非洲和马六甲海峡的依赖程度。鼓励国有及民营企业"走出去",鼓励金融机构和国内企业合作到产油国开展"贷款换石油"业务。加快与海湾合作委员会签署自贸协定。

三是加强国际能源合作。与石油输出国共同构建能源安全体,吸引这些国家在我国及我能源运输通道上建立石油储备和物流转运中心。积极利用"一带一路"平台,完善与石油天然气出口国的合作机制。

（五）继续全面深化改革

一是完善产权制度。平等保护各类合法财产,清理、废止按照所有制不同类型制定的市场主体法律和行政法规。贯彻所有制中性原则,平等对待不同所有制企业。

二是深化财税改革。深化中央与地方事权划分改革,合理划分各领域中央与地方财政事权和支出责任。收缩财政经济性支出,加大基础研究、基础教育、基本公共服务方面的稳定投入。

三是深化金融改革。加快发展一批民营银行、网商银行、村镇银行、社区银行,推动金融供给主体多元化。加快数字货币研究,掌握数字货币发展的主动权。

（六）进一步扩大开放

一是积极推进贸易投资自由化。加快区域全面经济伙伴关系(RCEP)落地实施,推进中欧双边投资协定尽早签署。积极发挥国内自由贸易试验区和自由贸易港的示范作用,引领各地区提高对外开放水平。

二是加大对新兴市场开拓力度。加快推进"一带一路"建设,推动市场多元化,进一步拓展我国市场空间。同时,有效防范项目风险,注重项目建设在商业上的可持续性。

三是积极参与全球经济治理。维护多边贸易体制,积极参与世界贸易组织改革,推动完善更加公正合理的全球经济治理体系。加强国际宏观经济政策协调,增强我国议题创设和引领能力。

（课题组成员：王一鸣　陈昌盛　冯俏彬　兰宗敏　王莹莹　江宇　贾珅）

"十四五"时期增强大国韧性的思路和对策研究

中国科学院科技战略咨询研究院

近年来,国际政治经济格局深度调整,世界科技迅猛发展,来自外部的不确定性、不稳定性日益增多。党的十九大以来,中国特色社会主义进入新时代,我国正处于跨越国内经济社会转型升级门槛的关键时期,面临的内外部矛盾和风险更加复杂。相比于常规风险事件,随机性的"黑天鹅"事件和可能引发系统性、全局性风险的"灰犀牛"事件则具有更加难以预见、破坏力巨大的特点,仅从传统的风险防范视角已经无法有效应对。从增强主体韧性的视角重新认识国家安全治理领域的核心命题,增强国家治理韧性,对于防范化解重大风险与挑战,实现国家治理体系和治理能力现代化具有重大意义。

一、大国韧性的内涵与组成

自 1973 年霍林(Holling)首次提出"韧性"概念以来,经过四十多年的发展,韧性已由最初的生态学和工程学概念,逐步延伸至政策制定与国家治理领域,在可持续发展与国际援助、国际安全事务、经济危机、灾害应对、韧性城市和产业转型等领域取得了诸多成果,尤其是 2008 年国际金融危机以来,区域经济韧性的大量理

论和实证研究,极大丰富了基于韧性视角的国家治理理论,引起了政策制定者的广泛关注和跟进。但从现有研究成果来看,国家治理体系的韧性概念尚未形成,对于国家治理的韧性内涵分析亟须从国家治理体系的系统特征入手,明确其核心要义和概念边界。

从系统科学的角度来看,将国家治理体系或特定治理领域视为不断发展演化的复杂适应性系统,从系统的空间结构、应用功能和时间演进三个基本维度,可以将国家治理的韧性解构为结构韧性、功能韧性和演化韧性。

结构韧性是指国家治理体系的基本架构具备应对冲击且快速恢复至初始状态的能力,增强结构韧性的关键在于健全体制和补齐要素短板;功能韧性是指国家治理具备通过调整要素关系维持特定功能的能力,增强功能韧性的关键在于完善机制和面向应用领域的治理能力建设;演化韧性是指国家治理体系能够通过调整结构和功能,不断适应外部环境变化的能力,增强演化韧性的关键在于适时变革体制机制和开放合作。

随着系统复杂度和开放性的增强,系统韧性有从结构韧性向功能韧性,再向演化韧性逐步升级的内在需求,系统韧性的目标也将从体系完备向功能稳定、再向适应环境转变。系统复杂度和开放性是外部环境和内部条件等客观因素共同决定的,与增强自身韧性的升级需求之间并不存在必然联系。系统韧性的评价导向应以满足系统复杂度和开放性需求为目标,脱离客观需要的韧性"升级"并不可取,反而可能引发系统崩溃。

综上所述,大国韧性是指国家治理体系在应对外部冲击过程中,通过主动调整和适应,维持其生存或持续发展的能力。从风险到韧性的治理思维转变,符合人类从认识自然到改变、适应自然的基本规律,是推进国家治理体系和治理能力现代化建设的应有之义。

从大国韧性涉及的要素和领域来看,大国韧性主要由政治韧性、经济韧性、社会韧性、国防韧性、科技韧性、文化韧性、生态韧性和资源韧性等八个部分组成,结合我国当前所处发展阶段和国情,各领域在结构韧性、功能韧性和演化韧性三个维度各有侧重且相互影响。

二、大国韧性的历史启示

近代以来,葡萄牙、西班牙、荷兰、英国、法国、德国、日本、俄罗斯和美国相继登上历史舞台,崛起成为世界上最具影响力的大国。从韧性的视角分析大国兴衰的历程可以发现,在大国崛起过程中,尤其是在守成阶段,大国韧性的基础和能力构建对于大国抗击外部冲击、破除"修昔底德陷阱"起到了重要作用。分析其中的得失,将为丰富大国韧性的内涵提供重要启示。

(一) 葡萄牙

15 世纪,葡萄牙开辟了从大西洋到印度的航线,并依靠控制商业航线和殖民掠夺,逐步垄断了世界上主要的香料、食糖等贸易。16 世纪中叶,葡萄牙达到鼎盛时期,成为当时首屈一指的贸易大国。葡萄牙的衰落主要有以下三方面原因:一是人口制约。葡萄牙人口不到 200 万人,军队驻扎殖民地和国内农业生产都受到人口因素制约。二是过于依赖香料贸易。葡萄牙的贸易繁荣过于依赖香料贸易,当新航线贸易受到地中海贸易竞争冲击时,很难依靠其他财富来源渡过难关。三是政局不稳。衰落中的葡萄牙长期陷于王室权力争夺,这也给了英国、荷兰等国可乘之机,最终导致多年经营的殖民体系逐步瓦解。

启示:(1)大国韧性需要在要素规模上体现大国特征,在存在明显人口短板的情况下,葡萄牙的人口规模很大程度上限制了其殖民扩张能力;(2)葡萄牙的经济韧性较差,过于依赖香料贸易,在应对香料收益下滑冲击时缺乏应变之道;(3)王权的争夺使国家陷入政治动荡,政治韧性的丧失是压垮葡萄牙的最后一根稻草。

(二) 西班牙

在哥伦布发现美洲新大陆后,西班牙凭借殖民美洲所获得的财富,很快成为世界强国。西班牙的衰落一方面是由于 1588 年海战中败给了英国,导致其逐渐被英国夺走海上霸权;另一方面,国家财富很大程度被无休止的欧洲战场损耗,未能用于发展工商业,国家强盛的根基不稳。相比之下,英国置身于欧洲大陆外围,采取的均势策略使英国人能全力以赴地保护、发展自己的殖民地。而西班牙则将注意力集中于欧洲大陆,并不断卷入战争,而这也导致西班牙先后失去了对帝国的经济控制权和政治控制权。

启示:(1)军事韧性对国家韧性具有决定意义,西班牙无敌舰队被英国打败导致其逐渐丧失海上霸权,也是其衰落的起点;(2)经济韧性是国家韧性的基础,在财富充足时疏于发展经济,是西班牙国家韧性整体偏弱的重要原因。

(三) 荷兰

1609 年,荷兰成立了世界上第一个股票交易所,而阿姆斯特丹银行则为稳定荷兰经济作出了巨大贡献,良好的金融体系是荷兰成为世界强国的重要条件。荷兰的衰落有几个原因:一是实体经济空心化严重。金融业的发展使得实体经济发展取得了初期的发展优势,但在发展到一定阶段后,社会财富却缺乏回流支撑实体经济的通道,无法将金融优势积累的财富继续用于扩大生产与消费。二是改革遇阻。荷兰的统治阶层过于重视商业阶层的利益,疏于对平民生活的保障,这制约了其通过经济改革实现进一步发展的可能性。

启示:(1)金融体系改革的成功往往需要天时、地利、人和等多种有利条件,荷兰的金融改革之所以在自上而下的过程中失败了,并最终导致金融优势丧失和国家衰落,其根本原因在于国家崛起的收益未能惠及广大民众,代表统治集团的贵族和少数群体将自身的利益完全建构在了提升国家系统性风险的基础上;(2)对于大国而言,经济韧性具有典型的开放系统特征,外向型发展是攫取外部资源为己所用,实现成功崛起的关键,这就需要在经济具备结构韧性和功能韧性的基础上逐步发展提升演化韧性的能力,而对外开放和主动合作是实现这一目标的关键途径。

(四) 英国

1588 年,英国击败了西班牙的无敌舰队,通过获取海上贸易霸权逐步成为世界强国。伊丽莎白女皇对海洋探险和贸易的鼓励、开明的治国态度和处理社会矛盾的妥协手段,使得英国实现了早期的快速发展。查理一世时期,英国陷入内战,并最终通过光荣革命建立了君主立宪制,完成了向现代社会的转型。相对民主宽容的社会环境,为把握工业革命契机提供了重要条件,自由贸易和全球化则为英国输出工业生产能力提供了便利。但是,从 19 世纪中后期开始,殖民地革命浪潮迭起,而自由市场经济的弊端也逐渐显现,到第二次世界大战结束,英国的世界霸主地位逐步被后起的工业化国家取代。

启示:(1)政治的民主促进了思想的解放,思想的解放造就了大批的创新人才,创新人才带来了科学技术的进步,科技的进步又极大地促进了经济的发展,经济发展推动了社会发展和国家强盛——英国的这条强国之路,直到现在为止仍值得我们借鉴;(2)掠夺和压迫终将引起反抗,国家的可持续发展不能建立在恃强凌弱的基础上,平等互利才能保持稳定发展,双赢才是贸易得以长久维持的终极目标。

(五) 法国

17 世纪,法国国王路易十四推动了欧洲启蒙思想在法国的传播,启蒙思想打破了欧洲中世纪的神学枷锁,开启了理性的大门,而法国社会一直无法解决的三个等级之间的矛盾却愈演愈烈。1789 年,法国大革命爆发,欧洲各君主国的联合绞杀使法国陷入了长期动荡。拿破仑一世用征服欧洲的方式再次将法国带向了政治、经济、军事的巅峰。然而,武力扩张并不能长久维持大国地位,直到第二次世界大战之后,法国才在戴高乐独立自主发展道路的带领下,恢复了往日的繁荣。

启示：(1)武力扩张并不能长久维持大国地位,国防韧性的核心在于维持其特定使命和有限功能,其对外部冲击的抗击需要在国家治理体系的大框架内有所约束;(2)演化韧性的核心在于适应或影响外部变化,开放与合作仍是未来国际交往的主流,尤其是在面对如气候变化、核扩散等全球性危机时,人类命运共同体的倡议和构建是提升大国演化韧性和化解外部敌意的有效途径。

（六）德国

1871 年,俾斯麦在外交上做足准备后,最终以三场对外战争完成了德国统一,俾斯麦遵循欧洲大国的均衡原则,为德国带来了宝贵的和平发展空间,经济得到快速发展。德国一直以来高度重视教育、科技,在第二次工业革命后超过英国,成为欧洲第一、世界第二大经济强国。但是,随后德国却很快成为两次世界大战的策源地。第二次世界大战后,德国再次分裂。通过对战争的深刻反省,德国最终以和平的方式完成了国家的再次统一。

启示：(1)社会韧性是德意志两次分裂却又得以统一的根基所在,而民族和政治的统一也成为德国迅速崛起的必要条件之一;(2)德国的政治统一综合采取了经济和战争两种手段,外交在争取和利用和平机会方面的作用也不可小觑;(3)重视科技和教育的作用,把握工业革命的契机,是德国迅速崛起的又一关键因素。

（七）日本

160 多年前,在四艘美国黑船的胁迫下,长期闭关锁国的岛国日本选择了不战而开国,外部压力成为国家内部变革的动力。1868 年,明治维新开始,在"求知识于世界"的维新纲领指导下,日本派出岩仓使节团到欧美各国考察。此后,日本开始了工业化,以拿来主义的方式推进殖产兴业、文明开化,开办大量官营工厂,并大力扶持民营企业。伊藤博文时期,顺应国内自由民权运动的呼声,制定了巩固维新成果的日本第一部宪法。但是,同时写进宪法的天皇制则埋下了日本军国主义抬头的隐患。第二次世界大战后的日本,以《和平宪法》为基础,在美国扶持下,经济迅速发展,在 20 世纪 70 年代,成为当时仅次于美国和苏联的世界经济强国。

启示：(1)明治维新是主动适应外部变化的成功典范,日本在崛起过程中体现出了极强的演化韧性特征,在模仿西方列强和推进工业化的方式方面取得了一系列有借鉴价值的经验,至今仍然影响深远;(2)政治韧性是大国韧性的根基,写进日本宪法的天皇制在某种程度上成为日本国家治理体系中最为脆弱的一环。

（八）俄罗斯

1697 年,俄国沙皇彼得一世强力推进了俄罗斯的社会改革和文明进程。女皇叶卡捷琳娜二世引进欧洲的启蒙思想,重视教育,并试图起草法律,但改革并未能触动农奴制。在 18 世纪后期,俄罗斯成为地跨欧亚美的大国,并成为欧洲事务中的重要角色。但是,农奴制使俄罗斯很快在经济、技术领域落后于完成了工业化的英法等国。1917 年,苏维埃政权在十月革命后诞生。列宁根据实际情况的需要,及时将战时共产主义政策调整为新经济政策,保护了农民,也大量引进了外资参与经济建设,苏联经济逐渐复苏。列宁去世后,在面临封锁和战争威胁的国际环境下,斯大林决定加快工业化进程,开始实施计划经济,优先发展重工业。随着两个五年计划的完成,苏联一跃成为工业强国。1985 年,苏联经济停滞,腐败盛行。戈尔巴乔夫执政后进行了激烈的改革,但是经济改革因缺少宏观决策和相应的配套措施,加之仍没有放弃苏联的传统做法,继续优先发展重工业,致使经济仍在不断滑坡,人民生活水平继续下降,同时引发了苏联特权阶层的强烈不满和社会动荡。在经济改革没有取得预期成果的情况下,1988 年起,戈尔巴乔夫把改革的重点转向政治领域,实行政治"多元化"和多党制,削弱和放弃了苏共的领导地位,反对派趁势崛起,致使社会动荡日益加剧。1991 年 6 月 12 日,俄罗斯举行了历史上第一次全民选举,有数名竞选者参加大选。在经过几十天的激烈选战和宣传活动之后,叶利钦高票当选为俄罗斯苏维埃社会主义共和国总统。随后的半年里,包括乌克兰、白俄罗斯等相继独立,随着戈尔巴乔夫于 1991 年 12 月 25 日辞职,苏联正式解体。

启示:(1)开启文明进程和废除农奴制是俄罗斯崛起过程中的里程碑事件,其在打赢与瑞典的战争之后展示的开放姿态也是其快速崛起为欧洲列强的关键因素;(2)从苏联解体的教训中,可以看出经济、社会停滞不前对国家前途命运的重大影响,但政治领域的摇摆和动荡成为压垮苏联的最后一根稻草。戈尔巴乔夫在政治领域的改革动摇了苏联的政治体制,多元化的政治主体导致国家在政治领域的结构韧性被最终破坏,在重新建构的过程中,苏联的国家治理体系也土崩瓦解。

(九) 美国

1776 年,北美 13 个英殖民地宣布成立美利坚合众国,并在 1787 年制定了对美国发展影响深远的宪法,建立起中央政府。此时,大量移民带来了欧洲最先进的技术成果,这也帮助美国迅速完成了第一次工业革命。但奴隶制问题的长期悬而未决,导致 1860 年南北战争发生。林肯带领北方打赢了这场维护国家统一的战争,中央政府也由此逐渐壮大。在政府推动下,历时一个多世纪的西进运动取得巨大成果。此后,美国率先带入电气时代,对发明和创新的制度性保障成为这个国家源源不断的发展动力。1894 年,美国成为世界第一大经济强国,并以引领者姿态占据了第二次工业革命的潮头。19 世纪末 20 世纪初,自由竞争使得美国迎来了黄金年代,一大批垄断性的大公司、大财团相继出现。1901年,西奥多·罗斯福总统顺应进步主义的思想和社会的要求,通过反垄断和立法保障工人权益等方式,开始了美国历史上第一次政府干预经济的行动。随后,电气时代一批新技术和发明的出现以及第一次世界大战带来的订单,进一步壮大了美国经济。1929年,波及全球资本主义国家的经济危机来临,富兰克林·罗斯福总统加大了政府管理经济的力度,通过一系列新政措施,使美国逐步走出困境,也由此开创了政府和市场两手抓的混合经济模式。第二次世界大战成为美国历史新的转折点,美国在政治、经济、科技、军事等方面都成为世界第一强国。

启示:(1)对发明和创新的制度性保障是美国源源不断的发展动力;(2)采取自由经济加政府干预的方式管理经济,是美国应对经济危机冲击,不断增强其经济韧性的关键;(3)美国崛起过程中经历了多次战争的洗礼,第二次世界大战为其成功跨越“修昔底德陷阱”创造了良好契机,对电气化工业革命的成功把握也使其快速崛起。

三、世界主要大国增强韧性的政策实践

近年来,欧盟、美国、日本等许多政府都在有计划地加强其国家韧性,在梳理了OECD 23个国家增强国家韧性的相关政策框架后,我们得出了如下启示。

(一) 在需求导向下系统构建韧性政策体系

各国因为国土面积大小存在差异,处于不同的发展阶段,其所处的发展环境也有差异,面临的外部冲击类型以及自身脆弱性体现的方面都会有所不同。因此,增强国家韧性的政策框架应根据其国情需要而各有侧重,国土面积小、受自然灾害影响大的国家,如日本、芬兰、挪威、丹麦等重点在抵御自然灾害和气候变化方面增强国家韧性;老龄化严重的国家,如捷克、法国、日本等都提出了化解老龄化为社会带来冲击等方面的政策框架。

(二) 强调自下而上发挥地方政府的作用

OECD各个国家在增强国家韧性的战略中,都非常注重发挥城市或区域政府的作用。例如欧盟的《全球战略(EUGS)》将“东方和南方的国家和社会韧性”列为五大目标之一;美国的《国家灾难恢复框架》和日本的《国土强韧化基本法》中都对地方政府和垂直机构构建韧性治理体系提出了明确要求;美国的《强大的城市、强大的社区》战略提出采用自下而上的方法,通过加强当地社区和更有效地使用和分配联邦资源来振兴国民经济。

（三）针对特定领域和要素开展脆弱性分析

增强国家韧性需要找准着力点,针对特定领域和要素开展脆弱性分析。各国政府在制定增强韧性的战略中,都非常重视自身脆弱性分析,例如,日本的《国土强韧化基本法》明确要求开展国土脆弱性评估;加拿大的《关键基础设施行动计划》中强调实施全风险管理方法,提高关键基础设施的韧性;法国的《适应社会老龄化》战略首先从人口结构变化可能带来的社会脆弱性入手,构建"白银经济"提升经济韧性。

四、我国主要领域的韧性研判

在当前外部环境不断复杂化背景下,对我国政治、经济、社会、科技、国防、文化、生态、资源等主要领域的韧性现状作出研判,是系统分析并提出增强国家治理韧性思路和对策的前提。针对"十四五"时期我国主要领域面临的挑战和韧性分析如下。

（一）政治领域

政治韧性是国家韧性的根本所在,包括政权韧性和制度韧性。从前述韧性的内涵和组成分析出发,其韧性表现如下:结构韧性强。我国是工人阶级领导的、以工农联盟为基础的人民民主专政的社会主义国家,坚持中国共产党的领导,维护中国特色社会主义制度,政治体制健全,政治要素资源的自给度相对较高,冗余度和回旋空间较大。功能韧性强。我国社会主义法治建设逐步健全,权力运行制约和监督机制逐步建立,受外部干扰较少,灵活性较高。演化韧性强。中国共产党的领导和政治制度具有很强的自我反省和纠错能力,能够通过调整自身不断满足人民群众的诉求,对于外部意识形态斗争具有较强的反制能力。

（二）经济领域

经济韧性是国家治理韧性的基础,与其他领域韧性相互交织,经济领域开放性和复杂度较高。其韧性表现如下:结构韧性强。我国工业门类齐全,实体经济基础较好,产业链长,经济要素的匹配度、完备度、冗余度相对都比较高,经济结构不断优化,部分发达区域的产业转型升级取得积极成效,除了部分关键产业技术仍然面临被发达国家"卡脖子"之外,经济结构韧性整体较高。功能韧性强。我国市场体量大,经济发展模式在出口、投资和消费端都有较大回旋余地,市场经济的机制不断完善。演化韧性强。随着我国区域发展战略的逐步升级和实施,在全球化和数次应对金融危机等外部冲击过程中,经济领域的调整、适应和反制能力都有所增强。

（三） 社会领域

社会韧性是国家治理韧性的主体,与政治韧性、经济韧性等密切相关。我国社会领域涉及民族自治和多种宗教信仰,复杂度较高。其韧性表现如下:结构韧性强。我国在自然灾害、公共安全、公共卫生、生产事故等领域建立了相对完备的应急治理体系,在公共治安和社会风险管控等方面也有相对完善的体制保障,结构韧性较强。功能韧性一般。我国逐步加强了对于网络空间和数据安全的法制保障,也建立了相对完善的管理机制,但相对快速发展的网络信息技术,部分管理机制仍有待与时俱进。演化韧性一般。随着跨境旅游和文化交流活动的推进,我国社会的开放性不断增强,但相对传统社会长久形成的价值观,受外部冲击的影响有限。

（四） 科技领域

科技韧性是国家治理韧性的关键,对经济韧性、国防韧性具有重要影响。我国科技领域的开放性较高,复杂度一般。其韧性表现如下:结构韧性一般。当前国内科学数据中心和科技文献数据库建设尚在起步,高精尖科研设备和部分科研材料严重依赖国际采购,结构韧性相对不足。功能韧性强。随着科创中心建设的稳步推进,我国的科技体制机制改革也有了新的探索,在建设世界科技强国的目标指引下,科技将在更多的领域发挥基础作用。演化韧性强。考虑到我国与世界主要科技强国的差距,未来很长一段时期,科技领域仍将以加强国际交流合作为主,适应并努力影响和制定国际科技交流合作的新规则,将是科技领域增强自身演化韧性的关键。

（五） 国防领域

国防韧性是国家治理韧性的根本保障,需要与时俱进地提升国防和军事现代化水平,以底线思维强军固本。由于西方发达国家的长期遏制,我国国防领域的对外合作近年来虽有所加强,但开放性一般,复杂度相对较高。其韧性表现如下:结构韧性强。我国在国防领域的基础资源储备充足,体制不断完善,结构韧性相对较强。功能韧性强。我国在推动建立集体安全机制和军事互信机制、发展对外军事关系、推进军事合作和履行国际责任和义务方面已经有了不少探索,自主性和灵活性相对较高。演化韧性一般。推动国防建设和经济建设融合发展是适应未来新军事革命发展趋势的重大举措,对于增强国防工业体系建设、增强国防动员科技含量、强化国防保障队伍建设具有重要意义,是提升演化韧性的重要途径。

（六）文化领域

文化韧性是国家治理韧性的重要组成部分,是社会韧性的长期基础。其韧性表现如下:结构韧性较强。我国的文化体制相对比较健全,长期以来形成了相对完善的文化资源配置模式。功能韧性较强。我国在主流价值观构建、推动文化产业发展、弘扬中华优秀传统文化方面具备较强的功能韧性。演化韧性一般。近年来,我国在深化文化对外交流合作方面有了积极探索,但在抵御外部不良文化侵蚀、提升中华文化竞争力方面仍有改进空间。

（七）生态领域

生态韧性是国家治理韧性的重要屏障,对经济和社会领域的健康发展具有重要作用。其韧性表现如下:结构韧性较强。随着生态环境部组建,我国对于生态治理的重视程度有所提高,生态治理体系得到进一步完善。功能韧性一般。我国在推进生态保护立法、自然生态系统保护与修复、推进重点环境问题治理方面虽在加大投入,但相关机制和能力建设仍有待加强。演化韧性强。我国在推进应对气候变化的国际合作、提高适应气候变化能力、积极参加全球气候变化国际谈判方面的努力已取得一定成效,对于加强生态环境保护,提升治理能力具有积极意义。

（八）资源领域

资源韧性是国家治理韧性的重要保障,与经济和国防领域的韧性高度相关。我国资源领域的开放性较高,其韧性表现如下:结构韧性弱。资源供给存在明显短板,对外依存度过高,国内关键战略物资储备能力有限。功能韧性较弱。重要战略资源的海外采购渠道在极端情况下存在较大风险,自主性和灵活性不足。演化韧性一般。我国资源进口渠道单一且安全保障能力不足,急需加强战略性资源勘探,增强战略储备,提高抵御极端风险挑战的演化韧性。

五、增强大国韧性的思路与对策建议

"十四五"时期,我国处于跨越国内经济社会转型升级门槛的关键时期,与世界主要大国间战略博弈将进一步加剧,国际政治经济秩序将进一步调整,面临的国内外形势和挑战将更加复杂。增强大国韧性,需在总结大国兴衰的历史和政策实践经验基础上,结合我国具体国情,系统谋划增强我国韧性的思路和策略。

（一）增强大国韧性的总体思路

深刻认识当今世界正处于大发展、大变革、大调整时期的新特征,紧紧抓住新一轮科技革命和产业变革带来的新机遇,认真把握经济社会发展和保障国家安全对国家治理体系和治理能力现代化的新要求,把"韧性治理"作为国家发展和安全的重要保障,高度警惕重点领域的系统性和全局性风险,切实增强主动调整、适应和干预化解重大风险挑战的能力,既要打好防范和抵御风险的有准备之战,也要打好化险为夷、转危为机的战略主动战。

（二）增强大国韧性的基本原则

一要坚持上下联动,强本固基。一方面做好顶层设计、强调理念共识、加强组织实施、强化关键核心基础;另一方面基层主体的韧性是国家韧性的基础,要发挥地方政府在韧性构建过程中在资源配置中的重要作用,强化责任,落实落地,打牢基础。

二要坚持问题导向,着眼全局。坚持问题导向,既要解决当前的脆弱点,又要构建面向未来的韧性治理能力。长期应在事关国家安全和长远发展的重点领域,夯实基础、前瞻布局、系统谋划、久久为功,抢占未来发展的制高点。

三要坚持扬长补短,主动适应。采取"非对称"战略,更好地发挥和巩固优势,形成战略反制能力。同时要在关键领域全力补齐短板和弱项,努力做到不被"卡脖子"或别人不敢"卡脖子",保障经济社会发展和国家安全。

四要坚持内外结合,扩大开放。一方面要清醒地认识到必须坚持走中国特色自主创新道路,掌握竞争和发展的主动权;另一方面要抓住全球创新资源加速流动历史机遇,加大改革开放力度,面向全球布局合作网络。

（三）增强大国韧性的重点方向

一是加强韧性治理体系的顶层设计。2018年以来,习近平总书记在多次重要讲话中指出,既要打好防范和抵御风险的有准备之战,也要打好化险为夷、转危为机的战略主动战。以上论述辩证地从事件客体和应对主体视角,全面阐述了提升国家安全的两个途径:不仅要能够识别和防范重大风险,更要提升自身化险为夷、转危为机的韧性。把大国韧性的治理思想纳入到总体国家安全观中,在重点领域的国家安全战略规划中增加韧性视角,理清各领域的韧性内涵及其演进规律,从情景构建、能力建设等维度不断强化韧性治理体系和韧性能力构建工作。

二是统筹提升各领域的韧性水平。党的十八大以来,习近平总书记曾多次指出深化改革对于完善国家治理体系的重要性,强调我国的治理体系是在历史传承、文化传统、经济社会发展的基础上长期发展、渐进改进、内生性演化的结果。从韧性治理的视角来看,深化改革是主动调整国家治理体系结构,以达到提升功能韧性,并最终实现演化韧性的重要途径。推进国家治理体系和治理能力现代化,需要统筹加强政治、经济、社会、国防、科技、文化、生态、资源等领域的韧性水平,提高防范和适应外部冲击的能力。

三是自下而上加强基层组织韧性。当前和今后一段时期,提升防范化解重大风险能力,需要针对可能引发系统性、全局性风险的"黑天鹅""灰犀牛"事件开展自下而上的基层韧性治理体系和能力构建。基层组织的韧性是国家政治、经济、社会、文化韧性的集中体现,是国家治理体系整体韧性的基础。增强基层韧性,需要坚持上下联动。中央做好韧性治理体系的顶层设计、强化共识、加强组织、确保关键资源;基层发挥好在基础要素投入、关键能力构建中的重要作用,强化责任和落实。

四是推动韧性评价和标准体系建设。目前我国已在环境和生态保护领域制定了若干法律法规和标准,但在韧性评价、脆弱性分析、治理绩效考核等方面仍需加强相关理论研究和标准制定。在韧性评价方面,急需制定分领域的韧性评价标准和配套的韧性评估和技术实现支撑标准;在脆弱性分析方面,需明确各领域开展"关键要素和能力的脆弱性评估"的要求;在韧性治理绩效考核方面,建议将区域经济、社会、科技等主要领域的韧性评价纳入考核体系,提升地方政府和企业参与韧性治理的积极性。

(课题组成员：潘教峰　张凤　宋大伟　赵路　石彪　祁明亮　裴瑞敏　惠仲阳)

把完善体制、能力及机制作为应对重大公共突发事件的战略性预案研究

清华大学国家治理与全球治理研究院

为更有效地应对"十四五"期间我国可能发生的重大公共突发事件,本报告审视了国内外相关态势,对在我国发生概率较大的突发公共事件领域,进行深入分析,得出以下结论:新冠肺炎疫情情境下我国的经济韧性及市场韧性不足;"十四五"期间仍会有重大公共突发事件挑战我国经济及市场韧性。为有效地应对"十四五"期间我国可能发生的重大公共突发事件,应从三个层面做好应对的准备。

一、新冠肺炎疫情情境下我国的经济韧性及市场韧性不足

(一) 经济韧性及其重要性

增强重大公共突发事件情境下的经济韧性,是当下和今后若干年我国都必须高度重视的问题。"韧性"(resilience)指系统或个体经历冲击或扰动后能够恢复正常状态的能力。经济韧性是指特定经济体遭遇挫折后,表现出顽强持久、不易折断、奋力发展的状态特征。韧性强的经济体对外来强烈冲击有更大程度的适应性

和应对力,更能经得住不利因素的冲击,能在承应压力的同时寻找新的发展机会,实现新的发展。

"韧性"一词应用到宏观经济领域,一般称经济韧性;应用到微观经济领域,一般称市场韧性。市场韧性是指受到突发事件等外部冲击,市场通过调整自身结构,缓冲外部冲击带来的风险,快速适应新的环境,实现供需均衡并恢复到原来发展路径和增长水平,或者转变到新的发展路径和状态。市场韧性主要表现在供给韧性、需求韧性、供求关系韧性、产业链韧性、供应链韧性,以及经济运行与增长韧性等方面。

常规情况下只需关心经济的"景气"程度,不需关心它的韧性程度。这就类如一个物体,在它没有受到推拉或压迫时,无须论及它是否会发生塑性形变。但在一国经济受到类似重大公共突发事件或其他重大不可抗力事件冲击的情境下,这个经济体是否具有韧性、韧性程度如何,就成了这个经济体生死攸关的问题。

(二) 新冠肺炎疫情情境下我国的经济韧性

基于宏观经济的四大目标和中国特色社会主义市场经济的基本国情,可从GDP 增长、失业率、公共财政、对外贸易以及国企(含央企)的整体运营情况等方面选取指标,对新冠肺炎疫情情境下我国的经济韧性进行分析。在本次新冠肺炎疫情横行的 2020 年一季度,宏观层面我国经济有以下表现:

(1)从 GDP 当季值数据看,受疫情影响,不论是现价还是不变价 GDP,当季值均在 2020 年一季度出现显著下滑,同比出现-6.8% 的负增长,这也是自 1992 年以来国内首次单季度 GDP 负增长。从三大产业 GDP 当季同比数据看,受疫情影响,三大产业 GDP 增长均出现显著负增长,其中以制造业为主体的第二产业下降走势更明显,说明疫情对第二产业的短期冲击影响最大。从三大产业 GDP 当季同比贡献率数据看,受疫情影响,三大产业 GDP 当季同比贡献率均受到一定影响,第一产业贡献率显著下降,而第二产业超越第三产业,对 GDP 贡献率更高。虽然疫情对第二产业的短期冲击影响最大,但其对整体 GDP 的贡献率也最高。

(2)从城镇调查失业率和城镇登记失业率数据看,受疫情影响,从 2020 年 2月起失业率显著抬升。城镇登记失业率反映的是报告期末城镇登记失业人数占期末城镇从业人员与期末实有城镇登记失业人数之和的比重,考虑到疫情期间失业登记人数可能有所减少,因此城镇登记失业率在 2019 年和 2020 年前后变化程度不大,而城镇调查失业率则出现显著变化。

(3)从公共财政支出当月值看,2020 年初以来,随着新冠肺炎疫情暴发,受停工停产影响,公共财政支出于 2020 年 2 月有所降低,3 月开始有所反弹,4 月又有所降低。从同比数据看,受疫情影响,2020 年公共财政支出与去年同期相比在 3

月显著下降,4月迅速反弹。从中央与地方本级财政收入当月值看,从 2019 年 12 月到 2020 年 3 月中央财政收入锐减,直到 4 月才有所反弹,而地方本级财政收入显著高于中央财政收入水平,这说明中央财政在疫情期间通过转移支付等政策给予地方大力救助。从中央本级与地方财政支出当月值看,从 2020 年起中央本级财政支出保持在较低水平区间浮动,而地方财政支出受疫情影响也开始回调。这说明疫情暴发后中央本级财政在压缩非必需经费支出,而地方受到财政收入锐减的掣肘,支出水平也有所回落。从财政收支差额看,2019 年末财政收支差额较大,这主要是因为提高年末支出水平为新的一年经济增长奠定基础。2020 年初以来,3 月财政收支差额呈现扩大态势,受疫情影响在 3 月达到顶峰,财政支出水平达到高点,4 月财政收支差额呈现缩小趋势,说明随着国内疫情防控取得阶段性成果,财政支出水平开始回落,财政收入水平开始缓慢回升。

(4)从进出口贸易看,我国对外贸易受疫情影响较大。自 2018 年美对华贸易挑衅以来,对外贸易即呈现下滑趋势。但从具体月份看,2020 年一季度贸易下滑主要是受疫情影响。尽管 2 月开始复工复产,对外贸易也开始恢复良好。4—5 月出口贸易份额环比开始增长,但进口额的下降趋势还在增大。

(5)从央企和国企整体运营情况看,2020 年一季度央企和国企整体营收和利润额持续下滑。一季度央企营收 73990 亿元,同比下降 10%,利润暴跌 48.88%。主要是因为疫情导致运营成本上升。而国有及控股企业整体上更为困难,营收同比下降 11.83%,利润下跌接近 60%。4 月央企营收下降 9.2%,利润下降幅度达 53%,国有企业整体利润下降高达 63%。

由这些指标不难看到,在新冠肺炎疫情冲击之下,我国经济在宏观层面并不那么理想,在相当程度上表现出"经济韧性不强"的特征。

(三) 新冠肺炎疫情情境下我国的市场韧性

从经济学相关学理出发,可从市场主体角度对新冠肺炎疫情冲击下我国的市场韧性进行分析。这里相应选择中小微企业发展指数(反映中小微企业的市场韧性变化)、企业家信心指数(反映企业家的市场韧性变化)、制造业采购经理人指数(反映制造业的市场韧性变化)、服务业采购经理人指数(反映服务业的市场韧性变化)、消费者信心指数(反映消费者的市场韧性变化)、需求角度(投资、消费、进出口,反映需求端的市场韧性变化)、收入角度(公共财政收入、工业企业利润、城镇居民人均可支配收入,反映收入端的市场韧性变化)、中国国际投资指数(反映国际投资的市场韧性变化)。

(1)中小微企业发展指数。该指数指在一定时间内,企业能承受多大的外在压力以及承受同样的不可抗力所能坚持生存的时间长短。据迪普思数字经济研究所 2020 年一季度对 1000 户制造业中小微企业的抽样调查,综合分析中小微企业的原材料库存、现金、应收账款、银行授信等四大要素所受的影响。该调查发现,如果企业无库存现金(含银行存款),最多能坚持两个月;如果拖欠职工工资,企业最多能坚持三个月;如果无原材料库存,企业最多能坚持四个月;如果一直拖欠应付账款,企业最多能坚持五个月或以上;如果四个影响因素同时叠加,根据最短边原则,中小微企业最多仅能坚持两个月。这项调查发现,在受到同样力度的事件或不可抗力的影响下,能坚持生存一个月的企业占调查样本总数的15%,能坚持五个月以上的企业仅占8%,超过65%的中小微企业能坚持生存两到三个月。

(2)企业家信心指数。该指数反映企业家对宏观经济走势及其环境的感受与信心,根据企业家对经济环境与宏观政策的认识、判断与预期(通常为对"乐观""一般""不乐观"的选择)而编制。以 100 为临界值,取值范围在 0—200 之间,信心指数高于100,表明处于"景气"状态,经济运行向好的方向发展;信心指数低于100,表明处于不景气状态,经济运行向不利的方向发展。在新冠肺炎疫情甚嚣尘上的 2020 年一季度,企业家信心指数为 90.86,即期指数为 78.58,预期指数为99.04。这说明企业家普遍感受到宏观经济走势和环境显著恶化,表现出较一致的悲观预期判断,但预期指数高于即期指数,说明企业家对未来经济恢复性增长呈乐观预期判断。

(3)制造业采购经理人指数。该指数(PMI)是通过对制造企业采购经理的月度调查结果,统计汇总、编制而成的。它涵盖了企业采购、生产、流通等各个环节,包括制造业和非制造业领域,是国际上通用的监测宏观经济走势的先行指数之一,具有较强的预测预警作用。该指数通常以 50 作为经济强弱的分界点,高于 50 时,反映制造业扩张;低于 50 则反映制造业收缩。故该指数是衡量制造业在生产、新订单、在手订单、出厂价格、产成品库存、从业人员、采购量、进口、新出口订单、主要原材料购进价格、原材料库存、供应商配送时间和生产经营活动预期等制造业生产运行状况的指数。在新冠肺炎疫情甚嚣尘上的 2020 年 1 月以来,中国制造业 PMI总指数在 2 月降低到 35.7,后于 3 月迅速反弹,已连续三个月保持在"荣枯线"水平以上。从各分指数看,生产、新订单、采购量、主要原材料购进价格、供应商配送时间、生产经营活动预期等分指数在 5 月保持在"荣枯线"以上,说明随着国内各地复工复产、复商复市的陆续推进,从生产端角度看制造业已逐渐恢复到疫情前平均水平,特别是生产经营活动预期指数已达到 57.9,已近乎恢复到 2020 年初水平。但在手订单、产成品库存、进口、出厂价格、原材料库存、从业人员、新出口订单等分指数在 5 月仍处在"荣枯线"以下,说明国外疫情不断蔓延态势对中国制造业产品进出口造成显著负面影响,特别是进口、新出口订单两个分指数水平较低。

(4)服务业采购经理人指数。该指数(PMI)是通过对服务业企业采购经理的月度调查结果,统计汇总、编制而成的。同以 2020 年一季度为例,中国服务业 PMI 在 2 月降低到 30.1,后于 3 月迅速反弹,连续三个月保持在"荣枯线"以上。从各分指数看,新订单、业务活动预期、投入品价格也已恢复到"荣枯线"以上,说明线上经济模式降低了疫情对服务业的负面冲击,带动了服务业消费供给水平的恢复式增长。销售价格、从业人员两个分指数仍然处于"荣枯线"以下,说明当前服务业供应商通过降价或打折促销方式以价带量,价格水平虽然有所降低,但供给规模在逐步恢复;但上班受疫情影响,尚未恢复到全员上岗的就业水平。

比较制造业和服务业的采购经理人指数可以发现,服务业 PMI 比制造业 PMI 水平略高,这说明虽然疫情对服务业的负面冲击更大,但其恢复速度也较快;而制造业由于有一定库存和缓冲空间,受到的影响小一些,但受到的中长期影响更大,恢复速度也会更慢一些。

(5)消费者信心指数。该指数反映消费者对当前经济形势的评价和对经济前景、收入水平、收入预期以及消费心理状态的主观感受。该指数由消费者满意指数和消费者预期指数构成。前者指消费者对当前经济生活的评价;后者指消费者对未来经济生活变化的预期。它们分别由一系列二级指标构成:包括对收入、生活质量、宏观经济、消费支出、就业状况、购买耐用消费品和储蓄的满意程度,以及对未来一年的预期和未来两年在购买住房及装修、购买汽车和未来 6 个月股市变化的预期。在新冠肺炎疫情肆虐时期,从 2019 年底到 2020 年 4 月数据看,消费者信心指数在 2020 年 2 月下滑后于 3 月迅速反弹,4 月又有所回落。消费者满意指数和预期指数也呈现类似变化态势。这说明从整体上看当前消费者信心较强,但受疫情冲击起伏波动,不很稳定。

(6)需求角度。投资(固定资产投资完成额环比)、消费(社会消费品零售总额环比)、进出口(进出口金额环比),三者反映需求端的市场韧性变化。在新冠肺炎疫情肆虐时期,从投资、消费、进出口三大需求看,固定资产投资完成额当月环比自 2020 年 1 月到 2 月显著下降后,随着 2020 年专项债新增额度政策提前发布,数据于 3 月开始稳步回升。社会消费品零售总额当月环比自 2020 年 1 月显著下降后,随着线上经济快速发展,在一定程度上弥补了线下经济的部分损失,数据于 2 月开始稳步回升。以人民币衡量的进出口金额当月环比自 2020 年 4 月已逐步恢复到 2019 年末水平,这主要源于抗疫物资、粮食、大宗商品等进出口引起的波动。可以看出,当前三大需求尚不稳定,政府的稳就业、稳外贸、稳投资等六稳政策还需要继续发力,以实现保居民就业、保基本民生、保市场主体等六保政策的任务目标。

(7)收入角度。公共财政收入、工业企业利润、城镇居民人均可支配收入三者反映收入端的市场韧性变化。2020 年初以来,受新冠肺炎疫情冲击影响,政府、企业和居民三大主体的实际收入均出现了不同程度的下滑。其中,工业企业利润水平同比下降最多,城镇居民可支配收入也出现显著下降;政府收入方面,中央财政收入比地方本级财政收入下降更多,体现出中央财政在抗击疫情方面承担了更多的财政支出责任,而地方政府近些年来受困于地方政府债务治理、营改增、中央与地方财政事权和支出责任划分等政策调整,地方财政增支减收的压力更大。

(8)中国国际投资指数。该指数是观察、分析和预测国际投资状况的风向标,反映国际投资的市场韧性变化。在新冠肺炎疫情的时间段内,我国的国际投资指数呈下行态势,即从 2020 年 1 月的 52.32,下降到 2020 年 4 月的 49.67。

二、"十四五"时期仍会有重大公共突发事件挑战我国经济及市场韧性

(一) 重大公共突发事件挑战经济韧性及市场韧性是不争的事实

2018 年以来中国经济遭受两大冲击,从中不难看到"我国经济特别是市场运行存在一定程度的脆弱性"。一是在美对华贸易挑衅之下,我国经济的诸多短板赤裸裸地袒露在对手面前。"卡脖子"技术问题使一些企业坦陈"困难";信息技术产品和装备制造企业受困于国外高端元器件供应链和知识产权授权受阻的困扰;不少外贸企业艰难度日、业绩下滑。二是在新冠肺炎疫情之下,特别是随着国际上主要国家陆续受到疫情蔓延的困扰,我国宏观经济主要指标及市场层面诸多指标呈现间歇性劣化(如前文所述),更使企业、政府、居民皆感受到了当下经济运行与增长之难;全球性的产业链断裂、供应链断裂,使企业的生产和进出口遭遇了前所未有的困难。显然,重大公共突发事件挑战经济韧性及市场韧性是不争的事实。基于此,为维护我国的经济韧性、市场韧性,除了应关注他国挑衅之下我国经济的不利变化,更应关注重大公共突发事件对于经济韧性、市场韧性的挑战。

(二) "十四五"时期仍可能有重大公共突发事件挑战我国经济与社会

重大公共突发事件正成为威胁我国经济发展和社会稳定的重大风险因素,"十四五"时期仍可能有重大公共突发事件挑战我国经济与社会。我们对此必须保有高度的警惕性。这些事件的主要特点,一是发生概率较大的突发公共事件十分可能主要发生在自然灾害、社会安全、公共卫生、信息安全、恐怖袭击等领域;二是这些事件一旦发生,即要求应对上的紧迫性,应对方式的多样化;三是要求我们提前构建好相关体制机制,准备好相关预案,以抑制其影响的广泛性、危害的连锁性和破坏性的上升趋势。究其背后的成因,一是因为现阶段世界范围内突发公共

事件呈上升趋势,已成为社会固有的常态现象;二是自第一次工业革命以来,人类对自然资源的盲目开采,使得自然界与人类的矛盾日益积累,再加上我国地缘辽阔,重大自然灾害频发即不为怪;三是我国正处于发展模式、经济体制和社会治理结构的转型期,多种矛盾甚为突出;四是在我国毕竟还有分裂主义势力的客观存在,这就存在分裂主义转化为恐怖主义的风险。相应地,在前述背景下,增强重大公共突发事件情境下的经济韧性,特别是增强市场韧性,即是我国当下和今后若干年都必须高度重视的问题。

(三) 将防范重大公共突发事件、提升经济韧性作为"十四五"时期重要任务

重大公共突发事件挑战经济韧性及市场韧性已是不争的事实。"十四五"时期仍可能有重大公共突发事件挑战我国经济与社会。凡事预则立,不预则废,做好应对准备是根本。基于此,有必要将"防范重大公共突发事件、提升重大公共突发事件情境下的经济韧性特别是市场韧性"作为"十四五"时期的重要任务,并应从"完善体制、夯实基础、增强能力、优化机制"等方面作出具体安排。特别是,"十四五"时期是我国在2020年"全面建成小康社会"之后奔向2035年发展目标的首个五年计划时期。在此背景下,我们决不能让任何类似"非典"疫情、新冠肺炎疫情这样的重大公共突发事件干扰我们实现中华民族伟大复兴的宏伟目标。基于此,在"十四五"规划中,必须有专门的篇章,就"防范重大公共突发事件、提升重大公共突发事件情境下的经济韧性特别是市场韧性"作出专门论述、部署和安排。

三、从三个层面做好"十四五"时期应对重大公共突发事件的准备

应对"十四五"时期可能发生的重大公共突发事件,一是要有效防范重大公共突发事件的发生;二是万一它发生,要致力于化解它可能对经济社会造成的危害;三是要通过相关体制机制建设和预案制定,形成防范和化解重大公共突发事件的国家能力,形成整个经济在重大公共突发事件情境下游刃有余的"韧性"。

(一) 完善体制:重点是完善顶层管理框架设计

1. "1法+1案+1部+1办法"的顶层管理框架日益清晰

顶层设计是个纲,纲举目张。现阶段我国已基本形成了应对突发事件的"1法+1案+1部+1办法"的顶层管理框架构建。1法,2007年全国人大颁布了《中华

人民共和国突发事件应对法》;1案,2006年国务院印发了《国家突发公共事件总体应急预案》;1部,2018年3月,国务院在部委序列中新设立了应急管理部;1办法,2013年国务院办公厅印发《突发事件应急预案管理办法》,以规范各级政府的突发事件应急预案管理。

特别是,2007年颁布的《中华人民共和国突发事件应对法》明确规定:突发事件应对工作实行"预防为主、预防与应急相结合的原则";国家建立重大突发事件风险评估体系,对可能发生的突发事件进行综合性评估,减少重大突发事件的发生,最大限度减轻重大公共突发事件(对经济社会)的影响;对突发事件进行分级防控,落实应急管理的责任并提高应急处置效能①。2019年党的十九届四中全会进一步提出:"构建统一指挥、专常兼备、反应灵敏、上下联动的应急管理体制,优化国家应急管理能力体系建设,提高防灾减灾救灾能力"。

2."1法+1案+1部+1办法"的顶层管理框架已发挥了积极作用

通过"1法+1案+1部+1办法"顶层管理框架的构建,现阶段我国已基本形成了一套能够有效应对重大公共突发事件的"应急管理法律、应急管理预案以及应急管理体制和机制"。

其中,应急管理法律是应急管理的法律依据。以2007年颁布实施的《中华人民共和国突发事件应对法》为上位法,目前我国已累计颁布70多部涉及应急管理的法律法规。应急预案即应急管理行动方案。目前分为四类四级,包括总体应急预案、专项应急预案、部门应急预案、地方应急预案。

应急管理体制即应急管理相关管理主体及其职责配置。目前我们的应急管理主体基本是"一帅四将","一帅"即国务院;"四将"即应急管理部、公安部、国家卫健委,以及事件发生地政府。相应地,我们将突发事件分为四大类,自然灾害与事故灾难应对归应急管理部;社会安全事件应对归公安部;公共卫生事件应对归卫健委;事件发生地政府是应急管理的终极责任单位、具体实施主体。

应急管理机制即应急管理的具体手段和规则。应急管理部成立后,传统的综合应急管理体系,从强调"全灾害管理"走向重视"全过程管理",从准备、预防、减缓、响应和恢复五个环节,全面优化应急管理运行机制,应急管理水平得到显著提升。

3. 未来完善顶层管理框架的重点应放在三个方面

如前文所述,"十四五"时期"发生概率较大的突发公共事件十分可能主要发生在自然灾害、社会安全、公共卫生、信息安全、恐怖袭击等五个领域"。这就引出

① 此外还制定专门分级标准,其中共性和最重要的标准是人员伤亡。死亡30人以上为特别重大,10人至30人为重大,3人至10人为较大,1人至3人为一般。确定时要结合不同类别的突发事件情况和其他标准具体分析。

了三个问题,一是"一帅四将"的顶层管理主体难以覆盖这五个领域。基于此,需要将信息安全主管部门(如网信办及工信部相关机构)也纳入到顶层管理体制之中。二是应对重大公共突发事件,往往需要动用武警和军队。相应也应将中央军委国防动员部纳入到顶层管理体制之中。三是尽管 2018 年成立了应急管理部,该部整合了 11 个部门的 13 项职责和 5 个应急指挥协调机构,打破了以往分部门应对突发事件的格局,使应急管理从分散管理走向形式上的综合管理,但这种格局仅限于"自然灾害与事故灾难的应对"。基于此,为进一步增强顶层应急管理的权威性与资源动员能力,有必要在中央政治局和国务院领导下,成立"国家突发公共事件应急管理委员会",作为最高层级的议事机构、决策机构、指挥机构,统领应急管理的职能部门,危急时刻协调分散在诸多部门的应急资源及力量投入。

(二) 增强能力:从三个方面夯实基础

1. 以提升经济故有的韧性增强重大公共突发事件中的市场韧性

基本方向是进一步加强经济基础体系建设。具体方向是提高工业生产体系的基础性素质,加快构建现代化产业体系,努力将关键产业的"产业链的核心环节"构建在国内,增强重要企业的供应链的可控性。进一步完善国家范围的创新生态体系,优化产业范围的创新生态体系,理顺科技成果转化的产学研连接机制,增强市场突变时急需科技成果的转化效率。积极完善并优化重大公共突发事件发生期间重要资源的配置机制,协调市场机制与国家动员机制在促进市场供求关系恢复中的作用。

2. 积极构建重大公共突发事件发生期间的资源动员能力

一是加快加强公共卫生体系建设。大幅增加公共卫生与防疫的人财物力投入;扩大公共卫生设施投资,提高应急专门资源供给质量;加强公共卫生与防疫人才培养和基础性科研,理顺应急科技成果转化机制。二是加快完善国家应急资源储备体系。完善中央应急资源储备;完善多层级应急物资储备体系;健全全国应急资源利用协同机制,丰富应急物资储备品类。三是积极探索将"国民经济动员体系"用于应对重大公共突发事件的合理途径。四是积极探索在预备役中组建"重大公共突发事件专业应急分队"。尽快研讨在中央军委国防动员部统一指挥下开展这一工作的具体方案。

3. 加快提升应对重大公共突发事件的专业能力和机制建设

一是进一步完善突发公共事件信息系统硬件建设。应充分吸取历次突发事件中基层政府、职能部门上报信息出现晚报、瞒报、漏报的教训,与时俱进地借力新一代信息技术,提升现有信息系统的技术能力和水平。二是加快完善信息传报机制。理顺基层直报最高层的渠道、途径与机制。进一步明确晚报、瞒报、漏报重大事件信息的责任单位和个人应承担的责任。三是加强应急人员培训,加大应急科研投入,夯实应对重大公共突发事件的基础设施建设。四是把源头治理作为应对重大公共突发事件的基础,把可能发生的突发事件化解在萌芽之中,把问题解决在源头状态。

（三） 优化机制:从系统研究历次应对的经验及教训做起

进入 21 世纪以来,我国已发生两次重大突发公共卫生事件(非典疫情、新冠肺炎疫情),重大自然灾害和安全事故更为频繁。但在应对这些事件中,我们也积累了不少经验与教训。这些经验与教训都是极为宝贵的"财富"。为使今后更为有效地应对重大公共突发事件,从中央到地方和相关部门,都有必要积极组织力量,系统研究历次应对相关事件的经验与教训。通过研究相关经验与教训,我们即可能梳理出更为合理、有效的"战时机制",为"十四五"时期应对各种可能发生的重大公共突发事件提供更为有效的机制建设和优化的建设性方案。

（课题组成员: 雷家骕　孟猛猛　杨淼　陈虹　杨雅程）

提升我国关键物资战略储备供给保障能力研究

中国科学院科技战略咨询研究院

呼吸道传染病极易引发重大突发公共卫生事件,医用口罩、医用防护服、呼吸机、应急药物等是应对此类事件的关键物资,因需求量大、产能有限且部分关键设备和技术受制于人,需要稳定的供给保障能力。新冠肺炎疫情防控充分暴露了我国在关键物资供给保障能力方面的制度性短板和体系性缺陷。2020 年 4 月 27 日,习近平总书记在中央全面深化改革委员会第十三次会议上指出,要"提高公共卫生应急物资保障能力""确保重要应急物资关键时刻调得出、用得上"。

根据新形势新要求,本报告以 DIIS 方法论的证据导向、问题导向和科学导向为指引,系统分析了我国关键物资战略储备供给的现状与问题,提出要通过构建"五大体系",即中央和地方两级关键物资储备品种和规模标准体系、藏储于产的全产业链保障体系、关键物资网格化区域保障体系、"一库一网一平台"大数据精准管理体系、关键物资战略储备治理体系,全面提升我国应对重大突发公共卫生事件的关键物资供给韧性与保障能力。

一、我国关键物资战略储备供给保障的主要问题

当前,我国关键物资战略储备供给存在着标准与模式科学性不足、产业链缺乏韧性、区域布局不完善、信息化支撑力度弱等问题。

(一) 现有储备品种、规模的标准不统一,模式单一,效能较低

长期以来,我国国家储备的主要目标是针对战争、自然灾害和市场波动之类的传统风险。此次新冠肺炎疫情表明,对重大突发公共卫生事件等新型风险的认识明显不足,对所需关键物资"应储未储"现象突出。

中央和地方各部门对关键物资储备的分类和标准不统一。国家发展改革委、工业和信息化部、卫生健康委、粮食和储备局等各自出台了相关物资储备目录,如发展改革委2015年印发《应急保障重点物资分类目录(2015年)》,原国家卫计委在《突发事件紧急医学救援"十三五"规划(2016—2020年)》中提出要完善各级紧急医学救援物资储备目录,但尚未形成国家层面体系化的储备品种和规模标准,以及应对新型风险的储备品种动态调整机制,这导致新冠肺炎疫情初期对储备物资类型不明、总量不清、调整不力,严重影响保障效率。

地方关键物资储备标准的设立缺少科学依据。各地出台了相应的物资储备标准,如山西省《疾控机构卫生应急物资储备规范》(DB14/T1255-2016),对医疗药品及器械等进行了明确分类,但与国家各部委的储备标准之间缺少衔接。此外,地方关键物资储备对个人防护装备缺少细化分类,也没有针对各类物资储备的更新和调整规范。如此次疫情中出现了医用防护鞋储备只有一种号码的情况,严重影响了医疗物资的保障效率。

储备模式过于单一,各类储备模式之间缺少细化标准。发达国家高度重视市场在国家储备中的作用,以粮食储备为例,美国粮食储备中联邦储备仅占8%,生产者自主储备及私人企业储备则分别占到50%和42%。澳大利亚、俄罗斯等国情况类似。与之相比,我国关键物资储备模式单一,以政府实物储备为主,企业承担国家物资储备责任的法律地位没有得到明确,社会和市场力量动员不足,参与度低。此外,承储机构技术手段落后、设备设施陈旧、储备资金紧张问题突出,很难增加应对新型风险的储备品类和数量。

(二) 部分生产设备、关键零部件、核心原材料高度依赖进口,技术储备不足,企业短期扩产、转产难度较大,支持政策覆盖度不够,缺乏全产业链的监管机制

重大突发公共卫生事件的关键物资保障需要在短时间内形成规模化的生产供

给能力。从整体来看,防护物资、检测试剂、医疗设备和应急药品等供应链体系还难以实现对新型风险的快速应对,影响了关键物资保障的效果。

关键物资的部分生产设备、关键零部件、核心原材料依赖进口,技术储备不足。医用口罩熔喷布生产设备中的喷丝板、重症呼吸机的涡轮压缩机和压力传感器、检测试剂的 NC 膜等关键生产要素依赖进口,造成供应链缺乏韧性,对国外市场高度依赖。

部分物资的产业链环节多且专业性强,需要上下游产能恢复协作,增大了短期扩产、转产的难度。如检测试剂盒的生产涉及生产线安装、生产材料准备、生产过程提纯等多个环节,每一个环节都有较高要求,而且试剂盒生产后还需考虑产品的封装、包装纸盒、冷链包装和运输等,这些因素导致短期之内全新建设一个检测试剂盒生产线基本上是不可能实现的。此外,对于医用防护服等消耗性应急物资,还面临生产环境和生产周期的限制。例如,医用防护服需要严格的生产环境,消毒灭菌等过程需要十多天,一定程度上限制了产量的快速提升。

部分企业产能属于市场机制驱动下自发状态,尚未纳入统一的国家储备体系。医用口罩、医用防护服等关键物资存在有效期短、不适宜大规模储存的客观情况,因此难以纳入常规国家储备计划。而且,医用口罩、医用防护服、护目镜等产业属于小微行业,平时缺少政策关注,国家层面甚至缺乏完整的企业名录和生产能力清单,导致企业对已出台政策的获得感不强。政府对企业产能储备的细化支持政策不完善、覆盖度不够,在紧急状态下,企业用工、原辅材料、资金等方面都会遇到困难,生产复产能力严重不足。截至 2020 年 2 月 10 日,即使国家已密集出台多项支持动员政策,全国口罩企业复工率仅为 76%,防护服企业复工率仅为 77%,产能仍未充分释放。直到 3 月中旬,疫情发展趋势已大为缓和后,各类防护物资的产能才完全恢复。

部分关键物资缺乏生产、流通、消费、出口等环节的全产业链监管机制。如医用防护服由于缺失或缺少专业检测实验室、设备及检测人员,导致成品性能的稳定性、可靠性难以把控,同时也拉长了产品投入市场的时间。特别是,我国出口的口罩、检测试剂盒等暴露出一些问题,一定程度影响了我国的国际形象,也对产品质量监管提出了新挑战。

(三) 城市群发展规划与各类应急规划中缺少对关键物资战略储备区域布局的顶层谋划,应急物流保障不力

现有的"中央—省—市—县—乡"纵向衔接、横向支撑的五级救灾物资储备网络和"中央与地方分级储备,常规与专项结合储备"的国家医药储备体系,无法满足"城市群—都市圈—中心城市—大中小城市协同发展"的新区域空间格局发展

需要。城市群和都市圈的加快发展正成为中国经济增长最大的结构性潜能,现有城市群规划大多是提出"完善突发公共卫生事件联防联控机制""积极探索重大疫情信息通报与联防联控工作机制、突发公共卫生事件应急合作机制和卫生事件互通协查机制"等指导原则,缺乏应急状态下的关键物资储备、产能动员及应急物流等操作层面的制度安排。

目前建设的国家应急产业示范基地、区域应急救援中心、区域性公路交通应急装备物资储备中心等,主要面向自然灾害、生产事故的应急救援,对重大突发公共卫生事件物资保障力度较低。从现有全国性的综合应急基地及中心的建设规划来看,也缺少对公共卫生事件应对的关键物资储备、救援能力需求、配送时效和范围需求的考虑,一定程度上造成已有建设资源和能力的浪费。

缺乏关键物资区域布局与应急物流网络的高效衔接。关键医药物资的实物储备量有限、储备品种少、有效期短,要实现在优势产能地区与灾情地区间的供需平衡,高度依赖于应急物流网络的高效快捷。我国目前医药产能储备主要集中在东部地区,应急物流在疫情初期暴露出物资管控不到位、供需失配错配、缺少供应链平台等问题,物资调配过程对国家物资储备的仓储与干线运输能力、社会专业物流力量等已有资源的利用明显不足,末端配送能力弱。如由于缺乏物流通道的统一管控,存在部分地区交通路网受阻制约物资的调送效率的现象。此外,高效稳健的应急物流信息系统的缺失,难以保障上下游需求的及时传递与各环节物流作业的调配效率。

(四) 关键物资战略储备基础信息数据库不健全,覆盖不同空间尺度的信息网络尚未形成,全国统一的战略储备大数据平台尚未建立

目前,我国已建立了覆盖全国的公共卫生应急物资保障网络雏形,但使用互联网、大数据、区块链等新兴信息技术的程度仍较低,导致关键物资供需信息收集传递不及时、准确度不高。

关键物资战略储备基础信息分散在各级政府部门或部分电商企业内部,数据编码和信息标准尚未统一,缺乏互联互通和信息共享,难以有效发挥跨部门、跨区域保障功能。这直接影响应急物资的统筹部署与优化配置。从国际经验看,美国、俄罗斯、日本、韩国等发达国家均建立了由政府机构、卫生系统、民间企业组成的信息共享系统,将公共卫生关键物资战略储备基础、运输力量所在位置、运输工具性能等数据资源纳入统一的数据库。美国联邦紧急事务管理局建立的物资保障平台,涉及后勤供应链管理系统、电子工作任务系统等,国家疾控中心可以通过该平台集中管理、统一调配公共卫生应急战略物资。而我国尚未建立全国统一的物资保障大数据平台,各级政府建立的应急指挥调度信息网络,无法解决多源异构物资

保障数据的融合问题,难以支撑关键物资在全国层面的高效配置。

覆盖不同空间尺度的物资保障信息网络尚未形成。美国、俄罗斯、日本等发达国家在国家层面和区域层面均建立了不同空间尺度的物资保障信息网络,结合不同类型、层级突发公共卫生事件的应急任务需求,精准定位、迅速调动各种战略物资。我国中央、地方、城市、社区等不同空间尺度的战略物资储备大数据联动机制尚未建立,缺乏对关键物资战略供应、物流调配、运输需求等任务的全程监控。大数据技术或传感设施也未能实现区域、城市、社区等不同空间尺度应急物资的需求供应、跟踪和管理,仅浙江、天津等部分地区开展了互联网平台资源的汇集和配置。

二、提升我国关键物资战略储备供给保障能力的建议

按照"保基数、补短板、建体系、强能力"的原则,立足于实物与产能结合、平时与战时结合、数字与实体结合,建立健全关键物资储备品种和规模标准、全产业链和区域保障体系,构建基于数字化、信息化、智能化的"一库一网一平台",完善相关体制机制,大力增强我国关键物资战略储备供给保障能力。

(一)统筹规范、科学制定中央与地方两级关键物资储备品种和规模标准体系,多元化储备渠道和模式

一是统筹规范、科学制定中央和地方层面重大突发公共卫生事件关键物资的储备品种、规模标准。完善重大突发公共卫生事件应对关键物资储备目录,明确中央和地方物资储备重点和权责。中央层面,根据重大突发公共卫生事件的实际需求以及物资供应能力变化,主要储备疫情应对所需疫苗、普通和特种药品及重点医疗器械,及时调整目录清单,形成目录动态调整机制,做到"分类准、总量清、类型明"。地方层面,综合考虑社会经济发展水平、人口分布、产业基础、道路通行能力及储备设施布局等因素,以及地方突发公共卫生的可能类型,主要储备应对疫情发生的普通药品和防护物资,科学制定和细化关键物资储备量和储备标准。推进储备物资的实战化、实用化设计,加强对实物储备产品的数量、质量和存储安全监管,保证储备实际使用效能。

二是完善新增储备形式,明确不同储备形式相关标准。综合考虑各类关键物资的功能特性、重要度、储备成本和产能恢复周期等因素,在已有实物储备的基础上,采用"实物+产能+技术"的动态储备方式,科学设定储备结构。强化生产能力储备,明确产能储备标准体系,注重对生产企业实施扩能改造能力的储备,建立突发公共卫生事件下产能的"平战转换"机制。重视技术储备布局,加强灾情疫情预

测,有计划布局关键医疗防护用品和设备的预研工作,确定承担技术储备的单位,提高企业研发生产的积极性,提前形成技术储备,研制技术储备相关标准。提升民众储备水平,加强疫情科普宣传,提高民众自我防护意识,推动关键物资的产业和市场化建设。

三是拓宽政府与承储企业的合作方式和领域,实现以"四小四大"为特征的多元化储备渠道,平衡政府和市场储备,整合利用已有资源,提高储备效率。一要小政府大市场,缩小政府储备占比,扩大企业及社会储备占比,将大部分国家急需储备融入市场体系。二要小常备大潜力,缩小常备储备,增大产能潜力储备,提高转换能力,做到常备与潜力相结合。三要小风险大效益,风险小、成本低、效益大、周期短、保密性弱的储备任务由社会企业完成,而风险大、成本高、周期长、性质特殊、保密性强的储备任务则由政府部门完成。四要小投资大回报,通过置换、调整、改造国家物资储备基层仓库设施设备等措施,实现战略物资储备、应急储备资源整合,提高储备仓库利用率。

（二）从储备机制、研发能力、产能动员、监管体系等方面分类施策,建设藏储于产的全产业链保障体系,提升应对峰值需求的供给稳定性和韧性

一是完善实物储备与产能储备相结合的关键物资动态储备机制,促进储备体系降本增效。充分考虑不同类型关键物资的应急产能调动、恢复周期,以及相应的实物储备成本,科学设定各类物资的实物与产能储备比例。建立基于大数据的关键物资动态储备机制,一方面从供需两侧建立动态台账,建立重点企业和重点用户清单,及时掌握和监控关键物资的动态信息,建立应急产能的分级响应机制;另一方面,吸纳电商、社交媒体等新兴互联网平台参与物资储备体系,探索"动态分储"的关键物资产业云仓模式,完善平战转换机制。

二是系统梳理"卡脖子"的生产设备、关键零部件、核心原材料,拓展多元化供应渠道。加强关键物资产业链的顶层设计,保证关键物资能通过不同国家和渠道购买。同时,加大科技攻关力度,加快国产化替代速度,以迭代应用促进产业发展。选择市场上具备关键物资生产能力的企业,通过签订实物或产能保障合同等方式纳入国家关键物资储备体系。

三是做好前瞻性、针对性的资源优化配置,全面增强关键物资研发能力储备。一要加强关键物资研发领域的人才队伍建设。对于研发成本高、周期长的关键物资及其生产设备,如重症呼吸机、检测试剂 NC 膜、抗体药物等,加强常态化研发投入,促进产学研结合,培养关键核心技术的研发人才梯队,形成可持续的研发能力。二要针对部分关键物资对生产环境要求较高的问题,提前布局标准化厂房、实验室等基础设施,建立相关基础设施的应急共享机制,提升突发公共卫生事件环境下企业的增产、转产能力。三要建立关键物资的后补偿机制,简化应急状态下企业贷款的审批流程,充分调动企业加强技术储备、共享研发设备等的积极性。

四是加强关键物资产业链的全过程监管,规范市场秩序和质量监管。构建关键物资数字身份标识,完善产品信息溯源体系建设,规范市场秩序和质量监管。加强关键物资的标准认证和质量监管,加快推进关键物资国际标准和中国标准的衔接互认,加大对出口关键物资的检查力度。

(三) 构建"城市群—中心城市—大中小城市和小城镇"间分层分级、动态平衡的关键物资网格化区域保障体系,提升区域关键物资的底线保障与应急响应能力

一是省域层面统筹协调城市群、都市圈内建立城市间联防联控机制,形成动态供需平衡的区域关键医疗物资保障体系。建立重大公共卫生事件联防联控指挥机构,构建区域性的关键医疗物资应急调配机制等,推进统一指挥、统一调度的关键物资储备体系与应急物流平台建设,布局保基数的关键物资实物储备,重点提升关键物资快速响应能力。

二是将关键物资供给保障向县域、街道社区下沉,根据突发公共卫生事件波及范围和严重程度,建立分区分级差异化物资调配机制。基于"大数据+智能化"技术,扩充基层物资筹集渠道,以社会动员方式弥补关键物资不足,强化基层物资保障能力与防控网底建设,提升末端调配与现场处置能力。明确应急状态下基本公共服务均等化特殊要求,打破城市管辖区域内部公共服务供给的相对封闭性,按疫情传播实际影响人口规模配置物资,跨区域应对关键医疗物资需求峰值。

三是统筹各类应急规划中关键物资产业布局,持续推进"长三角""珠三角"和环渤海综合性医药生产基地建设,引导省域层面发展区域性优势关键物资产业。发挥国家应急产业示范基地的引领作用,形成一批关键医疗物资生产能力储备基地,提升研发创新、成果转化、生产制造、商贸物流等复合功能,完善产业链,提升产能优势地区的持续性供给保障能力。

四是统筹政府和社会物流资源,协调国家仓储物流资源、交通运输通道和物流枢纽网络设施设备。建立应急物流分类分级响应机制,明确应急物流网络的分级启动条件、各阶段应急物流的承担主体,以及应急物流的运输资源调配等。整合物流行业协会、骨干企业的组织协调能力和专业化优势,建立"平战结合"、优势互补的应急物流合作模式,在暴发重大疫情时,能够快速转换,启动应急配送,提升末端配送能力,提升物资保障网运作效率。加快对全球和地区防疫物资储备中心、全球人道主义应急仓库和枢纽的系统性布局。

（四）建设以基础数据库、信息网络和大数据决策平台为核心的"一库一网一平台"大数据精准管理体系，提升关键物资战略储备供给保障的数字化、信息化、智能化水平

一是完善关键物资需求、专业医护人员需求和工业基础能力调查制度，推动关键物资战略储备数据开放共享。建立物资保障基础数据库，实现公共卫生防护物资、医疗器械、重点原材料、市场信息与舆情等物资储备相关数据的动态采集，明确数据共享的范围边界和使用方式，形成统一的数据共享、开发利用、运营管理等机制。国家层面给予数据汇聚适度授权，探索基于区块链技术的关键物资储备数据共享新模式，实现疾控、通信、公安、交通、民政等部门跨平台、多维度的物资储备数据开放共享。构建关键物资数字身份标识，增强接入数据可信认证，推进关键物资储备数据、国家人口基础数据、法人单位信息数据、空间地理基础数据跨部门、跨区域开放共享。

二是强化关键物资数据资源的开发与利用，加强关键物资数据资源的运营与管理。探索基于云计算技术的关键物资战略储备数据分析新模式，深化政府数据和社会数据的关联融合利用。综合应用大规模异构数据融合、认知计算等技术手段，提升关键物资数据分析能力，实现突发公共卫生事件溯源、紧急事件态势感知、应急物资最佳存量和运送策略、区域库存合作管理与战略联盟建设等。充分利用工业云平台，探索定制化、第三方中立数据中心运营管理机制，降低关键物资数据资源的运营与管理成本。

三是建立物资保障大数据网络，提升关键物资战略保障信息化与智能化。加快构建大数据环境下的应急物资储备模式，依托高速光纤网、新一代无线宽带网、移动互联网等技术，推动实现关键物资战略储备的物联网集约部署，强化公共安全应急通信能力建设。建立覆盖关键物资全产业链、不同保障环节、不同空间尺度的信息网络，提高关键物资需求感知和战略保障能力。

四是建立跨行政区域的综合性物资保障联合调度网络，探索基于"大数据+智能化"技术的城市关键物资保障模式。依托物联网、互联网、数字化监控等技术，建立公共卫生应急需求挖掘，实现社区物资储备的实时监控、状态掌控和有效管理。面向不同区域应急物资储备需求，稳步推动物资数据资源的统一汇聚和分析，实现应急物资监测预警、运输调配、管理过程的信息一体化，同时基于大数据决策支持提升重大突发公共卫生事件的科学应对能力。

五是建立"平战结合、物人结合、军民结合"的大数据决策平台，实现关键物资战略储备供给保障的动态监测、实时预警及运输调配等智能化决策功能，推动关键物资、人力资源以及物流信息等数据资源的全维度协同协作。一要在依法加强安全保障和隐私保护的前提下,强化公共卫生应急物资需求信息的有效监测、动态感知;依托大数据、云计算等技术,对关键物资存储与调度、供给与需求等方面的外部风险进行实时预警。二要利用云计算技术进行库存管理,建立政府、社会、企业等多领域融合的国家应急物资保障实时调度系统,促进北斗技术与人工智能、5G 通信的深度融合,实现应急物资生产储备、捐赠分配、交通运输等信息的协同协作。三要加强智慧物流技术研发应用,打造"平战结合"的智慧物流信息平台,推进各类应急物资征集、捐赠、储备、调拨、分配等过程信息透明,创新国家关键物资储备"互联网+"全民监管的新模式。

（五）加快法治建设,建立统一领导、综合协调、分类管理、分级负责的关键物资战略储备治理体系,完善体制机制保障

一是加强顶层设计,将国家物资储备安全纳入国家总体安全观。抓紧制定具有基本法性质的国家应急和战略物资储备法,推进对医疗防护等关键物资战略储备的专门立法。

二是加强统筹协调,建立健全应急管理与物资储备的跨部门议事协调机制。明确应急管理职能与物资储备职能的各级各类委员会、指挥部等相关权责分工,统一筹划和推进关键物资战略储备供给保障工作;理顺省、地级工作关系与管理工作机制,完善跨区域物资保障协同联动机制,提高指挥效率。

三是构建以财政投入为主、社会化资金参与的多元化资金保障渠道,加大在物资储备基础设施和产能建设方面的财政投入和监管力度。完善应急物资征用补偿机制,根据突发事件等级、发生区域等情况,确定补偿主题,明确分担比例,使应急物资征用工作有法可依。研究出台财政、金融、人才等细化政策,全面提升企业产能和参与储备的积极性。

四是加大科研投入,完善国家关键物资储备的科技创新保障体系。实施国家关键物资储备科技创新工程,加快关键技术突破。优化科技资源配置,强化业务需求和应用导向,鼓励科研机构和涉储企业加强技术储备,提高关键物资的应急科研攻关能力,促进关键物资储备的科技成果转化应用。

（课题组成员：潘教峰　孙晓蕾　沈华　刘明熹

王光辉　孙翊　邵雪焱　石彪）

健全城市公共卫生应急管理体系和运行机制研究

北京大学中国卫生发展研究中心

随着全球经济和社会发展,城市已经进入快速发展阶段,发生各种突发性公共卫生事件的可能性不断增大。城市突发公共卫生事件具有蔓延迅速、危害性大和影响力广等特点,不仅破坏一个城市的正常秩序,也可能给国家和全球带来巨大负面影响。本报告的目的是为完善我国城市公共卫生应急管理体系和运行机制提供规划和决策的依据。

一、公共卫生应急管理体系和运行机制建设进展

2003 年 SARS 暴发以后,我国开始高度重视公共卫生应急体系建设,逐步构建了"一案三制"的核心框架,即通过不断完善预案、加强法制、理顺体制、创新机制,构建公共卫生应急管理体系,相继颁发和完善了《突发公共卫生事件应急管理条例》《中华人民共和国突发事件应对法》《中华人民共和国传染病防治法》等一系列法律法规,构建了应急管理体制的基本构架,纵向贯通国家、省(区、市)和县(区、市)三级,横向贯穿各应急相关部门和组织团队。

安全发展

　　我国逐步明确了突发公共卫生事件处理中的主要运行机制,包括:应急监测预警机制、信息报告责任和沟通机制、应急决策和协调机制、分级负责与响应机制、现场处置分工机制、社会动员机制、应急资源配置与征用机制、政府与公众联动机制、国际协调机制、突发公共卫生事件总结评估机制等。

　　我国公共卫生应急管理体系和运行机制建设主要成效包括以下几个方面。

　　第一,信息报告系统辅助快速监测和预警机制。在甲型 H1N1 流感和高致病禽流感防控中,及时扩展和完善监测网络、有效助力疫情阻断。

　　第二,及时组建应急决策小组并启动联防联控机制。在高致病性禽流感、甲型H1N1、中东呼吸综合征等一系列突发公共卫生事件中,及时组建应急决策小组,应急决策小组的核心功能是指挥防控行动、下发文件和技术规范。

　　第三,重视应急预案的制定和演习机制建设。疫情发生后预案及时启动、各类机构迅速进入防控状态。

　　第四,疫情处置中,紧抓监测方法和疫苗开发、药品以及应急资源配置。为了实现对甲流感染者的早确诊、早治疗,相继研制出甲流病毒核酸检测试剂盒、甲流病毒抗原检测试剂盒等快速检测试剂,节约了医疗成本、有效控制了疫情传播。

　　第五,新冠肺炎疫情暴发,考验了中国已建立的公共卫生应急体系在一个新发、未知传染病上的应对效率。应对过程体现了我国现有应急体制在社会动员、资源调动和多部门协同上的优势。

二、主要经验与挑战

　　我国公共卫生应急管理体系和运行机制建设时间还比较短,虽然取得了明显进展和成绩,但也在实践中暴露出许多问题和缺陷,主要包括在应急指挥部门设置和应急核心机构建设上的短板,在监测预警、信息报告责任和沟通、应急决策和协调、现场处置、应急资源配置等机制上的运行不畅,而这些体制建构和机制运行上的问题也体现了法律法规的不完善、应急预案编制的不成熟以及整个城市治理在公共卫生应急管理的支持和投入上需要加强。

(一) 决策机制和预测预警机制需要完善

　　风险评估和决策过程中各层级政府和各类部门的权力和责任需要更加清晰、决策主体有待进一步明确、决策过程设置需完善,以提高决策和及时进入应急处置状态的效率。此外,预测预警机制在风险评估、科学预见上的作用有待加强。已建立的法定传染病报告程序和传染病直报系统,在传染病上报过程中依然需要层层审核和确认、存在延误紧急事件的风险;对新发和未知的传染病更是缺乏判断标准和处置规范。

(二) 预案编制需要提高指导性,战略要素储备能力需要提升

预案编制模式化,对新发公共卫生事件的指引作用有限。预案主要作用是"防患于未然",转应急管理为常规管理。但是,目前我国各地、各级、各部门的预案编制存在模式化和形式主义,其内容与法规或政府文件区分性不大,造成预案针对性不强、操作性不强、技术性不强。

应急救治战略要素储备管理不完善、资源储备不足,应急状态下资源协调和调配存在不协调。在新冠肺炎防控的应急救治过程中出现过快速检测试剂短缺、医用设备与防护物紧缺的问题,也由此引发了抢购、囤积、截流等问题,成为制约预防行动、应急救治工作的障碍。

(三) 疾控和医疗卫生机构处置突发公共卫生事件的能力不足

参与突发公共卫生事件处置的核心机构能力有待加强。疾病预防控制机构和医疗机构是参与突发公共卫生事件处置的核心机构,在应对突发公共卫生事件,尤其是新冠肺炎疫情过程中,凸显出一些应对能力、工作激励及其背后运行机制的问题。疾控机构在其本职和核心角色,包括数据和病例信息收集、分析和判断上的能力也有待加强,尤其是面对越来越频发和未知的疾病挑战,区县级疾控在流行病学调查、应急处置等本职工作范围的能力也比较欠缺。疾病预防控制体系运行中筹资和管理机制上一系列问题还导致疾控体系人员待遇受限、职业发展空间有限、人员工作积极性不高并且流失严重。

基层在突发公共卫生事件处置中能力亟待加强。基层医疗卫生机构是疾病预防控制体系的核心机构,需要更深入地参与到突发公共卫生事件处置中。长期以来,我国基层卫生机构诊疗能力有限、居民对基层卫生服务能力信心不足,是疫情暴发期患者集中涌向医院、造成无序和恐慌的根本原因之一。

(四) 突发公共卫生事件防控缺乏系统联动

医疗卫生部门与疾病预防控制机构的协作有待加强,在面对突发群体性不明原因疾病时,医疗机构接诊、汇报和救治病例,以及疾控部门的流行病学调查和病原学检验是至关重要、需要紧密配合的整体工作。目前两类机构在管理部门、经费筹资、服务提供、地理位置、工作流程设计上都处于分隔状态,导致医疗机构对传染病等公共卫生工作的积极性不高、疾病预防控制机构对医疗机构公共卫生职责的指导和监管又缺乏权威和能力。

城市有效应对突发公共卫生事件仍缺乏更加系统、成熟、常态化的联动机制，包括医疗卫生部门与商务、公安等其他相关行政部门、与交通枢纽以及出入境口岸等相关部门的合作、数据共享，社区组织与基层医疗卫生组织的工作衔接等。

三、我国城市未来突发公共卫生事件风险分析

（一）我国城市重大公共卫生事件风险特点

我国正在经历快速的城市化进程，城市重大公共卫生事件风险点不断变化，也表现出我国城市的特点。第一，城市密集的工作与人居生活加剧了突发公共卫生事件风险。第二，城市因文化活动而形成的人员聚集和人员往来将持续存在，相应的突发公共卫生事件风险不容忽视。第三，大规模人口流动是我国城市卫生安全面对的巨大的挑战。第四，与食品消费相关的突发公共卫生事件风险不断上升。第五，城市大医院、养老院等机构常常是疫情暴发的热点，学校也是城市突发公共卫生事件应急需要重点关注的场所。第六，城市面临多重风险的汇聚效应。未来的城市面对的不是单一的公共卫生风险，而是多种风险的共同交织。

我国城市面临的重大公共卫生事件风险有"已知的已知"：传染病还会层出不穷，城市仍将是风险汇聚点；也有"已知的未知"：我们对新冠肺炎病毒的起源、治疗和免疫手段还有很多未知，也无法准确预测下一场传染病大流行到来的时间和形态；还有"未知的未知"：我们曾经认为传染病监测体系能够防堵，实际上"未知"新发传染病的监测体系存在一些重要的漏洞。

（二）新冠肺炎疫情影响

2019 年底以来，新冠肺炎疫情肆虐全球，许多城市沦为重灾区，城市所报告的病例高达 90%，许多城市的卫生系统不堪重负。突发公共卫生事件对城市功能的基本维护和城市发展构成重要挑战。与此同时，全球城市普遍成为疫情传播的热点，反映出城市对于防控突发公共卫生事件及其后果负有重要责任。

城市是我国疫情风险的集中区域。城市尤其是大城市、旅游城市、贸易城市、交通枢纽城市等，人口密度高、人口流动性强、复杂度高，不仅面对风险的富集效应，也是本地扩散和向外地输出疫情的重要节点。城市在此次疫情的国内暴发中扮演了重要角色。疫情初期，从武汉一个地方性突发公共卫生事件，经由水路、铁路、空运的传播扩散，迅速发展为 31 个省（区、市）接连启动重大突发公共卫生事件一级响应的全国性事件。

我国新冠肺炎疫情主要风险包括三个方面。首先,在国际疫情持续高发的大背景下,我国持续面临巨大的输入风险。其次,城市面对本土不明原因的暴发也需要引起高度重视。第三,只要疫情防控工作出现松懈,仍然存在较大反弹风险。从我国城市来看,尤其是经过几次疫情阻击战,面对新冠肺炎疫情已经建立起了相对稳健的防控和应急机制。

(三) 城市面临的多样性公共卫生风险

传染病暴发越来越频发,新发和再发传染病不可避免。全球正处在史上疾病传播速度最快、范围最广的时期。自20世纪70年代始,新传染病即以每年新增一种或多种的空前速度出现。最近5年经世界卫生组织证实的疫情超过1100件。

未来传染病大流行的表现也存在较大未知数。病原微生物有较大的变异能力,即使是同类病毒都可能表现出感染力、致死率、免疫力等方面的巨大差异。全球变暖等气候变化,可能会导致媒介昆虫及宿主动物栖息环境及迁徙等发生改变,从而导致新的疾病出现,或现有传染病流行特征发生改变。全球土地利用变化正在增加人类与人类疾病潜在宿主的接触机会,比如将自然生态环境改造为农业用地或城市,会影响人畜共患病感染人类的风险。

除传染病外,突发公共卫生事件还包括灾害事故和各种社会安全事件。我国是世界上自然灾害最为严重的国家之一,灾害种类多、分布地域广、发生频率高。全国有70%以上的城市、50%以上的人口分布在气象、地震、地质和海洋等自然灾害严重的地区。随着全球气候的变化,气候相关的自然灾害可能会加剧。公共卫生事件与事故灾害也密切相关,如工业生产事故、环境污染等持续构成突发公共卫生威胁。

四、国际公共卫生应急管理指南和部分国家经验

(一) 公共卫生应急管理指南

1. 全面提升公共卫生应急管理能力

2012年,亚太经合组织(APEC)通过比较中美公共卫生应急管理体系,发表了《公共卫生应急能力建设指南》,其目标是改善组织成员的应急控制和预防措施,提高国家的联合预防控制能力,提出了从政策法律法规、监测、应急响应、应急准备、风险沟通、人力资源、实验室建设、应急能力的监督和评估、区域合作、科研能力十个方面提高公共卫生应急管理能力的目标。

2. 加强公共卫生体系和能力建设，将其作为医疗系统的基础和第一道防线

世卫组织和美国国家科学院出版的指南中强调了通过完善公共卫生法律框架、加强公共卫生能力和基础设施建设、建立良好的合作关系、利用研究为政策制定和项目执行提供科学依据、提高与社区的沟通能力以及建立公共卫生紧急行动中心，用于提升公共卫生治理能力以及发现和应对突发公共卫生事件威胁。其中，加强公共卫生基础设施和能力建设主要强调加强公共卫生人力资源、疾病监测和信息系统以及实验室监测能力。

3. 强化基层医疗卫生及社区在公共卫生应急体系中的角色和作用，推动基层医疗与公共卫生协同整合，夯实社区防疫能力

世卫组织在 2018 年发表了以全球卫生的视角研究基层医疗卫生和公共卫生应急的技术报告，提出了基层医疗卫生与公共卫生应急的概念框架和应用方法，认为基层医疗卫生有三个相互关联和协同的支柱：帮助社区和群众；多部门的政策和行动的载体；整合医疗服务、以基本公共卫生职能为核心提供基层医疗服务。世卫组织在公共卫生应急指南中提到全政府、全社会的公共卫生应急准备方法，其中公共卫生和医疗卫生部门扮演重要的角色，政府其他部门、社区、私人部门、非政府组织等的参与也是应急准备中的必要因素。

4. 发展综合性的公共卫生应急管理网络

在公共卫生应急管理体系中组织架构是核心要素，承担着决策、信息搜集分析、执行和保障等职责，不但涉及卫生部门内部治理结构问题，还涉及多部门的整合和协调问题。多元化综合性的应急计划管理团队可以包括政府、地区合作伙伴、社区合作伙伴、学术界等，并在应急管理和公共卫生应急管理中发挥重要作用。

（二）部分国家公共卫生应急管理和运行机制经验

1. 建立权责分明的决策协调制度

一些发达国家倡导从中央到地方权责分明快速反应的决策和协调机制。例如，在英国伦敦市，由伦敦防灾组织和英格兰国民卫生服务系统，以及英国公共卫生局共同对公共卫生应急进行协调一致的评估和判断，并作出决策。韩国在 2014 年沉船事件和 2015 年 MERS 疫情暴发后对公共卫生应急体系进行大举改革，其中一项重要内容就是促进权责分明的内部协调机制，建立了国家灾害安全控制中心，与国家领导者直接建立联系，将情况汇报、指挥、报告、协调和援助在各部门和相关利益者之间建立清晰的路径。

2. 强调预防为主和全社会参与的机制

日本厚生劳动省出台了《健康风险和危机管理基本指南》和《灾害管理应对计划》，并要求所有地区和各级政府制定应急管理计划，保证公共卫生应急工作的计

划性和有序性。

3. 加强信息化发展和统一风险监测系统

加强灾害风险管理已成为全球防灾减灾战略的重点,完善监测和预警机制是预防突发公共卫生事件的重要方式之一。目前全球各国逐步建立全面的监测系统,并且数据系统越来越多地在联邦或中央一级进行集成,以便以标准化的方式收集数据。

4. 建立有效的资源动员机制

夯实物资和人力资源保障。韩国在全国范围内设置了五个国家战略储备中心,MERS 疫情暴发后,韩国采用一种更具动态性的物资储备方法,制定了《国家储备计划》,为应急物资的储存及其管理分配制定了准则,其中国家战略储备中的抗病毒药物覆盖了 26% 的人口。

5. 重视沟通机制建设

由指定部门负责,信息沟通渠道多元化。目前许多大城市都设有专门的应急沟通部门,例如英国伦敦防灾会议的战略沟通小组,东京则根据传染病的严重程度指定不同部门负责信息沟通,有效提升了政府在风险信息沟通方面的专业能力,确保应急管理团队对外传递的信息一致。

五、健全城市公共卫生应急管理体系和运行机制的建议

(一) 指导思想

以习近平新时代中国特色社会主义思想为指导,全面贯彻党的十九大和党的十九届二中、三中、四中、五中全会精神,深入贯彻落实习近平总书记关于防范化解重大风险和疫情防控的重要讲话、重要指示批示精神,全面践行总体国家安全观和新时期卫生健康工作方针,将生物安全纳入国家安全体系,将保障公共卫生安全作为提升城市治理能力的重要方面,把握城市公共卫生安全治理基本规律,从体制机制上创新和完善重大疫情防控举措,补短板、堵漏洞、强弱项,全面推进城市公共卫生应急管理体系的现代化,切实提高城市重大突发公共卫生事件的能力水平,满足人民群众日益增长的公共卫生安全需求,保护人民群众生命财产安全和维护社会稳定。

(二) 基本原则

坚持以人为本、依法治理。坚持把人民群众生命安全和身体健康作为首要目

标,满足人民群众日益增长的公共卫生安全需求。健全相关法规规章,运用法治思维和法治方式,有序推进重大疫情防控工作,提高公共卫生应急管理法治化、规范化水平。

坚持预防为主、平疫结合。把公共卫生应急管理工作重点从事件应对转到风险防范,从源头上防范化解重大公共卫生安全风险。立足当前、放眼长远,加强资源和能力储备,提高公共卫生应急管理能力。

坚持政府主导、共建共享。建立政府主导、统一高效的领导指挥体系,加强顶层设计,完善联防联控、群防群控机制,强化部门职责、属地责任、社区管控、社会动员,推进区域协同合作,健全公共卫生应急管理体系。引导社会资源参与,突出资源整合、共建共享,形成全社会协同推进公共卫生应急管理的格局。

坚持科技引领、精准施策。加强战略谋划和前瞻布局,强化疫情防控和公共卫生领域战略科技力量和战略储备能力。发挥生物技术、新一代信息技术等技术支撑作用,构建"科技+防疫"新模式,提高科学精准防疫能力和水平。

坚持科学管理、因地制宜。强化公共卫生安全风险全过程精准防控,依靠科技提高公共卫生应急管理的科学化、专业化、智能化和精细化水平。综合考虑各地发展状况和区域特点,在国家公共卫生应急管理顶层设计框架下,因地制宜,分类施策,不断推动公共卫生应急管理工作提质增效。

(三) 发展目标

到2025年,进一步完善城市公共卫生应急管理体系和运行机制,培养一批专业化、高水平的公共卫生应急人才队伍,显著提升疫情监测、疾病救治、物资保障、科研攻关等能力,城市公共卫生应急处置能力接近发达国家水平,科学精准、协同联动的公共卫生应急管理体系逐步健全,科学有效、执行有力的公共卫生应急运行机制日趋成熟,城市公共卫生安全水平显著提高。

(四) 主要任务

1. 加快公共卫生应急管理体系改革

(1)完善公共卫生应急决策指挥体系,建立中央和地方公共卫生应急管理与指挥常设机构

积极吸取国际经验,结合我国国情,建立多层级和多部门合作的公共卫生应急决策指挥体系。建立权责分明的内部协调机制,由中央政府和地方政府基于公共卫生机构和医疗机构,建立自下而上的快速响应体系,共同执行公共卫生应急管理政策,提高公共卫生应急决策与指挥水平。在中央层面,建立国家公共卫生应急管理和指挥中心,由国务院主要领导直接负责,负责公共卫生应急准备、

响应和恢复的政策设计、指挥实施以及统筹协调;由国家卫生健康委员会负责协助和监督有关公共卫生应急政策(如传染病控制政策、灾难紧急医疗政策等)的制定和实施。在地方层面,各地方政府应根据国家指导方针和文件制定地方公共卫生应急管理规划,内容应涵盖地方政府及各部门和单位公共卫生应急管理中的责任以及不同级别的应对措施等。建立城市公共卫生应急管理和指挥中心,由所在城市主要领导担任主任,负责本地区公共卫生应急相关的政策设计和指挥协调。

(2)加强疾病预防控制机构能力建设,提高专业公共卫生人员从事卫生应急工作积极性

加强疾病预防控制机构建设,强化公共卫生技术、能力、人才储备。合理划分各级疾控机构公共卫生职责,赋予必要行政或监督权限。建立稳定的公共卫生事业投入机制,改善疾病预防控制基础条件,完善公共卫生服务项目。推进疾病预防控制中心的标准化建设,配备必要的检测设备和实验室,进一步提高疾控机构流行病学调查、应急处置等能力。健全专业公共卫生人员使用、待遇保障、考核评价和激励机制。

(3)完善医疗机构公共卫生工作制度,进一步提高应急救治水平

明确医疗机构公共卫生应急的职责,完善医疗机构公共卫生工作制度。推进分层级、分区域应急医疗救治体系建设,完善救治网络,形成由"城市定点医院—城市诊治中心—区域诊治中心—区级诊治中心—社区卫生服务中心等其他医疗机构"构成的应急医疗救治体系。完善住院医师规范化培训制度,强化感染性疾病、呼吸与急危重症专业诊治能力培训,建立健全面向临床医师和护理人员的流行病学、传染病、医院感染等临床救治和风险警觉意识教育培训制度。

加强医疗机构疫情防控相关科室的规范化建设,提高医疗机构应急救治水平。合理布局院区以及科室,避免传染病扩散。加强医疗机构疫情防控设施设备的配置、实验室建设等工作,提高医院的疾病检测能力和检测水平。加强传染科等公共卫生重点科室的建设,建立医务人员参与公共卫生工作的激励机制。

(4)明确基层党政组织公共卫生职责,加强基层公共卫生应急体系建设

明确基层党政组织公共卫生应急职责,依托基层党政组织机构,建立基层应急管理领导班子,强化应急管理工作的组织领导,落实工作职责。合理布局城市基层卫生服务机构,加强基层卫生服务机构预检分诊、筛查哨点、计划免疫(应急接种)、隔离观察病房、心理健康等应急能力建设。规范发热筛查哨点的改造建设、人员培训和运行管理,有效提升基层卫生服务机构传染病预警报告能力,加强发热患者的源头管理。以基层党政机构和基层卫生服务机构为单位建立基层公共卫生应急管理机构,开展日常的公共卫生应急防控和预警工作,以及公共卫生应急事件

发生时的隔离管理、心理疏导、辅助及时诊断患者和协助流行病学调查等应急管理工作。

（5）加强疾病预防控制机构、医疗机构和基层机构应对公共卫生应急工作的协同与联动

健全完善医疗机构与疾病预防控制机构密切协作的工作机制，搭建科研协作、业务培训、病原生物检验鉴定、信息互通共享的业务支撑平台，依托医联体和健联体，构建"疾控—临床—科研"三位一体的工作模式，形成上下贯通、医防融合的防病体系。建立医防融合培训机制，加强医疗机构相关人员的公共卫生应急能力培训。健全防治结合、联防联控、群防群治工作机制，加强全科医生培养、分级诊疗等制度建设，推动公共卫生服务与医疗服务高效协同、无缝衔接。建立基层党政机构与卫生服务机构之间的协同联动机制，在突发公共卫生事件发生后，基层卫生机构为基层党政机构开展公共卫生应急工作提供专业技术支持，基层党政机构为基层卫生机构的日常排查和健康管理工作提供协助。建立基层公共卫生应急管理联动联勤机制，整合街镇、公安、环保、城管执法、防汛防台、市场监管、综合治理等信息资源。

2. 健全公共卫生应急运行机制

（1）建立健全风险管理机制

建立和完善对事件发生前的防控预警制度，发生时的应对响应制度以及发生后的善后处置制度。推进预防处置一体化，以风险防控预警为导向，将应急关口前移，实现应急管理工作从事后被动型到事前主动型的积极转变。

建立公共安全风险评估制度，定期在不同层级、社会不同领域开展风险评估工作，将评估结果向社会发布，以增强全民风险防范意识。利用大数据和人工智能技术，开展公共卫生安全相关场所、人员、行为、物流等应用场景特征分析和疫情追踪，及时监测预警高危地区、高危区域和高危人群，提升公共卫生风险评估和预警的前瞻性、精准性、高效性。建立智慧化的公共卫生安全预警多点触发机制，完善信息报告奖惩机制，健全可疑病例讨论报告制度。

（2）完善筹资保障机制

完善政府投入的公共卫生经费保障机制，加大对突发公共卫生事件事前预防性的财政投入。创新医疗保障经办制度，开通医疗机构应急药品采购、资金拨付和结算"绿色通道"，加强医疗救治经费保障。丰富应急经费投入手段，建立多元化筹资渠道。健全应急医疗救助机制，在突发疫情等紧急情况时，确保医疗机构先救治、后收费，并完善医保异地即时结算制度。探索建立特殊群体、特定疾病医药费豁免制度，有针对性免除医保支付目录、支付限额、用药量等限制性条款，减轻困难群众就医就诊后顾之忧。

（3）促进城市群应急协同机制建设

建立城市群应急协同机制，实现应急状态下不同城市之间的信息共享、资源共享，协同防控公共卫生应急事件。在将要发生或已经发生特别重大或重大突发公共卫生事件时，实行统一指挥协调，共同应对突发公共卫生事件。把公共卫生应急管理融入城市运行"一网统管"体系，建立跨部门、跨层级、跨区域信息整合机制，依托大数据、人工智能等技术优化疫情监测、排查、预警和防控工作。推进防控预案对接、信息互联互通、防控措施协同，切实保障跨省市、口岸间物资运输。

（4）健全物资保障和信息共享机制

建立物资储备信息共享机制，统筹各级各部门物资保障资源。加快建立和完善应急物资储备体系，提高物资分级保障、综合管理和统筹调配能力。完善物资储备目录管理制度。健全应急物资实物储备、社会储备和生产能力储备等管理机制，提升储备效能。依托现有仓储和物流设施，建立应急物资保障基地，形成区域分布合理的多层级应急物资保障网络。依托互联网、物流网构建应急物流服务平台，保障应急状态下的物资转运和使用。统筹物联网、互联网、行业专网等各类网络环境中的业务信息资源，汇聚经济、气象、水文、环保、公安、交管、地理和网格等信息。建立应急预防、准备、处置、恢复的全过程管理信息系统。推动市级部门与企业以及医疗卫生机构之间相关数据协同应用，加强数据信息互联互通和共享使用。

（5）建立平疫转换机制

由《中华人民共和国突发事件应对法》赋予地方应急管理机构（或政府）宣布进入应急状态的权力，同时明确规定政府、公民、企业等各类应急主体在应急状态下的权利和义务。优化平疫结合工作方案，建立公共卫生应急培训、应急演练、应急征用机制。优化传染病救治床位资源空间布局，在有条件的综合医院建设传染病重症病房，建立健全发生突发公共卫生事件时的应急腾空机制和流程。健全公共卫生实验室检测网络，建立疾病预防控制机构与医疗机构、高校和科研院所、第三方检测机构的联动协同机制。

（6）完善舆情应对和引导机制

健全信息公开制度，提高政府公信力。建立突发公共卫生事件的沟通机制，及时、完整地向公众提供最新信息，并积极公布真实或潜在的公共卫生风险以及政府正在采取的措施，了解公众意见和关切，提高公众对公共卫生管理部门处理突发事件能力的信任，引导公众进行积极的行为改变。发挥媒体对疫情处置与监督作用，提高舆情引导能力。

3. 完善公共卫生应急管理的保障体系

（1）人才保障

加强公共卫生重点学科建设，创新人才培育机制，加强公共卫生和应急管理相关学科建设,推动公共卫生教育转型。制定公共卫生应急人才定向免费培养政策,扩大招生规模,提高培养水平。完善医护人员职业保障和评价激励机制,增加公共卫生应急相关岗位,提高卫生应急人员待遇水平。优化突出贡献人才职称评审机制,鼓励引导医疗卫生人才向基层一线流动。增加基层公共卫生机构人员编制,优化力量配置。健全基层全科医生培养使用机制。落实"两个允许"政策,探索开展基层公共卫生机构薪酬制度,加快构建适应公共卫生人才职业特点的薪酬制度体系。

（2）法律支撑

提高公共卫生应急法律在我国法律体系中的地位,明确规定公共卫生应急法律在发生突发公共卫生事件时的领导地位。全面加强和完善公共卫生领域相关法律法规建设,认真评估传染病防治法、野生动物保护法等法律法规的修改完善。把生物安全纳入国家安全体系,加快构建国家生物安全法律法规体系、制度保障体系。贯彻落实国家相关法律法规,系统梳理评估公共卫生领域相关法规规章,制定立法修法工作计划,有重点、有步骤地推进立法,加快完善公共卫生法规体系。

（3）科技支撑

启动生物安全重大科技计划。依托高校科研平台、国家重点实验室、临床医学研究中心、重点企业和第三方检测企业,建立健全联防联控科技攻关机制以及科研平台体系。研究设立"重大公共卫生风险防控"专项基金,培育高水平的科研团队。有计划地开展应对突发公共卫生事件相关的防治科学研究。深化大数据等新技术应用,加强与公共卫生相关的新型基础设施建设,注重个人信息安全,推动大数据、云计算、区块链、人工智能、5G、物联网等新技术、新手段在疫情监测分析、病毒溯源、防控救治、资源调配等方面发挥支撑作用。

（4）物资保障

建设公共卫生应急储备中心,增加企业应急产能储备,建立应急采购制度。编制统一的应急物资保障总体规划,健全物资紧急生产、政府采购、收储轮换、调剂调用、物流配送机制。建立和完善物资保障应急预案制度。完善政府应急征用补偿制度。优化应急物资分配机制。强化应急物资保障信息化、智慧化水平。加快建立和完善城市应急物资储备体系,提高物资分级保障、综合管理和统筹调配能力。建立应急物资保障基地,形成区域分布合理的多层级应急物资保障网络,逐步推动应急物资储备中心实现城市内全覆盖。

（5）提高社会参与

建立健全突发公共卫生事件健康科普体系,提高公民公共卫生应急素养。加强专业机构、科普队伍和工作机制建设,利用新媒体拓展健康教育新渠道,完善健康资讯传播网络,建设和规范各类广播电视等健康栏目。把公共卫生安全纳入中小学教学内容,充分发挥医疗卫生机构、学术团体、科学家、医务人员、教师、媒体在健康科普中的重要作用。针对群众关切开展专业解读,及时释疑解惑,提高市民科学素养和健康素养。

（课题组成员：孟庆跃　祝贺　徐进　袁蓓蓓　何平　朱大伟　徐晗艺）

"十四五"时期影响我国经济社会发展的若干重大风险及防范应对措施研究

中国人民大学

"十四五"时期是我国"两个一百年"奋斗目标的历史交汇期，是由全面建成小康社会向基本实现社会主义现代化迈进的关键时期。但是，面对国内外形势变化，"十四五"时期我国社会经济发展会面临众多风险，急需加强对各类风险的识别并提出防范和应对措施，确保"十四五"时期各项任务圆满完成，开启第二个百年奋斗目标新征程。本报告立足于事关我国经济社会发展的核心重点领域，主要从宏观经济、财政、金融、产业安全、国际贸易、就业保障、社会发展七个方面对"十四五"时期影响我国经济社会发展的重大风险进行全面解读，并结合"十四五"时期国内外发展环境新变化及各领域发展趋势，旨在找准风险点，把握风险表现形式，厘清风险产生原因，提出风险防范和应对的政策建议与具体措施。通过对"十四五"时期重大风险的全方位识别，构建起宽领域、多角度的"十四五"经济社会发展风险防范对策体系，为确保"十四五"规划的顺利实施和各项工作取得突破进展保驾护航。

一、宏观经济领域的若干重大风险及防范应对措施

"十四五"时期最大的宏观风险是，在经济的基本参数发生变

化后,经济体制调整相对滞后,导致各种结构性问题固化,经济增速超预期下滑。人口红利消失、投资回报率下滑、简单学习世界前沿技术的空间收窄、资源过度消耗、外贸空间减少等基本参数的变化要求我国转向自主创新发展模式。但是,政府职能调整还不到位、创新体系与数字经济要求不协调、宏观调控体系不顺畅等体制问题,导致收入分配恶化、企业行为短期化和区域差距拉大等结构性问题固化。

(1)基本参数变化导致经济增速过快下滑。第一,15—64岁人口持续下降,导致储蓄率上升,总需求不足,实际利率下行等,经济可能陷入长期低增长。第二,生产要素价格进入上行阶段和投资回报率递减状态。第三,与世界技术前沿距离缩小,简单学习引进技术模式不再可行。第四,资源过度消耗,对经济活动限制加大。

(2)创新体制不适应数字时代技术进步模式。数字化更以个性化提升价值为导向,我国技术进步以产能放大基础上的标准化、规模化生产,降低成本为导向。目前创新系统没有很好适应新的挑战。

(3)功能性收入分配调整滞后,总需求无法支撑经济增长。随着资本边际报酬下降,投资动力逐渐下降,当前利润拉动需求模式限制了潜在增长率提高。

(4)企业行为短期化。企业越来越倾向于从长期解决问题、创造经济价值转向了短期挣快钱,导致经济的泡沫化。

(5)企业和居民部门高杠杆率,资产负债表脆弱。高杠杆率导致债务高悬,现金流压力大,抗风险能力低。

(6)发展阶段和政府行为变化情况下,政府与市场关系调整不到位。地方政府激励机制尚待完善,政策波动性加大,不利于市场创新,也导致企业行为的短期化。

(7)宏观调控体系不协调,调控效率下降。我国目前宏观政策工具多、手段多、主体多。部分领域多头治理的问题依然存在,宏观政策协调问题突出。

(8)南北经济差距进一步扩大,经济地理集中与地区塌陷并存。南北经济增速和总量差距迅速扩大,北方城市群建设滞后,容易构成对全国经济的巨大冲击。

应对上述宏观经济领域风险,"十四五"时期应通过深化财政和国有企业改革,进一步调整政府职能范围和方向,给市场提供更多试错空间。通过金融、数字等要素市场改革,调整收入分配结构,转向消费为主的国内循环模式,实现数字要素与制造业的融合,提升生产效率。具体而言:

缩小政府职能范围,建立创新导向的市场机制。构建适应原创性创新的政府和市场环境。一方面,缩小政府职能范围,将更多试错空间留给企业。另一方面,调整政府职能方向,更多提供社会风险分担功能。发力点是财政和国有企业。

推进收入分配改革,发挥工资对消费的促进作用。稳步提高工资性收入占比。结构性改革配套,放松企业融资约束,拓宽企业融资渠道等,减少简单提高工资冲击。

　　推进数字技术与传统要素融合,塑造明星企业。数字经济更多是和传统产业互补,并不能完全替代,关键是与其他生产要素的融合。更多依靠数据流驱动业务,提高企业效率降成本,打造真正的"明星企业"。

　　着力推进要素市场改革。第一,放开资本市场做空机制,限制上市公司造假行为。第二,市场化改革引导生产要素积累。扭曲要素价格的"大推进"方式,有利于利用国际前沿技术等。在高收入阶段,需要减少扭曲,发挥要素价格对经济调整的引导作用。第三,通过市场化和法律制度建设数字要素市场。

二、财政领域的若干重大风险及防范应对措施

　　"十四五"时期,我国财政风险主要集中在两大方面。第一,在预算体系预算政策方面,长期赤字预算政策存在一定弊端,而预算体系透明度不足和四本预算统筹协调不够进一步加剧了风险隐患。第二,在公债制度与公债政策方面,政府债务信息披露不全面,隐性负债规模面临反弹趋势;地方债规模不断增长,但相关管理制度跟进缓慢。

　　(1)长期赤字预算政策存在一定弊端,预算体系透明度不足和四本预算统筹协调不够加剧了风险隐患。赤字预算可刺激经济,有助于经济调整结构,但持续高企的赤字规模也容易引发通胀压力、排挤民间投资、带来财政不可持续性风险。当前四本预算的管理标准差异较大,一般公共预算外的三本预算规范性和透明性不足;同时,我国尚未编制完整的政府资产负债表,预算赤字主要使用一般公共预算赤字指标,因而难以对财政风险作出科学准确的研判。

　　(2)政府债务信息披露不全面,隐性负债规模面临反弹趋势,地方债规模不断增长,隐含地方债务风险。当前,一般公共预算的政府债务部分仅涉及中央政府债务和地方政府显性债务,并未囊括地方政府负有担保责任和偿还责任的隐性负债。地方专项债虽然有助于防范化解重大风险,并成为惠民生、补短板的重要抓手,但尚存在规模不足、责任主体模糊以及信用评级机制不健全等问题,其规范性和流动性仍急需加强。

　　为有效防范化解上述风险,应在如下五个方面着手:

　　一是完善预算管理体系,减轻地方政府财政收入压力。应优化完善预算管理体系,提升预算的规范性和透明度,建立健全四本预算的统筹协调机制,更好地发挥全口径预算体系的整体调控功能。应全面推进预算绩效管理,盘活闲置财政资金。还应拓宽预算赤字指标口径,使用全口径赤字率指标以及原始赤字率和结构

性赤字率等指标,以增强对财政风险的研判准确性。

二是有效控制政府规模,提高支出效率,减轻地方政府财政支出压力。应深化市场化改革,完善政府机构职能,推进事业单位改革,减少政府不当干预。应优化支出结构,进一步压缩一般性支出;确保基础设施投资规模处于合理水平,积极引入社会资本;更多聚焦于补短板和民生服务等薄弱环节,提高支出效率和政策乘数效应;进一步硬化支出预算约束,严控预算追加事项。

三是强化前瞻性赤字管理,增强财政可持续性。应尽快在中期财政规划的框架内研究制定5年期滚动赤字管理体制,并通过立法进行约束;各级政府均应制定中期财政规划,年度预算应受中期规划框架制约。

四是严格政府债务管理,完善专项债制度。应着手编制政府资产负债表,并将地方政府隐性债务纳入政府债务管理体系。应完善专项债管理制度:依据资金使用者,落实专项债的责任主体;健全地方债信用评级机制,为商业银行超额存款准备金的合理释放提供渠道;逐步提高限额,满足地方政府合理的融资需求。

五是改革官员绩效考核体制,抑制地方政府官员过度举债的冲动。进一步优化完善地方官员考核晋升体系,促进地方政府官员树立科学的政绩观;继续加大地方政府预算公开力度,加强民众监督,并拓展地方人大常委会预算工作委员会的预算监督职能。

三、金融领域的若干重大风险及防范应对措施

我国金融领域总体风险可控,不过不同部门的风险仍然值得关注,主要在于:

(1)杠杆率风险。目前宏观杠杆率仍然较高,房地产市场的发展使得居民部门杠杆率增加仍然较快,特别是疫情导致的信用宽松可能导致新一轮的杠杆率上升。居民部门杠杆过于集中于房地产行业,制约了居民的消费水平提高和创新创业意愿。同时,政府部门显性杠杆率仍然较低,但地方政府隐性负债水平仍然较高。

(2)金融机构风险。部分金融机构,特别是中小银行和一些非银行金融机构,信用风险、流动性风险仍然突出。当前面临疫情的冲击,风险点有爆发的危险。受疫情冲击影响,企业和居民还贷能力下降,不良贷款问题再次凸显。中小银行和金融机构风险仍然较高,同业业务的相互关联使得金融市场传染风险仍然较大。

(3)经济金融化风险。虚拟经济空转阻碍了实体经济发展和创新创业。资本投入于实体经济创新创业的比例被降低,阻碍了创新创业和技术进步。

(4)国际冲击风险。疫情背景下,世界经济大幅下行,需求不振,经济负面冲

击会传导到金融市场。国际金融市场波动性骤然放大,国际负面冲击可能引爆金融体系新的风险点。国际冲击可能导致出口进一步下滑,诱发出口企业金融风险。汇率不确定性增大。

为应对以上风险,应加强以下四个方面:

对于杠杆率风险,要对信贷杠杆的再分配效应有更加清晰的认识。国家可以通过加杠杆和财政政策配合救助经济,结构性调整不同部门之间的杠杆率水平。

对于金融机构风险,可以设立专门面向中小微企业的政府贷款担保机构。采用财政资金定向帮扶中小微企业;进一步推动直接融资发展和金融科技辅助间接融资发展;综合协调微观审慎监管与宏观审慎政策。

对于经济金融化风险,坚决落实"房住不炒",市场化引导信贷资金流向。逐步降低房地产行业杠杆率,降低房地产行业贷款在金融机构全部资产中的占比,从而避免新旧动能转换对金融系统的冲击。

对于国际冲击风险,要执行有节奏的、渐进式的金融开放。外汇市场的发展要跟上金融开放的步伐;加快推出汇率指数相关的产品,降低人民币与美元、欧元等主要货币对的对冲成本;加强国际政策协调,推动人民币国际化进程。

四、产业安全领域的若干重大风险及防范应对措施

在全球疫情的冲击下,"十四五"时期我国产业安全的外部环境发生了明显变化,产业安全面临着以下五大潜在风险:

(1)传统优势产业外移外迁风险。近年来受中国劳动力成本、土地价格、原材料价格上涨等因素的影响,以及国家间减税政策的竞争加剧,我国在传统优势产业领域出现了部分企业向外转移的现象。尤其是自中美贸易摩擦和新冠肺炎疫情以来,考虑到工厂搬迁存在时滞和受到新冠肺炎疫情的影响,传统优势产业的外迁可能集中在"十四五"期间发生。

(2)前沿高端产业全球竞争风险。前沿高端产业国际竞争加剧,世界各国为推动本国5G、人工智能等前沿高端产业发展,会相互设置进入壁垒并通过政府干预确保本国前沿高端产业利益。国家之间的技术和产业保护倾向会越发明显,这对我国的前沿高端产业发展带来了很强的非自由竞争风险。

(3)高新产业技术升级抑制风险。"十四五"时期,发达国家为提升本国产业的竞争力,会更加聚焦本国高新产业的发展,加宽加深本国优势产业领域的护城河,在一定程度上抑制我国高新技术产业的赶超和技术升级。

(4)落后地区新旧产业断档风险。经济欠发达地区的产业转型仍面临升级速

度慢、结构性调整困难多等问题。特别是在新冠肺炎疫情的冲击下,欠发达地区传统产业的绩效明显下滑,但新兴产业还未成长起来,产业安全面临新旧产业的断档风险。

(5)全产业链外部市场依赖风险。在经济逆全球化趋势逐渐显现和新冠肺炎疫情冲击下,全球产业链面临的冲击还将在较长的时间内存在,产业安全面临着来自全球产业链断裂的风险冲击。

提升我国在"十四五"时期的产业安全风险应对能力,需要通过精准的产业政策、前瞻性的战略布局、多维度的自主创新、新旧动能转换和国内产业一体化,实现降低成本、抢占市场、技术突破、结构转换和产业链集群。

精准产业政策降低传统优势产业成本。"十四五"时期针对传统产业可能大量外迁的风险,需要根据传统产业发展面临的主要成本问题,通过有针对性的产业政策帮助中国传统产业提升成本优势。在避免传统产业规模大幅缩减的同时,促进传统产业的提质增效,继续发挥好传统产业在我国经济和社会发展中的重要作用。

以加快战略布局抢占前沿高端产业市场。在前沿高端产业发展全球竞争白热化的背景下,要加快对前沿高端产业发展在全球的战略布局,帮助中国的头部企业向全球扩展业务,提高中国企业在全球前沿高端产业的市场占有率。

以多维自主创新突破高新产业技术瓶颈。关键领域和技术环节的"卡脖子"问题是影响我国产业安全的重要隐患,突破高新产业的技术瓶颈,需要构建人才要素、实现机制、创新环境三个维度的自主创新体系。

以新旧动能转换实现新老产业叠加更替。要避免"十四五"时期欠发达地区新老产业产生断档风险,需要在产业结构升级中坚持新旧动能转换思路,在叠加更替中实现新老产业的有序过渡。要注重在确保传统优势产业提质增效的基础上,有序推进关联性新兴产业的发展。

以强化国内产业链集群降低供应链冲击。以加快建立产业链集群为抓手,通过推动国内产业一体化,降低全球产业链断裂风险对我国产业安全的冲击。

五、国际贸易领域的若干重大风险及防范应对措施

"十四五"时期正处于百年未有之大变局的关键调整期,此时在国际贸易与投资领域发生的任何变动,都可能会成为塑造未来更长时期发展形势的基础,需要防患于未然。在此期间,我国在国际贸易与投资领域面临着四大外部风险:

(1)面临全球市场格局在总量和结构上变化的双重风险。一方面,全球经济

短期急速下滑,我国企业的国际市场面临超预期迅速冻结的风险,企业总体出口将由于缺乏应变调整时间与空间而受到重创。如果应对不当、出口企业大面积破产,将动摇我国在全球价值链上的根基。另一方面,我国贸易伙伴国结构的多元化虽有助于分散风险,但持续丧失发达国家市场份额或减少与发达国家经济交往,可能阻碍我国获取国际技术扩散的益处,拖累我国技术进步与长远发展根基,其中温水煮青蛙的风险更值得警惕。

(2)面临对外投资封锁,尤其是对外技术投资封锁的风险,以及高技术产品进口封锁加强的风险。第一,对外直接投资是我国企业除贸易之外进一步走上国际舞台、利用国际国内两种资源的重要方式,尤其是对外高技术投资更是我国作为发展中国家获取国际先进技术、迅速缩小与发达国家技术差距的少有主动工具,然而,我国面临日益严峻的对外技术投资封锁的风险。第二,吸引外商在华技术投资、进口国外高技术产品,是我国充分利用国外先进技术的重要方式之一,而吸引高质量外资、优化进口产品结构在当前我国经济高质量发展中的作用同样重要,但我国面临发达国家逐步加强技术封锁的风险。

(3)面临全球产业链"去中国化"重构、我国在全球产业链地位弱化的风险。未来一段时期全球产业链重构势在必行,削弱中国在全球产业链体系中的权重很可能成为多国政府、跨国公司合力推动的目标。对此风险,我们不可因为过往经验而"刻舟求剑"或心存侥幸。

(4)外部环境恶化导致社会预期全面恶化、国际经济交往阻力上升的风险。第一,外部环境不确定性加剧,加之中美实力不对称的客观事实,可能动摇企业与社会信心,导致负面经济预期的形成与自我实现。第二,疫情背景下国际政治斗争加剧,我国在国际话语权上的被动可能影响国家形象,进而损害我国国际经济交往。

(5)内部社会环境恶化可能导致自我封闭的风险。在外部发展环境迅速恶化的背景下,社会分裂可能加剧,内部社会环境可能恶化,对我国新型开放型经济建设的既定方针构成阻力,值得警惕。

建议针对性施策,相应地对冲风险:

以保存未来出口根基为目标,加大力度启动国内市场、加强国内市场一体化建设。协助出口企业转向国内市场,暂时一定程度上以内需弥补外需,为出口企业创造喘息空间。

做好全球疫情的跟踪与预测,及时发布相关市场疫情信息及经济信息。以便于企业根据疫情地图及其动态发展开拓任何可能的国际市场,尤其是盯住发达国家市场。

破除我国在科技创新领域过于行政主导的体制机制障碍。通过深化科技创新领域的体制机制改革,加大科技创新投入和创新氛围营造,提高自主创新能力,打破技术封锁。

　　坚定建设新型开放型经济的决策,引导、稳定社会预期。党的十八大明确提出要全面提高开放型经济水平,党的十八届三中全会提出构建开放型经济新体制,党的十九大指出中国坚持对外开放的基本国策,要推动形成全面开放新格局,推动建设开放型世界经济。我国的基本国策清晰明确,需要加强落实。

六、就业领域的若干重大风险及防范应对措施

　　"十四五"时期我国就业形势将基本保持稳定,这主要基于两点原因:一是劳动年龄人口每年将减少约400万人,在总和劳动参与率76%的情况下,每年就业岗位需求量会减少300万人左右。二是虽然技术进步等因素使单位GDP的就业容量减少5%左右,但只要经济增速保持在4.5%左右就能满足就业之需。因此,"十四五"时期就业风险不是总量性的、系统性的,而是结构性的、随机性的,主要体现在:

　　(1)逆全球化的冲击。这主要包括外贸冲击和国际产业链"去中国化"可能带来的风险。虽然从总量上看,并不是很大,可能只有几百万人,但它们会在局部行业、局部地区聚集风险,并形成突发性的失业风险,对当地造成措手不及的影响,这是最要防止出现的。

　　(2)技术进步进入加速期。以人工智能、机器人为代表的新一代技术进步可能已逼近某一阈值,并加快制造业的劳动力排斥步伐。"十四五"时期,年排斥量可能会超过千万级。

　　(3)服务业的就业吸纳能力减弱。受消费不振、制造业困境蔓延的影响,生活服务业和生产服务业可能步入放缓通道,年就业增量可能会降至千万级以内,并不足以抵消制造业的就业流失量。

　　(4)汽车、电子等大类消费品行业趋于饱和,步入长期萧条。这些行业产业链长、影响面大,这些行业集聚的地区就业形势有恶化的可能。

　　(5)东北、京津冀等老工业基地经济持续低迷。源于经济体制、产业结构等原因,冰冻三尺非一日之寒,其困境可能在"十四五"时期仍然存在,这些地区就业压力不减。

　　(6)突发性失业风险上升。随着国民经济与社会发展进入新的阶段,经济频频遭遇突发事件侵扰的概率会增加,突发性失业风险上升。

　　(7)隐蔽性失业风险。中小微企业发展仍然面临较大问题,如"十四五"时期

不能根本改善,可能会引发大面积的倒闭潮,隐蔽性失业显化。

（8）新就业形态不稳定性风险。新就业形态已吸纳 7500 万人就业,但脆弱而不稳定,应对外部冲击的能力低,随时会滋生失业群体。

为应对以上风险,我们建议:

适当放宽对失业率的锚定上限。鉴于结构性就业矛盾和突发性失业风险会引发失业率的频繁跳动,而积极就业政策根本来不及作出及时反应,应适当放宽对失业率的锚定上限。

通过强化失业救济来应对失业率的突发性攀升。在就业政策体系中需提高消极就业政策对积极就业政策的搭配比例,以此来降低综合政策成本,提高政策的性价比。

积极就业政策要更精准。注重结合不同行业、不同地区来制定。避免雷同式的重复刺激。

失业率调查要为失业预测以及失业保险基金需求的预测服务。失业调查工作要提高其服务性,不能只局限于显性失业率的调查,还要适时拓宽至对隐性失业率的调查。

把消极就业政策和积极就业政策有机结合起来。比如把失业救济金改为实物券或消费券等形式。通过消极就业政策来带动积极就业政策,提高政策的综合效果。

七、社会领域的若干重大风险及防范应对措施

"十四五"时期,我国经济社会发展面临的一个重大风险是社会衰退,由此导致整个社会的创业创新环境不佳、动能不足,对经济社会的恢复和发展构成长期而严重的制约。

（1）经济社会情势复杂多变,为社会有效治理带来了诸多变数。在经济增速放缓的过程中,很多原来在高速增长期被掩盖的深层次矛盾和问题开始显现;群体间利益需求的多样化、差异化、个性化越来越突出,找准利益结合点、形成最大公约数的协调难度越来越大;网络化、数字化的复杂性、影响力远远超过传统技术的影响。这些方面的深刻变化,将对既有的治理方式带来诸多挑战。

（2）社会互动不足,成为社会有序整合的最大障碍。社会互动连接的脱钩、梗阻,群体间的排斥现象愈加明显。不同群体之间接触互动的区隔化,进而影响到社会整合、社会团结与社会活力。

（3）社会治理方式简单划一,造成社会活力不足,更易跌入"二次陷阱"。社会

治理最困难之处在于,既要最大限度地满足不同群体的利益诉求,又要最大可能地避免因不同群体利益分殊化、目标差异化而带来的矛盾冲突。简单划一的治理方式,导致现实之中形成了一种"治理陷阱",即基层治理工作高度投入、居民却不买账。

为防范社会衰退风险,我们需要:

营造社区共同体,夯实社会连接的现实土壤。在社区这一最小的社会"单元"中形成利益达致与矛盾化解的有效衔接,通过微循环、强互动、高连接,逐步形成"利益共融"的社区共同体,进而有效提升基层社会韧性水平。

完善基层群众自治机制,拓宽社会连接的自主性空间。通过理顺基层政府与社区自治组织的权责边界,提升基层群众自治能力、拓宽自主性空间;建立健全利益表达、利益协商机制,寻求利益最大公约数,激发社会参与的内生动力和活力;引导居民以社会契约为主要方式进行自我规范,培养社会成员形成行动自觉的能力。

重视中层组织的作用,以增进社会资本促进社会连接。实现良好的社会连接,要在原生组织、原生群体和国家之间建立中层组织。社会中层组织的存在,能够让民众广泛参与到各项社会事务之中,提升民众的主体性地位,变"消极社会"为"能动社会",不断增进社会资本,充分激发社会活力。

优化利益分配格局,打破约束社会连接的结构壁垒。着力培育社会中产阶层,拓宽社会流通渠道,稳定现有社会中间群体,切实增强"夹心层"的发展信心和安全感,减缓不同群体间的利益冲突和排斥,进而最大化增进社会连接,推动社会稳定发展。

塑造核心价值体系,强化社会连接的共识基础。一方面,要增强国家的核心价值濡化能力,让核心价值成为调节社会关系、增进社会凝聚力的道德和规范基础。另一方面,要充分利用现代技术手段,强化主流舆论引导力,增强社会共识和沟通基础。

(课题组成员:刘元春 刘瑞明 冯仕政 张成思 贾俊雪 于泽 刘青 丁守海)

"十四五"时期防范化解社会发展重大风险研究

中国宏观经济研究院社会发展研究所

社会发展风险是指在社会发展过程中,由多种因素影响而危及社会稳定和社会秩序,抑制社会活力和创新能力,进而阻碍社会正常运行和发展的风险。"十四五"时期是我国由全面建成小康社会目标达成向社会主义现代化建设迈进的重要开端,保持经济稳中向好、社会总体稳定是这一时期的重要任务。随着我国进入发展关键期、改革攻坚期、矛盾凸显期,经济社会发展中各种风险挑战不断显现,防风险成为我国"十四五"乃至未来一段时期的重要任务。如果"十四五"时期内部和外部、隐性或显性的社会风险相互交互、传导、叠加和放大,或者社会风险的影响危及经济发展、国家安全整体和大局,甚至风险可能由"十四五"时期向 2035 年及未来蔓延并影响国家发展可持续性,那么则成为"十四五"时期社会发展重大风险。

一、"十四五"时期国内外环境特征

(一) 全球经济波折下行,我国推动高质量发展,面临结构性调整

全球经济处于第五轮长周期的下行阶段,总体处于乏力和波

折阶段。根据世界银行和国际货币基金组织的相关数据和预测,全球经济正处于国际金融危机后弱复苏的中周期。发达经济体和新兴经济体都开始向潜在增长水平收敛,全球经济平均增长速度处于 3.5% 左右。

同时,我国正处于经济由高速增长阶段转向高质量发展阶段,2019 年我国人均 GDP 突破 1 万美元,预计"十四五"时期迈入高收入国家门槛。高质量发展意味着经济结构调整,当前拉动经济的"三驾马车"遭遇不同程度的爬坡过坎环节,经济运行稳中有变、变中有忧的趋势还将延续。在国际经济周期下行的背景下,国内经济发展将面临周期性、结构性问题双重叠加,对就业、收入、消费带来综合影响。从全球经济格局来看,2018—2019 年由中美贸易摩擦引发的贸易、科技、金融等关键环节的不确定性,2020 年以后新冠肺炎疫情全球蔓延,对我国未来发展造成巨大挑战。

(二)　国际形势复杂多变,我国国际地位增强,社会结构不断分化

世界正处于百年未有之大变局,全球治理体系深刻调整。保护主义对全球经济和治理格局产生深远影响,2018 年,右翼民粹主义政党的支持率在过去四年上升了 33%①。当前,国际形势复杂多变,法国黄马甲运动、斯里兰卡恐袭事件、美国种族冲突事件等,都表明国际社会稳定形势不佳。

我国正处于世界新一轮科技革命和产业变革同我国转变发展方式的历史性交汇期。伴随我国国际地位增强,在搭建国际平台和取得广泛共识的同时,也处于不断适应、调整甚至引领世界规则的国际地位,面临的挑战日益加大。同时,国内主要矛盾转变为人民日益增长的美好生活需要和不平衡不充分的发展之间的矛盾,社会结构还在进一步调整分化。人群上,中等收入群体扩大,"90 后""00 后"等新生代群体也在不断壮大,网络原住民年轻一代适应和引导规则。区域上,南北分化和东西分化交织,东北和西部地区外流型人口负增长现象突出,以人口、人才指标为表征的区域发展不平衡进一步加剧。城乡上,城镇化速度放缓,落后地区的发展动力机制有待清晰化,民生保障和社会治理领域的部分制度存在明显的城乡分割。

(三)　世界人口继续增长,我国老龄化程度加深、劳动力人口下降

《世界人口展望 2019》显示,未来 30 年世界人口将增加 20 亿人。印度有望在 2027 年超越中国,成为世界第一人口大国,并在未来 10 年内成为劳动力人口第一大国。长期来看,中国人口将呈现逐渐减少趋势。

"十四五"时期,我国的人口总量将仍然保持持续上升的趋势,深度老龄化和少子化伴随。出生人口逐年下降,面临少子化危机。近年来,我国出生人口数量

---

① 引自瑞典著名智库 Ti 民粹主义 bro 推出的全球民粹主义指数。

逐年减少。我国65岁以上老年人口占比将在2021年超过14%,进入深度老龄化社会;在2031年超过21%,进入超老龄化社会。我国老年人口抚养比(65岁以上老年人口与15—64岁劳动年龄人口之比)将从2017年的0.17继续上行,到2030年将突破0.3。人口总抚养比将从2018年的0.41,上升到2030年的0.51。

劳动力人口逐年下降,年龄不断老化。2020—2025年,15—64岁劳动年龄人口规模将会从8.94亿人下降到8.85亿人,平均每年下降170万人左右。从2028年开始,每年劳动年龄人口将减少1000万人以上。劳动年龄人口占比将从2020年的63.35%降至2035年的57.14%。同时,劳动年龄人口不断老化。45—64岁的大龄劳动人口占劳动年龄人口的比重将从2019年的40.16%提高到2025年的43.53%。

二、社会重大风险的一般形成逻辑

(一) 触发社会危机:群体性事件

社会风险或危机的蔓延是一个由缓慢发展到加速扩展的过程。贝克尔等许多社会学家对个人卷入社会事件的过程作出过分析,奥尔森用"搭便车"形容群体性行为的形成逻辑。谢林进一步指出"临界密度"概念,个人在采取了某种行动的其他人达到一定的数量(或一定比例)之后,将被引发相同的行动,而在一个群体中,当参与某种活动的人达到一定最小数量(或一定比例)时,这种活动会自动持续下去。格拉诺维特用"起始值"表征序贯个人行动集成集体行动的最低人数。

可见,社会风险的引发就是一场由个体—多个个体—群体性行为的聚集过程。如群体性事件、大规模失业以及金融挤兑、公共卫生恐慌等风险都是由一定数量的行为聚集引发的,触发过程如下:

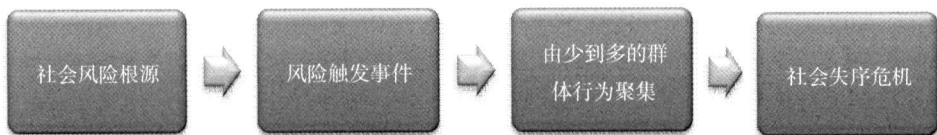

图1　群体性聚集触发危机示意图

(二) 影响社会稳定:突发重大事故

安全领域的社会风险往往没有聚集过程,而是由突发重大事件或事故引发的,如果处置不当则会引发社会稳定风险,如煤矿、化工厂重大安全事故等。这类风险

不是由外部不确定性作用的,而是长期潜伏堆积的安全隐患突然爆发引起的,一如"灰犀牛"的暴动。触发过程如下:

图2　重大突发事件触发稳定风险示意图

（三）风险放大器:预期信心和网络技术

贝克提到,当前可预见的损害向未来的延伸,部分在于普遍的信心缺失或假想的"风险放大器"。恐慌等不确定性、丧失社会认同,是社会稳定的大敌。许多不合理、不平衡、不充分的社会现状可能不会在当期引发社会风险,但却在社会心理层面埋下了风险根源。一旦风险显性化,这些心理因素则成为风险放大器,助推风险的发展。同样助推风险的还有网络技术,网络加速了群体行动和心理的聚集速度,进一步放大恐慌进而导致群体无理性。作用逻辑如下:

图3　预期信心和网络技术加速放大风险示意图

上述两种风险触发过程和一种加速放大过程极容易在某些关键节点上实现串联,如图4所示。如果内生的风险酝酿产生过程中,外部的"黑天鹅"突然降临,更容易引发蝴蝶效应,形成严重的社会后果。

三、当前社会风险的特征与应对情况

（一）当前社会风险的特征和发展趋势

1. 热风险多领域、碎片化频发

以群体性聚集形式爆发的"热风险"包括劳资纠纷、邻避事件、消费维权、金融案件维权、教改维权等,呈小规模、碎片化频发状态,疫情过后涉预付费机构跑路事

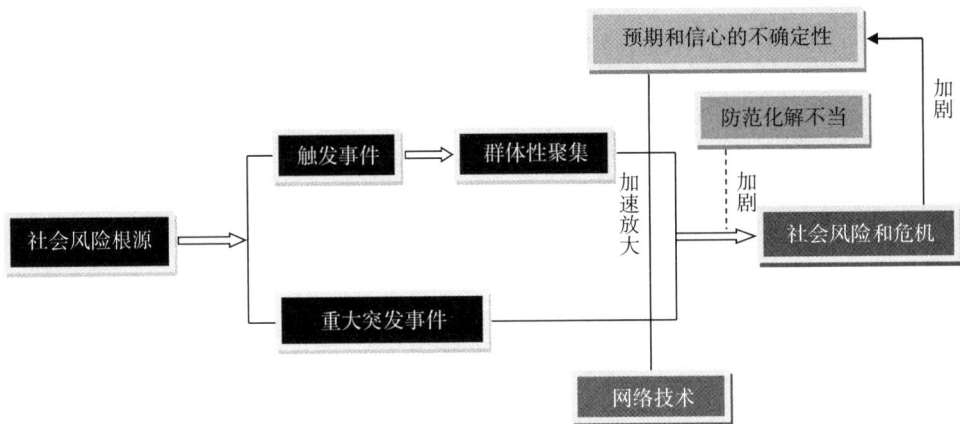

图 4　社会重大风险形成和放大示意图

件多发。由于传统安全领域和网络、技术等新兴安全领域的监管尚待完善,重特大煤矿、化工事故,食品药品安全事件以及公共卫生事件不时发生。热风险社会反响大、破坏生产生活正常秩序。

2. 经济向社会、国外向国内形成传导

当前互联网金融、非法集资、私募基金等涉众型金融案件持续频发,股市、房市不稳定,地方债潜在隐患等经济领域风险不断爆发。就业、社保、收入分配等长期存在城乡、地区和特殊特定群体间的不平衡、不充分。法国黄马甲运动、委内瑞拉社会动乱事件反映出,民生不稳则民心不稳、社会动荡。日前香港因修改逃犯条例引发大规模社会运动和暴力事件表明,住房、教育、就业和发展等民生诉求长期得不到解决,自由法治社会的根基松动,容易受境外反动势力的煽动而造成动乱。

3. 风险涉及社会中坚阶层

在中美贸易摩擦、产业结构调整、深化收入分配改革等形势下,大量外贸、房地产行业产业工人和企业主面临下岗裁员、破产倒闭等风险。高校中部分学生思想活跃、摇摆不定,极容易被其他思想流派、不良群体利用。青年群体、中等收入群体是社会中坚,一旦涉险对社会稳定的破坏极强。

(二) 当前防范化解风险的情况和问题

1. 风险防范和化解措施不断提升

当前,我国基本建立起由社会舆情管理、重大决策稳定风险评估、社会综合治安和矛盾冲突调节化解等共同组成的制度体系,并不断提高灾害和事故应急处置、危机管理和灾后处置能力,在防范化解风险和危机方面积累了一定的经验。一旦发生社会风险事件,政府职能部门和综合部门将分别启动风险应急管理预案,涉及安监、食药监、民政、公安、维稳、信访、宣传、网信等多部门配合,能够实现积极应对和有效化解。

2. 对复杂联动的重大风险尚缺乏应对经验

虽然政府在重大决策社会稳定风险评估、突发事件应急响应等方面建立了机制,但面对社会风险事件串联蔓延等重大风险尚缺乏应对经验,一旦出现裁员潮、金融爆雷引发挤兑以及网络谣言煽动等多种风险交叉叠加现象,对经济部门、地方政府的处置能力都是严峻挑战。同时,一些地方政府尤其是基层政府在思想认识、舆论引导、信息发布等风险管理能力等方面尚存在严重不足,遇险急于删帖、捂盖,处事简单、急躁,既不利于风险化解,还有可能激化情绪和矛盾。

3. 在经济社会运行层面尚存在众多风险根源

有学者指出,一个错误政策会引发一个超大规模、具有相似利益和怨恨的群体。不可否认,当前在一些发展领域尚存在政策稳定性差、变来变去等拉抽屉现象,导致利益相关者权益受损,从而出现用脚投票、反复上访或者散布不满情绪等负面影响。这些影响可能成为风险根源或者突发风险的助推因素。

四、"十四五"时期社会重大风险分析

"十四五"时期,国内经济面临调整,国际形势复杂多变,社会和人口结构不断变化。在内外部环境综合作用下,风险由经济领域向社会领域蔓延,以及社会领域新旧矛盾风险叠加放大,从而引发社会重大风险的可能性持续增加。

(一) 就业是根本,首要防范内外夹击下的大规模失业风险

1. 就业挤出和供需错配导致结构性失业风险

"十四五"时期我国劳动力成本将继续上升,人工智能广泛运用于生产生活,对就业岗位的"挤出效应"将更加明显。据测算,钢铁、煤炭、水泥、造船业、炼铝和平板玻璃等结构调整产业化解产能将清退约 300 万名职工,上下游配套行业尤其是劳务派遣员工的清退规模更大。

下一阶段,伴随扩招等政策,高校毕业生还将延续每年 900 万人以上的规模;全国 8500 多万名"90 后""00 后""新新代"农民工逐渐成为主力。青年群体个人期望高、对福利待遇要求高、寻职能力低、初始收入低,最易形成结构性失业并成为不稳定因素。

2. 受中美贸易摩擦、全球疫情等影响相关行业周期性失业风险

中美贸易摩擦对国内就业岗位的影响预测从 550 万人到 1400 万人不等,全球

疫情导致国际供应链中断,引发对外依存型行业失业风险。未来,国际市场预期不稳以及要素成本升高等影响,将对我国贸易依存度高、劳动密集型行业集中的地区就业产生持续影响,外贸型企业及其上下游企业外移、关停现象还将持续,将导致消费增速下滑,企业经营活力持续下降,形成恶性循环。

(二) 稳定是保障,严密警惕国内外、经济社会安全风险相互呼应

1. 警惕境外风险向国内蔓延,国家安全上升为头等大事

境外社会动乱事件频发且普遍历时长,社会各界民众广泛参与,其中不乏学生、暴力抗击者、国外支持势力等。伴随我国国际地位增强,在搭建国际平台和取得广泛共识的同时,也必须未雨绸缪主动预防国际恐怖主义波及以及国际反动势力的持续渗透,尤其警惕境外动乱与内部矛盾串联,防范网络、电站、铁路等基础设施安全事故。

2. 经济下行中的金融和生产安全导致社会恐慌

金融案件涉案项目动辄涉及上亿金额、上千投资人员,引发聚众围堵机构或政府事件,引发严重的社会恐慌。下一阶段此类案件还将高发,防范和化解难度越来越大。此外,生产、交通、防灾减灾任务加剧,传统的社会安全领域风险也不断加大。

(三) 发展是关键,警惕劳动力人口结构失衡带来的可持续发展风险

1. 人口结构变动导致局地人口较快减少

"十四五"时期我国老龄化和少子化趋势将进一步严峻,客观上造成全要素生产率下降,劳动力供给不足,社保基金可持续风险加大等后果。同时,人口向特大城市、大城市高度聚集,乡镇以下人口空心化,部分地区人口连年净流出,导致"收缩"城市近百个,东北等地区人口较快减少。人口外迁导致边境地区存量人口继续减少,直接导致稳边固边不利,长此以往危及国家边境安全。

2. 产业人才整体素质滞后于经济转型需求

"十四五"时期面临产业结构转型升级,需要相应的产业人才配套。如果熟练而优秀的技术工人偏少、就业稳定性差,企业主重设备投入轻人力投入,城市落户安居门槛整体偏高,新兴产业的配套人才紧缺,高等教育和职业教育滞后于市场需求等因素持续发酵而得不到缓解,将在经济下行基础上进一步拉低增长预期。

(四) 发展要均衡,警惕落后地区和群体预期不稳和消费滞缓风险

1. 城乡差距加大导致发展失衡

我国劳动力、土地、资本等要素过度向城市集中,农村支援城市的二元发展格

局尚在,城市反哺农村的机制尚待完善。如果在面向现代化的第一个五年不解决要素配置的问题,落后地区的农村将成为基本现代化进程中的负担。

2. 增收乏力导致消费滞缓

近年来,我国处于增长速度换挡、结构调整阵痛、前期刺激政策消化的三期叠加过程中,增收动能有所减弱,居民收入实际增速总体呈现放缓的趋势。表征收入公平的基尼系数连续处于高位,如果持续下去将影响社会公平预期,将抑制消费释放。

五、防范化解重大风险的总体思路和对策建议

(一) 总体思路

"十四五"时期防范化解社会重大风险,需要深入推进供给侧结构性改革,在改革中促进发展,在发展中保障民生,推进经济社会协调、稳定、可持续发展,实现社会风险可防、可控,建立防范缓解重大风险的综合协调体系。

1. 提升风险防御水平

社会风险的爆发是时点性的,但社会风险的产生和形成是长期积累蓄积的结果。所以,防范化解工作重在日常,重在对风险根源的把控和化解。同时,应强化风险意识,深刻把握内外部环境的新变化,切实增强忧患意识,始终保持战略定力。

2. 提高风险自愈能力

即提高社会各部门主动应对化解风险的功能。积极应对外部环境变化,加大国家安全防护,加强风险预警和舆情管理。尊重经济周期、人口结构和社会结构的变动规律。理顺内部制度环境,依法行政,符合市场规律和社会发展自主性,向公众赋权赋能,积极运用自管自治的功能,让市场和社会发现"灰犀牛"并适度解决、有效应对。

3. 加强风险治愈功能

即政府加强对风险前、中、后期的风险全程管理功能。完善风险防控机制,健全完善风险研判机制,健全完善风险防控协同机制,健全完善风险防控责任机制。加强社会重大决策的社会稳定风险评估,将风险监测监管端口前移,增强社会风险的苗头处置,"黑天鹅"一旦出现及时预警并控制影响。加强对风险过程和风险后的舆情管理,避免治理不当加剧风险影响。提高风险化解能力,主动识别和化解风险,增强理论修养和思维能力,强化斗争精神和斗争本质。

（二）对策建议

1. 促改革，推进供给侧结构性改革，回应社会需求，引导预期和信心

进一步理顺政府市场和社会的关系，确保政策体系的持续性和连续性。协调社会各主体关系，加强人民主体地位法治保障，坚持公共政策的需求导向和问题导向，将涉及公共利益保护和公共资源公平配置的制度供给纳入供给侧结构性改革任务。转变政府职能，发挥好宏观调控、市场管理、公共服务和社会治理的职能，全面落实依法行政，加强社会重大政策的发布实施和监督落实工作。做好政策制定与政策实施之间的有效衔接。理顺中央政府与地方政府、上级职能部门与基层政府的权责关系，加强各级政府的工作协调。确保各项公共服务和管理政策的制定以群众的根本利益为出发点，政府部门不与民争利，不滥用职权，维护和谐的官民关系。各部门做好社会政策层面的综合改革方案并推动有效实施。确保政策制定环节充分考虑基层实际情况，避免朝令夕改，不能让群众承担改革的负面后果。

重点保障利益主体公平、公正地享受社会公共利益、公共资源。针对城乡差别、地域差别、行业差别、阶层差别所带来的社会公共资源分配不平等，加强宏观调控，缩小利益主体的收入差距。公平合理兑现合法正当利益诉求及保障，建立全社会畅通有序的利益表达机制，促进各利益主体间的沟通和协调。合理区分不当利益，健全利益协调机制，正确化解处置风险。加大对金融风险、食品药品安全、生产交通安全的宣传教育，动员社会广泛进行风险识别，重点针对老年人、儿童、低收入群体等脆弱群体，加强全民风险防控意识。

专栏1 "十四五"时期发展和改革重点抓

> 做足内功，深化供给侧结构性改革。把提高供给体系质量作为主攻方向，推进国民经济和产业结构深度转型调整，加强供给侧与需求侧的精准匹配，重点保障利益主体公平、公正地享受社会公共利益、公共资源。
>
> 探索农村反贫困长效机制。通过婴幼儿照护服务、幼前教育、学前教育、义务教育等连续性服务，提升下一代健康和教育素养。通过现代手段加强优质教育资源对偏远地区的辐射能力，提高优质教育服务的延展性。
>
> 引导城镇优质资源要素向重点帮扶农村地区集聚。鼓励返乡下乡人员创新创业，加快培育一批新型经营主体、服务主体和职业农民，形成致富带头人带动全村农民致富。

2. 稳就业，将全球疫情对就业影响降到最低，落实重点群体就业

做好预判，缓解国际影响带来的就业压力。持续研判和监测中美贸易摩擦、疫情导致国际市场收缩对相关行业和企业的影响，鼓励地方人社部门推出针对特定行业和工种的在岗培训、转岗培训和就业辅导服务，为后续的失业风险制定应对措施。针对外贸为主的地区,全面实施职业技能提升行动计划,推进就业创业培训,加大对农民工、就业困难群体等的培训和就业服务、公益性岗位开发力度,通过稳岗补贴、失业保险等政策措施,加大对阶段性就业压力和失业风险的保障。对计划裁员的企业实行提前报告制度,及时落实失业人员再就业帮扶、失业保险金发放或最低生活救助,避免由于大规模裁员引发社会不稳定。

扎实做好高校毕业生、退役军人、农民工等重点群体就业工作。加强对城镇各类就业困难人员的就业帮扶。坚决防止和纠正就业中的性别和身份歧视。实施职业技能提升行动。健全技术工人职业发展机制和政策。加快发展现代职业教育,既有利于缓解当前就业压力,也是解决高技能人才短缺的战略之举。改革完善高职院校考试招生办法,鼓励更多应届高中毕业生和退役军人、下岗职工、农民工等报考。扩大高职院校奖助学金覆盖面、提高补助标准,加快学历证书和职业技能等级证书互通衔接。改革高职院校办学体制,加强师资队伍建设,提高办学质量。引导一批普通本科高校转为应用型大学。支持企业和社会力量兴办职业教育,加快产教融合实训基地建设。

专栏 2 "十四五"时期就业重点抓

> 客观认识失业率。正确认识劳动参与率下降的客观趋势,充分发挥平台企业的作用,加大对劳动参与率、灵活就业、新业态的监测统计。保障就业困难群体的权益,深入研究新业态社会保障问题。
>
> 严密监测全球疫情的就业影响。针对特定行业和工种实行在岗培训、转岗培训和就业辅导服务,为后续的失业风险制定应对措施。对计划裁员的企业实行提前报告制度,及时落实失业人员再就业帮扶、失业保险金发放或最低生活救助。
>
> 加大职业教育和培训。健全产教融合、产教联动的职业教育培养体系,满足制造强国中长期发展和养老、家政、托育等服务业人才需求。推动职业院校"订单式"人才培养和跨学科创新型、复合型人才培养相结合。
>
> 增强私营企业、小微企业就业保障。创新政策手段和实施路径,通过降低用地、用能等趋势性成本的上涨速度和幅度,专项落实降低企业税费、社保等成本的政策,为企业真正"缓压减负"。

3. 增收入,深化推进收入分配制度改革,扩大收入与缩小差距同步进行

坚持使市场在资源配置中起决定性作用,同时政府更好发挥自身作用,依法建立统一的、规则清晰的要素市场,消除体制性壁垒,降低对市场主体行为的制度性交易成本,有效进行市场监管,保障以市场公平、有序运行来引导各主体、各部门对流量收入、存量财产增长的合理预期。进一步完善劳动要素、资本要素、政策技术要素、政策管理要素等按贡献参与分配的系列政策。

在城镇化和农业现代化同步推进的基础上,加快完善以税收、社会保障、转移支付为主要手段的再分配机制,逐步缩小收入分配差距,使"调高、扩中、保低"的政策措施有效落地,促进基本公共服务均等化。建立支付能力稳定增强机制,切实

保护消费者权益,合理调整分配关系,努力实现居民收入增长与国家经济同步提高。

4. 保安全,加大国家安全保障,有效应对国内外经济社会伴生风险

健全国家安全体系,加强国家安全法治保障,提高防范和抵御安全风险能力。严密防范和坚决打击各种渗透颠覆破坏活动、暴力恐怖活动、民族分裂活动、宗教极端活动。加强国家安全教育,增强全党全国人民国家安全意识,推动全社会形成维护国家安全的强大合力。

实施积极应对人口老龄化国家战略,确保基础养老金稳定可持续。加大区域人口与经济社会协调发展力度,有序引导人口流动,加强人口管理和公共服务保障。实施食品安全战略,加大对国内食品药品安全监管,让人民吃得放心。健全公共安全体系,完善安全生产责任制,坚决遏制重特大安全事故,提升防灾减灾救灾能力。加快社会治安防控体系建设,依法打击和惩治黄赌毒黑拐骗等违法犯罪活动,保护人民人身权、财产权、人格权。

加强现代社会风险治理的人才队伍和体系建设,着力提高基层风险治理水平和各层级整体的治理能力。加强各级政府的社会风险事件监督治理能力建设,建立有序的社会风险治理机制,并落实到人。尤其要加强基层政府工作人员的依法行政能力建设,确保政策的制定、实施和评估与相应的执行机构能力建设相结合,加大基层政府工作人员在政策执行环节的学习和培训力度。加强政府的监督管理职责,同时借助于相关行业组织共同做好行业监管工作,加强食品药品监督管理、电信等重点行业违法排查治理等与民生关系密切的行业监管。

专栏3　"十四五"时期安全重点抓

推进区域人口与经济社会协调发展。有序引导人口流动,构建流动人口的社会支持网络,利用"互联网+"模式形成线上线下互动,促进社会融合。

提高稳边戍边投入力度。提高边境地区居民补贴,提高社会福利和保障水平。大力发展边境的内外交通,确保边境地区人财物通畅流动。

5. 重引导,加强舆情管理的综合施策,处置恶意传播谣言和不实舆论

社会风险越来越与新闻舆论传播捆绑在一起,不实谣言极易制造社会恐慌情绪,导致社会风险升级。健全媒体变革时代下的社会风险信息互动渠道和机制,正确有序引导和回应社会舆论,增强风险舆情全过程应对能力。倡导政府、媒体、网民等社会各界及时澄清谣言、还原真相。政府要完善信息处理制度、新闻发言人制度,通过官方网站、官方微博等平台及时进行信息发布,在事件发生第一时间发出权威的声音,切实保障广大群众的知情权。大众媒体要坚持正确的舆论引导,及时报道事件真相,提高媒体的公信力和说服力。广大网民也要积极参与揭露真实信

息,不造谣不传谣,让谣言没有传播媒介,提供线索,还原真相。此外,政府要通过政策法规规制网络行为。通过完善法律法规规范网络运营商和广大网民的网络传播行为,依法查处编造、传播谣言在内的网络犯罪活动,维护健康的舆论环境。

专栏4　"十四五"时期监测和引导重点抓

　　建立与风险相匹配、覆盖应急管理全过程和全社会共同参与的突发事件应急体系。县以上人民政府普遍建立热风险监测预警机制,并落实到人。

　　加大对金融风险、公共卫生安全、生产交通安全的宣传教育和风险识别。重点加强老年人、儿童家庭及低收入群体风险防控意识。加强政府监督管理职责,借助行业组织共同做好金融、公共卫生、电信等重点行业监管工作。

　　完善政府信息处理制度、新闻发言人制度。重大突发事件发生后12小时内举行新闻发布会。通过官方网站、官方微博等平台及时进行权威信息发布,切实保障广大群众的知情权。

　　建立网络综合治理体系。坚持党管宣传、法治网络的基本原则。增强风险舆情全过程应对能力,正确有序引导和回应社会舆论。依法查处编造、传播谣言在内的网络犯罪活动,维护健康的舆论环境。

（课题组成员：李璐　杨宜勇　赵玉峰　潘华）

"十四五"国家发展规划专家委员会委员寄语

（按姓名拼音排序）

期待十四五期间，我国在全面建设社会主义现代化国家新征程上行稳致远！

清华大学经济管理学院院长　白重恩

希望在十四五期间，切实推进城乡土地产权同权化和资源配置市场化改革，加快农民工市民化进程，扩大农户土地经营规模，增加农民的土地财产收入，构建农村脱贫的长效机制。

蔡继明

2021.1.27.

清华大学政治经济学研究中心主任　蔡继明

一张蓝图绘到底，咬定青山
不放松，开启全面建设社会主义
现代化国家的新征程。

冯俊

2021.1.28.

原中共中央党史研究室副主任　冯　俊

以高质量哲学社会科学研究支撑和推动
全面建设社会主义现代化国家进程。

高培勇

2021.1.27.

中国社会科学院副院长、学部委员　高培勇

祝愿"十四五":

　　我国现代物流体系趋于完善,迈向"物流强国"行列。推进产业链、供应链、价值链显著提升,民生物流服务达到更高水平。

中国物流与采购联合会
贺登才

2021. 01. 28

中国物流与采购联合会副会长　贺登才

"十四五"将开启全面建设现代化国家新化程,希望坚定坚持创新驱动发展,全面深化改革,塑造发展新优势,构建发展新格局,提升发展质量,提升国家实力,提升治理能力!

国家自然科学基金委员会副主任、中国科学院院士　侯增谦

"十四五"是我国开启全面建设社会主义现代化国家新征程的第一个五年，我对"十四五"时期经济社会发展充满信心。"十四五"将全面推进乡村振兴战略的实施，是农业农村现代化补短板的关键时期，只要我们坚持农业农村优先发展，农业农村现代化与新型工业化、信息化、城镇化的差距就能缩小，未来四化同步发展的目标就能实现！

黄季焜

二〇二一年1月28日

北京大学中国农业政策研究中心主任　黄季焜

十四五是中国经济进入高质量发展阶段、迈入高收入经济行列的攻关时期。全国人民共同奋斗，十四五规划以及2035年远景目标一定能够如期实现！

李稻葵

2021.1.27

清华大学中国经济思想与实践研究院院长　李稻葵

沉着应对新的严峻挑战，
稳步实现新的跨越发展。

李培林

2021.1.28

中国社会科学院学部委员　李培林

加快、绿色、创新、智能化
促进全面高质量发展。

李新创

2021.1.28

冶金工业规划研究院党委书记　李新创

进一步深化供给侧结构性改革，以高标准市场体系、高水平对外开放，推动经济社会生态高质量可持续发展

刘世锦

国务院发展研究中心原副主任　刘世锦

构建新发展格局，全面跨越"中等收入陷阱"，为实现社会主义现代化打下坚实的经济社会基础。

刘元春

2021.1.28

中国人民大学副校长　刘元春

乘势而上，共同绘制新蓝图，谱
写新篇章，创造美好生活。

卢山

浙江省人民政府副省长　卢　山

再启现代化强国建设新征程，全面提升国家创新能力，努力为人民创造一个更安全、更放心、更便利、更舒适、更健康、更幸福的生活。

2021.1.28.

中国科学院创新发展研究中心主任　穆荣平

落实绿水青山就是金山银山理念,建立生态产品价值实现机制,促进优质生态产品持续供给,让保护造福人民。

欧阳志云

中国科学院生态环境研究中心主任　欧阳志云

展望"十四五",在以习近平同志为核心的党中央坚强领导下,我们立足新阶段、贯彻新理念、构建新格局、推动新发展,团结一心、众志成城,实事求是,砥砺奋进,必将在全面建设社会主义现代化国家、实现中华民族伟大复兴的新征程上迈出坚实步伐,取得辉煌成就!

饶权

文化和旅游部副部长　饶　权

衷心祝愿我们投入心血的"十四五"规划
能够助力国家未来五年的健康发展、祝愿
规划中的美好愿景都能变成现实、

田国立
二零二一年一月

中国建设银行董事长　田国立

迈出现代化建设坚实步伐、实现
经济深度繁荣、人民共同富裕、国
家更加强盛。

王昌林
2021年1月28日

中国宏观经济研究院院长　王昌林

祝国家决胜"十四五",

扬帆出发期!

2021.1.28.

中国工程院副院长、院士　王　辰

秉承绿水青山就是金山银山理念

坚持生态优先绿色低碳发展

开启美丽中国建设新征程

全面促进人与自然和谐共生

王金南

2021年1月28日

生态环境部环境规划院院长、中国工程院院士　王金南

"十四五"规划是我国开启全面建设社会主义现代化国家新征程的第一个五年规划,在我国发展进程中具有里程碑意义。全国人民齐心协力、团结奋斗,把"十四五"规划宏伟蓝图变为现实,必将为我国建设社会主义现代化强国奠定坚实基础。

王一鸣

二〇二〇年一月二十八日

国务院发展研究中心原副主任　王一鸣

发挥好"十四五"规划的战略导向作用,努力提高育先机开新局能力,全面建设社会主义现代化国家一定能开好局、起好步。

吴晓华

2021.元.28.

中国宏观经济研究院副院长　　吴晓华

谋篇布局,一心中国梦;
聚力合为,万里复兴图。

杨保军

2021年1月27日

住房和城乡建设部总经济师　　杨保军

让增长更有质量
让发展更有温度
让全体人民共同富裕有新进展

张宇贤

2021.1.27

国家信息中心经济预测部主任　张宇贤

运筹帷幄，决胜千里；
志在高远，脚踏实地。

中国社会科学院世界经济与政治研究所所长、学部委员
张宇燕

　　"十四五"是中国现代化和中华民族伟大复兴进程中的重要历史阶段,我们一定要迎难而上,再创辉煌!

　　惟愿祖国山河长在、江山不老、国泰民安、繁荣富强,惟愿人民仰不愧天、俯不愧地、内不愧心,共享荣光!

赵昌文
2021年1月28日

中国国际发展知识中心主任　赵昌文

　人民至上,民生至重,
　共享发展,共同富裕。

郑功成
2021年1月28日

民盟中央副主席、中国社会保障学会会长　郑功成

组稿编辑：张振明

责任编辑：余　平　陈　登　陈佳冉　崔秀军　刘彦青　刘海静
　　　　　吴广庆　翟金明　池　溢　许运娜　杨文霞　汪　逸

封面设计：林芝玉

责任校对：刘　青

图书在版编目（CIP）数据

"十四五"规划战略研究/国家发展和改革委员会 组织编写. —北京：人民出版社，
　2021.7（2022.3 重印）

ISBN 978－7－01－023624－7

Ⅰ.①十…　Ⅱ.①国…　Ⅲ.①国民经济计划-五年计划-中国-2021—2025
　②社会发展-五年计划-中国-2021—2025　Ⅳ.①F123.399

中国版本图书馆 CIP 数据核字（2021）第 145490 号

"十四五"规划战略研究

SHISIWU GUIHUA ZHANLÜE YANJIU

国家发展和改革委员会 组织编写

何立峰 主编　　胡祖才 副主编

人民出版社 出版发行

（100706　北京市东城区隆福寺街 99 号）

北京盛通印刷股份有限公司印刷　新华书店经销

2021 年 7 月第 1 版　2022 年 3 月北京第 5 次印刷

开本：787 毫米×1092 毫米 1/16　印张：115　插页：1

字数：2200 千字　印数：13,001-16,000 册

ISBN 978－7－01－023624－7　定价：298.00 元（上、中、下册）

邮购地址 100706　北京市东城区隆福寺街 99 号

人民东方图书销售中心　电话（010）65250042　65289539